谨以此书献给

为中国水运基础设施建设事业作出贡献的决策者、建设者、管理者

"十四五"时期国家重点出版物出版专项规划项目

Record of
Port and Waterway Engineering
Construction in

China

中国水运工程建设实录

（1978—2015）

第七卷·内河通航建筑物

中华人民共和国交通运输部

人民交通出版社股份有限公司
北京

内 容 提 要

本书分为发展篇、管理篇、科技篇、开放篇、成就篇，共九卷十三章。内容包括改革开放以来的中国水运事业、水运基础设施建设规划及前期工作、水运工程建设法律法规、水运工程建设与管理、水运工程建设技术标准、水运工程建设科技创新与应用、水运工程建设对外合作与交流、沿海港口与航道工程、内河港口工程、内河航道工程、内河通航建筑物（船闸与升船机）、水运支持保障系统工程、重要水工工程等。

本书集中梳理了改革开放以来我国水运事业的发展历程，特别是水运基础设施建设方面的巨大成就，较为系统地总结了我国水路交通发展的实践经验，具有很强的学术价值和史料价值，可供水运工程建设行业相关人员阅读、学习与查询参考。

图书在版编目（CIP）数据

中国水运工程建设实录：1978—2015／中华人民共和国交通运输部组织编写. — 北京：人民交通出版社股份有限公司，2021.6

ISBN 978-7-114-17354-7

Ⅰ. ①中…　Ⅱ. ①中…　Ⅲ. ①航道工程—工程建设—中国—1978—2015　Ⅳ. ①U61

中国版本图书馆 CIP 数据核字（2021）第 100900 号

审图号：GS（2021）2063 号

Zhongguo Shuiyun Gongcheng Jianshe Shilu(1978—2015)　Di-Qi Juan·Neihe Tonghang Jianzhuwu

书　　　　名：中国水运工程建设实录（1978—2015）　第七卷·内河通航建筑物
著　作　者：中华人民共和国交通运输部
本卷责任编辑：崔　建　郭红蕊
本卷责任校对：孙国靖　龙　雪
责 任 印 制：张　凯
出 版 发 行：人民交通出版社股份有限公司
地　　　　址：（100011）北京市朝阳区安定门外外馆斜街 3 号
网　　　　址：http://www.ccpcl.com.cn
销 售 电 话：（010）59757973
总 　 经 　 销：人民交通出版社股份有限公司发行部
经　　　　销：各地新华书店
印　　　　刷：北京印匠彩色印刷有限公司
开　　　　本：787×1092　1/16
印　　　　张：354.75
字　　　　数：6620 千
版　　　　次：2021 年 6 月　第 1 版
印　　　　次：2021 年 6 月　第 1 次印刷
书　　　　号：ISBN 978-7-114-17354-7
定　　　　价：2980.00 元（全九卷）

（有印刷、装订质量问题的图书由本公司负责调换）

《中国水运工程建设实录（1978—2015）》
编审委员会

参 编 单 位

交通运输部办公厅

交通运输部政策研究室

交通运输部综合规划司

交通运输部人事教育司

交通运输部财务审计司

交通运输部水运局

交通运输部科技司

交通运输部国际合作司

交通运输部海事局

交通运输部救助打捞局

天津市交通运输委员会

河北省交通运输厅

辽宁省交通运输厅

黑龙江省交通运输厅

上海市交通委员会

江苏省交通运输厅

浙江省交通运输厅

安徽省交通运输厅

福建省交通运输厅

江西省交通运输厅

山东省交通运输厅

河南省交通运输厅

湖北省交通运输厅

湖南省交通运输厅

广东省交通运输厅

广西壮族自治区交通运输厅

海南省交通运输厅

重庆市交通局

四川省交通运输厅

贵州省交通运输厅

云南省交通运输厅

陕西省交通运输厅

中国远洋海运集团有限公司

招商局集团有限公司

中国交通建设集团有限公司

交通运输部长江航务管理局

交通运输部珠江航务管理局

交通运输部规划研究院

交通运输部科学研究院

交通运输部水运科学研究院

交通运输部天津水运工程科学研究院

水利部交通运输部国家能源局南京水利科学研究院

人民交通出版社股份有限公司

中国交通通信信息中心

中国船级社

大连海事大学

重庆交通大学

上海海事大学

上海航运交易所

中国引航协会

参 编 人 员

丁军华　丁武雄　于广学　于传见　于金义　于海洋
万东亚　万　宇　万　亨　马兆亮　马进荣　马　良
马绍珍　马格琪　马朝阳　王大鹏　王义青　王文博
王平义　王　东　王目昌　王仙美　王永兴　王吉刚
王吉春　王达川　王　伟　王多银　王庆普　王阳红
王如正　王纪锋　王孝元　王　杨　王　坚　王　岚
王灿强　王　宏　王　坤　王　奇　王欣铭　王建华
王建军　王洪海　王艳欣　王晓明　王　晖　王　敏
王　烽　王　琳　王　辉　王瑞成　王　魁　王　鹏
王　新　王嘉琪　王慧宇　韦世荣　韦华文　韦国维
牙廷周　毛元平　毛亚伟　毛成永　尹海卿　邓　川
邓志刚　邓晓云　邓　强　孔令元　孔　华　孔德峰
石　晨　卢永昌　申　霞　叶建平　叶　智　田红旗
田佐臣　田轶群　田　浩　史超妍　付　广　付向东
付秀忠　付昌辉　付春祥　白雪清　冯小香　冯　玥
边　恒　母德伟　邢　艳　曲春燕　吕春江　吕勇刚
吕海林　朱立俊　朱吉全　朱红俊　朱　昊　朱剑飞
朱晓萌　朱逢立　朱悦鑫　朱　焰　乔　木　仲晓雯
任宏安　任建华　任建毅　任胜平　任　舫　任　超
向　阳　庄明刚　庄儒仲　刘　广　刘广红　刘元方
刘亚平　刘光辉　刘华丽　刘如君　刘孝明　刘　虎
刘国辉　刘明志　刘　岭　刘建纯　刘俊华　刘　洋

刘晓东	刘晓峰	刘润刚	刘雪青	刘常春	刘　祺
刘　颖	刘新勇	刘德荣	闫　军	闫岳峰	关云飞
许贵斌	许　麟	牟凯旋	纪成强	孙卫东	孙小清
孙百顺	孙林云	孙相海	孙洪刚	孙　敏	孙智勇
严　冰	严超虹	杨文武	杨立波	杨　华	杨宇民
杨远航	杨　武	杨国平	杨明昌	杨宝仁	杨建勇
杨树海	杨胜发	杨　艳	杨钱梅	杨　靓	杨　瑾
杨　鹤	杨　蕾	李一兵	李广涛	李天洋	李　云
李中华	李文正	李　玉	李东风	李永刚	李光辉
李　刚	李传光	李兆荣	李秀平	李作良	李　坦
李旺生	李国斌	李　明	李　凯	李佳轩	李金泉
李金海	李定国	李建宇	李建斌	李玲琳	李思玮
李思强	李俊涛	李　航	李　涛	李海涛	李培琪
李雪莲	李　博	李景林	李　锋	李　椿	李　群
李　静	李歌清	李德春	李　毅	李鹤高	李耀倩
李　巍	肖仕宝	肖　刚	肖胜平	肖　富	吴　天
吴凤亮	吴　昊	吴相忠	吴　俊	吴晓敏	吴彬材
吴　颖	吴新顺	吴蔚斌	吴　颜	时荣强	时梓铭
岑仲阳	邱志勇	邱逢埕	邱　梅	何升平	何月甫
何　杰	何国明	何海滨	何继红	何　斌	何静涛
何　睿	余高潮	余　辉	佘小健	邹　鸧	邹德华
应翰海	汪溪子	沈　忱	沈益华	宋伟巍	宋昊通
张子闽	张公振	张凤丽	张　平	张光平	张　伟
张　华	张华庆	张华麟	张　军	张红梅	张远红
张志刚	张志华	张志明	张　兵	张宏军	张　玮
张幸农	张金善	张怡帆	张学文	张宝华	张建林
张俊勇	张俊峰	张娇凤	张晓峰	张　涛	张　婧

张绪进	张越佳	张筱龙	张 鹏	张 黎	张 霞
张 懿	张懿慧	陆永军	陆 彦	陆培东	陈一梅
陈 飞	陈小旭	陈长荣	陈凤权	陈正勇	陈 竹
陈传礼	陈 冰	陈志杰	陈良志	陈 明	陈明栋
陈 佳	陈治政	陈 俊	陈美娥	陈娜妍	陈 勇
陈振钢	陈晓云	陈晓欢	陈晓亮	陈 峻	陈 鹏
陈源华	陈 飚	邵荣顺	范亚祥	范明桥	范海燕
范期锦	茅伯科	林一鹏	林小平	林 鸣	林和平
林鸿怡	林 琴	林 巍	易涌浪	易 纛	罗小峰
罗 冬	罗 军	罗春艳	罗海燕	罗 毅	季荣耀
金宏松	金晓博	金震宇	金 鏐	周大刚	周小玲
周世良	周立伟	周 兰	周永盼	周永富	周发林
周安妮	周欣阳	周 炜	周承芳	周柳言	周炳泉
周 培	周隆瑾	周 朝	庞雪松	郑艺鹏	郑文燕
郑 东	郑冬妮	郑尔惠	郑学文	郑惠明	郑锋勇
孟祥玮	孟德臣	封建明	赵玉玺	赵世青	赵吉东
赵志垒	赵岸贵	赵洪波	赵 晖	赵培雪	赵德招
赵 鑫	郝建利	郝建新	郝晓莹	郝润申	胡亿军
胡文斌	胡玉娟	胡 平	胡亚安	胡华平	胡旭跃
胡旭铭	胡冰洁	胡 军	胡 浩	胡瑞清	柳恩梅
哈志辉	钟 芸	钮建定	俞 晓	逄文昱	饶京川
施海建	姜正林	姜 帅	姜兰英	洪 毅	宣国祥
祝振宇	姚二鹏	姚小松	姚育胜	姚 莉	班 铭
班 新	袁子文	袁 茁	耿宝磊	聂 锋	贾石岩
贾吉河	贾润东	贾 楠	夏云峰	夏 炜	夏炳荣
顾祥奎	柴信众	钱文勋	徐 力	徐 飞	徐子寿
徐业松	徐思思	徐宿东	高万明	高江宁	高军军

高纪兵	高 敏	高 超	高翔成	郭玉起	郭 枫
郭 钧	郭剑勇	郭晓峰	郭 超	唐建新	唐家风
谈建平	陶 伟	陶竞成	桑史良	黄风华	黄东旭
黄召标	黄克艰	黄昌顿	黄明毅	黄 河	黄 莉
黄莉芸	黄 铠	黄维民	黄 超	黄 淼	黄 锦
黄 群	黄 磊	梅 蕾	曹民雄	曹桂榕	曹 辉
曹慕蠡	龚正平	盛 乐	鄂启科	崔乃霞	崔坤成
崔 建	崔 洋	麻旭东	梁 正	梁 桁	梁雪峰
梁雄耀	寇 军	宿大亮	绳露露	彭职隆	董成赞
董 政	董徐飞	董溪涧	蒋龙生	蒋江松	蒋昌波
韩亚楠	韩 庆	韩 俊	韩振英	韩 敏	韩静波
覃规钦	程永舟	程泽坤	焦志斌	储祥虎	童本标
童翠龙	曾光祥	曾 莹	曾 越	谢臣伟	谢殿武
谢耀峰	赖炳超	赖 晶	雷 林	雷 潘	詹永渝
雍清赠	窦运生	窦希萍	蔡正银	蔡光莲	蔡晶晶
廖 原	翟征秋	翟剑峰	樊建华	樊 勇	黎江东
滕爱国	潘军宁	潘 峰	潘展超	薛 扬	薛润泽
薛 淑	薛翠玉	戴广超	戴济群	戴菊明	戴 葳
鞠文昌	鞠银山	魏 巍			

参与咨询的专家

（按姓氏笔画排序）

于胜英　王庆普　仇伯强　边　恒　朱永光　邬　丹
刘凤全　孙国庆　杨　咏　李光灵　李金海　李　锋
吴　澎　何升平　张小文　张华庆　张　鹏　陈明栋
茅伯科　林鸿怡　孟乙民　孟德臣　胡汉湘　胡亚安
洪善祥　徐子寿　曹凤帅　崔坤成　董学博　蒋　千
鞠文昌　檀会春

奋力谱写加快建设交通强国水运篇

习近平总书记强调,经济要发展,国家要强大,交通特别是海运首先要强起来。水运业是经济社会发展的基础性、先导性、战略性行业和服务性产业,是综合交通运输体系的重要组成部分,在支撑经济发展、促进国土开发、优化产业布局、促进对外贸易、维护国家安全等方面发挥着重要作用。

自古以来,水运以其舟楫之利成为十分重要的运输方式。新中国成立后,海运是最先走出去的领域。改革开放40多年来,我国水运业走过了不平凡的发展历程。改革开放初期,沿海港口吞吐能力严重不足,对经济社会发展形成瓶颈制约。之后,港口率先改革开放,依托港口设定经济特区和开放14个沿海港口城市。1983年交通工作会议提出了"有河大家走船,有路大家走车",在放宽搞活方针指引下,水运进入快速发展时期,逐步缓解水路运输"瓶颈"制约,解决了"有没有"的问题。1992年,邓小平同志南方谈话后,交通运输行业加快培育和发展水运市场体系,港口和内河航道建设成绩斐然,船舶运力加快发展,涵盖散货船、油船、集装箱船等主要船型和LNG船等高技术、高附加值船舶,运输全面紧张状况得到缓解,"瓶颈"制约状况得到改善。2001年我国加入世界贸易组织(WTO),水运行业抓住机遇,实现了大发展,高等级航道和港口建设成绩突出,深水泊位大幅增加,吞吐能力显著增强,专业化水平不断提高,基本适应了经济社会发展需要,解决了"够不够"的问题。

党的十八大以来,习近平总书记高度重视水运事业发展,强调经济强国必定是海洋强国、航运强国,强调要努力打造世界一流的智慧港口、绿色港口。推动我国水运事业发展取得历史性成就、发生历史性变革,进入高质量发展的新阶段。截至2020年底,全国内河高等级航道达标里程1.61万公里,长江南京以下12.5

米深水航道全线贯通,黄金水道发挥黄金效益。西江航运干线扩能升级加快推进,通航能力显著增强。沿海港口万吨级及以上泊位数 2530 个。我国水运量、港口货物吞吐量和集装箱吞吐量等指标均稳居世界第一。世界前十的集装箱港口中,我国占据 7 席。运输船队运力跻身世界前列,船舶大型化趋势明显,30 万吨级原油船、40 万吨级铁矿石运输船舶等陆续投入使用。水运科技创新能力大幅跃升,高坝通航、离岸深水港和巨型河口航道整治等建设技术迈入世界先进或领先行列,洋山港四期、青岛港等自动化码头引领全球港口智能化发展。上海国际航运中心基本建成,国际航运网络进一步完善,投资建设运营"一带一路"支点港口成绩斐然,希腊比雷埃夫斯港成为"一带一路"合作旗舰项目,在服务国家重大战略中彰显力量,为畅通国际物流大通道发挥了重要作用。期间涌现出许振超、包起帆等一批行业先锋,生动诠释了新时代奋斗者的深刻内涵,凝聚起新时代交通精神的磅礴伟力。

总的来看,水运对经济社会需求的适应程度经历了由"瓶颈制约"到"初步缓解"再到"总体缓解""基本适应"的历史性变化,并在"基本适应"的基础上向"适度超前"迈进了一大步,探索走出了一条具有中国特色的水运发展道路。这些成绩的取得,根本在于以习近平同志为核心的党中央的坚强领导和习近平新时代中国特色社会主义思想的科学指导,在于发挥了我国社会主义制度集中力量办大事的制度优势,在于坚持人民交通为人民的根本宗旨,在于不断深化改革、扩大开放、创新驱动,解放和发展了水运生产力。

"十四五"时期是我国开启全面建设社会主义现代化国家新征程的第一个五年,是加快建设交通强国的第一个五年,水运业面临加快建设、提升发展能级等重大机遇。要把握新发展阶段、贯彻新发展理念,按照构建新发展格局的要求,充分发挥水运运能大、成本低、能耗小、占地少、污染轻等比较优势,加快补齐内河水运基础设施短板,加快服务功能升级,推进安全绿色智慧发展,提高支撑引领水平,打造安全、便捷、高效、绿色、经济的现代水运体系,更好服务经济社会发展和高水平对外开放,为加快建设交通强国当好先行。要着力加快高等级航道建设,提升航道区段间、干支间标准衔接水平,推进运河连通工程建设,打造与城市、文化、旅游等融合的旅游航道。要着力打造高能级港口枢纽和辐射全球的航运枢纽,推进区域港口高质量协同发展,提升服务现代产业发展、促进国内国际双循环的能力。要着力发展高水平运输,优化运输组织,发展现代物流,改善营商环境,提升客运服务品质,加快构建现代化物流供应链体系。要着力提升智慧运输发展水平,推动5G、区块链、北斗、大数据等现代技术在水运领域的深度应用,推进水运安全绿色发展。要着力提升港航服务国际化水平,提高海运船队国际竞争力,深化国际港航海事合作。要着力完善治理体系,强化法规制度保障、深化行业管理改革,提升治理能力与水平。

潮平岸阔催人进,风起扬帆正当时。写好加快建设交通强国水运篇这篇大文章,使命光荣、责任重大、机遇难得。让我们更加紧密地团结在以习近平同志为核心的党中央周围,砥砺奋进、不懈努力,奋力谱写加快建设交通强国水运篇,为全面建设社会主义现代化国家当好先行。

2021 年 2 月 1 日

前言
Foreword

　　习近平总书记指出："中国特色社会主义是全面发展、全面进步的伟大事业，没有社会主义文化繁荣发展，就没有社会主义现代化。要坚定文化自信，推动中华优秀传统文化创造性转化、创新性发展，继承革命文化，发展社会主义先进文化，不断铸就中华文化新辉煌，建设社会主义文化强国。"❶2017 年 6 月，交通运输部决定编纂《中国水运史（1949—2015）》和《中国水运工程建设实录（1978—2015）》，并印发了交办政研〔2017〕86 号文件，明确指出"编纂《中国水运史（1949—2015）》和《中国水运工程建设实录（1978—2015）》是我国交通文化工程的重要内容，也是一项光荣而艰巨的重要历史任务，必须以高度的责任感和使命感抓紧抓好"。三年多来，在承办单位交通运输部水运科学研究院及各参编单位的共同努力下，完成了《中国水运工程建设实录（1978—2015）》（以下简称《实录》）的编纂工作。

　　《实录》集中梳理了改革开放近 40 年来我国水运事业，特别是水运基础设施建设方面的历史进程和巨大成就，较为系统地总结了我国水路交通发展的实践经验。改革开放初期的 1978 年，我国主要港口（不含港、澳、台地区，以下同）的生产性泊位只有 735 个，其中万吨级泊位 133 个。经贸快速发展带动港口吞吐量快速增长，港口再次出现严重的"三压"（压船、压车、压货）现象，成为制约国民经济发展的"瓶颈"。经过艰苦努力，到 2015 年，全国港口生产性泊位达到了 31259 个，其中万吨级泊位 2221 个，分别增长了 41.5 倍和 15.7 倍，10 万吨级以上泊位达到 331 个，大型化、专业化供给结构明显改善。我国轮驳船达到

---

❶ 习近平在教育文化卫生体育领域专家代表座谈会上的讲话（2020 年 9 月 22 日），《人民日报》2020 年 9 月 23 日 01 版。

I

16.6 万艘,净载重量 2.7 亿吨,集装箱箱位 260 万 TEU,载客量 101.7 万客位,海运运力规模跃居世界第三位,形成初具规模的上海国际航运中心和多个区域性航运中心。水路交通对经济社会需求的适应程度经历了由"瓶颈制约""初步缓解""全面缓解"到"基本适应"并迈向高质量发展的历史性变化。特别是 2001 年我国加入世界贸易组织(WTO)后,经济发展融入全球化,水路国际运输航线通达全球逾 100 个国家和地区,1000 多个港口。2015 年,全国港口吞吐量 127.5 亿吨,是 1978 年 2.8 亿吨的 45 倍,其中外贸吞吐量增长了 61 倍。港口集装箱吞吐量自改革开放初期由几乎为零起步,到 2015 年达到 2.1 亿 TEU。2015 年,全国已有 33 个港口(沿海 23 个、内河 10 个)货物吞吐量超亿吨,其中 10 个港口位列世界前 20 位。集装箱吞吐量世界前 20 位中,中国占有 10 席(包括香港特别行政区、台湾地区的港口)。中国已是名副其实的航运大国,水路交通包括水运基础设施建设,许多领域已处于国际领先的位置,这不仅是国家综合实力的重要体现,更是中华民族伟大复兴的重要标志。中国水运发展受到了国际社会的高度关注和称誉,世界银行列专题组织专家进行了"新时代的蓝色航道:中国内河水运发展"(Blue Route for a New Era:Developing Inland Waterways Transport in China)和"中国港口发展回顾"(Retrospective Review of China Port Sector Development)的研究,将中国发展经验介绍给世界。2020 年 10 月 13 日,世界银行发布研究报告指出,中国目前拥有世界上最繁忙的内河水运体系,2018 年中国内河水运货运量已达到 37.4 亿吨,是欧盟或美国的 6 倍。报告认为,中国内河水运发展成就,源于持续有力的政策支持、分工明确的管理体制、大量投入的建设资金、与基础设施建设同步进行的船型标准化和航道等级划分、完善的水运教育体系等,值得更多国家学习借鉴。世界银行的报告分析全面,评价中肯,体现了国际社会对中国水运发展的肯定。

《实录》全面翔实地反映了改革开放近 40 年,中国水运事业的历史性变化和探索中国特色社会主义交通运输发展道路的历程。回望探索发展的历程,我们始终不能忘记敬爱的周恩来总理在 1973 年 2 月提出的"三年改变港口面貌""力争 1975 年基本上改变主要依靠租用外轮的局面"的重要指示,和 1975 年嘱咐争取到 1980 年建设 250~300 个泊位的遗愿;不能忘记 1978 年 3 月交通部向国务院呈报的《关于实现交通运输现代化的设想(汇报提纲)》;不能忘记 1983 年全国交通工作会议提出了"有河大家走船,有路大家走车"的改革方针,坚决冲破计划经济束缚,开放运输市场;不能忘记1990年交通部提出关于发展交通基础设施"三主一支持"❶的规划设想;不能忘记1998年交通部提出实现交通运输现代化"三阶段"的发展战略❷;不能忘记2006—2008年交通部不断探索转变发展方式,提出了发展现代交通业"三个转变"❸和"三个服务"❹的重大决策;不能忘记2014年全国交通运输工作会议提出了"四个交通"❺的理念,推动交通运输科学发展;我们更不能忘记习近平总书记在党的十九大报告中明确指出要加快建设创新型国家,把"交通强国"作为新时代建设现代经济体系重要战略目标之一……这一项项遵循党中央国务院重大战略部署,结合我国交通运输发展实际做出的具有里程碑意义的决策,使交通运输,特别是水路交通铸就了无愧于时代的历史性变化,走出了一条具有中国特色社会主义交通运输发展的道路。

改革开放以来水路交通走过的历程可谓爬坡过坎,披荆斩棘,取得的成就来之不易。回答中国水运事业特别是水运基础设施建设为什么能实现历史性的变化,是怎样实现历史性变化的,这就是我们编纂《实录》的初衷。回顾总结水运发展可从多方面阐述,但核心的就是三条:没有社会主义制度的优越性,就不能集中力量办大事、办难事、办成事,就没有水运事业的历史性变化;没有改革开放,就不能调动、发挥各方面积极性,就没有水运行业科学的、持续的发展,就没有水运事业的历史性变化;没有人民群众对发展水运事业的殷切期盼,就没有发展水运事业的力量源泉和动力,也就没有水运事业的历史性变化。最根本的一条就是在党中央国务院坚强领导下,全体交通人特别是水运行业的广大干部职工筚路蓝缕、

---

❶ "三主一支持"是1989年2月27日在全国交通工作会议上正式提出的,从"八五"开始用了几个五年计划实施的交通基础设施建设长远规划。1990年在此基础上,增加"三主",就是公路主骨架、水运主通道、港站主枢纽,"一支持"即交通支持保障系统。

❷ "三阶段"发展战略即第一阶段从"瓶颈制约,全面紧张"走向"两个明显"(交通运输的紧张状况有明显缓解,对国民经济的制约状况有明显改善);第二阶段2020年前从"两个明显",再到"基本适应";第三阶段2040年前从"基本适应"到"基本实现现代化"。

❸ "三个转变"即交通发展由主要依靠基础设施投资建设拉动向建设、养护、管理和运输服务协调拉动转变;由主要依靠增加物质资源消耗向科技进步、行业创新、从业人员素质提高和资源节约环境友好转变;由主要依靠单一运输方式的发展向综合运输体系发展转变。

❹ "三个服务"是交通运输部提出的交通发展要服务国民经济和社会发展全局、服务社会主义新农村建设、服务人民群众安全便捷出行。

❺ "四个交通"是交通运输部综合分析形势任务,立足于交通运输发展的阶段性特征,更好地实现交通运输科学发展,服务好"两个百年目标",由部党组于2014年研究提出的当时和此后一个时期的战略任务,即全面深化改革,集中力量加快推进综合交通、智慧交通、绿色交通、平安交通的发展。

砥砺奋进,水运事业才取得了令世人瞩目和彪炳史册的巨大成就,成为国民经济发展的"先行官"。

《实录》在谋篇布局上紧扣编纂初衷,由五篇十三章及附录构成,力求回答国际、国内社会特别是交通运输行业人士关注的问题,也为今后研究分析改革开放以来,我国水运基础设施建设的历程和规律提供了翔实的资料。《实录》分为九卷,每卷既是《实录》的一部分,又是水运基础设施建设一个相对独立的领域,便于研读分析。

第一卷为"综合",由四篇七章组成。第一篇"发展篇"中的第一章"改革开放以来的中国水运事业",对改革开放以来我国水运事业发展进行了系统回顾总结,分为历史性变化的阶段性特征、发展成就、基本经验和结语四个方面,全面阐述了在探索中国特色社会主义交通发展道路进程中实现了水运事业的历史性变化。第二章为"水运基础设施建设规划及前期工作",重点阐述了四个规划,即1993—1994年编制的《全国水运主通道、港口主枢纽总体布局规划》,2006年编制的《全国沿海港口布局规划》,2007年编制的《全国内河航道与港口布局规划》《国家水上交通安全监管和救助系统布局规划》。这是20世纪80年代交通部提出"三主一支持"规划设想,以及1998年交通部关于实现交通运输现代化"三阶段"设想的交通发展战略,在我国水运事业特别是基础设施建设方面的重要布局规划,指导了改革开放尤其是"八五"之后的水运基础设施建设,体现了交通发展的规划引领作用。重点项目的前期工作作为从规划安排到项目建设的重要转换环节,是水路交通建设可持续发展的保证,也是基础设施建设不可或缺的重要工作。第二篇"管理篇"的第三章"水运工程建设法律法规"和第四章"水运工程建设与管理",阐述了改革开放以来,我国水运工程建设吸收国际先进管理经验,结合我国工程建设实践建立起一套行之有效的法律法规,体现了全面依法治国理念在水运基础设施建设中的实践。第三篇"科技篇"的第五章"水运工程建设技术标准",展示了水运工程主要技术标准的发展,体现了我国水运工程建设的软实力。新中国成立之初,向苏联学习,采用的是"苏标"。历经几代水运建设者的艰苦奋斗,在水运工程实践中逐步形成了完整的中国水运工程标准规范体系,涵盖了水运工程所有领域,标志着中国水运工程标准从'无'到'有',由'弱'变'强'。第六章"水运工程建设科技创新与应用",从水运领域的港口、航道、枢纽、海工、疏浚吹填、地基处理、港口设备、环境保护、综合技术等方面,总结了改革开放近 40 年来水运工程技术创新与进展,体现了水运基础设施建设践行"科学技术是第一生产力"的理念和水运事业发展中的"亮点"。第四篇"开放篇"的第七章"水运工程建设对外合作与交流",记载了以企业为主的市场主体在国际水运工程,如港口码头建设、航道疏浚开发和营运管理等方面开展的国际合作与交流,特别是党中央提出"一带一路"倡议之后,水运工程在援建、施工承建、项目总承包以及投资和技术装备等方面取得的业绩,共收录了 84 个项目,反映了改革开放近 40 年来水运工程建设领域由"引进来"迈向"走出去"的历史性变化。

第二卷至第五卷为第五篇"成就篇",包括第八章"沿海港口与航道工程"(第二卷、第三卷)与第九章"内河港口工程"(第四卷、第五卷)。由于沿海港口的航道一般是港口(港区)的公共或专用航道,所以沿海的港口航道工程与港口码头泊位建设合并阐述,但内河航道是公共、公益性水运基础设施,为航道沿线各港口和航行的船舶服务,故对内河航道的工程建设单设一章(第十章)。第八章"沿海港口与航道工程"和第九章"内河港口工程"的最大区别在于收录入书的标准不同,第八章收录的是拥有万吨级泊位的沿海港口,第九章收录的是拥有 500 吨级泊位的内河港口。根据 2015 年《全国交通运输统计资料汇编》,港口货物吞吐量 1000 万吨以上沿海港口和 200 万吨以上内河港口为规模以上港口,沿海港口 39 个、内河港口 54 个,本书全部收录。对规模以下的港口,有万吨级以上泊位的 8 个沿海港口收录入书,有 500 吨级以上泊位以及国际河流边境贸易口岸港口等有特别典型意义的 53 个内河港口也收录入书。这样,第八章"沿海港口与航道工程"共收录港口 47 个,第九章"内河港口工程"共收录港口 107 个。第二卷至第五卷对沿海、内河港口的编撰内容,按港口的管理体制及地域位置,分省区市、港口、港区、工程项目四个层面展开。第八章"沿海港口与航道工程"共录入大中小型工程项目 1054 个(包括 1978 年和 2015 年在建项目),万吨级以上泊位 1739 个。第九章"内河港口工程"共录入工程项目 1133 个,500 吨级以上泊位 3028 个。由于从 20世纪 90 年代开始的长江口深水航道治理工程和长江南京以下 12.5 米深水航道整治工程实施完成,长江南京以下港口可接纳 5 万吨级船舶直接靠泊、10 万吨级船舶乘潮或减载靠泊,实现了海港化的功能,故《实录》收录的码头泊位视同海港,按万吨级泊位入书标准收录。此外,长江干线上的水富港是云南进入长江的"北大门",黑龙江、澜沧江边境河流的港口,泊位等级有些达不到500吨级,但这些港口在对外开放、发展边境贸易方面意义重大,也都收录入书。

第六卷为"成就篇"的第十章"内河航道工程",遵循2007年国务院批准的《全国内河航道与港口布局规划》明确的"两横一纵两网十八线"和我国通航河流分布特征设置"节、目"。2015年,我国内河通航里程12.7万千米,其中等级航道6.62万千米,四级以上的航道为2.22万千米,占等级航道的33.5%,故确定通航500吨级船舶的四级及以上航道工程收录入书。此外,对"两横一纵两网十八线"规划以外,一些在区域经济发展中有突出意义的内河航道建设工程,如赤水河等十二条河流的航道建设工程也收录入书。共收录了包括长江口深水航道治理工程、长江南京以下12.5米深水航道整治工程在内的256个项目工程。对"寸水寸金"的内河航道来说,这些工程极大地发挥了基础设施的服务能力,对发展我国水运事业的意义和作用不言而喻。

第七卷为"成就篇"的第十一章"内河通航建筑物(船闸与升船机)"。按我国大江大河(包括运河)水系分布状况以及航道发展"两横一纵两网十八线"的规划与分布设置"节、目"。发展内河航运是水资源综合利用的重要方向,船闸、升船机是内河通航建筑物中较为常见的工程设施。改革开放以来,我国在发展水利事业的同时,通过船闸、升船机建设,极大地改善了航道条件,提高了我国内河航运能力,助推国民经济的发展。第十一章收录改革开放以来,通过能力500吨级及以上船舶的船闸、升船机建设项目;对不在规划河流上或通过能力不够500吨级船舶的船闸、升船机,但对区域经济发展和科技创新有典型意义,如澜沧江景洪水力式升船机也收录入书。第十一章共收录改革开放以来工程项目168个,含220座船闸、9座升船机。

第八卷为"成就篇"的第十二章"水运支持保障系统工程"。水运支持保障系统由海事管理、救助打捞、船舶检验、科技教育、通信导航、船舶引航等构成,是水路运输不可或缺的重要组成部分。改革开放以来,我国在大力发展港口、航道水运基础设施的同时,高度重视支持保障系统建设,不断提高为水运发展的服务能力。第十二章按上述系统构成设置"节、目",共收录工程项目396个。相对港口、航道建设项目,支持系统的中小型项目居多,由于数量较大,在收录入书时对部分项目进行了汇总合并。

第九卷为"成就篇"的第十三章"重要水工工程",收录了六项重大水运工程。改革开放以来,我国的水运工程建设项目多达数千项,奠定了中国在全球的航运大国、交通大国地位,也为我国从航运大国、交通大国向航运强国、交通强国迈进奠定了坚实的基础。第十三章收录的六项工程,建设规模大,科技创新突出,对我国经济社会发展有重大意义,在国际上有重要影响,是我国水运发展辉煌成就的标志性工程。葛洲坝水利枢纽航运工程与长江三峡水利枢纽航运工程,特别是三峡工程的双线连续五级船闸和升船机为当今世界规模最大的内河通航建筑物。长江口深水航道治理工程,建成了12.5米的深水航道,获得了2007年国家科学技术进步奖一等奖,是世界上巨型河口航道治理的成功范例,连同长江南京以下12.5米深水航道整治工程,不仅使长江南京以下港口功能海港化产生巨大的经济社会效益,而且是党中央国务院关于建设长江黄金水道重大决策的基础性工程。上海国际航运中心洋山深水港区工程,不仅标志着我国在外海深水建设港口的技术进步,而且洋山深水港区四期工程自动化集装箱码头建成投产,使我国集装箱码头智能化建设处于世界领先地位。港珠澳大桥岛隧工程是极为复杂的水工工程,取得了一系列技术突破,标志着我国水工工程技术水平处于国际领先的第一方阵,大桥建成通车有力支撑了粤港澳大湾区发展。这六大工程是我国水工工程中的典型,在《实录》第十三章中做了比较细致的阐述。这一卷还有大事记、纪年图表等内容,不仅体现《实录》作为史书的完整性,而且便于读者查阅,比较直观地反映了改革开放以来,我国水运工程建设取得的成就。

在交通运输部的领导下,经过三年多的努力,《实录》编纂工作如期完成。编纂这部作为交通文化建设工程的书籍,凝聚了全行业的力量,众多的参编者为之付出了心血和智慧。特别是改革开放初期的文献,由于时间久远、机构变化、人员更迭,很多资料缺失,参编者千方百计,走访老同志,翻阅档案,力求《实录》的完整性、准确性。《实录》综合了改革开放近40年的水运基础设施建设项目,对此我们组织水运工程方面的专家编写了项目模板,并委托上海国际港务(集团)股份有限公司开发了电脑软件;第一次项目综合时,请重庆交通大学河海学院20多位师生进行了系统合成。《实录》编纂过程中,召开了多次专家咨询会、评审会,专家们为《实录》编纂建言献策,助推了编纂工作。交通运输部水运科学研究院承办《实录》

综合编纂工作,组织编写人员全力以赴,深入调查研究,及时解决编纂中存在的专业问题,确保《实录》编纂质量。本着对历史负责、对子孙负责的精神,参加综合编写的同志兢兢业业,按照时间节点的进度要求,完成各自的编写工作。人民交通出版社股份有限公司的编审同志,认真校审,为确保《实录》的出版质量做了大量的工作。最后,我们还要对支持《实录》编纂工作的中国远洋海运集团有限公司、招商局集团有限公司、中国交通建设集团有限公司表示衷心的感谢。

《中国水运史》《中国水运工程建设实录》

编审委员会

2020 年 11 月 10 日

总目录
Contents

第一卷　综　　合

一、发　展　篇

二、管　理　篇

第二卷　沿海港口与航道工程(上)

五、成就篇(一)

第三卷　沿海港口与航道工程(下)

五、成就篇(二)

第四卷　内河港口工程(上)

五、成就篇(三)

第五卷　内河港口工程（下）

五、成就篇（四）

第六卷　内河航道工程

五、成就篇（五）

第七卷　内河通航建筑物

五、成就篇（六）

第八卷　水运支持保障系统工程

五、成就篇（七）

第九卷 重要水工工程

五、成就篇(八)

《中国水运工程建设实录(1978—2015)》纪年图表

《中国水运工程建设实录(1978—2015)》大事记

综合类
工程类

附　录

目录
Contents

五、成就篇(六)

Record of
Port and Waterway Engineering
Construction in
China
中 国 水 运 工 程 建 设 实 录
（1978 — 2015）

五、成就篇（六）

第十一章
内河通航建筑物（船闸与升船机）

本章以 2007 年国务院批准的交通部《全国内河航道与港口布局规划》（以下简称《规划》）中的水系划分作"节""目"的设置原则。《规划》实施过程中，经批准还有些建成或在建的内河航运枢纽与通航建筑物，故增加"其他水系河流上的通航建筑物"一节，以全面表述改革开放以来，我国在内河航运建设及发展方面的成就。收录于本书的内河通航建筑物以四级（即 500 吨级）以上航道标准为主，具有典型意义或在发展内河航运方面具有重要作用的四级航道标准以下的通航建筑物也予纳入。长江干线上的葛洲坝及三峡水利枢纽通航建筑物规模大，技术先进，两工程成果将在本书的第十三章，作为我国改革开放以来的重要水运工程加以专题论述，故在本章中不再重复。

第一节　长江干流上的通航建筑物

一、综述

长江自西向东横贯中国，流经青海省、西藏自治区、四川省、云南省、重庆市、湖北省、湖南省、江西省、安徽省、江苏省、上海市等共 11 个省级行政区，于上海崇明岛以东注入东海，全长近 6400 千米。在湖北省宜昌市境内建有兼顾水利、防洪和通航功能于一体的葛洲坝水利枢纽工程和三峡水利枢纽工程（见本书第十三章）。

长江干流按河道的特征及流域地形划分为上、中、下游。其中，四川宜宾至湖北宜昌段为上游，长约 4504 千米，占长江全长的 70.4%，控制流域面积 1 亿公顷，宜昌以下至江西湖口（城陵矶）为中游，长约 950 千米，流域面积 6800 万公顷；湖口至长江口为下游，长约 938 千米，流域面积 1200 万公顷。

宜宾以上称金沙江，长 3464 千米，落差约 5100 米，约占全江落差的 95%。金沙江河床比降大，滩多流急，加入的主要支流有雅砻江。金沙江拥有丰富的水能资源，其蕴藏量达 1.12 亿千瓦，约占全国的 16.7%，可开发水能资源达 9000 万千瓦，其水能资源的富集程度堪称世界之最。金沙江分上、中、下段，其中，玉树至石鼓称为金沙江上段（全长 958 千米，落差 1677 米），石鼓至攀枝花称为金沙江中段（全长 1326 千米，落差 1570 米），攀枝花至宜宾称为金沙江下段(全长782千米,落差729米)。金沙江从上至下水能资源富集,特别是金沙江下段,由于雅砻江的加入,使得金沙江的流量大增。河流穿行于高山峡谷之中,具有建设高坝大库的地形地质条件。

根据国家发改委的安排,金沙江水电开发序列按照从下游、中游向上游推进的格局进行。下段是云南、四川两省的界河,规划建设4个梯级,依次为乌东德、白鹤滩、溪洛渡、向家坝四座水电站,总装机容量4000多万千瓦,相当于"两个三峡"的发电量。随着首尾相连的四座枢纽工程相继建成蓄水,向家坝、溪洛渡坝后已分别形成约157千米、194千米的库区深水航道,白鹤滩、乌东德坝后还将分别形成约183千米、200千米的库区深水航道,金沙江攀枝花至水富全段从而形成约734千米的库区深水航道,可通行1000吨级以上甚至3000~5000吨级船舶。

金沙江水电开发过程中,对航运发展要求兼顾不够。在该段河道规划建设的梯级中,仅有向家坝枢纽同步建设了通航建筑物。该工程采用垂直式升船机,最大提升高度为114米,最大过坝单船1000吨级,设计单向年通过能力112万吨。溪洛渡枢纽的通航建筑物采用缓建模式,设计中仅在总体布置上预留了位置。白鹤滩和乌东德两枢纽工程尚未考虑设置通航建筑物。金沙江被阻断后水运物资只能翻坝运输,导致物流成本大大提高,使建库后形成的优越航运资源难以利用并发挥效益。

二、金沙江的通航建筑物

1. 闸坝概况

(1)自然地理条件

向家坝水电站位于金沙江干流下游的向家坝谷出口处,是金沙江下游梯级开发的最末一个梯级。向家坝坝址区位于云贵高原与四川盆地南部丘陵地区的接合部,两岸山势向下游倾斜,谷坡相对低缓,地势开阔,地形复杂。

向家坝库区位于亚热带季风气候区内,同时具有云南高原气候向四川盆地气候过渡的特点。区域内热量充足、雨量丰沛、四季分明,水、热同步,夏季温高湿度大、冬温暖、无霜期长,有利于亚热带林木、农作物的生长。由于独特的地形条件,加之地形高差大,气候的水平地带性和垂直分布性较明显,上游地区气温高于下游地区,降水量则正好相反。

(2)闸坝建设情况

向家坝水电站位于云南省水富市与四川省宜宾市叙州区交界的金沙江上,坝址上距溪洛渡水电站坝址157千米,下距云南省水富市和四川省宜宾市分别约1.5千米和33千米。向家坝水电站由三峡集团承建,拦河大坝采用混凝土重力式结构,坝顶高程384米,最大坝高162米,坝顶长度909.26米。坝址控制流域面积4588万公顷,占金沙江流域面积的97%,多年平均径流量3810立方米/秒。水库总库容51.63亿立方米,调节库容9亿立方米,回水长度156.6千米。电站装机容量775万千瓦,保证出力2009兆瓦,多年平均发电量307.47亿千瓦时。

2002年10月,向家坝水电站经国务院正式批准立项,2006年11月26日正式开工建设,2014年7月10日全面投产发电。

(3)建设成就

向家坝水电站以发电为主,同时改善通航条件,兼顾防洪、灌溉,并有拦沙和对溪洛渡水电站进行反调节等作用。枢纽工程主要由挡水建筑物、泄洪消能建筑物、冲排沙建筑物、左岸坝后引水发电系统、右岸地下引水发电系统、通航建筑物及灌溉取水口等部分组成。

向家坝水电站是中国第三大水电站,世界第五大水电站,也是西电东送的重要电源点。该水电站是金沙江水电基地25座水电站中唯一兼顾灌溉功能的超级大坝,也是金沙江水电梯级中唯一建设通航建筑物的工程,其升船机规模堪比三峡工程,同属世界最大单体升船机。千吨级船舶过坝只需15分钟,船舶过坝效率高于三峡连续五级船闸。

2. 通航建筑物

项目于2011年5月开工,2018年5月试通航并竣工。

向家坝升船机采用全平衡齿轮爬升螺母柱保安式一级垂直升船机,主要由上游引航道、上闸首、船厢室段、下闸首和下游引航道五部分组成,全长约1530米。升船机按四级航道标准设计,设计代表船型为2×500吨级1顶+2驳船队,同时兼顾1000吨级单船。船队的长、宽与吃水分别为109.0米、10.8米与1.6米(下文尺度简写为:长×宽×吃水),单船设计尺度为85米×10.8米×2米,船厢有效水域尺度为114.0米×12.0米×2.5米(长×宽×水深,下同)。该升船机最大提升高度114.2米,船厢升降速度12米/分钟,船厢正常运行加速度0.01米/二次方秒,船厢驱动电机额定功率4×250千瓦。

该升船机建设单位为中国长江三峡集团有限公司,设计单位为中国电建集团中南勘测设计研究院有限公司和长江勘测规划设计研究有限公司,施工单位为中国葛洲坝集团股份有限公司、武汉船舶工业公司等,监理单位为水利部建设管理与质量安全中心。

2008年12月28日,二期工程截流;2009年11月16日,二期工程开浇首仓混凝土;2011年2月2日,渡槽段首仓混凝土浇筑;2013年3月底,三期围堰建成,完成基坑抽水;2015年3月,辅助闸室辅助闸首混凝土浇筑完成;2015年11月,船厢进行首次充水,完成平衡重系统安装;2016年6月,完成船厢设备安装;2017年5月,完成船厢运行试验;2017年9月,完成过船联合调试;2018年1月,完成升船机第一阶段实船试验。

第二节　长江重要支流通航建筑物

一、岷江的通航建筑物

(一)综述

岷江是长江上游的主要支流,发源于四川省西北部岷山山脉南麓,自西北向南流,经松潘、汶川、都江堰、成都、眉山、乐山等 13 个县、市,于宜宾市城东汇入长江,干流全长 793 千米,流域面积 1325 万公顷。

为综合利用岷江上游成都至乐山段 186 千米河道的灌溉、供水、航运等多种功能,适应水运发展和沿线两岸工农业合理布局,促进发展第三产业,四川省发改委、交通运输厅、水利厅于 2009 年联合批准了《岷江(彭山—乐山岷江三桥段)航电规划》,拟通过采取建设 7 级航电枢纽梯级渠化方式,将彭山县江口到乐山 115 千米航道建设达到四级标准。1999 年 6 月,四川省交通厅批准启动了岷江上游成都至乐山段航运建设工程,2015 年 5 月建成了其中的汉阳航电枢纽,同期建成等级为四级的船闸 1 座。

为了进一步提升岷江航道等级,提高通航能力,2005 年 5 月,四川省交通厅组织四川省交通勘察设计研究院开展了《岷江(乐山—宜宾段)航运发展规划》研究编制工作。2008 年 9 月,四川省发改委又组织四川省交通厅交通勘察设计研究院和四川省水利水电勘测设计研究院共同开展《岷江(乐山—宜宾段)航电规划》的编制工作,2009 年该规划获得四川省政府批复。该规划提出拟将岷江下游乐山至宜宾 162 千米航道,通过采取建设 4 级航电梯级渠化加整治的方式建设成三级航道,其中的犍为枢纽已于 2015 年正式开工建设,龙溪口枢纽也于 2020 年正式动土开建。

岷江梯级水位图如图 11-2-1 所示。

(二)汉阳船闸

1.闸坝概况

(1)自然地理条件

汉阳电航枢纽位于岷江干流中游的彭山江口至乐山岷江三桥段,河道长 102.4 千米,有险滩 54 个,砂卵石河床,河段总落差 76 米,平均水面坡降 0.6‰。河床江口至青神河面宽 250～500 米,河漫滩发育,多汊道,流水散乱,两岸建有防洪大堤。青神以下,河床逐步收缩,进入平羌峡(30 千米),夹岸青山蜿蜒迂回。流水过峡后河谷开阔,于乐山肖公嘴与大渡河合流。枯水期航道尺度为:水深 1 米,槽宽 15 米,弯曲半径 250 米,通行船舶 10～50 吨机驳船。

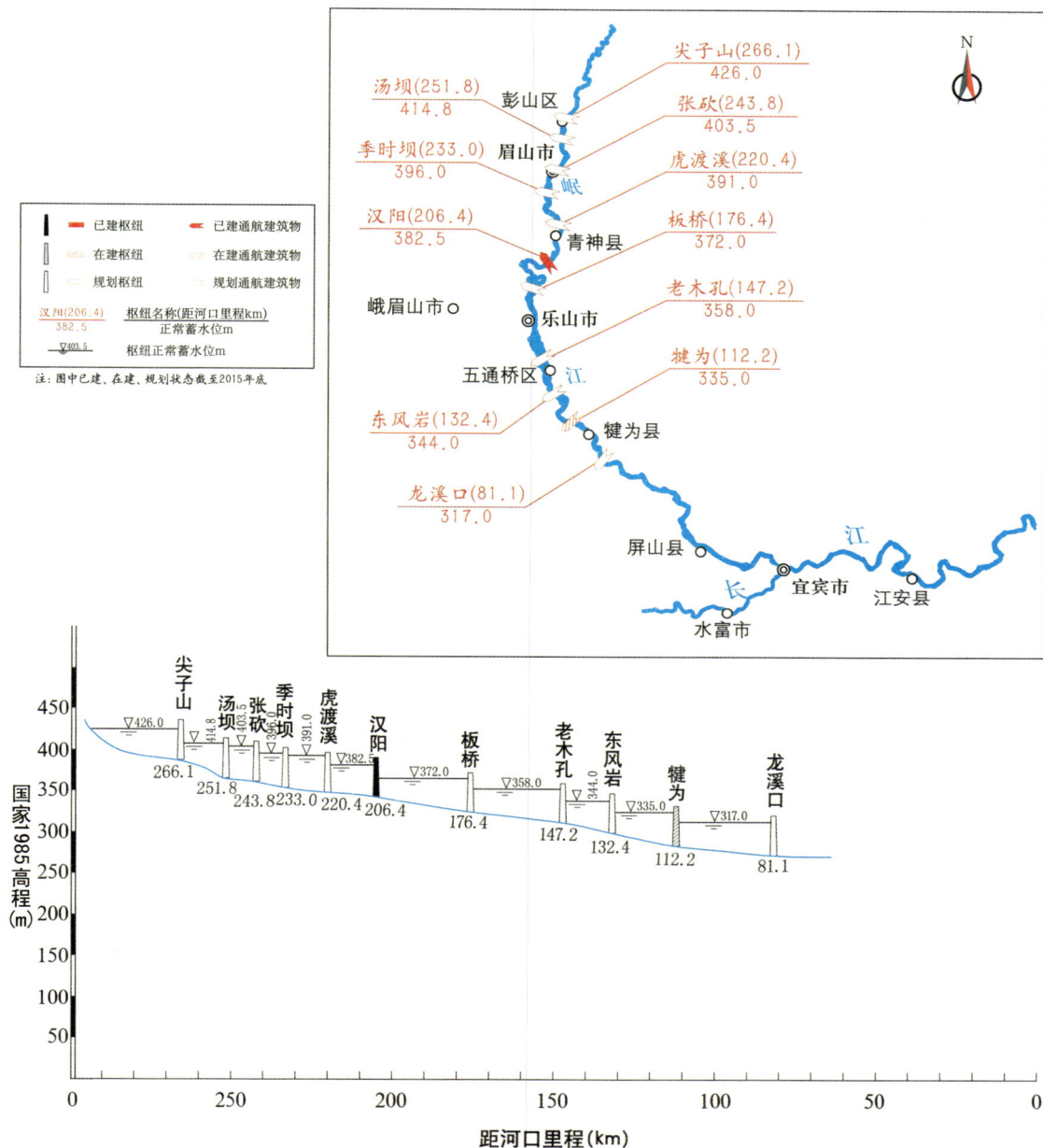

图 11-2-1　岷江梯级水位图

枢纽区以侏罗系上统砖红色细砂岩、白垩系下统粉砂质泥岩和泥质粉砂岩及厚-巨厚层状砂岩/细砂岩等软质岩类为主。河谷两侧冲积物非常发育,构成宽广的河漫滩及一级阶地。二级阶地零星分布,呈基座式。

船闸及厂区工程地质条件较简单,持力层选择在弱风化白垩系呈互层状的泥质粉砂岩、粉砂质泥岩夹泥岩夹层的红层之上,两岸土质边坡高一般15米左右,存在的主要工程地质问题为土质边坡的稳定问题。

岷江汉阳枢纽所在河段多年平均流量640立方米/秒,多年平均年径流量202亿立方米,正常运用(设计)洪水标准及流量1.43万立方米/秒,多年平均悬移质输沙量398万吨,多年平均悬移质含沙量0.20千克/立方米,多年平均输沙量426.7万吨。

工程流域气候温和,四季分明,冬暖春早,夏热秋凉,冬干春早,夏秋多雨,无霜期长,日照数少,雨量较丰。年均气温15～18摄氏度,年降水量1000～1200毫米(不含大渡河)。岷江流域降雨在年内分配很不均匀,雨量集中于汛期6—9月。多年平均气温17摄氏度,极端最高气温37.7摄氏度,极端最低气温－3.4摄氏度。多年平均降水量1113.0毫米,多年平均相对湿度85%,日照小时数1158小时,无霜期324天。

(2)闸坝建设情况

汉阳电航枢纽工程地处四川省青神县境内岷江干流中游,是岷江(彭山江口—乐山岷江三桥段)干流自上而下开发的第七个梯级。汉阳电航枢纽工程是以发电、航运为主,兼顾防洪、灌溉、供水、改善生态环境等其他综合利用,并促进区域经济发展的枢纽工程。枢纽为三等中型工程,枢纽主要建筑物泄洪闸、电站厂房、船闸及厂区上游挡水坝、防洪堤等为三级建筑物,次要建筑物(消能工、导墙等)为四级,临时建筑物(导流建筑物等)为五级。电站总库容8620万立方米,水库正常蓄水位382.5米,相应库容3700万立方米,调节库容400万立方米,具有日调节能力,死水位380.0米,总装机容量72兆瓦,多年平均发电量3.08亿千瓦时。船闸按四级航道通行2×500吨级船队设计。

(3)建设成就

汉阳作为岷江成都—乐山河段规划渠化的八个梯级中自上而下第七个梯级,它的建设保障了岷江中游四级航道全线贯通,推进了岷江航道等级的提升,是弥补四川电网电力电量不足的重要措施,是四川省电力工业可持续发展战略的组成部分。另外,它的建设还大大促进了青神县旅游业的发展,促进了沿河防洪体系建设,改善了供水灌溉环境,对构建和谐社会具有重要意义。

2. 通航建筑物

项目于2012年9月开工,2015年5月试通航并竣工。

项目建设依据:2011年2月,四川省工程咨询研究院《四川岷江汉阳电航枢纽工程预可行性研究报告》(川工咨〔2011〕50号);2013年7月,四川省工程咨询研究《四川岷江汉阳电航枢纽工程可行性研究报告》(川工咨〔2013〕392号);2013年4月,四川省环境保护厅《关于四川岷江汉阳航电工程环境影响报告书的批复》(川环审批〔2013〕229号);四川省国土资源厅《关于四川岷江汉阳电航枢纽工程用地预审意见的复函》(川国土资函〔2013〕463号)。

岷江汉阳电航综合枢纽船闸工程采用单线、单级船闸方案,建设标准为四级,按通行

500 吨级船舶设计。上游设计最高通航水位采用枢纽正常蓄水位 382.5 米,最低通航水位采用死水位 382.0 米;下游设计最高通航水位采用重现期 3 年一遇洪水流量(8010 立方米/秒)时相应的下游水位 380.85 米,最低通航水位按规划报告确定为 371.5 米。闸室有效尺度为 120 米 × 16 米 × 3.5 米(长 × 宽 × 门槛水深,下同)。枢纽总投资 10.69 亿元,其中地方政府投资 1.19 亿元,企业自筹 2.57 亿元,银行贷款 6.9 亿元。枢纽工程土地总面积 1.29 万亩,其中水库淹没区及枢纽工程区永久占地区 1.26 万亩(耕地 620.28 亩、林地 446.75 亩、住宅用地 11.39 亩、交通运输用地 5.13 亩、水域及水利设施用地 1.15 万亩,其中国有季节性河滩耕地 756.27 亩),临时占用土地 323.92 亩(耕地 311.69 亩、林地 10.01 亩、草地 0.2 亩、水域及水利设施用地 2.02 亩)。

汉阳电航枢纽工程建设单位为青神金弘能源投资开发有限公司;湖南省水利水电勘测设计研总院负责工程可行性研究报告编制及设计工作;施工单位中,广东水电二局股份有限公司负责航电枢纽工程的建筑工程、机电设备安装工程、金属结构设备制造和安装工程以及为完成上述工程所需的施工辅助工程和其他项目的施工,四川恒河建筑有限责任公司负责枢纽防洪堤建设工作;监理单位为四川大桥水电咨询监理有限责任公司,负责航电枢纽工程(含左右岸与副坝相连接的防洪堤、护岸)及安装工程监理服务工作;质监单位为四川省地方电力机电设备质量监督检验站(土建)和四川省水利地方电力建筑安装工程质量检测中心站(机电)。

3. 经验与启示

汉阳电航枢纽是四川所有航运项目中第一个引进民间企业资金开工建设并且投产发电的项目。汉阳电航枢纽工程的枢纽工程和船闸工程是"同步设计、同步实施、同步完工"的项目,也是迄今岷江中游(彭山江口—乐山三桥)第一个开工、第一个竣工、第一个投产的项目。

(三)犍为船闸

1. 闸坝概况

(1)自然地理条件

岷江是长江上游的一级支流,位于四川盆地腹部区西部边缘,地理位置介于东经 99 度 42 分 ~ 104 度 40 分和北纬 28 度 20 分 ~ 33 度 38 分。岷江发源于四川与甘肃接壤的岷山南麓,干流自北向南流经茂县、汶川至都江堰市,由都江堰分水为内、外二江,穿成都平原后在彭山汇合,继续南流,经青神至乐山乌尤寺右岸纳入大渡河、青衣江,转向东南流,经犍为、过宜宾,在宜宾城下汇入长江。干流全长 735 千米,流域面积 1358 万公顷,天然落差 3560 米,平均比降 4.84‰。犍为航电枢纽工程位于四川省乐山市犍为大桥上游约

1.45千米处，集雨面积为12.68万平方千米，坝址河段顺直，水面开阔，水流平缓。

枢纽区以侏罗系上统砖红色细砂岩、白垩系下统粉砂质泥岩和泥质粉砂岩及厚-巨厚层状砂岩/细砂岩等软质岩类为主。河谷两侧冲积物非常发育，构成宽广的河漫滩及一级阶地。二级阶地零星分布，呈基座式。船闸及厂区工程地质条件较简单，持力层选择在弱风化白垩系呈互层状的泥质粉砂岩、粉砂质泥岩夹泥岩夹层的红层之上，两岸土质边坡高一般15米左右，存在的主要工程地质问题为土质边坡的稳定问题。

坝址以上岷江干支流水电站众多，但是除了具有不完全年调节能力的紫坪铺水利枢纽工程和具有季调节能力的瀑布沟水电站对岷江中下游径流年内分配有一定调节作用外，其余电站因调节能力较弱，对岷江中下游径流年内分配影响较小。

岷江流域地跨上游高原气候区及中下游盆地亚热带湿润季风气候区。降水在年内分配很不均匀，集中于每年6—9月。流域内气温从上游向下游升高。据乐山气象站实测资料统计，多年平均气温17.1摄氏度，极端最高气温36.8摄氏度，极端最低气温-2.9摄氏度，多年平均年降水量1323.2毫米，其中6—9月的降雨量占年雨量的70.4%。多年平均风速1.3米/秒，历年最大风速17米/秒，相应风向NE。岷江流域径流主要来源于降水，其次为高山融雪水和地下水补给，汛期为每年的5—10月，枯季为当年11月—翌年4月。

（2）闸坝建设情况

犍为航电枢纽工程位于岷江下游乐山市犍为县境内，是岷江下游河段航电规划的第三个梯级。坝址位于犍为县城上游约3千米处，距上游东风岩梯级约18.1千米，距下游龙溪口梯级约31.8千米。犍为航电枢纽工程为二等大（2）型工程，枢纽工程主要建筑物包括船闸、泄洪冲沙闸、发电厂房、混凝土重力坝、鱼道、开关站和库区防洪堤等。坝址以上控制流域面积1268万公顷，坝址多年平均流量2520立方米/秒。枢纽正常挡水位为335米，水库总容量为2.28亿立方米，渠化岷江三级航道长20.2千米，建设三级船闸和装机容量500兆瓦电站各一座。船闸可通航2×1000吨船队。

枢纽主要建筑物采用一字形布置，从左至右依次为：左岸接头坝段（88.01米，其中1～3号为刺墙坝，鱼道挡洪闸坝段长12米，4号为重力坝段），厂房段269.54米（装卸场23米，安装间59米，主机间187.54米），右储门槽坝段（22.0米），泄洪冲沙闸坝段（553米），船闸段（82米），右岸接头重力坝（40米），回车场（40米）。坝顶总长1094.55米。坝顶高程为342.80米。

（3）建设成就

岷江（乐山—宜宾段）航道列入国家"十二五"期间重点建设的高等级航道之一，通过"渠化上段，整治下段"的建设方案，该河段达到三级航道标准，可常年通行1000吨级船舶。犍为航电枢纽的建设不仅有助于国家高等级航道建设，而且建设完成后可有效保证四川省大件装备的对外运输。

2.通航建筑物

项目于2015年12月开工，2019年9月试通航。

项目建设依据：2015年7月，国家发改委《关于岷江犍为航电枢纽工程可行性研究报告的批复》（发改基础〔2015〕1553号）；2015年10月，交通运输部《关于岷江犍为航电枢纽工程初步设计的批复》（交水函〔2015〕671号）；2013年4月，水利部《关于岷江犍为航电枢纽工程水土保持方案的批复》（水保函〔2013〕122号）；2014年3月，环境保护部《关于岷江航电犍为枢纽工程环境影响报告书的批复》（环审〔2014〕37号）；2013年12月，国土资源部《关于四川岷江航电犍为枢纽工程建设用地预审意见的复函》（国土资预审字〔2013〕255号）。

犍为船闸工程主要由上游引航道、上闸首、闸室、下闸首及下引航道等组成，全闸总长约1325.70米，其中上、下游引航道长度分别为435.70米和581米。船闸按三级标准设计，设计代表船型为1000吨级，尺度为67米×11.0米×（2.2～2.6）米；设计代表船队为2×500吨级顶推船队，尺度为168米×11.0米×（2.2～2.6）米。

闸室采用分离式结构，设计水头19米，闸室有效尺度220米×34米×4.5米，并预留二线船闸位置。上游设计最高、最低通航水位分别为335.00米和325.50米，最高通航流量为1.1万立方米/秒。下游设计最高通航水位为325.11米，最低通航水位为316.00米。船闸上闸首由两侧边墩和帷墙组成，边墩设置有输水廊道及闸阀门启闭机械等；下闸首由两侧边墩和底板组成，对称于船闸轴线布置，边墩设置有输水廊道及闸阀门启闭机械等。输水系统采用闸墙长廊道、闸底横支廊道输水系统。充水时间631秒，泄水时间743秒。船闸闸门采用人字门，输水阀门为反向弧形闸门。工作闸、阀门均采用液压启闭机启闭，检修闸、阀门采用轨道式门机启闭。一次过闸时间近期65.39分钟，远期62.39分钟。

枢纽项目工程资本金40%，包括交通运输部水运建设资金9.98亿元，省级补助资金10亿元，乐山市补助资金10亿元，其余12亿元由公司自筹；银行贷款60%，由国开行牵头的银团提供。枢纽工程建设区占地5.63平方千米，其中陆地面积4.87平方千米、水域面积75公顷。

项目建设单位为四川岷江港航电开发有限责任公司；设计单位中，广西电力设计研究院有限公司主要负责枢纽工程闸坝、厂房、库区防护工程设计工作，四川省交通设计院负责船闸工程设计工作；施工单位中，中交第四航务工程局负责左岸10孔泄洪闸、临时航道、砂石系统及右岸船闸工程施工，中水第五工程局有限公司负责左岸厂房及右岸18孔泄洪闸施工，中水第七工程局有限公司主要负责9台发电机及辅机设备安装，以及全厂电气设备安装，中水第十工程局有限公司主要负责28孔泄洪闸金属结构安装以及厂房进、尾水闸门金属结构安装，四川港航建筑工程有限公司负责库区防护工程施工，包括石马坝、前丰坝垫地工程、塘坝乡防护及排涝工程；监理单位为四川省城市建设工程监理有限公司,负责闸坝、厂房监理;四川水运工程监理事务所,负责船闸工程监理;质监单位为乐山市交通基本建设质量监督站。

项目的重要科技创新为:①胶凝砂砾石防护工程科研研究(岷江航电公司、广西院、江源公司、中国水科院、港航建设);②全程全专业BIM(Building Information Modeling,建筑信息模型)技术应用(山鼎设计股份有限公司);③全生命周期管理信息系统(希盟泰克)。项目的获奖情况为:正在申报胶凝砂砾石防护堤科研立项,已获中国大坝协会评审认定国际领先技术。项目取得专利为:一种连续式滚筒搅拌机及其使用方法,专利号为ZL201310391982.7,授权时间为2015年6月10日。

3.经验与启示

犍为航电枢纽工程历经岷江三个枯水期、两个汛期,采用不断航施工方案,保证了航运的畅通。枢纽工程施工采用三期六段导流,施工导流时段由岷江水文条件限定,每个导流时段需完成的建筑物施工组织难度大。犍为航电枢纽工程在建设中,通过积极探索研究,优化创新,使用了各种先进技术。这些技术在工程建设过程中发挥了重要作用,既有施工标准化的运用,又有创新技术的应用。根据工程特性,采取的多种有效方式,既促进了犍为航电枢纽建设,也为我国大型工程建设发展做出了有益的尝试。

(1)智慧建造系统研发与应用

针对航电枢纽工程的建设特点和犍为航电枢纽建设期管理中通航安全分析与预警、混凝土坝施工进度与质量控制等关键问题,基于BIM技术、物联网技术、施工仿真技术等先进技术,研究适用于航电枢纽建设管理的智慧建造技术,实时监控枢纽施工进度、大体积混凝土施工质量的动态变化,及时预警枢纽施工进度偏差和施工过程质量控制问题,有效支撑枢纽进度控制和施工过程质量管理,为犍为航电枢纽工程的建设管理提供辅助管理工具和决策信息。结合航道内水文、水位、水下地形变化及流场计算,分析枢纽区域航道动态变化及对通航安全的影响,为航电枢纽区域内施工期航道的安全管理提供技术支持和决策依据。

(2)胶凝砂砾石筑堤关键技术研究

岷江航电工程胶凝砂砾石科研试验是国内外首次将胶凝砂砾石筑堤技术运用于非岩基上的永久工程,通过分析、试验和验证,证明岷江四个航电枢纽工程防护堤具有该项新技术应用的条件,预计可节省投资6亿元,其经济、社会和环保效益显著,安全度高,施工快速,具有广泛的推广应用价值。

(3)BIM技术应用

犍为航电枢纽BIM技术的工程管理应用与实施,严格按照同步于实际工程项目建造的实践过程,在项目实施过程中推进BIM技术的普及运用,已完成基础BIM技术标准、流程、人员组织、基础资源及软硬件设施的全面准备工作,现结合项目实际建设进度,定岗定职正稳步推进各建设标段 BIM 信息模型创建、维护,同时已展开三维可视化技术交底、工艺方案模拟及工程设计与施工综合协调管理应用等 BIM 技术应用与研究工作。

（4）基建管理信息系统应用

基建管理信息系统以合同管理为主线,实现了投资控制、进度管理和质量安全之间的平衡与约束;BIM 技术的使用,为以后数字化移交奠定了基础;现场控制方面,为业主、施工、监理、设计方提供了一个良好的协同工作环境;通过与集团 OA（Office Automation,办公自动化）系统、财务系统的整合,实现财务业务一体化,形成工程大数据,为相关决策提供依据。

（5）智慧航电系统研发

为提高劳动生产率、降低运行成本,本项目开展了智慧航电系统研发,确立了将岷江四级航电枢纽建设成为国内智慧化程度最高的航电项目的目标。智慧航电系统在云计算、大数据、物联网、人工智能等新技术的基础上建立一个从感知层到决策层完全一体的智慧平台,首次在航电枢纽上全面引入视、听、嗅觉感知,以此全面模仿人的感知和思维,让航电枢纽"聪明"起来。犍为船闸为四川省最大的船闸、国内自动化程度最高的船闸,申请过闸、船舶调度、闸门操作全自动化,可以在运行人员不参与的情况下完成整个过闸操作。

（6）工法创新

①装配式导航墙。装配式的导航结构,结构形式新颖,符合标准化施工工厂化的理念。装配式导航墙较重力式结构经济效益明显,隔流板采用工厂预制＋现场拼装模式,工厂预制较现场浇筑更好控制工程质量,同时在现场浇筑导航墩台时,可与工厂同时完成隔流板预制,在工程进度上更好把握。与常规重力式导航墙相比,具有结构形式新颖、混凝土使用方量小、施工效率高、节省模板、成本低、节能环保等优势。

②集料加工与拌和站一体化建设。从自然资源的利用,到原料加工、生产、拌和,形成零运距无缝对接。场站从安全环保等方面出发,实现了标准化建设。

③胶凝砂砾石研究。犍为航电枢纽工程将胶凝砂砾石筑坝作为永久建筑物用于岷江航电防洪堤工程。该坝型在国内尚无永久工程应用实例。通过研究该坝型在永久工程上使用的可行性、经济性、在砂卵石地基上的适应性,以及筑坝材料选择及其配合比设计方法、坝体结构设计方法、施工工艺及质量控制措施等,为今后航电项目库区工程中的中小型堤防建设带来极大的经济价值和推广价值。

④翻模工艺技术。桁架式大块钢模板由外侧大块桁架式钢模板和操作平台两部分组成,可实现两部分独立安拆,确保了作业人员安全,保证了混凝土外观质量,以简易安全的工作平台代替了传统的安装模板脚手架,节省了临时周转材料投入,提高了模板的周转使用率。

（7）平安及环保新举措

①虚拟信息技术安全体验馆。施工安全体验是建立在 VR（Virtual Reality，虚拟现实技术）上的专业化安全教育培训新模式。

②安全管理云平台。在安全管理体系建设的基础上，将体系要求通过信息化手段进行固化，涵盖工程项目现场各类本质安全管理的全部业务流程，形成各安全管理要素闭环管理、持续改进的长效机制。

③生态鱼道。鱼道是便于鱼类等水生生物降河或溯河洄游越过堰、大坝、水闸等障碍物的建筑物。它改善了河流的纵向连通性，在一定程度上减缓了障碍物对生态的负面影响。犍为航电枢纽仿生态鱼道是模仿自然河流、呈现自然水道形式的鱼道，它提供的流动条件类似于未受干扰的河流，从而使鱼类越过鱼道时不发生非生物性边界条件的改变，使鱼类更容易通过。

④增殖放流站。为保护岷江水生生物资源，维护岷江水生物种生态平衡，切实落实"绿色发展、生态工程"的发展理念，犍为航电枢纽工程建立珍稀鱼类增殖放流站，有效补充了岷江流域水生资源，改善和优化了岷江水域的鱼类群落结构，加快了岷江流域生态文明建设步伐。

二、嘉陵江的通航建筑物

（一）综述

被列为国家高等级航道规划的嘉陵江是长江的重要支流，发源于陕西省凤县西北凉水泉沟和甘肃省天水平南川，两源南流至陕西省略阳县白水江镇相汇，合流向南经阳平关进入四川省广元市昭化区昭化镇，在此镇接纳主要支流白龙江后，流经广元苍溪、南充、广安至重庆合川入渝，于重庆朝天门河口汇入长江。嘉陵江全长 1119 千米，落差 2300 米，平均比降 2.05‰，流域面积 1598 万公顷。

嘉陵江干流航道起于四川省广元市昭化区的铁路桥，止于重庆市渝中区的朝天门滩。在天然状态下，通航里程 740 千米。嘉陵江共有滩险 344 个，平均每 2.14 千米就有一个滩。在经过梯级渠化开发建设后，通航里程缩短为 688 千米。从起点至川渝交界处广安市武胜县黄帽沱，川境段长 534 千米，有滩险 48 个。

嘉陵江在四川省境内沿途主要支流有白龙江、东河、西河、渠江、涪江等，流域内有通航河流 10 余条，通航里程 1374 千米。其中，广元市辖区 569 千米，南充市辖区 726 千米，广安市辖区嘉陵江 79 千米（不包含渠江航道）。除嘉陵江干流及其支流渠江已渠化的河段达四级航道外，其余均为六、七级航道。

嘉陵江在渝境内航道里程 154 千米，处于嘉陵江中下游，左岸接纳渠江，右岸纳涪江，桐子壕船闸至合川59千米河段属嘉陵江中游段,现航道维护等级为五级,可通航300吨级船舶;合川至重庆段95千米为下游段,现航道维护等级为三级,可通航1000吨级船舶。

2005年6月,长江水利委员会编制完成《嘉陵江干流综合规划报告》(征求意见稿),2008年12月形成最终报告。该报告以干流规划为重点,推荐嘉陵江干流中下游河段航运梯级开发方案为:亭子口(458米)、苍溪(373米)、沙溪(364米)、金银台(352米)、红岩子(336米)、新政(324米)、金溪(310米)、马回(292.7米)、凤仪(280米)、小龙门(269米)、青居(262.5米)、东西关(248.5米)、桐子壕(224米)、利泽场(213米)、草街(203米)、井口(177.5米),共16级。1993年10月,四川省政府批准了由长江水利委员会于1992年编制的《嘉陵江干流广元至苍溪河段规划报告》。该报告提出在亭子口电站上游再建设水东坝、上石盘两级枢纽。2016年11月,广元市发改委批准了嘉陵江上石盘电航综合枢纽船闸工程。上石盘枢纽为嘉陵江上游第一梯级,正常挡水位472.5米,渠化航道11千米。

按照"综合利用、航电结合、联合建设、滚动开发"的指导思想,1989年1月,嘉陵江上第一座航电枢纽——马回电站正式开工建设。经过建设,嘉陵江干流梯级渠化开发广元以下已建成亭子口、苍溪、沙溪场、金银台、红岩子、新政、金溪场、马回、凤仪场、小龙门、青居、东西关、桐子壕、草街14座梯级。川境内的上石盘枢纽正处于建设之中,渝境内利泽枢纽于2019年3月正式开建,井口梯级还在论证中尚未决策。由于嘉陵江各级枢纽之间皆以正常蓄水位衔接,在各梯级库尾均存在不同长度的滩段,枯水期水深不足需要整治。在交通运输部的大力支持下,2015年12月,四川省开展了嘉陵江川境段航运配套工程。工程完工后,每级枢纽的库区航道等级均达到四级标准,航道尺度为1.9米×45米×480米,常年可通航2×500吨级船队。

嘉陵江梯级水位图如图11-2-2所示。

(二)亭子口升船机

1.闸坝概况

(1)自然地理条件

嘉陵江由北西向南东流经坝址区,流向170度,河段平直开阔,呈浅"U"形河谷,谷底宽170~350米,高程458米处谷宽778~856米。河床左侧为主河槽,枯水位370~371米,相应水面宽170~200米,水深1.1~4.5米。河床覆盖层厚度6~10米,最厚处约13.5米,基岩顶板高程352.86~364米。

坝区出露地层为白垩系下统苍溪组(K1c)砂岩、粉砂岩、黏土岩,总厚度480米,为软硬相间不等厚的层状岩层。主要的砂岩层位有K1c6~1、K1c4~2、K1c3~2、K1c2~3、K1c2~1共5层,除K1c4~2层为长石石英砂岩结构较疏松为软岩外,其余四层均为较坚硬的岩屑砂岩,其中河床坝基下 K1c2～1 层砂岩厚 23～28 米。坝区第四系分布较广,主要为河流冲积与崩滑堆积。河床冲积砂砾石厚 6～13.50 米;左岸古滑体厚度一般 20～40米,最大厚度 63 米。

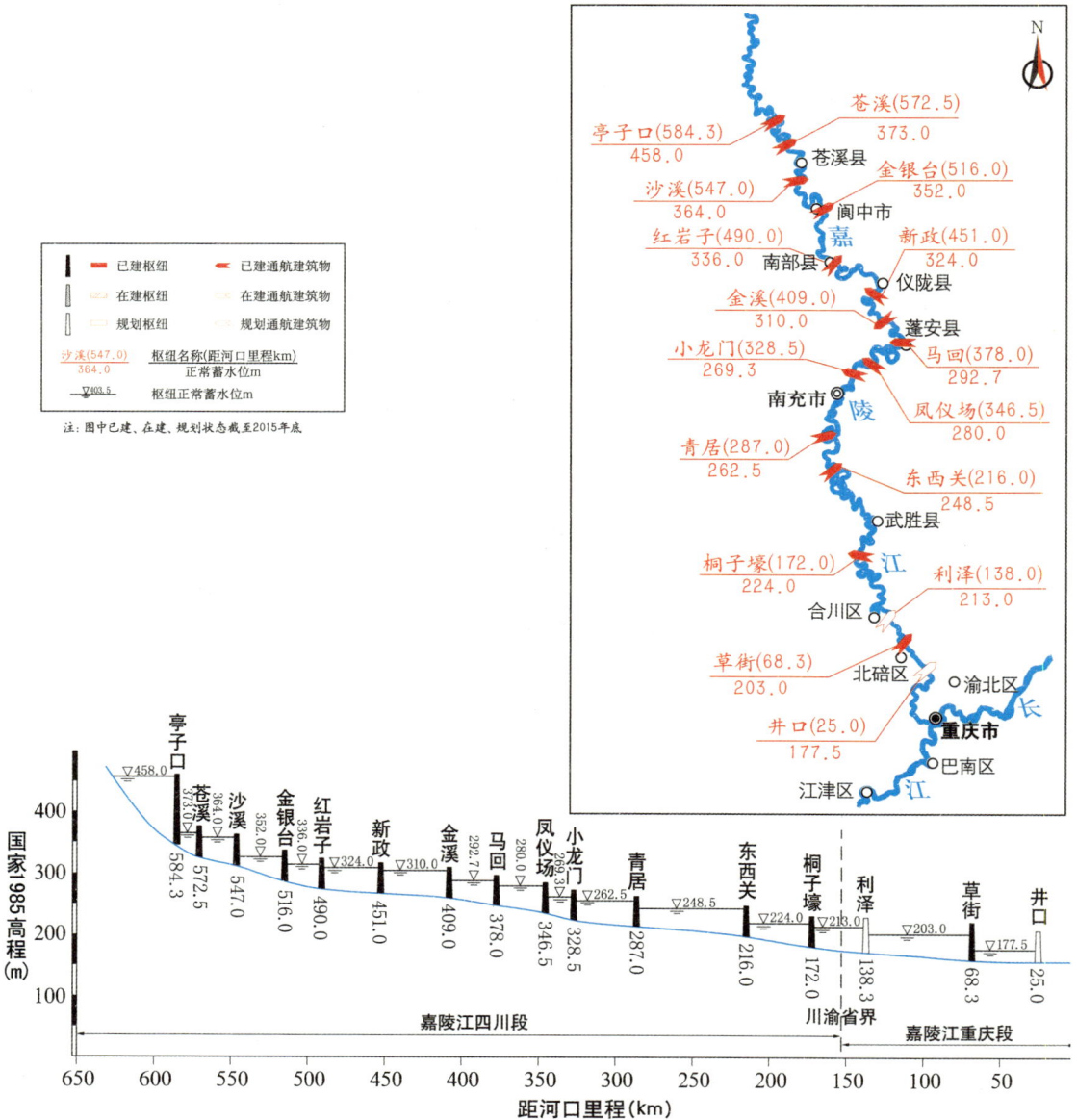

图 11-2-2 嘉陵江梯级水位图

多年平均流量 598 立方米/秒,平均径流量 189 亿立方米,年平均径流深为 309 毫米。汛期为 5—10 月,占全年水量的 79.8%,尤以 7—9 月更为集中,占全年水量的 51.9%;非汛期为 11 月—翌年 4 月,仅占年水量的 20.2%。径流的年际变化较大,其中以 1961 年最大，年平均流量 1110 立方米/秒，径流量 350 亿立方米；以 2002 年最小，年平均流量 262 立方米/秒，径流量 82.6 亿立方米，极值比为 4.24。

根据 1951—1980 年的资料分析，亭子口以上流域多年平均气温由下游的 16 摄氏度左右向北递减至 11 摄氏度左右。干流阆中以上多年平均蒸发量为 1250～1500 毫米（以标准为 $\phi 20$ 厘米蒸发皿测试，下同）；流域冬季盛行偏北风，夏季盛行偏南风，年平均风速 0.7～2.1 米/秒，年平均相对湿度为 60%～70%。日照时数为 1400～2400 小时。

（2）闸坝建设情况

嘉陵江亭子口水利枢纽工程地处四川省广元市苍溪县境内，下距苍溪县城约 15 千米，是嘉陵江干流开发中唯一的控制性工程。亭子口枢纽工程以防洪、灌溉及城乡供水、发电为主，兼顾航运，并具有拦沙、减淤等综合效益。水库正常蓄水位 458 米，死水位 438 米，设计洪水位 461.3 米，校核洪水位 463.07 米，总库容 40.67 亿立方米。水库预留防洪库容 10.6 亿立方米（非常运用时为 14.4 亿立方米），可灌溉农田 292.14 万亩；电站装机 1100 兆瓦，通航建筑物为 2×500 吨级升船机。根据《水利水电工程等级划分及洪水标准》(SL 252—2000) 确定，本工程等别为一等，工程规模为大（1）型。本工程坝址为李家咀坝址，坝型为混凝土重力坝，重力坝坝轴线总长 995.4 米，坝顶高程 465 米，最大坝高 116 米。枢纽布置为：河床中间布置 8 个表孔、5 个底孔及消能建筑物，底孔（兼作排砂孔）布置在表孔左侧，河床左侧布置坝后式电站厂房，河床右侧布置垂直升船机，两岸布置非溢流坝段。

（3）建设成就

本工程建成后，进一步完善了广元市交通运输体系。嘉陵江全江渠化以后，将缩短航道里程 56.2 千米，到 2030 年，实现广元—昭化段达到四级航道标准，1000 吨级船舶可由昭化直达重庆港，通江达海，使得嘉陵江"水上高速路"的效率真正得以高效、安全地体现。同时，其运力将提升 4 倍，船舶可从广元直达上海，对打造嘉陵江沿岸的水上交通及旅游具有重要意义。

2.通航建筑物

项目于 2012 年 1 月开工，2019 年 6 月试通航，2019 年 12 月竣工。

项目建设依据：2009 年 6 月，国家发改委《嘉陵江亭子口水利枢纽可行性研究报告》（发改农经〔2009〕1746 号）；2009 年 10 月，水利部《嘉陵江亭子口水利枢纽初步设计报告》（水总〔2009〕526 号）；2009 年 1 月，环境保护部《关于嘉陵江亭子口水利枢纽环境影响报告书的批复》（环审〔2009〕49 号）；2008 年 11 月，水利部《关于嘉陵江亭子口水利枢纽工程建设征地移民安置规划大纲的批复》（水规计〔2008〕461 号）。

亭子口通航建筑物按四级航道标准设计，选用 500 吨级钢丝绳卷扬平衡重式垂直升船机，主要建筑物包括上游引航道、上闸首、船厢室、下闸首和下游引航道。承船厢有效尺度为 116.0 米 × 11.7 米 × 2.5 米。设计船型为 2 × 500 吨级船队，尺度为 111 米 × 10.8 米 × 1.6 米。升船机承船厢室等级 2 级，设计船舶吨级 2 × 500 吨，筒体结构。设计最大提升高度 85.4 米，间隙水充、泄时间 1 分钟，一次通过时间 35 分钟。项目总投资为 9.87 亿元，资金来源中 25% 为自有资金，75% 为贷款。亭子口水利枢纽项目总土地面积 120.53 平方公里。

项目建设单位为嘉陵江亭子口水利水电开发有限公司；设计单位为长江勘测规划设计研究有限责任公司；施工单位为中国水利水电第七工程局有限公司、中国葛洲坝集团股份有限公司；监理单位为四川二滩国际工程咨询有限责任公司；质监单位为亭子口水利枢纽工程项目质量监督站。

2015 年 5 月 24 日，升船机船厢室 1 号块主机房底板完成封顶浇筑；同年 6 月 25 日，升船机船厢室主机房底板全线顺利封顶；2016 年 10 月 22 日，航运工程主体土建施工先于年度里程碑节点计划完成。

按照广元市航务管理局批复的《嘉陵江广元段通航建筑物试运行方案》，截至 2019 年 12 月底累计通航 40 余厢次，船舶通过量 70 余艘，通过货运量 3 万余吨。升船机设备各项指标参数正常。

（三）苍溪船闸

1. 闸坝概况

（1）自然地理条件

苍溪航电工程处于扬子准地台、四川台拗之川中褶皱带东北部，苍溪向斜轴部。

本区地壳活动以大面积间歇性整体轻微抬升为主，形变微弱，不具备发生中、强度等级地震的地震地质背景。据《中国地震动参数划图》（GB 18306—2001），工程区地震动基岩水平峰值加速度为 $0.05g$，相对于地震基本烈度为六度区。

工程区多年平均流量 598 立方米/秒，平均径流量 189 亿立方米，年平均径流深为 309 毫米。汛期为 5—10 月，占全年水量的 79.8%，尤以 7—9 月更为集中，占全年水量的 51.9%；非汛期 11 月—翌年 4 月仅占年水量的 20.2%。

苍溪航电枢纽工程坝区无气象站。根据苍溪气象站资料统计，多年平均气温为 16.7 摄氏度，极端最高气温为 38.9 摄氏度，极端最低气温为 −4.6 摄氏度；多年平均相对湿度为 74%，历年最小相对湿度为 7%；多年平均年蒸发量为 1273.1 毫米；多年平均年降水量 1066.1 毫米，历年一日最大降水量为 204.3 毫米。

（2）闸坝建设情况

苍溪航电枢纽工程系《嘉陵江渠化开发规划报告》规划中第三个梯级，位于四川省苍溪县县城上游约 3 千米的河段上，上游接亭子口水利枢纽，下游与沙溪航电工程相连。苍溪航电枢纽工程是以航运和发电相结合的综合开发利用工程。水库总库容 0.85 亿立方米，工程正常蓄水位 373.00 米时的兴利库容为 0.20 亿立方米。设计引用流量 1240.38 立方米/秒，设计水头 6.3 米，总装机容量 66 兆瓦（3×22 兆瓦）。电站枯期平均出力 17.5 兆瓦，亭子口电站建成后多年平均年发电量 2.66 亿千瓦时，年利用小时 3864 小时。本工程水库属中型水库，为三等工程。本工程主要建筑物按三级建筑物设计，次要建筑物按四级建筑物设计，临时建筑物按五级建筑物设计。工程采用航电分岸布置方案。枢纽主要建筑物从左至右依次由左岸土石坝段、厂房坝段、泄洪冲沙闸坝段、右岸泄水建筑物坝段、船闸坝段等组成。坝顶高程 390.80 米，坝顶长度 515.70 米。

（3）建设成就

苍溪航电枢纽自 2013 年试通航以来，截至 2015 年底，船舶累计过船 39 闸次，通过船舶 77 艘，过闸船舶总吨位 7770 吨。苍溪航电枢纽最大过闸船舶吨位 482 吨，过闸船舶为采砂船、行政执法船，没有载货船舶从船闸通过。

苍溪航电枢纽船闸自 2012 年 2 月首台机组正式发电以来，截至 2015 年底，发电量共计 7.86 亿千瓦时。

2. 通航建筑物

项目于 2010 年 10 月开工，2013 年 12 月试通航，2014 年 2 月竣工。

项目建设依据：2004 年 7 月，四川省发改委《四川省发展改革委关于印发四川嘉陵江苍溪水电站工程可行性研究报告技术方案审查意见的通知》（川发改能源〔2004〕372号）；2004 年 12 月，四川省发改委《四川省发展改革委关于印发嘉陵江苍溪航电枢纽工程初步设计报告审查意见的通知》（川发改能源〔2004〕810 号）；2004 年 10 月，四川省环境保护局《关于对四川省嘉陵江苍溪航电枢纽工程环境影响报告书的批复》（川环建函〔2004〕241 号）；2006 年 12 月，四川省人民政府《四川省人民政府关于嘉陵江苍溪电航枢纽工程建设项目用地的批复》（川府土〔2006〕906 号）。

苍溪航电枢纽船闸工程为标准为四级的船闸，设计代表船型为 500 吨级，船型尺度为 45 米×10.8 米×（2.0～2.2）米；设计代表船队尺度为 111 米×10.8 米×（2.0～2.2）米。船闸设计水头 9 米，为单线船闸，闸室有效尺度为 120 米×16 米×3 米。设计最高通航水位为上游 375.59 米，下游 375.15 米；正常挡水位 373.00 米；最低通航水位为上游 370.05 米，下游 364.00 米。下游最小通航流量为 110 立方米/秒，最大通航流量为 1.18 万立方米/秒。闸首与闸室采用外侧重力式、内侧衬砌式结构形式。输水系统为闸室墙长廊道侧沟消能，充水时间为 8 分钟，泄水时间为 12 分钟，一次过闸时间为 50 分钟。船闸闸、阀门形式为钢质平板阀门，启闭机械形式采用液压启闭。

根据上引航道的实际地形条件，采用向左侧拓宽的布置方式。左侧辅导墙布置水平投影长度为 200 米，起隔流堤作用，其中进水段长 30 米，从进水口起外侧导墙呈折线形布置,在逐渐外扩至引航道宽48米后布置13米长的直线段,接着再以半径410米、弧长60.24米向外侧偏转以拓宽航道口门宽度。同时,扩宽段采用透空式,开孔段上游距外导航墙堤头10米,共开孔6个,开孔尺寸为4.0米×8.0米(宽×高),孔间间距6米,开孔方向与导航墙呈30度。为便于与上游主航道的衔接和节约工程投资,内侧导墙利用弯曲调顺段的转弯,使引航道呈折线形布置。在30米廊道进水口段后直线布置98.02米长的导航墙,起导航作用。调顺段主要由半径450米、弧长66.11米曲线段与53.50米长直线段组成,并利用自然岸坡来形成。在调顺段的延长线布置停泊段,停泊段采用靠船墩结构形式,共布置有7个靠船墩,间距20米。上引航道371.63米,下引航道外侧为93.15米长、呈折线布置的导墙,口门宽度由16米拓宽至40米,其后布置90米长的直线导墙,并逐渐扩宽至45米,起隔流堤作用。内侧近岸边布置导航段、调顺段和停泊段,在出水口段墙体后直线布置107米长的导航墙。为保证与下游主航道的衔接和减少工程量,调顺段采用两段直线段和一段弯曲段形成,并使下游停泊段略向河心偏移,其中接导航墙的直线段长约79.81米,接靠船墩的直线段长58.8米,中间圆弧长24米、半径330米,调顺段利用自然岸坡形成;停泊段采用靠船墩结构形式,共布置有7个靠船墩,间距20米,下游引航道409.61米。项目总投资为10.43亿元,其中政府4.03亿元、企业1.79亿元、银行4.56亿元。苍溪航电枢纽施工区、库区规划批准征收集体土地1074.93亩,实际征收集体土地1059.05亩,减少征收集体土地15.88亩,原规划批准临时用地1441.89亩,实际临时用地628.48亩,节约临时用地813.41亩。施工区、实际临时用地628.48亩,其中耕地476.19亩,园地28.74亩,林地26.32亩,其他用地26.86亩,国有土地70.37亩。临时用地的复耕工作公司委托苍溪县人民政府组织实施土地复垦工作,验收合格后已交农户耕种。

项目建设单位为四川嘉陵江苍溪航电开发公司。设计单位中,中国水电顾问集团成都勘测设计研究院负责闸坝厂房工程勘察设计,四川省交通运输厅交通勘察设计研究院负责船闸工程勘察设计。施工单位中,中国葛洲坝集团公司负责左岸土建及金结安装工程,中国葛洲坝集团第二工程有限公司负责右岸土建及金结安装工程,中国水利水电第五工程局负责机电设备安装。监理单位中,四川水运工程监理事务所负责船闸工程监理,四川电力工程建设监理有限公司负责闸坝厂房工程监理。质量监督单位为四川省地方电力工程质量监督分站和四川省交通运输厅公路水运质量监督局。

2008年1月19日,嘉陵江苍溪航电枢纽工程举行开工典礼;2008年12月31日,举办苍溪航电枢纽左岸主体工程动工仪式;2009年4月18日,一枯围堰填筑及围堰防护全部完成;2011年5月2日,苍溪航电枢纽工程顺利通过二枯工程过流前阶段验收;2010年11月9日,苍溪航电枢纽工程实现大江截流;2012年2月2日,大坝首次蓄水;2012年2月28日,首台机组并网发电;2012年10月30日,第三台机组并网发电。

该项目中重要科技应用为:水力自控、液压双控翻板坝在嘉陵江航电枢纽中的应用,主要完成单位为：四川省港航开发有限责任公司、中国水电顾问集团成都勘测设计研究院、四川交通运输厅交通勘察设计研究院、四川大学、重庆西南水运工程科学研究所、浙江省水利河口研究院、衢州市河川翻板闸门有限公司。该科技应用的主要作用是：节省投资，降低工程成本，提高经济效益，节省工程直接投资 9258 万元，节约建设期贷款利息 1099.85 万元，工程共节约投资 1.04 亿元。

该项目的获奖情况如下：获得 2014 年 12 月中国水运建设行业协会科学技术三等奖；获得交通运输部长江航务管理局 2011 年度优秀水运建设单位。

苍溪航电枢纽的建成，渠化了 11.8 千米航道，使航道等级提升为四级，推动了嘉陵江梯级渠化进程。由于嘉陵江上各梯级航道治理工程尚在进行中，全流域未能完全渠化，因此船闸工程未能充分发挥效益。

3. 经验与启示

本枢纽将通航建筑物布置于原主导河岸，上、下引航道与主航槽平连接，基本不改变原始航线，船舶过闸运行方便。下引航道内水能与主河道内水流动能相当，水的流态平缓，淤积不明显，维护方便。

（四）沙溪船闸

1. 闸坝概况

（1）自然地理条件

本工程位于四川盆地边缘广元—阆中低山深丘区，海拔高程 350～700 米，地势北高南低。嘉陵江由北向南蜿蜒回旋于低山丘陵区，沿河漫滩、阶地广布，河谷较宽阔，地形相对低缓。

工程区内地层主要为白垩系苍溪组、白龙组及侏罗系上统蓬莱镇组地层，为河湖相沉积之砂岩与黏土岩互层，岩相厚度变化大，交错层、透镜体较发育。蓬莱镇组地层为紫红色砂质黏土岩夹灰白色细砂岩及紫红色泥质粉砂岩，主要分布于区内沙溪场附近；苍溪组地层为灰白、灰黄及紫灰色厚层状细粒岩屑砂岩夹紫红、暗紫红色砂质黏土岩和泥质粉砂岩，间夹砾岩透镜体，为区内主要出露地层；白龙组地层为紫灰色厚层细粒岩屑砂岩夹紫红、暗紫红色砂质黏土岩和泥质粉砂岩，主要分布于区内山顶部位。第四系松散堆积层，以河漫滩及阶地之冲积砂卵石层为主，在缓坡及低洼地带有坡残积层堆积。

据原亭子口站 1955 年 5 月—2000 年 4 月共 45 年径流系列统计，多年平均流量为 619 立方米/秒，折合年水量 195 亿立方米，多年平均径流深为 288.4 毫米。每年 5—10 月为丰水期，占全年水量的 80.2%；枯水期为当年 11 月—翌年 4 月，仅占年水量的 19.8%。

本流域大暴雨的天气系统主要为西南低涡、低槽冷锋、低空急流和切变线。由于天气形势和影响降水的天气系统以及地形条件的不同,使得暴雨分布在地区上和季节上均有差异。

（2）闸坝建设情况

沙溪航电枢纽位于四川省阆中市沙溪场境内,是嘉陵江渠化开发中的第3级,下距阆中市城区约5千米。闸坝总长为830米,渠化航道21.5千米,渠化河段航道提升达到四级。本工程规模为大（2）型,主要建筑物为三级,次要建筑物为四级,临时建筑物为五级,设计可通行2×500吨级船队。水库正常蓄水位364.00米,死水位363.60米,总库容1.54亿立方米,正常蓄水位库容0.58亿立方米,调节库容0.37亿立方米,为日调节水库。电站总装机容量87兆瓦（3×29兆瓦）,工程主要由挡水建筑物、泄水建筑物、取水和输水建筑物等组成,从左至右依次为左岸挡水坝、船闸、翻板坝、冲砂泄洪闸、储门槽坝段、厂房、右岸挡水坝、坝前交通桥。

（3）建设成就

沙溪电站建成后改善了上游21.5千米的航道条件,使库区航道升级为四级标准。截至2015年12月,船闸过闸次数为48次（均为空船）,过闸船舶最大吨位为390吨（空船）,截至2015年12月底发电总量为11.29亿千瓦时。

2.通航建筑物

项目于2007年8月开工,2011年12月竣工。

项目建设依据:2003年6月,四川省发展计划委员会《四川省计委关于印发四川省嘉陵江沙溪航电工程可行性研究报告审查意见的通知》（川计能源〔2003〕313号）;2003年11月,四川省发展计划委员会《关于印发四川省嘉陵江沙溪电航工程初步设计报告审查意见的通知》（川计能源〔2003〕900号）;2003年3月,四川省环境保护局《关于对四川省嘉陵江沙溪电航工程环境影响评价大纲的批复》（川环建函〔2003〕54号）;2006年12月,四川省人民政府《关于四川嘉陵江沙溪航电工程（苍溪段）建设用地的批复》（川府土〔2006〕541号）;2006年12月,四川省人民政府《关于四川嘉陵江沙溪航电工程（阆中段）建设用地的批复》（川府土〔2006〕542号）。

沙溪船闸工程为单线、单级船闸,设计采用内河四级标准。船闸的引航道布置方式为直线进闸、曲线出闸形式,上、下游引航道长度分别为290米和240米。引航道口宽度为40米。闸首和闸室均采用整体式结构形式。船闸设计最大水头12.19米,闸室有效尺度为120米×16米×3米,代表船舶、队尺度为2×500吨。上游设计最高、最低通航水位分别为364米和358.5米;下游最高、最低通航水位分别为360.11米和351.81米,设计最大通航流量1.18万立方米/秒。

输水系统采用闸墙长廊道多支孔输水形式,闸室充、泄水时间均为9.5分钟,设计一次过闸时间约45分钟。船闸闸门设计为人字门,上、下游输水阀门均采用平板门。闸、阀门采用中控和现地控制系统,操作液压启闭机运行。液压启闭机左、右两岸布置,即在上闸首启闭机房左、右侧各设一套液压站和电控柜,分别控制一侧的上、下闸首人字门及输水工作阀门的启闭运行。

该项目总投资为 15.83 亿元,包括企业投资 5.1 亿元、银行贷款 9.62 亿元。沙溪航电枢纽共用地 127.64 亩,其中右岸发电厂用地 78.25 亩,左岸船闸用地 49.39 亩。公司生活区、枢纽共计用地 258.89 亩。

项目建设单位为四川嘉陵江沙溪航电开发有限公司;设计单位为四川省交通运输厅交通勘察设计研究院,主要完成地质勘查及施工图设计工作;施工单位中,中国水利水电第五工程局完成船闸上下引航道、上下闸首、闸室、副坝、桥梁工程等土建项目,中国水利水电第七工程局完成船闸金属结构、启闭机及电气配套设备的安装、试验、验收等工作;监理单位为四川省水运工程监理事务所,主要完成对船闸主体工程及附属设施、金属结构、机电设备安装工程等,从开工到完工及竣工验收的监理服务;质监单位为四川省交通运输厅质量监督局。

2008 年 10 月 1 日,左岸土建工程开工;2008 年 11 月 25 日,左岸工程成功截流;2010 年 5 月 20 日,船闸上闸首人字门具备挡水条件;2011 年 12 月,船闸工程完工。2014 年 4 月 22 日,船闸通航验收顺利通过;2014 年 10 月 30 日,完成工程竣工安全鉴定工作。

该项目的获奖情况如下:2014 年 7 月,荣获"四川省住房和城乡建设厅"2013 年度"四川省建设工程天府杯金奖";2014 年 12 月,荣获"中国水运建设行业协会科学技术奖三等奖"。

船闸运行由阆中市航道、海事部门监管,沙溪航电枢纽公司负责维护维修及运行操作。2014 年过闸 9 次,通过各类船舶 9 艘;2015 年过闸 21 次,通过各类船舶 27 艘;2016 年过闸 15 次,通过各类船舶 29 艘;2017 年过闸 34 次,通过各类船舶 69 艘,2018 年 1—7 月过闸 18 次,通过各类船舶 18 艘。

(五)金银台船闸

1. 闸坝概况

(1)自然地理条件

金银台枢纽位于四川盆地边缘广元—阆中低山深丘区,一般海拔高程 350 ~ 700 米,地势北高南低,嘉陵江由北向南蜿蜒回旋于低山丘陵区,沿河漫滩、阶地广布,河谷较宽阔,地形相对低缓。

金银台枢纽地处四川盆地东北边缘之中低山与深丘的过渡地带,地貌上为构造剥蚀地形,山顶海拔高程一般 400 ~ 600 米,相对高差 100 ~ 200 米。电站枢纽位于中台山半环状构造之石龙场穹窿背斜的北翼,地层平缓。区内地质构造简单,岩层水平,无明显断裂构造,不具备发震的地质构造。

本流域径流主要来源于降水,5—10月降水量占全年的80%。由于流域植被较差,地下径流不太丰富,径流以地表径流为主。多年平均流量为772立方米/秒,合年水量243亿立方米。每年5—10月为丰水期,占全年水量的81.7%。金银台站大中洪水单峰洪水过程历时一般3~5天,其中涨水历时1~2天,退水历时2~3天,峰顶历时1~5小时。金银台站洪水多以上游亭子口来水为主,但中、小洪水也有以支流东河来水为主者。最大洪水发生时间以7月、9月两月最多,6月、8月两月次之。

工程区域属亚热带季风气候,多年平均气温17摄氏度,极端最高、最低气温分别为39摄氏度和–4.1摄氏度,多年平均降水量1028.3毫米。

(2)闸坝建设情况

金银台航电枢纽地处嘉陵江中游阆中市境内,是国家批准的《广元至重庆嘉陵江渠化开发规划报告》十六级开发方案中的第四级。坝址上距沙溪枢纽31千米,下距阆中古城和红岩子电站分别约10千米和26千米。

枢纽工程从右至左分别是右岸接头坝、发电厂房、1孔冲沙闸、14孔泄洪闸、左岸接头坝、船闸。坝顶全长529.93米,坝顶高程为36.00米。枢纽工程等级三等工程,其主要建筑物按三级设计,次要建筑物按四级进行设计,并按规范采用相应的设计洪水标准。金银台电站设计库容1.67亿立方米,水库面积2350公顷,项目总投资9.06亿元。电站安装灯泡贯流式水轮发电机组3台,总装机容量为120兆瓦,设计年发电量5.7亿千瓦时。工程于2002年2月28开工建设,2005年4月28日首台机组并网发电。

金银台通航建筑物为单线、单级船闸,设计采用内河四级标准。根据河势及地形,船闸轴线裁弯取直形,将船闸布置在枢纽左岸的阶地上,全长约1200米。水库蓄水后河道扩宽、水深增加,渠化航道约23千米。

(3)建设成就

枢纽建成后,每年发电近5亿千瓦时,有效缓解了南充北部地区电力供需矛盾;每年减少发电煤27万吨,折合标煤19.32万吨,即可缓解南充地区缺煤的矛盾,又可减少燃煤对环境的污染;渠化航道23千米,枯期水位上升5~6米,达到四级航道标准;在闸坝上游形成人工湖,增加了历史名城阆中市风光,促进其旅游事业的发展。截至2015年底,累计发电48.29亿千瓦时,节约标准煤193.2万吨,船闸过闸次数106次(累计过闸2.73万吨),过闸船舶最大吨位为477吨。

2.通航建筑物

项目于2000年2月开工,2009年3月试通航,2010年11月竣工。

项目建设依据:2001年5月,四川省发展计划委员会《四川省计委关于嘉陵江金银台航电枢纽可行性研究报告的批复》(川计能源〔2001〕566号);1993年11月,四川省建设委员会《关于阆中金银台水电站初步设计的批复》(川建委发〔1993〕电896号);1993年3

月,国家环境保护局《关于嘉陵江金银台水电站环境影响报告书审批意见的复函》(环监〔1993〕112号);阆中市人民政府《关于四川嘉陵江金银台航电枢纽工程建设用地的通知》(阆府国土函〔2003〕36号);四川省人民政府《关于嘉陵江金银台航电枢纽工程建设用地的批复》(川府土〔2006〕619号)。

嘉陵江金银台航电枢纽船闸工程为内河四级标准,最大设计水头16米。代表船型为1顶+2×500吨级分节驳,船队尺度为111米×10.8米×1.6米;1顶+1×500吨或1绑+1×500吨级普通驳船,船队尺度分别为(50~80)米×14.2米×1.9米、120米×16米×2.5米。上游最高、最低通航水位分别为352.00米和346.00米;下游最高、最低通航水位分别349.67米和336.00米,最大通航流量1.78万立方米/秒。闸首采用整体式结构,闸室为分离式结构。输水系统为侧墙长廊道分散形式,充、泄水时间均为11分钟,一次过闸时间约75.7分钟。引航道利用河弯布置在枢纽左岸阶地上,进口穿过胡家垭,中段充分利用何家沟有利地形,至尾部穿越长约100米的山梁至河溪场上口进入嘉陵江,总长1181.50米,其中上引航道619.50米,下引航道357.50米。船闸长204.50米,其中闸室120米,上闸首42米,下闸首42.5米。闸室宽16米,闸底标高333.00米。项目总投资为7.17亿元,包括政府、企业3.62亿元,银行贷款2.5亿元。金银台航电枢纽建设用地1369.00公顷(包含淹没部分),利用左岸两处渣场造地450亩,右岸渣场造地约700亩。

项目建设单位为四川嘉陵江金银台航电开发有限公司;设计单位中,四川省交通厅内河勘察规划设计院主要负责船闸部分设计工作,能源部水利部成都勘察设计院负责枢纽其他部分设计工作;施工单位中,中国水利水电第五工程局主要完成船闸上下引航道、上下闸首、闸室、副坝、桥梁工程、导流明渠及施工临时桥工程等土建项目,中国水利水电第十工程局主要完成金银台航电枢纽船闸金属结构、启闭机及电气配套设备的安装、试验、验收等工作;监理单位为四川省水运工程监理事务所,主要完成对嘉陵江金银台船闸主体工程及附属设施、金属结构、机电设备安装工程等,以及从开工到完工和竣工验收的监理服务;质监单位为四川省交通厅公路水运质量监督站。

2002年2月,金银台航电枢纽工程开工建设,2002年10月11日工程截流。2009年3月11日,金银台船闸通过交通厅水运质监站、四川省交通厅航务局、南充市地方海事处、南充市地方航道管理局以及阆中市地方海事处、航道段验收,可以正常投入使用。2005年5月1日首台机组并网发电,2005年10月26日2号机组并网发电,2006年7月6号机组并网发电。

该项目于2011年7月荣获"四川省住房和城乡建设厅"颁发的建设工程"天府杯"金奖。

本航运枢纽建成后,改善上游航道里程23.5千米,使库区航道全面升级为四级标准。金银台船闸的运行安全由阆中市航道段、海事处联合监管,航电枢纽公司负责操作运行。

3.经验与启示

随着船闸通航量的逐年提高,要加强过闸环节管理,过闸调度人员要对船舶进行合理编组,引导船舶安全停靠,缩短船舶在引航道航行距离及时间。

(六)红岩子船闸

1.闸坝概况

(1)自然地理条件

红岩子电航枢纽工程布置在嘉陵江右岸高漫滩中部发育——汛期过流的冲沟处,该冲沟将高漫滩堆积物一分为二,右侧为古河道堆积物,左侧为心滩堆积物,地形相对平坦。该段第四系堆积层为全新统河流冲积堆积层。其上部为 1.0 ~ 6.4 米的亚砂土、淤泥黏土、粉细砂等,下部为砂卵石层。坝基岩石为侏罗系上统蓬莱镇组上段第一层 1 ~ 3 亚层之泥岩、粉砂质泥岩、砂岩等,强风化带厚 0 ~ 4.3 米,弱风化带一般 3 ~ 4 米。工程区位于洪山场向斜南西翼,未见次级小褶皱断层。

嘉陵江红岩子以上流域各站多年平均降水量 776.9 ~ 1334.9 毫米,多年平均流量 771 立方米/秒,平均径流量 243 亿立方米,年平均径流深为 353 毫米。汛期为每年 5—10 月,占全年水量的 82%;非汛期为每当年 11 月—翌年 4 月,仅占年水量的 18%。嘉陵江流域洪水主要由暴雨形成,属陡涨陡落型。一次暴雨过程 5 ~ 7 天,其中主峰历时 2 ~ 3 天,一次洪水过程为 3 ~ 7 天,峰顶时间一般为 0.5 ~ 2 小时,洪水过程线形状多为单峰,当嘉陵江上游与东河及区间降水时间错开时,也时常出现双峰或多峰的洪水过程。

多年平均气温 16.8 摄氏度,极端最高气温 39.9 摄氏度,极端最低气温 –5 摄氏度,多年平均降水量 1017.9 毫米,多年最大一日降水量 189.7 毫米(发生于 1982 年 7 月 15 日),多年平均蒸发量 1130.6 毫米。多年平均风速 1.2 米/秒,最大风速 17.0 米/秒。流域内暴雨出现在 5—10 月,约占全年降水量的 82%,尤其集中在 7—9 月,约占全年降水量的 52%;9—10 月多阴雨天气。

(2)闸坝建设情况

红岩子电航枢纽工程位于南部县老县城北郊 500 米红岩子渡口,地理坐标为东经 106 度 06 分;北纬 31 度 13 分。工程从左至右依次为厂房、9 孔冲砂闸、21 孔泄洪闸、船闸和非溢流接头坝。大坝全长 761.06 米,大坝带双车道交通桥一座,船闸为内河四级标准,闸室有效尺度 120 米 × 16 米 × 2.5 米,一次通航能力 2 × 500 吨。水库总库容 3.55 亿立方米,装机容量 3 × 30 兆瓦。红岩子电厂处于县城边缘,位于河东镇原码头。

(3)建设成就

红岩子电航枢纽建成后,改善上游航道里程 29.8 千米。自建成后至 2015 年底,过闸最大船舶吨级 300 吨,平均载重吨位无明显变化,共有 1100 余艘砂石船通过,发电量约 45 亿千瓦时。

2. 通航建筑物

项目于 1997 年 10 月开工,2001 年 12 月试通航并竣工。

项目建设依据:1992 年 7 月,四川省发展计划委员会、四川省水利厅《关于同意南部县红岩子水电站开展可行性研究工作的批复》(川计[1992]能 721 号);1995 年 7 月 3 日,四川省发展计划委员会、四川省水利厅《关于南部县红岩子水电站可行性研究报告的批复》(川计[1995]能 691 号);1996 年 12 月,四川省发展计划委员会、四川省水利厅《关于四川省南部县红岩子电航工程初步设计的批复》(建管[1996]801 号);1995 年 4 月,四川省水利电力厅《关于嘉陵江红岩子电站环境影响报告书预审意见的函》(水规[1995]105 号);1995 年 11 月,四川省环境保护局《关于对嘉陵江红岩子电站环境影响报告书审批意见的函》(川环开发[1995]113 号);2002 年 11 月,四川省国土资源厅《关于南部县红岩子电站库区(南部段)淹没用地的批复》(川国土资建[2002]227 号)及《关于南部县红岩子电站库区(阆中段)淹没用地的批复》(川国土资建[2002]228 号)。

红岩子船闸为内河四级船闸,设计代表船队尺度为 109 米×10.8 米×1.6 米,标准驳船尺度为 45 米×10.8 米×1.6 米。红岩子船闸为单线、单级船闸,设计最大工作水头 12 米。闸室有效尺度为 120 米×16 米×2.5 米。上游设计最高、最低通航水位分别为 337.6 米和 333.3 米;下游最高、最低通航水位分别 336.85 米和 324.00 米。闸首和闸室均采用整体式结构,闸室为闸墙长廊道分散输水系统,充、泄水时间均为 12 分钟左右,一次过闸时间约 58 分钟。

红岩子船闸布置在嘉陵江右岸,引航道采用"曲进直出"方式。上游引航道左导流墙长 184.46 米,右导流墙曲线段半径 150 米,圆心角 32 度 51 分 36 秒。航道宽度从曲线段的起点的 16 米渐变扩大到曲线段的终点 49 米。下引航道左导流墙为折线,总长 70.64 米,上游段长 35.75 米,下闸室边轴线夹角 17 度 1 分 5 秒。航道宽度从折线段的起点的 16 米渐变扩大到折线段的终点 32 米。

项目用地 286.6 亩,工程总投资 1.68 亿元,全部来自企业自筹。项目建设单位为四川省南部红岩子电力有限责任公司;设计单位中,四川省水利水电勘测设计研究院负责闸坝、厂房设计,重庆交通学院工程设计所负责船闸设计;施工单位中,中国水利水电第三工程局负责泄洪闸及船闸和右岸非溢流坝的施工,中国水利水电第八工程局负责厂房工程及冲砂闸施工,广东省水电安装公司负责机电设备安装,四川省水利电力工程局地基处负责软基处理及围堰防渗工程施工;监理单位为四川省水利水电勘测设计研究院;质量监督单位为四川省水利基本建设工程质量监督中心站。

1998 年 11 月 6 日下午,嘉陵江主河道截流仪式在上围堰龙口下即红岩子渡口处隆重举行。2000年9月16日,工程二期(导流明渠)截流成功,嘉陵江水回归主河道。2001年1月11日,四川省、南充市电力公司同意首台机组临时并入35千伏主网运行,电能经河东35千伏变电站送入城北变电站进入国家电网。2001年8月15日,2号(第二台)机组试运行启动一次成功,临时并网发电。2001年12月9日,1号(即第三台)机组试运行一次启动成功,临时并网发电。2002年6月25日,船闸通过竣工验收,同日下午试航成功。2002年12月18—20日,由四川省经贸委牵头,会同四川省水利厅、四川省交通厅、四川省电力公司,组织专家及相关领导组成红岩子电站启动验收委员会对红岩子电航工程进行竣工验收,对大坝蓄水和机组运行进行安全鉴定。伴随验收和鉴定顺利通过,三台机组正式启动运行并网发电。

船闸运行至今,平均每年过闸30次,通航100余艘,大部分为砂石船。船闸管理站和电厂统一管理,船闸管理站人员全为兼职,从运行、维护到检修都是一肩挑。

3. 经验与启示

红岩子电航枢纽工程在总体布置时,将通航建筑物船闸布置在非主导河岸,并通过人为开挖形成下游引航道。下游引航道与河道主槽由导流墙及边滩分离,致使正常水位下,下引航道内无上游来水,水流动能性小,引航道淤积现象十分严重。

(七)新政船闸

1. 闸坝概况

(1)自然地理条件

新政航电枢纽位于仪陇县新政镇上游5千米的嘉陵江干流上,地貌由深丘逐步变为浅丘,河谷开阔,河道蜿蜒曲折,漫滩与阶地相间,两岸多方山台地,植被较差,农垦发达。坝区河段顺直,平均比降约为0.35‰,河床由砂卵石组成,控制集水面积为6940公顷。

枢纽所在区域多年平均流量为728立方米/秒,折合年水量230亿立方米,多年平均径流深为339.1毫米。每年5—10月为丰水期,占全年水量的81%,尤以7—9月更为集中,占全年水量的54%。枯水期为当年11月—翌年4月,仅占年水量的19%。

多年平均气温为16.8摄氏度,极端最高气温为39.9摄氏度,极端最低气温为−5摄氏度,多年平均相对湿度为80%,多年平均蒸发量为1088.2毫米,多年平均年降水量1017.9毫米。流域径流主要来源于降水,其次为地下水和融雪水补给。每年5—10月降水量占全年的80%左右,10月以后至翌年2月逐渐减少,3、4月则又逐渐增加。

(2)闸坝建设情况

新政航电枢纽位于嘉陵江中游四川省仪陇县新政镇(仪陇县县城所在地)上游5千米处的河段上,是国家批准的嘉陵江渠化开发十六级规划的第七级航电枢纽工程。枢纽上接红岩子航电枢纽,下接金溪航电枢纽。新政航电枢纽属低水头河床式水电站,是一项航电结合的综合利用工程。水库正常蓄水位 324.00 米,水库总库容 3.40 亿立方米,具有日调节性能,电站总装机容量 108 兆瓦。枢纽建筑物从左至右依次由左岸接头坝、船闸、发电厂房、三孔冲砂闸、十三孔泄洪闸、右岸土石坝及坝前交通桥组成。永久性主要水工建筑物按三级设计,次要建筑物按四级设计。枢纽坝顶设计高程 34.60 米,坝轴线长度 680.2 米。船闸轴线与枢纽坝轴线正交,沿枢纽坝轴线船闸总宽 44 米,船闸总长 987 米。下游金溪航电建成之前,最低通航流量 199 立方米/秒,金溪航电建成以后航道渠化,无通航流量限制。

(3)建设成就

新政航电枢纽渠化航道 37 千米,以航运和水电为主,兼有防洪、环保等作用。截至 2015 年底,累计实现上网电量 33.83 亿千瓦,相当于减少火电厂约 92 万吨碳排放,枢纽船闸通航 243 次,过闸船舶 612 艘,船舶总吨位 6.97 万吨。

2.通航建筑物

项目于 2002 年 12 月开工,2008 年 6 月试通航。

项目建设依据:2001 年 9 月,四川省发展计划委员会《关于印发嘉陵江新政航电枢纽可行性研究报告技术方案审查意见的通知》(川计能源〔2001〕1216 号);2002 年 8 月,四川省发展计划委员会《四川省计委关于嘉陵江新政航电枢纽工程初步设计的批复》(川计能源〔2002〕766 号);2002 年 6 月,四川省环境保护局《关于嘉陵江新政航电枢纽工程环境影响报告书的批复》(川环函〔2002〕179 号);2001 年 9 月,四川省水土保持局《关于嘉陵江新政电航枢纽工程水土保持方案大纲的批复》(川水保发〔2001〕130 号)。

新政船闸等级为内河四级,设计船型为 2×500 吨分节驳顶推船队,船队尺度为 109 米×10.8 米×1.6 米。船闸设计水头 14.1 米,为单线单级船闸,闸室有效尺度为 120 米×16 米×3 米。船闸上游最高通航水位 324.00 米,上游最低通航水位 315.10 米(上闸首人字门门槛高程 312.60 米);下游最高通航水位 320.45 米,下游最低通航水位 309.90 米。上闸首采用分离式结构,下闸首采用整体式结构;船闸闸室内外墙均采用分离式结构。输水系统布置形式为闸底长廊道侧支孔出水加消能沟消能形式,闸室充、泄水时间均为 10.5 分钟。船闸上、下闸门均采用立轴旋转钢质人字闸门,工作阀门采用反向弧形门,一次过闸时间约 60 分钟。上引航道包括导航段、调顺段及靠船段,总长 365.5 米;结合实际地形条件,主导航墙采用衡重式结构,调顺段采用护坡形式;靠船段布置了 6 个靠船墩,墩中心距为 20 米。下引航道包括导航段、调顺段及靠船段,总长 445 米;结合实际地形条件,主导航墙采用衡重式结构,长 105 米。在主导航段与靠船段之间采用弧形过渡,轴线半径为 400 米,夹角为 15 度 2 分 24 秒。该项目总投资为 12.43 亿元,其中政府拨款 3.85 亿元,仪陇县国有资产投资经营管理有限公司投资 0.43 亿元,建设单位内部借款 3.15 亿元,银行贷款5亿元。新政航电枢纽建筑物永久占地262.6亩(含水下部分);库区修建西坪寺坝及下窑坝河滩地围垦护岸工程,造地1133.06亩。

项目建设单位为四川嘉陵江新政航电开发有限公司;设计单位中,四川省交通厅交通勘察设计研究院负责船闸工程施工图设计,中国水电顾问集团成都勘测设计研究院负责除船闸外的施工图设计;施工单位中,中国水利水电第七工程局有限公司负责完成了枢纽全部土建及金属结构安装的施工,中国水利水电第十工程局有限公司负责完成了发电机组及其附属设备的安装施工;监理单位中,四川省水运工程监理事务所负责船闸工程的施工监理工作,四川二滩国际工程咨询有限责任公司负责新政航电枢纽工程闸坝和厂房土建、金属结构设备安装,机电设备安装项目的监理工作;质监单位为四川省交通厅公路水运质量监督站。

该项目荣获四川省建设监理与工程质量协会颁发的2007年度四川省建设工程"天府杯"银奖。

机组投产以来,运营单位新政航电公司紧扣"安全、发展、增效"三大主题,以安全生产为中心,创新管理理念推行现场7S管理和标准化作业模式,强化市场营销,重视人才培养,维护和谐稳定,促进队伍建设,全面推动公司的科学发展。枢纽各项技术指标均满足设计要求,运行状况优良,取得了安全稳定的良好局面。2011—2015年,枢纽船闸通航163次,过闸船舶420艘,船舶总吨位4.93万吨,实现上网电量33.83亿千瓦,缴纳税费1.11亿元,为拉动仪陇县经济建设发挥了重要作用。

3. 经验与启示

结构缝设置两道止水,且施工期需特别注意施工质量,避免后期漏水;电缆沟槽底面设计时应设置坡度或排水孔,便于积水排出;门机轨道底部混凝土无须设置沟槽,轨道直接安装在平面上,降低了施工难度,外观也更加美观;施工期安装间边墙预留大件进出通道口,减少吊装工序,节约费用并缩短工期。航电枢纽以电养航,前期,政府相关部门提高电价以解决通航建筑物运行维护费用。但受电力市场改革影响,市场电量比例大幅增加,已占全部电量的3/4,前期提高的电价已不能解决通航建筑物运行维护费用。因此,建议通过就近设置直供专线,以解决通航建筑物的运行维护费用。设立流域梯调中心,实行流域集中调度,集中调度一方面可以充分利用水情联合调度,提高水能利用率,最大程度减少弃水;另一方面可以减少各层级运行人员,降低运营成本。

(八)金溪船闸

1. 闸坝概况

(1)自然地理条件

金溪航电枢纽位于金溪镇上游700米,覆盖下游1600米范围内。河流流向由近东西向转为南偏东,河谷开阔,河床宽缓,河流落差较小。枯水期水位 290 米,河水面宽为 280~350 米;正常蓄水位 310 米时,河谷宽 490~513 米。现代主河床位于左岸,右岸为高漫滩。

金溪航电枢纽工程位于扬子地台内四川台拗偏北侧,区内以中生界河湖相碎屑岩为主,构造简单,岩层平缓,无较大断裂分布,地质构造以宽缓褶皱为主。挽近时期以来,构造运动微弱,以区域性大面积缓慢间歇性抬升为主,属构造稳定区。区内地震活动微弱,其地震效应为外围地震的波及影响。据国家标准《中国地震动参数区划图》(GB 18306—2001),金溪航电枢纽工程区地震动峰值加速度为 0.05g,地震动反应谱特征周期 0.35 秒,相应地震基本烈度小于六度。

据金溪水文站实测和插补延长的 1944 年 5 月—2000 年 4 月共 56 年(水利年)年平均流量系列统计,多年平均流量 797 立方米/秒,多年平均年径流深 341.8 毫米,多年平均年径流量 251 亿立方米。工程 50 年一遇洪水流量为 3.07 万立方米/秒,500 年一遇洪水流量为 4.32 万立方米/秒。

多年平均气温 17.3 摄氏度,极端最高气温 40.5 摄氏度,极端最低气温 -4.3 摄氏度。多年平均降水量 1008.0 毫米,多年平均蒸发量 962.7 毫米。多年平均相对湿度 80%。据南部气象站资料统计,多年平均风速 1.4 米/秒,最大风速 18.7 米/秒(相应风向为 N)。

(2)闸坝建设情况

金溪航电枢纽工程位于嘉陵江中游、蓬安县金溪镇郊,是国家批准的《嘉陵江苍溪至合川段水电规划》十三级开发方案中的第八级航电工程,上衔新政梯级,下接马回梯级,距蓬安县城公路里程(左岸)31 千米。金溪航电枢纽工程是以开发水电资源和渠化航道、发展航运、发展地方经济相结合的兼有发展旅游和养殖产业的综合利用水利水电工程。金溪航电枢纽为二等工程,大坝长度约 652.99 米,其主要建筑物按三级设计,次要建筑物按四级设计。船闸为枢纽的重要组成部分,金溪船闸为四级航道上的非溢流船闸,布置在枢纽的左岸。本枢纽按水电站有关规范确定为二等工程,通航枢纽确定为三等工程,上下闸首、闸室墙为二级,上下引航墙为三级。船闸有效尺度为 120 米×16 米×3 米,设计通航船队为 2×500 吨级;电站装机容量 150 兆瓦(4×37.5 兆瓦),枯水年枯期平均出力 42.9 兆瓦,多年平均发电量 7.10 亿千瓦时,年平均利用 4735 小时。水库正常蓄水位(310.00 米)以下库容 1.45 亿立方米,校核洪水位(319.28)以下库容 4.61 亿立方米,具有日调节能力。

(3)建设成就

嘉陵江是长江水系航运通道之一和国家确定的战备航道,其渠化工程被列为国家"十五"计划重点建设项目。金溪航电枢纽的建设,对四川省水电建设和增加电力供应,促进南充市县经济发展,以及实现嘉陵江航道的渠化均起到了重要作用,改善上游航道 41 千米。截至 2015 年底,累计上网电量 46.26 亿千瓦时;共计通行船舶 471 艘,总吨位 5.38 万吨,船舶最大吨级 626 吨。过闸船舶为采砂船、运砂船及公务船舶,没有其他载货船舶通过。

2.通航建筑物

项目于 2004 年 8 月开工,2008 年 9 月试通航,2008 年 12 月竣工。

项目建设依据:2002 年 3 月,四川省发展计划委员会、四川省水利厅《关于嘉陵江金溪航电枢纽工程可行性研究报告工程技术方案的批复》(川计能源〔2002〕228 号);2003 年 9 月,四川省发展计划委员会《四川省计委关于嘉陵江金溪航电枢纽工程可行性研究报告的批复》(川计能源〔2003〕620 号);2002 年 12 月,四川省发展计划委员会《四川省计委关于印发嘉陵江金溪航电枢纽初步设计报告审查意见的通知》(川计能源〔2002〕1030 号);2001 年 12 月,四川省环境保护局《关于四川省金溪电航工程环境影响评价大纲的批复》(川环函〔2001〕367 号);2006 年 12 月,四川省人民政府《四川省人民政府关于四川嘉陵江金溪航电枢纽工程(坝区)建设用地的批复》(川府土〔2006〕926 号)。

金溪航电枢纽船闸等级为内河四级,设计船舶为 2×500 吨级船队,设计船型分 3 种:①T176 千瓦 +2×F500 吨分节驳顶推船队,船队尺度为 109 米×10.8 米×1.6 米;②J272 千瓦×500 吨 +B500 吨机动驳顶推船队,船队尺度为 110 米×10.8 米×1.9 米;③J88 千瓦×300 吨、J176 千瓦×500 吨的机动驳单船,船队尺度分别为 46.0 米×8.0 米×2.0 米、58.0 米×10.8 米×2.0 米。船闸设计水头 17.3 米,为单线单级船闸,闸室有效尺度为 120 米×16 米×3 米。船闸设计最高通航水位为上游 310.00 米、下游 305.62 米;最低通航水位为上游 298.27 米、下游 292.70 米。下游最大、最小通航流量分别为 1.45 万立方米/秒和 500 立方米/秒。上、下闸首采用分离式结构,闸室为整体式结构。输水系统采用闸底横之廊道分散式输水形式,平均充、泄水时间均为 15 分钟,一次过闸时间约 60 分钟。金溪船闸的闸、阀门分别采用人字门和反弧门,闸门为卧式液压启闭机,阀门立式液压启闭机。船闸由上引航道、上闸首、闸室、下闸首、下引航道组成,总长度为 1024 米。因下游引航道末端靠近金溪河口,为保证船舶航行安全,另增加了 66 米连接段。上闸首上游侧布置有桥梁,其跨长为 (12.7+20+15.9) 米,桥面宽 11 米,桥面高程 321.50 米。

项目总投资为 15.25 亿元,包括企业出资 4.64 亿元,银行贷款 9 亿元。金溪航电枢纽建设用地共计 0.11 平方公里。

项目建设单位为四川嘉陵江金溪航电开发有限公司;设计单位中,成都勘测设计研究院负责闸坝、厂房设计,四川省交通厅交通设计研究院负责除船闸设计;施工单位中,中国水利水电第五工程局负责闸坝、厂房及船闸的施工,广东源天工程公司负责闸坝厂房机电安装施工,中国水利水电第十工程局负责金属结构安装;监理单位中,四川省水运工程监理事务所负责船闸工程的施工监理工作,四川二滩国际工程咨询有限责任公司负责闸坝和厂房的监理工作;质监单位为四川省水利厅质监站和四川省交通厅质监站。

2003 年 10 月 1 日,工程正式开工;2004 年 12 月 22 日,大江截流;2006 年 4 月 19 日,

首台机组发电;2007年6月15日,第二台机组发电,2008年1月30日,第三台机组发电;2008年8月8日,第四台机组发电;2008年11月21日,工程消防验收合格;2008年12月26日,船闸、交通桥验收合格;2008年11月3日,库区蓄水至正常水位。

嘉陵江金溪航电枢纽工程荣获2012年度"四川省建设工程天府杯"金奖。

为确保嘉陵江南充段航道船闸安全、畅通,充分发挥船闸的作用,船闸确立为航运服务的宗旨,做到科学管理、合理使用、定期保养、计划修理,确保设备正常运转,为过往船舶提供安全、及时、方便的运行条件。2011—2015年,过闸船舶数量和吨位分别为56艘、4227吨;89艘、8404吨;106艘、1.13万吨;135艘、1.57万吨;85艘、1.41万吨。

3. 经验与启示

随着嘉陵江全江航道渠化的完成和船闸通航量的逐年提高,为保证航运畅通,同时能使各梯级充分利用资源、发挥综合效益、缩短航运时间,应成立流域统一的调度和管理机构,负责航道运输管理及协调船闸运营管理,审批各梯级船闸运行和下泄流量方案,制订保证船舶运输的流量调节方案,疏浚治理方案,建立起稳定、长效的管理机制和体制。

(九)马回船闸

1. 闸坝概况

(1)自然地理条件

马回航电枢纽所在河段为丘陵区,海拔400~1000米,地势起伏河谷开阔而多河曲。

据金溪水文站实测和插补延长的1944年5月—2000年4月年共56年(水利年)年平均流量系列统计,多年平均流量797立方米/秒,多年平均年径流深341.8毫米,多年平均年径流量251亿立方米。工程50年一遇洪水流量为3.07万立方米/秒,500年一遇洪水流量为4.32万立方米/秒。

嘉陵江源远流长,气候变化较大,上游属原性气候,风多雨少,空气干燥,中下游为暖湿的亚热带季风气候,冬暖、夏热、春来早,秋绵雨、阴天多,日照少,雨量较充沛。

(2)闸坝建设情况

马回航电枢纽工程位于嘉陵江中游、蓬安县马回乡(现长梁乡)境内,上距离蓬安县城11千米。马回航电枢纽系利用嘉陵江丰富的水力资源和有利的河湾地形及天然沟槽,采用"裁弯取直"与修建闸坝相结合的开发方式修建,以发电为主,兼顾航运,整个工程包括拦河闸坝、引水发电工程、航运工程三部分。航运工程由上引航道、船闸及下引航道等组成,长度约1000米,所在航道等级为四级,通航船舶为500吨级。水电站坝址以上流域面积7.46万平方千米。水电站现装机容量为8.61万千瓦(其中大站装机容量为2×2.35万千瓦,小站装机容量为5×2000千瓦,扩建装机容量为2×1.5万千瓦,机组数量共9台)。

（3）建设成就

截至 2015 年底,航运枢纽的过闸量为 7000 余艘船只,总吨位 15 万余吨,过闸船舶最大吨级为 2×500 吨。

2.通航建筑物

项目于 1989 年 1 月开工,1992 年 7 月试通航,1992 年 10 月竣工,2016 年成功进行改建。

项目建设依据:1987 年 3 月,四川省建设委员会《关于蓬安马回水电站初步设计的批复》(川建委〔1987〕设 33 号);1987 年 10 月,四川省建设委员会《关于蓬安马回电站船闸初步设计的批复》(川建委〔1987〕设 721 号);1989 年 2 月,四川省建设委员会《对马回水电站闸坝枢纽修改设计的批复》(川建委〔1989〕电 119 号);2002 年 7 月,四川省环境保护局《关于四川蓬安马回水电站扩建工程环境影响报告书的批复》(川环函〔2002〕246 号);1988 年 12 月,四川省人民政府《关于四川省蓬安马回水电站工程建设指挥部征用土地的批复》(川府函〔1988〕623 号)。

马回航电枢纽船闸工程为单线单级船闸,按内河四级标准建设,通行船舶为 500 吨级,船舶尺度 150 米×9.5 米×1.5 米。船闸最大设计水头 13.2 米,闸室有效尺度 160 米×12 米×2.5 米。设计最高通航水位为上游 297.4 米、下游 289.56 米;最低通航水位上游 290.5 米,下游 279 米,最高通航流量 2.04 万立方米/秒。闸首结构与闸室结构相同,均为坞工墙整底板的结构形式,内外边墩均为砌石坞工结构,底板为钢筋混凝土结构。采用集中输水系统系统,闸室充、泄水平均时间为 11 分钟左右,船舶一次过闸时间约 50 分钟。上、下闸门均采用钢质平面人字门,闸门结构采用变截面实腹梁式,阀门采用钢质平板定轮式提升门,液压启闭方案。船闸引航道采用"曲进直出"的不对称布置方式,整个上引航道由人工开挖而成,长 488 米,宽度由闸首口门16 米渐变到 38 米,底板高程289.2 米;下引航道长 250 米,宽度由闸首口门 16 米渐变到 38 米,底板高程 267.0 米,没有建设待闸锚泊区。马回船闸建设用地共计 82 亩,工程总投资为 4800 万元,均为银行贷款。

项目建设单位为川省马回水电站工程建设指挥部;设计单位为四川省水利水电勘测设计院、四川省内河勘察设计院;施工单位为中国建筑二局、水电十局;质监单位为南充地区质监站驻马回电站质监组和马回水电站工程建设指挥部质检科。

（十）凤仪船闸

1.闸坝概况

（1）自然地理条件

凤仪航电枢纽所在地为四川盆地内的丘陵地带,海拔高程均在 500 米以下,一般为

250～300 米,相对高差为 50～100 米,属于低山—浅丘地貌。嘉陵江由北向南蜿蜒曲折,河面开阔。河床、漫滩及阶地构成的河谷形态呈宽缓的"U"形谷,河面宽 350～550 米,河流流向大致为南偏西。因航运需要,在河床中筑有两条砌石垅埝。两岸漫滩及一级阶地地形平坦开阔,地面高程 267～277 米。相对高差 20～40 米,左岸岸坡地形坡度 14～35 度,右岸岸坡地形坡度 28～40 度,坡脚零星堆积崩坡积物,基岩局部裸露。

枢纽库区地形开阔,属中低山地貌,周边地形封闭条件良好,不存在低于正常蓄水位的冲沟、邻谷。库区地层简单,构造不发育,岩层呈单斜近水平层状构造。岩性为长石石英砂岩和粉砂质泥岩互层,岩体透水性微弱,不存在向邻谷或下游绕坝渗漏的地形地质条件。库区两岸未发现滑坡、泥石流等,库岸较稳定,不存在大规模的水库塌岸问题,可能发生的小范围的岸坡再造,不会影响水库的正常运行。库区两岸植被良好,松散堆积物不多,固体径流物质来源有限,固体径流量不大,对水库正常运行无影响。不存在水库诱发地震的基本地质条件。

据金溪水文站 1944 年 5 月—1998 年 4 月共 54 年(水文年)径流系列统计,多年平均流量为 800 立方米/秒,多年径流量为 252 亿立方米,多年平均径流深 343.1 毫米。每年 5—10 月为丰水期,占全年水量的 81.3%,尤以 7—9 月更为集中,占全年水量的 53.8%;枯水期为当年 11 月—翌年 4 月,仅占全年水量的 18.7%。

枢纽附近有南充气象站。根据南充气象站 1976—1999 年资料统计,多年平均气温 17.2 摄氏度,极端最高气温 41.2 摄氏度,极端最低气温约 3.4 摄氏度,多年平均湿度 81%,多年平均蒸发量 1182.3 毫米,多年平均降水量为 977.8 毫米。

(2)闸坝建设情况

凤仪航电枢纽位于四川省南充市高坪区龙门镇石盘村和凤山乡境内,是嘉陵江干流广元至重庆河段十六级开发中的第十个梯级工程,下距南充市区 25 千米。枢纽工程位于凤山乡侧,是航电结合的综合利用工程。本枢纽规模为二等工程,永久性主要水工建筑物按三级设计,次要建筑物按四级设计。枢纽为河床式水力发电枢纽,水库正常蓄水位 280.00 米,可调库容为 0.66 亿立方米,总库容 4.17 亿立方米。电站装设三台 28 兆瓦灯泡贯流式水轮发电机组,额定水头 8.3 米,单机引用流量 379.99 立方米/秒。枢纽沿坝轴线从左至右依次布置左岸接头坝、安装间、厂房、厂闸连接坝段、22 孔冲砂泄洪闸、河床重力挡水坝、船闸、右岸接头坝。枢纽坝顶设计高程 292.00 米,坝轴线长度 667.15 米,最大闸坝高 39 米。

(3)建设成就

枢纽工程完成后,渠化航道 24 千米。截至 2015 年底,船舶通航次数为 124 次,通航船只 394 艘。上网电量为 10.1 亿千瓦时。电站为日调节电站,不具有调蓄功能。通行船闸均为砂石运输船及吸砂船、挖石船,多数是空船过闸,载重吨级均小于 500 吨。凤仪船闸属免费通行,未收取任何费用。根据《嘉陵江南充段船闸试运行管理办法(暂行)》的相关规定,符合过闸条件船只均在规定时间内予以通行,为南充市和嘉陵江两岸的人民提供良好的交通运输条件,向当地经济、社会发展提供支持和服务。

2. 通航建筑物

项目于 2008 年 10 月开工,2014 年 11 月完成船闸工交工验收,2015 年 4 月完成通航验收。

项目建设依据:2002 年 12 月,四川省发展计划委员会《四川省计委关于印发嘉陵江小龙门、凤仪场航电枢纽工程可行性研究报告审查意见的通知》(川计能源函〔2002〕302 号);2003 年 11 月,四川发展计划委员会《四川省计委关于印发嘉陵江凤仪场航电枢纽工程初步设计报告审查意见的通知》(川计能源〔2003〕950 号);2003 年 7 月,四川省环境保护局《四川省环境保护局关于对嘉陵江凤仪场航电枢纽工程环境影响报告书的批复》(川环函〔2003〕150 号);2005 年 11 月,四川省国土资源厅《关于对四川省嘉陵江凤仪场航电枢纽工程建设用地预审的意见》(川国土资函〔2005〕1311 号)。

凤仪船闸等级为内河四级,设计船舶为 2×500 吨级船队,最大船队尺度为 109 米 × 10.8 米 ×1.6 米。船闸全长 1086.80 米,设计水头 11 米,为单线单级船闸,闸室有效尺度为 120 米 ×16 米 ×3 米。上游最高、最低通航水位分别 280.00 米和 274.00 米;下游最高、最低通航水位分别为 278.91 米和 269.00 米,最大允许通航流量 2030 立方米/秒。闸首和闸室均采用分离重力式结构,输水系统采用闸墙长廊道,闸底中部横支廊道,顶支孔加消能盖板的出水形式。充、泄水时间分别为 10.52 分钟和 10.32 分钟,一次过闸时间近、远期分别为 54.85 分钟和 48.85 分钟。上、下闸门均采用人字门;上、下工作阀门,上、下检修阀门均采用平板门。船闸由上引航道、上闸首、闸室、下闸首、下引航道组成,船闸全长 1086.8 米。凤仪航电枢纽总投资 17.31 亿元,其中交通部补助 2.5 亿元,其余为公司自筹。枢纽工程建设征地面积 1.27 万亩,防护区及枢纽区临时用地区 1178.43 亩(耕地 687.74 亩、园地 106.01 亩、林地 14.02 亩、草地 46.68 亩、交通运输用地 11.75 亩、水域及水利设施用地 166.58 亩、其他用地 145.65 亩)。

项目建设单位为四川嘉陵江凤仪航电开发有限公司;设计单位中,中国水电顾问集团西北勘测设计研究院水电顾问集团西北勘测设计研究院负责枢纽厂房、泄洪冲砂闸及左右岸挡水坝工程的设计,四川省交通厅交通设计研究院负责船闸工程设计;施工单位中,中国水利水电第一工程局负责枢纽左岸挡水坝、厂房、安装间及左岸 8.5 孔泄洪冲砂闸的土建工程施工、金属结构安装工程,广东水电二局股份有限公司负责枢纽 13.5 孔右岸泄洪闸、船闸、右岸挡水坝土建工程施工,广东源天工程公司负责枢纽工程机电安装工程;监理单位中,四川大桥水电咨询监理有限责任公司负责枢纽厂房、泄洪冲砂闸及左右岸挡水坝工程的监理工作,四川省水运工程监理事务所负责船闸工程的施工监理工作;质量监督单位为四川省交通厅公路水运质量监督站。

2007年9月1日,凤仪航电枢纽工程正式开工建设;2007年11月18日,左岸一期工程上游围堰成功截流;2008年9月30日,船闸开工建设;2008年11月15日,右岸二期工程上游围堰成功截流;2012年1月11日,下闸蓄水,2012年1月15日,首台机组并网发电,2012年4月20日,三台机组并网发电;2014年11月25日,船闸通过四川省交通运输厅航务管理局的交工验收;2015年4月22日,船闸通过四川省交通运输厅航务管理局的通航验收。

工程建设后,与梯级上下游航电枢纽首尾衔接,渠化航道24千米,渠化区内航道基本达到四级航道要求,通航保证率可达95%。枢纽自投入运行以来,未发生任何海损事故,也未出现建库前枯季河道断流现象,一定程度上推动了水运事业的发展。截至2015年底,共实现安全通航124次,过船394艘。

(十一)小龙门船闸

1. 闸坝概况

(1)自然地理条件

小龙门航电枢纽所在地为四川盆地内的丘陵地带,海拔高程250~300米,相对高差为50~100米,均在500米以下,属于低山-浅丘地貌。嘉陵江由北向南蜿蜒曲折,河面开阔,宽350~550米。河床、漫滩及阶地构成的河谷形态呈宽缓的"U"形谷,河流流向大致为南偏西。因航运需要,在河床中筑有两条砌石垅埂。两岸漫滩及一级阶地地形平坦开阔,地面高程267~277米。相对高差20~40米,左岸岸坡地形坡度14~35度,右岸岸坡地形坡度28~40度,坡脚零星堆积崩坡积物,基岩局部裸露。

枢纽区位于川中台拗龙女寺台穹的北缘,区域性东西构造带——南充射洪东西构造带东段,属龙女寺旋扭构造北侧一束。断裂不发育,主要以褶皱为主,由于受北侧仪陇—郎中莲花状构造,以及南侧龙女寺半环状构造影响,各褶皱呈东西向蛇状弯曲。工程区处于南充背斜南翼,西山向斜北翼。库、坝区未见较大断裂构造,不具备发生中强地震地质背景,地震烈度主要受外围地震波及影响。区域物理地质现象主要表现为岩石风化、卸荷和崩塌堆积。岩石风化以物理风化为主,其风化速度、深度与岩性、地形、裂隙发育程度密切相关。一般泥岩、粉砂质泥岩较泥质粉砂岩的风化速度快,岩性相同则裂隙密集带较裂隙不发育部位为甚,处于岸坡岩体因卸荷及侧向风化作用,风化厚度较大,强风化带厚2~10米,最厚可达16米,弱风化带厚4~10米,最大厚度22.8米。

根据小龙门航电枢纽1944年5月—2000年4月年共56年(水利年)年平均流量系列统计,多年平均流量814立方米/秒,多年平均年径流深338.6毫米,多年平均年径流量256.7亿立方米。径流的年内分配与降雨的年内分配基本一致,每年4月起径流随降水量的增加而增加,7、8两月水量最丰,9月次丰,11月后由于降水量减少,地下水补给的比例渐渐增大,径流逐渐以地下水补给为主,稳定退水至翌年3月。径流在年内的分配不均匀,丰水期(每年5—10月)占年径流量的81.5%,枯水期(当年11月—翌年4月)占年径流量的18.5%。

该地区多年平均气温17.4摄氏度,极端最高气温40.1摄氏度(1972年8月14日),极端最低气温−2.8摄氏度(1975年12月15日)。多年平均降水量1020.8毫米,年最大降水量1529.4毫米(1952年),多年平均蒸发量1088.2毫米。多年平均风速1.1米/秒,最多风向为N,实测最大风速16.0米/秒(1976年8月15日),相应风向为NE。多年平均相对湿度79%,年平均日照1266.7小时。

(2)闸坝建设情况

小龙门航电枢纽工程位于嘉陵江中游南充市顺庆区和高坪区河段上,是嘉陵江广元至重庆十六级开发方案中的第十一级。工程是以渠化航道和开发水电资源为主,兼有美化城市环境和发展旅游等综合效益的工程。枢纽沿坝轴线自左向右依次由左岸接头坝、电站、冲沙闸、泄洪闸、船闸及右岸接头坝等组成,全长1250米。枢纽工程为二等工程,其主要建筑物按三级设计,次要建筑物按四级设计。枢纽所在的航道等级为四级,建通航等级为四级的船闸一座,渠化航道20千米,可通行2×500吨级船队。船闸永久性建筑物上下闸首、闸室按三级水工建筑物设计,上下游引航道引墙按四级设计。船闸有效尺度为120米×16米×3米。枢纽工程总库容2.21亿立方米,正常蓄水位269.30米,电站安装4台单机容量13兆瓦竖井贯流式水轮发电机组,总装机容量52兆瓦。通航建筑物位于枢纽右岸,船闸左岸与泄洪闸相连,船闸右岸与右岸接头坝相连。

(3)建设成就

枢纽工程建成后,渠化航道20千米,下泄流量对下游影响变化不明显。自2008年枢纽投产以来,截至2015年底,累计发电15.21亿千瓦时。按照发电量和理论发电标准煤耗123克/千瓦时计算,折合节约标煤18.7万吨。多年总径流量2005.98亿立方米,发电总水量1051.86亿立方米,总水资源利用率52.44%。航运过闸船舶主要为短途运砂船、采石船、吸砂船、执法船等,共计986艘次,累计过闸吨位15.04万吨,单船最大吨位1345吨,平均载重吨位等级明显提高。

2.通航建筑物

项目于2006年11月开工,2009年4月试通航,尚未竣工验收。

项目建设依据:2002年12月,四川省发展计划委员会《嘉陵江小龙门电航工程可行性研究报告》(川计能源〔2002〕302号);2003年7月,四川省发展计划委员会《嘉陵江小龙门电航工程初步设计报告》(川计能源〔2003〕454号);2003年7月,四川省环境保护局《嘉陵江小龙门电航工程环境影响报告书》(川环建函〔2003〕151号);2006年2月,四川省人民政府《关于四川嘉陵江小龙门电航工程建设用地的请示》（川府土〔2006〕54号）。

小龙门船闸等级为四级，设计通行船舶为500吨级单船或2×500吨级船队，最大单船尺度为58米×10.8米×2米，最大船队尺度111米×10.8米×1.9米。船闸为单线单级船闸，设计水头6.8米。闸室有效尺度为120米×16米×3.0米。上游最高、最低通航水位分别为271.85米、267.80米；下游最高、最低通航水位分别为271.40米、262.50米。船闸日平均耗水量4.12立方米/秒。闸首为重力结构式、闸室为整体式。输水系统采用闸墙长廊道，闸低中部横支廊道，顶支孔加消能盖板的出水形式，充、泄水时间分别为8.53分钟和8.47分钟。上游引航道内侧布置一道长499.3米的引墙，其中紧靠上闸首布置长160米直线段主导航墙，末端与长59.3米、半径564米圆弧段主导航墙连，圆弧段偏转21.23度法向方向上布置长280米隔流堤墙，隔流堤墙前方停泊段布置7个间隔20米的靠船墩，外侧沿船闸轴线前120米布置一道长128.4米的副导航墙，末端被长98.4米、半径136.12米圆弧段副导航墙相连，后130米布置一道长130米的隔流堤墙，在高程265.66米以下，布置一排宽3米、高6米透水孔，引墙为重力式结构，顶宽1.5米。下游引航道内侧布置一道长250米直线段主导航墙，外侧沿船闸轴线前120米布置一道长134.72米的副导航墙，其中紧靠上闸首布置长20米的直线段主导航墙，末端被长84.72米、半径145.33米的圆弧段副导航墙相连，后置50米隔流堤墙。

项目总投资为13亿元，包括交通部水运建设资金投入2.27亿元，四川省交通厅自筹资金0.32亿元，南充市出资0.29亿元，股东借款5.50亿元，银行贷款1.95亿元。小龙门航电枢纽工程建设征地面积510亩，其中耕地329.65亩、园地2.75亩、林地22.32亩、水域及水利设施用地143.30亩、其他用地11.98亩。

项目建设单位为嘉陵江小龙门航电开发有限公司；设计单位中，四川省水利水电勘察设计研究院负责主体工程设计，四川省交通厅交通设计研究院负责船闸工程设计；施工单位中，中国水利水电八局负责右岸土建及金结安装，广东源天工程公司负责机电设备安装；监理单位中，四川二滩国际咨询工程有限公司负责主体工程监理，四川水运工程监理有限公司负责船闸工程监理；质量监督单位为四川省水利厅质监站和四川省交通厅质监站。

2003年6月9日，南充市小龙门航电工程建设指挥部成立；2003年10月8日，枢纽工程左岸围堰合龙；2004年11月3日，枢纽工程右岸二枯嘉陵江主河道大江截流成功；2005年6月20日，四川省水利厅质检站、工程监理部和指挥部等对右岸泄洪闸264米以下部位的工程质量进行检查和验收；2007年5月26日，泄洪闸金属结构安装工程全部完工；2007年8月28日，泄洪闸金属结构安装工程通过验收；2009年1月18日，接头坝工程全部完工；2009年2月12日，左岸土建工程全部完工；2009年4月22日，小龙门航电枢纽船闸工程通航试运行满足要求；2009年9月28日，2号机组正式投入商业运行；2010

年 10 月 25 日，1 号机组正式投入商业运行。

工程建设后，与梯级上、下游航电枢纽首尾衔接，渠化航道 20 千米，渠化区内航道基本达到四级航道要求，通航保证率达到 95%。自投入运行以来，未发生渠化前因上游水量小河道断流现象，在一定程度上推动了水运事业的发展。工程建成后，较大幅度地带动了地方经济发展，枢纽从 2010 年全面投产以来，年均直接向地方财政缴纳各种税费约820 万元，此外带动沿江旅游业发展和沿江国有土地大幅增值，间接推动了地方经济发展。

（十二）青居船闸

1. 闸坝概况

（1）自然地理条件

嘉陵江在青居镇附近形成了"Ω"形的大河湾，河湾长 17.2 千米，颈部直线距离仅 450米。电站利用大河湾的有利地形，修建闸坝抬高水位，通过"裁弯取直"兴修引水发电工程和船闸。船闸工程在地质构造上处于四川沉降带川中褶皱旋扭构造体系曲水向斜轴部地带，地层平缓，构造发育少，不存在发震构造。抗震设防烈度小于六度，设计基本地震加速度小于 0.05g，工区稳定性好。青居船闸工程不考虑地震设防。

青居航电枢纽下游 118 千米处有武胜水文站，控制流域面积 788 万公顷。武胜水文站建于 1939 年，保存有较完整的水位、流量资料。该地区多年平均流量 814 立方米/秒，多年平均年径流深 338.6 毫米，多年平均年径流量 256.7 亿立方米。径流的年内分配与降水的年内分配基本一致，每年 4 月起径流随降水量的增加而增加，7、8 两月水量最丰，9 月次丰，11 月后随降水量减少而减少。

青居航电枢纽船闸工程位于嘉陵江中游下段，流域属亚热带季风气候，夏季多雨，冬季温暖干燥，多年平均气温 17.6 摄氏度，极端最高气温 41.3 摄氏度，极端最低气温 −2.8摄氏度，多年平均相对湿度 79%，多年平均降水量 1018.4 毫米。

（2）闸坝建设情况

青居航电枢纽位于青居镇，是嘉陵江广元至重庆段水电及航运枢纽规划十六级开发方案的第十二个梯级，枢纽以航运及发电为主，兼具防洪、灌溉功能。枢纽利用大河湾的有利地形，修建闸坝抬高水位，通过"裁弯取直"兴修引水发电工程和船闸。本工程为三等工程，永久性主要建筑按三级设计，次要建筑物按四级设计，临时性建筑物按五级设计，电站装机 136 兆瓦（4×34 兆瓦）。船闸位于嘉陵江青居镇河道的颈部，嘉陵江全部渠化后，近期通航 150～300 吨驳船，远期设计船型为 2×500 吨分节驳顶推船队。

青居水电站初步设计报告于 1993 年 10 月经四川省建设委员会以川建委〔1993〕电869 号文批复，但因各种原因未能动工修建。1997 年组建四川华能嘉陵江水电有限责任公司,投资兴建和经营青居水电站,同年委托设计单位编制了《青居水电站项目建议书》和《青居水电站可行性研究报告》,1998年四川省计划委员会以川计源〔1998〕187号文批复青居水电站项目建议书,由于当时电力市场疲软,工程仍未开工建设。2000年市场好转,华能嘉陵江公司委托设计单位完成设计概算修改,并随《青居水电站可行性研究报告》报送四川省计划委员会。同年4月,四川省计划委员会以川计能源〔2000〕571号文批复,装机容量4×25兆瓦。鉴于青居水电站初设编制时间较早,机组制造水平发生较大变化,2001年华能嘉陵江公司委托设计院进行机型和装机容量调整优化设计;2002年11月,四川省发展计划委员会以川计能源〔2002〕942号文批复工程装机容量由4×25兆瓦调整为4×34兆瓦。为适应电站投产后的新的水库运行调度方式需要,华能嘉陵江公司提出对船闸工程平面布置进行优化调整,并委托重庆西南水运工程科学研究所完成了模型试验,四川省交通厅以川交航务〔2004〕201号文对青居船闸工程优化布置方案进行了批复。

(3)建设成就

枢纽工程建成后,航电大坝至回水区通航条件明显改善,尾水端航道为天然航道,经嘉陵江航运配套工程整治完工后,将达到四级航道通航标准。航运过闸船舶最大吨位500吨,平均载重量逐年增加。利用水运载大吨位货物的优势,可节约物流成本,同时对活跃地方经济、促进社会发展作出了贡献。

2. 通航建筑物

项目于2005年12月开工,2009年3月竣工。

项目建设依据:2000年4月,四川省计划委员会《四川省计委关于华能青居水电站可行性研究报告的批复》(川计能源〔2000〕571号);1993年10月,四川省建设委员会《关于南充青居水电站初步设计报告的批复》(川建委〔1993〕电869号);1995年4月,四川省环境保护局《四川省环境保护局关于确认青居水电站环境影响报告书的函》(川环发〔1995〕开字125号);2000年8月,南充市人民政府《转发省人民政府〈关于四川华能青居水电厂工程筹备组修建青居水电站厂区补办征用土地的批复〉的通知》(南府函〔2000〕106号);2002年11月,四川省国土资源厅《关于高坪区2002年第二批试点小城镇建设用地的批复》(川国土资建〔2002〕226号);2004年11月,南充市人民政府《关于收回高坪区青居镇26个单位和237户居民国有土地使用权的决定》(南府函〔2004〕151号)。

青居船闸等级为四级,设计代表船舶为2×500吨级船队,最大船队尺度为109米×10.8米×1.6米。船闸有效尺度为120米×16米×3米,设计水头14.5米。上游最高、最低通航水位分别为264.18米和261.5米;下游最高、最低通航水位分别为258.95米和248.00米。高、低水位对应流量分别为1.4万立方米/秒和168立方米/秒。

船闸上引航道呈喇叭口形状,右导墙线型为扩展式,右曲线和直线光滑连接;下引航道为折线连接的扩展式;输水系统为闸底长廊道顶缝出水加消能盖板的分散输水形式。船闸充、泄水时间均为 13 分钟左右,过闸时间约 90 分钟。船闸布置及尺度为:上闸首根据结构和布置要求长 28 米,左右边墩宽为 12 米,上闸首边墩顶高程为 276.80 米,闸室长 120 米,闸墙顶宽 6.5 米,墙顶高程 265.80 米;下闸首长 28 米,左右边墩宽为 11 米。项目总投资为 1.3 亿元,由业主全额筹集。

项目建设单位为四川华能嘉陵江水电有限责任公司;设计单位为四川省交通厅内河勘察设计研究院;施工单位为中国水利水电第五工程局,中国水利水电第十工程局,四川路桥建设股份有限公司;监理单位为四川省水运工程监理事务所和重庆新时代工程咨询有限公司;安全预评价单位为北京华标联合国际安全评价咨询中心。

船闸工程于 2005 年 12 月开工,2009 年 3 月完成全部土建工程,同年 4 月初投入运行。

船闸自投运以来,机电设备整体运行正常,随着 2017 年以来嘉陵江流域全线通航,过闸船只逐年增多,由于设备投产时间较长,部分设备存在老化现象,船闸上引航道存在部分淤积情况。华能嘉陵江公司将加大对设备及水工建筑物的运行和维护,保障船舶通航安全。

(十三)东西关船闸

1. 闸坝概况

(1)自然地理条件

东西关航电枢纽所在区域为新生代近期侵蚀凹地,沟谷走向南 37 度东,北高南低,谷底高程 242~305 米,沟的两侧顶高 310~330 米,两侧山坡地貌上为陡缓相间的剥蚀斜坡,存在砂岩分布的地方坡度较陡,黏土岩分布的地方地形变缓,平均坡度 18~30 度。船闸区地层自上而下,第四纪覆盖层为崩坡积的块碎石和粗土,一般厚 1~2 米,基岩为侏罗纪重庆统上部,岩性为砂岩,砂质黏土岩夹薄层泥质砂岩或砂质黏土岩砂岩互层。岩相极不稳定,常呈透镜体尖灭。

东西关航电枢纽所在流域处于暴雨区,降雨集中在每年 6—9 月,洪枯期水位、流量变幅较大,历史最枯流量为 115 立方米/秒、水位 209.4 米;历史最高流量 2.89 万立方米/秒、水位 232.06 米;历年平均最枯水位为 209.85 米,历年平均最高水位为 221.60 米。

东西关航电枢纽所处地区降雨集中在每年 6—9 月,多年平均气温 17.6℃,多年平均降水量 1022.5 毫米,多年平均风速为 1.5 米/秒,常风向为 NE。

(2)闸坝建设情况

东西关航电枢纽位于广安市武胜县烈面镇境内,枢纽以发电为主,兼顾防洪。水库正常蓄水位 248.50 米,相应库容 1.65 亿立方米(2000 年 12 月实测库容 1.99 亿立方米),汛期限制水位241.00米,相应库容0.43亿立方米。电站装机4台,总容量21兆瓦,多年平均发电量9.55亿千瓦时。拦河坝为混凝土实体重力坝,坝顶高程261.20米,最大坝高47.2米,坝顶全长631.15米,从左至右依次为左岸挡水坝段、左岸溢流坝段、泄洪闸坝段、连接坝段、右岸溢流坝段、右岸楼梯井坝段和右岸连接坝段。泄水建筑物分别为左岸3孔溢洪道,每孔净宽12米,堰顶高程248.50米,自由溢流;9孔泄洪闸,每孔净宽14米,全长175.2米,底板高程230.00米,平面钢闸门控制;右岸开敞式溢流坝,全长280米,分14个坝段,堰顶高程248.50米,自由溢流。

（3）建设成就

枢纽工程建成后,改善了通航环境。历年船舶最大吨位200吨,通航吨位、次数逐年增加,很多大型的工业设备基本上都通过江河运输,例如南充工业园区大量设备都是通过嘉陵江船舶运输的,对当地经济建设作出了巨大的贡献。

2.通航建筑物

项目于1997年5月开工,2006年6月试通航并于此后竣工。

项目建设依据:1992年1月,国家计划委员会《关于四川华能东西关水电站可行性研究报告的批复》(计能源〔1992〕8号);1992年5月,国家计划委员会《关于下达〈一九九二年基本建设新开工大中型项目计划〉的通知》(计投资〔1992〕720号);1989年1月,四川省建设委员会《关于四川省嘉陵江东西关电站初步设计的批复》(川建委发〔1989〕91号);1998年8月,四川省建设委员会《关于〈武胜县东西关水电站环境影响报告书〉的批复》(川建委发〔1988〕环543号)。

东西关船闸等级为四级,船闸有效尺度为120米×16米×3米,设计水头24.55米,设计最大船队2×500吨。船闸上游防洪水位259.85米,上游最高通航水位250.10米,上游最低通航水位241.00米;下游最高通航水位239.30米,下游最低通航水位223.95米。受泄洪影响,下泄流量大于8000立方米/秒时禁航。船闸总长800米,分段长度为上游引航道,长360米;上闸首,长30米;闸室,长120米;下闸首,长30米;下游引航道,长260米。东西关船闸布置在弯曲河段颈部,平面上呈裁弯取直布置。输水系统采用闸底长廊道分散式布置,输水廊道阀门均采用反向弧形阀门,充、泄水时间均约13分钟,一次过闸时间120分钟。项目总投资16.9亿元(其中船闸投资1.38亿元,电站投资13.9亿元,送出工程1.01亿元)。资金来源政府投资(地方投资),企业投资(业主自有资金),企业投资(其他国企资金),银行贷款(政策性银行)。东西关航电枢纽工程用地21.07万平方米。

项目建设单位为四川华能东西关水电股份有限公司;设计单位中,船闸工程1986年前为水电部成都勘察设计院,1986年后为四川省交通厅内河勘察规划设计院;施工单位中,船闸土石方开挖和喷护由中国建筑第二工程局承担(水电七局分包下游引航道开挖),船闸混凝土浇筑和金属结构安装由水电七局承担;监理单位中为四川省水运工程监理事务所承担。

船闸土建工程于 1997 年 5 月 20 日开始临建工程施工;同年 8 月 20 日具备混凝土浇筑条件;同年 9 月 10 日监理工程师下达主体工程开工令;同年 9 月 21 日浇筑第一块混凝土;2000 年 6 月 2 日混凝土浇筑完毕,同年 6 月 26 日完建。

项目建成完工后,交给四川华能东西关水电股份公司具体负责日常运行及管理、维护。公司成立了专门的运行管理队伍,担负船闸有日常运行维护工作,并强化了船闸机电、设备的检修、保养,做到了各系统性能正常,保障了船闸的正常运行和船舶安全通行,维护了水运企业利益,为地方经济发展提供了保障。

(十四)桐子壕船闸

1. 闸坝概况

(1)自然地理条件

桐子壕航电枢纽工程区内构造背景简单,断层少见,地震基本烈度六度。库岸岩质和土质边坡稳定性较好,水库不存在浸没问题和永久渗漏问题。

多年平均流量 891 立方米/秒,每年 5—10 月为丰水期,尤以 7—9 月水量更为集中。洪枯期水位变化大,水位变幅达 25 米。

流域属暖湿亚热带季风气候区,多年平均气温 17.5 摄氏度,多年平均风速 1.5 米/秒,多年平均降水量 1054.6 毫米,多年平均蒸发量 1070.7 毫米。

(2)闸坝建设情况

桐子壕航电枢纽工程位于四川省广安地区武胜县旧县乡境内的嘉陵江干流上,坝址上距武胜县城约 10 千米。枢纽工程为航电工程,河床式厂房,电站装机容量为 3×36 兆瓦,正常储水位库容为 0.99 亿立方米,为无调节能力水库。本工程为三等工程,永久性主要水工建筑物级别为三级,次要建筑物级别为四级,临时性建筑物级别为五级。水工建筑物按 50 年一遇洪水标准设计,相应洪水流量为 2.97 万立方米/秒,此时上游设计洪水位为 234.21 米;按 500 年一遇洪水标准校核,相应洪水流量为 4.14 万立方米/秒,此时上游校核洪水位为 238.53 米。船闸为四级通航船闸,近期通航 150~300 吨驳船,远期设计船型为 2×500 吨分节驳顶推船队。工程布置从右到左依次为右岸接头坝、船闸、厂房段(布置 3 台灯泡贯流式水轮发电机组)、冲砂闸(3 孔)、泄洪闸(9 孔)、溢流坝段、左岸接头坝段,坝顶总长度 643.5 米,其中溢流坝堰顶高程与正常蓄水位均为 224 米。

(3)建设成就

桐子壕航电枢纽建成后,改善上游航道 43.87 千米。截至 2015 年 12 月,累计上网电量 53.56 万千瓦时,船闸累计开闸次数 438 次,过闸 536 艘,过闸吨位 14.17 万吨。

2.通航建筑物

项目于 2000 年 9 月开工,2004 年 1 月试通航,2005 年 9 月竣工。

项目建设依据:1997 年 9 月,四川省计划委员会、四川省水利电力厅《关于广安地区桐子壕电站工程可行性研究报告的批复》(川计〔1997〕能源 964 号);1997 年 12 月,四川省建设委员会、四川省计划委员会、四川省水利电力厅《关于桐子壕航电工程初步设计的批复》(川水建管〔1997〕905 号);1997 年 8 月,四川省环保局《关于武胜县桐子壕水电站环境影响报告书审批意见的函》(川环开发〔1997〕376 号);1998 年 11 月,四川省国土局《关于武胜县桐子壕电站进场公司及枢纽工程征用土地的批复》(川国土函〔1998〕1271 号)。

桐子壕船闸筹等级为内河四级,船闸闸室有效尺度为 120 米×16 米×3.0 米,设计水头为 14.55 米。船队尺度为 109 米×10.8 米×1.6 米,船闸年过闸船舶总载重吨位为 386 万吨。船闸上、下游最高通航水位按 5 年一遇洪水标准设计,相应洪水流量为 1.72 万立方米/秒。上游最高、最低通航水位分别为 228.06 米、223.00 米(水库汛期限制水位);下游最高、最低通航水位 226.79 米、209.45 米。船闸上闸首为枢纽挡水建筑物,沿坝轴线方向长 42.30 米,上闸首顶高程与闸坝一致为 239.83 米;下闸首顶高程 229.60 米,均为钢筋混凝土结构。上下引航道包括导航段、调顺段和靠船墩,上引航道总长 280 米,下引航道总长 390 米。上下引航墙顶高程 228.20 米,上引航道底高程 220.50 米,下引航道底高程为 206.95 米,均为钢筋混凝土和浆砌条石结构。闸室长 120 米,闸墙顶宽 3.5 米,闸室底高程为 206.10 米,为钢筋混凝土结构。项目总投资为 7.77 亿元。桐子壕航电枢纽工程淹没耕地 1193.3 亩,河滩开发地 3749 亩,其他用地 350 亩。

项目建设单位为四川嘉陵江桐子壕航电开发有限公司;设计单位为四川省交通厅交通设计研究院;施工单位中,中国水利水电第五工程局负责土建工程施工,中国水利水电第十工程局负责金属结构安装;监理单位为四川二滩国际工程咨询有限责任公司;质量监督单位为四川省交通厅公路水运质量监督站。

2000 年 11 月 6 日,一期大江截流,2003 年 2 月 28 日,1 号机组按期实现并网发电目标,2003 年 11 月,主体土建施工结束;2004 年 1 月,上、下闸首启闭机房和操作控制房施工结束;2004 年 5 月,装饰工作完成。至此,船闸主体土建部分施工全部完成。

该项目的获奖情况如下:2006 年 5 月荣获中华人民共和国水利部颁发的水地保持示范工程;2007 年 4 月荣获交通部"九五"和"十五"期全国内河水运建设先进集体;2007 年 7 月荣获四川省建设厅颁发的四川省优质工程"天府杯"银奖;2012 年 12 月荣获交通运输部颁发的"文明示范窗口"荣誉称号。

桐子壕船闸的建成,使航道等级提升为四级,推动了嘉陵江渠化及航道升级的进程。由于嘉陵江航道整治工程滞后,嘉陵江重庆段利泽航电枢纽尚未建成,全江尚未完全渠化,本船闸未能全部发挥效用。

（十五）草街船闸

1. 闸坝概况

（1）自然地理条件

草街航电枢纽工程位于嘉陵江江口以上 68 千米处的重庆合川区草街镇。工程所在地区河道较顺畅,河谷呈不对称 U 形,左岸地形平缓,坡度约 15 度,右岸地形较陡,坡度 40～50 度。

枢纽区出露的地层为沙溪庙组砂质黏土岩和砂岩,地层产状平缓,总体倾右岸偏下游,倾角 7～15 度。第四系覆盖层主要为冲积层,其次有少量崩、坡积层。区内无大的断裂切割,浅表岩层内普遍发育有缓倾角软弱夹层。岩体风化在左岸缓坡地形带水平向较深、垂直向较浅;右岸较陡地形带则水平向较浅、垂直向较深。岩体强、弱卸荷带的分布基本与强、弱风化带一致。岩体透水性总体微弱,一般弱风化、弱卸荷岩体具中等透水性;微新岩体透水率具弱透水性。枢纽区地下水有裂隙潜水和孔隙潜水两种,枢纽区两岸地表有少量浅切冲沟发育,部分冲沟地段分布有第四系松散堆积物。

枢纽区岩体主要为砂质黏土岩与砂岩,砂质黏土岩强度较低,抗变形能力较弱,且具有失水干裂、遇水软化的工程特性,属软岩;砂岩强度较高,抗变形能力较强,属中硬岩。

本工程坝址与北碚站区间面积甚小,可以直接以北碚站的设计洪水作为本坝址的设计成果。

（2）闸坝建设情况

草街航电枢纽位于重庆市合川境内草街镇附近的嘉陵江干流河段上,是嘉陵江干流自下而上开发的第二个梯级,枢纽工程坝址上距合川区约 27 千米,下距嘉陵江河口（重庆市）约 68 千米。上游回水在嘉陵江上紧接利泽梯级、渠江上接富流滩梯级、涪江上接渭沱梯级,下游尾水与规划井口梯级正常蓄水位相接,该枢纽为一座具有航运、发电、拦沙减淤等效益的航电枢纽工程。坝址左岸有渝（重庆）合（合川）高速公路、右岸有国道 212 线通过,对外交通较方便。

草街航电枢纽工程为大（1）型工程,等级为一等。泄洪闸、冲沙闸、挡水坝、河床式厂房、船闸上下游闸首及闸室等主要水工建筑物按二级建筑物设计;船闸上下游引航道边墙及靠船建筑物等次要建筑物按三级建筑物设计;临时建筑物按四级建筑物设计。正常蓄水位 203 米,正常蓄水位以下库容 7.54 亿立方米,水库总库容 22.18 亿立方米。洪水设计标准为 500 年一遇,洪水校核标准为 1000 年一遇。船闸级别为三级,渠化嘉陵江三级航道里程 70 千米、渠江四级航道里程 88 千米、涪江五级航道里程 22 千米。船闸尺度为 200 米×23 米×3.5 米,设计水头 26.7 米,通行 2×1000 吨级船队,最大一次过闸总吨位

4000 吨。电站装机容量为 500 兆瓦（4×125 兆瓦），电站多年平均年发电量 20.18 亿千瓦时。

根据《防洪标准》（GB 50201—1994）、《渠化工程枢纽总体布置设计规范》（JTJ 220—1998），确定嘉陵江航运开发草街航电枢纽工程为一等大（1）型工程。鉴于本枢纽属低壅水工程，在校核洪水条件下，上、下游水位差小于 2.0 米。根据《防洪标准》（GB 50201—1994）、《水电枢纽工程等级划分及设计安全标准》（DL 5180—2003）及《水利水电工程等级划分及洪水标准》（SL 252—2000），本工程主要建筑物级别降低一级，即：

①泄洪闸、冲沙闸、挡水坝、河床式厂房、船闸上下游闸首及闸室等主要水工建筑物按二级建筑物设计。

②船闸上下游引航道边墙及靠船建筑物等次要建筑物按三级建筑物设计。

③临时建筑物按四级建筑物设计。

根据《防洪标准》（GB 50201—1994）和《水电枢纽工程等级划分及设计安全标准》（DL 5180—2003）的规定：枢纽工程挡水、泄水建筑物的设计洪水重现期为 500 年，校核洪水重现期为 1000 年；厂房尾水平台设计洪水重现期为 200 年，校核洪水重现期为 500 年；下游消能防冲建筑物设计洪水重现期为 50 年。枢纽主要建筑物地震设防烈度为六度。

草街航电枢纽布置采用左岸船闸右岸厂房的河床式布置形式，枢纽主要建筑物从左岸至右岸依次布置二线船闸（预留）、一线船闸（内侧衬砌式闸墙）、厂房安装间、厂房主机间、5 孔冲沙闸段、1 孔纵向围堰改建闸段、15 孔泄洪闸段及右岸挡水连接坝段，坝顶高程 221.50 米，坝顶全长 677.37 米。

草街船闸布置在两反向弯道间 2 千米微弯河段上段的左岸阶地上，距上游弯道仅 200～300 米，下游约有 1.5 千米顺直河段。船闸轴线与大坝轴线呈 87.4 度交角。其交点距上闸首上边缘 15.28 米。船闸轴线距渝合高速公路边线最近处约 68 米。

（3）建设成就

①航运社会效益显著。建库前工程所在的草街河段，处于山区峡谷地带，滩多水急，船舶航行安全隐患大。嘉陵江广元至合川段 645 千米航道只能通行 200 吨以下船舶，合川至河口段 95 千米只能通行 300 吨以下船舶。草街航电枢纽工程建成后，本枢纽以上嘉陵江干流 70 千米航道，船舶通航等级提高至 1000 吨级。支流渠江、涪江 110 千米航道上通行船舶由原 50 吨级分别提高到 300 吨级和 500 吨级。

②产生的清洁能源经济效益突出。重庆市工业实力雄厚但能源相对不足，市电网统调清洁能源较少，燃煤火电能源比例大。由于火电机组调峰能力有限，电网调峰运行困难，容量不能满足需要。草街航电枢纽工程建成后，每年提供约 20 亿千瓦时清洁能源，满足了重庆电力市场电量需求，缓解了重庆电网调峰紧张状况，提高了电网经济安全运行水

平,同时改善了电网能源结构,提高了供电质量。草街航电枢纽位于重庆电网负荷中心,从地理位置而言,是供电重庆电网的理想水电电源。

③拦沙减淤作用明显。草街航电枢纽工程对于拦截嘉陵江流域的泥沙进入三峡库区发挥了重要作用。根据计算分析,草街航电枢纽工程建成达到冲淤平衡后,库区泥沙累积淤积量约 2 亿立方米;即草街电站运行 20 年后,三峡水库嘉陵江段和干流库区淤积量分别可减少 0.15 亿立方米和 0.83 亿立方米。根据北碚水文站历年实测统计资料,草街航电枢纽工程建设以前,多年平均含沙量为 1.75 立方米/千克,多年平均悬移质年输沙量为 1.15 亿吨;草街航电枢纽建成后,年平均含沙量均小于 0.9 立方米/千克,年平均悬移质年输沙量均低于 7000 万吨。水下实测数据分析,现库区水下地形已平均上升了 5 米左右,草街库容明显变小,枢纽每年至少拦截了 4000 多万吨泥沙,三峡水库嘉陵江段河口至草街段泥沙淤积量明显减少。

④美化城市环境、提高城市品位。傍于嘉陵江、涪江、渠江三江交汇之畔的合川,拥有得天独厚的地理条件,是重庆发展新区的重要组成部分。草街航电枢纽的投运,使得合川滨江水体环境凸显,三江六岸成为合川最具特色的自然资源,是合川城区范围人口聚集区和美丽山水城市的重要景观带。滨江景观带成为合川文化休闲的重要场所、观光旅游的景观平台、高质量的生活空间,还成为代言合川的主要城市名片。

2. 通航建筑物

项目于 2004 年 12 月开工建设,2012 年 12 月船闸工程项目顺利验收。

2002 年 3 月中水顾问集团成都勘测设计研究院开展现场地勘及测量工作,2002 年 6 月提出了《重庆市嘉陵江航运开发草街航电枢纽预可行性研究报告》,同年 9 月通过了交通部规划研究院组织的审查。2002 年 10 月中水顾问集团成都勘测设计研究院编制完成了《重庆市嘉陵江航运开发草街航电枢纽工程项目建议书》,2002 年 12 月通过了交通部的审核,2003 年 1 月国家发改委委托中国国际工程咨询公司组织并通过了对该项目建议书的评估,2003 年 12 月国家发改委上报国务院批准了该项目建议书,批准文号为发改交运〔2003〕2125 号。2003 年 12 月水顾问集团成都勘测设计研究院编制完成了《重庆市嘉陵江航运开发草街航电枢纽工程可行性研究报告》,2004 年 2 月交通部委托交通部规划研究院组织并通过了《工程可行性研究报告》,2005 年 1 月国家发改委报请国务院批准了《重庆市嘉陵江航运开发草街航电枢纽工程可行性研究报告》(发改交运〔2005〕98 号),2005 年 2 月水顾问集团成都勘测设计研究院编制完成了《重庆市嘉陵江航运开发草街航电枢纽工程初步设计报告》,2005 年 5 月获得了交通部的批准,批准文号为交水发〔2005〕199 号。

此外,2003 年 8 月,草街航电枢纽工程项目预选址获得重庆市规划局批复同意(渝规函〔2003〕115 号)。2003 年 2 月、2004 年 9 月、2007 年 4 月国土资源部先后批复同意工程及库区建设用地地质灾害危险性评估、工程用地预审和工程建设用地请示,批复文号分别为国土资厅函[2004]466 号、国土资函[2007]328 号。2004 年 11 月获得水利部工程水土保持方案批复(水函[2004]221 号),2004 年 5 月国家渔政渔港监督管理局批复同意工程环评及渔业资源补偿方案(国渔资环[2004]35 号),2004 年 6 月获得国家环境保护总局环境影响评价批复(环审[2004]208 号)。2005 年 7 月交通部对工程标段划分方案进行了确认(水运内河便字[2005]201 号)。受交通部的委托,重庆市交通委员会于 2006 年 1 月 8 日颁发了开工通知书,主体工程正式开工建设。

2002 年 3 月,中水顾问集团成都勘测设计研究院开展现场地勘及测量工作;2002 年 6 月提出了《重庆市嘉陵江航运开发草街航电枢纽预可行性研究报告》;2002 年 9 月,交通部规划研究院提出《关于重庆市嘉陵江航运开发草街航电枢纽工程预可行性研究报告》(交规水函[2002]169 号);2005 年 1 月,国家发改委下达《关于重庆市嘉陵江航运开发草街航电枢纽工程可行性研究报告的批复》(发改交运[2005]98 号);2005 年 5 月,交通部下达《关于重庆市嘉陵江航运开发草街航电枢纽工程初步设计的批复》(交水发[2005]199 号);2004 年 6 月,国家环境保护总局下达《关于重庆市嘉陵江航运开发草街航电枢纽工程环境影响评价报告的批复》(环函[2013]53 号);2007 年 4 月,国土资源部下达《关于重庆市嘉陵江航运开发草街航电枢纽工程建设用地的批复》(国土资函[2007]328 号)。

草街船闸为 1000 吨级一级单线船闸,船闸全长约 1090 米,闸室有效尺度为 200 米 ×23 米 ×3.5 米。设计代表船队为 2×1000 吨级分驳顶推船队,一列式顶推船队尺度 160 米 ×10.8 米 ×2.0 米,并兼顾梭形船队,其尺度为 92.5 米 ×21.6 米 ×2.0 米。闸首和闸室均为整体式"U"形结构,输水系统采用侧墙长廊道闸室底横支廊道顶缝加盖板输水,设计水头 26.7 米。上游最高、最低通航水位分别为 205.80 米、200.00 米;下游最高、最低通航水位分别为 205.10 米、176.30 米。充、泄水时间均为 12 分钟,一次过闸时间 54.07 分钟。上下游引航道采用曲进直出布置,宽度均为 65 米,最小水深 3.5 米,转弯半径 320 米。船闸的闸门采用钢质人字门形式,阀门采用钢质平板门形式,启闭机械均采用液压启闭系统。此外,项目建设包括一座跨闸公路桥,通航孔跨径 29 米,一孔跨过闸室,通航净高 7 米。

船闸工程总投资 34.23 亿元,主要资金来源于交通部及地方政府财政资金。

本项目实际资本金到位情况(共 22.05 亿元),其中交通部 8.65 亿元,中央预算资金8000 万元,地方资金 5.6 亿元(财政返税 1.78 亿元,市交委养路费 2500 万元,开垦费3944 万元,土地出让金 7200 万元,燃油税 9500 万元,水运资金 1.8 亿元),银行贷款7 亿元。工程用地 4.82 万亩。

草街船闸是嘉陵江上尺度最大的单级船闸,也是西南地区水头最高的船闸工程,一次过闸总吨位可达 4000 吨，其综合规模在国内单级船闸中名列前茅。草街船闸是重庆市直辖以来以交通部门为主投资的，以渠化航道为主要目的航电枢纽综合开发最大的建设项目。

根据交通部的初步设计批复，草街航电枢纽项目资本金为 18.03 亿元，其中中央安排内河航运建设资金 8.65 亿元，重庆市安排地方财政资金和专项资金 9.38 亿元，其余资金由项目法人申请银行贷款，超出工可部分投资由项目法人单位自筹解决。

项目主管部门为重庆市交通委员会；项目建设单位为重庆航运建设发展有限公司；枢纽主体工程设计单位为中水顾问集团成都勘测设计研究院，船闸为四川省交通规划勘察设计院；施工单位为中国水利水电第八工程局有限公司、葛洲坝集团机电建设有限公司、中国水利水电第十二工程局有限公司；质量监督单位为重庆市交通委员会基本建设工程质量监督站；监理单位为广州新珠工程监理有限公司。

草街航电枢纽工程通航关键技术研究是在交通部和重庆市交通委员会大力支持下和西部交通建设科技项目管理中心的直接领导下，由具有丰富的管理、科研、设计和建设经验的重庆航运建设发展有限公司、重庆西南水运工程科学研究所、南京水利科学研究院、重庆交通大学、重庆市交通规划勘察设计院和中水顾问集团成都勘测设计研究院等单位联合攻关相互协作，发挥各自优势，共同完成项目的研究工作。项目下设①草街航电枢纽布置优化研究；②草街航电枢纽近期一线船闸和远期二线船闸水力学关键技术研究；③草街航电枢纽一线和二线船闸引航道布置与通航水流条件研究；④草街航电枢纽施工期通航技术研究；⑤草街航电枢纽电站调峰对枢纽下游藕节型河段通航水流条件影响研究 5 个专题。重庆航运建设发展有限公司是该项目的第一负责单位，负责项目的总体研究，协调和组织，落实依托工程和研究成果的应用；重庆西南水运工程科学研究所负责专题①、专题③和专题⑤的研究工作，南京水利科学研究院负责专题②的研究工作，重庆交通大学负责专题④的研究工作。

研究工作从 2006 年 8 月底开始至 2009 年 3 月完成，历时两年多的时间，在研究过程中各专题研究项目组及时与依托工程建设单位、设计单位交流和汇报，共同探讨，将研究成果及时提供给建设及设计单位，将研究成果及时应用到工程建设中。

草街航电枢纽是嘉陵江梯级渠化中规模最大的航电枢纽工程，是国家西部大开发的十大重点建设工程之一。枢纽规模大、船闸水头高、泄洪单宽流量大、坝址河道较窄、连续弯道河势复杂，枢纽总体布置及通航水力学是工程建设中的重大关键技术难题。项目采用当时最为先进的试验技术，通过 10 余座不同类型的物理模型试验，结合数学模型计算分析和类似工程原型观测成果，对枢纽总体布置、泄洪消能防冲、上下游引航道通航水流条件、船闸输水系统水力学、阀门水力学、施工期通航与导流等各个方面进行了系统深入研究，取得了多项创新成果，其中主要包括如下几项：

①提出了既满足枢纽大流量、低佛氏数（F_r）泄洪消能要求又满足中小流量通航水流条件的枢纽消能措施及引航道口门区布置形式。提出了"消能界限流量标准"和"重点守护"的消能工布置原则，并将二级消力池调整为一级综合消力池，缩短了消力池长度，节省了工程投资。

②提出了主动防护与被动防护的"顶部突扩和底部突扩相结合的新型阀门段廊道体型＋综合通气措施"新技术，解决了高水头船闸阀门空化难题，提高了船闸水力学学科研究水平。首次提出了升坎自然通气措施解决突扩体自身空化问题。

③首次将较简单的闸墙长廊道闸底横支廊道顶出水孔输水形式应用于水头高、规模大的草街船闸，确定了各部位合理的面积比，解决了闸室停泊条件问题，拓展了该输水系统形式在我国船闸设计中的应用范围。

④提出了将上下游引航道由对称布置调整为非对称布置、口门区岸线内扩以及通航船队由一字形顶推方式优化为梭形顶推等措施，大大改善了枢纽通航条件，保证了船舶航行安全。

⑤采用二维数学泥沙模型和全沙实体模型研究了坝区泥沙的冲淤形态，提出并优化了基于螺旋流理论的带漂檐的 Γ 形导沙坎结构，可有效防止泥沙进入电厂进水口，减少粗颗粒泥沙对水轮机通流部件的磨蚀。

⑥论证并提出了适合山区河流特点的草街枢纽最高通航流量，既满足了通航要求又降低了工程投资。

⑦提出了船闸单侧输水系统水力学和阀门水力学成套技术。

本项目主要成果均已在工程建设中得到应用，节省工程投资 8790 万元，经济和社会效益十分显著。研究成果中如阀门防空化新技术、最高通航流量、输水系统形式、山区河流上下游引航道布置、闸下消能防冲等成果为《船闸总体设计规范》《船闸输水系统设计规范》《水闸设计规范》《渠化工程枢纽总体布置设计规范》等行业标准的修订提供了技术基础依据。同时上述成果与山区河流枢纽总体布置、大流量低佛氏数（F_r）泄洪消能布置及导沙排沙措施等成果一样具有十分广阔的推广应用前景。

交通运输部科研项目——"重庆草街航电枢纽工程通航关键技术研究"先后获得重庆市公路学会 2010 年授予的"重庆交通科技技术一等奖"、中国航海学会 2010 年授予的"中国航海学会科学技术二等奖"、重庆市人民政府 2011 年授予的"重庆市科学技术进步二等奖"。

草街航电枢纽是以航运为主，兼有发电、拦沙减淤、灌溉等功能的水资源利用工程，是 2005 年西部十大工程之一。船闸自 2010 年 6 月 23 日通航至 2017 年 12 月 31 日，船闸安全通航无事故，通过船舶 5.9 万艘次，货运总量 1640.65 万吨。草街船闸历年通航情况见表 11-2-1。

草街船闸历年通航情况表 表 11-2-1

序号	年份(年)	过闸船舶(艘次)	过闸货物量(万吨)
1	2010(6月23日—12月31日)	4943	98.86
2	2011	7551	121.45
3	2012	10639	198.83
4	2013	4528	110.36
5	2014	4715	146.80
6	2015	4730	158.71
7	2016	6582	223.40
8	2017	15262	584.24

为确保船闸安全高效通航,成立了专门部门负责船闸设备日常维护及通航运行操作。为确保调度工作权威性,船闸调度工作则由重庆市合川区航道管理处负责。

从表中可以看出,自 2016 年以来,船闸过闸货物总量均较前一年有较大幅度增长,尤其是 2017 年较 2016 年增幅达 161.52%。同时从船舶过闸艘次及总吨位的关系可以看出,近年来,草街船闸通航船舶体量及载货量都较前期有所增加。在地方经济结果未出现较大变化的情况下,充分说明嘉陵江草街段的航运优势日渐突出,并得到认同,社会效益显著。2012 年是草街航电枢纽四台机组第一个完整发电年度。从 2013 年起,机组经过一段时间磨合后,发电情况逐步趋于正常,实现连续 5 年超设计能力发电(设计年发电能力为 19.96 亿千瓦时)。2017 年更是创出超发 25% 的历史新高。

同时,优质的发电能力创造出良好经济效益,企业每年向国家缴纳可观税收,呈逐年增长态势。

3. 经验和启示

①草街船闸属于典型的山区河流船闸,存在水头高、顺直河段短等特点,给设计工作带来一定难度。在草街船闸的设计过程中,设计单位应用西部交通建设科技项目"山区河流渠化枢纽总体布置综合研究"的最新研究成果,在引航道布置中采用了曲线导航段的布置形式,大大缩短了引航道直线段长度,为山区河流总体布置提供了成功的范例,为其他枢纽工程的船闸设计提供了值得借鉴的经验。

②草街船闸水级高达 26.7 米,船闸尺度为 200 米 × 23 米 × 3.5 米,其输水水体达 12.5 万立方米,在国内船闸中居于前列。故在输水系统设计中,要在较短的输水时间内达到较好的水流和防空化条件,其技术难度较大。为探索较简单便捷的输水方式,在草街船闸输水系统设计中,经多方案研究比较,采用了"侧墙长廊道闸室底横支廊道顶缝加盖板出水"的输水形式,草街船闸也成为国内采用该类输水系统形式的船闸中水头和闸室规模最大的船闸。该输水形式通过水力学模型试验论证及船闸试运行验证,只要在阀门

段廊道采取必要的消除空化的措施,各项水力学指标便可完全满足相关规范要求,为高水头船闸输水系统的简化提供了工程实例。

③船闸"新型廊道体型解决阀门空化难题""内河船闸中首次采用洪期潜水渡洪的浮式导航墙"等设计创新,不仅减少了工程投资,也降低了施工难度,缩短了施工工期,取得了良好的效果。

④加强船闸管理,严格执行《草街船闸运行管理规程》,进一步落实《枢纽运行期水上交通安全管理暂行规定》,引导船舶安全通过船闸。

⑤坚持执行船闸岁修制度,定期对船闸闸阀门、浮式系船柱、拦污栅等金属结构进行检查、保养及检修;对引航道、闸室进行定期清淤;对水工结构、输水系统进行定期观测,以确保船闸结构安全。

三、乌江的通航建筑物

（一）综述

乌江发源于贵州省西部威宁县乌蒙山东麓,有南、北两源,南源三岔河长 322 千米,为乌江主源,北源六冲河长 210 千米,两源在黔西县化屋基汇合后称乌江。乌江横贯贵州中部及东北部,至洪渡向北约 15 千米处进入重庆市,至涪陵汇入长江。六冲河汇口以上为上游,汇口至思南为中游,思南以下为下游。乌江从发源地至河口全长 1050 千米,落差1787.46 米,其中干流化屋基至涪陵 714 千米,平均比降为 1.02‰。化屋基以下左岸有野纪河、金沙河、湘江、湄江、六池河、洪渡河、芙蓉江等主要支流汇入,右岸有猫跳河、清水江、瓮安河、余庆河、石阡河、印江河、唐崖河、郁江等主要支流汇入,总流域面积 8790 万公顷。

乌江贵州境内乌江渡—龚滩航道总里程为 407 千米,航道等级四级,穿越贵阳、遵义、毕节、黔南、铜仁五个市州。电站建设后,形成四个渠化航段,分别为彭水（重庆境内）库区长 65.65 千米,沙沱库区长 114.4 千米,思林库区长 89 千米,构皮滩库区长 137 千米,四座电站分别建有 500 吨级升船机。彭水、沙沱、思林电站 500 吨级升船机已经建成通航,构皮滩电站升船机在建。上游乌江渡电站尚无通航设施规划。由于贵州、重庆乌江通航建筑物尚未全部建成,不能全线通航,库区航道为区间通航。

乌江梯级水位图如图 11-2-3 所示。

乌江重庆境内龚滩至涪陵 188 千米航道,自三峡大坝建成蓄水以来,乌江河口至白涛冉家沱 26 千米航道尺度常年满足三级航道通航标准;冉家沱至中咀（52 千米）属回水变动区,在三峡蓄水水位 155 米以上,白马以下 45 千米航道能够满足三级航道通航标准,1000 吨级船舶已通航至白马。自彭水电站蓄水以来,龚滩以下库区航道全面达到四级航道标准,可全年通行 500 吨级船舶。通过银盘电站建成蓄水、全线持续的航道治理以及规划的白马电站建成蓄水后,贵州至重庆乌江航道将全线达到规划等级,即河口至银盘为三级,银盘至贵州构皮滩为四级。

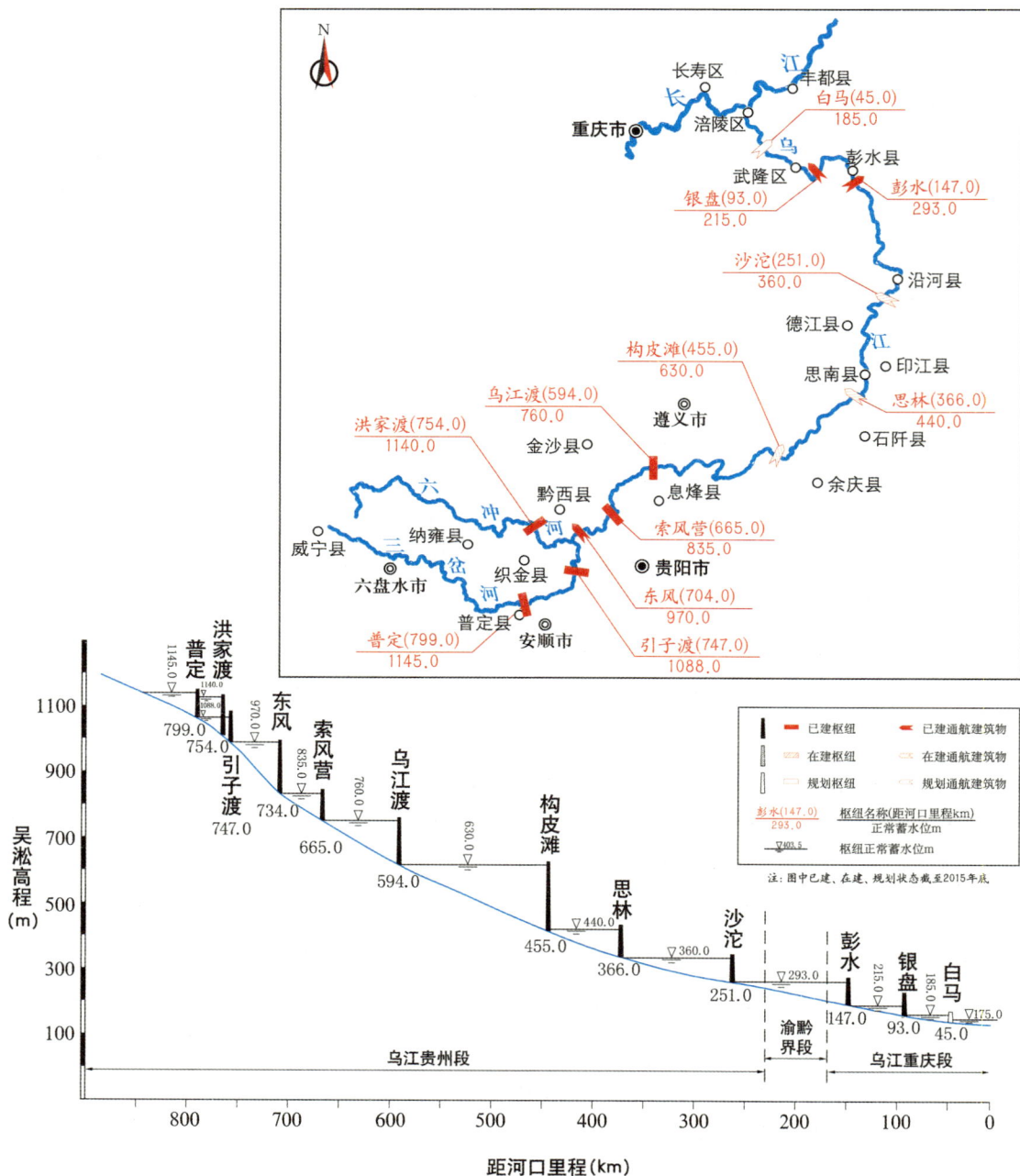

图 11-2-3　乌江梯级水位图

(二)构皮滩升船机

1. 闸坝概况

(1)自然地理条件

乌江全长 1037 千米,贵州境内 802 千米,干流总落差达到 2124 米,平均径流量达到 534 亿立方米。构皮滩水电站所在余庆县属亚热带温润季风气候。雨量充沛,年平均降水量为 1056 毫米。

工程区在大地构造单元上位于扬子准地台的上扬子台褶带,重力值变化平稳,反映深部地壳结构较完整,稳定条件较好。构皮滩水库区为中低山及高原丘陵地貌,地面高程 800~1500 米。河谷多深切成峡谷,宽谷较少,水库区碳酸盐岩广布,各类岩溶形态均有分布。构皮滩水库天然岸坡较陡峻,多由坚硬的碳酸盐岩组成。构皮滩库、坝区为弱震区,主要断裂为非活动性断裂,水库蓄水后,产生构造破裂型水库诱发地震的可能性很小。

(2)闸坝建设情况

构皮滩水电站位于乌江干流中游、贵州省中部的余庆县境内,是乌江干流水电开发的第七个梯级电站,上游距乌江渡电站 137 千米,下距长江汇合口涪陵 455 千米,控制流域面积 4330 万公顷,多年平均径流量 222 亿立方米。工程开发的主要任务是发电,兼顾航运、防洪及其他综合利用。构皮滩水电站校核洪水位为 638.36 米,正常蓄水位 630 米,死水位为 590 米;水库总库容 64.54 亿立方米,调节库容 29.02 亿立方米,死库容 26.62 亿立方米。电站装机容量 3000 兆瓦,多年平均发电量 96.82 亿千瓦时,是贵州省和乌江干流上最大的水电电源点。

构皮滩水电站通航建筑物位于枢纽左岸煤炭沟至野狼湾一线,形式为带中间渠道的三级垂直升船机,最高通航水头 199 米。

(3)建设成就

构皮滩水电站是国家重点工程、"西电东送"标志性工程,是贵州省和中国华电集团公司已建成投产最大的水电站。其总投资 147.25 亿元(不含通航建筑物),极大地带动了周边县市的社会经济发展。截至 2015 年底,构皮滩水电站累计发电 457.95 亿千瓦时,为国家经济发展作出积极贡献。

构皮滩水电站通航建筑物工程为贵州省委、省政府高度重视的重点工程,工程投运后改写了贵州省没有四级航道和闸坝过船设施的历史,为打通黔中腹地通往出海口的水运"黄金通道"振兴贵州经济发挥了积极的作用。

2. 通航建筑物

项目于 2007 年 9 月开工,2012 年 12 月进入全面建设。

项目建设依据:2003年10月,国家发改委《乌江构皮滩水电站可行性研究报告》(发改能源〔2003〕1451号);2007年9月,贵州省发改委《乌江构皮滩电站通航建筑物可行性研究报告》(黔发改交通〔2007〕1697号);2014年5月,贵州省环境保护厅《乌江构皮滩水电站通航建筑物专项工程环境影响报告书》(黔环审〔2014〕46号);2004年2月,国土资源部以国土资涵〔2004〕319号文批复乌江构皮滩水电站施工区工程建设用地;2009年9月,长江水利委员会《贵州乌江构皮滩水电站防洪评价报告》(长许可〔2009〕168号)。

升船机为500吨级带中间渠道的三级垂直升船机,线路总长2306米,三级垂直升船机最大提升高度分别为47米、127米和79米,最高通航水头199米,设计船型为500吨级机动驳船,船型尺度为55米×10.6米×1.6米。通航建筑物设计洪水位632.89米,最大通航流量2500立方米/秒,上游最高通航水位630.00米(水库正常蓄水位),最低通航水位590.00米(水库死水位)。考虑到下游思林库区回水影响,通航建筑物下游最高通航水位445.82米,最低通航水位431.00米。承船厢有效尺度为59米×11.7米×2.5米,承船厢悬吊总质量为一、三级船厢加水总质量3250吨,二级3320吨,设计升降速度为一级、三级8米/分钟,二级12米/分钟,一次过机时间36分钟。上游引航道长454.0米,开挖底高程587.0米,引航道左侧布置有长77.4米的浮式导航堤(含支墩)和4个中心距为15米的靠船墩。下游引航道长205米,引航道左侧设投影长60米的曲线导航墙和7个中心距为15.0米的靠船墩;引航道右侧布置有投影长60米直线导航墙、投影长145.0米折线形布置的隔流堤及两个长20米的导流墙。升船机工程总投资30.55亿元,资金来源于企业自筹。通航建筑物作为工程前期缓建项目,在枢纽总体布置中预留了布置位置,通航建筑物项目占地0.2865平方公里。

项目建设单位为构皮滩电站建设公司;设计单位为长江水利委员会长江勘测规划设计研究有限责任公司;监理单位为中国水利水电工程建设咨询中南公司、四川二滩国际工程咨询有限责任公司、中国水利水电建设工程昆明咨询公司、华电郑州机械设计研究院有限公司;施工单位为八九联营体、中国水利水电第八工程局有限公司、中铁十七局集团有限公司、中国水利水电第十六工程局有限公司、葛洲坝集团机电建设有限公司、杭州国电机械设计研究院有限公司、杭州华新机电工程有限公司。

项目先后取得发明专利2项,实用新型专利5项,优秀工法2项,中国华电集团公司2018年度"金点子"创新创意大赛一等奖一项。正在申报有发明型专利2项、实用型专利2项,《构皮滩水电站垂直升船机特高塔体施工关键技术》科研项目正在申报水力发电科学技术奖项,《构皮滩水电站第一级升船机承船厢入水浮运技术研究与应用》正在申报中国企业改革发展优秀成果和贵州省科技奖,《世界最大提升高度全平衡式升船机安装、调试关键技术研究及应用》《世界最大提升力下水式升船机安装、调试关键技术研究及应用》《150 米级垂直升船机及中间渠道工程相关技术研究及应用》《升船机大型通航渡槽支墩关键技术研究》正在申报集团公司科技项目。项目取得的专利为：带自动翻转装置的混凝土卧罐，专利号：ZL201520813936.6，授权时间：2015 年 10 月 21 日；一种大跨度高落差梁板封闭的贝雷架拆除的施工方法，专利号：ZL201511002446.9，授权时间：2015 年 12 月 29 日；一种防碰撞塔机，专利号：ZL201520973621.8，授权时间：2016 年 4 月 27 日；一种塔机标准节片吊装装置，专利号：ZL201521084057.0，授权时间：2016 年 5 月 18 日；仓面混凝土浇筑系统，专利号：ZL201620892354.6，授权时间：2016 年 8 月 17 日。

3．经验与启示

构皮滩水电站工程建设时是世界上通航水头最高、下水式升船机提升力最大、单级提升高度最高、主提升设备规模最大的通航建筑物，工程概算投资约 30.55 亿元。该工程结构复杂，技术要求高，施工难度大。在施工过程中完成了不良地质条件第二级升船机高边坡软岩开挖，最大限度地减小了边坡变形处理对工程总工期的影响，为后续第二级升船机底板大体积混凝土施工创造了条件；完成了第二级升船机高耸复杂结构筒体混凝土浇筑，通过加大施工资源投入、大力开展设计、技术优化等措施进行保障；完成不良地质条件高密度深孔桩群开挖，严格安全管理，未发生安全生产事故；通过隧洞支护设计调整，完成通航隧洞大断面洞室开挖，避免对毗邻的枢纽建筑物产生破坏；通过加强过程管控，加大资源投入等一系列措施，解决了渡槽上部结构 T 梁施工面临预制场地狭窄、体型多样（种类多达 15 种）、质量大（单梁重达 180 吨）、跨度大（单梁长达 33 米）等施工难题，完成中间渠道渡槽施工。为全力推进构皮滩水电站工程建设，高标准、严要求选择优秀设备制造商，多措并举，加快设备供货，不断创新，确保设备安装安全与进度。通过科技项目、专利申请等成果的收集、消化、吸收、成果鉴定、经验推广等过程，以研保质、以研提质、以研创质，切实提高工程安装质量，并利用构皮滩升船机创多项世界第一的优势，积极开展成果的申报和经验推广，使构皮滩水电站工程成为华电集团在世界升船机领域一张崭新的名片。

（三）思林升船机

1．闸坝概况

（1）自然地理条件

乌江流域位于亚热带季风气候区，洪水由暴雨形成，洪水特性与暴雨特性和流域的自然地理条件密切相关。乌江流域每年 5—10 月为汛期，流域内雨量丰沛。

思林升船机布置于左岸，沿建筑物轴线方向，灰岩、白云岩等硬质岩类分布段地形呈脊状凸起，泥页岩、泥灰岩和盐溶角砾岩等较软岩类分布段则呈凹槽地形，切深 10 ~ 20 米不等。建筑物所处河段枯期河水位高程 364~364.60 米,水面宽 70~120 米,水深 20~30 米;汛期河水位涨幅可达 25 米。

由上游至下游,航道建筑物涉及的地层包括 P2w 薄层、中厚层硅质灰岩、硅质岩夹泥页岩。地层岩性和构造对岩溶作用控制明显;岩溶层与非岩溶层相间呈带状分布,岩层的连续性未被构造破坏,岩溶层之间无水力联系,各岩溶层的溶洞互不连通,属地下水补给河水类型。

(2)闸坝建设情况

思林水电站位于贵州省思南县境内的乌江中游河段,为乌江干流规划梯级电站的第八级。水电站距上游构皮滩水电站 89 千米,距下游沙沱水电站 115 千米。坝址控制流域面积 4860 万公顷,占全流域的 55%。水电站以发电为主,其次为航运,兼顾防洪、灌溉等。水库正常蓄水位 440.00 米,相应库容 12.05 亿立方米,防洪库容 1.84 亿立方米,死水位 431 米。电站装机容量 1050 兆瓦(262.5 兆瓦×4 台机组),是贵州省和乌江干流主要的水电电源点之一。

垂直升船机布置于枢纽左岸,位于溢流坝段左侧的非溢流坝段上,采用全平衡卷扬提升式垂直升船机,设计等级为内河四级,按 500 吨级船舶过坝设计。升船机由上游引航道、过坝渠道、升船机本体段(包括上闸首和塔楼)、下闸首及下游引航道等主要部分组成,全线总长 951.80 米。

2.通航建筑物

项目于 2005 年 6 月开工,2017 年 7 月竣工。

项目建设依据:1995 年 5 月,电力工业部《乌江思林水电站可行性研究报告》(电水规〔1995〕463 号);国家发改委《贵州乌江思林水电站项目核准的批复》(发改能源〔2006〕2263 号);2005 年 8 月,国家环保总局《关于乌江思林水电站环境影响报告书的批复》(环审〔2005〕714 号);2010 年 8 月,国土资源部《乌江思林水电站项目建设用地》(国土资函〔2010〕647 号);2014 年 2 月,长江水利委员会《贵州乌江思林水电站防洪评价报告》(长许可〔2014〕40 号)。

思林升船机为 500 吨级钢丝绳卷扬式垂直单舱升船机,升船机设计船型尺度为 55 米×10.8 米×1.6 米。最大提升高度为 76.7 米,承船厢有效尺度为 58 米×12 米×2.5 米。悬吊总质量为 3300 吨,设计升降速度 0.2 米/秒,一次过机时间为 35 分钟(单向过坝)。通航建筑物设计水头 74.1 米,上游设计最高通航水位为 440 米,最低通航水位为 431 米;下游设计最高通航水位为 374.5 米(相应的最大通航流量为 4420 立方米/秒),最低通航水位为 363.3 米(相应的最低通航流量为 193 立方米/秒)。引航道的平面尺度全长 338.4 米,为向左侧单向扩宽形式,自上而下依次由停泊段、调顺段和导航段等组成。直线段长度为 198 米,上、下游引航道直线段宽 38.00 米,设计最低通航水位时,引航道底宽内最小水深为 3 米,上、下游引航道弯道半径取 220 米。下游引航道紧靠左岸布置,全长 441 米,为向左侧单向扩宽形式,由下闸首开始依次布置有导航段、调顺段及停泊段,底板高程为 357.60 米。下游导航段及调顺段紧靠下闸首布置,为渐变形式,其宽度由 12 米逐渐扩大至 38 米,总长为 164.5 米。调顺段后接停泊段,长 56 米,净宽 38 米,左侧设有 4 个靠船墩,供船舶等待通航过坝停靠用。停泊段后接半径 220 米、中心角为 15 度的圆弧转弯段,宽 38 米,底高程为 357.60 米,在左侧靠岸坡设置 4 个靠船墩。靠船墩及隔流堤顶高程为 377.00 米。升船机工程总投资 10.13 亿元,资金来自企业自筹。通航工程布置在左岸河床,因引航道等布置需要占用河岸陆域面积 7100 平方米。

项目建设单位为思林水电站建设公司;设计单位为中国电建集团贵阳勘测设计研究院有限公司;监理单位为中国水利水电建设工程咨询昆明有限公司;第一标段承建单位为中国水利水电第八工程局有限公司;第二标段承建单位 EPC 总承包单位为杭州国电机械设计研究院有限公司;建安施工单位为中国水利水电第八工程局有限公司;设备监造单位为电力工业产品质量标准研究所;第三方焊接质量检测单位为电力工业管道产品质量检验测试中心。

思林水电站通航工程于 2005 年 6 月开挖正式开工,并于 2011 年 8 月下闸首浇筑至 392.00 米高程,本体段浇筑至 442.00 米高程。2013 年 11 月 20 日,本体段 442.00 米高程以上等工程开工建设;2015 年 1 月 26 日,完成中段设备层混凝土施工和主体工程;2015 年 3 月 10 日,完成桥机荷载试验;2015 年 6 月 30 日,完成主提升机构安装调整、试运转及验收;2015 年 7 月 20 日,完成承船厢安装,具备上电调试条件;2015 年 8 月 5 日,完成主提升系统电气部分安装,开始主提升机构空载调试;2015 年 9 月 28 日,开始对承船厢进行加水,进入有水联合调试;2015 年 10 月 13 日,完成承船厢负载初提升试验;2015 年 12 月 30 日,完成过船调试试验;2016 年 4 月 30 日,完成承船厢 C 形水封更换;2016 年 10 月 5 日,完成工作门拉杆补强及上闸首工作门顶节拉杆更换;2016 年 11 月 10 日,完成 1 号安全卷筒大轴更换;2016 年 11 月 30 日,完成 500 吨级标船试航;2017 年 7 月 31 日,通过升船机单位工程验收,进入试运行阶段;2018 年 9 月 30 日,完成竣工安全鉴定第二次检查。

该项目的重要科技创新包括:首次提出"安全平衡重"新理念,成功地将安全平衡重应用于钢丝绳卷扬全平衡式升船机极端事故下的安全保障措施,并提出了安全平衡重的控制方法和使用标准,是传统钢丝绳卷扬提升升船机的重大技术突破。采用安全平衡重的新型钢丝绳卷扬提升升船机,理论上可以解决船厢在任意位置的严重漏水安全问题,极大地提高了该类升船机的运行安全,成果为该形式升船机的建设和发展提供新的重要技术支撑。研发了比尺为 1：10 的升船机全整体物理模型,系统研究了思林升船机在正常以及各种事故工况下的运行特性,检验了运行安全性,提出了各种改善措施,制定了安装调试和运行规程,消除了升船机施工阶段和运行阶段安全隐患。首次提出"临界失稳水深"判别标准,得到了大型钢丝绳卷扬全平衡式升船机船厢失稳水深与转矩平衡重配置比例关系,即船厢失水重量与转矩平衡重比值大于 0.75 时,船厢将失稳倾斜,由此提出船厢转矩平衡重必须大于设计最大失水重量的 1.33 倍。通过升船机承船厢及引航道水力学专题研究,探讨了船舶进出船厢及卧倒门启闭过程船厢水面波动、船舶系缆力和船厢重量等水力要素变化规律,建立了预测精度较高的船舶下沉量、卧倒门启闭时厢内船舶系缆力计算公式;在无规范标准可循的前提下,提出满足 500 吨级升船机船厢对接安全要求的船舶进出船厢速度及卧倒门运行控制标准,解决船舶进出船厢、船厢门启闭及船厢对接等水动力学安全问题,为升船机运行规程及行业标准制定提供了科学依据。首次采用三维虚拟样机技术和 1∶10 物理模型试验相结合的方法,研究升船机各种事故工况下的机械同步轴受力变化特性及机械传动特性。提出了思林升船机机械同步轴最不利的受力位置、设计标准及机械传动效率。通过对三种交流变频调速控制方案(速度环独立运行无力矩均衡控制方案、转矩环力矩均衡控制方案、速度环力矩均衡控制方案)传动控制模型的试验研究,提出了性能较优的速度环力矩均衡控制方案,综合了速度均衡与力矩均衡方案各自优点,既加入力矩均衡控制,使力矩均衡效果较好,又使主从装置均有速度调节,使速度性能较优,同时该力矩均衡控制方案对抑制扭振有较好的效果,解决了多电机拖动控制系统速度同步出力均衡等技术难题。采用三维有限元技术计算分析了升船机高塔柱结构及船厢在各种工况组合下的应力、位移和自振特性,研究了地震等特殊荷载下塔柱结构的动应力和动位移,论证了塔柱结构的安全性,对薄弱环节提出了处理措施,为塔柱及船厢结构设计提供了可靠依据。

2006 年 10 月,"乌江思林水电站可行性研究修编报告"获贵州省发改委优秀设计奖。2006 年 10 月,"乌江思林水电站施工控制网测量"获贵州省优秀工程勘察设计评选办公室优秀设计奖。2008 年 10 月,"X 形宽尾墩消能技术研究与应用"获陕西省人民政府科技成果奖。2011 年 10 月,项目获 2011 年度贵州省住房和城乡建设厅"黄果树杯优质施工工程"称号。2011 年 10 月,"乌江思林水电站可行性研究修编报告"获中国工程咨询协会优秀设计奖。

2008 年 10 月,"应用于套管灌浆法中的灌浆装置"获实用新型专利,专利号为 ZL200820054239.7。2006 年 10 月,"岩壁吊车梁混凝土施工工法"获实用新型专利,YJGF077—2006(一级)。2006 年 10 月,"岩壁吊车岩台(双向控爆法)开挖施工工法"获实用新型专利,YJGF076—2006(一级)。

因乌江断航十余年的影响,尽管已全线复航,但多个梯级工程尚在规划或建设中,水运市场还在培育阶段,加之船舶过闸申报批准时间以及过闸时水位对接时间较长,不少船企对开拓水路运输市场仍抱观望态度,导致思林升船机运营效果不理想。自 2017 年 8 月投入试运行至 2018 年 6 月底,共计过闸 8 闸次、13 艘次。

3.经验与启示

通航设施的建设及运营管理,对于贵州来说是一个全新的领域,其经验与启示简要如下。

①狠抓建设质量安保是项目顺利完工的关键。

思林升船机地处乌江峡谷河段,水头 74.1 米,属高水头通航建筑物,在建设过程中遇到的主要困难有工程施工复杂、设备安装调试技术难度大、自然灾害侵袭等。工程施工中加强对质量与安全工作的管理,是确保项目如期建成的关键。其主要做法有以下几个方面:一是强化组织领导,落实分级工作责任制;二是严格落实安全责任制,强化现场安全检查;三是严格执行升船机特种安装设备投运前的安全验收制度;四是加强技术攻关,不断进行设计和施工方案优化,特别是优化承船厢、卷筒等重大设备的结构,设备性能得到很大提高,从制造、运输上节约了成本。

②完善管理规章制度,是运行管理工作的基础。

在思林升船机投入试运行前,电站建设业主与通航设施监管部门通过多次研究,制定了一系列管理制度,对思林升船机运行、船舶过闸等行为起到了规范保障作用:一是建设业主制定了运行规程、安全操作规程、检修规程、应急预案等规定;二是通航设施监管部门与电站建设业主共同编制了试运行方案和调度暂行规定,并通过门户网站、张贴(发放)过坝指南等方式进行宣传;三是通过贵州省政府于 2018 年 3 月 1 日正式颁布实施了《贵州省通航设施管理办法》,以此进行规范管理。

(四)沙沱升船机

1.闸坝概况

(1)自然地理条件

沙沱水电站坝址位于沿河县城上游约 7 千米,距乌江口 250.5 千米,坝址以上控制流域面积 5450 万公顷,占全流域的 62%,坝址多年平均流量 966 立方米/秒,多年平均径流量 304.60 亿立方米。

沙沱水电站工程区域为中低山地貌,工程区域河段地形较为开阔,河谷呈不对称的 V 形,阶地明显。坝址区重力作用所形成的物理地质现象不发育,局部陡坡存在卸荷和危岩体,通航建筑物区域无影响边坡稳定的大型崩塌体和滑坡体。本流域属于亚热带季风气候区,汛期多暴雨和阵雨。

(2)闸坝建设情况

沙沱水电站位于贵州省沿河县城上游约 7 千米,距贵阳市 421 千米,距遵义市 266 千米。上距思林水电站约 114 千米,下距彭水水电站和重庆乌江河口分别为 115 千米和250.5 千米。工程以发电为主,其次为航运,兼顾防洪等综合任务。本工程为二等大(2)型工程,工程枢纽由碾压混凝土重力坝、左岸坝后式厂房、右岸通航建筑物组成。电站正常蓄水位 365.00 米,相应库容 7.70 亿立方米,总库容 9.21 亿立方米,装机容量 1120 兆瓦(4×280 兆瓦),多年平均发电 45.52 亿千瓦时。

坝址河段为四级航道,通航建筑物按一次通过 500 吨级的机动单船设计。沙沱开船机为全平衡钢丝绳卷扬式垂直升船机。垂直升船机布置于枢纽右岸,由上游引航道、过坝渠道(上闸首)、本体段、下闸首、下游引航道等建筑物组成,总长约 806 米,轴线方位垂直于坝轴线。

(3)建设成就

沙沱水电站于 2006 年 3 月进入施工筹建准备期,2007 年 10 月 24 日右岸一期截流,2009 年 4 月 17 日左岸二期截流,2013 年 4 月下闸蓄水,2013 年 6 月全部机组投产发电。中国电建集团贵阳勘测设计研究院有限公司于 2013 年 11 月成立了乌江沙沱水电站升船机勘测设计项目部。

沙沱水电站升船机工程于 2008 年 6 月开始本体段混凝土浇筑施工,2008 年 10 月下旬完成底板一期混凝土施工,2014 年 12 月边墙浇筑至 377.00 米高程。

2016 年 1 月 8 日沙沱升船机主提升系统安装完成并开始厂内联调试验,2016 年 4 月29 日承船厢首次提升试验完成,2016 年 11 月 29 日沙沱升船机正式过船调试成功。

2. 通航建筑物

项目于 2008 年 10 月开工,2017 年 8 月试通航并竣工。

项目建设依据:2003 年 4 月,水电水利规划设计总院、贵州省计划委员会《乌江沙沱水电站预可行性研究报告审查意见》(水电规规〔2003〕0029 号);2008 年 12 月完成通航建筑物专题研究报告(审定本)。2010 年 12 月,国家发改委《国家发展改革委关于贵州乌江沙沱水电站项目核准的批复》(发改能源〔2010〕2918 号);2008 年 6 月,环境保护部《乌江沙沱水电站环境影响报告书》(环审〔2008〕168 号);2012 年 11 月,国土资源部以国土资函〔2012〕939 号文批复乌江沙沱水电站工程建设用地。

沙坨升船机为 500 吨级钢丝绳卷扬式垂直单船升船机,升船机设计船型为 55 米×10.8 米×1.6 米,最大提升高度为 75.38 米。承船厢有效尺度为 59 米×12 米×2.5 米,悬吊总质量为 3300 吨,设计升降速度为 0.2 米/秒,一次单向过坝时间 32.99 分钟。升船机设计设计水头 70 米,上游最高通航水位 365.00 米、最低通航水位 353.50 米;下游最高通航水位 300.38 米(相应的最大通航流量为 5000 立方米/秒)、最低通航水位 289.62 米。升船机全长约 806 米,其中本体段长 83.50 米、宽 40.00 米,过坝渠道航槽净宽 12.00 米,上、下游引航道宽 38.00 米。升船机工程总投资 7.36 亿元,资金来源于企业。通航工程用地约5万平方米；通航工程布置在右岸河床，因引航道等布置需要占用河岸陆域面积8000平方米。

项目建设单位为沙沱电站建设公司；设计单位为中国水电顾问集团贵阳勘测设计研究院；监理单位中国水利水电建设工程咨询昆明公司（大坝土建工程）；施工单位为江南水利水电工程公司；咨询及设备单位为中国水利水电建设工程咨询中南公司（厂房及机电安装、升船机机电设备）；升船机EPC总承包单位为杭州国电机械设计研究院有限公司；质检单位为可再生能源发电工程质量监督站。

沙沱水电站于2006年3月进入施工筹建准备期，2007年10月24日右岸一期截流，2009年4月17日左岸二期截流，2013年4月下闸蓄水，2013年6月全部机组投产发电，2016年11月29日正式过船调试成功，2017年8月1日投入试运行。

该项目的重要科技创新包括：发表《电力传动系统中非线性机电耦合振荡机理探究》《升船机平衡重及卷筒钢丝绳安装方案探讨》《沙沱垂直升船机本体段排架柱结构分析》等各类论文22篇；申请"一种升船机船厢平面卧倒门""一种升船机闸首防撞梁油缸支撑座""一种升船机主机房桥机主梁吊装方法"等各类专利22项，其中发明型专利4项，实用新型专利18项；申请"升船机上大尺寸卷筒的设计与制造关键技术研究""乌江梯级电站通航设备关键部件与技术研究"等华电集团科研项目4项。

沙沱升船机的承船厢结构采用大型实腹式槽型结构，传力更优化、稳定性更好、局部受力的可靠性更高。从PID同步控制，利用AMESim仿真软件，建立了仿真模型，并进行了仿真分析，合理选择泵源，解决了升船机液压系统各回路在各种工况条件下，系统流量差异大、工作压力差异大的问题，有效地将控制98支油缸、6种执行机构运动的液压系统集成。提出一种升船机多制动器系统设计方案，满足松闸、上闸最大时间偏差在0.3秒内的同步性要求，系统流量越大，松闸时间差越小。设计并采用安全卷筒为当时国内升船机上直径最大、筒体长度最长的双旋向卷筒，可有效解决在船厢严重漏水情况下主提升机对"承船厢-平衡重"悬吊系统的制动能力不足的问题，极大地提高了升船机运行安全性。提升卷筒和安全卷筒均采用双出头的出绳方式，为减少卷筒长度，两根钢丝绳邻近部分共用工作槽，与一般单出头起重设备卷筒相比，长度可减少近一半。

自2017年至2018年6月，共计过闸12闸次、20艘次。

3. 经验与启示

①源头控制，保证设备质量。在设备供货商选择上选择了国际上优秀的公司产品。在设备制造过程管控中，一是聘请第三方开展设备监造工作，确保设备制造过程中的质量与进度；二是对重要设备的制造和安装，建设公司安排安排专人在现场进行质量跟踪，第一时间获得设备制造信息；三是设备制造完成后建设公司、设计、总包方在现场进行联合验收，保证出厂设备质量。

②多重管控,确保施工安全。加强与设计、监理联系沟通,确保施工方案与设计、监理形成互补,施工前制定了详细的作业指导书与实施方案。

(五)彭水水电站

1.闸坝概况

(1)自然地理条件

彭水水电站工程位于彭水县城上游 11 千米处。工程所在的彭水县东西宽 78 千米,南北长 96.40 千米,水陆边界线总长 414.90 千米,属中亚热带湿润季风气候区,气候温和,雨量充沛,光照偏少,多年平均气温 17.50 摄氏度,常年平均降水量 1104.20 毫米,无霜期 312 天。

(2)闸坝建设情况

彭水水电站位于乌江下游,坝址下距涪陵乌江河口 147 千米,距重庆市约 170 千米,是一座以发电为主,兼顾航运、防洪及其他作用的水利枢纽工程。

彭水水电站坝址以上流域面积 6900 万公顷,占乌江流域面积的 78.5%。坝址多年平均流量 1300 立方米/秒,坝址多年平均年径流量 410 亿立方米,年平均含沙量 0.35 千克/立方米。

彭水水电站是乌江干流水电开发规划的第十梯级,水电站总装机容量 1750 兆瓦,其地理位置优越、水库调节性能好,距负荷中心区仅 180 千米,是重庆市不可多得的水电电源点。

彭水水电站由大坝及泄洪建筑物、电站、通航建筑物等组成。大坝为碾压混凝土重力坝,坝高 116.5 米;电站布置在右岸,为地下式厂房,安装 5 台单机容量为 350 兆瓦的大型混流式水轮发电机组;通航建筑物布置在左岸,由单线船闸、升船机两级过坝建筑物组成,按 500 吨级船闸过坝设计。

坝址的区域地质构造相对稳定,无区域性大断裂通过,地震基本烈度为六度。水库回水至贵州沿河县城,长约 117 千米,为峡谷河道型水库,水库封闭性好,主要建筑物工程地质条件较好,天然建材储量和质量能满足工程建设要求。

彭水水电站是重庆市"十五"规划的重点能源项目,列入国家"十五"规划。2003 年开始进行施工准备,2004 年 12 月围堰截流,2009 年全部完工。彭水水电站的开发任务以发电为主,其次是航运、防洪等。该电站总投资 120.83 亿元,正常蓄水位为 293 米(吴淞高程),校核洪水位 298.85 米,相应水库库容为 14.65 亿立方米,混凝土最大坝高 116.5 米,装机总容量 175 万千瓦,保证出力 37.1 万千瓦,年发电量 61 亿千瓦时,是乌江干流梯级中规模仅次于构皮滩水电站的大型工程,也是重庆电网的骨干调峰电源,建成后渠化四级航道里程 110 千米。通航建筑物为船闸 + 升船机方案,通航建筑物规模为 500

吨级。

（3）建设成就

彭水水电站具备调峰能力强的特点,并网发电后,较好地承担起重庆电网调峰、调频和事故备用,对弥补重庆市电力不足、提高电网安全经济运行和供电质量起到骨干电源的作用,特别是对缓解重庆以及华中地区因遭遇冰雪灾害而造成的电网供电紧张形势,具有至关重要的作用。

彭水水电站及其500吨级通航建筑建成后,可渠化库区航道,淹没碍航险滩,将库区航道等级由准五级提高到四级标准,极大地促进乌江航运事业发展。

2. 通航建筑物

项目于2005年3月开工,2011年1月试通航,2012年12月竣工。

彭水水电站通航建筑物由船闸、中间渠道、垂直升船机组成。

彭水船闸设计为单线、单级,采用内河四级标准,代表船型为500吨级。船闸的闸首和闸室均整体式结构,船闸有效尺度为62米×12米×2.5米。上游设计最高、最低通航水位分别为293米和278米;下游最高、最低通航水位均为278米(中间渠道水位),设计水头15米。采用闸墙长廊道侧支孔出水的分散式输水系统,设计充、泄水时间约10分钟,一次过闸时间45分钟。船闸闸门采用人字门形式,阀门采用平面定轮闸门形式,启闭机械均采用液压启闭机。中间渠道位于船闸和升船机之间,长421.0米,最大水面宽48.2米,固定水位278米,通航水深2.5米。垂直升船机采用钢丝绳卷扬平衡重力式垂直升船机,总长102.8米,总宽52.4米,总建筑高度113.0米,升船机承船厢有效尺度为59米×11.4米×2.3米。设计上游最高、最低通航水位为278米,下游最高、最低通航水位为227米和211.4米,最大提升高度66.6米。上、下游引航道采用非对称平面布置,宽度均为40米,最小水深3米,转弯半径165米。工程总投资120.83亿元。

项目建设单位为重庆大唐国际彭水水电开发有限公司;设计单位为长江勘测规划设计研究院有限公司;施工单位为中国水利水电第七工程局有限公司、中国水利水电第八工程局有限公司、中国水利水电第十四工程局有限公司;监理单位为中国水利水电建设工程咨询西北公司、黄河勘测规划设计有限公司、华北电力科学研究院有限责任公司、国电郑州机械设计研究所。

3. 经验与启示

为避免"重建轻养",保证航运畅通,同时能使各梯级充分利用资源,发挥综合效益,枢纽建成后,应成立流域统一的调度和管理机构,负责协调运营管理和运营费用,落实航道维护资金,提出运营要求,审批各梯级运行和下泄流量方案,防止电站下泄流量的不稳定对航道和下游生产生活及生态造成影响;负责对工程实施后的水文观测和上游径流情况预报分析,制定保证船舶运输的流量调节方案、疏浚治理方案;负责航道运输组织管理,建立起稳定、长效的管理机制和体制。

(六)银盘

1.闸坝概况

(1)自然地理条件

银盘水电站工程位于乌江下游,地处重庆市武隆区江口镇上游 4 千米处的杨家沱,芙蓉江与乌江在这里汇合。工程所在地属中亚热带湿润季风气候,年平均气温 18.40 摄氏度,无霜期 287 天,年均降水量 975.2 毫米,气候四季分明。

(2)闸坝建设情况

银盘枢纽上游接彭水梯级,距彭水水电站约 53 千米;下游接白马梯级,距乌江河口91 千米,为乌江开发的第十一梯级,是兼顾彭水电站的反调节任务和渠化航道的电航枢纽工程。工程建设期 72 个月,2005 年 6 月动工,2010 年建成。银盘航电枢纽的开发任务以发电为主,其次是航运、防洪等。该电站总投资 69 亿元,正常蓄水位为 215 米,总库容为 3.2 亿立方米,混凝土最大坝高 80 米,装机总容量 60 万千瓦,多年平均发电量 26.89亿千瓦时。其地理位置优越,开发条件好,是重庆电网调峰、调频的主力电站之一,可改善电网供电质量。

(3)建设成就

银盘水电站建成后,渠化四级航道 54 千米,航道通行能力可由原来的 300 吨级提高至 500 吨级以上,同时,每年有 30 亿千瓦时电量并入重庆市电网,可缓解重庆市电力紧张局面,并增加武隆、彭水两县的财政收入,带动地区经济发展。

2.通航建筑物

项目于 2010 年 10 月开工,2015 年 8 月通过交工验收,2015 年 9 月试通航。

银盘船闸为 500 吨级单线单级船闸,船闸有效尺度为 120 米×12 米×4.0 米。设计船型 500 吨级,船型尺度为 55 米×10.8 米×2.4 米;设计代表船队为 2×500 吨级分驳顶推船队,船队尺度为 110 米×10.8 米×2.4 米。船闸上游设计最高通航水位 215 米,设计最低通航水位 211.5 米;下游设计最高通航水位 192.04 米,设计最低通航水位 179.88米。闸首、闸室为整体式结构,采用分散式输水系统,设计水头 35.12 米。充、泄水时间 12分钟,一次过闸时间 48 分钟左右。上下游引航道采用非对称平面布置,宽度均为 40 米,最小水深 3.68 米,转弯半径 165 米。船闸的上闸门采用人字门形式、下闸门采用一字门形式,阀门采用反向弧形门形式,启闭机械均采用液压启闭机。此外,在上下闸首检修门前后均设有交通桥沟通左右闸面的交通。

四、湘江的通航建筑物

(一)综述

湘江是长江水系的主要支流之一,发源于广西壮族自治区灵川县海洋山,由兴安、全洲至斗牛岭进入湖南,自南向北流经苹岛、衡阳、株洲、湘潭、长沙,在湘阴县濠河口汇入洞庭湖,由岳阳城陵矶注入长江。湘江干流全长 856 千米(未含濠河口至城陵矶 113 千米湖区洪道),其中湖南省境内长 660 千米,流域面积 9470 万公顷,其中湖南省占 90.2%。

湘江苹岛以上为上游,长 252 千米,河宽 100~400 米,河床平均比降 0.61‰,河床多岩石,滩多流急,具有典型山区河流的特性;平岛至衡阳为中游,长 278 千米,流经中低山地,河宽 250~600 米,河道滩多水浅,河床平均比降 0.13‰,具有典型丘陵河流的特性;衡阳至濠河口为下游,长 326 千米,河面开阔,河宽 500~1000 米,河床平均比降 0.05‰,河床多沙砾,间有部分礁石,浅滩较多,具有丘陵平原河流的特性;濠河口至城陵矶,长 113 千米,河床平均比降 0.04‰,具有洪水成湖、枯水成河的特性。

湘江梯级水位图如图 11-2-4 所示。

湘江水量丰沛,流域内多年平均降水量为 1300~1500 毫米,降水集中在 4—6 月,约占全年降水量的 45%。径流与降水关系极为密切,年际变化大,年内分配不均匀。据湘潭站 1975—1994 年资料统计,多年平均径流量 646 亿立方米,最大径流量 949 亿立方米,最小年径流量 280 亿立方米,最大最小比为 3.4;多年平均流量为 2050 立方米/秒,最大流量 2.03 万立方米/秒,最小流量为 100 立方米/秒;最高水位 39.64 米,最低水位 25.48 米,变幅 14.16 米。每年 4—6 月为丰水期,当年 11 月—翌年 3 月为枯水期,7 月、8 月降水稀少时也往往出现低水位。

为合理开发利用湘江水资源,1986 年 10 月,湖南省国土委员会组织编制了《湘江干流规划》,明确了湘江"以航运、发电为主,结合灌溉、防洪等综合利用效益"的开发任务,提出了湘江干流苹岛以下按照 8 座梯级进行综合开发的总体规划方案,即青龙矶(潇湘)、高山庙(浯溪)、归阳(湘祁)、近尾洲、土谷塘、萱洲(大源渡)、淦田(株洲)、易家湾(长沙)。现湘江干流规划的 8 座梯级均已建成。其中,潇湘枢纽建有 100 吨级船闸,浯溪、湘祁、近尾洲三座枢纽建有 500 吨级船闸,土谷塘、大源渡、株洲三座枢纽建有 1000 吨级船闸,长沙枢纽建有 2000 吨级船闸。

受人工无序采砂、气候变化枯水期延长、三峡工程等因素的综合影响,近年来洞庭湖区及湘江下游等湖区尾闾河段的枯水期水位呈现下降趋势,致使湖区主要航道已整治的众多浅滩普遍恶化,通航保证率不断降低。

此外,有关研究和观测表明,三峡大坝正常蓄水运行后,受上游来沙大幅减少和坝下清水下泄的影响,长江中下游河段的沙质河床将呈现出持续的沿程冲刷调整变化的趋势,

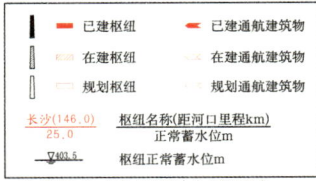

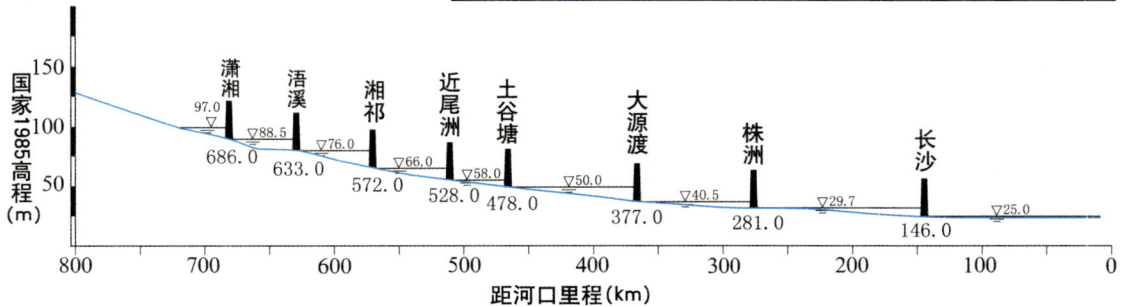

图 11-2-4　湘江梯级水位图

包括城陵矶在内的长江中下游河段的同流量枯水位将日趋下降,枯水期的洞庭湖区水体更快出湖,将部分加剧湖区及尾闾河段的河床下切,从而进一步凸显洞庭湖区各主要航道通航条件不适应运输船舶正常航行需求的问题。为有效消除三峡水库运行后对环洞庭湖区水域的不利影响,改善环洞庭湖区枯水期的水环境,促进洞庭湖生态环境和湿地保护,改善血吸虫防治条件,确保湘江等湖区主要航道的高效畅通,湖南省人民政府在2011年《政府工作报告》中明确提出,在洞庭湖出口河段建设洞庭湖岳阳综合枢纽工程。按照湖南省政府的要求,湖南省交通运输厅牵头开展洞庭湖岳阳综合枢纽的前期规划及相关研究工作。

（二）浯溪船闸

1.闸坝概况

（1）自然地理条件

浯溪水电站坝址区河流流向北偏东80度,两岸地形呈不对称横向河谷,河床宽340～370米,河床高程73.23～75.80米。枯水期水深0.5～3.0米。当设计蓄水位88.5米时,相应河谷宽400～450米,宽高比为30:1。

浯溪水电站坝址位于亚热带湿润季风气候区,具有气候温和、降水集中、夏秋多旱、暑热期长的气候特点。多年平均气温18.1摄氏度,极端最高气温40.0摄氏度(1971年7月26日),极端最低气温-8.4摄氏度(1977年1月30日)。多年平均相对湿度为79%,多年平均降水量为1310.1毫米,多年平均蒸发量1423.5毫米。多年平均风速1.7米/秒,汛期多年平均最大风速13.2米/秒,实测最大风速18.7米/秒。夏季受西太平洋暖湿气团影响,温度高湿气重;冬季受西伯利亚干冷气团控制,气候干燥寒冷。春夏之交,冷暖气团在本流域交换频繁,故易形成阴湿多雨天气;盛夏和秋季,由于热带副高压北挺西伸,致使晴热少雨,往往造成秋旱或夏秋连旱。

（2）闸坝建设情况

浯溪(原名高山庙)水电站工程位于湖南省祁阳县境内湘江干流中游上段,下距祁阳县城约3千米,上距冷水滩市53千米。坝址控制流域面积2340万公顷,占湘江总流域面积的24.7%,是湘江干流规划中的第三级。该工程地理位置优越,紧靠祁阳县城区,坝址紧临下游著名风景名胜区"浯溪"(现工程改名为"浯溪"亦由此而来),坝顶公路桥接通国道322线。

浯溪水电站总平面布置主要建筑物从左至右依次为左岸土坝、发电主副厂房及安装场、开关站、溢流闸坝段、船闸、右岸土坝等。主河床布置溢流闸坝,左侧与电站厂房连接,右侧与船闸相接,在厂房的左侧和船闸的右侧均布置黏土心墙坝,并与岸坡相接。

在主河床布置13孔溢流闸坝,闸孔尺度为20米×12.5米(宽×高),采用钢质弧门挡水,液压式启闭机启闭;弧门上游设置检修门槽,13孔共用1扇平板检修门,利用坝顶移动式门机启闭,坝顶设12.0米宽交通桥,实现对国道322线的桥坝结合。溢流闸坝布置有 5 孔消力池,8 孔护坦,消力池池深 3.5 米,池长 30.5 米,底板高程 69.5 米;护坦长 36 米,底板高程 72.0 米,消力池和护坦段后设 9.0 米长的干砌石海漫,闸孔尺度为 20 米×12.5 米(宽×高)。工程泄水建筑物采用混凝土闸坝方案,堰面形式为"WES"实用堰。船闸规模如下:船闸等级为四级,设计水平年为 20 年(2020 年),设计船型为 500 吨级驳船。船闸轴线与坝轴线为正交,闸室布置于坝轴线下游,上闸首兼作枢纽挡水建筑物的一部分,坝轴线穿过上闸首,上闸首上缘下距坝轴线 31.3 米(顺水流向)。坝顶公路桥中心线与坝轴线重合,从上闸首下游侧穿过船闸。

(3)建设成就

发电是浯溪水电站的主要开发目标,电站装机容量 100 兆瓦,年发电量 3.96 亿千瓦时,可保证出力 11.8 兆瓦。该水电站建成后,将对缓解永州市及祁阳县的用电紧张局面起到一定的作用。浯溪水电站建成后,可利用当地丰富的水能资源,为永州市提供可靠的电力,缓解其用电紧张局面,保持永州市经济持续稳定发展,并带动当地工农业、旅游业等一系列相关产业的发展,有较大的经济效益、社会效益和环境效益。因此,工程带来的有利影响是显而易见的。

浯溪水电站建成后,可改善上游 54 千米航道的通航能力,使之达到三级航道标准,又可与已建成的上一个梯级潇湘水电站衔接形成 87 千米的航道。它的建设对开发湘桂运河,发展湘江航运,沟通南北水运交通具有十分重要的意义。

2.通航建筑物

项目于 2005 年 10 月开工,2008 年 12 月试通航,2012 年 12 月竣工。

项目建设依据:2003 年 8 月,湖南省发展计划委员会《关于祁阳县浯溪水利水电枢纽工程项目建议书的批复》(湘水计基础〔2003〕607 号);2004 年 5 月,湖南省发展计划委员会《祁阳县浯溪水利水电枢纽工程可行性报告的批复》(湘发改基础〔2004〕356 号);2005 年 1 月,湖南省水利厅《湖南省水利厅关于浯溪水电站初步设计报告的批复》(湘水农电〔2005〕1 号);2003 年 9 月,湖南省环境保护局《关于湖南祁阳县浯溪水利水电枢纽工程环境影响报告的批复》(湘环评〔2003〕57 号)。

浯溪船闸等级为四级,按 500 吨级通航标准设计。设计船舶尺度为 45 米×10.8 米×1.6 米。船闸级数为单级,闸室有效尺度为 120 米×12 米×2.6 米。上游最高通航水位(正常蓄水位)88.5 米,最低通航水位 84.86 米;下游最高通航水位 87.67 米,最低通航水位(堰塘铺死水位)74.8 米。闸室、闸首墙体均采用混凝土重力式结构及扶壁式结构,船闸采用集中输水方式,充、泄水时间均为半小时。船闸的闸阀门采用平板钢闸门,启闭机械形式为液压启闭,一次过闸时间 40 分钟。下游引航道直线段最小长度为 110 米,上游引航道直线段最小长度为 100 米,引航道底宽 36 米,设计水头 9.7 米,通航净高 8 米。船闸主体工程由内外引航道、内外闸首、闸室等组成,船闸上、下游引航道直线段长度约 210

米,主体建筑物(闸首、闸室)长 190 米,即船闸轴线布置位置须满足约 400 米长的直线段要求。河道右岸岸线较顺直,能满足船闸直线段的要求,上、下游引航道与上、下游航道连接较平顺。项目于 2013 年 6 月竣工验收,项目股东资本金 1 亿元,自筹资金 10.58 亿元,其中银行贷款 9.30 亿元、试运行发电盈余资金 1.28 亿元,股东单位湖南新华水利电力有限公司借款 2061 万元。坝区占地涉及祁阳县浯溪镇新埠头村和原种场,共需搬迁 22 户、74 人,拆迁房屋 5331.36 平方米。工程永久占地 568.92 亩,另外还影响部分交通、电力通信等专项设施。

2003 年 10 月,湖南浯溪水电开发有限公司成立,负责建设浯溪水利水电枢纽工程。本工程设计单位为湖南省水利水电勘测设计研究总院;施工单位为湖南省水利水电工程总公司(右岸一期闸坝和船闸工程)、广东水电二局股份有限公司(厂房、二期闸坝和金属结构制造安装工程)、中国水利水电第十六工程局(机电安装工程);监理单位为湖南水利水电工程监理承包总公司;质检单位为湖南省水利厅水利工程质量监督中心站。

本工程建设期间的重大事项如下:2005 年 11 月 21 日,右岸一期闸坝与船闸工程低水围堰合龙。2005 年 12 月 5 日,左岸厂房全年围堰合龙。2008 年 9 月 26 日,二期围堰截流成功。2009 年 9 月 29 日,船闸下游引航道疏浚工程经永州市经海事局、业主、设计、监理、施工单位联合验收通过。2009 年 11 月 26—27 日,浯溪水电站工程通过湖南省水利厅进行的下闸蓄水阶段验收。2009 年 11 月 23—24 日,湖南省移民开发局对浯溪水电站库区 86 米移民拆迁、防护工程及库区清理工作进行验收。

(三)湘祁船闸

1. 闸坝概况

(1)自然地理条件

湘祁水电站所处苹岛至衡阳段为中游,长 278 千米,两岸呈低山丘陵地貌,台地发育,河谷逐渐开阔,呈 U 形,河宽 250～600 米,平均比降 0.13‰。河床多为卵石、礁石,滩多水浅,具有丘陵地区河流的特性。其间汇入的较大支流有潇水、春陵水、芦洪江、祁水、白水、宜水等。坝区位于黄泥塘镇下游 5000～6000 米河段内,上坝线为可研阶段推荐的下坝址坝轴线,左右岸分别位于 35 千伏输电线过河铁塔下游约 49 米和 125 米处;下坝线位于上坝线下游 200 米处。坝址左岸为祁东县归阳镇沙湾村,右岸为祁阳县黄泥塘镇茶亭村知子铺,左岸有机耕道沿河相通,右岸有唐(唐家岭)黄(黄泥塘)公路相通。坝区基本被第四系所覆盖,出露基岩为白垩系下统神皇山组上段。湘祁水电站工程位于湘江干流中游祁阳县黄泥塘镇下游 6 千米知子铺,坝址控制流域面积 2720 万公顷,占湘江总流域面积的 28.7%。

(2)闸坝建设情况

湘祁水电站工程为《湘江干流规划》九级开发的第四级,位于湖南省永州市祁阳县和衡阳市祁东县交界处,坝址上距祁阳县境内已开工的浯溪水电站60.8千米,下距衡南县境内已建成的进尾洲水电站46千米。

湘祁电站所在河段,航道等级现为六级,远期规划按三级航道标准建设船闸,船闸有效尺度为180米×12米×3.5米。同时,由于湘江是国家水运主通道,水运发展的潜力很大,现在只建一线船闸,但预留二线船闸的位置,以适应将来水运量快速增长的需要。

根据湘江干流规划和工程综合利用的要求,本工程建设方案坝址右岸属祁阳县黄泥塘镇范围,距上游黄泥塘镇约6千米,祁阳县城约48千米;坝址左岸属祁东县归阳镇范围,距下游归阳镇约3千米,祁东县城约32千米。水电站兴建后将使湘祁水电站以上约60.8千米河段变为深水航道,并能缓解永州市乃至湖南省电力紧缺的局面,提高灌溉效率,提升旅游景点品味,促进地方经济可持续发展,是一个以发电、航运为主,兼顾灌溉、旅游等综合效益的工程。

根据《水电枢纽工程等级划分及设计安全标准》(DL 5180—2003)规定,本工程等级定为二等,永久性水工建筑物挡水坝、电站厂房和船闸为三级建筑物,临时性水工建筑物为四级建筑物。

挡水坝设计洪水标准为50年一遇,校核洪水标准为500年一遇;土坝设计洪水位为50年一遇,校核洪水标准为1000年一遇;电站厂房(河床式)和船闸为挡水建筑物的一部分,其上游防洪标准与挡水坝相同,下游设计洪水位为50年一遇,校核洪水标准为200年一遇,消能防冲建筑物洪水标准为30年一遇。

根据湘江航运规划,本工程河段按四级航道设计,航运建筑物采用船闸形式,船闸等级按四级,最大过坝船舶为500吨,船闸为三级建筑物。

2. 通航建筑物

项目于2009年10月开工,2012年10月试通航并竣工。

项目建设依据:2008年12月,湖南省发改委《关于永州湘祁水电站项目核准的批复》(湘发改交能〔2008〕1162号);2009年9月,湖南省水利厅《关于同意湘祁水电站工程初步设计报告审查意见的同意书》(湘水许〔2009〕111号);2005年6月,湖南省环境保护局《关于湖南省祁阳县堰塘铺水利水电枢纽工程环境影响报告书的批复》;2010年8月,国土资源部《国土资源部关于永州湘祁水电站工程建设用地的批复》(国土资函〔2010〕657号)。

根据湘江航运规划,本工程河段按四级航道设计,通航建筑物采用船闸形式,船闸等级为四级,设计船型为500吨级船舶或300吨级1顶+2驳船队,设计货舱尺度为67.5米×10.8米×1.6米,设计船队尺度为91.0米×9.2米×1.3米,闸室有效尺度为180米×12米×3.5米,设计年过坝货运量为250万吨。船闸为单线连续三级。设计总水头60.9米,一闸首24.1米,二闸首42.5米,三闸首36.8米,四闸首18.4米。枢纽正常蓄水位 75.50 米（黄海基面，下同），水库死水位为 74.80 米，船闸上游最高通航水位 75.50 米，最低通航水位 74.80 米，船闸下游最高通航水位 74.65 米，最低通航水位 65.20 米。无超高超宽船只情况下过闸时间约 1 小时。上闸首为枢纽挡水坝的一部分，顶高程根据挡水、防洪要求为 82.5 米，通过船闸的公路桥顶高程为 84.80 米；门槛高程 71.8 米，建基面高程 60 米，左闸墙与岸坡相连接，右闸墙与溢流闸坝相连，上闸首平面尺度为 34 米 × 40 米（垂直流向 × 顺水流向，下同），槛上水深 3 米，净宽 12 米，顺水流向设沉降缝一道，上闸首上游段长 16 米，下游段长 24 米。跨船闸公路桥从上闸首跨越，公路桥宽 6.2 米，最高通航水位下通航净空 8.05 米。上闸首设置一扇检修闸门和一扇人字工作闸门，输水廊道设置输水廊道工作门。下闸首宽 34 米，长 31 米，顶高程与闸室顶高程一致，为 77.50 米，门槛高程 62.20 米，墙后填土高程 75.50 米。下闸首设置一扇人字工作闸门和一扇检修闸门，排水廊道设置排水廊道工作门。船闸闸室有效尺度为 120 米 × 12 米 × 3 米，采用分离式闸室、衡重式闸墙、透水底板，沿纵向分成 10 个结构段，每段闸室长 20 米。闸室底板顶高程 62.20 米，采用 0.8 米厚混凝土透水底板，底板设排水孔，排水孔孔距为 3 米。闸墙顶宽 2.5 米，墙顶高程 77.50 米，墙后回填土高程 75.50 米。每段闸墙都设置浮式系船柱。闸墙底部设置 3 米深帷幕灌浆。闸墙采用重力式钢筋混凝土挡墙形式。根据《船闸总体设计规范》和《内河通航标准》中的有关规定，引航道底宽按一向行驶、一向靠船确定为 30 米。根据船闸区的地形地质条件，引航道布置形式采用反对称形，上有引航道向岸坡侧拓宽，下游引航道向河床拓宽。上游引航道长度为 200 米，其中导航段长 100 米，宽度由 30 米渐变为 12 米，引航道上游直接与水库相接；下游引航道长度为 200 米，其中导航段长 100 米，宽度由 12 米变为 30 米，调顺段长 100 米。上游航道位于库区，水深大于 3 米；下游航道底高程为 62.20 米，水深大于 3 米。基于洪水期上、下航行船舶均靠岸航行，因此引航道停泊段靠船建筑物布置于航道岸坡边。

项目建设单位为湖南湘祁华能水电有限责任公司；设计单位为中南勘察设计院；施工单位为中国水利水电第七工程局；监理单位为中国水利水电建设工程咨询中南公司。

湘祁水电站是湘江干流可供开发水力资源中较大的电源点，距永州市负荷中心较近。电站总装机容量 80 兆瓦，为 4 台 20 兆瓦灯泡贯流式水轮发电机组，设计年发电量 3.30 亿千瓦时，以发电为主，兼顾航运、灌溉与旅游等综合利用。电站建成以后，将缓解永州市供电紧张局面，促进工农业生产的发展；可与上游在建的浯溪电站衔接形成 112 千米航道，对开发湘桂运河、发展湘江航道、沟通南北水运交通具有十分重要的意义。

3. 经验与启示

①货运船舶平均吨位增长较快。

湘江航道等级的提高和通航条件的改善，带动了船舶大型化，机动货船平均吨位由 2000 年的 63.2 吨提高到 2007 年的 169.76 吨；驳船平均吨位由 2000 年的 279.9 吨提高到 2007 年的 320.58 吨。

②集装箱船发展迅速。

湘江集装箱运输的增长,促进了集装箱船的大型化、专业化。集装箱船由最早的最大载箱量仅 36TEU 的甲板驳改装船,发展到现在的适用湘江至长江下游航线的大型内河集装箱专用船,最大载箱量已达到 180TEU。2004 年,湖南省全省仅有集装箱专用船 12 艘,而 2005 年已增加到 38 艘,一年内船舶数量增加了近 3 倍,总箱位达到 3767TEU。2007 年水运集装箱 15.4 万 TEU,其中湘江完成多于 9.0 万 TEU。

③运输船舶以机动船为主。

机动船数量占船舶总艘数的比例,由 2000 年的 91.1% 提高到 2007 年的 98.5%;机动船运力占总运力的比例,由 2000 年的 66.2% 提高到 2007 年的 96.1%。机动船发展迅速,且已成为运输主体。

④船舶经营主体以个体为主。

个体运输船舶发展较快,个体船舶数量占湘江船舶总量的比例由 2000 年的 60.6% 提高到 2007 年的 84.4%,个体船舶运力占湘江运力总量的比例由 2000 年的 34.7% 提高到 2007 年的 84.2%。

⑤大宗散货占主体。

2007 年湘江完成货运量中,主要货种是煤炭、矿建材料、矿石等大宗干散货,运量达4901.18 万吨,占货运总量的 87.6%。

(四)近尾洲船闸

1.闸坝概况

(1)自然地理条件

近尾洲水电站位于湘江中游,地处衡南县、常宁市、祁东县三县交界处,距衡阳市 75千米,是湘江干流开发规划中的第七级电站。近尾洲水电枢纽工程主要由大坝、发电厂房和船闸三大建筑物组成,水库总库容 4.6 亿立方米,正常蓄水位 66 米,相应库容 1.54 亿立方米,坝址以上控制流域面积 2860 万公顷,占湘江全流域面积的 30.2%,多年平流量752 立方米/秒。

(2)闸坝建设情况

近尾洲水电枢纽工程坝顶高程 76 米,大坝全长 810 米,安装有三台由奥地利制造的灯泡贯流式水轮发电机组,单机容量为 21.06 兆瓦,总装机容量 63.18 兆瓦,设计年发电量 2.92 亿千瓦时,是一座具有发电、航运、灌溉等综合效益的水电工程。河床式厂房布置在河床左侧,主厂房全长 55.00 米,厂内安装 3 台单机容量为 21.60 兆瓦的灯泡贯流式水轮发电机组。通航建筑物为单级船闸,由上游引航道、上闸首、闸室、下闸首及下游引航道等建筑物组成,布置在河床右侧,全长 410.0 米。

（3）建设成就

近尾洲水电站设计年发电量 2.92 亿千瓦时,是一座具有发电、航运、灌溉等综合效益的水电工程。

2．通航建筑物

项目于 1994 年 9 月开工,2002 年 9 月试通航并竣工。

近尾洲船闸等级为内河四级,可通行 500 吨级船舶;闸室有效尺度为 120 米 × 12 米 × 2.5 米。设计代表船型为 1 顶 + 2×500 吨级船舶,船队尺度为 111 米 × 10.8 米 × 2.0 米。闸门门为人字门,电动启闭。上引航道长 100 米,下引航道长 120 米,船闸位于湘江右岸,左岸为发电厂房。项目总投资 11.9 亿元。

本项目建设单位为五菱电力有限公司;施工单位为湖南省水利水电总公司;监理单位为五菱电力有限公司。

（五）土谷塘船闸

1．闸坝概况

（1）自然地理条件

土谷塘航电枢纽位于湘江中游、衡阳市区南部,是湘江干流航道 8 个梯级枢纽之一、湘江千吨级航道向上延伸的控制性工程、交通运输部和湖南省“十二五”利用亚行贷款的重点内河建设项目,是湘江的梯级分段渠化（筑坝分段疏浚）项目的最后一项。土谷塘航电枢纽是一个以航运为主、航电结合,并兼有交通、灌溉、供水与养殖等综合利用效益的工程。

（2）闸坝建设情况

土谷塘航电枢纽主要建筑物包括船闸、泄水闸、电站、鱼道及相关设施。其中,船闸等级为内河三级,能通行 1 顶 + 4×1000 吨级驳船的船队,并预留二线船闸位置。电站总装机容量 9 万千瓦,年均发电量 3.63 亿千瓦时。水库正常蓄水位为 58 米,设置 17 孔泄水闸和鱼道一座。配套建设常宁松柏港 1 个 1000 吨级综合泊位和衡南云集港 1 个 1000 吨级件杂货泊位,并建设 1 座湘江公路大桥（长 1100 米,宽 15 米）和湘江航电枢纽群联合调度中心,实施部分航道整治和航标改造工程。土谷塘航电枢纽工程位于衡阳市衡南县城云集镇南部,上距近尾洲航电枢纽近 50 千米,下距大源渡航电枢纽 101 千米。土谷塘航电枢纽是湘江干流八级航道开发规划中的第五级,相应库容 1.97 亿立方米;工程渠化航道 50 千米,使航道等级提升为三级,过船吨位为 1000 吨。土谷塘航电枢纽为湘江继大源渡航电枢纽、株洲航电枢纽、长沙航电枢纽之后的第四座航电枢纽,是以航运发电为主,结合灌溉、防洪、保护水资源等综合利用的枢纽工程。

（3）建设成就

建设土谷塘航电枢纽，可渠化大源渡航电枢纽库尾至近尾洲水电站枢纽之间的碍航河段，使湘江千吨级高等级航道向衡阳以上延伸70千米至世界铅都、工业重镇——常宁市水口山，中水期可延伸至潇湘水电站下游的永州市冷水滩，极大地提高和改善湘江中游河段的航道条件，对促进湘江中上游地区经济的发展发挥巨大的作用。土谷塘航电枢纽工程的建设是加快湘江高等级航道建设、促进湘江航运发展的需要，项目建成后，可消除大源渡和近尾洲之间的"瓶颈"航道，为湘江高等级航道延伸至永州苹岛创造必要条件，同时为建设远景规划的湘桂运河、沟通长江和珠江两大水系，打通湖南第二条水路出海通道。同时，此项目建成后，将进一步改善湘江中游的通航条件，改善衡阳、永州两市以及周边地区的综合运输体系，促进地方经济的快速发展和对外交流，且通过水资源的综合开发，使湘江近尾洲坝下至城陵矶河段全线达到1000吨级航道标准。建设土谷塘航电枢纽有利于改善湘江流域环境，推动湖南省两型社会建设；也将完善衡阳地区综合交通运输体系，促进沿江地区经济发展，从根本上改善库区人民生活条件，有利于保护生态环境，促进旅游产业发展。

2. 通航建筑物

土谷塘航电枢纽工程项目于2012年11月开工，2016年10月试通航并竣工。

项目建设依据：2012年9月，国家发改委《国家发展改革委关于湖南湘江土谷塘航电枢纽工程可行性研究报告的批复》（发改基础〔2012〕3004号）；2012年11月，《湘江土谷塘航电枢纽工程初步设计》通过交通运输部审查；2012年6月，国家环境保护部正式批复了《湘江土谷塘航电枢纽工程项目环境影响报告书》（环审〔2012〕143号）。

土谷塘船闸为单线船闸，船闸有效尺度为180米×23米×4.0米；过闸船队1顶＋2×1000吨级船队尺度为160米×10.8米×20米。设计水头9.8米，最大工作水头10.1米。上游最高、最低通航水位分别为62.5米和54.5米；下游最高、最低通航水位分别为62.36米和48.2米，最小通航高度10米。引航道长度为555/530米（上/下游）；输水阀、闸门最低启闭力分别为800千牛、650千牛。项目总投资29.54亿元，资金来源：亚洲开发银行贷款，湖南省投资，交通运输部投资、企业自筹。

项目建设单位为湖南湘江航运建设开发有限公司；设计单位为湖南省交通规划勘察设计院、湖南省水利水电勘察设计研究总院；施工单位为湖南省水电总公司；监理单位为湖南省水利水电工程监理承包总公司、湖南省三湘交通建设监理有限公司；质检单位为湖南省交通建设质量监督试验检测中心、湖南航务勘察设计研究院公路水运试验检测中心。

（六）大源渡船闸

1. 闸坝概况

（1）自然地理条件

大源渡航电枢纽坝址控制流域面积 5320 万公顷，多年平均径流量 441 亿立方米，多年平均流量 1400 立方米/秒，实测最大流量 1.84 万立方米/秒，调查历史洪水流量 2.24 万立方米/秒，多年平均输沙量 656 万吨。该河段处于一个大河湾处，左岸为凸岸，台地开阔；右岸为凹岸，台地狭窄。坝址河面宽 600 米。坝址基岩由板溪群系五强溪组灰绿色砂质、粉砂质和硅化砂质板岩组成，节理裂隙密集，软弱夹层发育；岩层倾向左岸偏下游，倾角 60 度。

（2）闸坝建设情况

大源渡航电枢纽是湘江衡阳至城陵矶 439 千米千吨级航道的第一个以电养航的航电枢纽工程，工程建成后渠化衡阳至大源渡 62 千米航道，改善航道 120 千米。该项目荣获"国家优秀工程设计铜质奖"和"国家优质工程银质奖"。大源渡航电枢纽为国家重点工程，集能源、灌溉、交通、旅游等多功能为一体，是我国第一个航电结合、以电养航、综合效益高的项目，是交通部在内河进行"航电结合、以电促航"的试点项目。项目投资由国家支持、省自筹、世界银行贷款 3 部分投资构成，其中向世界银行贷款 9000 万美元，为中国内河支流改造之"最"。工程包括大坝、电站、船闸等主体项目。电站安装 4 台单机容量为 3 万千瓦的发电机组，年发电量达 6 亿千瓦时。

大源渡航电枢纽工程是湖南省交通行业实施"航电结合、以电促航"的试点、"九五"期国家重点建设项目，也是我国内河航运建设首批利用世界银行贷款的项目。大源渡航电枢纽项目总投资 20.97 亿元，位于湘江下游的衡阳市衡东县、衡山县分界处，主要建筑物包括船闸、电站、泄水闸和坝顶公路桥四部分。其中船闸布置在湘江左岸，闸室有效尺度为 180 米×23 米×3 米，可通过 1 顶 +4×1000 吨级顶推船队，船队尺度为 167.5 米×21.6 米×2 米；电站布置在右岸，安装 4 台单机容量 30 兆瓦灯泡贯流式水轮发电机组，总装机容量 120 兆瓦，多年平均年发电量 5.85 亿千瓦时。项目建成后可利用大坝挡水抬高上游水位，形成库区航道，同时利用水库库容调节下游流量，提高下游航道等级。

（3）建设成就

大源渡航电枢纽的建成，使湘江从衡阳港到大源渡 62 千米成为库区航道，建成后的大源渡通航船闸一次可通行 4 艘 1000 吨级驳船队，规模为湖南省最大。同时，它也连通了四水的航道，为 1000 吨级轮船顺利通航打通了血脉。1998 年前，该河段只能通航几十吨的船舶，建成后可通行几百吨、上千吨的船舶。从衡阳到岳阳的 439 千米的湘江已是千吨级航道，湘江的年运量达到了 1200 万吨，较之前提高近 5 倍，且大源渡航电枢纽每年的货运量还在按 10% 的增长比例逐步上升。大源渡水库总库容 4.5 亿立方米,利用水库发电下泄流量,还可增加坝址以下到株洲 120 千米的航道流量,进行适当的航道整治后,极大地改善了枢纽下游的通航条件。

2. 通航建筑物

（1）大源渡航电枢纽

项目于 1995 年 12 月开工,1999 年 12 月试通航,2001 年 12 月竣工。

项目建设依据:1995 年 5 月,国家计划委员会以计交能〔1995〕610 号文批准湘江(衡阳至株洲)航运建设工程可行性研究报告;1995 年 6 月,交通部和湖南省联合以交基〔1995〕397 号文批复初步设计方案。

船闸为一线船闸,通航净空高度 10 米,设计最大水头 11.2 米。船闸最大通航流量 1.68 万立方米/秒,上游最高通航水位 52.85 米,上游最低通航水位 47.80 米;下游最高通航水位 52.60 米,下游最低通航水位 38.8 米。项目总投资 18.95 亿元,其中,交通部投资 4 亿元,世界银行贷款 9000 万美元(折合人民币 7.83 亿元),其余 7.12 亿元由湖南省自筹。

项目建设单位为湖南湘江航运建设开发有限公司;设计单位为湖南省交通规划设计院,湖南省水利水电勘测设计研究院,国家电力公司中南勘测设计研究院;施工单位为中国水利水电八局,中国水利水电七、九联营公司,中国水电七局安装公司等;监理单位为湖南水利水电工程监理、湖南三湘监理事务所、湖南省电力建设监理咨询公司;质检单位为湖南省环境监测中心站、长沙铁道学院。

本项目建设期间的重大事项包括:①主体工程蓄水验收。1998 年 10 月 11 日,验收会由湖南省交通厅主持。验收结论为主体工程蓄水阶段验收资料齐全,满足验收要求;已完工程质量优良;一期泄洪闸、发电厂房、船闸、土坝及过渡坝段、二期围堰具备挡水和蓄水条件,通过蓄水阶段验收。②船闸试通航验收。1998 年 11 月 22 日,验收会由湖南省交通厅主持。验收结论为船闸水工建筑物和输水系统性态正常,运行情况良好;金属结构与机电设备运行正常,集中监控系统性能稳定;监测项目齐全,系统工作正常,满足安全监测需要;上下游引航道水流条件能满足试通航要求,航道畅通,通过验收。③首台机组(4 号)并网启动验收和船闸正式通航。1998 年 12 月 31 日,验收会由湖南省交通厅主持。验收结论为首台机组和船闸正式通航启动验收资料齐全,满足验收要求;已完工程质量优良,工程质量经质量监督部门评定合格;右侧 8 孔泄洪闸具备过水条件,发电厂房、土坝、二期上游围堰具备挡水条件,厂房 4 号机组、变压器场、输变电工程已具备机组启动运行条件,通过机组检测合格,运行管理机构已组建。验收委员会认为该发电机组具备并网发电条件,通过验收,同意投入运行。④1 号机组并网启动验收。1999 年 4 月 22 日,验收会由湖南省交通厅主持。验收结论为大源渡航电枢纽 1 号机组启动验收资料齐全,满足验收要求,已完工程质量优良,1 号机组、变压器场、输变电工程已具备机组启动运行条件。验收委员会认为该发电机组具备并网发电条件,通过验收,同意投入使用。⑤3号机组并网启动验收(第三台)。1999年8月16日,验收会由湖南省交通厅主持。验收结论为大源渡航电枢纽3号机组启动验收资料齐全,满足验收要求,已完工程质量优良,3号机组、变压器场、输变电工程已具备机组启动运行条件。验收委员会认为该发电机组具备并网发电条件,通过验收,同意投入使用。⑥2号机组并网启动验收。1999年11月28日,验收会由湖南省交通厅主持。验收结论为大源渡航电枢纽2号机组启动验收资料齐全,满足验收要求,已完工程质量优良,工程质量经质量监督部门评定合格。机组、升压站、输变电工程已具备机组启动运行条件,通过机组检测合格,运行管理机构已组建。验收委员会认为该发电机组具备并网发电条件,通过验收,同意投入使用。⑦二期基坑充水验收。2000年4月20日,验收会由湖南省交通厅主持。验收结论为工程二期基坑充水阶段土建及金属结构安装已达到设计要求形象面貌,验收资料齐全,满足验收要求;已完工程质量合格;二期15孔泄洪闸具备运行条件,通过验收。⑧0号机组并网启动验收。2007年9月27日,验收会由湖南省交通厅主持。验收结论为大源渡航电枢纽0号机组启动验收资料齐全,满足验收要求,已完工程质量优良,工程质量经质量监督部门评定合格。机组、升压站、输变电工程已具备机组启动运行条件,通过机组检测合格,运行管理机构已组建。验收委员会认为该发电机组具备并网发电条件,通过验收,同意投入使用。

本项目科技创新及成果获奖情况如下:大源渡航电枢纽管理处2001年2月获湖南省人民政府颁发的2000年湖南省重点建设目标管理先进单位,2002年12月获交通部2002年度水运工程质量奖。大源渡航电枢纽2002年荣获国家优秀设计铜奖,2003年荣获国家优质工程银奖。大源渡航电枢纽管理处2007年4月获交通部"九五"和"十五"期全国内河水运建设优秀项目。

大源渡航电枢纽自2000年交工运行以来,枢纽各项技术指标均满足设计要求,枢纽总体运行情况良好。①船闸:工程于1995年12月开工,历时3年,于1998年底建成通航。船闸自1998年12月31日通航至2015年12月31日,已安全运行6249天,通过船舶26.76万艘次,货运总量1.11亿吨。②电站:发电收入是大源渡航电枢纽主要经济来源,截至2015年12月31日,电站已累计安全运行4341天,累计发电量87.35亿千瓦时,其中2012年度发电量为6.72亿千瓦时,超过设计发电量5.85亿千瓦时的14.95%,为本航电枢纽电站年度发电的最好成绩。累计上网电量85.66亿千瓦时,发电收入累计23.31亿元(平均电价0.27元/千瓦时)。③泄洪闸:23孔泄洪闸自2000年4月全部投入使用以来,弧门刚性良好,没有发现变形、扭曲现象;液压启闭机设备运行正常,液压油没有跑、冒、滴、漏现象发生;电控柜操作灵活、可靠,满足设计和使用要求。总体而言,23孔泄洪闸运行平稳,安全性能可靠,能够满足汛期全部开启敞泄洪水需要。④坝顶公路(桥):坝顶公路(桥)既促进了两岸经济发展,又方便了百姓出行。

（2）大源渡航电枢纽二线船闸

大源渡航电枢纽二线船闸及鱼道工程项目于 2016 年 9 月开工，2018 年 9 月试通航并竣工。

项目建设依据：国家发改委《关于湘江二级航道二期工程可行性研究报告的批复》（发改基础〔2015〕284 号）；交通运输部《关于湘江二级航道二期工程初步设计的批复》；环境保护部《关于湘江二级航道二期工程环境影响报告书的批复》（环审〔2014〕201 号）。

湘江二级航道二期工程建设范围为湘江衡阳阳蒸水河口至株洲枢纽坝址 154 千米航段，通航标准为二级航道。在大源渡和株洲枢纽各新建 2000 吨级二线船闸 1 座、鱼道 1 座、跨船闸桥梁 1 座，改建株洲枢纽沿河公路 3.7 千米，整治株洲枢纽库区碍航浅滩 3 处，配套建设锚地、水上服务区、助航设施、航道维护基地等。通航建筑为双线船闸，船闸等级为二级，船闸闸室有效尺度均为 280 米 × 34 米 × 4.5 米，设计代表船型 1 顶 + 2 × 2000 吨级顶推船队。正常蓄水位为 50.10 米，最高通航水位上、下游分别为 50.1 米、49.40 米，最低通航水位为 47.7 米、39.6 米。闸首采用整体式结构，闸室采用分离式结构，闸室墙考虑墙后土压力较大采用衡重式结构。输水时间为 9 ~ 10 分钟。船闸工作闸门采用人字门，上闸首人字门兼作挡洪闸门使用，人字门利用卧式液压启闭机启闭；工作阀门为悬臂轮支撑平板闸门，利用液压启闭机启闭；检修阀门为滑块支撑平板闸门，利用固定式卷扬机启闭；闸室浮式系船柱和各闸阀门及启闭机的检修采用临时设备进行操作。上游引航道中，一、二线船闸共用引航道，宽度 150 米，直线段长度 520 米。下游引航道中，一、二线船闸共用引航道，宽度 128.5 米，直线段长度 505 米。项目总投资 14.30 亿元。

项目建设单位为湖南省水运建设投资集团有限公司；设计单位为湖南省交通规划勘察设计院有限公司、中交水运规划设计院有限公司；施工单位为中交第二航务工程局有限公司；监理单位为湖南省水利水电工程监理有限公司、湖南省三湘交通建设监理有限公司；质检单位为湖南省交通建设质量监督试验检测中心、湖南航务勘察设计研究院公路水运试验检测中心。

3. 经验与启示

大源渡航电枢纽的建成，使湘江从衡阳港到大源渡 62 千米成为库区航道，建成后的大源渡通航船闸一次可通行 4 艘 1000 吨级轮驳船队，规模为湖南省最大。同时，它也连通了四水的航道，为 1000 吨级轮船顺利通航打通了血脉。

（七）株洲船闸

1. 闸坝概况

（1）自然地理条件

株洲航电枢纽位于株洲县渌口镇南部 8 千米处的空洲滩，属典型的亚热带季风性湿润气候区域。年降水量在 1300 毫米以上,降水多集中于春夏两季,雨季湘江水位上涨。枯水时期,河滩高出水面,洪水期均被淹没;湘江水位的特征为,洪水一来,河水暴涨成灾。水能蕴藏量大,可开发利用 15.46 万千瓦。

(2)闸坝建设情况

株洲航电枢纽由大坝、船闸、电站和坝顶公路桥四部分组成,其作用包括通航、发电、保障饮用水等方面。株洲航电枢纽工程是在 1994 年完成湘江一期工程和 2000 年完成湘江二期工程中的大源渡航电枢纽工程后,为了沟通湘江一期工程和二期工程已建成的上、下两段 1000 吨级航道,消除"瓶颈",在渌口镇至开云镇之间再建一个梯级,渠化两地之间的航道,使湘江从衡阳至城陵矶 257 千米航道全线达到 1000 吨级通航标准,是湘江下游航道开发建设中早已规划的一个重要的梯级渠化工程。它是湖南省"十五"期间重点水利基础设施建设项目,也是我国第三批利用世界银行贷款的内河航道建设项目。

(3)建设成就

株洲航电枢纽建成后,渠化株洲枢纽至大源渡航道 96 千米,与大源渡枢纽渠化的 62 千米航道相衔接,并利用大源渡和株洲两个枢纽水库的航运调节库容,调增株洲枢纽至湘潭段的枯水流量,使大源渡至株洲 120 千米原五级航道,全部提高到通行 1 顶 + 4 × 1000 吨级船队的三级航道标准;使衡阳至城陵矶 439 千米的航道,以三级通航标准全线贯通,真正成为一条与长江相连,实现干支直达、通江达海的水运主通道,大大提高湘江的航运条件和通过能力,对改善湖南省综合运输条件、促进沿江改革开放和经济发展具有十分重要的意义。株洲航电枢纽建成后,新增装机容量 14 万千瓦,新增年发电量 6.6 亿千瓦时,为株洲市提供质量良好的电力,对株洲市经济的发展发挥了积极的促进作用。同时,加上已投产的大源渡枢纽电站,共拥有装机容量达 26 万千瓦的发电能力,每年可获得 12 亿千瓦时电量的发电收入,除能偿还世界银行贷款外,两个电站的资金积累,将进一步增强"以电促航"的能力,为湖南省航运基础设施的进一步完善和提高,提供稳定的资金来源,使湖南省水运事业的发展步入良性循环的轨道。

2. 通航建筑物

(1)株洲航电枢纽

项目于 2002 年 8 月开工,2006 年 8 月试通航并竣工。

项目建设依据:2000 年 8 月,国家计划委员会《湘江航电枢纽工程项目建议书》(计基础〔2000〕1093 号);2001 年 7 月,国家计划委员会《湘江航运开发株洲航电枢纽工程可行性研究报告》(计基础〔2001〕1178 号);2002 年 7 月,国家计划委员会以计投资〔2000〕1105 号文批准项目开工。

湘江株洲航电枢纽船闸等级为内河三级,闸室有效尺度为 180 米 × 23 米 × 3.5 米,可满足 2000 吨级货船及 1 顶 +4×1000 吨级船队过闸要求。闸首闸室为整体坞式结构，输水系统类型为闸室长廊道侧支孔分散输水系统。船闸闸门为人字门，电动启闭，一次过闸时间为 55 分钟。上引航道长 735 米，下引航道 750 米，口门区外航道尺度 2 米×90 米×500 米。项目总投资 19.46 亿元，其中世界银行贷款 1 亿美元，约合 8.27 亿元人民币，占工程总投资的 43%。

1994 年 11 月 8 日，湖南省交通厅作出决定，成立湖南湘江航运建设开发有限公司，作为项目法人，负责湘江航运建设项目的筹划、建设、经营、还贷。

项目建设单位为湖南湘江航运建设开发有限公司；设计单位为湖南省交通规划勘察设计院（受湖南省交通厅委托于 1999 年 3 月编制了《湘江航运开发株洲航电枢纽工程预可行性研究报告》）、湖南省水利水电勘测设计研究院、湖南省交通规划勘察设计院、国家电力公司中南勘测设计研究院（2000 年 12 月，受湘江航运建设开发公司委托联合进行枢纽工程和库区工程的初步设计）；施工单位为中港集团第二航务工程局、湖南省航务工程公司、衡阳航务工程公司；监理单位为湖南省三湘交通建设监理事务所；质检单位为湖南宏蜀水利水电岩土工程公司、水利部水工金属结构质量检验测试中心。

（2）株洲航电枢纽二线船闸

项目于 2015 年 11 月开工，2018 年 10 月试通航并竣工。

项目建设依据：2015 年，国家发改委《关于湘江二级航道二期工程可行性研究报告的批复》；2015 年 5 月，交通运输部《关于湘江二级航道二期工程初步设计的批复》（交水函〔2015〕2385 号）；2016 年 1 月，湖南省交通运输厅《湖南省湘江二级航道二期工程株洲航电枢纽二线船闸工程初步设计报告》；2014 年，湖南省环境保护厅《关于湘江二级航道二期工程环境影响报告书的预审意见》（湘环评函〔2014〕56 号）；2016 年，国土资源部《关于湘江二级航道二期工程工程建设用地的批复》（国土资函〔2016〕292 号）。

株洲航电枢纽第二线船闸建设标准为二级，闸室有效尺度为 280 米×34 米×4.5 米，可满足 2000 吨级货船及 1 顶 +2×2000 吨级船队过闸要求。船闸等级为 2000 吨级，最大水头差 10.7 米。一线船闸为三级标准，二线船闸为二级标准。闸首闸室结构形式采用整体坞式结构，输水系统采用闸室长廊道侧支孔出水输水系统，输水时间控制在 9～10 分钟，充、泄水阀门开启时间分别为 7 分钟和 5 分钟。船闸闸门为人字门，电动启闭。船舶候闸时间不超过 2 小时。一线、二线船闸共用中控室，二线船闸布置在右岸台地，原一线船闸右侧，上下游引航道均采用独立布置的形式，引航道底宽为 75 米，上下游辅导墙通过圆弧相接，导航调顺段长 225 米。项目总投资 11.9 亿元。

项目建设单位为湖南省水运建设投资集团有限公司；设计单位为湖南省交通规划勘察设计院、湖南省水利水电勘察设计研究总院；施工单位为中交第二航务工程局第三工程有限公司；监理单位为湖南省水利水电工程监理有限公司、湖南省三湘交通建设监理有限公司;质监单位为湖南省交通建设质量监督试验检测中心、湖南航务勘察设计研究院公路水运试验检测中心。

大源渡航电枢纽至岳阳城陵矶河段航道由 1000 吨级三级航道全面提升至 2000 吨级二级航道,对于湖南加快融入长江经济带、助推湘江流域经济社会发展、完善综合交通运输体系、优化湘江沿江产业布局、湘江鱼类生态环境保护修复等均具有重要意义。①流经三市的湘江长期保持 29 米以上水位,航运能力从 1000 吨级提升至 2000 吨级,地处内陆腹地的湖南大宗商品运输将顺畅地通江达海;②汛期防洪、枯水期保水,长沙市、株洲市、湘潭市三市上千万人口居住区防洪能力提升并告别"水荒";③蓄水完成后,在长沙—株洲—湘潭城市群之间形成长达 130 千米"江澄如练、水天一色"的壮丽滨水生态宜居环境,形成大量特色旅游景观,湘江将成为名副其实的"东方莱茵河"。

3. 经验与启示

本项目对于湖南加快融入长江经济带、助推湘江流域经济社会发展、完善综合交通运输体系、优化湘江沿江产业布局、湘江鱼类生态环境保护修复等均具有重要意义。流经三市的湘江长期保持 29 米以上水位,航运能力从 1000 吨级提升至 2000 吨级,地处内陆腹地的湖南大宗商品运输将顺畅地通江达海。

(八)长沙船闸

项目于 2009 年 12 月开工,2012 年 10 月试通航,2015 年 12 月竣工。

项目建设依据:2004 年 2 月,湖南省政府召开长沙湘江航电枢纽工程专题会,计划、建设、规划、交通、水利等单位及长沙、株洲、湘潭 3 市,对选址征询意见,并就地质、防洪、治污、生态、移民、交通以及拆迁等问题进行探讨研究;2005 年 12 月,《长沙湘江航电综合枢纽工程环评大纲》正式通过湖南省环境保护科学院组织的专家审查;2005 年 11 月,湖南省发改委正式对《湘江长沙综合枢纽工程预可行性研究报告》进行了批复,同意工程立项;2004 年 1 月,湖南省人大、政协会议,长沙代表团提议建议尽快建设湘江航电枢纽。

船闸设计为双线单级船闸,采用二级船闸标准,代表船型为 1 顶 + 2 × 2000 吨级船队。闸首、闸室采用整体坞式结构,闸室有效尺度为 280 米 × 34 米 × 4.5 米。设计上游最高、最低通航水位分别为 34.94 米和 28.4 米,最大水头为 8 米。下游最高、最低通航水位分别为 34.88 米和 21.9/20.4 米(近期/远期)。输水系统类型为闸室底部出水,充、泄水时间均为 8 分钟。闸门为人字门,电动启闭。一次过闸时间为 55 分钟。双线船闸共用引航道,引航道宽度为 146 米,上下游引航道长度均为 910 米。正常蓄水后,上下游水位差将达 8 米左右,船只过闸时间约为 55 分钟。项目总投资为 63.78 亿元。

项目建设单位为长沙市湘江综合枢纽开发有限责任公司;设计单位为湖南省交通规划勘察设计院、湖南省水利水电勘察设计研究总院;施工单位为中国水利水电第八工程局有限公司、中交第二航务工程局有限公司;监理单位为湖南省水利水电工程监理有限公司、湖南省三湘交通建设监理有限公司;质监单位为湖南省交通建设质量监督试验检测中心、湖南航务勘察设计研究院公路水运试验检测中心。

五、沅水的通航建筑物

(一)综述

沅水有南北两源,南源龙头江发源于贵州省都匀县云雾山,北源重安江发源于贵州省麻江县平越山,两源于河口汇合后称清水江,向东流经贵州省剑河、锦屏至金紫进入湖南省境内,于黔城与渠水汇合后始称沅水,经洪江、辰溪、泸溪、沅陵、桃源、常德入南洞庭湖,经沅水洪道至茅草街,于鲇鱼口汇入湘江。沅水全长1218千米(含德山至鲇鱼口185千米沅水洪道),流域面积900万公顷,其中湖南省境内长745千米,流域面积514万公顷。

沅水黔城以上为上游,长528千米,湖南省境内长55千米,两岸为高山峡谷,平均比降1.07‰;黔城—沅凌段为中游,长282千米,河道坡度稍缓,峡谷与丘陵相间,河床平均比降0.28‰;沅陵—德山段为下游,长223千米,山势逐渐低落,桃源以下为冲积平原,平均比降0.14‰。德山以下185千米属洞庭湖区河道。

沅水水量充沛,径流以降雨补给为主。流域多年平均降水量1500~1650毫米,降水多集中在3—8月。径流变化与降雨关系密切,年际变化大,年内分配不均匀。据桃源站1966—1985年资料统计,多年径流量677亿立方米,最大年径流859亿立方米,最小年径流455亿立方米,最大最小比1.9;多年平均流量2045立方米,最大流量23.31万立方米/秒,最小流量218立方米/秒;最高水位43.42米,最低水位29.07米,变幅14.35米。

沅水干流梯级水位图如图11-2-5所示。

沅水干流水能资源丰富,可供开发的装机容量达349万千瓦。根据1989年编制的《沅水河流规划报告》、2003年完成的《沅水干流规划复核报告》和2009年批复《湖南省沅水凌津滩—桃源河段补充规划报告》,沅水干流的开发任务是:以发电为主,兼顾防洪、航运等综合利用要求。干流施洞口以下共规划14个梯级,自上而下分别是革东、三板溪、挂治、白市、托口、洪江、安江、铜湾、清水塘、大洑潭、鱼潭、五强溪、凌津滩、桃源。上游的革东、三板溪、挂治、白市4个枢纽位于贵州省境内,其余10个梯级位于湖南省境内。湖南境内10个梯级中已建梯级9座,仅鱼潭枢纽仍在规划中。9座已建成的梯级中,托口建有50吨级升船机、洪江建有300吨级船闸,安江及以下均为500吨级船闸。

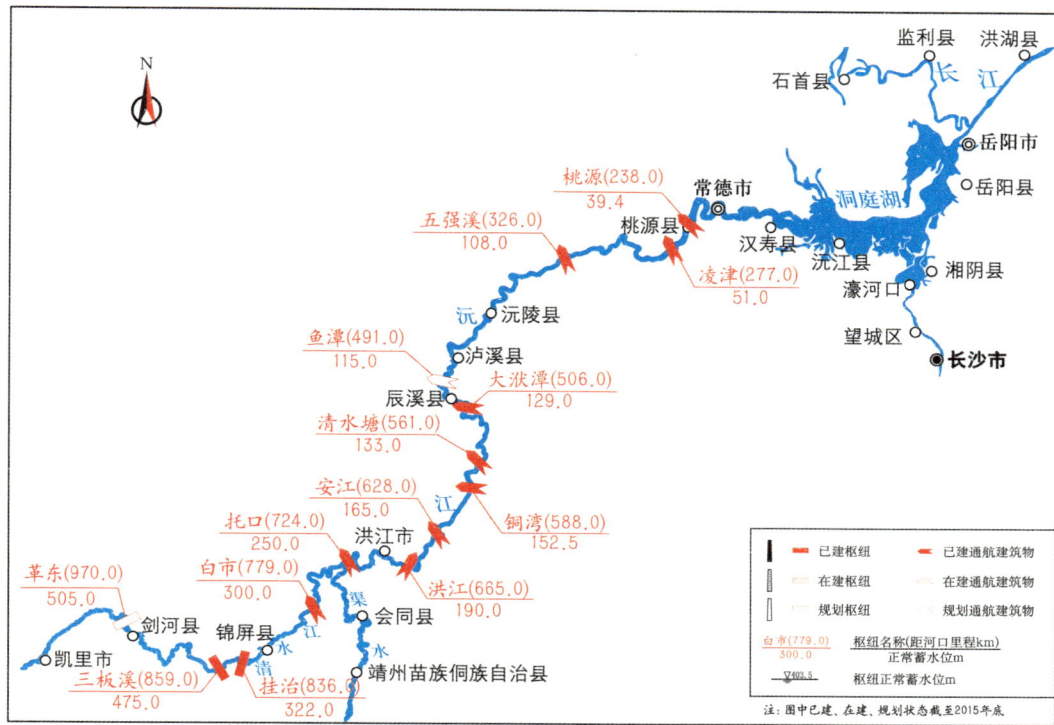

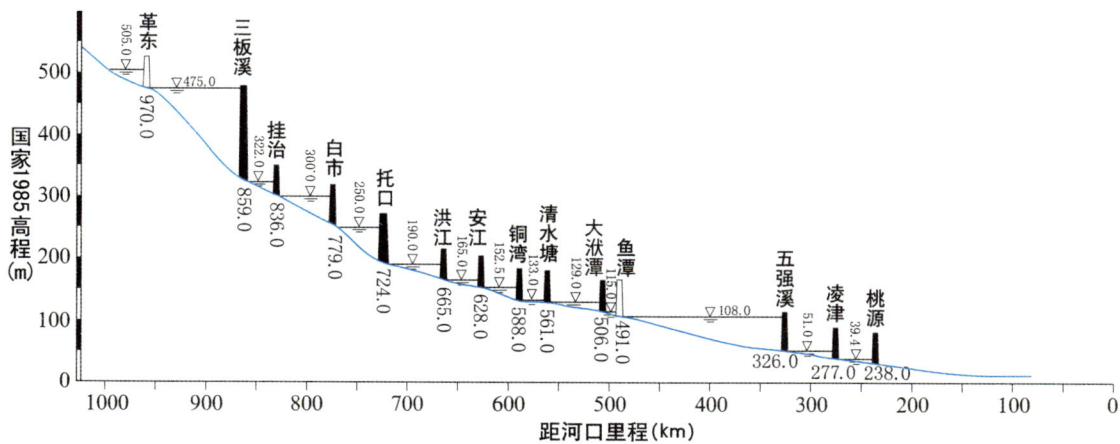

图 11-2-5　沅水梯级水位图

（二）安江船闸

1.闸坝概况

（1）自然地理条件

安江水电站工程坝址位于湖南省怀化市洪江市境内沅江干流中游，下距安江镇约

7.9 千米,距怀化市约 70 千米,是沅江干流规划中的第九级电站,与上游洪江梯级相距 31 千米,下接铜湾梯级相距 47 千米。该工程地理位置优越,公路、航运均可与坝址相通,有焦柳、湘黔铁路在怀化市交会,交通较为方便。

安江水电站水库地处沅水流域中游末端安江至洪江沅水河段内,区域地层为前震旦系、震旦系、第三系、第四系。区内以元古界板溪群浅变质岩、震旦系地层为主,仅在沅水河谷地带见有第三系内陆河湖相沉积之碎屑岩。第四系河、湖相沉积物广泛分布,形成冲、湖积平原。地层总厚度在 2500 米以上。区内岩浆主要为基性-超基性岩,及加里东、印支、燕山期花岗岩、辉绿岩等,表现为多旋回性。

（2）闸坝建设情况

安江水电站工程属二等大（2）型工程,永久性主要水工建筑物级别为三级。按电站装机分等指标,属三等中型工程,永久性主要水工建筑物级别为三级。混凝土挡水坝设计洪水标准为 50 年一遇,校核洪水标准为 500 年一遇;两岸及河心洲土石坝设计洪水标准为 50 年一遇,校核洪水标准为 1000 年一遇;电站厂房（河床式）和船闸为挡水建筑物的一部分,其上游防洪标准与混凝土挡水坝相同,下游设计洪水标准为 50 年一遇,校核洪水标准为 200 年一遇,消能防冲建筑物洪水标准为 30 年一遇。枢纽工程主要由挡水坝、电站厂房、泄水闸和船闸等组成。坝顶总长 1109.0 米,闸坝顶高程 179.0 米,土石坝及公路桥顶高程 177.5 米,最大坝高 38 米。溢流闸孔数 18 孔,其中左汊 6 孔,右汊 12 孔,孔口尺寸为 20 米×13 米（宽×高,下同）,堰顶高程 152 米。发电厂房及船闸均布置在左汊河床,船闸紧靠左汊左岸,厂房位于左汊右侧,紧靠河心洲,闸坝布置于两汊主河道。

安江水电站坝址控制流域面积 4.01 公顷,水库总库容 2.32 亿立方米,正常蓄水位库容 0.77 亿立方米,电站总装机容量为 140 兆瓦,年设计发电量 5.62 亿千瓦时,装有 4 台 35 兆瓦灯泡贯流式机组。

安江船闸是安江水电站工程的主要建筑物之一,布置于河流左汊左岸河床,按四级通航标准设计。船闸由上、下游引航道及上、下闸首和闸室组成,船闸与闸室采用整体式结构形式。输水系统为头部集中输水,二支输水廊道尺度为 2.5 米×2.5 米,采用扩散冲消能方式。上闸首自引航道中取水,经闸首两边墩绕过闸门的短涵洞竖直下跌进入消能室,对冲后又受消能室整流栅板的约束,使水流进入闸室方形涵闸廊道。廊道顶部开有圆孔出流。下闸首布置绕过闸门的短涵洞泄水,在消力室对冲,然后进入下游航道。输水流道由动水开启静水关闭的平面钢闸门控制输、泄水的速度,泄水门外设有钢质平面检修门。

船闸一次最大过闸能力 500 吨。船舶单向成批过闸一次历时 5 分钟,船闸双向过闸时间 5 分钟,单、双向一次过闸平均时间为 6 分钟,于 2012 年 12 月 1 日正式通航。

（3）建设成就

安江水电站工程对发展清洁能源、改善航运条件、促进地方经济可持续发展具有重要作用。工程于 2012 年 10 月开始建设,2013 年 4 月四台机组全部投产,2016 年 1 月安江水电工程通过整体验收。工程建设完成后,终结了下坪村至安江镇无直达公路的历史,极大方便了下坪村村民的出行。截至 2015 年底,安江水电站枢纽累计发电量 15.25 亿千瓦时,最大过船吨级 480 吨。

2.通航建筑物

项目于 2009 年 12 月开工,2012 年 12 月试通航,2014 年 12 月竣工。

项目建设依据:2006 年,湖南省发改委《关于安江水电站工程可行性研究报告的批复》(湘发改交能〔2006〕047 号);2008 年 3 月,湖南省发改委《关于怀化安江水电站项目核准的批复》(湘发改交能〔2008〕180 号);2010 年 9 月,湖南省水利厅《湖南省沅水安江水电站枢纽工程初步设计报告》(湘水许〔2010〕151 号);2007 年 10 月,湖南省环保局《湖南省洪江市安江水电站工程环境影响报告书》(湘环评〔2007〕142 号);2011 年 4 月,国土资源部《关于怀化安江水电站坝区工程建设用地的批复》(国土资函〔2011〕197 号)。

安江电站船闸是安江电站枢纽工程的主要建筑物之一,布置于河流左汊左岸河床,按四级建筑设计,是一座低水头单级船闸。上游正常蓄水位 165.0 米,上游最高通航水位 165.00 米,下游最高通航水位 161.50 米;上游最低通航水位 163.0 米,下游最低通航水位 153.3 米;最大工作水头 11.7 米,通航净高 8 米。闸室尺度为 120 米 × 12 米 × 3.5 米。上游引航道直线段长度 310 米,右侧导航墙长度 190 米,左侧导航直墙长度 100 米,下游引航道直线段长度 140 米,右侧导航墙长度 100 米,左侧导航直墙长度 100 米。

项目建设单位为广水安江水电开发有限公司;设计单位为湖南省水利水电勘测设计研究总院;施工单位为广东水电二局股份有限公司;监理单位为湖南省水利水电工程监理承包总公司;质监单位为怀化市水利水电工程质量监督站。

自 2012 年 10 月实现首台机组发电至今,安江水电站在各级领导的关心及全体员工的不懈努力下,完成了多项科技创新,改进了多项设备缺陷,创造了巨大的经济效益,为实现机组安全稳定运行这一基本生产条件奠定了坚实的基础。同时,公司大力支持员工自主创新,为科技创新创造良好环境和广阔舞台,《降低机组空冷器冷风温度》《降低发电机制动风闸投退信号故障率》《降低 134.8 米廊道层油雾浓度》等 QC(Quality Control,质量控制)项目均获得当年度水利行业优秀质量管理小组 QC 成果一等奖。安江水电站工程于 2018 年经中国水利工程优质(大禹)奖评审委员会评审,荣获 2017—2018 年度中国水利工程优质(大禹)奖。

(三)铜湾船闸

1.闸坝概况

铜湾水电站枢纽工程是沅水干流梯级开发湖南省境内的第五级电站,下接清水塘电站库尾,上与安江电站尾水衔接,是一个以发电为主、兼顾航运等综合利用的水电枢纽工程。项目概算总投资 21.9 亿元,总装机容量 18 万千瓦,年设计发电量 7.11 亿千瓦时。

2.通航建筑物

项目于 2005 年 7 月开工,2010 年 6 月试通航,2013 年 5 月竣工。

项目建设依据:2004 年,湖南省发改委《关于铜湾水电工程可行性研究报告的批复》(湘发改交能〔2004〕477 号);2005 年,湖南省水利厅《关于沅水铜湾电站工程初步设计报告的批复》(湘水许〔2005〕62 号)。

船闸按四级航道设计,为单线单级船闸,代表船队船舶为 500 吨级船舶和 300 吨级1 顶 + 2 驳船队,设计船队尺度为 87 米 × 9.8 米 × 1.3 米。闸室有效尺度为 100 米 × 12 米 × 3 米,设计水头 14.4 米。最大通航流量 8900 立方米/秒,最小 268 立方米/秒,通航保证率 95% 。上游最高、最低通航水位分别为 152.5 米和 150.5 米;下游最高、最低通航水位分别为 145.27 米和 138.1 米。闸首为钢筋混凝土整体结构;闸室为分离式,衡重式闸墙,透水底板,纵向 5 个结构段。输水系统采用闸首集中输水方式,闸首对称布置输水廊道,设计充、泄水时间均为 7 分钟。工作闸门为人字闸门,液压启闭机启闭。输水闸门为平面定轮闸门,液压启闭机启闭。单、双向一次平均过闸时间为 40.2 分钟。上游引航道不对称布置,长 200 米(其中导航段长 100 米,宽度由 30 米渐变为 12 米)。下游引航道不对称布置,长 200 米(其中导航段长 100 米,宽度由 12 米渐变为 30 米)。项目总投资 21.9 亿元,资金来源于湖南湘投控股集团有限公司控股(90%)、中方县经济建设投资有限公司参股(10%)组建的项目法人。

项目建设单位为湖南湘投铜湾水利水电开发有限责任公司;设计单位为湖南省水利水电勘测设计研究总院;施工单位为中国水利水电第九工程局有限公司、中国葛洲坝集团机械船舶有限公司、中国水利水电第八工程局有限公司;监理单位为湖南水利水电工程监理承包总公司;施工单位为中国水利水电第九工程局有限公司、中国葛洲坝集团机械船舶有限公司、中国水利水电第八工程局有限公司;质检单位为湖南省水利厅水利工程质量监督中心站。

项目建设用地 16.158 平方公里,坝区 0.64 平方公里。项目建设用地涉及两份批复文件,分别为:《铜湾水电站工程初步设计阶段建设征地移民安置实施规划设计报告》(湘政函〔2006〕22 号),《铜湾水电站工程建设征地移民安置实补充规划设计报告》(湘政函〔2010〕86 号)。

项目建设过程中,湘投铜电公司分别于 2005 年、2007 年、2008 年被湖南省人民政府评为重点工程建设先进单位,2007 年、2008 年被怀化市人民政府评为安全管理先进单位。

(四)清水塘船闸

1.闸坝概况

(1)自然地理条件

坝址位于清水塘村上游 500 米的峡谷出口河段,河谷为对称"U"形谷,两岸山体较宽厚,岸坡角 35~43 度,山顶高程 194.2~230 米。坝区河流流向为北偏西,平水位 128.3 米时,河面宽 370 米,水深 0~4.1 米,河床高程 124.0~128.0 米,当设计蓄水位 139 米时,河谷宽 400 米。河床右侧为主河道,最大水深 4.1 米。左侧河床位宽度 150~200 米的岩石裸露礁滩,枯水期多露出水面。

坝区岩组有南沱冰碛岩组、黄龙组、第四系松散堆积层。岩层倾向下游偏左岸。对枢纽建筑物有影响的断层共有 8 条,断层集中于左河床礁滩,除 F10、F14、F16 断层规模较大,破碎带宽 2~6 米外,其他断层规模较小,断层破碎带宽度多小于 1 米。

坝基岩性含砾砂质板岩,属中硬岩,层理不明显,岩体结构大类为块状结构,节理裂隙中等-轻度发育。其总体特征和性状表现为:岩体较完整,有一定的强度,抗滑、抗变形性能受结构面和岩石强度控制。

左岸厂房区边坡除坡顶为残坡积土薄盖层外,其他均为震旦系下统南沱冰碛岩组灰绿色含砾砂质板岩,弱风化-强风化状,下部边坡呈微风化-新鲜状。左岸边坡构造比较简单,未发现有断层发育,见三处风化节理密集带,最宽处达 10 余米。

船闸布置于河床右侧坡麓一带,地形起伏较大,地面高程 125.00~145.00 米,沿线基岩大部裸露,在下游一带有厚度 0.3~1.5 米的沙卵砾石层覆盖。上闸首及上引航道岩性为震旦系下统南沱冰碛岩组灰绿色含砾砂质板岩,闸室、下闸首及引航道则为石炭系中统黄龙组白云质灰岩。岩体强风化带下限深度 5~15 米,弱风化带下限深度 15~20 米。工程区含砾砂质板岩层理不明显,走向与边坡斜交,倾向下游偏左岸。上述两地层呈不整合接触,接触带上部岩石较破碎。船闸轴线一带仅在下引航道有 F10 断层斜切而过,其他地段未见大的断层破碎带通过。

工程区大部分坐落在沅麻盆地中,断裂构造不发育。区域挽近构造表现为地壳间歇性上升,构造上属相对稳定地块,根据国家地震局 1990 年版《中国地震烈度区划图》,工程区地震基本烈度为六度。

(2)闸坝建设情况

清水塘水电站工程位于沅水干流中游湖南省怀化市辰溪县境内,坝址位于辰溪县仙人湾乡清水塘村上游 0.5 千米,上与铜湾水电站尾水衔接,下接大洑潭水电站库尾,距怀化市约 72 千米。本工程为《沅水河流规划报告》(湖南省境内部分)中沅水干流梯级开发方案中湖南省境内第六级电站,下接大洑潭水电站库尾,上与铜湾水电站尾水衔接,是一个以发电为主，兼顾航运等综合利用的水电工程。坝址控制流域面积421万公顷，占全流域面积的47.3%。坝址多年平均流量872立方米/秒。总库容2.63亿立方米，正常蓄水位139.0米，相应库容0.53亿立方米，电站总装机容量为128兆瓦，额定水头7.7米，为径流式低水头电站，年发电量5.07亿千瓦时，年利用小时3962小时。

枢纽工程由溢流坝、厂房、船闸和GIS（Geographic Information System，地理信息系统）楼等主要建筑物组成，坝顶全长501米，呈一字形拦河布置。河床式电站厂房布置在河床左侧，永久船闸布置于河床右侧，溢流坝居中。溢流坝长316米，左右两侧分别与主厂房及船闸相接，主厂房左侧安装场混凝土挡墙直接与左岸山坡相连，右岸船闸直接与山坡相接。

清水塘水电站工程枢纽总平面布置主要建筑物从左至右依次为左岸电站厂房、溢流闸坝及右岸船闸等，坝顶总长501米。

左岸布置为河床式电站厂房，主厂房顺水流方向由进水渠、进口检修闸门、主副厂房、下游防洪墙、出口检修闸门及尾水渠组成。主厂房（包括安装场）平面尺度为121米×23米（长×宽，下同），厂房安装4台32兆瓦灯泡贯流式水轮发电机组，机组间距20米，采用二机一缝，主厂房与安装场之间设伸缩缝。水轮机安装高程119.0米，转轮直径7.5米，主厂房运行高程为132.5米。安装场布置在主厂房左侧，安装场高程为140.0米，安装场共计长34米、宽23米。副厂房布置在主厂房下游侧，平面尺度为83米×11米，中控室布置在安装场下游侧，楼面高程为140.0米，平面尺度为19.76米×11米。

主变场及开关站采用户内式，布置于进厂公路与尾水防洪墙之间。布置2台升压变压器，地面高程为140.0米。户内开关站平面尺度为32米×19米，地面高程为150.0米。

电站的进水渠、尾水渠均以斜坡段与天然河道相接，均采用C15混凝土护底，进水渠前沿设拦沙坎。

中部河床布置13孔20米×15米（宽×高）溢流闸坝，溢流闸坝段总长为316米，其左侧与电站厂房连接，右侧与船闸连接。溢流闸孔尺度为20米×15米（宽×高，下同），堰顶高程为124米，闸孔采用钢质弧门挡水，液压启闭；在工作门前设1扇平板叠梁检修门，利用坝顶移动式大门机启闭。泄流建筑物消能方式采用底流消能，下游消能共分两区，一区消力池共设5孔，位于溢流坝左侧；二区护坦共设8孔，位于溢流闸坝右侧。一区消力池底板顶高程121.0米，池深1.5米、长33.5米，底板厚度为2米，池内增设一排梯形消力墩，墩高2.0米、长2.5米、宽2.35米，墩间间距2.35米。消力墩首距闸墩尾部距离9.0米，消力池尾部加设差动式尾坎，高坎齿顶高程123.5米、低坎齿顶高程122.5米、齿宽2.35米；尾坎后接护坦，护坦底板顶高程122.0米、长20米、底板厚度0.8米。二区护坦长40米，底板高程为122.0米，底板厚度为1.5米。一区、二区之间设导墙，导墙厚度为5米，导墙顶高程为140.0米。

右岸布置船闸建筑物。船闸上游直线段引航道长150米，底高程为135.5米。下游直线段引航道长150米，底高程为125.0米。上闸首长39米，净宽12米，门槛高程135.0米，顶高程152.5米，设人字形钢质闸门一道，上游设有检修及防洪钢质闸门。闸室长100米，净宽12米，底板高程124.5米，闸墙顶高程141.5米。下闸首长34米，净宽12米，门槛高程124.5米，顶高程145.5米，设人字形钢质闸门一道，下游设有检修闸门。

在溢流闸坝右侧和副厂房顶上方设一宽度为8米的交通桥，与两岸上坝公路相连接，并沟通大坝左右岸及厂区；对外交通由左岸进场公路及左岸下游沿河公路与清水塘村相接，经左岸下游的仙人湾乡公路、中仙公路接省道223线通往怀化市和辰溪县。

2. 通航建筑物

项目于2007年7月开工，2009年7月试通航，2009年10月竣工。

项目建设依据：2005年6月，湖南省水利厅《湖南省水利厅关于报送〈湖南省沅水清水塘水电站工程可行性研究报告〉审查意见的函》（湘水计划〔2005〕26号）。

船闸等级为四级，代表船舶为500吨级，设计水头14.5米。闸室尺度为100米×12米×3米。闸首和闸室分别为整体式和分离式混凝土结构。设计上游最高、最低通航水位分别为139.00米和138.00米；下游最高、最低通航水位分别为135.83米和127.50米；最大工作水头11.5米。船闸采用集中输水系统，充、泄水时间均为25分钟，一次过闸时间40.2分钟。船闸的闸阀门形式为金属人字门，启闭机械形式采用液压启闭。船闸上游直线段引航道长150米，底高程为135.5米；下游直线段引航道长150米，底高程为125.0米。上闸首长39米，净宽12米，门槛高程135.0米，顶高程152.5米，设人字形钢质闸门一道，上游设有检修及防洪钢质闸门。上闸首闸墙顶设有船闸控制室。闸室长100米，净宽12米，底板高程124.5米，闸墙顶高程141.5米。下闸首长34米，净宽12米，门槛高程124.5米，顶高程145.5米，设人字形钢质闸门一道，下游设有检修闸门。

项目建设单位为水电部第八工程局；设计单位为湖南水电设计院；施工单位为中国水电八局。

（五）大洑潭船闸

1. 闸坝概况

（1）自然地理条件

大洑潭水电站坝址位于修溪乡木洲村。木洲将河流分为左、右两汊，正常蓄水位达129米时，左汊河平均谷宽386米，右汊河平均谷宽304米。木洲长约2千米，平均宽约500米，洲面高程125~143.6米。两岸地形稍呈对称，山体较雄厚，山顶高程160~335米，山坡坡角25~53度，局部大于60度。

右河汊河床左侧段为横向河谷,岩层倾向下游,倾角在 35 度左右。右河汊河床右侧为横向河谷,岩层倾向下游,倾角在 28 度以上。大㳇潭坝址天然多年平均流量 966 立方米/秒。

（2）闸坝建设情况

大㳇潭水电站工程位于沅水大江口至浦市河段,是以发电为主、兼有航运的水电站工程。大坝总长度为 1105.4 米,正常蓄水位 129.0 米,500 年一遇洪水位水库总库容 2.51 亿立方米,正常蓄水位库水库总容 1.45 亿立方米,电站装机容量 5×40 兆瓦。工程规模为大（2）型,永久性水工建筑物挡水坝、电站厂房和船闸为三级建筑物,临时性水工建筑物为四级建筑物。

本枢纽的总体布置方案为:右汊右岸布置发电厂房,紧邻厂房布置 8 孔泄水闸,经木洲土坝及船闸连接左汊 12 孔溢流坝,左汊右岸布置船闸。

（3）建设成就

沅水航道历来是连接湘、黔两省的水上运输大动脉,干流中下游大江口至德山段的年货运量超过 600 万吨。随着两省经济发展对沅水航运干线要求越来越高,进一步加速沅水航运干线的建设是沅水开发的任务之一。

大㳇潭水电站工程位于大江口—浦市河段,常年通航 30～50 吨船舶,中洪水期可通航 80～120 吨驳船队,规划为四级航道,现维护等级六级。水电站兴建后,将使大江口—大㳇潭水电站河段约 34 千米航道变为深水航道,航道状况将大为改善,航运业将有一定的发展。

2. 通航建筑物

项目于 2005 年 12 月开工,2006 年 12 月试通航并竣工。

项目建设依据:2004 年 8 月,湖南省发改委《关于沅水大㳇潭水电站工程可行性研究报告的批复》（湘发改交能〔2004〕620 号）;2005 年 12 月,湖南省水利厅《关于沅水大㳇潭水电站工程初步设计报告的批复》（湘水许〔2005〕60 号）;2004 年 9 月,湖南省环境保护局《关于湖南省怀化市大㳇潭水电站工程环境影响报告书的批复》;湖南省国土资源厅《关于辰溪县大㳇潭水电站坝址及进场道路先行用地的批复》（湘国土资源函〔2004〕384 号）。

船闸等级为四级,设计水平年为 10 年（2015 年）。设计过闸船型为 500 吨级 1 顶 +2 驳船队或 1 顶 +1 驳船舶,设计船队尺度为 108 米 ×9.2 米 ×1.9 米,闸室有效尺度为 120 米 ×12 米 ×3 米。上游最高、最低通航水位分别为 129.00 米和 127.50 米;下游最高、最低通航水位分别为 122.10 米和 113.30 米;设计水头为 15.7 米,通航净高 8 米。闸室采用头部集中输水形式,闸室充、泄水时间均为 12 分钟,船闸为三级建筑物。上游引航道直线段长度 285 米,下游引航道直线段长度 240 米,引航道底宽 40 米。项目投资额为 19.95

亿元，来源为企业自筹资金和银行贷款，其中企业自筹 5.75 亿元，银行贷款 14.2 亿元。根据工程占地性质，对永久性占用耕地需进行生产安置规划，临时性占用的耕地，由于可复垦，待工程竣工后，按占用的耕地面积进行恢复，归还给原有村组恢复生产。工程永久占地仅涉及占用旱地 6.42 亩，园地 222.34 亩。根据临时用地恢复规划，施工临时用地恢复的工程措施和植物措施以及耕植土的临时堆置区等工程，均纳入水土保持设计中，本次只对堆渣后的复垦进行规划，复垦土地面积为 191.82 亩。

项目建设单位为辰溪大洑潭水电有限公司；设计单位为湖南省水利水电勘测设计院；施工单位为广东省源天工程公司；监理单位为湖北中葛项目管理有限公司；质督单位为湖南省水利水电质量监督中心站。

3. 经验与启示

大洑潭水电站建成投运后，大江口—大洑潭坝址间的约 34 千米河段变为深水航道，电站上游航道状况大为改善，其水路运输为怀化市地方经济发展提供了有力的支持。然而由于长年采砂淘金作业的破坏，大洑潭枢纽下游木洲岛河段通航水域内砂石淤积，航道破坏严重，船只通航至该航段内后，必须绕过直线航道上的砂堆；经过下游木洲岛尾部老虎岩处时，船只又必须转往右汊河水湍急的主河道才能继续航行。鉴于以上情况，建议相关部门加强对船只作业的管理，杜绝船只非法作业对航道造成破坏，进而保障航道的安全运行。

（六）五强溪船闸

1. 闸坝概况

（1）自然地理条件
五强溪水电站位于沅陵县境内的沅水干流上，控制沅水流域面积的 93%。

（2）闸坝建设情况
五强溪水电站位于下游沅陵境内，总装机容量 120 万千瓦（5×24 万千瓦），是华中电网中调频、调峰、调压的骨干电厂之一，也是湖南省最大的水电厂，在五凌公司发挥着"一个中心、两个基地"的积极作用。

（3）建设成就
五强溪水电站以发电为主，兼有防洪、航运等综合效益。机组保证出力 255 兆瓦，设计多年平均发电量 53.7 亿千瓦时，采用两回 500 千伏电压等级出线，一条送娄底民丰变，另一条送常德岗市变，形成湖南电网第一个 500 千伏主环网。五强溪水电站采用坝后式厂房，大坝为混凝土重力坝，最大坝高 85.83 米，正常蓄水位 108 米，总库容 42.9 亿立方米，属季调节水库，在上游凤滩水库配合下可将尾闾堤垸防洪标准由 5 年一遇提高到 20

年一遇。

2. 通航建筑物

项目于1986年4月开工,1996年10月试通航并竣工。

五强溪船闸为单线连续三级船闸,除泄洪碍航外,年通航天数平均为330天。船闸最高通航水位(上游/下游)110米/52.2米,最低通航水位(上游/下游)90米/40.9米,设计最大通航流量为1万立方米/秒,实际最大通航流量分别为(重载/空载)4万立方米/秒和5万立方米/秒。2015年,经过船闸下游引航道工程改造,按设计要求的最大通航流量可提高到7万立方米/秒。五强溪三级船闸为一列式永久性通航建筑物,由上游引航道(浮式导堤长220米、宽9米的浮式趸船组成)、输水系统进口段、4个闸首、3个闸室、泄水段、下游引航道等建筑物组成。总长段位1640米,其中上下游引航道分别为250米,闸室内有效安全长度为120米,设计宽度为12米。每个闸首均设有工作门和左、右2个输水门,1、4闸首为人字门,2闸首为双扉门,3闸首为下沉门。所有工作门和输水门的操作均采用液压启闭机。项目总投资89亿元。

项目建设单位为湖南五强溪水电厂;设计单位为中南勘察设计院;施工单位为中国水电七局。

本项目在建设过程中,先后获得"国家一流水电厂"、国家电力公司"双文明单位""电力多种经营优秀企业""全国抗洪先进单位""湖南省爱国主义教育基地"等多种荣誉称号。

五强溪三级船闸安全运行7000天,过闸船舶14.41万艘,通过货物431.97万吨,木材9.86万立方米。自试运行期间至1998年均采用人力监控,到1999年升级改造为电子系统监控。通航方式采用单边一天上行一天下行模式放行(当时水运企业不景气,货运量不大),直到2014年随着水运通行量回升,企业、船主按相关规定要求,改为随到随过(在保证通航条件的前提下),但现在除特殊情况外,还是按原来的方式放行。

(七)凌津滩船闸

1. 闸坝概况

(1)自然地理条件

凌津滩水电站坝基主要由砂质板岩、砂岩、(长石)石英砂岩、板岩和少量石英岩组成,软弱夹层规模不大。F18～F26构造岩带规模虽大,但胶结较好。断裂以北东东和北西西向为主,规模均不大。坝基多为三类岩体,左岸重力坝部位分布有强-全风化的四、五类岩体,坝基断层及较大软弱夹层均采取槽挖回填混凝土处理,普遍做了固结灌浆,承载力满足要求。软弱夹层对大坝稳定不起控制作用,坝基不存在不利结构面组合。

泄洪建筑物地基由砂质板岩、砂岩和(长石)石英砂岩组成,软弱夹层较发育。断层与软弱夹层交会处往往形成较宽的破碎带,一般都做了槽挖回填混凝土处理,并进行了插筋和固结灌浆。地基多为三类岩体,满足泄洪建筑物的要求。右消力池下游冲刷区岩体较完整,左消力池下游冲刷区岩体较破碎,已采用混凝土保护。

20 号坝段基础为厂、坝结合的陡坡部位,岩体结构复杂,尽管施工中采取了多种处理措施,但对仍属基础的薄弱部位加强监测是必要的。

发电厂房地基由砂质板岩、砂岩、石英砂岩和 F18 ~ F26 构造岩组成,软弱夹层的结构一般较紧密。主厂房部位多为新鲜三类岩体,主安装场和左副厂房等部位为弱风化三 ~ 四类岩体,满足上部建筑物要求。

船闸等地基主要由砂质板岩、砂岩、(长石)石英砂岩、板岩和第三系红层组成,浅变质岩中软弱夹层较发育。船闸主体部位走向断层规模较大,形成较宽的破碎带,处理后可满足建筑物要求。

(2)闸坝建设情况

凌津滩水电站是一座以发电为主,兼有航运效益,并作为上游五强溪水电站的反调节水电站。凌津滩水电站位于沅水流域干流,地处桃源县境内,距上游五强溪水电站 47.5千米。正常蓄水位 51.00 米,汛期限制水位 50.00 米,总库容 6.48 亿立方米。沅水发源于贵州省南部,全长 1050 千米,总落差 1035 千米,自西南向东北汇入洞庭湖,总流域面积900 万公顷。其中,凌津滩坝址以上流域面积 858 万公顷,占沅水总流域面积的 95.3%。凌津滩至五强溪区间总集水面积为 20 万公顷。坝址多年平均流量 2090 立方米/秒。多年平均径流量 659 亿立方米。水库正常水位 51.0 米,总库容 6.34 亿立方米,调节库容0.46亿立方米。根据《防洪标准》(GB 50201—1994)规定,本工程属二等工程、大(2)型工程规模,工程永久性主要建筑物为二级;采用 100 年一遇洪水设计,1000 年一遇洪水校核。电站装机容量为 270 兆瓦(9×30 兆瓦),多年平均发电量 12.15 亿千瓦时。船闸于1996 年 12 月投入临时运行,1998 年 12 月永久船闸通航,2000 年 1 月 1 日起由电厂接管。

(3)建设成就

凌津滩水电站的建设,避免了凌津滩至五强溪之间因滩多、路险造成船只、排筏海损事件的发生,发挥了极大通航运输效益。船闸通航初期船只一般为 100 吨以下,最大只有三条 250 吨油船,到 2015 年时 500 吨以上船只超 90%,最大的船只达 1500 吨。

2.通航建筑物

项目于 1994 年 10 月开工,1996 年 12 月试通航,1998 年 12 月竣工。

早在 20 世纪 50 年代中期,研究人员便开始进行勘测设计和科研方面的工作,1989 年11 月凌津滩水电站坝址通过审查,1992 年 12 月通过初步设计审查。

凌津滩船闸为单级船闸,由上游引航道、上闸首、闸室、下闸首和下游引航道组成,全长 783 米。船闸等级为四级,最大过闸船队 2×500 吨半分节驳 + 顶推轮。船闸设计水头

13.2 米,闸室有效尺度为 120 米 × 12 米 × 2.5 米,闸室闸首均为混凝土结构。船闸输水系统采用短廊道集中输水形式,并采用倒口出流消能方式。廊道单边开启输水时间为:充水 1240 秒,泄水 1226 秒;正常两侧廊道输水时间为:充水 697 秒,泄水 684 秒。上闸首工作闸门门型为下沉式平面滑动钢闸门,上闸首工作闸门启闭机为固定卷扬式启闭机。在上闸首左、右输水廊道各设置一扇工作闸门,门型均为悬臂定轮钢闸门。上闸首输水廊道工作闸门启闭机为固定卷扬式启闭机。下闸首工作闸门门型为人字钢闸门,人字闸门采用卧式液压启闭机。在下闸首左、右泄水廊道各设置一扇工作闸门,门型均为悬臂定轮钢闸门。下闸首输水廊道工作闸门启闭机为液压启闭机。一次过闸时间为:单侧过闸约 40 分钟,双侧约 70 分钟。项目建设总投资约 35.2 亿元,其中亚洲银行贷款 1.16 亿美元。

项目建设单位为中国水电八局。

凌津滩电厂工程于 1994 年 10 月施工进场,1995 年 1 月 1 日一期围堰水下混凝土开浇,同年 10 月 27 日主体工程混凝土开浇,1996 年 11 月 20 日大江截流,1998 年 12 月首台机组发电及永久船闸通航,2000 年底最后一台机组投入运行。

凌津滩水电站工程建设以前,凌津滩到五强溪河段内就有大小险滩十几个,如九子滩、黄沙滩、邢家滩、黑鸭油滩、高登易滩、陈家滩、狮鱼滩、癞子滩、蚊子洞滩等,船舶航行至少需要 9~12 小时;碰上来水偏枯年份,往往数月不能通航。凌津滩水库蓄水后使凌津滩—五强溪河段区间渠化,改善了通航环境,大大加快了凌津滩至五强溪河段的通航速度,船舶航行仅需 3~3.5 小时,提高了运输效率。通航船舶吨位由原来的 160 吨提高到 500 吨,通过的大部分船舶超设计值,增大了河床航运能力,避免了凌津滩至五强溪之间因滩多、路险造成船只、排筏海损事件的发生,发挥了通航运输效益。

3. 经验与启示

在修建凌津滩水电站的同时,对库区、大坝下游左右两岸危险地段、人口稠密区等重要地段进行了护坡,有效地防止了岸边垮塌、冲刷。水电站自运行以来,通过对库区及下游护坡的巡视检查发现,上游库区山地植物生长良好,植物大多是灌木、竹林,对库区水土保持、防止淤积河床、保持水库有效库容有利。上游混凝土护坡没有出现沉陷、开裂等不正常现象;两岸岸坡没有发现有大量渗水;近坝区建筑物、公路等没有出现沉陷等异常现象。下游护坡虽有个别地方损坏,但未对两岸居民的住宅、田土构成威胁。

（八）桃源船闸

1. 闸坝概况

（1）自然地理条件

桃源水电站上游距凌津滩水电站约 38 千米,下游距桃源县延溪河口约 1.6 千米,坝址紧临桃源县城，左、右岸分别为桃源县漳江垸和浔阳垸。坝址距离常德、长沙公路里程分别为 31 千米和 216 千米。

（2）闸坝建设情况

桃源水电站为沅水干流梯级规划中的最末一级，坝址位于桃源县城，上游接凌津滩水电站尾水，为一槽蓄型水库。本工程开发任务以发电为主，兼顾航运、旅游等综合利用。水库正常蓄水位 39.50 米，相应库容 1.28 亿立方米，电站装机 180 兆瓦，多年平均发电量为 7.8 亿千瓦时。枢纽主要由泄洪闸、土石副坝、电站厂房、船闸等建筑物组成。

根据湖南省航务管理局关于沅水桃源水电站有关通航问题的批复（湘航务航道字〔2007〕56 号）："原则同意在湖南省常德市桃源县城境内、沅水干流下游的双洲洲尾建设桃源水电站，上距沅水大桥约 2.0 千米，水电站所在河段已规划为四级航道，因此水电站必须按四级航道标准进行通航技术设计，并满足四级航道的通航安全要求。"桃源船闸级别为四级，相应水工建筑物级别为：上闸首按挡水建筑物按三级设计，闸室、下闸首为三级，次要建筑物为四级，临时通航物为五级。

根据本枢纽的施工导流程序，一期围右岸，施工船闸、厂房及右 11 孔泄洪闸，由左侧天然河床导流和施工期通航；二期围左槽，施工左岸 14 孔泄洪闸，由右侧已建成的 11 孔泄洪闸导流，由永久船闸施工期临时通航。

（3）建设成就

桃源水电站于 2012 年 11 月 24 日实现首次通航。截至 2015 年 12 月 31 日，累计安全过闸 532 天、2934 闸次，过闸船舶 5615 艘，过闸船舶总吨位 335.04 万吨。船闸建成通航初期，航行船舶多在 100 吨以下，最大为三条 250 吨油船。至 2015 年，500 吨以上船舶达 90% 以上，最大过闸船舶 1500 吨。

2. 通航建筑物

项目于 2010 年 8 月开工，2012 年 11 月试通航，2015 年 10 月竣工。

项目建设依据：2010 年 9 月，中国水利水电建设工程咨询公司对《沅水桃源水电站可行性研究报告》进行了评审，以水电咨规〔2010〕58 号文印发了评审意见；2010 年 2 月，《湖南省沅水桃源水电站工程环境影响报告书》通过湖南省环保厅审查；2010 年 3 月，湖南省国土资源厅印发《关于湖南桃源县水电站建设项目用地的预审意见》（湘国土资预审字〔2010〕023 号）。

桃源水电站通航建筑物为单线、单级船闸，船闸等级为四级，代表船队为 2×500 吨级 1 顶 +2 驳船队，船舶尺度为 111 米 ×10.8 米 ×1.6 米。设计水头为 10.06 米，闸室有效尺度为 120.0 米 ×18.0 米 ×3.5 米。上闸首顺水流方向长 35.0 米，垂直水流方向宽 36.0 米，边墩宽度为 9.0 米，通航孔口净宽 18.0 米；下闸首顺水流方向和垂直水流方向宽度均为 36.0 米；闸室采用整体式结构，顺水流方向长 109 米。上、下闸首采用短廊道集中输水形式,充水时间 580 秒,泄水时间 567 秒。上闸首工作闸门为下沉滑动闸门,下闸首工作闸门为人字门;上、下闸首输水闸门为平面定轮闸门;启闭机械形式为液压启闭机。一次过闸时间约 40 分钟。船闸布置于双洲,左侧通过土石副坝接泄水闸坝段,右侧通过土石副坝接厂房坝段。船队进出闸方式采用直线进闸、曲线出闸的方式。本项目总投资 31.7亿元(不含送出工程),资金来源为自有资金。枢纽占地面积 33 亩,基础开挖回填造地约0.06 平方公里。

项目建设单位为中国水电顾问集团桃源开发有限公司;设计单位为中国电建集团中南勘测设计研究院有限公司;施工单位为中国葛洲坝集团有限公司;监理单位为中国电建集团华东勘测设计研究院有限公司。

3.经验与启示

①应统筹考虑上游梯级电站过闸能力、航道等级以及货运发展,设计通航建筑物规模。

②通航建筑物的设计应结合船闸通航需要,将必要的配套设施(锚地)纳入主体工程一并设计。

六、汉江的通航建筑物

(一)综述

汉江是长江中游最大支流,发源于陕西秦岭南麓,全长 1567 千米,总落差 1964 米。汉江自陕西省旬阳县白家坡进入湖北境内,流经十堰、襄樊、荆门、潜江、天门、仙桃、汉川、武汉 8 个市,至汉口龙王庙汇入长江。流域总面积 1590 万公顷,约占长江流域总面积的8.8%。据 2003 年航道普查勘测核定,汉江通航里程 1342 千米,湖北省境内汉江航道里程 866.78 千米(其中湖北、陕西两省一江两岸界河航道里程 41.78 千米)。

南水北调中线工程、引汉济渭和鄂北地区水资源配置工程,导致汉江水量减少,丹江口水库下游供水缺口,需在汉江中下游引长江水补给。汉江航道作为水利枢纽的组成部分,规划航道标准为三级,通航 1000 吨级驳船、船队。采用渠化与整治相结合的措施,在兴隆以上进行渠化,以下采用整治工程。兴隆以上汉江航道陕西境跨河建筑物有石泉、喜河、安康、蜀河等水利水电枢纽大坝 4 座,其中喜河建有 50 吨级升船机,安康建有 100 吨级升船机,蜀河 300 吨级升船机在建。含与陕西省交界处的夹河(白河)枢纽,湖北省境内汉江共规划了 9 级枢纽,截至 2015 年底已建成丹江口(300 吨级升船机)、王甫洲(300吨级船闸)、崔家营(1000 吨级船闸)、兴隆枢纽四级(1000 吨级船闸),剩余的夹河(白河)、孤山、雅口、新集、碾盘山五级枢纽处于规划阶段,通过梯级渠化改善航道通航条件,实现 2020 年以前汉江丹江口大坝以下达到 1000 吨级航道的规划目标。

（二）崔家营船闸

1.闸坝概况

（1）自然地理条件

崔家营航电枢纽工程坝址位于汉江中游,河谷较宽阔,属于典型的游荡性河段。坝址区右岸地势较高,地形起伏较大,属二、三级堆积阶地,地面高程72～104米。左岸地势较低,地形平缓,属漫滩及一级堆积阶地,地面高程60～64米。崔家营航电枢纽从右到左依次布置为主河道、凤凰滩（江心洲）、左侧汉河、左岸漫滩和防洪堤。主河道河床高程49.9～56.9米,枯水位56米左右;水深0～6米,相应河宽490～570米。左侧为主航道,水深一般4～6米,右侧多有礁石出露;凤凰滩为江心洲,属高漫滩,长2160米,宽380～760米,地面高程58.6～62.1米,地形平缓,西侧临河岸坡陡立,东南及北端与河床以1.0～2.6米高的砂坎或缓滩相接。坝址区出露的地层为震旦系中统陡山沱组和白垩-第三系,第四系为全新统-中更新统冲积层。坝址区基岩大部分被第四系土层所覆盖,露头少,仅右侧河床中有零星露头（礁石）。

汉江梯级水位图如图11-2-6所示。

枢纽坝址控制流域面积1306万公顷,占汉江流域总面积的82%。坝址处多年平均流量1420立方米/秒,实测最大流量2.64万立方米/秒,一般当年11月—翌年5月为枯水期,6—10月为汛期。汉江流域洪水主要由暴雨引发,暴雨有夏季暴雨与秋季暴雨之分,夏、秋洪水分期明显是本流域洪水的最显著特征。

汉江流域属东亚副热带季风气候区,气候具有明显的季节性,冬有严寒夏有酷热,多年平均气温为15.9摄氏度。流域内的年降水量在500～1400毫米,全流域平均降水量为883.8毫米。坝址多年平均降水量813.8毫米,暴雨多发生在7月、8月、9月三个月,全年降水日合计107～135天。汉江流域年平均风速为1.5米/秒,最大风速为17～20米/秒。流域内水面蒸发变化为700～1100毫米。

（2）闸坝建设情况

崔家营航电枢纽坝址位于襄阳市境内,是湖北省境内汉江干流9级梯级开发中的第5级,上距丹江口水利枢纽航道里程125千米,下距河口航道里程492千米。该枢纽为交通部门在汉江建设的第一个航运枢纽,是具有航运、发电、灌溉、旅游等综合开发功能的项目。枢纽主要建筑物由船闸、泄水闸、电站和土石坝等组成,坝轴线总长（2180.0米）,自右至左总布置分别为右岸连接坝段（长103.5米）、船闸（长44.0米）、泄水闸（长474.5米）、电站厂房（长167.55米）、门机检修平台（长40米）、土坝（长1350.45米）。船闸布置在汉江主河道右岸侧,船闸轴线与坝轴线正交,船闸级别为三级,设计最大船舶吨级为1000吨。泄水闸共20孔,布置于船闸和电站厂房之间。电站共6台机组,9万千瓦,厂房布置于主河道左侧,右连泄水闸,左接土石坝。鱼道紧靠电站厂房左侧布置,进出口各设2个平板闸门。左岸土石坝建在河心洲、左河汊和左岸漫滩上,左接汉江防洪大堤,右接电站厂房。根据枢纽等级划分标准,该枢纽船闸的闸首和闸室、泄水闸、电站、土石坝为二级,船闸上下游导航墙、泄水闸的导墙为三级。水库总库容2.85亿立方米。水电站装机容量90兆瓦,单机装机容量15兆瓦,机组数量6台。

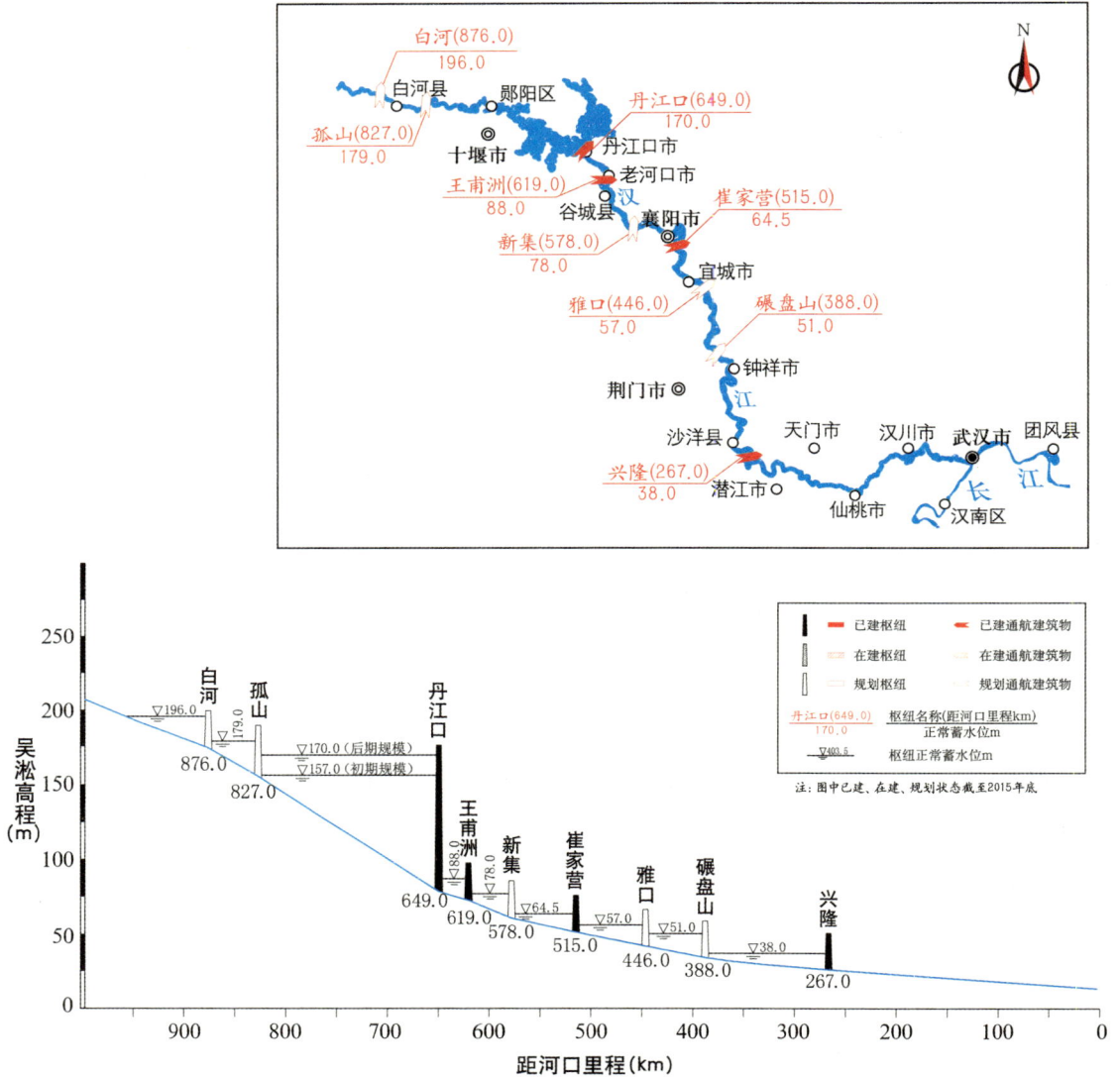

图 11-2-6 汉江(湖北段)梯级水位图

（3）建设成就

崔家营航电枢纽自2009年试运行以来,各项技术指标均满足设计要求。截至2015年12月31日,船闸安全运行2481天,累计过闸总吨位561.9万吨,过闸船舶总数3万艘次。过闸的最大船舶为 1100 吨,船舶平均载质量吨位由 150 吨左右提升为 500 吨左右。电站安全运行 2262 天,累计发电 27.84 亿千瓦时,售电含税收入累计 8.05 亿元,上缴税收 1.46 亿元,超额完成"十二五"期间下达的发电目标任务。

　　崔家营航电枢纽的建设成就表现在如下五个方面:①极大改善了汉江航道条件。枢纽运行后,渠化汉江航道 33 千米和支流唐白河航道 17.5 千米,使大坝以上 33 千米汉江航道由 300 吨级提升至 1000 吨级,新增优质港口岸线 14 千米;汉江襄阳段航道等级的提高、优质港口岸线的增加,促使船舶运力、运量、港口吞吐量大幅提升,船舶平均载质量吨位向大型化发展。②以电促航效益明显。累计发电收益用于航道建设和养护,促进了湖北省航运发展。③环保效益大大彰显。整治保护库区土地 1.4 万亩,改造良田 1.48 万亩,形成生态库区近 40 平方公里,显著改善了襄阳城市水环境和生态环境,拓宽了省域副中心城市的空间布局,增强了城市综合竞争力。④改善农田灌溉。保证了襄阳唐东灌区 177 万亩农田常年灌溉用水,减少了南水北调中线工程实施后对襄阳地区生产生活用水带来的不利影响。⑤助力汉江梯级大发展。崔家营枢纽的建成运营,为湖北省汉江梯级建设提供了可参考、可复制的宝贵经验,为湖北省航电枢纽建设输送了管理和技术人才。

　　2. 通航建筑物

　　项目于 2005 年 11 月开工,2009 年 3 月试通航,2014 年 10 月竣工。

　　项目建设依据:2005 年 7 月,国家发改委《湖北省汉江崔家营航电枢纽工程工程可行性研究报告的批复》(发改交运〔2005〕1373 号);2005 年 11 月,交通部《汉江崔家营航电枢纽工程初步设计的批复》(交水运〔2005〕539 号);2005 年 5 月,国家环境保护总局《汉江崔家营航电枢纽工程环境影响报告书批复》(环审〔2005〕401 号);2008 年 1 月,国土资源部《关于汉江崔家营航电枢纽工程建设用地的批复》(国土资函〔2008〕534 号)。

　　船闸建设标准为三级,设计最大船舶吨级为 1000 吨。设计代表船舶为 1000 吨级驳船,尺度为 67.5 米×10.5 米×2.0 米;设计代表船队为双排双列 1 顶 +4 驳 1000 吨级船队,尺度为 167 米×21.6 米×2.0 米。船闸上游最高通航水位为 62.73 米,最低通航水位为 62.23 米;下游最高通航水位为 61.21 米,最低通航水位为 53.91 米,设计水头 8.82 米。该项目为单线、单级船闸,闸室有效尺度为 180 米×23 米×3.5 米。闸首闸室结构形式为重力式,船闸上、下闸首工作闸门均采用人字门,液压启闭;输水阀门为平板门,液压启闭。采用闸墙长廊道侧支孔分散输水形式,充、泄水时间为 8 分钟,平均一次过闸时间 45 分钟。引航道布置形式采用不对称形,引航道向右侧拓宽,上、下游靠船建筑物均布置在引航道左侧,船舶进出闸方式为直进曲出。引航道包括导航段、调顺段、停泊段和制动段。引航道长度为上述各段长度总和,上游引航道长 1018 米,其中直线段 618 米(含导航段 170 米,调顺段 282.5 米,停泊段 165.5 米),制动段 400 米。下游引航道长 982 米,其中直线段长 585 米(含导航段 170 米,调顺段 248 米,停泊段 167 米)。引航道底度取 75 米,在直线段末端至口门区(长度320米、宽度90米)400米长度内,引航道宽度从75米过渡至112.5米。项目概算总投资为20.61亿元,实际完成投资19.87亿元,其中交通部水运建设资金4.2亿元,世界银行贷款1亿美元(折合人民币7.09亿元),其余8.58亿元由湖北省交通厅自筹。

项目建设单位为湖北省汉江崔家营航电枢纽工程建设管理处(指挥部);设计单位为湖南水利水电勘测设计研究总院、湖北省交通规划设计院;施工单位为中国水利水电第九工程局、中国葛洲坝水利水电工程集团有限公司;监理单位为中国水电顾问集团中南勘测设计研究院、湖北省水运工程咨询监理公司;质监单位为湖北省交通运输厅工程质量监督局。

本项目的主要研究成果为:崔家营航电枢纽工程导流明渠及施工通航关键技术研究。该研究的委托单位为湖北省汉江崔家营航电枢纽工程建设管理处。承担单位为湖北省港路勘测设计咨询有限公司、武汉大学水资源与水电工程科学国家重点实验室。崔家营枢纽建设期间,导流明渠的修建,调整了河段的河势格局,改变了崔家营河段的河道边界条件,完成了枢纽建设期间的航运与泄流任务,为崔家营枢纽工程的建设提供了保证。导流明渠的设计与优化原则及方法对类似工程设计具有参考价值。

枢纽投运三年多来,社会和经济效益逐步显现:①工程质量稳定可靠。至2014年6月,崔家营航电枢纽经受住了二次汉江流域近20年一遇洪峰的考验,经监测枢纽运行工况良好,各项变化指标均在设计和规范范围内。②促进了航运发展。大坝以上33千米航道由300吨级提升到1000吨级,船闸运行至今安全通航船舶2.6万艘,460万载重吨,年均船舶通过量和货运量均比建坝前翻了一番。③发电效益超过设计。累计发电21.26亿千瓦时,按6台机组全部投产的4.5年计算,平均超设计18.7%。④环保功能初显现。整治保护库区土地1万多亩,形成了7200公顷的生态水库,使襄阳市成为库区城市。⑤农田灌溉大改善。保证了唐东灌区177万亩农田常年灌溉用水,在2014年夏季汉江流域遭受50年一遇干旱的情况下,唐东地区的100余万亩农田的灌溉用水没有受到影响。

3. 经验与启示

崔家营航电枢纽是湖北省交通发展史上建设的第一座航电枢纽,是湖北省"十一五"重点项目和内河航运第一个世界银行贷款项目。为保证工程质量,人们不断完善设计理念,探索技术创新,在实际工作中积累了一定的经验。

①开辟了一条汉江水资源综合利用、航电结合、以电养航的发展模式,探索了我国国情与世界银行项目程序相结合的航电枢纽建设和管理经验。

②培养出了一批高素质的航电枢纽建设和运营管理队伍,塑造了"科学严谨,自信自强,创新拼搏,廉洁奉献"的"崔家营"精神。

③开创了湖北交通人建设航电枢纽的先例,实现了港航、水利、水电、公路等多个专业

的完美结合，为湖北省水路运输大发展拓宽了思路、积累了经验。

④攻克了坝址区断层、溶洞、溶蚀等地质难题，创下月开挖强度 200 万立方米的国内同类工程之最，创造了 6 台机组均一次并网成功的佳绩。

⑤取得了施工无质量安全事故、廉政建设无一例投诉举报、职工一人获得全国"五一"劳动奖、指挥部获得 7 次省部级表彰、43 人次获得厅级以上表彰的优异成绩。

⑥坚持规范管理、精细管理、创新管理、创精品工程的思路，实现了"内在质量优，外观形象美，科技含量高，综合效益好"的国内领先航电枢纽的建设总目标。

⑦坚持以人为本、绿色环保工程的理念。严格落实环评要求，建设了汉江首座鱼道这一生态环保工程。

本工程建设得到了各级政府及管理部门以及地方群众的大力支持，为工程顺利实施创造了良好的建设环境。

（三）兴隆船闸

1. 闸坝概况

（1）自然地理条件

兴隆水利枢纽是汉江干流规划中干流的最下一级，位于湖北省天门市（左岸）和潜江市（右岸）。本工程坝址位于江汉平原腹地，河谷宽阔，地形平坦。坝址区内汉江为自北而南流向。原始河床宽 570～680 米。深槽贴近右岸，枯水期河水位 31.10 米左右。坝址区左岸为宽广的低漫滩和高漫滩，其中低漫滩宽 750～800 米，滩面高程一般 35～37 米；高漫滩 430～800 米，滩面高程一般 37～39 米。坝址区左、右岸为汉江干堤。坝址区广泛分布第四系冲积层，下伏基岩为下第三系荆河镇组。基岩主要由砂质泥岩、黏土岩、砂岩等组成，下伏于第四系冲积层下。

（2）闸坝建设情况

兴隆水利枢纽位于汉江下游湖北省天门市、潜江市境内，上距丹江口枢纽航道里程 352 千米，下距河口航道里程 265 千米，是南水北调中线汉江中下游四项治理工程之一，同时也是汉江中下游水资源综合开发利用的一项重要工程。工程任务是以灌溉和航运为主，兼顾发电。

兴隆水利枢纽为一等工程，工程规模为大（1）型，枢纽沿轴线总长度 2830 米，从右至左分别布置为右岸滩地及上部交通桥（741.5 米）、船闸（47 米）、隔流堤及上部连接段（80 米）、电站（112 米）、泄水闸（991 米）、左岸滩地及上部交通桥（858.5 米）。枢纽主要建筑物由泄水闸、船闸、电站组成，根据建筑物级别划分标准，泄水闸、电站厂房、船闸上闸首为一级建筑物，船闸的闸室和下闸首为二级建筑物，电站副厂房、船闸导航墙、靠船墩等为三级建筑物。水库总库容 4.85 亿立方米。水电站装机容量 40 兆瓦，单机装机容量 10 兆瓦,机组数量4台。

船闸级别为三级,设计最大船舶吨级为1000吨。兴隆水利枢纽船闸位于汉江主河道右侧,垂直于枢纽轴线布置,结构长度256米,上、下游引航道及船闸总长度2505米,枢纽渠化汉江航道76.4千米,改善航道里程80千米以上。湖北省汉江兴隆水利枢纽管理局承担枢纽运行管理工作,管理局下设电站管理处、船闸管理所泄水闸管理所负责电站、船闸、泄水闸的运行维护。船闸通航安全监督由天门市地方海事局、潜江市地方海事局负责。

（3）建设成就

兴隆水利枢纽通航船闸自2013年4月试运行以来,各项技术指标均满足设计要求,截至2015年12月31日,船闸安全运行994天,累计过闸总吨位515.4万吨,过闸船舶总数1.59万艘次。最大船舶为2200吨,船舶平均载质量吨位由290吨左右提升为570吨左右。

①促进航运发展。兴隆水利枢纽建设前,兴隆至华家湾河段航道维护等级为四级,有石牌、杜家滩、羊子石滩、王家营、沙洋滩段5个滩群段,浅滩段长49.5千米,枯水期滩段水深不足。兴隆水利枢纽建成后,从根本上改善兴隆库区50余千米范围内的航道的通航条件,使本河段的通航等级达到1000吨级航道（三级）。

②促进生态保护。枢纽两岸堤防和滩地从2013年陆续进行整治改造,种植树木近3万余株,栽植草坪约2.08万平方米。枢纽建设有生态鱼道,保障了洄游性野生鱼类从下游上溯产卵,加之每年实施汉江增殖放流,有效地保护了库区鱼类数量和生态多样性。枢纽区域的优质水资源、良好环境和丰富的水生物,吸引了多种珍稀鸟类。

③改善农田灌溉。兴隆水利枢纽设计灌溉面积327.6万亩,截至2015年9月,库区农田灌溉面积已由过去的169万亩增加到327.6万亩,灌区保证率达到95%以上。

2.通航建筑物

项目于2009年2月开工,2013年4月试通航,现正在做竣工前准备。

项目建设依据:2008年10月,国家发改委《国家发改委关于审批南水北调中线一期工程可行性研究总报告的请示的通知》（发改农经〔2008〕2973号）;2008年11月,国务院南水北调办公室《关于南水北调中线工程汉江兴隆水利枢纽初步设计报告（技术部分）的批复》（国调办设计〔2008〕183号）;2009年2月,国务院南水北调办公室《关于南水北调中线工程汉江兴隆水利枢纽初步设计报告的批复》（国调办设计〔2009〕7号）;2005年12月,国家环境保护总局《汉江兴隆水利枢纽工程环境影响报告书》（环审〔2005〕984号）。

船闸设计为单线单级船闸,建设标准为三级,设计最大船舶吨级为1000吨,设计代表船舶、船队尺度为:近期1顶+4×500吨双排双列标准顶推船队,尺度115.8米×21.6米×1.6米;远期1顶4×1000吨双排双列标准顶推船队,尺度为167米×21.6米×（2.0～

2.2)米。闸室有效尺度为 180 米×23 米×3.5 米。上游最高通航水位为37.80米,最低通航水位为 35.90 米;下游最高通航水位为 37.70 米,最低通航水位为29.70米。船闸设计水头 8.1 米,最大通航流量 1 万立方米/秒,最小通航流量 420 立方米/秒。

船闸闸首、闸室及下游消能段均采用整体式 U 形结构,上、下游工作门均采用人字闸门,两侧充、泄水廊道上、下游分别设充、泄水工作阀门各一扇,上、下闸首各布置一套容量为 2×1200 千牛的人字门液压启闭机,充、泄水工作阀门配备250 千牛液压启闭机。输水系统采用头部集中输水形式,船闸上闸首充水廊道出水口采用复杂消能工形式,即短廊道输水格栅式帷墙消能室;下闸首泄水廊道出水口采用设消力槛的简单消能工形式。设计输水时间 10~11 分钟,一次过闸时间约 60 分钟。上、下游引航道采用不对称形布置,过闸方式为曲线进闸、直线出闸,上、下游引航道闸前直线段长度均为450.0 米,其中导航段长 165 米,调顺段长 85 米,停靠段长 171 米,直线制动段长 29 米。枢纽项目概算总投资30.49 亿元,其中船闸 2.3 亿元。

项目建设单位为湖北省汉江兴隆水利枢纽管理局;设计单位为长江勘测规划设计研究有限责任公司;施工单位为中国水利水电第六工程局;监理单位为中国水利水电建设工程咨询西北公司。

3.经验与启示

兴隆水利枢纽是国家南水北调、引江济汉重点工程,主要作用是枢纽建成后,在枯水期提高兴隆河段水位,改善两岸灌区的引水条件和汉江通航条件,兼顾旅游和发电。2009年12 月实现汉江截流,这是在治理汉江史上的第四次截断汉江。

兴隆水利枢纽工程创造了我国多项水利施工纪录。兴隆枢纽工程属平原河道型低水头闸坝型水库,枢纽轴线长 2835 米,与三峡工程相当。但因坝址是粉细沙层,其围堰防渗工程量和处理难度超过三峡工程。按照规划,兴隆水利枢纽在 2013 年建成,比南水北调中线工程通水早 1 年。由于汉江水利施工受洪水影响大,施工季节性强,导致施工难度更大。影响大江截流的最关键工程是围堰防渗墙。兴隆工程围堰设计为全封闭、全截渗的塑性混凝土防渗墙,墙深超过 60 米,墙厚 80 厘米,总工程量达 25 万平方米。在 10 个月的施工期内,施工方投入了 12 台液压抓斗设备,创造了月施工 5 万平方米的纪录,将我国防渗墙单月施工强度记录提高了 1.5 倍。兴隆工程导流明渠长度约 5000 米,比三峡工程导流明渠还长 1000 多米,开挖土方量达 1150 万立方米。施工方通过挖掘机明挖、采砂船开挖、挖泥船吹填等诸多工艺,创造了最大日开挖 12 万立方米的我国内河土方开挖最高纪录。工程中一项重要内容是在老河床上建设一座交通桥,这是一项高难度的工程,对桩基施工要求很高,要求钻取直径 1.5 米、深度 55 米的桩孔。河流改道变迁使得汉江岸边老河床地层情况极为复杂,地下 30 米以内为交替层状分布的黏土、粉沙、浸岩黏土,30 米以下为大直径、高硬度的卵石层。

为保证工程质量,不断完善设计理念,探索技术创新,在实际工作中积累了一定的经验,对类似工程建设具有参考价值。

七、江汉运河的通航建筑物

(一)综述

江汉运河,指南水北调中线一期引江济汉工程,是一条连接长江和汉江的中国当代最大人工运河,是全国高等级航道网重点建设项目之一。其主要任务是利用引江济汉引水干渠,沟通长江、汉江航运,促进地方经济社会发展。

江汉运河进口位于长江中游荆州市李埠镇龙洲垸,出口位于潜江市高石碑镇,全长67.22千米,为限制性三级航道,从长江上荆江河段引水到汉江兴隆河段,地跨荆州、荆门两个地级市所辖的荆州区、沙洋县,以及湖北省直管市潜江市。主要建设进出口航道8.51千米,船闸2座(龙洲垸船闸、高石碑船闸),回旋水域(纪南、后港、邓州)3处;与调水工程共建防洪闸(荆江大堤)1座,节制闸(拾河桥)1座,交叉工程中公路桥梁54座,铁路桥梁1座,倒虹吸2座。其中,长江进口处的龙洲垸船闸、汉江出口处的高石碑船闸均为1000吨级。

江汉运河梯级水位图如图11-2-7所示。

(二)龙洲垸船闸、高石碑船闸

1.闸坝概况

(1)自然地理条件

引江济汉通航工程进口位于长江枝江至沙市之间的李埠河段左岸,该河段左岸有沮漳河汇入,右岸有太平口分流入洞庭湖,洞庭湖在河段下游约252千米的城陵矶处汇入长江。

龙洲垸船闸上距陈家湾水位站5.34千米,下距沙市水文站11.76千米。河段上游有葛洲坝和三峡两大型水利枢纽,其运行调度对本河段水文特征会造成一定影响。

工程区域属亚热带季风气候,四季分明,具有霜期短、日照长、雨量充沛等特点。荆州地区多年平均降水量1079.7毫米,多年平均蒸发量1285.8毫米,多年平均气温16.2摄氏度,极端最高气温38.6摄氏度,极端最低气温为-14.9摄氏度,风向以偏N为主,夏季以偏S为主,年平均风速2.3米/秒,多年平均无霜期256天。

工程进口位于长江沙市河段,上距三峡水利枢纽约148千米。河段内径流主要来自宜昌以上长江干流,支流清江入汇水量约占宜昌的3%,沮漳河来水约占0.4%,虎渡河分流约占3.2%。河段内径流年内分配很不均匀,以沙市站为例,汛期为每年5—10月,来水占全年的77%,最大流量一般出现在7—9月,以7月水量最大,占全年的17.69%。最小流量出现在当年12月—翌年3月，以2月水量最小，占全年的2.5%。本河段水位还受洞庭湖出流顶托影响，水面比降约为0.05‰～0.06‰。

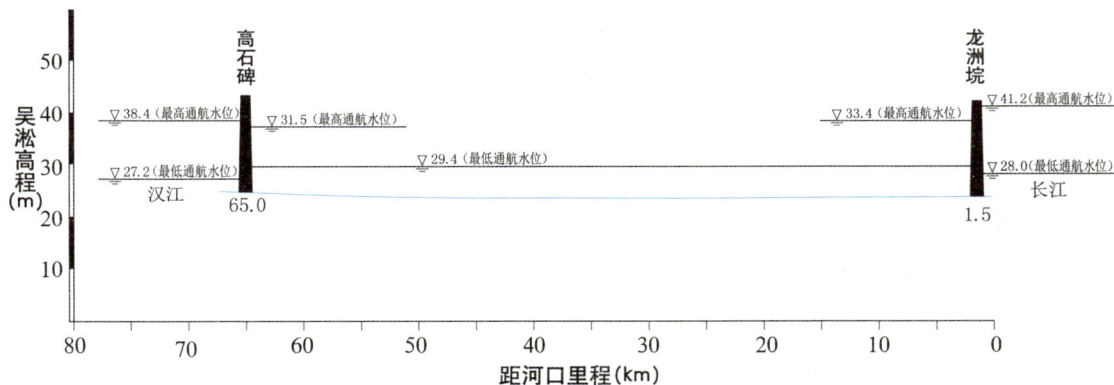

图11-2-7　江汉运河梯级水位图

受荆江裁弯和葛洲坝工程影响，沙市河段水位降低比较明显，尤其枯水期。同流量下水位呈逐渐降低趋势，流量小，水位下降大；流量大，水位下降小。当沙市流量为5000～6000立方米/秒时，20世纪80年代较70年代、20世纪90年代较80年代、20世纪90年代较70年代相比水位分别下降了0.5米左右、0.9米左右及1.35～1.50米。

受三峡工程调度影响，进口河段来水发生变化，枯水流量加大，从建库前的3500立方米/秒加大到5000立方米/秒以上；洪水流量基本保持不变，仅洪峰流量有所削减；汛后10月水量减少最多，降幅达42.7%。三峡工程尽管采用了"蓄清排浑"的调度运用方式，但仍有大量泥沙被拦在库内。引江济汉进口河段受水库下泄清水的影响,河床将发生冲刷下切。

引江济汉高石碑出水口位于汉江兴隆枢纽下游约 3.5 千米处,上距沙洋（三）站 27.1 千米,下距泽口站 31.85 千米。出口河段为游荡形向弯曲形过渡的河段,兼有游荡和弯曲河段的特点,河道处于冲积平原,两岸有堤防,上游有丹江口水库及兴隆水利枢纽。受丹江口水库的调蓄影响,河段由建库前的堆积性向建库后的侵蚀性转化,河床下切,弯道普遍发生切滩撇弯现象。

潜江地区多年平均降水量 1135.9 毫米,多年平均蒸发量 1264.4 毫米,多年平均气温 16.1 摄氏度,极端最高气温 37.9 摄氏度,极端最低气温为 -16.5 摄氏度。风向以偏 N 为主,夏季以偏 S 为主,多年平均风速 2.4 米/秒,多年平均无霜期 252 天。

出口河段汉江年径流地区组成很不均匀,主要产流区位于丹江口以上。由于出口河段无较大支流汇入,因此,出口河段径流主要来源于上游干流。

丹江口水库的主要任务是防洪。建库前,下游河段洪峰流量大,全年水量分配极不均匀,7—9 月的水量占了全年的 55％ 左右。丹江口水库蓄水运用后,出口河段的水文特性发生了如下变化:

①洪峰大大削减,流量过程变得较为均匀平缓,变差系数也大大减小。建库前,沙洋站多年平均最大流量为 1.31 万立方米/秒,建库后则被削减至 1.01 万立方米/秒。

②中水历时较建库前有所延长、枯水流量亦有所增大,水库下泄水流的含沙量相对减少,同流量下水位发生下降。

③兴隆水利枢纽兴建运行后,由于引江济汉出口位于兴隆枢纽的近坝段,河床将发生冲刷,同流量下水位下降比较明显。

（2）闸坝建设情况

龙洲垸船闸位于江汉运河长江入口处,为单线、单级船闸,船闸主要建筑物包括上、下闸首,闸室,上、下游导航墙及靠船墩。引水干渠穿龙洲垸堤防处不设置进水闸,进水口后直接布置有沉沙、沉螺池,沉沙池下游布置提水泵站和进水闸,引水干渠穿荆江大堤处设置防洪闸（兼作通航孔）,泵站和防洪闸之间通过渠道连接。通航工程进口布置在引水干渠下游,船闸上游引航道与长江直接相通,船闸上闸首可抵挡长江洪水,船闸下游引航道与引水干渠在泵站之后、荆江大堤防洪闸之前汇合。天鹅公路桥跨越上游引航道,采用 9×25 米小箱梁 +（65 + 100 + 65）米连续箱梁 +7×25 米小箱梁。船闸下游引航道轴线总长 1456.6 米,下游引航道道与引水干渠交汇处布置 280 米墩板式隔流墙,墙顶高程 35.2 米。

高石碑船闸位于江汉运河汉江出口处,为单线、单级船闸,船闸主要建筑物包括上、下闸首,闸室,上、下游导航墙及靠船墩。引江济汉引水工程和通航工程共用一个出口,在出口段并行布置了两个主要建筑物:船闸和出水闸。渠道出口的推荐轴线位于汉江干堤的高石碑,高石碑出水闸是引江济汉工程的渠尾控制闸,布置在汉江干堤内。闸组成纵向布置有进水渠道、内渠浆砌石和混凝土护底（总长 35 米）、闸室段和穿堤涵洞段（总长 104 米）、外江防渗铺盖（兼消力池,长 30 米）、外江混凝土海墁（长 15 米）、浆砌石海墁（长 35 米）、外江渠道;横向布置有进出口八字墙、进口闸室启闭台和人行桥、闸上连接堤、出口检修门启闭台、堤顶公路和上堤路。涵洞横向总宽度 79.60 米。船闸布置在出水闸的北侧,船闸纵轴线与出水闸纵轴线平行布置,两轴线间距为 182.5 米。船闸主体结构布置在大堤外侧,下闸首穿越新筑的汉江大堤。船闸与出水闸的挡水线位于同一直线上,并与新筑大堤的轴线重合。船闸上游引航道直线段与引水渠平行,轴线间距 180.5 米,其与水闸上游引水渠间设置隔堤,长度约 1.3 千米;船闸下游引航道直线段与引水渠平行,轴线间距 184.5 米,在 K66 + 200 米处与引水干渠合并。引水干渠与船闸下引航道间隔堤长约 0.99 千米。船闸闸轴线与引水干渠出水闸轴线平行,两轴线相距 182.5 米,下闸首与出水闸及新建大堤共同组成挡水线。船闸引航道采用反对称布置,底宽 50 米,引航道与节制闸之间由隔流堤隔开。

（3）建设成就

龙洲垸船闸和高石碑船闸两座船闸自 2014 年 9 月 26 日正式通航以来,通行船舶最大吨级为 3000 吨级双排单列顶推船队,该编队总长 156.5 米,宽 13.84 米,单驳载货 1600 吨。船舶平均载重吨呈逐年上升趋势,通航效益逐渐显著。其中 2014 年平均载重吨为 385 吨,2015 年平均载重吨为 485 吨,2016 年平均载重吨为 718 吨,2017 年平均载重吨为 742 吨。两座船闸是湖北省首先采用钢质弧形三角门的船闸。

2. 通航建筑物

龙洲垸船闸、高石碑船闸项目于 2009 年 10 月开工,2014 年 9 月试通航。截至 2015 年,该项目尚未竣工验收。

项目建设依据:2008 年 11 月,国家发改委《南水北调中线一期工程可行性研究总报告的批复》（发改农经〔2008〕2973 号）;2009 年 7 月,交通运输部《引江济汉通航工程初步设计的批复》（交水发〔2009〕401 号）;2006 年 7 月,国家环境保护总局《关于南水北调中线一期工程环境影响复核报告书的批复》（环审〔2006〕323 号）;2005 年 11 月,国土资源部《关于南水北调中线一期工程建设用地预审意见的复函》（国土资预审字〔2005〕489 号）。

龙洲垸船闸通航标准为三级,设计吨位为 1000 吨级。设计代表船型 1000 吨级,分节驳尺度为 67.5 米 × 10.8 米 × 2.0 米;1000 吨级货船,尺度为 85.0 米 × 10.8 米 × 2.0 米;设计代表船队双排单列顶推船队,尺度为 160 米 × 10.8 米 × 2。设计水头正向 9.98 米,反向 3.25 米。项目为单线、单级船闸,闸室有效尺度为 180 米 × 23 米 × 3.5 米。船闸上游设计洪水位 43.5 米,上游最高通航水位 41.19 米,上游最低通航水位 28.00 米,下游最高通航水位 33.39 米,下游最低通航水位 29.40 米。闸首闸室结构采用钢筋混凝土整体坞式结构,闸门为钢制弧形三角门,阀门为钢制平板门,启闭机为 800 千牛直推式液压启闭机。船闸输水系统类型为具有局部分散输水系统特性的短廊道输水系统。确定正向水头时,充、泄水阀门开启时间为 6 分钟,此时闸室充、泄水最大流量分别为 144 立方米/秒和 134 立方米/秒(最大设计水头),对应的闸室充、泄水时间分别为 8.77 分钟和 8.94 分钟,反向相应的充、泄水时间分别为 6.60 分钟和 7.29 分钟,一次过闸时间 40 分钟。龙洲垸船闸上游引航道轴线长 1413.0 米,其轴线与长江主流夹角约 75 度,与引水干渠轴线交角约 25 度,引航道口门宽约 850 米。在通航渠道桩号 270～570 之间布置沉沙灭螺池一座,水平段长度 300 米,两端渐变段各长 20 米,池底宽度 70.0～340.0 米,池底低于引航道底高程 1.0 米,以 1:20 坡度与引航道衔接。上游引航道和船闸上闸首两侧新筑大堤与龙洲垸堤防连接,共同抵御长江洪水,新建堤防同龙洲垸堤防标准,堤顶宽度 7.0 米,堤顶高程 44.0 米,内边坡 1:3,外边坡 1:4。船闸下游引航道轴线总长 1456.6 米,在通航渠道桩号 2+590.9 处以半径为 640.0 米、中心角为 25 度的圆弧,与引水干渠轴线在引水干渠桩号 3+565 处汇合。下游引航道道与引水干渠交汇处布置 280 米墩板式隔流墙,墙顶高程 35.2 米。船闸下游引航道直线段与引水渠平行,轴线间距 184.5 米,在 K66+200 米处与引水干渠合并。引水干渠与船闸下引航道间隔堤长约 0.99 千米。

高石碑船闸通航标准为三级,设计吨位为 1000 吨级,设计代表船舶(船队)为 1000 吨级分节驳,设计船队尺度为 67.5 米×10.8 米×2.0 米。设计水头正向水头 2.90 米,反向水头 7.19 米。项目为单线、单级船闸,闸室有效尺度为 180 米×23 米×3.5 米。船闸下游设计洪水位 42.14 米,上游最高通航水位 31.46 米,上游最低通航水位 29.40 米,下游最高通航水位 38.40 米,下游最低通航水位 27.20 米。闸首、闸室结构形式均为钢筋混凝土整体坞式结构,船闸的闸门形式为钢制弧形三角门,阀门为钢制平板门,启闭机为 800 千牛直推式液压启闭机。船闸采用具有局部分散输水系统特性的短廊道输水系统。确定正向水头时,充、泄水阀门开启时间为 6 分钟,一次过闸时间 40 分钟。船闸上游连接段及引航道全长 2450 米,连接航道与引水干渠相交处圆曲线半径为 3000 米。船闸上游引航道直线段与引水渠平行,轴线间距 180.5 米,其与水闸上游引水渠间设置隔堤,长度约 1.3 千米;下游引航道直线段与引水渠平行,轴线间距 184.5 米,在 K66+200m 处与引水干渠合并。引水干渠与船闸下引航道间隔堤长约 0.99 千米。出口航道与汉江主流向夹角约 62 度。

引江济汉通航工程项目概算总投资 17.08 亿元,其中中央投资 6.19 亿元,地方投资 10.89 亿元。枢纽区(含枢纽管理区)总用地 83.78 万平方米。

项目建设单位为湖北省引江济汉通航工程建设指挥部;设计单位为湖北省交通规划设计院;施工单位为中交第二航务工程局有限公司;监理单位为湖北省水运工程咨询监理

公司;质监单位为湖北省交通工程质量监督局。

本项目建设过程中同步进行引江济汉船闸基坑施工深井降水研究,研究单位为武汉理工大学、引江济汉通航工程建设指挥部。通过对基坑降水国内外研究现状的调研,总结了基坑降水关键技术,依托工程采用了深井降水方案,通过持续性深井抽水达到降水的目的,缩短了工程工期,节约了施工费用,工程效益显著。其论证了邻水超大深基坑深井降水方案的可行性,提出了引江济汉船闸邻水超大深基坑降水的具体方案,全过程实施了基坑降水的监测与信息化管理技术。本项目的研究对类似超大型临江深基坑工程设计、施工、运行管理有指导意义。该项目2014年6月通过了湖北省交通运输厅的评审。

龙洲垸船闸自2014年9月26日通航至今,累计通过船舶共1.23万艘次,其中上行6659艘次,下行5618艘次;船舶总吨931.2万吨,货物517万吨,其中上行278万吨,下行239万吨。

高石碑船闸自2014年9月26日通航至今,船闸通过船舶数量共1.47万艘次,其中上行7856艘次,下行6822艘次;船舶总吨998.24万吨,货物590万吨,其中上行300万吨,下行290万吨。

3.经验与启示

①借水行舟,节省投资。引江济汉通航工程,实行与引江济汉引水工程同步实施、同步建设,贯彻落实了水资源综合利用和可持续发展的原则,符合建设资源节约型、环境友好型社会和可持续发展的要求,可节约建设成本,实现港航、水利建设的共同发展。

②沟通江汉,便利交通。引江济汉通航工程在长江和汉江中游开通一条捷径航线,将完善长江中游航道布局,形成一条新的长江中游与汉江中游间的千吨级航道,与绕道武汉相比,可缩短水运里程680千米,形成一条环绕江汉平原、内连武汉城市圈的810千米1000吨级高等级航道圈,对提高运输效率、完善综合交通运输体系有着积极的推进作用。

③发展航运,繁荣经济。引江济汉通航工程,是湖北省水运重点规划"一港一圈"(1000吨级航道圈)的重要链接段,在1000吨级航道圈中起着引领作用。其作为航运主通道,将对促进长江中、上游以及洞庭湖流域与汉江之间的物资交流发挥积极作用,对江汉平原水运网的建设、产业布局和该地区经济可持续发展具有重要意义。

④促进物流,造福人民。引江济汉通航工程,链接起沿长江展开的钢铁和石化工业走廊和沿汉江展开的汽车工业走廊,并成为连接武汉城市圈、宜昌三峡经济圈、襄樊十堰鄂西北经济圈物流业、旅游业的纽带,将促进铁、公、水、空多式联运的发展,加快长江与汉江间的客货周转,有利于沿线地区经济社会发展。

⑤开拓创新,模式可鉴。引江济汉通航工程,开拓了交通、水利部门共建的新模式。同步开发、同步建设的投资方式,将对未来水运建设产生积极影响。

八、赣江的通航建筑物

（一）综述

赣江是长江流域鄱阳湖水系的第一大河流,位于长江中下游右岸。赣江发源于江西、福建两省交界处的石寮崠(石城县境内),自东向西流经瑞金、会昌县境,在会昌县城附近有支流湘水汇入,至会昌县洛口镇于左岸纳入濂水,至于都县城上游约 2 千米汇入梅江,至赣县先后汇入平江、桃江,至赣州市章水汇入后始称赣江;河流出赣州后,折向北流,经万安县城,于罗塘附近纳入遂川江,至泰和县栖龙乡汇入蜀水,经泰和县城,于吉安县值夏乡汇入值夏河;吉安市上游约 5 千米加入禾水后,再经吉安市区,在吉水县城上游接纳乌江,至樟树市上游约 4 千米汇入袁河,过丰城市至南昌县市汊加入锦河后,流经南昌市,然后分西(主)、北、中、南四支注入鄱阳湖,其中主支在永修县吴城镇与修水汇合后注入鄱阳湖。

赣江自河源至吴城全长 823 千米,流域面积 828 万公顷。赣州以上为上游(贡水为主河道),长 312 千米,河宽 200～400 米,穿越山地和丘陵,地势较高,河床质多粗沙和卵砾石,部分河段为礁石,枯水平均比降 0.32‰,属山区性河流;赣州至新干县为中游,长 303 千米,河宽一般 400～800 米,跨越吉泰盆地,两岸台地丘陵相间,沿河两岸多为沙壤土组成的台地,长期受水流冲刷,岸线崩塌河床拓宽,枯水河面宽浅,比降 0.15‰～0.28‰;新干县至吴城为下游,长 208 千米,流经冲积平原,地势较低,两岸筑有圩堤,属平原河流,河床质多中、粗沙,比降为 0.07‰～0.11‰,河宽约 1000 米。吴城至湖口属鄱阳湖区,长 81 千米,枯水平均比降 0.05‰,吴城以下 20 千米的褚溪河口是鄱阳湖五河来水的总汇口。

赣州以下河段规划梯级枢纽 7 座,由上至下依次为万安、井冈山、石虎塘、峡江、新干、龙头山、鄱阳湖水利枢纽。截至 2015 年底,万安水电站、石虎塘航电枢纽、峡江水利枢纽已建成,新干航电枢纽、龙头山水电枢纽在建,井冈山航电枢纽、鄱阳湖水利枢纽处于规划阶段。赣江以下河段规划梯级枢纽情况见表 11-2-2。

赣江以下河段规划梯级枢纽情况   表 11-2-2

枢 组 名 称	建 设 单 位	正常蓄水位（米）	最小下泄流量（立方米/秒）	回水里程（千米）	电站装机容量（万千瓦）	过船建筑物形式/规模	有效尺度（米）			建设规划情况
							长度	闸室宽度	槛上水深	
万安水电站	江西省电力工业局	98.11	135	104	50	船闸/500	175	14	2.5	1993 年建成
						船闸/1000	180	23	4.5	规划二线
石虎塘航电枢纽	江西省港航建设投资有限公司	56.5	205	38	12	船闸/1000	180	23	3.5	2013 年建成
峡江水利枢纽	江西省水利厅	46.0	221	77	36	船闸/1000	180	23	3.5	2015 年建成

续上表

枢纽名称	建设单位	正常蓄水位(米)	最小下泄流量(立方米/秒)	回水里程(千米)	电站装机容量(万千瓦)	过船建筑物形式/规模	有效尺度(米)			建设规划情况
							长度	闸室宽度	槛上水深	
新干航电枢纽	江西省港航建设投资有限公司	32.5	303	56	11.2	船闸/1000	230	23	3.5	在建,计划2019年完工
龙头山水电枢纽	江西龙头山航电枢纽投资开发有限公司	24.2	358	60.7	24	船闸/1000	230	23	3.5	在建,计划2019年完工
井冈山航电枢纽	江西省港航建设投资有限公司	67.5	202	35.8	13.3	船闸/1000	180	23	3.5	在建,计划2020年完工
鄱阳湖水利枢纽	—	—	—	—	—	船闸/3000	280	34	5.5	规划中

赣江梯级水位图如图 11-2-8 所示。

(二)万安船闸

1.闸坝概况

(1)自然地理条件

万安水电站坝址位于低山丘陵边缘,河谷宽阔,为一复式河槽,左半部为河床段,宽450 米,右半部由高漫滩和一、二级阶地组成,宽约 500 米,覆盖层厚 13 米。左岸山坡35~50度,右岸山坡 25 度。主要岩层为侏罗纪灰绿色或灰白色石英砂岩、紫色粉砂岩或砂质页岩。断层发育,较大断层 7 条,断距 0.2~8 米。地震基本烈度为六度。坝址以上流域面积 369 万公顷,多年平均流量 947 立方米/秒,实测最大洪峰流量 1.52 万立方米/秒,多年平均悬移质含量 0.26 千克/立方米,年输沙量 792.4 万吨。千年一遇设计洪水流量 2.78 万立方米/秒,相应库水位 100 米,相应库容 17.16 亿立方米;万年一遇校核洪水流量 3.39 万立方米/秒,库水位 100.7 米;可能最大洪水流量 4.07 万立方米/秒,相应水位 103.6 米,相应总库容 22.16 亿立方米。设计正常蓄水位 100 米、死水位 90 米,调节库容 10.19 亿立方米。水库面积 1 万公顷。

(2)闸坝建设情况

万安水电站的建设始于 1958 年,由于多种历史原因,工程建设经历了"三上两下"的坎坷历程。1978 年 2 月批准复工兴建,1989 年 11 月试通航,1990 年 11 月第一台机组发电,1992 年四台机组全部投产,1993 年水库下闸蓄水至 96 米,1996 年 1 月通过国家竣工验收,2003 年 3 月通过首次大坝安全定期检查,确定为正常坝。万安水电站采取"工程一次建成,水库分期蓄水"的建设方案。

万安水电站为一等工程,主要建筑物为一级,按照千年一遇洪水设计、万年一遇洪水校核;船闸上闸首按一级建筑物设计,下闸首、闸室、输水结构及上游辅导墙按二级建筑物设计,下游导航墙及靠船墩按三级建筑物设计。

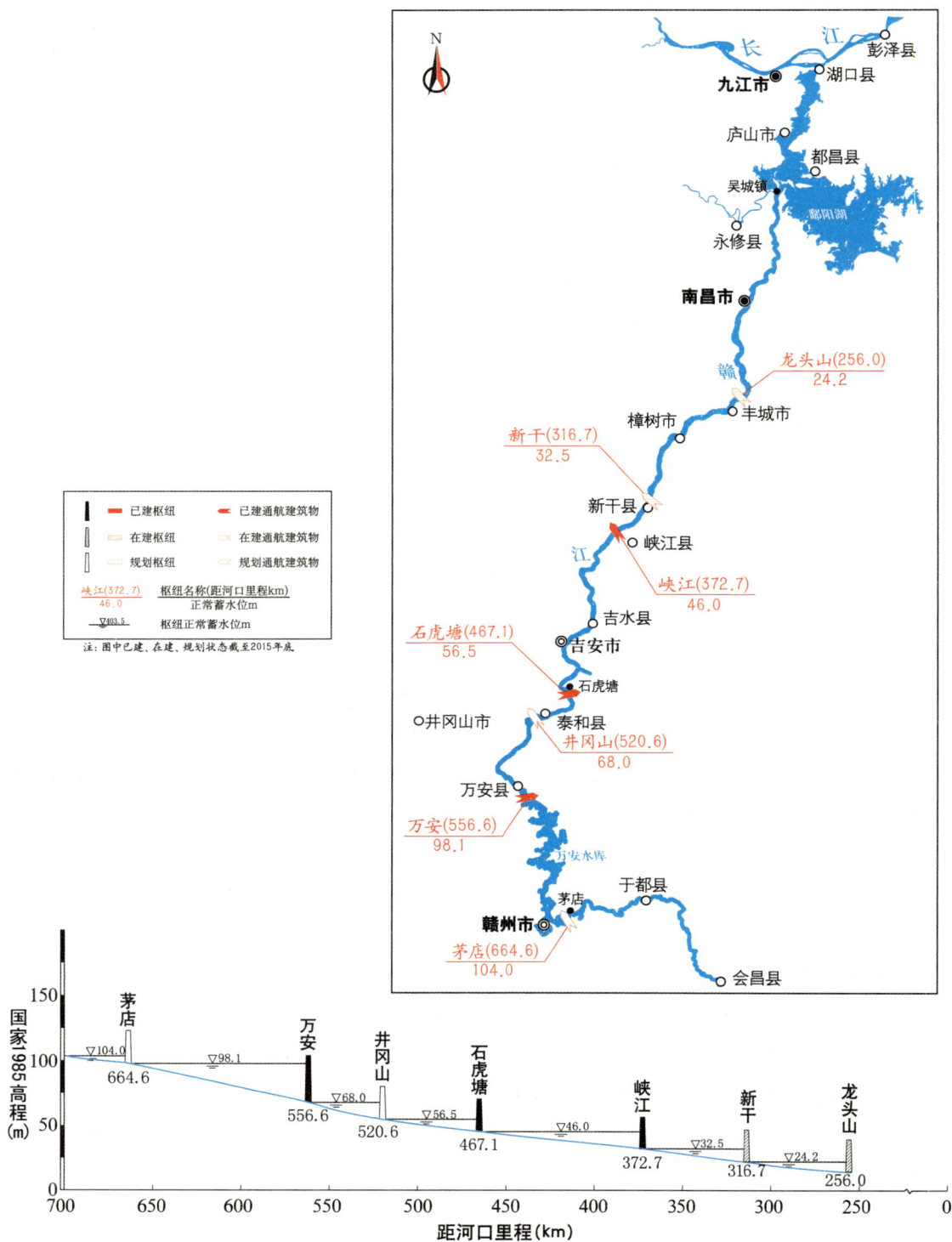

图 11-2-8　赣江梯级水位图

枢纽主要建筑物由混凝土坝、泄洪建筑物、电站厂房、船闸、土坝和灌溉渠首组成。大坝全长 1104 米，最大坝高 68.1 米，水库总库容 22.16 亿立方米。最终规模设计蓄水位 100 米，电站装机 50 万千瓦（5×10 万千瓦）。初期方式运行时，水库正常蓄水位 96 米，电站装机 40 万千瓦（4×10 万千瓦），设计多年平均发电量 11.5 亿千瓦时。水库最终规模设计正常蓄水位 100 米，电站装机 50 万千瓦（5×10 万千瓦），多年平均发电量 11.5 亿千瓦时。万安水电站枢纽布置自右至左依次为：土坝（430 米）、船闸（51 米）、右岸非溢流坝（18 米）、电厂（197 米）、溢流坝（328 米）、左岸溢流坝（73 米），灌溉渠首分设在两端。拦河大坝坝顶高程 104～105 米（土坝），挡水前沿长 1104 米。

（3）建设成就

万安水电站自 1990 年 11 月投产以来，已累计发电 158 亿多千瓦时，创造安全运行近千天的生产记录。

2. 通航建筑物

项目于 1958 年 12 月开工，1989 年 11 月试通航，1996 年 1 月竣工。

单线单级船闸布置在右岸，船闸通航标准为四级，闸室有效尺度为 175 米 × 14 米 × 2.5 米，可通过 2 艘 500 吨驳船组成的船队。上游设计最高通航水位 100 米，上游最低通航水位 85 米；下游最高通航水位 78.6 米，下游最低通航水位 67.5 米；船闸设计最大水头均为 32.5 米，一次过闸时间 50 分钟。

上、下闸首和闸室均采用半分离式和分离式结构，船闸的闸阀门形式为人字闸门及平板阀门，启闭机械为液压直推形式。引航道的平面尺度为采用反对称形布置，双向过闸时船舶直线出闸、曲线进闸，单向过闸时，船闸直线进出闸。项目概算总投资 21.85 亿元，项目（建筑物）用地 344 亩。

项目建设单位为万安水电厂；设计单位为长江勘测规划设计研究有限责任公司；施工单位为武警水电二总队。

在建成当年，万安船闸是中国设计水头最高的单级船闸，按照船闸设计相关规范应选用复杂分散式输水系统。国外高水头（30 米以上）单级船闸的输水系统均十分复杂，相比之下，万安船闸只采用了简单分散式输水系统，成功地解决了高水头船闸的水力问题，满足了船舶停泊条件要求，大大简化了结构布置，节约了工程投资。同时在国内首创利用永久船闸解决施工期临时通航问题，使主河床截流后就可利用永久船闸临时通航。

3. 经验与启示

万安水电站坝址地处峡谷出口，枯水期河面宽约 450 米，地质条件虽不很复杂，但断层、软弱夹层及深风化槽是坝基的主要工程地质问题。工程的主要特点是洪峰流量大，万年一遇校核洪水达 3.39 万立方米/秒。同时综合利用要求较高，由于赣江是横贯江西省的南北水运大动脉,所以要求施工期不断航。根据以上特点,选择了万安水电站的总体布置为:泄洪建筑物和主厂房布置在主河床,船闸布置在右岸,使主要建筑物相互之间比较协调,顺应河势较好,满足了综合利用要求。

(三)石虎塘船闸

1. 闸坝概况

(1)自然地理条件

石虎塘船闸地处赣江中游泰和县石虎塘村附近。赣江万安至樟树为中游,长 263 千米,河宽一般 600 ~ 900 米,两岸台地丘陵相间,多为沙壤土组成,因长期受水流冲刷,岸线崩塌,河床拓宽,枯水期平均比降 0.16‰;流域属亚热带湿润气候,东亚季风区,四季变化明显。多年平均降水量在 1300 ~ 1800 毫米,降水量年内分配极不均匀。多年平均气温在 17.2 ~ 19.4 摄氏度,多年平均风速为 1.1 ~ 2.9 米/秒,年最大风速多年平均值为 13.4 米/秒。

(2)闸坝建设情况

石虎塘航电枢纽工程是赣江赣州市以下河段六级开发方案中的第三个梯级,工程等级为二等。坝址控制流域面积 438 万公顷,水库总库容 7.43 亿立方米,兴利库容 8500 万立方米[56.2 ~ 56.5 米之间容积,56.2 ~ 57 米之间的容积为 2330 万立方米;正常蓄水位 56.5 米(黄海高程,下同),入库流量小于 2200 立方米/秒时,可提高到 57 米运行],死水位 56.2 米,设计洪水位 61.03 米($P = 33\%$);设计通航建筑物设计标准为三级,设有 1000 吨级船闸 1 座,23 孔泄水闸,电站装机容量 120 兆瓦(20 兆瓦×6 台)。石虎塘航电枢纽是一座以航运为主,兼有发电、防洪(库区内的防护区防洪)等效益的综合利用枢纽工程。工程由枢纽和防护区两大部分组成,枢纽主要建筑物有泄水冲沙闸、电站厂房、船闸和左右两岸土坝;防护区主要建筑物有防洪堤、泄洪挡水节制闸、导托渠(导排渠)和排涝站(电排站)。工程建成后可渠化航道 38 千米,使坝址上游航道常年可顺畅通行 1000 吨级船舶;年发电量 5.27 亿千瓦时,且与上游万安电站同步协调调度为江西电力系统调峰,可缓解江西省电网用电紧张状况;可提高各防护区的防洪标准,尤其是能使万合、沿溪、金滩 3 个防护区的防洪标准由 2 ~ 5 年一遇提高到 10 年一遇。枢纽工程库区内设有万合、沿溪、泰和、金滩和樟塘 5 个防护区。沿江布置防洪堤总长 43.29 千米,沿防护区一定高程的山腰布置导托渠(导排渠)总长 45.0 千米;在各防护区的低洼处建电排站 9 座,电排站装机容量 6046 千瓦,整修排涝堤后沟长 19.13 千米;在支流灌苑水出口建泄洪挡水节制闸 1 座,在樟塘与万合两防护区联通的引(导)排渠上建引水导排节制闸 1 座;在万合防护区排涝导排渠出口建排水挡洪自排闸 1 座。同时工程设计在坝上设置过坝公路桥(桥面宽 10 米,人行道宽 2.15 米,总长约 1645.7 米),以连接两岸交通,缩短县城至万合镇公路里程约 20 千米。

石虎塘航电枢纽建筑物布置从左岸到右岸依次为:左岸土坝、船闸、泄水闸、厂房、右岸连接坝段和右岸土坝;鱼道和导排渠从右岸土坝穿过,二线船闸布置在左船闸的左侧。枢纽建筑物坝顶总长度1645.7米,其中左岸土坝长度447.6米,船闸宽度43.4米,泄水闸(23孔)长度532米,主厂房长度139米,连接段长度83.5米,右岸土坝长度400.2米。主要建筑物泄水闸、船闸挡水部分、厂房、左、右岸接头土石坝段按三级建筑物设计,次要建筑物按四级设计。船闸设计标准为三级,按1顶+2×1000吨级驳船队通航标准设计。通航净高10米。

（3）建设成就

枢纽建成后,使坝址上游38千米航道的等级提高到三级,可通航1000吨级船舶,改善赣江中上游的航道条件,提升赣江水上交通全面发展的能力,为江西省在中部地区崛起战略的实施提供交通运输保障。

枢纽防护工程的建成,使赣江库区两岸2~5年一遇的防洪标准提高至10~30年一遇,每年汛期减少受淹人口4.78万人,保护耕地5.59万亩,使库区两岸的水淹地或中低产田成为耕作条件良好的旱涝保收田,对提升当地农村经济发展能力,发展沿岸工农业生产将具有持续发展的意义。枢纽工程的建成,库区形成的一片碧海蓝天,堤防结合建成的滨江大道等,将极大改善库区生态环境,对开发库区旅游资源,统筹城乡发展,促进城镇化建设步伐,使库区生态、经济和社会效益得到和谐统一。

库区防护工程自试运行以来,建筑物及机电设备总体运行正常,达到库区防洪和排涝设计标准。渔业增殖站于2013年投入使用,进行5次增殖放流活动,改善水域生态环境,为渔业和渔区经济的可持续发展奠定基础。

2.通航建筑物

项目于2009年2月开工,2011年10月试通航,2013年8月交工。

项目建设依据:2008年6月,国家发改委《关于赣江石虎塘航电枢纽工程项目可行性研究报告的批复》(发改交运〔2008〕1378号);2008年9月,交通运输部《关于赣江石虎塘航电枢纽工程初步设计的批复》(交水发〔2008〕292号);2008年1月,国家环保总局《关于江西省赣江石虎塘航电枢纽工程环境影响报告书的批复》(环审〔2008〕28号);2009年2月,国土资源部《关于赣江石虎塘航电枢纽工程建设用地的批复》(国土资函〔2009〕261号)。

项目船闸通航标准为三级,设计吨位为1000吨级,设计代表船舶(船队)尺度为160米×10.8米×2.2米。设计水头11.34米。项目为一线船闸,预留二线船闸位置,闸室有效尺度为180米×23米×3.5米。船闸上游设计最高通航水位57.72米,设计最低通航水位57.58米;下游设计最高通航水位54.5米(54.26米,下切后),设计最低通航水位45.66米。上、下闸首的结构形式为钢筋混凝土实体底板和箱型边墩组成的整体式结构,闸室采用钢筋混凝土整体式(坞式)结构,船闸的闸阀门形式为人字闸门及平板阀门,启闭机采用液压直推式启闭机。一次过闸时间约60分钟。引航道的平面采用曲线进闸、直线出闸的不对称布置方式,上、下游引航道沿船闸轴线投影长度为380米,底宽为54米。项目概算总投资24.38亿元,其中交通运输部水运建设资金4.95亿元,江西省级财政拨款40万元,江西省交通运输厅及省港航局自筹8.36亿元,世界银行贷款1亿美元,国内银行贷款4.25亿元。枢纽区(含枢纽管理区)总用地770.94亩,其中耕地178.53亩、园地15.78亩、林地31.35亩、退耕林301.13亩,建设用地11.91亩,未利用地232.24亩。

项目建设单位为江西省交通厅赣江石虎塘航电枢纽工程项目建设办公室;设计单位为中水珠江规划勘测设计有限公司、中交水运规划设计院有限公司、江西省水利规划设计院;施工单位为中国葛洲坝集团股份有限公司、中交第二航务工程局有限公司、江西省路港工程有限公司;监理单位为江苏科兴工程建设监理有限公司与杭州亚太建设监理咨询有限公司(联合体)、江西交通工程监理公司与江西星海监理咨询所(联合体)。质检单位为江西省交通建设工程质量监督管理局(原江西省交通工程质量监督站)。

由于原设计的东岗导托渠方案是在泰和县城区总体规划修编之后及控制性详细规划修编之前完成的,存在与县城建设详细规划部分冲突和居民密集聚居区征地拆迁困难较大等诸多矛盾。为此,泰和县政府及相关部门、项目办、设计单位联合召开了协调会,会议同意对东岗导托渠方案进行调整。江西省交通运输厅以《江西省交通运输厅关于赣江石虎塘航电枢纽库区防护工程泰和县城东岗导托渠方案调整的批复》(赣交基字〔2013〕37号),批复了该调整方案。

3. 经验与启示

作为世界银行贷款项目,在实施库区工程防护中,工程实施的抬田保护耕地,对樟树移栽、渔业资源等生态环境的保护以及以人为本确保民生方面,无论从投资远远超过概算,还是从投资占总概算三分之一的比例,以及工程实现的良好社会效益、效果,对当地经济社会发展产生的重要影响来说,石虎塘航电枢纽工程都走在全国前列。工程的征地拆迁移民安置,工程的质量进度安全管理,工程的按时完工建成交付运行,枢纽试蓄水一次性成功;工程的按时关账、没有突破概算、工程资金的支付和使用管理,库区工程的大量投入以及工程发挥的功能和明显的效益,还有库区抬田工程保护耕地、樟树移栽保护等,都是项目难得的亮点,多次受到国家审计、财政、世界银行官员的充分肯定。

(四)峡江船闸

1. 闸坝概况

(1)自然地理条件

赣江以赣州、新干为界分为上、中、下游,枢纽工程位于赣江中游,流域地处低纬度,多为山地,河道比降相对较陡,属亚热带季风湿润气候区。气候温和,日照充足,热量丰富,雨量充沛,夏冬季长,春秋季短,春寒夏热,秋干冬阴,无霜期长。据实测资料统计,流域内多年平均降水量在 1400 ~ 1800 毫米,降水量年内分配极不均匀,4—6 月多年平均降水量占全年降水量的 41% ~ 51%。多年平均蒸发量为 1294 ~ 1765 毫米,多年平均气温在 17.2 ~ 19.3 摄氏度,极端最高气温 41.6 摄氏度,极端最低气温 – 14.3 摄氏度。坝址区多年平均风速为 1.8 米/秒,最大风速 19 米/秒(出现在 1990 年 7 月 30 日),相应风向为偏 E,年最大风速多年平均值为 14 米/秒。

（2）闸坝建设情况

峡江水利枢纽位于峡江县境内赣江中游河段,是一座具有防洪、发电、航运、灌溉等综合作用的水利枢纽。2008 年 11 月 13 日,国务院常务会议核准审批。工程于 2009 年 7 月开工,2013 年 2 月试通航,2013 年 9 月首台机组顺利并网发电,2017 年 12 月竣工验收。峡江水利航电枢纽工程静态总投资 93.39 亿元,总投资 99.22 亿元。其中枢纽工程投资 31.28 亿元,防护工程投资 26.40 亿元。

峡江水利枢纽工程主要建筑物包括混凝土重力坝、18 孔泄水闸、电站厂房、船闸、鱼道、左右岸灌溉进水口。大坝坝轴线长 845 米,坝顶高程 51.2 米,最大坝高 44.9 米,水库总库容(11.87×10^8)立方米,防洪库容(6.0×10^8)立方米,调节库容(2.14×10^8)立方米;水库正常蓄水位 46 米,死水位 44 米,防洪高水位 49 米,设计洪水位 49 米,校核洪水位 49 米。设计总灌溉面积 2.2 万公顷。枢纽主要建筑物总体布置沿轴线从左至右依次为左岸挡水坝段(包括左岸灌溉总进水闸,长 102.5 米)、船闸(长 47 米)、门库坝段(长 26 米)、泄水闸坝段(18 孔,总长 358 米)、厂房坝段长 274.3 米,其中安装间长 62.5 米(与挡水坝重合)、右岸挡水坝段(包括右岸灌溉总进水闸、鱼道,长 99.7 米),坝轴线总长 845 米。

工程建成后,防洪库容量达 9 亿立方米,能提高赣江中下游两岸尤其是南昌市的防洪标准(由 100 年一遇提高到 200 年一遇)。改善上游航道 65 千米,为下游 32.95 万亩农田提供可靠的灌溉水源。该工程安装 9 台总装机容量 36 万千瓦的机组,水电站接入江西省电网,可增加江西电力调峰容量 36 万千瓦,年发电量达 11.42 亿千瓦时,年均发电效益 44.8 亿元。工程渠化坝址上游 77 千米的航道(从坝址至吉安市井冈山大桥),畅通航行 1000 吨级船舶。

（3）建设成就

峡江水利枢纽电站首台发电机组于 2013 年 9 月 1 日成功并网投入运行。2014 年 1 月 22 日,峡江水利枢纽工程三期 12 孔泄水闸完成过水验收,标志着三期 12 孔泄水闸具备过水条件,工程开始发挥防洪效益。2015 年 5 月,末台(1 号)机组通过启动验收,峡江电站全部 9 台发电机组投产运行,提前 5 个月实现机组全面投产发电目标,工程开始全面发挥发电效益。2017 年 12 月 24 日,峡江水利枢纽工程顺利通过竣工验收。工程试运行以来,防洪、发电等综合效益显著,为当地经济社会发展提供坚实的水利支撑和保障。自2013年9月至2018年5月底,峡江水利枢纽累计发电量32.52亿千瓦时,效益十分显著。

峡江水利枢纽的建成,渠化了峡江水利枢纽坝址以上赣江航道78千米,使航道达到三级航道标准,常年可通行1000吨级船舶。经过5年的运行,至2018年5月底,峡江船闸累计放行船舶过闸162次,累计过闸船舶387艘。

2. 通航建筑物

项目于2010年7月开工,2013年2月试通航,2017年12月竣工。

项目建设依据:2008年11月,国家发改委《印发国家发展改革委关于审批江西省峡江水利枢纽工程项目建议书的请示的通知》(发改农经字〔2008〕3179号);2010年7月,国家发改委《国家发展改革委员会关于江西省峡江水利枢纽工程可行性研究报告的批复》(发改农经〔2010〕1546号);2011年10月,水利部《关于江西省峡江水利枢纽工程初步设计报告的批复》(水总〔2011〕560号);2009年10月,环境保护部《关于江西省峡江水利枢纽工程环境影响报告书的批复》(环审〔2009〕466号);2012年8月,国土资源部《关于江西省峡江水利枢纽坝区工程建设用地的批复》(国土资函〔2012〕684号)。

项目船闸通航标准为三级,设计通行1000吨级船舶,代表船舶(船队)尺度为160米×10.8米×2.2米。项目为单线、单级船闸,闸室有效尺度为180米×23米×3.5米。船闸上游最高通航水位46.0米,下游最高通航水位44.1米;上游最低通航水位42.7米,下游最低通航水位30.3米,设计水头15.7米。上下闸首采用底板、边墩及工作闸门组成的挡水结构形式,闸室采用整体式结构,船闸的闸阀门形式为人字工作门,启闭机械为液压启闭机形式。闸室充水时间为8分钟左右,一次过闸时间为30分钟。上、下游停泊段长度分别为438.96米和260米,引航道底宽55.0米。项目概算总投资93.39亿元,其中枢纽工程投资31.28亿元,防护工程投资26.74亿元。枢纽区(含枢纽管理区)总用地1447.92亩,其中耕地98.89亩(水田63.93亩,旱地34.96亩)。

项目建设单位为江西省峡江水利枢纽工程建设总指挥部;设计单位为江西省水利规划设计院;施工单位为中国水利水电第十二工程局有限公司、中国安能建设总公司、广东省源天工程公司等;监理单位为湖南水利水电工程监理承包总公司、江河水利水电咨询中心、江西省建洪工程监理咨询有限公司联合体;质监单位为水利部水利工程建设质量与安全监督总站长江流域分站。

(五)新干船闸

1. 闸坝概况

(1)自然地理条件

新干航电枢纽处赣江中游,两岸台地丘陵相间,沿河两岸多为沙壤土组成的台地,长期受水流冲刷，岸线崩塌河床拓宽，枯水河面宽浅，枯水期平均比降0.16‰。该区属亚热带湿润季风气候区，地貌为华南褶皱系。坝基岩体综合强度较低，基本可以满足船闸、发电厂房、低水头电站建坝的地基强度要求。坝址河床覆盖层中均存在坝基渗漏、坝肩绕坝向下游和左坝肩绕坝向邻谷渗漏问题、两岸坝区存在浸没和坝基软岩不良工程特性突出的问题。整个库区河道均置于赣江断裂及其影响带中。库岸岩石基本由隔水岩层和相对隔水岩层组成，库区断裂基本未与库外沟通；河床及冲积台地下砂卵砾石层构成覆盖层中强透水层。地下水属松散介质弱承压水；地表径流、排泄畅通，河水水质清澈。此外左岸支流——袁水与赣江构成长近10千米、宽2～5千米的平原河段河间地块，并在三湖镇上游遗下一段串通河间地块的废弃河床。工程地质问题主要为渠化河段下游台地存在水库浸没现象，其次是水库渗漏、部分堤围防护段的堤基渗漏、局部的库岸稳定问题，其他如碍航淤积、环境地质等工程地质问题则较轻微，具备成库地质条件。坝址天然径流计算采用峡江水文站1957—2009年实测径流，多年平均流量1690立方米/秒，多年平均径流量为533.0×108立方米。库区多年平均气温在17.2～19.3摄氏度，多年平均降水量在1300～1800毫米，多年平均风速为1.1～2.9米/秒。

（2）闸坝建设情况

新干航电枢纽位于新干县三湖镇上游约1.5千米处，地处赣江中下游，是赣江赣州至湖口河段自上而下规划的六个梯级中的第五个梯级，是一座以航运为主、兼顾发电等综合利用功能的航电枢纽工程。新干航电枢纽工程项目于2015年8月开工建设，2017年8月10日工程截流，2017年11月试通航。

赣江新干航电枢水库正常蓄水位32.5米（黄海高程），渠化航道56千米，通航标准为内河三级，1000吨级船闸，并预留二线船闸位置；设有24孔泄水闸，总净宽480米；装机容量112兆瓦（7×16兆瓦灯泡贯流式机组）发电站1座，年平均发电量5.34亿千瓦时；设有鱼道、坝顶交通桥、库区防护等；枢纽布置沿坝轴线全长1080.27米。

项目建成后将大大改善赣江通航条件，并与上、下游枢纽和航道沟通，发挥赣江水运优势，构建沿江地区对外物资交流的快速水上通道，为赣江水上旅游观光创造条件。

（3）建设成就

新干航电枢纽是渠化赣江航道的重要梯级。新干枢纽距上游峡江枢纽近56千米，河段现有航道等级仅为五级。该河段有寡妇滩、乌口滩、肖家滩、胡家祠滩、新干滩、白马庙滩、大洋洲滩、三湖滩等主要滩险，仅靠航道整治，难以提升至三级航道标准。从通航角度，通过建设枢纽渠化该段航道，淹没其中滩险，使该段航道水深满足三级航道要求。

建设新干航电枢纽对改善赣江通航条件，适应水运货运量增长和船舶大型化的要求，落实长江流域综合利用规划和实现赣江高等级航道规划目标，综合利用水资源，促进赣江流域经济社会发展具有重要意义。

2.通航建筑物

项目于 2015 年 8 月开工,2017 年 11 月试通航,2019 年 11 月交工。

项目建设依据:2014 年 12 月,国家发改委《关于江西赣江新干航电枢纽工程可行性研究报告的批复》(发改基础字〔2014〕2867 号);2015 年 2 月,交通运输部《关于江西赣江新干航电枢纽工程初步设计的批复》(交水函〔2015〕145 号);2014 年 11 月,环境保护部《关于江西赣江新干航电枢纽工程工程环境影响报告书的批复》(赣审字〔2014〕298 号);2015 年 10 月,国土资源部《关于江西赣江新干航电枢纽工程工程建设用地请示的批复》(国土资函〔2015〕758 号)。

项目船闸通航标准为三级,设计吨位为 1000 吨级,设计代表船舶(船队)为 1 顶 + 2 × 1000 吨级驳船队,设计船队尺度为 160 米 × 10.8 米 × 2.2 米。设计水头 10 米,项目为单级船闸,预留二线船闸,闸室有效尺度为 230 米 × 23 米 × 3.5 米。船闸上游设计最高通航水位 34.99 米,上游设计最低通航水位 28.94 米;下游设计最高通航水位 34.76 米,下游设计最低通航水位 24.00 米。上、下闸首均采用钢筋混凝土实体底板和箱型边墩组成的整体式结构。闸室结构采用少筋混凝土分离式结构中的衡重式,墙体内布置输水廊道及侧支孔。船闸的闸阀门形式为人字闸门及平板阀门,闸门启闭机液压直推式启闭机。船闸采用长廊道分散输水方式,在最大设计水头 10.0 米下的充水时间为 6.73 ~ 7.23 分钟,泄水时间为 6.82 ~ 7.75 分钟。为提高船闸的通过能力,船闸采用曲线进闸、直线出闸的过闸方式。船闸由上、下闸首及闸室,上、下游引航道,上、下游远调及停泊锚地组成。上游引航道通过一段转弯半径为 800 米的 S 形弧线与主航道衔接。下游引航道通过一段转弯半径为 600 米的圆弧,转角 18 度与主航道衔接,边坡距三湖镇护岸大于 100 米。项目概算总投资 38.45 亿元,其中中央预算内资金 2.48 亿元,交通运输部内河水运建设资金 4.95 亿元,江西省财政资金 2 亿元,银行贷款 20.69 亿元,自筹 8.33 亿元。枢纽区(含枢纽管理区)总用地 725.71 亩,其中耕地 199.55 亩、园地 302.04 亩、林地 24.89 亩及其他农用地 44.07 亩,建设用地 9.15 亩,占用未利用地 146.01 亩。

项目建设单位为江西省港航建设投资有限公司;设计单位为中交水运规划设计院有限公司和中水珠江规划勘测设计有限公司联合体;施工单位为陕西建工第六建设集团有限公司、中国葛洲坝集团股份有限公司、中交第二航务工程局有限公司等;监理单位为广州新珠工程监理有限公司和江西交通咨询公司联合体、江苏科兴项目管理公司和广州华申建设工程管理有限公司联合体;质检单位为江西省交通建设工程质量监督管理局。

本项目建设过程中的重要科技创新为:由中国葛洲坝集团编制的《航电枢纽电站厂房和泄水闸施工关键技术研究》,结合本工程施工情况,提炼出的狭小场地施工布置,厂房吊运一体化,流道曲面、鱼道扭面混凝土快速、高质高效施工,现浇梁钢筋笼整体吊装等关键技术,能够提高混凝土施工速度及质量、降耗增效、避免汛期干扰,最终实现工程提前具备闸坝运行条件和蓄水发电目标，为类似工程提供良好经验。

本项目建设过程中，"一种外倾模板的固定结构"获得实用新型专利，专利号为ZL201721146248.4，授权时间为2018年5月4日；"一种外倾模板的固定方法"已经申报发明专利，专利号为ZL201710803742.1。

3. 经验与启示

新干航电枢纽工程是江西港航承前启后的航电枢纽项目，项目办致力于传承优良经验，并努力推进工艺创新和技术改进，力争树立水运工程新的标杆。本项目的主要亮点有：①在施工区域，科学布设大型塔吊，使塔吊运行范围实现施工区域全覆盖，形成了一套从原材料进场到混凝土入仓浇筑的流畅作业程序；钢筋加工厂的成品钢筋也可直接吊运入仓，减少钢筋二次转运，有效地提高了施工效率。②岩基爆破采用毫秒微差深孔梯段爆破、浅孔控制爆破等控制爆破技术，提高了基坑石方开挖的施工质量和安全性，确保了东昌高速公路跨赣江特大桥的施工安全及附近民工和过江高压线铁塔的安全。③泄水闸闸墩大牛腿施工采用钢管混凝土立柱扇形拉锚支撑系统，相比传统模板支架系统，该工艺减少了大量模板支架施工，节省支架预压工序环节，大大减少安全风险，具有施工速度快、质量好、安全有保障等优点。④一期和二期混凝土结合面采用收口网施工，该网格及骨架均为机制成型，具有力学性能好、自重轻、运输和安装方便、界面性能理想、便于穿筋等优点，其黏结及剪切方面的强度与经过良好处理的粗糙面相同。

（六）龙头山船闸

1. 闸坝概况

（1）自然地理条件

赣江龙头山水电站工程坝址位于剑邑大桥下游3.0～3.5千米的河段内，坝址地形开阔，河岸比较平顺，河流流向北偏东。坝址区平水期水位14.6米时，河水面宽360.0～460.0米，最大水深9.5米，河床高程4.9～13.5米；正常蓄水位24.2米高程水面宽870.5～1191.5米。两岸地形基本对称，均为一级阶地，阶面高程19.3～25.4米，高出河水面4.7～10.8米，宽度均大于1000米。

坝址区多年平均气温17.6摄氏度，极端最高气温40.5摄氏度（2010年8月4日），极端最低气温－14.3摄氏度（1991年12月29日）；多年平均降水量为1678.4毫米，最大日降水量为287.5毫米（1973年6月22日）；多年平均相对湿度82%，最小相对湿度为14%；多年平均蒸发量为1429.2毫米；多年平均风速为2.3米/秒，最大风速26米/秒，相应风向为NE；多年平均日照数1701.9小时。

赣江为雨洪式河流，洪水由暴雨形成，因此洪水季节与暴雨季节相一致。一般自每年3月起，本流域开始出现洪水，但峰量不大；5月、6月为本流域出现洪水的主要季节，尤其是 6 月,往往由大强度暴雨产生峰高量大的大量级洪水;7—9 月受台风影响,也会出现短历时的中等洪水,3 月和 10 月偶尔也会出现中等洪水。本流域 4—6 月洪水由锋面雨形成,往往峰高、量大,7—9 月洪水一般由台风雨形成,洪水过程一般较尖瘦。一次洪水过程一般为 7~10 天,长的可达 15 天,最短的仅为 5 天。峰型与降水历时、强度有关,多数呈单峰肥胖型,一次洪水总量主要集中在 7 天之内。

(2)闸坝建设情况

龙头山水电站是一座以发电、航运、城市交通为主,兼有防洪灌溉、供水、旅游、水产养殖等综合利用功能的大型水电站,也是赣江流域梯级电站规划中的最后一级电站。该工程由江西龙头山航电枢纽投资开发有限公司独资开发。工程于 2015 年 12 月正式开工建设,2019 年 12 月船闸具备设计通航条件,工程总投资 35.73 亿元。

龙头山船闸等级为三级,通航能力为 1000 吨级,闸首及闸室按二级建筑物设计,导航、靠船建筑物按三级建筑物设计,临时建筑物按四级建筑物设计,通航净高为 10.0 米,设计水头为 15.43 米,可渠化赣江航道 60.7 千米。

龙头山水电站正常蓄水位 24.20 米,相应库容 2.44 亿立方米,电站装机 8×30 兆瓦,总装机容量 240 兆瓦,可替代火电容量 264 兆瓦,年发电量 9.17 亿千瓦时。工程采用左(西)厂房右(东)船闸枢纽布置方案,建筑物布置从左至右依次为鱼道、河床式厂房、排漂坝、24 孔溢流坝、连接坝、1000 吨级船闸。按照规划设计,大坝同步建成一条 19 米宽双向四车道一级公路连通东西两岸工程。

建设该工程是促进赣江航运快速发展和船舶大型化、标准化、专业化,提升水运竞争力,促进综合运输体系调整的需要。该工程的建成,可进一步提高赣江航道等级,有效降低货物运输成本,更可进一步发挥赣江水运干支直达、江海联运优势,构建沿江地区对外物资交流的快速水上通道,为减轻环境污染、保护生态环境作出贡献。

(3)建设成就

赣江航道作为江西省连接长江中下游地区的重要水运交通线,是构建国家高等级水运网的重要组成部分。之前由于龙头山最后这个梯级枢纽未建,使之成为整个赣江黄金水道上的一个瓶颈;龙头山水电站建成后,可渠化从龙头山到新干枢纽 60.7 千米的航道至三级航道标准,使赣江上游的峡江、石虎塘、井冈山、万安枢纽梯级的通航能力得以变现,进一步发挥赣江水运"干支直达、江海联运"的优势,促进沿江产业带的建设,有利于赣江流域经济的持续发展;同时,龙头山水电站符合国家和江西省清洁能源产业发展政策的需要,它的建成可将赣江的水能转化为电能,拉动丰城、樟树两市 GDP(Gross Domestic Product,国内生产总值)的快速增长,促进宜春市水路旅游、第三产业的发展,改善城市供水、枯水期农业补水灌溉,使生活生产工业用水更有保障。因此,龙头山水电站可为渠化赣江黄金水道、桥坝结合连接东西两岸扩大城市框架、助推当前国家"一带一路"水运新型战略提供巨大支撑,项目建设意义十分重大。

2.通航建筑物

项目于 2015 年 10 月开工,2019 年 12 月试通航。

项目建设依据:2012 年 2 月,江西省政府《关于同意龙头山水电站开展前期工作的复函》(赣新能函〔2013〕14 号);《关于核准江西龙头山水电站项目的批复》(赣发改能源〔2015〕998 号);《关于江西龙头山水电站枢纽工程环境影响报告书的批复》(赣环评字〔2015〕70 号);江西省国土资源厅《关于江西龙头山水电站枢纽工程项目建设用地的批复》(赣国土资核〔2017〕346 号)。

龙头山船闸通航标准为三级,设计吨位为 1000 吨级,为单线、单级船闸,预留二线船闸。上、下闸首均采用钢筋混凝土整体坞式结构,闸室为分离式闸室结构,输水系统采用闸室底部长廊道分散输水方式,设计水头 15.95 米,充、泄水时间均为 9~10 分钟,一次过闸时间 59.06 分钟。闸室有效尺度为 230 米×23 米×3.5 米。船闸设计最低通航水位22.30 米,闸下设计最高通航水位 24.19 米,设计最低通航水位 11.01 米。设计代表船队为 1 顶+2×1000 吨级驳船队,设计船队尺度为 160 米×10.8 米×2.2 米,上、下游引航道采用曲线进闸、直线出闸的不对称布置方式,宽度为 60 米,最小水深 3.5 米。上、下闸门采用人字门;上、下工作阀门,上、下检修阀门均采用平板门,启闭机械均采用液压启闭。工程总投资 35.73 亿元,其中船闸、航道工程总投资 8.7 亿元。枢纽工程永久征地761.27 亩。

项目建设单位为江西龙头山航电枢纽投资开发有限公司;设计单位为湖南省水利水电勘测设计研究总院;施工单位为四川省水利电力工程局、广东省源天工程有限公司、湖南省桃江县湘中水工机械有限公司;监理单位为长江勘测规划设计研究有限责任公司;质监单位为国家可再生能源发电工程质量监督总站。

九、信江的通航建筑物

(一)综述

信江位于江西省东北部,是江西省五大水系之一。信江发源于浙赣边境的怀玉山,自东向西流经玉山、上饶、铅山、弋阳、贵溪、鹰潭、余江、余干等县(市),在余干县新渡万家分为东、西两支。信江西支为行洪通道,经瑞洪镇至三江口与赣江东河及抚河汇合后注入鄱阳湖;信江东支为高等级航道组成部分,在鄱阳县乐安村与乐安河汇流后经饶河干流于龙口注入鄱阳湖。信江东支和西支均属于鄱阳湖尾闾航道。信江干流乐安村至上饶市长250.1 千米,流域共有支流 18 条,全长 1091 千米,流域通航总里程 383.6 千米,其主要支流有铅山河、白塔河等,流域土地面积 1.76 万平方公里。信江按河道特征以弋阳、鹰潭两处为界划分为上、中、下游三段。弋阳以上河段为上游段,河宽一般为 200~300 米,两岸多为山区,河床较稳定,河床质多为砾石;弋阳至鹰潭为中游段,河宽一般250~350米,河谷渐宽,河床较稳定,河床质多为沙砾;鹰潭以下为下游段,河宽一般为300~500米,属鄱阳湖平原,河谷宽阔,河床质多为泥沙。

截至2015年底,信江已建成枢纽为界牌航电枢纽,该枢纽于1997年建成使用,规划梯级有八字嘴航电枢纽(包括信江东支的虎山嘴航电枢纽和西支的貊皮岭航电枢纽)和双港航运枢纽。

2015年后,八字嘴梯级和双港梯级相继开工建设,界牌航电枢纽船闸也开展改造,预计在2021—2022年建设完工。信江规划梯级枢纽情况见表11-2-3。

信江规划梯级枢纽情况　　　　　　　　　　表11-2-3

枢 纽 名 称	正常蓄水位（米）	建设完工时间	过船建筑物形式/规模	有效尺度（米）			备注
				长度	闸室宽度	槛上水深	
界牌航电枢纽	26	2002年	船闸/1000	180	14	3.5	现状
		—	船闸/1000	180	23	3.5	规划改造
虎山嘴航电枢纽（信江东河）	19	2021年	船闸/1000	180	23	4.5	—
貊皮岭航电枢纽（信江西河支线）	19	2021年	船闸/1000	180	23	3.5	—
双港航运枢纽	13	2022年	船闸/1000	230	23	4.5	—

信江梯级水位图如图11-2-9所示。

(二)界牌船闸

1.闸坝概况

(1)自然地理条件

信江流域处在副热带季风区,温和多雨,多年平均降水量1841毫米。降水在年内以4—6月最为集中,约占全年总量的50%左右,7月开始进入干旱少雨季节。多年平均气温18摄氏度,历年最高气温43.3摄氏度,最低温度-11.1摄氏度,7月和1月分别是最热和最冷月。界牌河段含沙量和来沙量均不大,颗粒较细,有利于航道维护和枢纽正常运行。界牌坝址多年平均流量为440立方米/秒,坝址多年2%,5%,10%频率平均流量分别2760立方米/秒,1680立方米/秒,1030立方米/秒。

在坝轴线上,河床中有一沙洲(称界牌洲),枯水期将河道分成左、右两支。右支为主河道,河道宽340米,河底最低高程10.5米;左支河道宽120米,河底最底高程17.5米,河床表层为第四系覆盖层,以冲积洪积层为主。基岩为白垩系砂岩,属白垩系上统圭峰组,出露岩性以紫红色-砖红色砂岩为主,砂细粒以长石、石英为主泥质接触式胶结。第四系松散覆盖层分为两层:上更新统洪积层和全新统冲洪积层及冲积层。

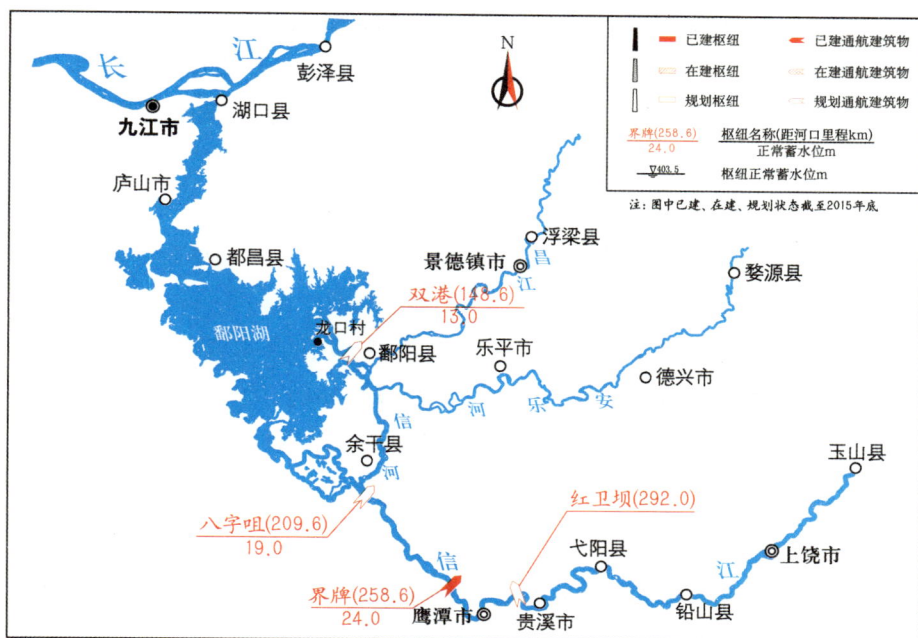

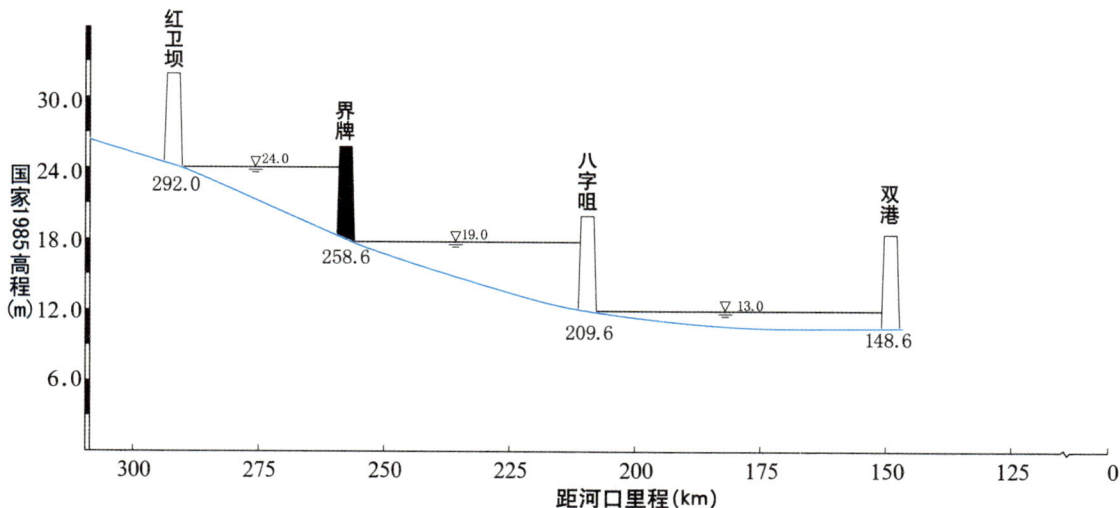

图 11-2-9　信江梯级水位图

(2)闸坝建设情况

界牌航电枢纽是信江高等级航道规划方案中的第一个梯级,是以航运为主,兼有发电、灌溉等功能的水利枢纽。工程位于鹰潭市余江县中童镇。

界牌航电枢纽工程渠化三级航道 46.4 千米,1000 吨级船闸 1 座,船闸直线段全部置于右岸河道比较顺直河段。上、下引航道按三级建筑物设计,闸室有效尺度为 175 米×14

米×3.5米,上闸首为挡水建筑物,其洪水标准与枢纽挡水位建筑物一致。电站装机容量20兆瓦(安装2台单机容量为1万千瓦低头贯流式发电机组,年发电量8613千瓦时);20孔泄水闸(净空12米、长290米),溢流坝(长150米),平板坝(长87米),公路桥[(613×7)+(2×1)米]1座及挡水建筑物和相配套的生产、生活设施等建筑工程。该枢纽的主要工作量为:土石方开挖131万立方米、土石方回填143万立方米、混凝土23万立方米、钢筋制安4800万吨、金石制安3062万吨。船闸通航1000吨级船舶,设计正常蓄水位为26米,相应库容9700万立方米,水库面积1845公顷。实际运行蓄水位为24米。

（3）建设成就

界牌航电枢纽充分发挥了通航、发电、灌溉、防洪等水资源综合效益,确保了信江沿岸生产生活用水和城市景观生态用水,美化了城市环境,为建设富裕、秀美、宜居、和谐新鹰潭作出了积极贡献,成为增强城市灵气、实现共赢发展的典范。

2.通航建筑物

项目于1992年11月开工,1997年1月试通航,2013年9月竣工。

项目建设依据:1985年5月,国家计划委员会以计交(1985)1362号文批准《关于信江航运工程设计任务书审查报告》(计交〔1985〕1362号);1989年4月,交通部《信江航运工程初步设计的批复》(交函工字〔1989〕206号);1987年10月,江西省环境保护厅《江西信江航运工程环境影响评价报告书的批复》(赣环字〔1987〕60号);1992年3月,江西省计划委员会《关于追加信江航运建设工程界牌枢纽用地计划的批复》(赣计国土字〔1992〕3号)。

项目船闸通航标准为三级,设计吨位为1000吨级。设计代表船队为1顶+2×1000吨级驳船队;设计代表船舶为:500吨级船舶,尺度为45.5米×10.6米×1.6米,载质量540万吨;1000吨级船舶,尺度为67.5米×10.6米×2.0米,载质量1020万吨。设计水头7.8米。项目为单级船闸,闸室有效尺度为175米×14米×3.5米。船闸上游最高通航水位28.5米,最低通航水位26.0米;下游最高通航水位28.33米,最低通航水位19.0米。上、下闸首采用边墩结构形式,上闸首为整体式,下闸首为分离式。闸室采用分离式结构,船闸的闸门形式为平板钢质人字门,启闭机械为液压形式。船闸输水系统类型为短廊道头部输水系统,一次充、泄水时间均为21分钟。引航道的平面布置,相对船闸纵轴线而言为对称形,主导航建筑物为直线,辅导航建筑物为曲线。枢纽项目概算总投资4.96亿元,其中交通部水运建设资金7700万元,江西省财政预算1776万元,江西省交通厅3.34亿元,中国建设银行贷款6000万元,江西省投资公司贷款250万元。枢纽区(含枢纽管理区)总征地面积为602.06亩。

项目建设单位为信江航运建设工程管理处;设计单位中交水运规划设计院为界牌枢纽设计总承包单位,其中电站部分由北京国电水利水电设计院承担,公路桥、船闸由江西省交通设计院承担,施工设计由江西省水利规划设计院承担;施工单位为武警水电二总队、中港集团第二航务工程局、广东省源天公司等;监理单位为江西省交通厅工程管理局成立了界牌枢纽监理处;质检单位为江西省交通工程质量监督站。

1994 年 12 月 11 日,信江流域发生百年一遇的冬汛,给界牌航电枢纽造成较大的损失,并将整个工期向后推迟一个月左右。1997 年 1 月 27 日,建设、监理、设计、厂家、施工等单位召开紧急会议,分析、研究解决问题办法,最后决定将原厂家提供的空心剪断销,改用一半为实心销一半为空心销并间隔安装,通过各单位一昼夜紧张工作,于当晚 9 时左右机组重新启动运行,并顺利完成了各项试验。

在闸室段预裂爆破开挖过程中,有一条宽 40.0 米、深 8 米的当地农民采石坑,且闸室段其他部位也有被当地农民采石严重破坏基础的地方,整个闸室地形与原设计不符。同时从开挖出来的岩石基面可以看出,有部分岩石比较好,能达到设计要求,但有不少地方的岩石裂隙发育较严重、裂隙条数多、宽度大、裂面的层距较薄等,与原设计提供的地质报告不符。由于地形、地质条件均与原设计不符,很难保证原设计衬砌式闸室墙的稳定。为此,建设、监理、设计、施工单位反复在现场勘察论证,同时将以上情况上报了主管部门,在取得主管部门同意后,由原设计院对闸室墙断面进行了重大设计修改,将原设计衬砌式闸室墙改为衡重式闸室墙。修改后的方案,虽然增加了不少投资(此投资在 1996 年 3 月调概中已确认),但确保了整个闸室墙的稳定,且由于修改后的衡重式闸室墙,结构形式单一,也便于施工,加快了整个船闸的施工进度。

界牌船闸是一座以公益性运行为主的船闸,从 2002 年正式下闸蓄水通航时间起,至 2015 年底,界牌船闸累计通航闸次 3733 次,船舶通航 1.67 万艘,船舶通过量累计为 8.2 亿吨(空载)。

十、合裕线的通航建筑物

(一)综述

合裕线航道是国家高等级航道规划的"十八线"之一,也是安徽省干线航道网规划的"一纵"的组成部分。该航道由南淝河航道、巢湖航道、裕溪河航道三段组成,全长约 138 千米,起点为合肥市合肥新港,终点为芜湖市裕溪河,先后流经安徽省合肥、马鞍山、芜湖三市。

南淝河是巢湖水系上游较大的支流,地势由西北向东南倾斜,东南部地势坦荡开阔,地面平均坡降约 1/800。径流主要由降水补给,正常流量较小。洪水季节流量较大,坡降陡,流速大,水流挟沙能力强,水位变化幅度大,同时受巢湖水位顶托影响;中、枯水季节流量很小,加之河面较宽,易在口门处泥沙落淤,年平均淤积量 8～10 厘米。

巢湖东西长 54.5 千米,南北宽 21 千米,湖面面积 7.8 万公顷,平均水深 2.69 米,库容 20.68 亿立方米。湖底平坦,岸线曲折。湖盆地势西北高、东南低。接纳杭埠河、南淝河、兆河等诸河流来水,经湖泊调蓄后由裕溪河和牛屯河分洪道等注入长江。

裕溪河从东口门至裕溪口,全长约 62 千米。河槽底宽 100 米左右,比降 0.2‰,滩地宽 15 ~ 20 米,河槽边坡 1∶3,堤距约 200 米。在裕溪河航道东口门、裕溪口分别建有巢湖闸和裕溪闸,均配套建有一座 1000 吨级船闸,现正在配套建设 2000 吨级复线船闸。

合裕线梯级水位图如图 11-2-10 所示。

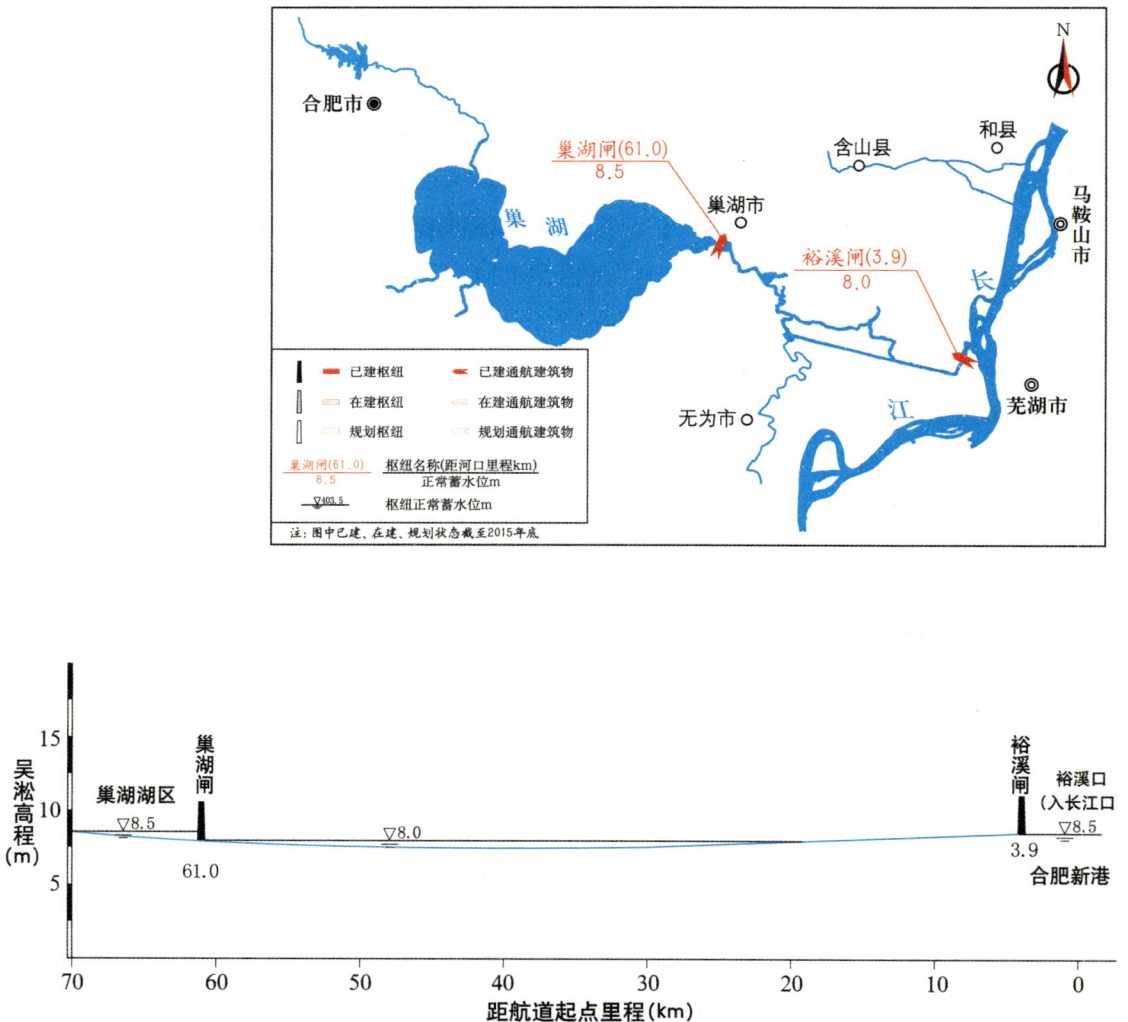

图 11-2-10　合裕线梯级水位图

(二)巢湖船闸

1. 闸坝概况

(1)自然地理条件

巢湖闸工程区地处巢湖东侧,为山前丘陵洪积与河湖相冲积区交接地段,地貌类型以河湖相冲积平原与山前洪积区平原为主。工程区处于郯城—庐江断裂带的古河—散兵断层以东。

据巢湖闸水文站 1963—1985 年实际年径流量资料统计,多年平均经流深为 440 毫米,巢湖闸以上来水面积 91.53 万公顷,多年平均入湖水量为 36.5 亿立方米左右,其中 5—9 月占全年的 64%,当年 10 月—翌年 4 月占 36%,年内分配很不均匀。

巢湖流域属亚热带温润季风气候区,四季分明,气候温和,雨量集中,无霜期长。据巢湖气象站资料统计,多年平均气温约 16 摄氏度,全年最低温度出现在 1 月,最高温度多出现在 8 月。全年无霜期一般为 240 天,初霜期在 11 月下旬,终霜期在翌年 3 月上旬。

(2)闸坝建设情况

巢湖闸位于安徽省巢湖市市区西南司家巷,巢湖入裕溪河的咽喉连接处,上距合肥 78 千米、下距裕溪河入长江口 61 千米,所在合裕线航道等级为二级。巢湖闸由节制闸、一线船闸、复线船闸等组成,具有防洪、排涝、蓄水、引水灌溉及通航等功能。节制闸及一线船闸等建筑物于 1962 年 12 月建成,节制闸布置在河道的左侧,老闸共 10 孔,每孔 5 米宽;2002 年扩建了 6 孔单孔,每孔宽 5 米,节制闸总设计流量 1370 立方米/秒。巢湖一线船闸位于引河的右侧,与节制闸平行布置,两闸中心线距约 128 米,船闸标准为苏联三级船闸;复线船闸于 2012 年底建成,位于一线船闸的右侧,两闸平行布置,中心线间距约 80 米,下闸首与拦河堤连接,参与防洪。设计通航船舶吨级为 1000 吨级。闸首、闸室等主要建筑物级别为二级,导航、靠船建筑物级别为三级。

(3)建设成就

由于一线船闸闸室狭小、设施老化,尤其门槛水深较浅,堵航、碍航非常严重,已成为制约合裕线航运发展的瓶颈。虽然其运量由 2010 年的 1265 万吨提升至 2012 年的 3060 万吨,24 小时开闸工作,但船舶待闸还是十分严重,船舶吨位也非常受限。复线船闸建成后与老船闸联合运行,使得枢纽的通航能力大幅提升,彻底解决了堵航问题,促进了合肥都市圈区域社会经济发展。复线船闸自 2013 年 5 月正式运营以来,过闸量由 2013 年的 3278 万吨提升至 2017 年的 5150 万吨,以平均每年 11% 的速度增长。

2. 通航建筑物

项目于 2010 年 11 月开工,2012 年 12 月试通航,2013 年 11 月竣工。

项目建设依据:2008年12月,安徽省发改委发改交通函〔2008〕897号文件;2009年9月,安徽省发改委《关于合裕航道巢湖复线船闸工程可行性研究报告的批复》(皖发改基础〔2009〕914号);2009年12月,安徽省发改委《关于合裕航道巢湖复线船闸工程初步设计的批复》(皖发改设计〔2009〕1145号);2009年9月,安徽省环境保护厅《关于合裕航道巢湖复线船闸工程环境影响评价的批复》(环评函〔2009〕258号);2009年12月,安徽省人民政府《关于巢湖市2009年第三批次城市建设用地的批复》(皖政地〔2009〕682号)。

巢湖复线船闸为单级船闸,按照三级船闸标准建设,兼顾二级水深,闸室有效尺度为230米×23米×4.5米,设计船型为1000吨级驳船,设计船队为1顶+2×1000吨兼顾1顶+2×1000吨。受长江潮汐影响,船闸承受双向水头,最大正向水头3.07米,最大反向水头3.3米。船闸巢湖侧最高通航水位12.5米,最低通航水位7.70米;裕溪河侧最高通航水位11.89米,最低通航水位6.43米。闸首均采用钢筋混凝土整体式结构,筏式底板,三角弧形门,两侧设短廊道输水。闸室采用分离式结构,扶壁式闸室墙和撑梁间隔支撑、格埂分格的透水护底。上游导航墙为钢筋混凝土扶壁式结构、下游导航墙为悬臂式结构。上、下游导航墙位置对称布置,主导航墙布置在右岸,长60米。辅导航墙顺水流向布置。导航墩为混凝土空箱结构。船舶进出闸方式为直进曲出,等待进闸的船舶停靠在上、下游停泊锚地,通过上、下游调度站进行调度。一线、复线两个船闸共用一个引航道,最小底宽115米。上游引航道直线段长642米,与主航道以半径640米的圆弧顺接,受下游裕溪河大桥的制约,下游引航道布置直线段长度缩短至359.6米,后接半径480米的转弯段,弯段后接166.5米的直线段,而后用半径480米的圆弧与主航道顺接。跨闸公路桥设计荷载为公路二级,通航孔桥跨采用单跨42.8米下承式系杆拱结构。项目建设批复概算总投资3.41亿元,包括交通运输部水运建设资金、安徽省交通建设资金、安徽省港航投资集团自筹资金。

项目建设单位为安徽省合巢水运建设开发有限公司;设计单位为安徽省水利水电勘测设计院;施工单位中,安徽省路港工程有限责任公司负责土建施工。江苏省水利建设工程有限公司负责闸阀门制作及金属结构安装。江苏武进液压启闭机有限公司负责启闭机制造,合肥三立自动化工程有限公司负责电气及控制系统采购安装;监理单位为安徽省中兴工程监理有限公司;质检单位为安徽省高速公路试验检测科研中心、中国船级社实业公司上海无损检测中心。

巢湖复线船闸工程永久征地175亩,在下游利用70亩坑洼地抛泥造地约30亩。

本项目建设期间的重大事项如下:2012年6月13日接受交通运输部质量安全综合督查;2012年12月21日水下工程预验收;2013年10月18日通过交工验收;2017年7月28日巢湖取水口通水试运行。

本项目闸首输水廊道采用小块定型钢模,编号拼装,有效地保证了廊道的断面尺寸和线形。闸室墙采用喷淋养护,养护均匀,减少以前覆盖养护有死角的通病。在混凝土中加入 WTM 密实剂,有效控制了墙身裂缝的产生,也保证了良好的外观质量。

闸室基坑边坡临时防护引进植物纤维毯防护手段,达到了绿色、降尘、保水等功效。

本项目复线船闸修建前仅巢湖一线船闸通航,2010 年通过 1.73 万艘次、1264 万吨;2011 年通过 2.89 万艘次、2435 万吨;2012 年通过 3.44 万艘次、3060 万吨,待闸情况非常严重,24 小时不间断开闸工作。2012 年底复线船闸修建试通航后,2013 年通过 3.35 万艘次、3278 万吨;2014 年通过 3.44 万艘次、3457 万吨;2015 年通过 4.48 万艘次、4748 万吨;2016 年通过 4.05 万艘次、4689 万吨;2017 年通过 4.02 万艘次、5145 万吨,基本没有待闸情况,实际开闸工作时间约 12 小时。

综上所述,复线船闸建成后,船闸通航能力得到极大提升,通航平均吨位也由 2012 年的 890 吨/艘升至 2017 年的 1281 吨/艘,其中通过的最大单船吨位达到 3260 吨。复线船闸的建成大大降低了能耗,节约了社会资源,推动了合裕线航道的整体社会效益和经济效益早日显现,对实现合肥、巢湖等地区水运北上南下、通江达海发展战略,促进省会经济圈快速发展,加快皖江城市带承接产业转移示范区建设发挥着十分重要的作用。

3. 经验与启示

①巢湖复线船闸建设工程工期紧、交叉作业多、作业空间狭小、技术难度大、施工工艺复杂。为了保证工程质量,建设单位坚持科学指导、科研配合的原则,把完善设计的理念贯彻到工程建设的各个阶段,不断探索新材料、新工艺、新技术等方面的技术创新,坚持以航为主,加大科研投入力度,为设计提供充分科学依据,确保了船闸各方面的关键技术得到了科学合理的解决。

②为方便管理过闸船舶,船闸运行单位建立了船舶数据库和船舶调度系统,开办了船员服务频道,建立了船舶过闸水上 ETC 系统等,成立了上、下游航道维护小组,建立各项安全运营规章制度,完善了突发情况应急预案。通过多种措施,提高了船闸的通行效率,减少了船舶的待闸、过闸时间,增加了船舶周转率,保障了船闸运行安全,赢得了船员的好评。

(三)裕溪船闸

1. 闸坝概况

(1)自然地理条件

裕溪闸地处长江左岸,距裕溪河入江口约 4 千米。长江自西向东呈蛇曲线状从工程区东南侧流过,主泓随长江河道弯曲而左右摆动。裕溪河源自巢湖,流向东南于雍镇转向北东经裕溪口镇汇入长江。工程区属长江冲积平原区，地貌单元为裕溪河河流地貌，区内鱼塘、沟渠、圩堤星罗棋布。裕溪河呈北东向流经工程区，沿裕溪河修筑有无为大堤和裕溪河堤，无为大堤堤顶高程15.5米左右，裕溪河堤堤顶高程13.5米左右；堤内地形平坦开阔，地面高程一般为8米左右。裕溪河在节制闸闸址处河面宽160~180米，节制闸呈东南向117度展布，闸上游河底高程0.5~7.0米，闸下游河底高程1.8~2.5米左右，深泓多位于河道中部，局部有冲刷坑及抛石区。闸址区两岸河堤高程一般为12.0米，下游右岸稍低，一般为8~9米。

根据工程地质测绘及钻孔揭露，工程区内地层主要为：第四系人工堆积层、第四系全新统上段冲积层以及第四系全新统下段冲积层，下伏白垩系-第三系基岩。

巢湖流域处于南北气流交汇带，属北亚热带湿润季风气候区，季风明显，四季分明，气候温和，光照充足，雨量适中，无霜期长，严寒期短。流域内多年平均降水量为900~1200毫米，平均气温16摄氏度。流域受季风影响，夏季多为SW，冬季多为NW，多年平均风速3.3米/秒，最大风速可达22米/秒。

（2）闸坝建设情况

裕溪闸位于合裕航道入长江口处，所在合裕线航道等级。枢纽由节制闸、一线船闸、复线船闸组成，具有防洪、排涝、蓄水、引水灌溉及通航等功能。节制闸及一线船闸始建于1959年，继续施工至1969年5月竣工，工程由节制闸、船闸、鱼道及拦河坝组成。节制闸为钢筋混凝土胸墙式，节制闸共24孔，每孔净宽5.0米，总净宽120米，其中深孔8孔，净宽40米，底坝高程0.59米；浅孔16孔，净宽80米，底坝高程3.09米，最大泄量为1400立方米/秒，正常蓄水位8.5米。船闸设计采用苏联三级标准，尺度为195米×15米×2.5米（闸室长度×口门宽度×闸槛水深），最大水级4.84米，回水与巢湖闸下相衔接。裕溪复线船闸始建于2009年4月，2012年底建成，工程位于节制闸东面，下闸首布置于拦河坝上，闸室布置于上游侧，上、下游引航道直线段长400米，由导航段和调顺段组成，船闸等级为三级，设计船型为1000吨级。

（3）建设成就

裕溪一线船闸受门槛水深限制，且闸室尺寸较小，加上设备设施老化等因素，通过能力严重不足，无法满足合裕线航道通航要求，船舶堵闸、滞留等问题严重。复线船闸建成后，裕溪闸通过能力大幅提高，可通行1000吨级船舶，船舶待闸情况已基本解决。2013年过闸量4580万吨，2014年过闸量5380万吨，基本达到船闸设计通过能力。2017年，全年过闸量突破历史纪录达到7700余万吨，过闸船舶5.8万余艘次，经济效益和社会效益均十分显著。

2. 通航建筑物

项目于2009年4月开工，2012年12月试通航，2017年2月竣工。

项目建设依据:2007年4月,安徽省发改委《安徽省水利水电勘测设计院编制的项目预可行性研究报告的批复》(发改交运[2007]254号);2008年6月,安徽省发改委《关于裕溪船闸扩建项目初步设计的批复》(发改设计[2008]479号);2006年10月,安徽省环境保护局《关于裕溪船闸扩建工程环境影响报告书审查意见的复函》(环评函[2006]711号);2006年12月,巢湖市国土资源局《关于裕溪船闸扩建工程建设项目用地预审意见的函》(巢国土资函字[2006]147号)。

裕溪复线船闸为单级船闸,按三级船闸标准建设,兼顾二级水深,设计水头5.82米,一次过闸时间60分钟。闸室设计有效尺度为200米×23米×4.5米。设计代表船型1000吨级驳船,尺度为67.5米×10.8米×2.0米;设计代表船队为1顶+2×1000吨顶推船队,尺度为167.0米×21.6米×2.0米。船闸上、下游最高通航水位分别为11.89米和12.30米。上、下游最低通航水位分别为6.43米和3.37米。闸首为钢筋混凝土整体式结构,闸室为钢筋混凝土U形结构。输水系统采用集中式短廊道输水,充、泄水时间均为10分钟。闸门为三角门,阀门为平面钢闸门,均采用液压式启闭机。引航道按对称形布置,直进曲出,引航道内布置导航建筑物和靠船建筑物。引航道直线段总长400米,其中导航段160米,调顺段240米,因受地形限制,不设停泊段。项目投资2.87亿元,其中交通运输部水运建设资金4300万元、省级补助资金1700万元,其余资金为企业自筹资金。

项目建设单位为安徽省合巢水运建设开发有限公司;设计单位为安徽省水利水电勘测设计院、安徽省交通勘察设计院;施工单位中,江苏省交通工程集团公司负责船闸主体;安徽省水利开发股份有限公司负责无为大堤退堤段工程;常州液压成套设备厂负责05标启闭机制造;江苏省水利建设工程有限公司负责闸阀门、检修门制造及安装;安徽金海迪尔信息技术有限责任公司电气及控制系统采购与安装工程;苏州大通工程建设有限公司负责上下游引航道工程;监理单位中,安徽中兴工程建设监理所负责船闸主体工程;安徽淠史杭水利水电工程建设监理中心负责无为大堤退堤段工程。

项目完成工程永久用地征用23亩(其中堤内8亩村镇用地,退堤段新征15亩耕地)。无为大堤退堤段需拆迁48户,拆迁总面积5232.40平方米,需安置43户,安置区征地20.64亩。工程临时用地331.36亩,其中菜篮圩193.70亩,上游弃土场137.66亩。

本项目建设期间的重大事项如下:2012年8月跨闸公路桥试通车;2013年1月交付裕溪船闸管理处正式投入试运营;2013年8月完成裕溪船闸扩建工程质量鉴定会和交工验收会议;2017年2月,安徽省交通运输厅以皖交建管函[2017]67号文《关于裕溪船闸扩建项目概算调整的批复》批复裕溪船闸扩建工程调整概算。

本项目的科技创新及成果获奖情况如下:

①工艺创新。本项目为安徽省内首次采用闸室墙整体模板等施工工艺。

②结构创新。本项目为安徽省内首次采用三角门结构，门体高度在江浙同类型三角门中最高。

③设备创新。本项目为安徽省内船闸首次采用浮式系船柱。

④材料创新。本项目中闸首、闸室墙采用赛柏斯增强结构耐久性。

⑤管理创新。本项目聘请水利专家指导涉及水利工程的质量控制。

3. 经验与启示

①参建各方管理水平参差不齐，现场管理难度大。近些年，随着全国范围基础设施建设市场规模的扩大，相应的施工、监理队伍需求也随之加大，但能够满足工程建设的高素质队伍并未随之增加，从而造成工程建设领域施工、监理队伍良莠不齐。主要人员、设备的投入分散，大大削弱了承包单位履约能力，特别是对工程现场的施工方案、进度计划、工程质量与安全管理等方面明显与投标承诺相差甚远，给现场管理增加了难度，也给工程建设增加了很多不确定性。

②加大机电设备投资，提高设备性能。由于市场竞争激烈，投标人低价中标，本工程启闭机、电气及控制系统实际投资仅为 373.14 万元，占批复概算投资 599.92 万元的 62%，占实际总投资仅 1.3%，投资占比很小。投资占比极大的土建部分在运营期几乎不会发生损耗、频繁维修等情况，反而是投资占比很小但机电设备在运营期长期处于高负荷运转状态，对硬件、软件要求非常高，很容易出现损坏，致使在运营期间出现船闸启闭机噪声大以及电气、控制系统小毛病不断等问题。为此，建议在后续船闸建设中，通过招标优选有实力、讲信誉的企业，加大机电设备投入，减少设备维护成本，确保机电设备运行良好。

第三节　京杭运河上的通航建筑物

一、综述

京杭运河是世界上开凿最早、里程最长、工程量最大的一条人工河道，也是国家航道布局规划中唯一的纵向高等级航道，它北起北京，南迄杭州，流经北京、天津、河北、山东、江苏、浙江四省两市，沟通海河、黄河、淮河、长江、钱塘江五大水系，全长近 1800 千米。黄河以北段全长 708.5 千米，由于受区域水资源条件限制，自 20 世纪 70 年代起处于断航状态。黄河以南段经过多年建设发展，通航水平不断提升，货运规模快速增长，在完善我国综合运输体系，促进区域社会经济发展等方面发挥了重要保障和促进作用。京杭运河梯级水位图如图 11-3-1 所示。

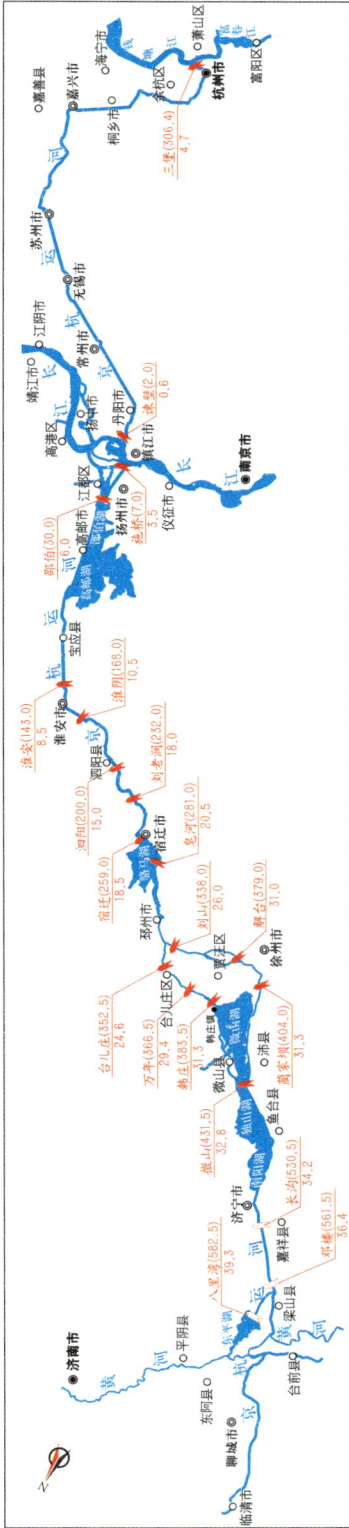

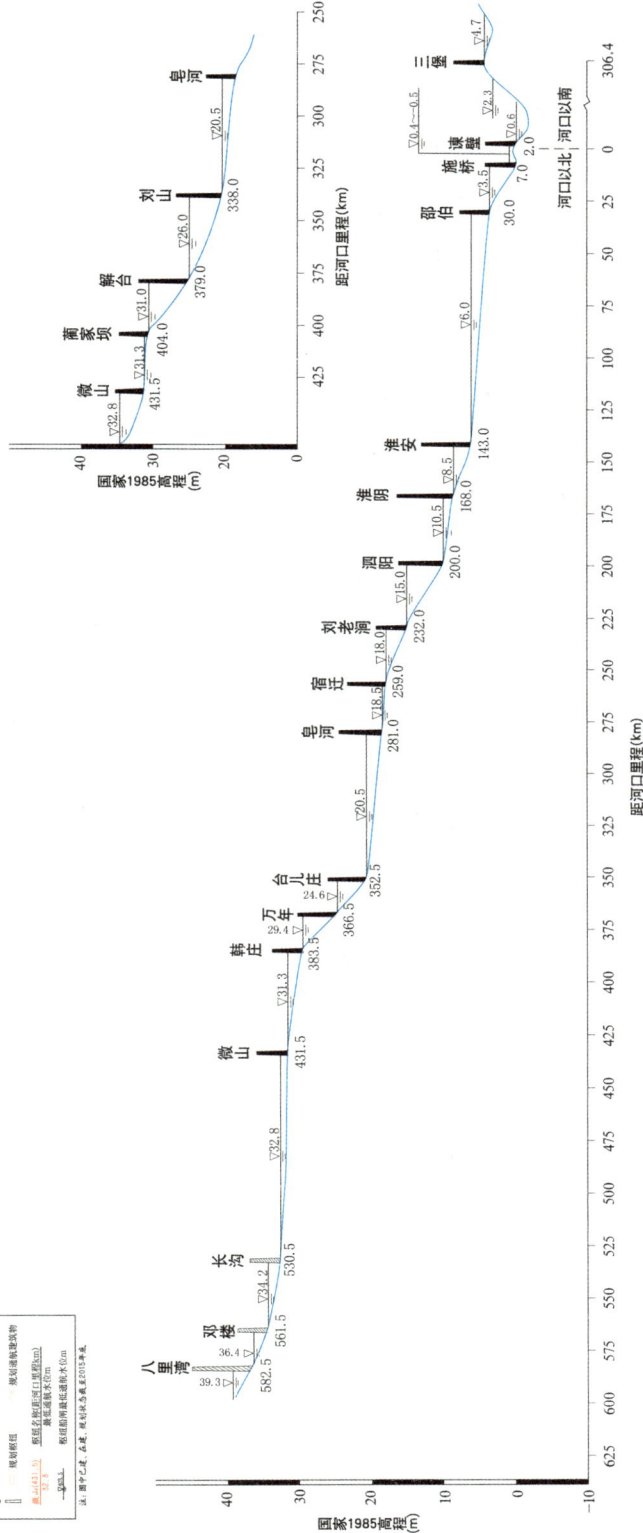

图11-3-1 京杭运河梯级船闸水位图

京杭运河山东段纵贯山东省南北,自北向南经德州、聊城、泰安、济宁、枣庄五市,全长约 589 千米。以黄河为分界线,以北属海河流域,东平湖老湖、新湖(包括柳长河)属于黄河流域,梁济运河以南属于淮河流域。黄河以南段由东平湖(老湖)、柳长河、梁济运河、南四湖和韩庄运河及南四湖湖西航道段组成。洙水河是南四湖湖西主要通航支流。截至2015 年,山东内河通航河流上共建成 5 个梯级,其中京杭运河济宁至鲁苏界自北向南建成了二级坝、韩庄、万年闸、台儿庄 4 个梯级 5 座船闸(台儿庄为双线),洙水河航道建成了嘉祥梯级 1 座船闸。东平湖至济宁段的八里湾、邓楼、长沟 3 个梯级 3 座船闸主体工程基本完工。为适应济宁以北和台儿庄梯级上游货运量增加需要,二级坝微山三线船闸和台儿庄三线船闸的建设前期工作也在有序推进,届时京杭运河以南山东段的梯级开发全部完成。京杭运河山东段总水头 21.0 米,其中韩庄、万年和台儿庄 3 个梯级的水头与江苏(京杭运河湖西航道)的蔺家坝、解台和刘山 3 个梯级的水头是重叠的,重叠水头约为 12.0 米。

京杭运河江苏段属长江、淮河水系,是江苏干线航道网最重要的组成部分。京杭运河苏北段北起徐州蔺家坝,南至扬州长江六圩口,全长 404 千米,水位落差 31 米,流经区域属沂沭泗、淮河、长江水系,区域内河网密布,湖荡众多,沟通淮河、长江两大流域;串联微山湖、骆马湖、洪泽湖、高邮湖、邵伯湖等湖泊;区域中的主要航道有通榆河、苏北灌溉总渠、徐洪河、盐河、通扬线、盐宝河、盐邵河、秦东河等,干支航道蛛网交织,衔接上海、连云港两大海港,构成苏北和苏中地区通江达海的水运航网,途经扬州、淮安、宿迁、徐州四市14 个县(区),沿程设有蔺家坝、解台、刘山、皂河、宿迁、刘老涧、泗阳、淮阴、淮安、邵伯、施桥 11 个梯级,其中蔺家坝、解台、刘山为复线船闸,皂河、宿迁、刘老涧、泗阳、淮阴、淮安、邵伯、施桥为三线船闸。京杭运河苏南段北起镇江的谏壁口门,南至江苏、浙江两省交界的鸭子坝,长 208.2 千米,贯穿江苏产业经济最为活跃的镇江、常州、无锡、苏州四市,沟通长江、太湖水系。在谏壁口门处建有谏壁船闸,为复线船闸。

京杭运河浙江段,从江浙交界的鸭子坝起,途径乌镇、练市、含山、新市、塘栖等城镇至杭州,全长 121.6 千米。1988 年、1992 年在三堡分别建成一线、二线船闸,等级为五级船闸,沟通了运河与钱塘江航运。

二、山东段

(一)八里湾船闸

1.闸坝概况

(1)自然地理条件

梁济运河是京杭大运河—鲁运河中段、淮河流域南四湖水系支流,北自梁山县国那里向东南,沿东平湖滞洪区西堤至邓楼,然后脱湖堤直下东南,于济宁市李集西入南阳湖,南与京杭运河南四湖湖区航道相接,全长90千米,流域面积33.06万公顷。梁济运河是京杭大运河—鲁运河的一部分,承担着航运功能;同时也是济宁、菏泽境内淮河流域的主要排水通道,具有泄洪功能。此外,梁济运河还是"引黄济湖"渠道和南水北调东线工程的骨干输水河道。21世纪初,南水北调和航运结合工程的上马,为梁济运河恢复航运带来了新的机遇。航道得到有效的疏浚和拓宽,达到了三级航道的通航标准,可以行驶1000吨级船队。东平湖水库位于山东省东平、梁山、汶上三县交界处,西靠梁山梁济运河,东有大汶河注入,是接纳汶河洪水和处理黄河下游大洪水和特大洪水的滞洪调蓄水库,库区总面积6.27万公顷,是1958年兴建的微山水利枢纽的一部分。水库由二级湖堤分隔为老湖区和新湖区两部分,老湖区接纳大汶河入流,常年有水,面积209平方公里,防洪蓄水位最高44.8米,相应库容11.94亿立方米;新湖区为农业生产基地,面积418平方公里,防洪蓄水位最高43.8米。水库建有退水出湖闸三座,向南排入南四湖的为司垓闸,设计流量1000立方米/秒;向北排入黄河的有陈山口闸与清河门闸,两闸设计排水能力2500立方米/秒。

济宁南四湖至东平湖间区域地处鲁中低山丘陵与鲁西黄泛平原交接地带,属淮河流域,是我国从暖温带到亚热带的渐变地带。该地季风型大陆气候明显,四季分明,气候温和,雨量集中,具有冬寒干燥、夏热多雨的特征。年降水量多集中在汛期(6—9月),多年平均汛期降水量为478.0毫米,占多年平均年降水量的71.6%左右。本区域一般12月下旬至翌年2月上旬水面结冰,结冰期约60天,最大冰厚10厘米。

八里湾船闸下游为东平湖新湖区,上游为东平湖老湖区。根据《山东省黄河流域防洪规划报告》(山东省水利厅1999年12月发布),为确保大清河及东平湖湖堤的安全,当戴村坝水文站洪水流量超过设计标准,且发生黄汶洪峰相遇,东平湖区水位超过设计防洪水位,湖区洪水外排受阻,而且大汶河上游大雨不停,虽经全力抢险,东平湖仍有决口漫溢的危险时,可启用稻村洼滞洪区分洪,以减少灾害损失。若出现黄河顶托严重,北排、南排受阻,造成湖水位急剧升高的险恶局面,可启用稻村洼滞分洪,确保老湖区水位不超过44.8米,新湖区水位不超过43.8米。所以,邓楼闸上、八里湾闸下校核洪水位均为43.8米,八里湾闸上校核洪水位为44.8米。

梁济运河段航道穿越不同地貌单元,南段位于冲积湖积平原区;中段位于黄泛冲积平原与冲积湖积平原交互处;北段位于黄泛冲积平原区。整体上地势低平、开阔,北部、东部略高,南部、西部略低。地层主要由第四系冲积而成的黏性土、砂土组成。浅层地下水为第四系孔隙潜水,地下水埋藏较浅,各含水层水力联系密切,没有稳定的相对不透水层。

(2)闸坝建设情况

八里湾船闸位于山东省泰安市东平县境内,是结合南水北调东线工程实施京杭运河山东济宁—东平湖段复航工程的重要梯级船闸。根据京杭运河济宁—东平湖段航道复航原则,输水和航道走同一条线路,按照本段三个调水泵站梯级的布置,在相应的梯级建设船闸,即自济宁开始沿梁济运河北上,在长沟镇小新河与新赵王河河口间建长沟船闸,在邓楼的司垓村位置建邓楼船闸进入东平湖新湖区,沿柳长河河道一直到八里湾闸附近,建八里湾船闸进入东平湖老湖区。

八里湾船闸是京杭运河续建工程济宁—东平湖段的重要组成部分,是连接南四湖与东平湖航线的重要梯级船闸。该船闸设在东平湖新湖区范围内,是航道进入东平湖老湖区的通航建筑物。上游是东平湖,下游距离梁山(邓楼)船闸 22 千米。

八里湾船闸布置在柳长河以东,呈东北、西南走向。八里湾船闸轴线与四分干渠基本正交,与柳长河道轴线夹角约 25 度。整个船闸全部布置在新湖区以内,上闸首距老东平湖区大堤约 1030 米,上游引航道中心线与大堤轴线夹角约为 79 度。

上、下游引航道采用"曲线进闸、直线出闸"的反对称形布置方式。上、下游引航道均设停泊段 400 米,导航段兼作调顺段 223 米,引航道直线段总长 623 米,底宽 60 米。上游引航道两侧新建大堤与原东平湖大堤及上闸首相接,总长度约为 2256 米。上游航道连接段口门处新建交通桥,满足上游两岸通行需求。新建八里湾公路桥,使其符合二级航道通航标准要求,主桥跨径 85 米,通航净高 7 米。船闸管理区布置在闸室西侧。

(3)建设成就

八里湾船闸处在东平湖和运河的交汇处,过闸量主要是东平港的吞吐货物量,货物类型有煤炭、矿建材料、非金属矿石等,船闸设计船型以 1 顶 + 2×2000 吨级船队为代表。八里湾船闸的建成,使货物可以经水路进出东平湖,能在一定程度上降低运输成本,对于丰富当地交通运输结构,助理腹地经济社会发展具有重要意义。

2. 通航建筑物

项目于 2011 年 12 月开工建设,2015 年 6 月试通航,2018 年 11 月竣工。

项目建设依据:2009 年 9 月,山东省发改委下达《山东省发展改革委关于京杭运河八里湾船闸工程可行性研究报告的批复》(鲁发改能交〔2009〕1165 号);2010 年 6 月,山东省交通运输厅和省发改委下达《关于京杭运河八里湾船闸工程初步设计的批复》(鲁交规划〔2009〕120 号);2009 年 1 月,山东省环境保护局以鲁环报告〔2009〕20 号文对项目环评进行了批复;2009 年 3 月,山东省国土资源厅印发《关于京杭运河船闸工程建设用地预审意见的函》(鲁国土资字〔2009〕190 号)。

项目按二级航道标准建设单线单级船闸 1 座,设计水头为 5.5 米,船闸最高通航水位为上游 41.3 米、下游 38.82 米;最低通航水位为上游 39.3 米、下游 36.42 米。一次过闸时间为 60 分钟。闸首、闸室结构为混凝土整体坞式结构,闸室有效尺度为 230 米×23 米×5 米,代表船舶为 1 顶 2×2000 吨级货船。输水系统类型为集中输水系统,充、泄水时间为 8 分钟。上闸首采用短廊道头部集中输水系统,设置格栅式帷墙,并利用帷墙内空间布置消能室消能。下闸首采用有消力坎的对冲式消能集中输水系统。上、下闸首均采用钢筋混凝土实体板和箱型边墩组成的整体式结构,闸首平面尺度均为28.0米×40.0米(长×宽),底板厚3.0米。闸室总长度234米,宽23米,采用钢筋混凝土坞式结构,闸室底板厚2.8米。闸门为钢质人字闸门,阀门为钢质平板提升门,启闭机械为液压式启闭机。上、下行船舶均为直线进闸,曲线出闸,引航道尺度为60米×4.35米(底宽×水深)。上、下游主导航墙各长223米,为钢筋混凝土墩板式结构,辅导航墙为现浇混凝土重力墙式结构。上、下游停泊段均长400米,设20个桩基墩台结构的靠船墩。项目总投资为3.34亿元,其中40%由交通运输部和山东省交通厅补助解决,作为项目资本金;其余60%申请银行贷款解决。

项目建设单位为山东省交通厅京杭运河工程建设办公室;设计单位为中交第二航务工程勘察设计院有限公司;施工单位为中建筑港集团有限公司、中国建筑股份有限公司、山东黄河东平湖工程局;监理单位为山东省交通工程监理咨询公司;质监单位为山东省交通运输厅基本建设工程质量监督站。

2014年3月,施工单位中建筑港集团有限公司的"高含水区五头搅小直径搅拌桩与高压摆喷组合超深防渗施工工法"荣获住房和城乡建设部颁发的"国家级工法证书"。2014年9月,施工单位中建筑港集团有限公司的"船闸闸墙施工工法"荣获山东省建筑工程管理局、山东土木建筑学会联合颁发的"省级工法证书"。

(二)梁山(邓楼)船闸

1.闸坝概况

(1)自然地理条件

梁山(邓楼)船闸处于梁济运河与柳长河交界处。梁济运河属淮河流域南四湖水系,是一条具有防洪除涝、航运、引水灌溉等多功能的综合利用河道,承接上游大汶河、黄河泄入东平湖的洪水,是我国京杭运河的组成部分。柳长河是梁济运河的一条支流,位于东平湖新湖区的西部,是东平湖新湖区内具有排水、灌溉等功能的一条河道,源自东平湖二级湖堤的八里湾船闸,向南流到张桥闸进入梁济运河。多年来梁济运河、柳长河一直受南四湖、东平湖防洪调度运营的影响,南水北调东线工程实施后,梁济运河、柳长河沿线各段以及南四湖和东平湖还将受调水工程的影响。

梁山(邓楼)船闸工程梁济运河段航道穿越不同地貌单元,南段位于冲积湖积平原区,中段位于黄泛冲积平原与冲积湖积平原交互处,北段位于黄泛冲积平原区。整体上地势低平、开阔,北部、东部略高,南部、西部略低。柳长河段也位于冲积湖积平原区,该区为东平湖滞洪区,地势平坦。梁山船闸所处地段地震动加速度0.05g,特征周期0.45秒,基本地震烈度为六度。

梁山(邓楼)船闸区域地下水属第四系孔隙潜水,主要含水层为粉土和粉细砂,地下水位高程一般在 35.5~37.2 米,主要以大气降水及地表径流补给,以蒸发、地下经流和人工开采为主要排泄方式。场区地下水对混凝土无腐蚀性。

区域沉积了较大厚度的第四纪地层,顶部沉积了厚度为 3~6 米的第四系全新统黄泛冲积堆积的、以浅褐黄色为主的粉土夹裂隙黏土、灰棕色软黏土薄层;中上部沉积了厚度为 4~7 米的第四系全新统冲积湖积堆积的、以灰色和深灰色及灰褐色为主的粉质黏土、黏土层,常夹有粉砂、粉细砂薄层,局部夹淤泥质粉质黏土层;中下部为汶、泗河第四系上更新统冲积洪积堆积的、淡褐黄色间杂有少量蓝灰色粉质黏土夹礓石、粉质黏土,褐黄色的粉土,浅棕红色黏土、黏土夹礓石及浅黄色的砾质粗砂、中细砂层;底部为灰绿色夹棕黄色的杂色硬塑状黏土。总体看,场区地层沉积变化比较频繁,各层土的分布基本稳定。

梁济运河是济宁以北地区排涝和黄河东平湖滞洪区退水入南四湖的骨干通道,是连接南四湖与东平湖之间的纽带。1999 年山东省编制的《山东省淮河流域防洪规划报告》确定梁济运河干流治理标准为 50 年一遇防洪或 5 年一遇除涝流量加东平湖南排退水 1000 立方米/秒(两者取大值)筑防洪堤(堤防超高 2 米)。梁山船闸处均按 5 年一遇除涝流量加东平湖南排退水 1000 立方米/秒流量作为防洪标准。根据《全国水运主通道规划方案(1994)》中的规划,本段航道拟结合调水工程东线输水方案,利用梁济运河至邓楼附近,折向东平湖新湖区的柳长河,到八里湾入东平湖老湖区。

梁山(邓楼)船闸处于济宁东平湖至东平湖间区域,地处鲁中低山丘陵与鲁西黄泛平原交接地带,属淮河流域,是我国从暖温带到亚热带的渐变地带。季风型大陆气候明显,四季分明,气候温和,雨量集中,具有冬寒干燥、夏热多雨的特征。

梁山(邓楼)船闸所处区域多年平均气温 14 摄氏度,历年极端最高气温 43.1 摄氏度,历史极端最低气温 -22.3 摄氏度。多年平均降水量 667.3 毫米,最多年降水量 1232.7 毫米(1964 年),最小年降水量 370.5 毫米(1988 年),年降水量多集中在汛期(6—9 月),多年平均汛期降水量为 478.0 毫米,占多年平均年降水量的 71.6% 左右。常年主导风向为 SE,冬季多 NW。年平均风速为 3.1 米/秒,大风多发生于春季,其次为冬季,秋季最少。年大于等于 6 级大风天数平均 9.7 天,多年平均雾日为 11 天,多发生于冬季,秋季次之。

(2)闸坝建设情况

梁山(邓楼)船闸是与邓楼泵站对应的梯级通航建筑,是京杭运河航道自梁济运河河道穿越东平湖新湖区大堤进入柳长河的通航船闸。梁山船闸下游距离长沟船闸 31 千米,上游距离八里湾船闸 21 千米。

(3)建设成就

船闸设计船型以 2×2000 吨级顶推船队为代表,可以一闸次全部通过 1 支顶推船队。

船闸主要货物通过量为上游东平湖内各港口及梁山港腹地产生的煤炭、矿建材料、非金属矿石等货物的生成量。随着梁山船闸等梁济运河北段通航设施投入使用，京杭运河通航里程将延伸至黄河南岸，进一步完善水运主通道建设，对优化当地交通结构、助力沿岸地区经济进步与发展将起到重要作用。

2. 通航建筑物

项目于 2012 年 5 月开工建设，2015 年 7 月试通航，2018 年 12 月竣工。

项目建设依据：2009 年 9 月，山东省发改委印发《关于京杭运河邓楼船闸工程可行性研究报告的批复》（鲁发改能交〔2009〕1163 号）；2010 年 12 月，山东省交通运输厅、山东省发改委联合印发《关于京杭运河邓楼船闸工程初步设计的批复》（鲁交规划〔2010〕186 号）；2009 年 1 月，山东省环境保护局以鲁环报告〔2009〕19 号文对项目环评进行了批复；2009 年，山东省国土资源厅《关于京杭运河船闸工程建设用地预审意见的函》（鲁国土资字 190 号）。

项目按二级船闸标准建设单级单线船闸 1 座，设计水头为正向水头 3.1 米，反向水头 2.81 米，梁山船闸最高通航水位为上游 37.35 米、下游 40.16 米；最低通航水位为上游 36.42 米、下游 34.20 米。闸首闸室结构为整体坞式结构，闸室有效尺度为 230 米 × 23 米 × 5 米，代表船队为 1 顶 + 2 × 2000 吨级船队。上闸首采用闸室内侧带格栅式帷墙消能室的短廊道头部集中输水系统，下闸首采用两侧有消力坎的对冲式消能集中输水系统。阀门位置廊道断面尺寸为 4 米 × 3.5 米（高 × 宽），闸室镇静段长度 4 米。上、下闸首均采用钢筋混凝土整体坞式结构，闸首平面尺度均为 28.5 米 × 53.8 米（长 × 宽），底板厚 3 米。闸室采用钢筋混凝土坞式结构。输水系统类型为短廊道和三角门门缝联合输水，充、泄水时间为 6.3 分钟。闸门采用三角闸门，阀门采用钢质平板提升门，启闭机均采用直推式液压启闭机。船闸上游引航道采用"直线进闸、曲线出闸"、下游引航道采用"曲线进闸、直线出闸"的布置形式，其尺度为底宽 60 米、水深 4.35 米。上、下游主导航墙各长 224 米，为钢筋混凝土墩板式结构，辅导航墙为现浇混凝土重力墙式结构。上下游停泊段长 240 米，各设 12 个重力结构的靠船墩。上游停泊远调码头、停泊锚地长 400 米采用斜坡式结构形式，下游停泊远调码头、停泊锚地长 600 米采用重力式驳岸结构形式。项目总投资为 5.19 亿元。

项目建设单位为中交水运规划设计院有限公司；施工单位为中交第一航务工程有限公司、山东省黄河东平湖工程局、北京城建道桥集团有限公司等；监理单位为江苏科兴工程建设监理有限公司、济南北方交通工程咨询监理有限公司；质监单位为山东省交通运输厅基本建设工程质量监督站。

3. 经验与启示

梁山（邓楼）船闸是相对"南水北调"东线工程第十二级抽水泵站——邓楼泵站而建设

的梯级通航建筑,是航道自梁济运河河道穿越东平湖新湖区大堤进入柳长河河道的通航船闸。为保证工程保质保量按时完成,中交水运规划设计院有限公司坚持科学指导的原则,在实际工作中积累了一定经验。公司抓好征地拆迁,营造良好的施工环境。梁山船闸工程征地涉及梁山县4个乡镇,涉及行政区域多,征地拆迁工作量大,面对征地拆迁困难多、任务重、地方关系协调难的复杂局面,积极应对,在当地政府的支持下,宣传发动深入,工作细致周到,得到沿线广大群众理解支持,整个征地拆迁补偿工作进行及时、有序,被拆户移民安置工作安排妥善,未出现一户上访,未留一处后遗症,实现了文明拆迁、和谐拆迁。

(三)任城(长沟)船闸

1. 闸坝概况

(1)自然地理条件

梁济运河,从邓楼船闸下游至南四湖上级湖湖口,航道全长58千米,为三级航道,有弯曲段航道19处,弯曲段半径大于480米,其中邓楼船闸至长沟船闸段航道底宽45米、底高程30.8米,长沟船闸至南四湖梁济运河湖口段航道底宽66米、底高程28.7米。多年平均径流量7.0亿立方米,最大为21.7亿立方米,最小仅0.9亿立方米。从水资源分析,"南水北调"工程可为航运发展提供良好的水资源条件。

梁济运河两侧多洼地,沿河地势低洼平坦,河道比降十分平缓,干流地形北高南低,地形地貌以平原为主,地面标高一般为36~40米,地形坡降约为1/3000。本区地貌有残丘和冲积平原两个单元,残丘的风化物经水力和重力搬运堆积于山丘,呈裙状分布,出露面积较小,区内大面积为平原地貌,表层为黄泛冲积物,多为粉砂土壤和薄层淤泥土、黏土,土质疏松,力学性能差。受多次泛滥及古今河道的再造影响,平面上连成岗、坡、洼相间的较为复杂的微地貌景观。

该区域沉积了较大厚度的第四纪地层,顶部沉积了厚度3~6米的第四系全新统黄泛冲积堆积的、以浅褐黄色为主的粉土夹裂隙黏土、灰棕色软黏土薄层;中上部沉积了厚度4~7米为第四系全新统冲积湖积堆积的、以灰色和深灰色及灰褐色为主的粉质黏土、黏土层,常夹有粉砂、粉细砂薄层,局部夹淤泥质粉质黏土层;中下部为汶、泗河第四系上更新统冲积洪积堆积的、淡褐黄色间杂有少量蓝灰色粉质黏土夹礓石、粉质黏土,褐黄色的粉土,浅棕红色黏土、黏土夹礓石及浅黄色的砾质粗砂、中细砂层,底部为灰绿色夹棕黄色的杂色硬塑状黏土。总体看,场区地层沉积变化比较频繁,各层土的分布基本稳定。

工程区水文情况如下:①设计最低通航水位。上级湖湖口最低通航水位确定为32.8米;长沟泵站下为32.0米。长沟站上至邓楼站下设计输水水面线为34.2~35.3米,考虑到航道工程量的影响,本航段渠化最低水位应根据邓楼站下设计输水位而定,确定邓楼泵站下最低通航水位和长沟站上最低通航水位均为34.2米。②设计最高通航水位。南四湖的防洪水位依据水利部门的初步推算,上级湖口现状20年一遇洪水位为36.3米;长沟站下赵王河口处20年一遇水位38.47米。梁济运河口最高通航水位确定为36.3米;长沟站下确定为38.47米。依据梁济运河20年一遇洪水位,确定长沟站上最高通航水位38.56米;邓楼站下最高通航水位40.16米。③设计洪水位。长沟船闸上、下游设计洪水位分别为38.76米、38.64米。④检修水位。检修时间一般为枯水期,检修水位闸上游采用长沟泵站的输水水位35.3米,下游为南四湖上级湖正常蓄水位34.0米。经分析确定长沟船闸在调水期闸上下游水位差最大,闸上设计输水位35.3米,闸下设计输水位32.0米。闸上、下游最大水位差为35.3 – 32.0 = 3.3米。⑤泥沙。梁济运河沿线地势较低,历来是黄河滞洪的主干道,其流域属黄泛区。运河沿线接纳10条大小不一的支流,运河河道内的泥沙主要来自丰水年运河两岸降雨侵蚀和枯水年引黄灌溉所携带的泥沙。据运河济宁后营水文站多年观测资料,年平均输沙量约49.7万吨,运河内年均淤积量约25万立方米。

该区域地处鲁中低山丘陵与鲁西黄泛平原交接地带,属淮河流域,是我国从温暖带到亚热带的渐变地带,大陆气候明显。四季分明,气候温和,雨量集中,冬季干旱,夏季多雨。累计平均气温13.3摄氏度,一年中1月最冷,历年平均气温为–6.3摄氏度;7月最热,平均气温为31.6摄氏度。历年极端最高气温为41.0摄氏度(1966年7月19日),历年极端最低气温为–16.5摄氏度(1981年1月17日)。历年平均年降水量为640.5毫米,1964年最大,为1064.7毫米;1966年最小,为261.6毫米。一年中7月降水量最大,平均190.2毫米;1月降水量最小,平均5.4毫米。日降水强度最大为239.0毫米(1982年8月11日)。日降水量大于50.0毫米(暴雨)平均每年两次,最多时一年出现5次(1975年和1982年)。境内历年平均降水日数72天(不含降雪),其中小雨54.5天、中雨10.5天、大雨4.7天、暴雨2.0天、大暴雨0.3天。年平均风速2.6米/秒,风速上半年大于下半年。风速4月最高,8—9月最低。历年最大风速24米/秒,出现在1961年4月29日和1962年3月6日。常年以东南风最多,大风日数平均每年9天,最多18天(1983年),最少3天(1963年)。大风多发生在春季,冬季次之,秋季最少。多年平均有雾天数为11~14天,多发生在冬季,秋季次之。年平均相对湿度为70%~80%。

(2)闸坝建设情况

任城(长沟)船闸是京杭运河东平湖至济宁段航道扩建工程之一,与南水北调工程东线工程长沟泵站对应,位于济宁市任城区长沟镇,梁济运河右岸滩地、小新河与赵王河河口间,是与南水北调东线长沟泵站对应的渠化梯级通航建筑,上游距邓楼船闸31千米,下游距微山一线船闸94.4千米。

任城(长沟)船闸布置在梁济运河河道西侧。为满足滩地行洪要求,船闸位置尽量靠近西大堤布置。船闸布置在靠近西大堤内侧,船闸纵轴线距现有大堤内侧堤顶线70米,距节制闸纵轴线133米。下闸首布置在节制闸上游,下闸首外边缘中心距节制闸横轴线

458 米。

2. 通航建筑物

项目于 2012 年 11 月开工建设,2016 年 12 月试通航,2018 年 11 月竣工。

项目建设依据:2009 年 9 月,山东省发改委下达《山东省发展和改革委关于京杭运河长沟船闸工程可行性研究报告的批复》(鲁发改能交〔2009〕1164 号);2010 年 6 月,山东省交通运输厅和山东省发改委联合下达《关于京杭运河长沟船闸工程初步设计的批复》(鲁交规划〔2010〕119 号);2009 年 1 月,山东省环境保护局以鲁环报告〔2009〕22 号文对项目环评进行了批复;2009 年 3 月,山东省国土资源厅印发《关于京杭运河船闸工程建设用地预审意见的函》(鲁国土资字〔2009〕190 号)。

项目按二级船闸标准建设一线船闸 1 座,设计水头为 3.3 米,长沟船闸最高通航水位为上游 38.56 米、下游 38.47 米;最低通航水位为上游 34.2 米、下游 32 米。闸首、闸室结构为整体式坞式结构,闸室有效尺度为 230 米 × 23 米 × 5 米。代表船舶(船队)为 1 顶 + 2 × 2000 吨级船队。输水系统类型为短廊道和三角门门缝联合输水,廊道尺度为 3 米 × 3 米(宽 × 高),充、泄水时间为 7.45 分钟。船闸上、下闸首均采用钢质三角门作为工作闸门,上游闸门高度为 10.66 米(面板高度),下游闸门面板高度为 12.66 米;输水廊道工作阀门选用实腹式钢质平板阀门,门体尺度为 3.16 米 × 3.12 米 × 0.4 米(宽 × 高 × 厚)。闸、阀门均采用直推式液压启闭机方案,闸门最大启闭力为 35 吨,阀门最大启门力为 25 吨,阀门最大闭门力为 5 吨。船闸上游引航道采用"直线进闸、曲线出闸"的布置形式,下游引航道采用"曲线进闸、直线出闸"的布置形式,底宽 60 米、水深 4.35 米。导航建筑物和靠船墩均采用重力式结构。项目总投资为 4.33 亿元,其中 40% 由交通运输部和山东省交通运输厅共同筹措,其余的 60% 来源为商业贷款。

项目建设单位为山东省交通运输厅京杭运河建设办公室;设计单位为中交水运规划设计院有限公司;施工单位为山东港湾建设集团有限公司、山东济宁公路工程总公司、济宁市港航局港航工程处;监理单位为山东省交通工程监理咨询公司;质监单位为山东省交通运输厅基本建设工程质量监督站。

任城(长沟)船闸建成后,可通过京杭运河(梁济运河)和柳长河向北连接泰安市东平港,向南连接济宁港和京杭运河济宁以南段的京杭运河三级航道,使京杭运河山东黄河以南段真正形成通贯山东省南北的 1000 吨级大通道,为提高鲁南经济带的整体竞争力提供可靠保障。

3. 经验与启示

①加大科研投入,为设计提供充分设计依据。

②重视优化设计,积极创新。任城(长沟)船闸工程是山东省内河第一个采用 EPC

(工程总承包)模式实施的水运工程项目。EPC 项目部在委托科研单位试验研究的基础上,提出将半直立式护岸、靠船等块石护底调整为水泥土护底的设计优化建议,既有利于环境保护,又节省了工程造价。

③要充分发挥行业优势和地方政府在征地拆迁中的重要作用。

(四)微山船闸

1.闸坝概况

(1)自然地理条件

南四湖是淮河流域综合利用的第二大淡水湖,由南阳湖、独山湖、昭阳湖和微山湖组成,地处鲁中南沂蒙山脉西侧山麓堆积平原和黄河冲积平原接合部的隐伏断裂带上,原系古泗水流经之地。12 世纪黄河南泛,侵夺了洙水河道,因排水不畅而潴积成湖。南四湖流域面积包括苏、鲁、豫、皖 4 省 31 县、市、区共 317 万公顷,其中湖东山丘及零星平原区面积 101 万公顷,湖西黄泛平原 205 万公顷。南四湖北高南低,南北长约 125 千米,东西宽 5.6~30 千米,湖区面积 12.66 万公顷,总库容 63.7 亿立方米。环湖大小支流汛期洪水汇集后,向东南经韩庄运河汇入中运河。1960 年南四湖二级湖坝建成后,将南四湖分成上、下两级湖。南四湖水源补给主要来自流域内的河川径流和湖西地区引黄灌溉的尾水。南四湖下级湖通过韩庄节制闸、蔺家坝节制闸分别流向韩庄运河和不牢河,多年平均径流量为 3.07 亿立方米。

微山船闸处于南四湖湖区西侧,场区地势相对较为平坦,略有南高北低之势。地貌上属于湖泊和冲积平原地貌单元,成因类型为第四系冲洪积层。所在位置地区地层是一套陆相-山前冲洪积沉积形成的松散地层,主要岩性为粉质黏土、粗砾砂含粉质黏土、中砂、粗砂及其互层。

微山船闸工程所属区域在地貌上属于湖泊和冲积平原地貌单元,以东西向的二级坝为界,将南四湖湖区分为上级湖和下级湖,湖底地势低平,一般高程 30.6~32.9 米。根据场地地基土物理力学性质、埋藏分布条件、成因时代、岩性特征及其结构构造等不同,场区地基土层划分为 10 大层,细分为 17 个工程地质层。

工程区设计最低通航水位,南四湖死水位上级湖为 33.0 米,下级湖为 31.5 米。设计最高通航水位和设计洪水位,20 年一遇洪水位上级湖采用 36.5 米,下级湖采用 36.0 米。根据南四湖防洪二期工程规划和实施情况,50 年一遇设计洪水位上级湖为 37.0 米,下级湖为 36.5 米;1957 年型洪水(重现期约 90 年)上级湖 37.3 米,下级湖 37.0 米。

湖区泥沙来源主要来自泥沙含量大的入湖支流。据统计,多年平均入湖泥沙为441.71 万立方米,年出湖沙量 3.83 万立方米,年积量为 437.88 万立方米。按湖内平均淤量计算,年平均淤积强度为 4 毫米。但淤积在空间分布上是不均匀的,湖区淤积主发生在支流入湖口，即湖区两侧，而湖内影响相对较小。本工程位于南四湖中，远高入湖支流，故泥沙对本工程影响不大。

工程所在南四湖区处于从暖温带到亚热带的渐变地带，具有黄河和长江流域的过渡性气候特点，为暖温带半湿润季风气候区。本地区常年主导风向为冬季多 NE，夏季多 S，年平均风速为 2.8～3.8 米/秒，年大风天数平均 9.7 天，最多 24 天，最大风速达 13～18 米/秒。多年平均气温 14 摄氏度，历年极端最高气温 41 摄氏度；多年最高月平均气温 30 摄氏度，历年极端最低气温 -21 摄氏度，多年最低月平均气温 -0.1 摄氏度。历年平均降水量 837 毫米（1951—1980 年）；历年最大年降水量 1018.0 毫米（1964 年）；历年最小年降水量 583.2 毫米（1981 年）。地面年蒸发量 1074 毫米，水面年蒸发量 704 毫米，日照小时数约为 2516 小时。一般当年 12 月下旬至翌年 2 月上旬水面结冰期，最大岸冰厚 2～3 厘米，最大冻土深度 10 厘米。

（2）闸坝建设情况

微山一线船闸位于济宁市微山县南四湖区二级坝航运水利枢纽西侧，上游距长沟船闸 94.5 千米，下游距韩庄二线船闸 52.9 千米。微山一线船闸紧靠湖西大堤，与第四节制闸隔堤相邻，与东侧的京杭运河微山二线船闸相距约 3.9 千米。

微山二线船闸位于山东省济宁市微山县南四湖区二级坝水利枢组 1 号节制闸东侧，上游距京杭运河长沟船闸 98.5 千米，下游距韩庄二线船闸 48.5 千米。微山二线船闸由上闸首、下闸首、闸室、上下游引航道、跨上游引航道公路桥、管理区等组成，为二级标准的通航建筑物。船闸附属公路桥一座，桥下通航净高 7 米。附属管理区包括办公楼、辅助楼、宿舍客房、收费处、启闭机房、远调站、变电所、泵房、锅炉房、库房、和停车场等，总面积 4600 平方米。

（3）建设成就

微山一线船闸建于 1961 年，由于历史条件所限，船闸建设标准低，不能满足安全性使用要求，自 2010 年 11 月开始，对微山一线船闸进行改建。改建后的微山一线船闸进一步提高了微山湖二级坝船舶过闸能力，彻底了解决了二级坝上游航道堵航问题。

在 2000 年京杭运河山东段续建工程完工后，京杭运河山东段货运量大规模增长，2006 年增长速度达到 45%，货运量达到 2000 余万吨，已经远远二级坝微山一线船闸的设计通过能力。微山二线船闸的建设打通了二级坝通航瓶颈，保证了黄金水道的畅通安全，极大地促进了鲁西南沿运河地区经济发展，同时也为济宁至东平湖段航道复航及济宁港的建设奠定了良好的基础。

2. 通航建筑物

（1）微山一线船闸

项目于 2010 年 11 月开工建设，2017 年 12 月试通航，2018 年 11 月竣工。

项目建设依据：2008 年 11 月，山东省发改委下达《山东省发展改革委关于京杭运河微山一线船闸改建工程可行性研究报告的批复》（鲁发改能交〔2008〕1239 号）；2009 年 2 月，山东省交通运输厅、山东省发改委联合下达《关于京杭运河微山一线船闸工程初步设计的批复》（鲁交规划〔2009〕3 号）；2007 年 6 月，山东省环境保护局对项目环评进行了批复（鲁环报告表〔2007〕128 号）；2011 年 5 月，山东省微山县住房和城乡建设局以选字第 3720110014810 号颁发建设项目选址意见书；2009 年 12 月，水利部淮河水利委员会在《关于微山一线船闸改建工程建设方案的审查意见》（淮委许可〔2009〕76 号）中批复由山东省临沂市水利勘测设计院编制的《微山一线船闸改建工程防洪评价报告》，同意微山一线船闸改建工程的建设方案。

微山一线船闸建设等级为二级，船闸有效尺度为 230 米 × 23 米 × 5 米，代表船舶（船队）为 1 顶 + 2 × 2000 吨。上、下游主导航墙各长 128.6 米，上、下游靠船段各长 340 米，上、下游停泊锚地靠泊长度为 1000 米。本船闸承受单向水头，正向最大设计水头 4.0 米，上游设计最高、最低通航水位分别为 36.5 米和 33.0 米；下游设计最高、最低通航水位分别为 36.0 米和 31.5 米。闸首闸室结构为钢筋混凝土坞式结构，输水系统类型为短廊道集中输水，充、泄水时间均为 8 分钟。闸阀门形式为钢质平板门，启闭机械形式为液压推拉杆。引航道采用"直进曲出"的平面布置，船闸上、下游引航道为单独引航道，引航道底宽 60 米。上、下游导航建筑物均采用直线型布置。上、下游主导航墙在船闸纵轴线上的投影长度分别为 70 米，其端部各设 20 个靠船墩，靠船墩间距 20 米，上下游靠船段各长 400 米。项目总投资 2.96 亿元。

项目建设单位为山东省交通运输厅京杭运河工程建设办公室；设计单位为中设设计集团股份有限公司；施工单位为中交第二航务工程局有限公司、山东省济宁市港航局港航工程处；监理单位为山东省交通工程监理咨询公司；质监单位为山东省交通运输厅基本建设工程质量监督站。

微山一线船闸改建工程已于 2017 年底完工并投入试运行。工程实施后，大幅缓解了二级坝水运枢纽的通航压力，缩短了船舶待闸时间，降低了船舶运营成本，提高了水运企业效率，为鲁西南地区与徐州乃至长三角之间南北货物交流提供服务。该工程是打通京杭运河湖西线的重要条件，使航道通航条件得到进一步改善，能够满足 2000 吨级船舶常年通航需要，水运比较优势得到进一步凸显，也必将进一步带动沿线腹地社会经济发展。

（2）微山二线船闸

项目于 2004 年 8 月开工建设，2007 年 11 月试通航，2009 年 11 月竣工。

项目建设依据：2002 年 3 月，山东省发展计划委员会印发《关于京杭运河微山二线船闸工程可行性研究报告的批复》（鲁计基础〔2002〕183 号）；2009 年 9 月，山东省交通厅、山东省发展计划委员会建设委员会联合印发《关于京杭运河微山船闸工程初步设计的批复》（鲁交规划〔2002〕143 号）。

项目按二级船闸标准建设单线船闸 1 座,设计水头为 4 米,一次过闸时间为 40 分钟。闸首闸室结构为钢筋混凝土坞式室结构,闸室有效尺度为 230 米×23 米×5 米,代表船舶(船队)为 1 顶+2×2000 吨级船队。输水系统类型为短廊道对冲消能集中输水,充、泄水时间均为 6.6~7.2 分钟。闸门采用横梁式钢质人字门、液压直推式启闭机。引航道采用"曲线进闸、直线出闸"布置,上、下游引航道主导航墙长均为 225.56 米,采用墩板式结构。停泊段长 200 米,上游前港长 450 米,宽 100 米。项目总投资 1.91 亿元,其中交通部水运建设资金 9850 万元,山东省交通厅投入 4930 万元,其余资金由地方自筹。

项目建设单位为山东省交通厅京杭运河续建工程建设办公室;设计单位为中交水运规划设计院、山东省交通规划设计院;施工单位为山东省筑港总公司;监理单位为山东省交通工程监理咨询公司;质监单位为山东省交通厅基本建设工程质量监督站。

本项目建设过程中的科技创新及成果获奖情况如下:

①深层搅拌桩在深基坑开挖中的应用。深层搅拌桩在深基坑开挖中的应用成功地切断了基坑外部的地下水来源及渗径,同时加固了基坑的边坡,从而使施工条件得到了较大改善,施工安全得到进一步保证。

②闸室侧墙采用一次浇筑施工工艺。侧墙模板全部采用大面积模板,通过对拉丝固定,位于闸室底板上龙门架操作平台,对模板进行安装拆卸。操作简单、造价低廉、安全可靠。

③自润滑技术在船闸中的应用。船闸中得闸门、阀门和浮式系船柱的滑轮轴套使用了具有优异自润滑、低摩阻、高承载力、抗冲击性好、耐磨损性好及三场(电场、力场化学场)稳定性的高分子材料,达到了预期的效果。

④"双掺"技术及 PC 水泥在船大体积混凝土中的应用。在微山二线船闸混凝土施工过程中,"双掺"技术得到了普遍应用。一是通过在混凝土中掺加粉煤灰改善了混凝土和易性,降低混凝土泌水性,减少水灰比,增加混凝土的密实性和提高混凝土抗拉强度。二是掺加减水剂,在不改变混凝土配合比的情况下显著增加混凝土坍落度,改善混凝土和易性。本船闸工程选用的水泥是 PC 复合水泥,其本身含有一定量粉煤灰,可以有效减少水化热,减少混凝土收缩,提高混凝土抗裂性能,提高混凝土和易性,方便施工。

⑤混凝土输送泵在船闸大体积混凝土施工中的应用。在船闸工程大体积混凝土施工中,船闸主体、上下游构筑物等大体混凝土基本上都采用混凝土输送泵泵送工艺。根据泵送大体积混凝土的特点,采用"分段定点,一个坡度,薄层浇筑,循序推进,一次到顶"的方法。这种自然流淌形成斜坡混凝土的方法,能较好地适应泵送工艺,避免混凝土输送管道经常拆卸冲洗和调整,从而提高浇筑效率,保证上下层混凝土浇筑间隔不超过初凝时间。

微山二线船闸位于山东省济宁地区微山县南四湖二级坝水利枢纽的东端,自 2007 年11 月交工以来,工程运行效果良好。自 2007 年 12 月至 2015 年 12 月,共计放闸 7.58 万闸次,通过船舶 64.33 万艘,累计吨位 4.76 亿吨,收入过闸费 1.78 亿元。

3. 经验与启示

①加大可研投入力度，为设计提供充分科学依据。

②重视设优化计工作、积极创新。

③对于地处省界处的项目，建议由交通运输部参与协调建设。

（五）韩庄船闸

1. 闸坝概况

（1）自然地理条件

韩庄二线船闸上游接南四湖的下级湖东线航道。韩庄二线船闸位于鲁西南平原的东南端，西接南四湖南端的微山湖。山前倾斜平原南缘，地形平坦，一般地面高程 33～36 米。船闸位于韩庄节制闸泄洪道与老运河之间的台地上。台地最宽处约 200 米，向下游逐渐变窄。闸区地面起伏不平，西高东低，西部最高达 46～48 米，向东降到 38～40 米。老运河河宽约 65 米，河底高程约 27.8 米；其下航道宽 200～220 米，河底高程约 28 米，主河槽两侧为河滩地，滩地高程 34～35 米。

韩庄船闸所在区域在大地构造上位于华北断块区东南部，韩台拗陷西侧，为鲁西断块南部的鲁中山地向鲁西南平原过渡地带。区域地质上位于韩庄断层以南，利国驿背斜以北的向斜盆地中，属山东北纬 33～35 度的东西向构造体系。闸址区坐落在近南北向和近东西向的二组断裂带之间，近南北向断裂带由韩新断裂和小安宅子断裂组成，近东西向断裂带由韩庄、吴庄和毛官庄断裂组成，沿走向延伸较稳定，属多期次、不同应力性质的复合构造，后期以压应力作用为主。区域范围内地层由老到新依次为震旦、寒武、奥陶、石炭、二迭、侏罗、白垩、第三及第四系地层。勘区第四系地层分布广泛，主要为冲积、洪积成因，也有冲积、洪积和湖积混合成因，岩性主要为黏性土、姜石及黏土夹礓石等。钻孔揭露到的基岩为二迭系上统陆相沉积岩，岩性为黏土岩、碎屑岩，以单斜形式产出，平均走向北偏西，倾向东北，倾角 27 度。

南四湖区由于受季风影响，降水的年际及年内分配极不均匀。旱、涝急转交替，致使径流的年内分配及丰、枯水年的径流量相差悬殊。近 20 年来，运河地区降水和来水的丰枯差别更大。韩庄运河为南四湖下级湖排洪通道，承泄南四湖流域 317 万公顷的排洪任务，在船闸西南侧建有节制闸、北侧建有南水北调泵站。由于南四湖调剂库容较大，一般年份并无洪水下泄，只有南四湖流域的丰水年，才开闸放水泄洪。

韩庄船闸所在区域位于北纬 34 度、东经 117 度，是暖温带到亚热带的奇变地带，具有黄河和长江流域的过渡性气候特点，为暖温带半湿滨季风气候区。本区常年主导风向为冬季多 NE，夏季多 SE。年平均风速为 28～38 米/秒，一年中以 4 月风速较大，为 3.5～48

米/秒。年大风天数月均 9.7 天,最多 24 天,最大风速达 13 ~ 18 米/秒。多年平均气温 13 ~ 14 摄氏度,历年极端最高气温 40 ~ 41 摄氏度,多年最高月平均气温 28 ~ 30 摄氏度,历年极端最低气温 -21 ~ -20 摄氏度,多年最冷月平均气温 -1 ~ 0 摄氏度。历年平均降水量 83 毫米(1951—1960 年)。

(2)闸坝建设情况

韩庄二线船闸位于山东省微山县韩庄镇东南约 1 千米处的韩庄运河上,是京杭运河韩庄运河段最上游的水运梯级,区域内有京杭运河(韩庄运河)、京沪铁路、G3 高速公路(京台高速公路)及国道 104 线等多条交通运输通道。韩庄二线船闸上游与南四湖下级湖(微山湖)相接,距湖口约 4 千米,下游距万年闸一线、二线船闸 16.7 千米。

韩庄二线船闸建筑等级为二级。上、下闸首及闸室均采用钢筋混凝土整体坞式结构。工程于 1997 年 5 月开工,2000 年 3 月完工,2000 年 11 月通过交工验收,2003 年 11 月 5 日通过竣工验收。共完成混凝土及钢筋混凝土 5.24 万立方米,砌石 4.36 万立方米,疏浚土方 160.6 万立方米,耗用钢筋 2382 吨。总投资 1.15 亿元。

(3)建设成就

韩庄二线船闸是京杭运河山东济宁段的"南大门",是船舶进出济宁辖区的咽喉要道,船舶从此通行比湖西线航道缩短航程 30 余千米,大大降低了运营成本,形成了一条运距短、环节少、成本低的南北水上黄金通道,为北煤南运提供了便捷条件。该船闸投入运行后,极大地改善了通航条件,提高了船舶运输效率。自 2000 年 12 月投入运行以来,各项技术指标均满足设计需求,截至 2015 年 12 月,船闸始终保持安全高效运行。2005 年 1 月至 2015 年 12 月,共通过船舶 78.06 万艘,货运总量 6.23 亿吨,船闸的社会效益和经济效益得到充分发挥。

船闸建成之初,过闸船舶多为水泥船,最大吨级约为 200 吨级,平均载质量约为 120 吨。随着近些年内河船舶标准化、系列化、大型化的发展,过闸船舶全部为钢质船,船舶吨级已增至 2000 吨级(长 63 米、宽 12.6 米、型深 4.2 米),平均载质量约为 1000 吨。

2.通航建筑物

(1)韩庄一线船闸

韩庄一线船闸,南临伊家河节制闸,北距韩庄运河节制闸 500 米,东临津浦铁路。闸室长 120 米,宽 12 米,闸门宽 10 米,可通过 100 吨驳船 5 只,即 500 吨驳船拖队。另有公路桥 3 孔。该工程于 1968 年 3 月 24 日开工,1970 年 10 月竣工,投资 120 余万元,验收后交付济宁航运局使用。

(2)韩庄二线船闸

韩庄二线船闸工程为京杭运河续建工程,项目于 1997 年 5 月开工建设,2000 年 11 月试通航,2003 年 11 月竣工。

项目建设依据:1993 年 12 月,国家计划委员会《关于京杭运河(济宁至徐州)续建工程济宁至台儿庄段可行性研究报告的批复》(计交通〔1993〕2443 号);1995 年 9 月,山东省建设委员会《关于韩庄枢纽工程初步设计的批复》(鲁建设发〔1995〕36 号)。

项目按二级船闸标准建设单级船闸 1 座,设计水头为 4 米,航道设计正常通航水位上游 33.60 米、下游 29.6 米,最高通航水位上游 36.00 米、下游 35.39 米(相当于 20 年一遇的洪水),最低通航水位上游 31.5 米,下游 29.6 米。一次过闸时间为 40 分钟。上、下闸首及闸室均采用钢筋混凝土整体坞式结构,闸室有效尺度为 230 米 × 23 米 × 5 米。代表船舶(船队)为 1 顶 + 2 × 2000 吨级顶推船闸队。输水系统类型为短廊道集中输水。上、下闸首闸门采用横梁式人字闸门,阀门采用钢质平板门,启闭机械形式为 20 吨液压启闭机。上、下游引航道采用沿主导墙曲线进闸、直线出闸的反对称布置。引航道底宽 70 米、水深 4 米。项目总投资 1.15 亿元。

项目建设单位为山东省京杭运河续建工程建设办公室;设计单位为中交水运规划设计院;施工单位为中港第一港务管理局;监理单位为山东省交通工程监理咨询公司;质监单位为山东省交通厅基本建设工程质量监督站。

自韩庄二线船闸投入运行以来,过闸船舶总数、货物总通过量整体呈现逐年递增趋势。2016 年,船舶货物通过量达到 8279 万吨。2008 年 1—7 月,船舶单向货物通过量已经达到 2520 万吨,货物总通过量达到 5040 万吨,船闸始终处于满负荷运转状态,单闸运行已远远满足不了船舶过闸需求。运调人员结合船舶待闸实际情况,充分利用闸室空间,科学合理制订调度计划,使船舶过闸时间大为减少,过闸效率大为提高,船闸始终保持安全、高效、畅通,船闸的社会效益和经济效益得到最大化发挥。

3. 经验与启示

韩庄二线船闸工程是京杭运河济宁—台儿庄段续建工程的主要项目之一,由交通部水运规划设计院设计。为保证工程保质保量按期完成,省、市、县三级成立工程项目建设指挥部,坚持科学指导、严格督导,施工计划周密,按计划节点推进进度,在施工工艺复杂、技术含量高、地方协调难度大等艰难条件下努力缩短工期,确保了工程保质保量按期完工。项目完工投入运行后,获得了"国家级文明样板航道项目"等荣誉。

(六)万年闸船闸

1. 闸坝概况

(1)自然地理条件

京杭运河韩庄运河段西起山东省南四湖下级湖湖口,东至江苏省大王庙,全长 55 千米。枣庄段属淮河流域南四湖水系,京杭运河枣庄段航道全长 43 千米,于台儿庄船闸贯通韩庄运河与中运河。韩庄运河为大型河道,流域面积18.28万公顷。境内其他中、小型河流多为季节性河道,雨季河水汹涌,陡涨陡落;旱季流水潺缓,甚至干涸。

万年闸船闸地处中准地台南部的鲁西台降。北部济宁、昭阳湖区为济宁凹陷,微山湖西侧丰沛地区为丰沛中新断陷,湖东属兖州凸起的西南部。新构造运动基本继承了老构造的活动特征,表现为济宁、南四湖及丰沛地区以缓缓沉降为主。第四系沉积最大厚度,在湖山湖西达200米以上,且越向西越厚。徐州韩庄丘陵及其以东地区为上升隆起区,全新世近代沉积仅见于沟谷和湖沼洼地,且厚度较薄,绝大部分地区地表出露为上更新世沉积含钙质结核的亚黏土或黏土。

闸坝所处地属暖温带到亚热带的渐变地带,具有黄河和长江流域的过渡性气候特点。年平均温度13～41摄氏度,多年最高月平均温度28～30摄氏度,历年极端最低温度−21～−20摄氏度,多年最低月平均在−1摄氏度左右。气候温和,四季分明,全年平均温度变化不大。年无霜期为200～210天,年平均相对湿度为70%～80%。冬季有冻土冰情,最大冻土深度为30～40厘米,最大岸冰厚度为20～30厘米。常年主导风向为冬季多NE,夏季多SE。多年平均降水量800毫米,变化为范围为600～1000毫米,年际变差系数大于0.3。受季风影响,年内降水季节性很强,7月、8月、9月这3个月的降水量约占全年降水量的60%～70%,12月、1月、2月这3个月的降水量仅占全年降雨量的10%。这种极不均匀的降雨特征,使本地区常出现集中暴雨、旱涝急转交替、阴雨连绵或连年干旱现象。

（2）闸坝建设情况

万年闸船闸位于枣庄市台儿庄区涧头集镇万东、万西村以北的韩庄运河上,是京杭运河韩庄运河中段的水运梯级,是京杭运河韩庄运河段最上游的水运梯级,区域内有京杭运河枣庄段、京沪高速铁路、G3高速公路(京台高速公路)及国道206线等多条交通运输通道。万年闸船闸上游距韩庄船闸16.4千米,下游距台儿庄、台儿庄复线船闸约16.7千米。

万年闸船闸建筑等级为二级。上、下闸首及闸室均采用钢筋混凝土整体坞式结构。工程于1996年9月动工兴建,1999年12月竣工,概算总投资6822万元。

（3）建设成就

万年闸船闸是京杭运河山东枣庄段的"南大门",是山东省内河航运的南大门和连接苏、皖、沪的重要交通枢纽,为北煤南运提供了便捷条件。该船闸投入运行后,极大地改善了通航条件,提高了船舶运输效率。自1999年12月投入运行以来,各项技术指标均满足设计需求。截至2015年12月31日,船闸始终保持安全高效运行。2010年1月至2015年12月,共通过船舶40.85万艘,货运总量2.57亿吨,船闸的社会效益和经济效益得到充分发挥。

2.通航建筑物

项目于 1996 年 9 月开工建设,1999 年 12 月试通航,2003 年 11 月竣工。

项目建设依据:1993 年 12 月,国家计划委员会下达《关于京杭运河(济宁至徐州)续建工程济宁至台儿庄段可行性研究报告的批复》(计交通〔1993〕2443 号);1995 年 9 月,山东省建设委员会《关于韩庄枢纽工程初步设计的批复》(鲁建设发〔1995〕36 号)。

项目按二级船闸标准建设单线船闸 1 座,设计水头为 5.1 米,船闸设计最高通航水位为闸上 32.64 米、闸下 32.59 米;设计最低通航水位为闸上 30.1 米、闸下 25 米;校核水位为闸上 33.31 米、闸下 33.01 米。一次过闸时间为 45 分钟。闸首、闸室结构为钢筋混凝土坞式结构,闸室有效尺度为 230 米×23 米×5.1 米。设计船型为 1000 吨级顶推船队,尺度为 160 米×10.6 米×2.2 米、2000 吨级顶推船队,尺度为 185 米×14 米×2.8 米、500 吨级拖带船队。输水系统类型为短廊道集中输水,充、泄水时间为 8 分钟。闸门形式为人字门,启闭机械形式为 20 吨液压启闭机。引航道采用直进曲出的平面布置,上、下游引航道采用曲线进闸、直线出闸的反对称形式,上、下导航段长均为 187.83 米。上、下靠船段长均为 200 米,上游引航道长 2.24 千米,下游引航道长 1.19 千米,引航道宽为 55 米,水深 4.0 米。项目总投资 6822 万元。

项目建设单位为山东省京杭运河续建工程建设办公室;设计单位为中交水运规划设计院、山东省交通规划设计院、林同炎李国豪土建工程咨询公司等;施工单位为山东省筑港总公司;监理单位为山东省交通工程监理咨询公司;质监单位为山东省交通厅基本建设工程质量监督站。

万年闸船闸自投入运行以来,过闸船舶总数、货物总通过量整体呈现逐年递增趋势。船闸运调人员结合船舶待闸实际情况,充分利用闸室空间,科学合理制订调度计划,使船舶过闸时间大为减少,过闸效率大为提高,船闸始终保持安全、高效、畅通,船闸的社会效益和经济效益得到最大化发挥。

近年来,随着梁济运河的通航、洙水河及其他京杭运河支线航道建设,京杭运河山东段货运量呈稳定增长态势,万年闸船闸的总体运量已经达到饱和状态,位于上游的微山二线、下游的台儿庄均已建成二级标准复线船闸。万年闸船闸尚为单线,极大地制约了京杭运河总体通过能力。为保障京杭运河航道安全、高效、畅通、不间断运行,开工建设万年闸复线船闸。

3.经验与启示

万年闸船闸工程是京杭运河济宁至台儿庄段续建工程的主要项目之一,由交通部水运规划设计院设计。为保证工程保质保量按期完成,省、市、县三级成立工程项目建设指挥部,坚持科学指导、严格督导,施工计划周密,按计划节点推进进度,在施工工艺复杂、技术含量高、地方协调难度大等艰难条件下努力缩短工期,确保了工程保质、保量、按期完工。

(七)台儿庄船闸

1.闸坝概况

(1)自然地理条件

台儿庄船闸闸址区地势平坦,河道为人工开挖的梯形断面,主河槽宽台儿庄闸上为130米、闸下为85米,滩地地面高程在26.00~27.00米(废黄河高程系)。为防洪需要,河道左右岸筑有大堤,堤间距约800米,大堤内外均为耕地,船闸位于河道右岸堤边滩地上。

该区域地质为山间平原、低山丘陵。闸址区上层被第四系土层覆盖,覆盖厚度约16~20米,第四系覆盖土层以下揭露的基岩土层为中奥陶系马家沟组,第二组第二段石灰岩。在闸基区已探明的地质结构有四条断层,其中两条宽度10~20米,影响带宽20~70米,受其影响裂隙岩溶发育,地下水富集。断层影响带内岩石破碎,受其影响地下水连通较好,断层内抽水试验单井涌水量分别达到44升/秒和10.64升/秒,属强透水段。

台儿庄船闸所处区域为暖温带丰湿润季风气候区,四季分明,光照充足。风向以 SE 为主,年平均风速为2.8~3.8米/秒。年平均降水量为837.8毫米,最大降水量1327.3毫米,最小降水量516.4毫米,且70%的降水集中在6—9月汛期,平时干旱少雨。年平均气温14.2摄氏度,最高气温出现在7月,月平均最高气温26.8摄氏度,最低气温出现在1月,月平均最低气温为-1.4摄氏度。

(2)闸坝建设情况

台儿庄船闸位于山东省枣庄市台儿庄区运河街道办事处南约1千米处的韩庄运河上,是京杭运河枣庄段(韩庄运河)最下游的水运梯级,是京杭运河东线航道自江苏进入山东的第一个水运梯级。区域内有京杭运河枣庄段(韩庄运河)、S38 高速公路(枣临高速公路)、国道206线、省道104线、省道234线等多条交通运输通道。台儿庄船闸上游与万年闸船闸毗邻,相距17千米;下游与江苏省皂河船闸相连,相距71千米。

(3)建设成就

台儿庄船闸是京杭运河山东段的"南大门",是船舶进出京杭运河山东段的咽喉要道,船舶从此通行比湖西线航道缩短航程20余千米,大大降低了运营成本,是一段典型的经济航道。台儿庄船闸的建成促使京杭运河山东段形成了一条运距短、环节少、成本低的南北水上黄金通道,为北煤南运和适宜水运的大宗物资提供了便捷的水路运输条件。该船闸投入运行后,极大地改善了船舶通航条件,提高了运输效率。自投入运营以来,各项技术指标均满足设计要求,船闸的社会效益和经济效益得到充分发挥。

2.通航建筑物

(1)台儿庄船闸

项目于1989年12月开工建设,1995年9月试通航,1997年6月竣工。

项目建设依据:1988年,国家计划委员会《关于韩庄运河航道工程有关问题的复函》(计投资〔1988〕1014号);1989年10月,山东省建设委员会《关于韩庄运河(台儿庄—大王庙)航道工程初步设计的批复》(鲁建设发〔1989〕49号)。

项目按二级船闸标准建设单级单线船闸1座,设计水头为4分钟。台儿庄船闸上游最高通航水位为29.94米(废黄河高程),下游为29.84米;设计最低通航水位上游为25.50米,下游为20.00米。一次过闸时间为45分钟。上、下闸首及闸室均采用钢筋混凝土整体坞式结构。闸室有效尺度为230米×23米×5米,代表船舶(船队)为2×2000吨、2×1000吨顶推船队以及拖带船队。输水系统类型为短廊道集中输水,充、泄水时间均为7.1分钟。闸阀门形式为钢结构平面闸门,启闭机械形式为液压推拉杆。引航道采用上游曲进直出、下游直进直出平面布置。项目总投资为6312.20万元,工程到位资金6329万元,其中交通部水运建设资金4049万元,山东省交通厅750万元,山东省计划委员会930万元,山东省水利厅600万元。

项目建设单位为枣庄市港航管理局;设计单位为交通部水运规划设计院、山东省济宁水运工程设计室;施工单位为交通部第一航务工程局航务二公司;监理单位为韩庄运河航道工程指挥部工程监理处;质监单位为山东省交通厅基本建设工程质量监督站。

台儿庄船闸自投入运行以来,过闸船舶总数、货物总通过量整体呈现逐年递增趋势。船闸运调人员结合船舶待闸实际情况,充分利用闸室空间,科学合理制订调度计划,使船舶过闸时间大为减少,过闸效率大为提高,船闸始终保持安全、高效、畅通,船闸的社会效益和经济效益得到最大化发挥。

(2)台儿庄复线船闸

项目于2007年5月开工建设,2010年7月试通航,2012年7月竣工。

项目建设依据:2005年12月,山东省发改委《关于京杭运河台儿庄复线船闸工程可行性研究报告的批复》(鲁发改能交〔2005〕1224号);2006年9月,山东省交通厅和山东省发改委《关于京杭运河台儿庄复线船闸工程初步设计的批复》(鲁交规划〔2006〕122号)。

项目按二级船闸标准建设单级船闸1座,设计水头为4米。台儿庄复线船闸设计正常运用水位上游26.00米,下游22.00米;设计最高通航水位上游30.27米,下游30.13米;设计最低通航水位上游24.80米,下游20.00米。一次过闸时间为40分钟。闸首、闸室结构为整体体钢筋混凝土坞式结构,闸室有效尺度为 230 米×23 米×5 米,可通航 1 顶 + 2×2000 吨级船队。输水系统类型为短廊道集中输水,充、泄水时间均为 8.5 分钟。闸阀门形式为平面钢闸门,启闭机械形式为 20 吨液压启闭机。引航道采用上游引航道采取曲线进闸、直线出闸布置形式;下游采用直进曲出平面布置。项目总投资为2.33 亿元。

项目建设单位为山东省交通厅京杭运河续建工程建设办公室;设计单位为中交水运规划设计院有限公司、山东省交通规划设计院;施工单位为山东省筑港总公司、中交第三航务工程局有限公司、山东省路桥集团有限公司;监理单位为山东省交通工程监理咨询公司、山东晨旭建设项目管理咨询有限公司;质监单位为山东省交通厅基本建设工程质量监督站。

台儿庄复线船闸自投入运行以来,过闸船舶总数、货物总通过量整体呈现逐年递增趋势。船闸运调人员结合船舶待闸实际情况,充分利用闸室空间,科学合理制订调度计划,使船舶过闸时间大为减少,过闸效率大为提高,船闸始终保持安全、高效、畅通,船闸的社会效益和经济效益得到最大化发挥。

3.经验与启示

为了在工程建设中实现"三大控制,两大管理"的目标,在水运建设工程中实行工程管理是确保目标实现的根本条件。为了达到控制工程进度和工程质量目的,进行计量支付是做好上述工作强有力的手段。通过工程管理,能及时发现施工中出现的问题、及时向有关部门汇报、及时研究处理,有力地保证了工程的施工进度和质量。通过台儿庄二线船闸管理工作,项目组得到启示:一个工程能否按合同条款实现工程的质量和工期,关键是否能够选择一个信誉好、技术力量雄厚、施工和管理水平高的承包单位。项目进行中有待改进的地方有:工程管理手段还比较落后,管理设施及检查仪器简单,运用现代化技术措施等方面有待进一步学习、掌握、总结、改进、提高。只有通过不断地改进、才能使项目组的管理工作逐步走向规范化、科学化,更好地为工程建设服务。

台儿庄复线船闸工程建设管理主要有以下经验:①选择好施工、设计、监理队伍是工程、质量安全的保证;②把好劳务队伍和原材料关是保证工程质量的前提;③抓好劳务队伍及机械设备质量是保证工程进度的重点;④上级支持和外部环境的优越是工程顺利建设的重要条件。同时,在台儿庄复线船闸工程建设管理中也存在一些教训:①由于项目开工前没有完全解决征地拆迁工作,致使工程边施工边拆迁;②对主要监理、施工管理技术人员的监管还不到位;③工程采用初步设计文件进行招标,导致在一定程度上影响了工程进展。因此,在今后工作中应认真学习、总结,采取有效的措施不断完善和提高管理水平,促进工程项目建设管理更加科学、规范。

(八)嘉祥船闸

1.闸坝概况

(1)自然地理条件

洙水河航道规划为三级航道标准,底宽 30 米,上游设计水深 3.2 米,下游设计水深 3.5 米,最小转弯半径 480 米,边坡比为 1:3,上游底高程 30.6 米,下游底高程 29.5 米。洙水河是嘉祥县中部重要的排涝河道,流域面积 4.56 万公顷,有一级支流 9 条,二级支流 4 条,建有各类扬水站 43 座,灌溉面积 7.6 万亩。嘉祥船闸西侧建有嘉祥节制闸,该闸是嘉祥县拦蓄引黄尾水、拦蓄地表水、引湖水和县内南水北调、北水南调、沟通各河道水系多水并用的中枢。

工程河段总体地貌类型为山前坡地,地势略有起伏。勘察范围内主要发育第四系坡积物和冲洪积物以及寒武系灰岩和泥灰岩,第四系厚度 23 ~ 43 米,岩性主要为粉质黏土、黏土、粉土和红黏土。寒武系灰岩以中厚层灰岩为主,有少量泥灰岩和白云岩。地层大致倾向西,倾角 8 ~ 100 度,地层产状有变化。

嘉祥船闸处于嘉祥断凸的中偏东部,第四系堆积物较薄,一般厚度为 0 ~ 50 米,其下为稳定的基岩地层。区域构造主要为巨野断裂和嘉祥断裂。其中,巨野断裂位于场地以西,距离勘察场地约 30 千米,为一区域性大断裂,走向南北,倾向西,落差大于 1000 米;嘉祥断裂位于场地以东,距离勘察场地约 10 千米,走向为北偏西转南南西,倾向东,落差大于 800 米。上述两条断裂均为非全新活动断裂,对勘察场地的稳定性不会产生影响。

南四湖的年内水位变化主要受入湖水量和用水的影响,其中用水又以农业灌溉用水影响为主。受季风环流的影响,流域 70% 的降雨和入湖径流集中在 7—9 月的汛期。以自然为分析单位,南四湖年内水位变化呈现出以下规律。2—6 月,入湖水量少,受蒸发、渗漏和用水的影响,湖水位持续下降,6—7 月春灌高峰,水位降至年内最低。7 月、8 月、9 月随着降水和入湖径流的增加,水位持续增高,至汛期水位达到年内最高。之后至翌年 1 月为蓄水期,入湖径流减少,水位逐渐降低。根据 1960—2002 年多年平均水位统计资料,上级湖多年平均水位 33.70 米。

嘉祥船闸地处暖温带亚湿润区中的鲁淮区。夏热多雨,冬寒晴燥,四季分明。多年平均气温 13.7 摄氏度,历史极端最高气温 43.2 摄氏度,最高月平均气温 27.3 摄氏度;历史极端最低气温 -20.6 摄氏度,多年最低月平均气温 -1.7 ~ -6.3 摄氏度。多年平均降水量 640.2 毫米,丰水年降水量 925.8 毫米,枯水年降水量 353.2 毫米,汛期 7—9 月受亚热带季风的影响,降水量约占全年降水量的 56.8%。季风气候明显,冬季多 N,夏季多 SE。年平均风速 3.28 米/秒,4 月风速最大,平均为 4.14 米/秒。多年平均雾日数 11 ~ 14 天,多发于冬季,秋季次之。年陆地蒸发量 550 ~ 600 毫米,水面蒸发量 1100 ~ 1250 毫米。年平均相对湿度70%~80%。一般12月下旬至翌年2月上旬水面结冰,最大岸冰厚度7~9厘米,最大冻土深度19厘米。洙水河水域比较狭窄,大部分河堤保持较好,由大风产生的波浪较小。

(2)闸坝建设情况

嘉祥船闸工程位于山东省济宁市嘉祥县嘉祥村西,为洙水河航道改造附属通航建筑工程。嘉祥船闸占地240亩,总投资1.18亿元,船闸等级为三级,可通航1000吨级船舶。

嘉祥船闸连接洙水河上、下游航道,上游航道长19.55千米,下游32.3千米。洙水河航道是京杭运河主要支线航道之一,是山东省实施的第一个跨市的内河区域航道,东起京杭大运河,西至菏泽市巨野县孙庄桥,全长51.85千米,其中济宁段航道44.9千米,菏泽巨野段航道6.95千米,建设标准为内河单线三级航道,可通航1000吨级船舶,从巨野向东经嘉祥县、任城区接入京杭运河主航道。

(3)建设成就

嘉祥船闸是洙水河航道工程附属设施,是山东省内河水运突破菏泽战略的重要一环,实现了菏泽市内河水运零的突破。嘉祥船闸可通航1000吨级船舶,平均船舶载质量860吨。

2.通航建筑物

项目于2010年6月开工建设,2014年7月试通航,2017年12月竣工。

项目建设依据:2009年3月山东省发改委《山东省发展和改革委员会关于洙水河航道改造工程嘉祥船闸工程可行性研究的批复》(鲁发改能交〔2009〕314号);2009年5月,山东省交通运输厅、发改委《关于洙水河航道改造工程嘉祥船闸工程初步设计的批复》(鲁交规划〔2009〕86号);2010年5月,山东省交通运输厅《关于洙水河航道改造的嘉祥船闸工程施工图设计的批复》(鲁交规划〔2010〕103号);2008年9月,山东省环境保护局以鲁环报告表〔2008〕159号批复;2010年5月,山东省人民政府批复用地(鲁政土字〔2010〕814号)。

嘉祥船闸闸室有效尺度为230米×23米×4米,设计水头2.6米。工作闸门为人字门,阀门采用钢质提升平板门,阀门孔口尺度为2.5米×3米;启闭机4台,均采用启闭力30吨的液压直推式启闭机。上游最高通航水位35.6米,最低通航水位33.8米;下游最高通航水位35.5米,最低通航水位33.0米。

项目建设单位为济宁市港航局;设计单位为中交水运规划设计院;施工单位为中交第三航务工程局有限公司;监理单位为山东省交通工程监理咨询公司;质监单位为山东省交通运输厅基本建设工程质量监督站。

嘉祥船闸试通航期间机电液压系统、PLC(可编程逻辑控制器)自动化控制系统、智能监控系统、语音系统、通航建筑物及构筑物等各项指标及技术参数达到了设计标准,满足船闸运行需要,整体运行情况良好。船闸自 2017 年 6 月至 2018 年 8 月,已安全运行 15 个月,通过船舶 2000 余艘,通过量 170 余万吨。

3. 经验与启示

①嘉祥船闸上游航道没有补充水源,枯水期存在水源不足问题,为了保障通航,配套建设了提水泵站,枯水期向上游提水。

②加大船闸信息化投资力度,带动航道信息化建设,信息资源打破地区限制,实现资源共享,建设全运河过闸信息化、动态化。

三、江苏段

(一)蔺家坝船闸

1. 闸坝概况

(1)自然地理条件

京杭运河自邳州市北 18.5 千米大王庙处分成两支走向。一支沿邳州珈口、山东台儿庄经微山湖东侧转向二级坝南侧,经微山船闸直通济宁、天津、北京;另一支沿不牢河方向向西经徐州折向西北方向,过蔺家坝船闸,沿微山湖西侧、湖西大堤东侧向北直通微山船闸。两支在微山船闸南汇成一股,在湖东侧的称为京杭运河东航线,在湖西侧的称为京杭运河西航线。

蔺家坝水利枢纽地处黄淮冲湖积平原区,地势平坦,局部稍有起伏,区域稳定性良好,地质条件较稳定,具有黄河和长江流域的过渡性气候特征,属半湿润的暖温带季风气候。春、夏、秋、冬四季分明,且昼夜温差较大。该段运河位于南四湖地区,降水量比较丰富,降水为地面径流的主要来源。

(2)闸坝建设情况

蔺家坝水利枢纽地处江苏省铜山县境内,位于徐州以北 18 千米,蔺家坝村西北妈妈山、张谷山之间,由蔺家坝节制闸、蔺家坝一线船闸和复线船闸组成。蔺家坝水利枢纽位于湖西航道的起点,湖西航道在紧邻湖西大堤的湖区滩地上,全长 57.44 千米。蔺家坝一线船闸工程于 1989 年建成,船闸等级为二级,通航船舶吨级 1000 吨,船闸有效尺度为 230米 × 23 米 × 5 米。2010 年实施京杭运河西航线整治一期工程,新建蔺家坝复线船闸,该船闸于 2013 年底建成通航。蔺家坝复线船闸等级为二级,通航 1 顶 +2 × 2000 吨级船队,包括船闸工程、配套及附属工程,船闸有效尺度为 260 米 × 23 米 × 5 米。

复线船闸其轴线与一线船闸轴线平行布置,间距 70 米。复线船闸下闸首与一线船闸闸首齐平,闸室长 264 米(其中含 4 米镇静段),上闸首位于一线船闸上闸首上游约 34 米。

在上闸首上游侧及下闸首下游侧各设 10 米长的坞式段。复线船闸上、下引航道与一号闸共用。

（3）建设成就

2012 年蔺家坝一线船闸船舶通过量 1582 万吨；2013 年随着京杭运河西航线整治一期工程实施，蔺家坝至房村段 29 千米航道达到二级航道标准，2014 年蔺家坝复线船闸开始投入运行，2015 年船舶通过量高达 5441 万吨，是 2012 年通过量的 3.4 倍，通航条件得到极大改善，充分发挥了京杭运河水运主通道的重要作用。2015 年平均载重吨达 920 吨/艘。

2.通航建筑物

（1）蔺家坝一线船闸

项目于 1988 年 1 月开工，1989 年 4 月竣工。

项目建设依据：1987 年 11 月，江苏省计划经济委员会《徐州市计委关于徐州蔺家坝船闸工程设计任务书的批复》（计经基〔1997〕918 号）；徐州市城乡建设委员会《关于徐州蔺家坝船闸工程初步设计的批复》（徐建委〔87〕175 号）。

船闸等级为二级，系单级单线船闸，设计水头 5 米。蔺家坝船闸上游设计最高通航水位 35.8 米，最低通航水位 31.3 米；下游设计最高通航水位 33.3 米，最低通航水位 30.8 米。船闸上、下闸首均采用钢筋混凝土空箱式结构，上、下闸首底板分别为平底板和反拱底板；闸室采用干砌块石透水底板分离式结构。输水采用头部环绕短廊道输水系统。设计代表船型为 1000 吨级，设计代表船队 1 顶 + 2 × 2000 吨级船队，尺度 165.7 米 × 15.8 米 × 2.9 米。上游引航道长 570 米与湖西航道相连接，底宽 70 米，边坡比 1:3，底高 27.5 米，滩面高程 34.5 米；下游引航道长 800 米，与不牢河段航道相连接，底宽 70 米，边坡比 1:3，底高 27 米，滩面高程 34 米。上、下游闸首闸门均采用钢质人字形结构门，输水阀门为钢质平板门，采用 20 吨液压启闭机操纵。项目总投资 3003 万元，由江苏省补助 600 万元，经江苏省政府研究由江苏省京杭运河工程指挥部在包干节余中解决 1200 万元，徐州市自筹 1203 万元。工程用地 23 万平方米。

项目建设单位为徐州市蔺家坝船闸工程指挥部；设计单位为徐州市水利规划设计室；施工单位为徐州市水利工程处、徐州市水利机械厂、淮安灌溉总渠管理处等；质检单位为徐州市水利局。

徐州市蔺家坝船闸建成后，从长江口至山东济宁长达 550 千米航道全面贯通，山西省的煤炭通过济宁市由水路运向华东，大屯煤炭也可由内河航道直接运达上海，实现了京杭大运河北煤南运、西煤南运，减少了津浦铁路的运输压力，而且对开发和繁荣苏北与鲁南的经济，发展淮海地区的横向经济，增强淮海经济区的辐射能力具有深远的战略意义。

（2）蔺家坝复线船闸

项目属京杭运河湖西航道整治一期工程（蔺家坝—房村段），项目于 2010 年 5 月开工，2013 年 12 月试运行并竣工。

项目建设依据：2009 年 3 月，江苏省发改委《江苏省发展改革委关于京杭运河湖西航道整治一期工程项目建议书的批复》（苏发改交通发〔2009〕415 号）；2010 年 6 月，江苏省发改委《关于京杭运河湖西航道整治一期工程可行性研究报告的批复》（苏发改基础发〔2010〕773 号）；2010 年 9 月，江苏省发改委《关于京杭运河湖西航道整治一期工程（蔺家坝至房村段）初步设计的批复》（苏发改基础发〔2010〕1312 号）；2009 年 12 月，江苏省环境保护厅《关于对京杭运河湖西航道整治一期工程（蔺家坝—房村段）环境影响报告书的批复》（苏环审〔2009〕219 号）；2013 年 8 月，江苏省人民政府《江苏省人民政府关于京杭运河湖西航道整治一期工程建设用地的批复》（苏政地〔2013〕456 号）。

船闸等级为二级，为单级二线船闸，设计水头 5 米。蔺家坝复线船闸上游设计最高通航水位 35.8 米，最低通航水位 31.3 米；下游设计最高通航水位 33.3 米，最低通航水位 30.8 米，最大水头 5 米。闸首、闸室均为钢筋混凝土整体式结构。输水集中短廊道输水系统，充、泄水时间最长均为 8.5 分钟。设计代表船队为 1 顶 +2×2000 吨级船队，尺度 165.7 米 ×15.8 米 ×2.9 米。船闸上、下游引航道均采用"曲线进闸、直线出闸"的不对称形布置方式，主导航墙沿船闸轴线方向投影长度约为 213 米，停泊段长度为 240 米，上、下游引航道总长各为 453 米。闸门为钢质平板人字门，阀门为钢质垂直提升平板门，启闭机均为直推式液压启闭机。项目总投资 3.10 亿元，其中交通运输部水运建设资金 1.62 亿元，江苏省财政投资 1.05 亿元，徐州市承担土地使用费 2330.79 万元，其余资金由江苏省交通运输厅航道局贷款。陆域用地 22.71 万平方米。

项目建设单位为徐州市京杭运河湖西航道整治一期工程建设管理处；设计单位为中交水运规划设计院有限公司；施工单位为中交第一航务工程局有限公司；监理单位为安徽中兴工程建设监理所；质检单位为江苏省交通运输厅工程质量监督局。

蔺家坝复线船闸工程建成后，缩短了船舶待闸、过闸时间，极大改善了船闸待闸堵船状况，消除了瓶颈制约现象，提高了湖西航道的通行能力，较大程度地吸引了湖东航线的船舶改道湖西航道通行，湖西航道和蔺家坝船闸的船舶年通过量由建设前的 2500 万吨上升到 6000 余万吨，年通过量翻了 2.5 倍。工程的建成发挥了较大的经济效益和社会效益。

3. 经验与启示

①本工程船闸门、机、电招标与以往合并招标不同，按专业将门、机、电分别进行招标，在建设过程中更利于控制工程施工质量。

②合理利用船闸开挖土方。因本船闸建设位置狭窄，没有足够的管理区用地，在工程

建设期间,通过将主体基坑开挖土方同步回填船闸旁边近70亩鱼塘作为船闸管理区部分用地,经过近两年的沉降稳固后,在回填的鱼塘上建设管理区及管理用房。这样既解决了管理区用地不足的问题,也保证了管理区建设的工程质量。船闸剩余土方为附近村镇填筑了废弃砖瓦取土坑等坑塘。

③由于工程建设周期较长,同时工程初步设计时未充分考虑后期材料和人工费用的上涨幅度,使工程费用难以控制在概算费用范围内,也为工程建设管理增加了难度。

（二）解台船闸

1．闸坝概况

（1）自然地理条件

解台船闸位于徐州市东北部,该区域地貌类型属黄淮冲积平原,场地地形平坦,地面高程一般在32.0米左右,局部标高达到36.0～39.0米。

场区地层属黄淮沉积地层,以冲湖相为主,前期受沂、沭河影响,后期受黄泛影响,第四系地层发育不全,中、下更新统地层基本缺失,沉积厚度一般在20～40米。闸址区土层可分为:表层6～7米左右为第四系全新统的亚黏土混粉砂（3～1层）、软黏土（3层、3～2层）、粉砂（3～3层）,以及黄泛物;中部7～21米为第四系上更新统的黏土夹砂礓（4层）,下部可见第三系渐新统的风化泥岩及砂岩（5～1、5～2层）。按1990年江苏省地震区划图,本地区基本地震烈度为七度。

本地区属暖湿带南缘,季风气候,四季分明。根据徐州市气象站1951—1981年统计资料,年平均气温为14摄氏度。月平均气温中,1月、2月、11月低于0摄氏度。1月平均最低气温为-5摄氏度,7月平均最高气温为31摄氏度。年极端最低气温-23.3摄氏度（1969年2月）,极端最高气温为40.1摄氏度（1955年6月）。

多年平均降水量为800～860毫米,其中70%的降水集中在汛期6—9月,降水量在年内、年际间变幅大。年最大降水量为1297.0毫米（1958年）,年最小降水量595.2毫米（1953年）,日最大降水量229.5毫米。风向多为E,强风向为N、NE。最大风速为19.3米/秒。年平均雾日为33天,年平均降雪日为9.0天,无霜期200～220天,历年最大冻土深为23厘米。

京杭运河徐州到扬州段,贯通淮河、长江两大水系,从山东南四湖至长江六圩处,水位高差为30多米,共设有11个梯级。解台船闸为继蔺家坝船闸后的第二个梯级船闸。根据解台节制闸上、下游水文站现有26年的资料,设计最高通航水位采用20年一遇,设计最低通航水位采用保证率频率法,保证率采用98%,重现期为5年,用皮尔逊Ⅲ型曲线适线,则算得解台船闸上游设计最高通航水位约为32.0米,下游设计最高通航水位为29.20米。上、下游最低通航水位受翻水站引水影响较大,因此离散性大。

（2）闸坝建设情况

解台船闸位于徐州市东北 21.5 千米徐贾公路与运河交会处，系京杭运河苏北段第一期整治工程新增枢纽中的通航建筑物，至 1995 年船闸货物通过量达到 1738 万吨，煤炭通过量达到 1194 万吨，呈超饱和状态，因此，解台复线船闸的建设势在必行。

解台复线船闸位于一线船闸北侧，两闸中心线平行，两闸轴线平行相距 90 米。由于徐贾公路从一线船闸下闸首通过，故复线船闸公路桥仍布置在下闸首，船闸横向以两公路桥中心线对齐布置，以保持公路线型顺直，下闸首下游边线距公路桥中心线 5.75 米。

解台复线船闸设计通过最大通航为 1 顶 +2×2000 吨级船队，船闸尺度为 230 米 ×23 米 ×5 米。解台复线船闸为二级通航建筑物，主体结构为二级水工建筑物。设计最大船闸吨位为 2000 吨级。

（3）建设成就

江苏省解台船闸管理所位于徐州市东北郊、京杭运河与徐贾公路的交会点上，属京杭运河江苏省交通厅苏北航务管理处所辖京杭运河苏北段 404 千米航道的最北端，是徐州地区重要的水上交通枢纽之一。

自 1979 年至 2015 年 12 月底，解台船闸累计运行 52.91 万闸次，过闸船舶吨位 15.56 亿吨，过闸货物吨位 9.10 亿吨，船舶过闸秩序良好，实现了安全、平稳、有序的工作目标。

2. 通航建筑物

（1）解台一线船闸

解台一线船闸由江苏省水利物测设计院设计，徐州专区京杭运河工程指挥部与江苏省水利厅工程局第三工程队联合组成解台船闸工程处负责施工。

1958 年 10 月至 1959 年 2 月及 1959 年 10 月至 1960 年 4 月开挖闸塘土方，1960 年 9 月至 1961 年 9 月进行还土，1960 年 7 月至 1961 年 9 月浇筑混凝土及做石方工程，1961 年 5—7 月完成间网门及启闭机的安装任务，1961 年 9—11 月上下游拆坝放水。解台船闸实际完成工程量：土方 68.7 万立方米，混凝土 2.1 万立方米，石方 3.08 万立方米。工程实用水泥 6295 吨，黄沙 5.68 万吨，石子 4.29 万吨，块石 7.41 万吨，钢筋 418 吨，木材 1983 立方米。技工在工人数最高为 1960 年 11 月，有 729 人；民工同期最高为 2751 人。技工共做 16.23 万工日，民工共做 89.9 万工日（1961 年 10 月 1 日向后尾工所做工日不包括在内），整个工程共投入劳力 106.03 万工日。工程总投资 424 万元，历时 787 天。

解台船闸工程于 1961 年 8 月由江苏省大运河工程指挥部、水利厅、交通厅与徐州段大运河工程指挥部和徐州专区交通局、船闸管理所、江苏省水利厅工程队及工程处共同组织竣工检查组进行检查，工程基本符合设计要求。扫尾工程于同年 12 月前全部完成。

解台船闸设计上游最高通航水位 32.5 米、上游最低通航水位 31.0 米；下游最高通航水位 29.6 米、下游最低通航水位 26.0 米。船最大水级 6.0 米。上下游航道底宽均为 70

米、水深 5 米。

解台船闸下闸首由于节制闸位置已定，并建造在先，而船闸下游引航道直线段又必须满足不小于 700 米的要求，因此无法使上闸首与节制闸布置在同一轴线上，致使闸室墙后经常受高水位的浸润。根据土质钻探资料，解台船闸的土质中有 8 米厚砂层（在室底部高程以上），于是在开挖闸塘边坡上做黏土隔墙的防渗设施，导航墙后护坡下面亦用黏土铺盖以延长防渗长度。上、下闸建筑物高程为：上闸顶 33.1 米，上门槛 26.0 米；下闸顶 32.6 米，下门槛 21.0 米，上、下闸首结构形式为整体钢筋混凝土坞式结构。

闸室为分离坞工重力式结构。闸室建筑物高程为顶高 32.6 米、底高 21.0 米。因船闸墙身较矮，墙后和地基为较坚硬的黏性土壤，故选用衡重式结构，利用坚硬黏性土层开挖坡，从而减少土方数量及土压力，以缩小墙身断面和底板宽度。在挡土墙后，回填 40 厘米厚中粗砂一层。

充、泄水系统形式均为短廊道，下闸首采用环形短廊道平面对冲的输水形式。上、下游廊道尺度为 4 米×4 米，充水时间 6 分钟。上、下游主导航墙均长 40 米，墙体采用重力式结构。上、下游各设置 15 个靠船墩，各个靠船墩中心距为 15 米，均采用墩式结构。船闸承受单向水头，闸门系钢质人字门。上游闸门尺度为 6.41 米，质量为 30 吨，是一期工程中所建船闸最轻的闸门；下游门尺度为 10.9 米×11.58 米，质量为 49 吨。上、下游闸门均由 10 吨卷扬式启闭机启闭。

阀门为直升式钢质平板门，其所需阀门井工作位置最小，结构简单，采用定型设计以节省设计工作量。上、下游阀门尺度均为 407 米×4.2 米，质量为 3.7 吨。阀门由 5 吨卷扬式启闭机启闭，电器控制系分散控制。

（2）解台二线船闸

项目于 1999 年 12 月开工，2002 年 7 月试运行，2003 年 9 月竣工。

项目建设依据：1996 年 4 月，江苏省计划与经济委员会《关于京杭运河解台复线闸可行性研究报告的批复》（苏计经交〔1996〕794 号）；1998 年 10 月，江苏省建设委员会《关于京杭运河解台复线船闸初步设计的批复》（苏建重〔1998〕400 号）；1998 年 12 月，江苏省国土管理局《征（拨）用土地批准通知》（苏地管〔1998〕字第 469 号）。

船闸等级为二级，有效尺度为 230 米×23 米×5 米。设计代表船队为 1 顶 + 2×2000 吨级船队。船闸承受单向水头，设计最大水头为 6.0 米，属于低水头船闸。运河是一条集航运、排涝、灌溉、引水为一体的综合性利用的河道，各级水位可通过节制闸、翻水站进行人工控制。根据南水北调第二期工程规划，在解台增设 150 立方米/秒抽水量的翻水站，翻水时站上引河口最高水位为 32.5 米，最低为 31.0 米，相应站下引河口最高水位为 27.0 米，最低为 26.0 米。又根据水利设计防洪水位，上游为 32.5 米，下游防洪水位为 31.46 米。船闸上、下游闸首为土坞式结构，闸室长 230 米为钢筋混凝土扶壁式结构、混凝土透水底板。输水系统为集中头部输水、短廊道对冲输水方式。充、泄水时间 8 分钟,一次过闸时间 45 分钟。设计代表船型为 2000 吨级;设计代表船队为 1 顶 + 2×2000 吨级船队,尺度为 230 米×23 米×5 米。上、下游引航道平面布置为不对称形,上、下游均与一线船闸共用引航道,共用引航道宽度大于 110 米。船舶进出闸采用直进曲出方式。上游引航道直线段长为 1144 米,以半径 1000 米、弯道转角为 10.5 度的圆弧与上游航道中心线相接;下游引航道直线段长为 615 米,从直线段末端接至大吴桥北主孔的北侧桥墩西侧,并与桥墩平(夹角小于 5 度)。闸门形式为钢质平板人字门。阀门为钢质平板提升门,闸阀门启闭机均采用直推式启闭机。项目总投资 1.29 亿元,其中世界银行贷款为 4173.30 万元,实际投资 1.05 亿元。共完成征用土地 227.6 亩,拆迁房屋 5400 平方米,码头货场 6 万平方米,各类管道 37 道,混凝土浇筑 5.37 万立方米,砌石 5.54 万立方米,开挖、回填、疏浚总土方 177 万立方米,钢结构制作安装 234 吨,新建生产用房 1840 平方米,跨闸人行桥和公路桥各一座。

项目建设单位为江苏省交通厅航道局;设计单位为江苏省交通规划设计院;施工单位为中港第二航务工程局;监理单位为江苏交通工程监理咨询总公司;质检单位为江苏省交通厅工程质量监督站。

本项目建设过程中的重要科技创新为大体积混凝土施工控制温度裂缝的措施。解台复线船闸上、下闸首为钢筋混凝土坞式结构,采用头部短廊道输水,闸室为钢筋混凝土扶壁式结构,中间底板为分离式结构。大体积混凝土施工采用吊罐入仓,分层振捣施工工艺。在施工前专门委托武汉港湾工程设计研究院对船闸主体大体积混凝土进行了温控方案设计,计算了大体积混凝土施工期的温度场及应力场,并据此提出了大体积混凝土不出现有害温度裂缝的温度控制标准。

(三)刘山船闸

1. 闸坝概况

(1)自然地理条件

刘山船闸场地位于邳州市宿羊山镇北,属黄淮冲积平原,区内地势较平坦,地面高程一般在 25～32 米。京杭大运河在场地通过,有公路北通国道 307 线,南接陇海铁路,水陆交通十分便利。

场地属于华北准地台东南部,以太古界(泰山群)、太古界—下元古界(胶东群)中深变质岩系(片麻岩类)为主组成基底。从吕梁运动以来,本区开始沉降,震旦纪至中奥陶世接受了浅海相碳酸盐沉积,燕山运动使本区全盘褶皱,构造线方向为北东向,并伴有断裂和岩浆活动。第三纪以来,该地区以上升为主,故新生界厚度仅数十至百余米。据《中国地震烈度区划图》(1990)划分,该区地震基本烈度为七度。

场地内地层自上而下为：表层土为人工堆土（为黄色亚黏土、杂填土、亚砂土，地表多为耕植土，闸首、闸室及上游靠船墩部位厚度为1米左右，下游靠船墩处因位于大运河堤上，厚5米左右。基本为一线闸口开挖时的堆土，土质较杂乱）、第一层为第四系全新统连云港组、第二层至第六层为第四系上更新统戚咀组、第七层为震旦系下统新兴组。全新统连云港组属冲积、湖积相，岩性以黄色亚黏土、灰色黏土、亚黏土为主，厚4.5～8米。上更新统戚咀组属冲-洪积相，岩性以黄色黏土、亚黏土、中砂、粗砂为主，厚20余米。震旦系下统新兴组以黄色泥灰岩与灰紫色泥岩为主，本次揭露厚度为11.62米。

第一层为第四系全新统连云港组，土质性能较差，其下各层土地质条件均较好，闸首、闸室、下游引航道导航墙靠船墩基础基本以第四层黏土、亚黏土为持力层，强度较高，可作为天然地基，其下的第五层中细砂及第六层硬塑为可塑黏土，工程性能更好，为良好的下卧层。所选天然地基土在七度地震情况下不会产生液化。

该市地处暖温带半湿润季风地区，四季分明，雨量充沛。据市气象站1957—1980年的统计资料，该地区历年平均气温13.8摄氏度，平均最低气温出现在1月，为−5.1摄氏度。年均降水量为926.7毫米，年均降雨日为92.5天，年均降雪日为7.7天，平均雾日21.6天，最大冻土深度28厘米。常风向为NE，平均风速4米/秒，最大风速为24米/秒，风向为南南西。

（2）闸坝建设情况

刘山一线船闸位于江苏省徐州专区邳州市以西24千米京杭运河不牢河段上，系刘山枢纽工程的组成部分。刘山复线船闸位于一线船闸南侧，两闸采取平行布置，两闸轴线平行相距108.3米，考虑将来一线公路桥拓宽改造工程因受上闸首机房的限制只能向下游方向加宽，故在复线船闸横向定位时，采用了两船闸上闸首公路桥的上游侧缘石内侧面对齐，复线船闸公路桥中心线较一线船闸公路桥的中心线偏下游1米的设计。

刘山复线船闸设计通过最大1顶+2×2000吨级船队为二级船闸。刘山复线船闸建设规模采用230米×23米×5米，可满足1顶+2×2000吨级、1拖+4×500吨级等主要船队不解缆过闸的要求，有效地提高了船闸运营效率。

（3）建设成就

刘山船闸常年有10余个省（自治区、直辖市）的船舶通过，其航道是煤炭、建材水运的重要通道，在服务地方经济和国民经济发展中日益发挥着十分重要的作用。

自1979年至2015年12月底，刘山船闸累计运行64.61万闸次，过闸船舶吨位达20.08亿吨，过闸货物吨位达11.06亿吨。船舶过闸秩序良好，实现了安全、平稳、有序的工作目标。

2. 通航建筑物

（1）刘山一线船闸

刘山一线船闸由江苏省大运河工程指挥部设计，江苏省水利厅工程局第三工程队与徐州专区联合组成刘山船闸工程处负责施工,总投资 672.71 万元。

刘山一线船闸工程的主要工程量如下:混凝土 3.58 万吨,土石方 155.27 万立方米,砌石 5.75 万立方米,耗用钢材 775 吨,木材 4716 立方米。

刘山一线船闸于 1958 年 10 月开挖闸塘土方,中途曾一度停顿(原计划船闸、节制闸同时施工,后因船闸暂缓兴建,故土方开挖随之暂停),至 1959 年 8 月复工。同年 12 月闸室土方挖至设计高程后,便一面继续开挖上下闸首土方,一面开始进行建筑物施工。在施工期间,由于各项材料供应不能满足工程进展需要,加之 1960 年又受到汛期洪水影响,致使工程进度缓慢,整个工程土建部分除公路桥及上、下闸首机房与部分栏杆外,至 1961 年 4 月才基本完成。阀门于 1961 年 3—4 月安装完毕。1961 年初开始拆除上下游引河上防水堤坝,为防止汛期洪水漫溢,于同年 5 月间报请江苏省大运河工程指挥部会同有关部门先进行水下工程竣工检查,同年 6 月 16 日因下游河水暴涨,即开坝放水,遗留尾工在 10 月结束。

船闸尺度为 230 米 × 23 米 × 5 米,最大水级 6.5 米。设计通航水位高程为上游最高 29.62 米,最低 26.0 米;下游最高 28.84 米,最低 20.5 米。上游引航道直线段长 780 米、下游长 860 米。上下游引航道底宽均 70 米、水深 5 米。上、下游引航道底高程分别为 21.00 米、15.50 米;上、下游护坡长分别为 780 米、860 米,坡顶高程分别为 30.70 米、33.50 米;引航道护坦长均为 40 米、边坡比 1∶3;下游引航道青坎高程为 25.69 米。

闸首建筑物高程为上闸顶 30.7 米、上门槛 21.0 米;下闸顶 33.2 米、下门槛 15.5 米。上、下闸首为整体钢筋混凝土坞式结构,上闸首为山字形底板。

船闸充、泄水系统为短廊道,廊道尺度 4 米 × 4 米,充、泄水时间 9 分钟。上闸首采用甲形输水系统,即为平面对冲结合消能室和消力塘的混合式;下首采用环形短廊道平面对冲的输水形式。

为满足渗径长度,在上、下闸首底板的上游端设置 50～60 厘米厚的钢筋混凝土铺盖,铺盖下面为浇筑闸首底板而挖掉的地基回填沙壤土、黏土及贫混凝土。

闸室建筑物顶高 30.7 米、底高 15.5 米,其结构形式为分离坞工重力式。船闸闸墙较高,地基土质较差,采用浆砌重力式,墙身内挖洞,洞中回填沙壤土整实。闸墙表面用混凝土预制块镶面。

船闸为双向水头,闸门采用钢质横拉门,上游闸门尺度为 9.3 米 × 20.7 米,质量为 70 吨。下游闸门尺度为 15.75 米 × 20.7 米,质量为 165 吨。闸门用 10 吨卷扬式启闭机启闭。

阀门为钢质平板门,上、下游尺度均为 4.07 米 × 4.2 米,质量均为 3.7 吨,用 5 吨启闭机启闭。至 1990 年,4 台钢丝绳绳鼓式启闭机改为液压启闭机。

（2）刘山复线船闸

项目于1995年12月开工,1997年12月试运行,1998年12月竣工。

项目建设依据:1994年8月,江苏省计划经济委员会《关于京杭运河刘山复线船闸可行性研究报告的批复》（苏计经交〔1994〕876号）;1995年8月,江苏省建设委员会、江苏省交通厅《关于京杭运河刘山复线船闸初步设计的批复》（苏建重〔1995〕379号、苏交计〔1995〕121号）;1995年12月,江苏省国土管理局《征（拨）用土地批准通知》（苏地管〔1995〕字第531号）。

刘山复线船闸等级为二级承受双向水头作用,设计最大水头为7.0米。船闸上游设计最高通航水位29.2米,设计最低通航水位26.0米;下游设计最高通航水位28.5米,设计最低通航水位20.5米。船闸有效尺度为230米×23米×5米。船闸上、下闸首均采用钢筋混凝土坞式结构、空箱边墩与底板。上闸首输水采用头部输水系统,水流垂直跌落对冲水平转向,在空箱底板内经消能后正面出流。下闸首采用头部输水系统、短廊道对冲消能形式。充、泄水时间均为8分钟,一次过闸时间25分钟。设计代表船队1顶+2×2000吨船队,尺度为230米×23米×5米。引航道布置采用不对称形式,船队进出闸方式为直进曲出。上、下游引航道直线段各长650米,采用直立式浆砌块石挡墙驳岸,临水面较靠船墩退后0.5米。上、下游闸门各一扇,配置齿条式横拉门,上、下游阀门共五扇,双向为三扇,单向为两扇,配置液压启闭机。项目总投资1.08亿元,资金来源为江苏省交通厅自筹拨款。项目共完成混凝土浇筑6.4万立方米、钢材2375吨、砌石5.32万立方米,开挖、回填、疏浚总土方245万立方米,引航道疏浚土方32.6万立方米,征地250亩,拆除房屋4万平方米。

项目建设单位为邳州市刘山复线船闸建设指挥部;设计单位为江苏省交通规划设计院;施工单位为江苏省交通工程总公司、邳州刘山复线船闸工程项目经理部;监理单位为刘山复线船闸总监代表办公室;质检单位为江苏省交通厅质量监督站。

船闸常年有10多个省（自治区、直辖市）的船舶通过,是煤炭、建材水运的重要通道,在服务地方经济和国民经济发展中日益发挥着十分重要的作用。

（四）皂河船闸

1.闸坝概况

（1）自然地理条件

皂河船闸施工区域位于我国东部著名的郯庐断裂带西缘、老邳洪河河床上,场区地貌类型属黄泛冲积平原,地形除河渠及人工堆填外起伏不大,地表为黄灰色素填土。

勘探深度内揭露地层为第四系全新统冲积物和上更新统冲积物,其中在地面以下8米以内的灰黄色素填土（主要成分为粉质黏土、粉土,软塑、局部流塑,标贯击数N为5左右)工程地质条件较差;全新统土层承载力一般;上更新统土层承载力较高,工程地质条件较好。

场区抗震设防烈度为八度,设计基本地震加速度值0.30g,设计地震分组为第一组,建筑抗震设防类别为丙类,场地土类型为中软场地土,场地类别为三类,属建筑抗震不利地段。

场区地下水主要为松散岩类孔隙水,勘探深度内以潜水-微承压水和承压水为主。

船闸闸室及上、下闸首基础底板处及上游靠船墩和下游锚地选择上更新统中的3~1层黏土作为基础持力层,上游锚地、上游远调站选择上更新统中的3~1层或3~3层作为基础持力层,下游导航墙选择全新统中的2~1层底至2~2层顶作为基础持力层。

(2)闸坝建设情况

新中国成立后,皂河先后建有4座船闸:皂河老船闸、皂河一线船闸、皂河复线船闸、皂河三线船闸。皂河老船闸于1974年8月被洪水冲毁,现存皂河一线、皂河复线及皂河三线船闸。皂河一线船闸位于拦河坝以北骆马湖大堤与邳洪河东堤之间狭长的一条"干河"内。皂河复线船闸位于宿迁市皂河镇北,闸址在一线船闸西侧的老邳洪河内,东距骆马湖大堤300米,西为黄墩湖蓄洪区。皂河一线、二线船闸相距160米,三线船闸位于一线、二线船闸之间,中心线与一线、二线船闸中心线平行,距一线船闸中心线90米,距二线船闸中心线70米。

(3)建设成就

皂河船闸地处宿迁市宿豫区皂河镇北约3千米处,是苏北运河自蔺家坝船闸南下的第四座梯级船闸,也是苏北运河最繁忙的皂河至淮安航段的北口门船闸。

自1979年至2015年12月底,皂河船闸累计运行102.44万闸次,过闸船舶吨位达350.00亿吨,过闸货物吨位达18.89亿吨,船舶过闸秩序良好,实现了安全、平稳、有序的工作目标。

2.通航建筑物

(1)皂河一线船闸

原拟废除的皂河老船闸闸室容量小,启闭时间长,最大通过量每天仅能达到5000吨左右。随着煤炭运输量的加大,不得不在船闸附近大量翻坝过驳。一闸阻航,全线受累。为改变这种"卡脖子"状况,1971年5月30日,根据江苏省革命委员会苏委发(71)字第21号文批复,决定兴建皂河一线船闸。

皂河一线船闸闸址选择较困难,这是由于皂河老船闸东面紧靠骆马湖大堤,西面是皂河节制闸、邳洪河闸、黄墩河闸连续三座节制闸,地形比较复杂,航运与水利矛盾较大,同时又要求新闸兴建工期一年基本完成。闸址曾有三个选择方案:一是在老船闸与节制闸之间,拦河大坝的上游,紧靠老船闸附近;二是在老船闸与皂河节制闸之间,拦河大坝的下游；三是在老船闸与邳洪河闸之间，亦即拦河坝以北骆马湖大堤与邳洪河东堤之间狭长的一条"干河"内。

第一、二方案的共同特点是邻近老船闸，航道工程小，与水利规划矛盾不大；缺点是上游航道船闸进口处正是骆马湖缺口，风浪较大，且又接近节制闸，当行洪放水时，船队有被吸入节制闸的危险。另外，施工场地狭小，要在水中围堰，工期难以保证。第三方案的优点是施工场地较大，无须围堰即可破土开挖，工期可保证，上游引航道与大运河连接处可以避开骆马湖缺口，风浪较小，也不受节制闸放水影响；缺点是上下游引航道较长，共 2 千米，上游进口处弯道半径较小，风浪大时，船队进港有些困难，下游出口处夹在两个节制闸之间，十分窄小，在节制闸放水时，航运将受到一定影响。

以上方案经江苏省革命委员会召集有关部门反复研究比较，根据施工简单、上马快、可争取一年完成、迅速解决运输矛盾的精神，决定采用第三方案。

自 1971 年开始，由江苏省筹集建闸资金，1972 年 5 月一线船闸工程开工，1973 年 8 月 15 日放水通航。该工程由江苏省宿迁县皂河船闸工程指挥部承建，江苏省交通局第三工程处施工。工程总投资 795 万元。

皂河一线船闸尺度为 230 米 × 20 米 × 4 米，设计通过 1 顶 + 2 × 2000 吨级驳船队。设计通航水位高程为：上游最高 24.5 米，最低 20.5 米；下游最高 20.5 米，最低 18.5 米。船闸最大水级 6.0 米。引航道标准底宽 70 米、水深 4 米，最小弯曲半径 600 米，直线长度大于 400 米，基本符合京杭运河工程标准。

闸首采用短廊道输水，对冲消能。上闸首在廊道内设置跌水，出口处设消力槛和紧接闸室镇静段的消力塘。输水廊道进水口断面宽 4.5 米、高 3.5 米，顶部为圆弧拱形；出水口宽 7.5 米、高 3.5 米，并设分水墙一道。

闸首边墩底板及廊道均为 170 号混凝土，廊道以上除检修门槽、阀门槽、闸门支撑墙仍用 170 号混凝土外，均采用圆筒式结构 80 号浆砌块石及 170 号混凝土预制块镶面。闸首中间底板采用 170 号混凝土反拱结构，拱顶厚 1.4 米。

闸首建筑物高程为：上闸顶 26.0 米、上门槛 16.5 米；下闸顶 25.0 米、下门槛 14.5 米，采用整体钢筋混凝土倒拱式结构。

闸室建筑物高程为：顶高 25.0 米、底高 14.5 米。采用分离坞工重力式结构，底板为 140 号纯混凝土，墙身为 80 号浆砌块石，每隔 5 米设有一个直径 2.4 米 × 4.0 米的椭圆形洞体，洞内填土，以节约坞工，临水面在高程 17.94 米以上采用 170 号混凝土预制块镶面，闸墙底板之间设有钢筋混凝土撑梁，以防止闸墙向闸室内滑移，室中间为干砌块石，并设有倒滤层。

导航翼墙及靠船墩均采用重力式结构，80 号浆砌块石墙身及墩身，上、下游靠船墩各 8 座，间距 25 米。

闸门是钢质拱形人字门。为加强刚度，钢架结构除顶、中、底采用大型横梁外，其余横梁均改为圆弧形拱肋，断面为工字形，与面板共同承受圆弧线方向的压力，这样就比平板闸门节约大量钢材。上游闸门尺度为 9.45 米 × 11.58 米，质量为 29.2 吨；下游闸门尺度 10.3 米 × 11.58 米，质量为 30.8 吨。闸门启闭机为 10 吨绳鼓式启闭机。后于 1983 年 6 月，结合船闸大修改为 20 吨液压启闭机。

阀门为钢架木面直升式平板门，上下游阀门尺度均为 3.52 米 × 4.75 米，每扇质量为 2.54 吨，由 8 吨螺杆式启闭机启闭。1981 年，阀门木面板改为钢面板，启闭机亦于 1983 年 6 月改为 20 吨液压启闭机。

控制系统为邗江无线电厂生产的半自动集中手动，后于 1983 年配合更换液压启闭机，改为有触点控制系统，并设置步进式程序控制、集中手动控制和各机房分散点动控制三种方式，以适应不同情况的需要。系统主体由集中操作台、控制配电柜和四个小控制柜组成，同时配备有触点双码盘数字式水位差计，以获取水平和水位显示信号。

（2）皂河复线船闸

项目于 1985 年 3 月开工建设，1988 年 12 月试通航并竣工。

项目建设依据：1982 年 3 月，国家计划委员会《对〈京杭运河（济宁至杭州）续建工程计划任务书〉的批复》（计交〔82〕171 号）；1984 年 12 月，江苏省京杭运河续建工程指挥部《关于皂河复线船闸工程修改初步设计和概算的批复》（苏运建航〔84〕50 号）。

船闸等级为二级，设计水头 6 米，一次过闸时间 60 分钟。闸室尺度 230 米 × 23 米 × 5 米。设计代表船队为 1 顶 + 2 × 2000 吨级驳船，尺度为 75 米 × 14 米 × (2.6 ~ 2.8) 米，船队 185 米 × 14 米（长 × 宽）；1 顶 + 2 × 1000 吨级驳船，尺度为 62 米 × 10.6 米 × (2.0 ~ 2.2) 米，船队 154 米 × 10.6 米（长 × 宽）；1 拖 + 4 × 500 吨级驳船，尺度为 53 米 × 8.8 米 × 1.9 米，船队 239.5 米 × 8.8 米（长 × 宽）；+ 拖 + 12 × 100 吨级驳船，尺度为 24.85 米 × 5.24 米 × 1.5 米，船队 317.2 米 × 5.24 米（长 × 宽）。船闸为一级、一线船闸，闸首、闸室为坞式钢筋混凝土结构。输水系统采用环形短廊道格栅式集中消能输水系统形式，充、泄水时间均为 3 分钟。上、下游闸门均为钢质平板人字门，由 20 吨液压直推式启闭机启闭。船闸上游引航道直线段长 700 米，下游引航道直线段长 731 米，引航道底宽均为 70 米，弯曲半径均为 800 米。皂河复线船闸工程项目概算总投资 4695 万元，资金来源为基建拨款。船闸共征地 1270 亩（非耕地 576 亩，耕地 694 亩），占地 208 亩，拆迁房屋 1450 间。征地拆迁补偿等总经费 330 万元。

项目建设单位为皂河复线船闸工程处；设计单位为江苏省水利勘测设计院；施工单位为江苏省水利建筑安装工程公司第二工程处、复线船闸工程处。

由于在总体设计中，皂河复线船闸闸位选在大坝下游老运河内，上游引航道伸入大坝上游，恰好与节制闸上游引水路线正交，节制闸泄大流量时船舶航行很不安全，此外引航道还与骆马湖强风向正交；加之原闸址下有承压水，与骆马湖水贯通，骆马湖大堤身单薄，若在湖内打施工围堰，难度很大，不仅施工场地过于狭小，而且缺少土源。故经多次实地查勘和全面地质勘探后，确定闸位改在一线船闸以西的邳洪河内。该闸址地势平坦，地基土质尚好，施工安全，工期有保证，工程布局合理，不仅满足复线船闸的航运要求，而且尚可以改善一线、二线船闸上游引航道的进口条件。复线船闸建在邳洪河内，须将邳洪河局部改道，拆除原来的邳洪河闸、黄墩河闸，建邳洪河新闸，恢复原来的排灌水系。

（3）皂河三线船闸

皂河三线船闸项目于2004年12月开工，2007年6月试通航，2009年3月竣工。

项目建设依据：1996年10月，江苏省交通规划设计院编制的《京杭运河扩建工程淮阴三线船闸工程可行性研究报告》获得批复；2004年10月27日，江苏省计划经济委员会《关于京杭运河皂河三线船闸可行性研究报告的批复》（苏计经交发〔2003〕1295号）；2003年8月，江苏省环境保护厅《关于对京杭运河船闸扩容工程皂河、刘老涧、泗阳三线船闸工程环境影响报告书的批复》（苏环管〔2003〕160号）。

皂河三线船闸设计通过最大1顶+2×2000吨级船队，船闸等级为二级。三线船闸建设规模采用23米×260米×5米（宽×长×槛上水深），可满足1顶+2×2000、1顶+2×1000吨、1拖+4×500吨、1拖+6×300吨等主要船队不解缆过闸的要求。

闸室及上、下闸首均采用钢筋混凝土坞式结构，输水廊道尺度4.5米×4.0米，门龛宽度2.1米。闸首口门宽度23.0米，边墩宽9.6米，总宽42.2米。船闸承受单向水头，闸首工作闸门均采用人字闸门，上闸首采用水平环绕、格栅消能形式的短廊道集中输水系统。下闸首采用环形短廊道简易输水形式，利用水流对消能，出水口布置消力槛消能。上闸首纵向长度28.9米，上闸首门槛顶高程为11.93米，门槛高0.6米，底板厚2.8米，门后段底板底高程为9.33米，底板厚1.8米。下闸首纵向长度28.6米，下闸首门槛高0.6米，底板为平底板，厚2.8米，下闸首底板底高程为9.33米。闸门采用横梁式钢质平板人字门，阀门采用钢质平板提升门，实腹式板梁结构，闸阀门启闭机均采用直推式液压启闭机。电气控制采用集-散型控制系统，主要设备采用PLC和工控机，配电采用电网管理系统进行监测控制。三线船闸上、下游引航道均为单独引航道，平面布置为不对称形，船舶进出闸采用直进曲出方式。上游引航道底宽为70米，下游引航道底宽为62米。上游引航道直线段长度为630米，以半径600米的圆弧与上游航道中心线相连接，弯道转角为9.73度。下游引航道直线段长为615米，以半径600米的圆弧与下游航道中心线相接，弯道转角为25.98度。上下游主导航墙布置在南侧，各长70米。上游辅导航墙采用半径37米的圆弧转90度后以直线与二线船闸上游主导航墙相接。下游辅导航墙临闸首设20米直线段，然后以半径50米的圆弧转90度后以直线与二线船闸上游主导航墙相接。靠船建筑物布置在南侧，靠船段长400米，上、下游各设20只靠船墩，墩中心距均为20米，其间设直立式挡墙,挡墙较靠船墩前沿退后 0.5 米。

皂河三线船闸业主单位为江苏省交通厅航道局,宿迁市京杭运河扩容工程建设指挥部办公室为业主代表。工程实行二级监理,宿迁市京杭运河扩容工程建设指挥部办公室为总监理单位,驻地监理组由安徽中兴工程建设监理所承担,工程设计单位是江苏省交通规划设计院,船闸工程由中交第二航务工程局承建,闸阀门制作安装工程由江苏省水利建设工程有限公司承建,启闭机制作安装工程由常州液压成套设备有限公司承建,电气控制制作安装工程由江苏省设备成套有限公司承建,房建工程由中国建筑第八工程局承建。

项目重要变更包括上、下游导航墙沉井长度调整,闸室倒角、墙身增加防裂钢筋网,电缆沟结构形式变更,上游锚地部分重力式挡墙变更为钢筋混凝土板桩墙,上、下游重力式锚地贴面混凝土厚度变更,公路桥通往上、下游接线道路变更。此外,还包括因码头工程基坑回填土不宜作为独立基础地基,上、下游远调站远调楼独立基础变更为钢筋混凝土筏板基础。

(五)宿迁船闸

1.闸坝概况

(1)自然地理条件

宿迁船闸地处宿迁锅底山与峰山剥蚀低丘之间的鞍部,地势相对低洼,第四系土层较发育。由于郯城—庐江断裂穿越宿迁枢纽,因此闸址处的地质情况比较复杂。根据宿迁三线船闸初设工程地质勘察报告,钻探在 50 米深度内揭露的土层为全新统、上更新统及新第三系宿迁组,未见基岩。土层具体有地表杂填土、黄色亚黏土、含有粉砂铁锰结核等成分的黄色亚黏土、灰黄色粉砂层等;第四系全新统层,属中等承载力土层;第四系上更新统黏土和新第三系宿迁组黏土,土质坚硬、透水性小,可作为地基土。其他土层未经处理不能直接作为三线船闸工程天然地基。

闸区内地面以下 40 米深度范围内地下水均为松散岩类孔隙水,分为一、二两个含水岩组。一含水岩组以第四系上更新中砂为主,厚度一般小于 5 米,分布不稳定;地下水为微承压水,水位高程 18.14 ~ 18.38 米;地下水与河水水力联系较密切,可接受河水补给或排泄于河中。二含水岩组以第三系上新统为粉砂、中粗砂,厚几米至几十米不等,分布不稳定;地下水为微承压水、承压水,水位高程 18.20 米。根据水文地质勘探的结果及相邻工程施工揭露的实际情况,施工期间的上游基坑降水采用深井降水方案,确保施工期基坑的安全。

为合理确定闸位,分析地震断裂对闸位布置的影响,委托江苏省地震工程研究院进行三线船闸场地地震安全性和地震地质灾害评价以及场地震动参数确定工作。结果显示,郯庐断裂带由 5 条近于平行的北北东向断裂组成,其中 F5 断裂通过闸址区,F5 本身由数条北北东向断层组成,其中 f1、f2、f3 通过闸址区北部,f4、f5 通过闸址区南部,位于节制闸东、西侧。除了上述 5 条北北东向断层外,位于节制闸北还有一条北西西向断层 f6,闸址区断裂分布。宿迁三线船闸闸址区地震基本烈度为八度。其特征水位表和水位组合表分别见表 11-3-1、表 11-3-2。

宿迁三线船闸特征水位表(废黄河)　　　　　　　　　表 11-3-1

特 征 水 位	上游(米)	下游(米)
校核洪水位	26.0	—
设计洪水位	25.0	—
设计最高通航水位	24.0	20.0
设计最低通航水位	18.5	18.0
最低校核水位	17.0	—

宿迁三线船闸水位组合表(废黄河)　　　　　　　　　表 11-3-2

使 用 情 况	上游(米)	下游(米)	水头差(米)	备　　注
运用	24	18	6	—
检修	20.5	19.5	1	闸室内无水
完建	闸室内无水	—	—	—
校核	26	18.5	7.5	闸室 22.0 米
运用 + 地震	24	18	6	八度(强)

(2)闸坝建设情况

宿迁一线船闸为骆马湖水库枢纽工程之一,也是宿迁大控制枢纽工程的组成部分。1957 年 9 月,为实施发展运河的水运计划,汛期及蓄水时期配合拦河坝、宿迁节闸制、六塘河闸共同担负拦洪蓄水任务,经中央批准,于江苏省宿迁县井儿头镇兴建宿迁船闸(现称宿迁一线船闸)。宿迁二线船闸位于宿迁市城北井头乡境内,也是骆马湖水库宿迁大控制工程的组成部分之一,与一线船闸纵轴平行修建。为解决宿迁一线船闸承担运输任务中的"卡脖子"问题,在京杭运河续建工程总体设计未批准前,由国家计划委员会、经济委员会批准,于 1983 年提前兴办。宿迁一线船闸、二线船闸相距 215 米。六塘河位于京杭运河的北侧,设有六塘河节制闸和拦河坝,一线船闸南侧 250 米处为宿迁节制闸,井头船闸和井头翻水站在船闸下游北侧。宿迁三线船闸是在已建枢纽中增加的一项规模较大的工程,闸位的布置受到已建水工、通航建筑物的制约。宿迁复线船闸按国家二级通航建筑物标准设计,船闸尺度为 230 米×23 米×5 米,可通过 1 顶 +2×2000 吨级驳船队。宿迁三线船闸设计通过最大 1 顶 +2×2000 吨级船队,船闸等级为二级。三线船闸建设规模采用 260 米×23 米×5 米,可满足 1 顶 +2×2000 吨、1 顶 +2×1000 吨、1 拖 +4×500

吨、1 拖 +6×300 吨等主要船队不解缆过闸的要求,有效提高了船闸运营效率。

（3）建设成就

宿迁船闸是京杭运河苏北段十座大型船闸的第四梯级,现有船闸 3 座,主要肩负着"北煤南运"、矿建、成品油等国家重点物资的运输任务,常年有苏、鲁、豫、皖、沪、浙、赣等10 多个省(自治区、直辖市)船舶通行,年通过量达 1.6 亿吨以上。

自 1979 年至 2015 年 12 月底,船闸累计运行 111.04 万闸次,过闸船舶吨位 34.60 亿吨,过闸货物吨位 18.78 亿吨,船舶过闸秩序良好,实现了安全、平稳、有序的工作目标。

2. 通航建筑物

（1）宿迁一线船闸

宿迁一线船闸闸址及上、下游引河两岸土地征用,均经地方党政部门征购,连同迁移房屋折价及赔偿青苗等共计人民币 28.58 万元。其界址南自宿迁节制闸以南 100 米,与引河平行,长度为 1721 米;北自六塘河节制闸以北 100 米与老六塘河平行,长度为 165米;东、西均与运河口衔接。

宿迁一线船闸由江苏省水利厅设计,设计之初,以治淮委员会勘测设计院《骆马湖水库的规划报告》为依据,对船闸设计标准进行多种技术经济比较,闸室长度亦多次变动。原确定船闸尺度按 300 米 ×15 米 ×3.2 米和 280 米 ×15 米 ×3.2 米两种方案进行设计,待交通部开发运河中段(济宁—苏州)的方案确定再作决定。1957 年 9 月 4 日接水利部、交通部设(2370)电示,正式确定宿迁一线船身长 210 米、宽 15 米、门槛水深 3.2 米。

宿迁一线船闸由江苏省水电局负责施工,施工前组织成立宿迁闸坝工程指挥部,负责船闸兴建工程,船闸总造价 347.4 万元。

1957 年 9 月 29 日工程开工,首先进行闸塘开挖。同年 11 月 21 日,开始浇筑混凝土。1958 年 4 月上旬,混凝土工程基本完成,同时进行闸阀门安装,阀门每扇质量为 4.1 吨。为便于启闭省力加设平衡砣,通航前夕试验阀门起闭情况时,发现阀门关闭不下,经在板梁腹板钻孔,以减真空浮托,仍不易将阀门关下,再经原设计人详细核算,发现阀门与平衡砣质量大致相等,故无法下坠,于是在阀门顶及腹板间加置混凝土块 500 ~ 600 千克,阀门方能关闭严密。1958 年 7 月 16 日,闸门亦安装完毕,并于同日正式开放通航。

宿迁一线船闸设计通航水位高程为:上游最高 25.1 米,最低 18.0 米;下游最高 18.5米,最低 18.0 米。船闸最大水级为 7.6 米。船闸上、下游进出口处采用非对称框架式钢筋混凝土排架引航道栈桥,既可引船进闸,又能防止船只冲撞闸首或挡土墙。上游引航道栈桥长 55.0 米,下游长 55.8 米,宽度均为 1.5 米。上游引航道底宽 45 米,下游底宽 48米,水深均为 3 米。上游引河长 230 米,河底高程 14.8 米、宽 35 米;下游引河长 600 米,河底高程 14.8 米、宽 48 米。

船闸基础地质系软基。上、下闸首及闸室、闸墙均为整体钢筋混凝土坞式结构,总高分别为 16.66 米、18.6 米、17.0 米。闸墙底板中,上闸首厚 3.66 米,闸室厚 3.5 米,下闸首厚 3.6 米。闸首建筑物高程为:上闸顶 28.5 米,下闸顶 27.0 米;上门槛 15.5 米,下门槛 12.0 米。

闸室建筑物高程为:顶高 25.5 米,底高 12.0 米。闸室底板因二号底板在施工中被分为 2 块,故共 10 块,净宽 15 米、厚 2 米。墙后填土宽 25.5 米,其中 8.5 米作为走道,挡水板 1.0 米兼作闸箱栏杆墙。上、下游采用集中短廊道输水形式,上游廊道为螺旋形。上、下游廊道尺度均为 2.6 米×3.7 米,充、泄水时间各 4 分钟。

上、下游各设 2 扇闸门,均为钢质人字门,经电焊焊接,每扇高 11.7 米、宽 8.88 米,质量为 36 吨,4 扇总质量达 144 吨,其中包括各种零件。这种闸门的缺点是垂直和水平防漏缝长、门轴柱上支垫座与枕垫座装配复杂、闸门水下部分检查修理困难,但运用简单、启闭迅速、管理方便。闸门开启采用 10 吨绳索绳鼓式手摇电动两用启闭机,启闭时间为 2 分 50 秒。

阀门是平板式钢质直升门,制造装配简单,并可提升至管理室检修,缺点为提升费力,用平衡砣后有所减轻。上、下游各 2 扇阀门,每扇尺度为 2.87 米×3.9 米,采用 5 吨绳索绳鼓式手摇电动两用启闭机启闭,启闭时间为 2 分 40 秒。电器控制系分散控制。

(2)宿迁复线船闸

项目于 1983 年 10 月开工建设,1986 年 9 月试运行并竣工。

项目建设依据:1982 年 3 月,国家计划委员会《对〈京杭运河(济宁至杭州)续建工程计划任务书〉的批复》(计交〔82〕171 号);1982 年 8 月,江苏省基本建设委员会、计划委员会苏建综梁〔1982〕162 号文件。

宿迁复线船闸为二级的单级、单线船闸承受单向水头,设计上、下游最高通航水位为 24 米、20.5 米,最低通航水位分别为 18.5 米、18.0 米,船闸最大水级 6.5 米。闸首、闸室结构形式采用坞式钢筋混凝土结构,上、下闸首均采用短廊道集中输水系统形式,设计水头 6.5 米,充、泄水时间均为 3 分钟,一次过闸时间 60 分钟。船闸有效尺度为 230 米×23 米×5.0 米。设计船型 1 顶+2×2000 吨驳船(长×宽×吃水),尺度为 75 米×14 米×(2.6~2.8)米,船队 185 米×14 米(长×宽);1 顶+2×1000 吨驳船,尺度为 62 米×10.6 米×(2.0~2.2)米,船队 154 米×10.6 米(长×宽);1 拖+4×500 吨驳船,尺度为 53 米×8.8 米×1.9 米,船队 239.5 米×8.8 米(长×宽);1 拖+12×100 吨驳船,尺度为 24.85 米×5.24 米×1.5 米,船队 317.2 米×5.24 米。上、下游引航道直线段长 580 米,上游段底宽 80 米,下游段底宽 100 米。弯道半径为 600 米,弯度底宽:上游段 90 米,下游段为 100 米。上、下游闸门均为钢质平板人字门,上游闸门高宽为 13.95 米×13.53 米,下游闸门高宽为 12.45 米×13.53 米。船闸由 20 吨直推式液压启闭机启闭。阀门为钢质平板门,尺度均为 4 米×4 米。船闸工程总投资 2831.5 万元,资金来源为基建拨款。工程共征用土地555.08亩,其中挖废和建筑物占地485.75亩,为居民搬迁征用宅基地69.33亩;用于民工及江苏省水利建筑工程公司第二工程处施工工棚、场地,共占用土地4405.31亩。全部工程共拆迁房屋734间,伐树5.41万棵,实际支出拆迁赔偿总经费143.08万元,其中征用土地80.54万元。

项目建设单位为宿迁复线船闸工程处;设计单位为江苏省交通规划设计院;施工单位为江苏省水利建筑工程公司第二工程处、宿迁复线船闸民工团。

本项目工程投资原核定经费为2504万元(包括一线船闸公路桥扩建工程49万元),由于设计变更及材料设备差价增加等原因,经江苏省指挥部批准调增为2831.5万元。

(3)宿迁三线船闸

项目于2001年10月开工,2004年5月试通航,2006年1月竣工。

项目建设依据:1997年9月,江苏省计划经济委员会《关于京杭运河宿迁三线船闸可行性研究报告的批复》(苏计经交发〔1997〕1554号);2000年12月,江苏省建设厅《关于京杭运河宿迁三线船闸初步设计的批复》(苏建重〔2000〕475号);2001年7月,江苏省国土资源厅《关于京杭运河宿迁三线船闸建设项目用地的预审意见》(苏国土资函〔2001〕第160号)。

宿迁三线船闸等级为二级,设计水头5米,一次过闸时间30分钟。至2020年,全闸货物通过能力为6356万吨。闸室尺度为260米×23米×5米。设计代表船队为1顶+2×2000吨、1顶+2×1000吨、1拖+4×500吨、1拖+6×300吨。闸室采用钢筋混凝土坞式结构,上、下闸首均采用坞式钢筋混凝土结构,闸首工作闸门均采用人字闸门,输水系统采用环形短廊道输水,利用水流对冲并布置消力槛消能,充、泄水时间均为10分钟。闸门采用横梁式钢质平板人字门,阀门采用钢质平板提升门,实腹式板梁结构,闸、阀门启闭机均采用直推式液压启闭机。引航道平面布置:三线船闸上、下游与二线船闸共用引航道,引航道底宽153.5米。船舶进出闸"曲进曲出"。上、下游引航道直线段长为602米、542米,上、下游分别以半径600米与上、下游航道中心线衔接,转角分别为24度、54度。上、下游主导航墙均布置在南岸,主导航墙端部距离船闸中心线25米,长度在船闸中心线上投影长度均为70米。辅导航墙设置在北岸,沿闸首口门段布置10米长直线段后,以半径25米的圆弧转弯与二线船闸岸坡连接。交接处均设有锥坡,采用1:2～1:4边坡与原护坡相接。在上、下游引航道南侧各布置20只靠船墩,靠船墩间距为20米,靠船段长度400米。项目总投资1171.32万元,资金来源为世界银行贷款、交通部水运建设资金和江苏省航道系统规费。施工用地中,工程征地88亩,拆迁房屋3919.25平方米,新建房屋1900平方米,共完成混凝土浇筑7.00万立方米,砌石0.87万立方米,开挖、回填、疏浚总土方108万立方米。

项目建设单位为京杭运河宿迁三线船闸工程建设管理处(业主为江苏省交通厅航道

局);设计单位为江苏省交通规划设计院;施工单位为中港二航局、国营武昌船厂、常州液压成套设备厂和北京机械工业自动化研究所;监理单位为北京京华工程监理咨询事务所;质监单位为江苏省交通厅质监站。

(六)刘老涧船闸

1.闸坝概况

(1)自然地理条件

船闸位于黄淮冲积平原区,宿迁市洋北镇,西侧有废黄河故河道堆积。闸址附近因先期兴建船闸、节制闸、翻水站等水利工程建设,地形、地物变动较多。上游引航道原地面高程在17.0米左右,下游引航道原地面高程在16.5米左右,闸区地面高程一般在20.0米左右。

据《中国地震烈度区划图》(2001)划分,闸址区地震动峰值加速度为0.20g(相当于地震烈度值为七度),地震动反应谱特征周期为0.2秒。由于场区浅层第四系全新统砂性土层均在施工开挖时挖除,故在设计时不另考虑抗液化措施。

场地内地层自上而下为:表层土为素填土(为灰黄色、黄灰色黏土、粉质黏土,局部夹有淤泥质土及软黏性土,主要为一线、二线船闸开挖时的堆土,土质较杂乱;第一层中有灰黄色黏土层、淤泥质软土层、灰黄色粉土层,本层土承载力较小;第二层中有灰黄色粉土层;第三层中有灰黄色黏土夹砂礓、灰黄色砂土层(密实);第四层土中有灰黄色硬塑黏土、灰黄色砂土层(密实)。表层土及一、二、三层土为第四系地层,第四层土为上第三系地层。

第二、三层土质较好,闸首、闸室、下游引航道导航墙靠船墩基础基本以之为持力层,强度较高,可作为天然地基。

(2)闸坝建设情况

刘老涧一线船闸坐落在老船闸北面的运河航道上,闸位确定在老船闸与节制闸之间。一线船闸按二级标准建设,尺度为230米×20米×4米。设计通航水位高程为上游最高19.6米,最低18.0米;下游最高18.65米,最低16.0米。常水位高程为:上游18.5米,下游15.5米。船闸最大水级5.5米。引航道上、下游底宽均为70米,水深4米,直线段长均为800米。

刘老涧复线船闸位于宿迁市洋北乡境内,在宿迁船闸下游约27千米、刘老涧一线船闸侧,两闸中心线相距133米,是京杭运河徐扬段由南向北的第六个梯级控制,为刘老涧水利枢纽工程的组成部分。

刘老涧三线船闸布置于复线船闸南侧,两闸采取平行布置,两闸轴线相距80米。宿迁至仰化的公路从下闸首通过,桥梁中心线距下闸首下游边距离4.8米,较二线闸桥中心线向上游偏 0.75 米，为将来一线、复线公路桥拓宽留有衔接余地。

刘老涧三线船闸设计通过最大 1 顶 + 2×2000 吨级船队，船闸等级为二级。三线船闸建设规模采用 230 米×23 米×5 米，可满足 1 顶 + 2×2000 吨级、1 拖 + 4×500 吨级等主要船队不解缆过闸的要求，有效地提高了船闸运营效率。

（3）建设成就

刘老涧船闸地处苏北运河中部，长年有 10 余个省（自治区、直辖市）的船舶通过，主要承担着北煤南运及其他水运物资的运输任务。复线船闸 1985 年 4 月开工，与一线船闸基本齐平，投资 2274.6 万元，1987 年 7 月建成并交付使用是国家对京杭运河苏北段二期整治工程重点项目之一。自 1979 年至 2015 年 12 月底，刘老涧船闸累计运行 102.30 万闸次，过闸船舶吨位 34.00 亿吨，过闸货物吨位 18.70 亿吨，船舶过闸秩序良好，实现了安全、平稳、有序的工作目标。

2. 通航建筑物

（1）刘老涧一线船闸

项目于 1977 年 3 月开工，1978 年 8 月试运行，1978 年 9 月竣工。

1975 年 8 月，江苏省计划委员会批准兴建刘老涧一线船闸（苏革计〔1975〕217 号）；1976 年 6 月，江苏省计划委员会以苏革计〔1976〕179 号对初步设计进行了批复。

刘老涧一线船闸上、下闸首为整体钢筋混凝土倒拱式结构，闸室系分离混凝土半重力式结构。输水采用充、泄水系统，均为短廊道形式，廊道尺度相同，为 3.5 米×4.5 米。充、泄水时间 8 分钟，一次过闸时间 30 分钟。设计代表船型 2000 吨级驳船；设计代表船队为 2×2000 吨一列式顶推，驳船：79.6 米×13 米×2.65 米，推轮 900 吨：36 米×9.5 米×2.4米。航道上、下游底宽均为 70 米，水深 4 米，直线段长均为 800 米。船闸系单向水头，闸门为钢质拱形人字门。上闸门尺度为 9.5 米×12 米，质量为 37 吨；下闸门尺度为 11.5 米×12米，质量为 42 吨。阀门是平板钢结构直升门，上、下游阀门尺度均为 3.65 米×4.76 米，质量均为 3.8 吨。闸阀门启闭采用液压启闭机，闸门由 20 吨卧式缸启闭机启闭，阀门由 15吨立缸油压启闭机启闭。项目总投资 1500 万元，资金来源为江苏省自筹。

项目建设单位为京杭运河刘老涧船闸工程指挥部；设计单位为江苏省交通厅勘测设计院；施工单位为淮阴地区交通工程处。

（2）刘老涧复线船闸

项目于 1985 年 4 月开工，1987 年 4 月试运行并竣工。

项目建设依据：1982 年 3 月，国家计划委员会《对〈京杭运河（济宁至杭州）续建工程计划任务书〉的批复》（计交〔82〕171 号）；1984 年 5 月，国家计划委员会《关于京杭运河续建工程徐州至扬州段总体设计审查意见的复函》（计鉴〔84〕803 号）。1985 年 9 月，江苏省京杭运河续建工程指挥部批复该工程的初步设计（苏运建航〔1985〕63 号）。

船闸上闸首为坞式钢筋混凝土结构；下闸首为肋板式（辛可夫式）底板，坞式钢筋混凝土结构；闸室系透水分离式底板、衡重式闸室墙结构。上、下闸首均采用头部环绕短廊道输水系统。廊道尺度均为 4.0 米 × 4.0 米。上闸首利用帷墙作为消能箱，对冲消能，再通过格栅和正面出水孔出流。下闸首直接对冲消能。充、泄水时间 6 分钟，一次过闸时间 30 分钟。设计代表船型 2000 吨级；设计代表船队 1 顶 + 2 × 2000 吨船队，尺度为 185.0 米 × 14.0 米 × 2.8 米。上、下游直线段引航长度均为 650 米，底宽 70 米，水深 4 米。上、下游主导航墙各为 70 米，墙体采用浆砌块石重力式结构。上、下游在主导航墙以外各布设 15 座浆砌块石重力式靠船，墩距 20 米。墩与墩之间设置 2 米宽人行便桥，与主导航墙连接。闸门为钢质人字门，上游闸门尺度为 7.65 米 × 13.5 米，质量为 41 吨；下游闸门尺度为 9.15 米 × 13.5 米，质量为 44 吨。闸门由 20 吨卧式缸压启闭机启闭。阀门为钢质平板门，尺度均为 4.19 米 × 4.6 米，质量均为 7.9 吨，由 20 吨立式缸油压启闭机启闭。项目总投资 2274.6 万元，资金来源为交通部水运建设资金、银行贷款、江苏省自筹。

项目建设单位为淮阴市京杭运河续建工程指挥部；设计单位为淮阴市水利规划设计院；施工单位为淮阴市水利建筑工程处、江苏省水利机械厂、兴化县农田水利工程队。

（3）刘老涧三线船闸

项目于 2006 年 5 月开工，2008 年 9 月试运行，2009 年 11 月竣工。

项目建设依据：2004 年 10 月，江苏省发改委《关于京杭运河船闸扩容工程刘老涧三线船闸工程可行性研究报告的批复》；2005 年 9 月，江苏省发改委《关于京杭运河船闸扩容工程刘老涧三线船闸初步设计的批复》（苏发改交能发〔2005〕872 号）。2003 年 8 月，江苏省环境保护厅《关于对京杭运河船闸扩容工程皂河、刘老涧、泗阳三线船闸工程环境影响报告书的批复》；2009 年 9 月，宿迁市规划局批复《关于刘老涧三线船闸规划设计要点》。

船闸等级为二级，设计水头 4.5 米。船闸上游设计最高通航水位 19.33 米，设计最低通航水位 17.83 米；下游设计最高通航水位 18.48 米，设计最低通航水位 15.83 米。船闸有效尺度为 230 米 × 23 米 × 5 米。上、下闸首均采用抗震性能好的钢筋混凝土整体坞式结构。上闸首输水系统为格栅式帷墙消能形式，廊道进口先平转 90 度，廊道在阀门后渐跌至消能室高程后，再平转 90 度，水流经分隔墩导流进入帷墙消能室，两侧廊道水流对冲消能，再经正面和顶面格栅消能，然后水流进入闸室消力池进一步消能；下闸首采用简单消能工的水平环绕、对冲消能的平底板短廊道集中输水系统。充、泄水时间均为 6.5 分钟，一次过闸时间 30 分钟。设计代表船型 2000 吨级；设计代表船队为 1 顶 + 2 × 2000 吨船队。三线船闸上、下游引航道均为单独引航道，平面布置为不对称形，船舶进出闸采用直进曲出方式。上游引航道底宽为 70 米，下游引航道底宽为 62 米。上游引航道直线段长度为 630 米，以半径 600 米的圆弧与上游航道中心线相连接，弯道转角为 9.73 度；下游引航道直线段长为 615 米,以半径 600 米的圆弧与下游航道中心线相接,弯道转角为 25.98 度。闸门采用横梁式钢质平板人字门,阀门采用钢质平板提升门,实腹式板梁结构,闸阀门启闭机均采用直推式液压启闭机。项目总投资 2.32 亿元,资金来源采用 50% 由交通部和江苏省交通厅共同投资,另外 50% 向银行贷款。

项目建设单位为宿迁市京杭运河扩容工程建设指挥部办公室;设计单位为江苏省交通规划设计院;施工单位为中交第二航务工程局、江苏省水利建设工程有限公司、中国建筑第八工程局等;监理单位为安徽中兴工程建设监理所;质检单位为江苏省交通厅工程质量监督站。

项目建设过程中进行的重要变更如下:①上、下游导航墙沉井长度调整。为避免对二线闸引航道的影响,将沉井 B 由原长度 12.5 米缩短 3 米至 9.5 米,连接 B 沉井和二线闸上游引航道驳岸的过渡板相应由 4.5 米延长 3 米至 7.5 米。将下游辅导航墙 C2 沉井由原长度 12.93 米缩短 3 米至 9.93 米,连接 C2 沉井和二线闸下游导航墙的过渡板相应由 6.7 米延长 3 米至 9.7 米,并改用预制空心板。②闸室倒角、墙身增加防裂钢筋网。③电缆沟结构形式变更。闸室两侧电缆沟原设计形式为钢筋混凝土预制、安装结构,考虑回填土不均匀沉降因素,将结构形式变更为砖砌电缆沟结构形式。④上游锚地部分重力式挡墙变更为钢筋混凝土板桩墙。上游锚地部分场地狭窄而导致设计红线范围内难以布置施工场地,且开挖土质多为粉沙质土,含水量高、渗透性大。将该段场地共 320 米长重力式浆砌块石挡土墙结构变更为钢筋混凝土板桩墙结构。⑤上、下游重力式锚地贴面混凝土厚度变更。为便于施工,将上、下游锚地重力式挡墙贴面混凝土厚度由原来的 300 毫米变更为 500 毫米,相应插筋长度由原来的 550 毫米调整为 800 毫米。⑥公路桥通往上下游接线道路变更。为保证刘老涧船闸公路桥附近居民小区出行安全,确保公路桥接线道路与上游防洪大堤、下游远调站道路的畅通,增加通往涧南村居民安置小区搭接道路长约 73 米,路基顶宽 6 米;在上游接线位置布置沟通道路长 22.7 米,路面宽 5 米;通往下游远调站增设匝道 190.52 米,路面宽 5 米。⑦因码头工程基坑回填土不宜作为独立基础地基,上、下游远调站远调楼独立基础变更为钢筋混凝土筏板基础。

(七)泗阳船闸

1.闸坝概况

(1)自然地理条件

苏北运河是江苏省干线航道网"两纵三横两网"的重要组成部分,北起山东南四湖二级坝,南至扬州六圩口汇入长江,途经江苏省徐州、宿迁、淮安和扬州四市,全长 474.5 千米。苏北运河沟通了沂沭泗、淮河和长江三大水系,毕联了南四湖、骆马湖、洪泽湖、高邮湖和邵伯湖,连接了里下河地区的五级航道网,沿途与苏北灌溉总渠、淮河入海水道和通扬线等主要航道相交汇。

国家对京杭运河徐扬段（全长 404 千米）先后进行了两期工程的整治,整治后二级航道里程达 289 千米,三级航道里程为 115 千米。

苏北运河大王庙至淮安闸航段,是航运最繁忙的河段。泗阳船闸位于该航段上,它是苏北运河自蔺家坝船闸向南的第七座梯级,也是运河上水头最大的一个梯级。泗阳船闸闸址在泗阳县东南约 3 千米处,距上一个梯级——刘老涧船闸 32.5 千米,与下一个梯级——淮阴船闸相距 32.5 千米。

泗阳县隶属于宿迁市,气候属暖温带季风气候,四季分明,气候湿润。年平均气温 14 摄氏度,1 月平均气温 -0.4 摄氏度,7 月平均气温 27.2 摄氏度。年均降水量 920 毫米,5 月中旬至 9 月降水量约占全年的 65%。最大年降水量为 1153 毫米（1974 年）,最小年降水量为 714 毫米（1974 年）。常风向为 N,1—2 月多 NE,平均风速 4 米/秒左右,夏秋两季盛行 NW,平均风速在 3～4 米/秒,仅在 5 月出现 SE。年均下雾日 34 天;年均下霜日 83 天;年均下雪日 8 天;年均雷暴日 39 天,河面冬季不结冰,可常年通航。

工程场地位于宿迁市泗阳县城,根据 2005 年 5 月设计院完成的泗阳船闸工程施工图设计阶段的地质勘察报告,钻孔深度 50 米以内均为第四系土层。

闸址区 1b 层及 1～1 层为粉质黏土夹砂或粉土层,具弱透水性,含孔隙潜水;2～2 层及 3～1 层均为黏性土为相对隔水层。30 米以内主要含水层为 3～2 层粉细砂夹粉土层,顶面高程为 1.5～3.0 米,层厚 2.0～4.7 米,平均层厚 2.4 米,该层上下均为相对隔水层,该含水层具承压水性质。与泗阳二线船闸发现情况一致,承压水头为 12.5 米。由于此层距结构物底板底较近,其水头压力会对底板下的基坑稳定造成不良后果,施工时应采取措施保证施工顺利进行。

宿迁大地构造隶属于华北断块区的东南缘,郯庐深大断裂纵贯宿迁市南北,根据《中国地震动峰值加速度区划图》（江苏部分）,泗阳船闸闸址区地震动动峰值加速度为 0.10g,相当于地震烈度七度。

（2）闸坝建设情况

泗阳一线船闸位于江苏省泗阳县城东南 2 千米,与泗阳节制闸组成一个水利枢纽。

泗阳复线船闸位于泗阳县城东南 3 千米处,系泗阳水利枢纽工程的组成部分,与一线船闸纵轴平行,两船闸中心距为 118.3 米。复线船闸南侧为一线船闸,北侧为竹络坝干渠,西侧 170 米及 570 米处为泗阳翻水站及节制闸。

泗阳三线船闸布置于复线船闸北侧,两闸采取平行布置,两闸轴线相距 100 米。宿迁至淮安的公路从上闸首通过。

（3）建设成就

江苏省刘老涧船闸管理所以安全生产和党风廉政建设为中心,在苏北运河首创安全生产千天竞赛活动,实现多年安全生产无事故。为过往船员提供"一站式"服务,大力推行"您好"工程,实行"零间隔"登记制、船舶事务靠前解决制、船舶过闸时间预告制、服务过错责任追究制,设立多项便民服务措施,深受过往船员好评。

自1979年至2015年12月底,泗阳船闸累计运行101.99万闸次,过闸船舶吨位33.94亿吨,过闸货物吨位18.67亿吨,船舶过闸秩序良好,实现了安全、平稳、有序的工作目标。

2. 通航建筑物

(1)泗阳一线船闸

泗阳一线船闸由大运河工程指挥部设计并承建,江苏省水利厅第二工程队和泗阳船闸工程处负责施工。

闸塘土方自1959年9月19日正式开挖,其间发现有压潜水,水位达12.36米。为保护闸基稳定,当开挖至8.7米地面高程时,开始在闸塘四周钻打临时性降压井21孔,降低承压水位,后每当承压水位下降2米,土方也相应挖深1米。1959年11月19日,开始混凝土作业,首先浇筑闸室底板混凝土,进入建筑工程施工阶段。同年12月完成闸首底板和部分闸室墙、导航墙底板等项基础工程,累计完成混凝土工程量2.04万立方米,占船闸混凝土总体积的63%,闸室墙块石砌筑也完成1.02万立方米,占浆砌块石工程量的23%。1960年除继续浇筑基础工程外,又浇筑闸首廊道等上部结构,土方回填工程也相应开始,因临时性的降压孔皆处于回填土范围,当土方回填后,承压水位复见上涨,又于同年2月在闸室内钻孔设永久降压孔15孔、墙后抽水井4孔,回填土方工程才得以全面展开。同年4月底,浆砌闸墙及墙后回填土陆续完工,至11月主体工程基本完成。

泗阳一线船闸工程总造价780万元,完成工作量如下:混凝土3.25万吨,砌体5.06万立方米,土石方31.1万立方米,耗用钢材746.31吨,木材3859.21立方米,水泥1.08万吨,块石10.74万吨,石子5.39万吨,黄沙6.05万吨。由于部分主要材料服从全省重点工程需要,未能及时到位,故工程施工时间由原计划1960年推迟到1961年2月。

泗阳一线船闸尺度为230米×20米×5米设计通航水位高程为:上游最高18.0米、最低16.0米;下游最高16.5米、最低10.5米。最大水级7.5米。引航道上、下游底宽均70米,水深4米;引航道上游长500米,下游长850米。

闸首建筑物高程为:上闸顶20.1米,下闸顶19.6米,上门槛12.0米,下门槛5.5米。闸首均是坞式整体结构,两侧边墩结合输水廊道直立于底板左右,连成U形整体,闸首底板为钢筋混凝土结构。上闸首与节制闸置于同一横轴线上,其地基防渗措施在不增加底板长度的原则下采用钢筋混凝土护坦。在输水形式上,上闸首帷墙高度为6.5米,最大水头差为8.50米,可以充分利用其高度采用平面跌水对冲、辅以消能室的结构形式进行输水。输水廊道为钢筋混凝土结构,上部作挡土墙用的边墩采用浆砌块石重力式结构。充、泄水均为短廊道,廊道尺度均为4米×4米,充、泄水时间均为4分钟。

闸室建筑物高程为:顶高19.6米,底高5.5米。闸室为分离坞工重力式结构。墙身内挖洞,洞中回填沙壤土整实。室墙后回填40厘米厚的中粗砂一层,在每道排水管同一高程处亦加铺水平的中粗砂一层。

导航建筑物按对称中心方式布置,以适应船只直线进闸、曲线出闸。航道底宽70米,在主导航墙前方,建靠船墩15只,墩距15米。自靠船墩起建筑总长度计814.5米。

闸阀门均为钢木结构,由上海沪东造船厂承制。船闸系单向水头,闸门为人字门,采用钢板梁木面板结构。上闸首孔口尺度为20米×8.7米;下闸首孔口尺度为20米×13.7米。上闸门尺度为7.4米×11.58米,质量为37吨;下门尺度为13.4米×11.58米,质量为64吨。上、下游闸门均由10吨卷扬式启闭机启闭,现改由液压四连杆启闭机启闭。

阀门为平面直升式钢架木面板结构,尺度为4.07米×4.2米,上阀门质量为4.5吨,下阀门质量为4吨,均由5吨卷扬式启闭机启闭,现改由液压直推式启闭机启闭。

人字闸门安装工程,因门页尺度大、吨位大、吊重能力不足,无法实现整扇门页的吊装而采用散装法安装,故在闸门工作位置上逐一吊装组成构件,就地焊接。

电气安装的设备及材料,均由上级统一分配,在各厂加工定制,分动力、控制、信号照明三组同时动工。电气安装全部经费为11.80万元,工日3200个。一线船闸电器控制原为集中控制,现改造为PLC可编程控制。

(2)泗阳复线船闸

项目于1984年12月开工,1988年11月试运行并竣工。

项目建设依据:1982年3月,国家计划委员会《对〈京杭运河(济宁至杭州)续建工程计划任务书〉的批复》(计交〔82〕171号);1984年10月,经江苏省京杭运河续建工程指挥部审查,批准初步设计与概算(苏运建航〔1984〕33号)。

泗阳复线船闸等级为二级,为单级、单线船闸。闸首采用坞式钢筋混凝土结构,闸室采用少筋混凝土重力式闸墙,透水式闸底,上游引航道河底与闸室底高程相差5.5米,利用帷墙的空箱作为消能室,采用跌水,对冲消能,缩短了闸首长度。下闸首为头部环绕短廊道输水系统。船闸承受单向水头,设计上、下游最高通航水位分别为18.0米、16.5米,最低通航水位分别为16.0米、10.5米,船闸最大水级8.5米。充、泄水时间6分钟,一次过闸时间30分钟。船闸有效尺度为230米×23米×5.0米。设计船型2000吨级,1顶+2×2000吨驳船:75米×14米×(2.6~2.8)米,船队:185米×14米;1顶+2×1000吨驳船:62米×10.6米×(2.0~2.2)米,船队:154米×10.6米;1拖+4×500吨,驳船:53米×8.8米×1.9米,船队:239.5米×8.8米;1拖+12×100吨驳船:24.85米×5.24米×1.5米,船队:317.2米×5.24米。上游引航道为一线、复线船闸共享用引航道,底宽140米,下游引航道底宽70米,上、下游引航直线长度分别为650米和600米,上、下游弯道半径分别为716.5米和650米。上、下游船闸均为钢质平板人字门,其中上闸门高宽为

8.65 米×13.53 米，质量为 24.9 吨；下闸门高宽为 3.65 米×13.53 米，质量为 50.8 吨。由 20 吨液压四连杆启闭机启闭。阀门为钢质平板门，尺度均为 4.60 米×4.17 米，质量为 8.6 吨，由 20 吨液压直推式启闭机启闭。船闸工程总投资 3338.95 万元。项目共征地 851 亩，占地 208 亩，赔偿青苗 764 拆迁房屋 1151 间，征地拆迁补偿等总经费 357.5 万元。

项目建设单位为京杭运河泗阳复线船闸工程处；设计单位为江苏省交通规划设计院；施工单位为江苏省交通工程总公司第三工程处和复线船闸工程处。

项目建设过程中，因一线、复线船闸间距不大，上、下闸首基坑离一线船闸引航道很近，原计划均采用钢板桩挡土、防渗。后经研究，下闸塘不打钢板桩，也能保证闸塘边坡稳定，因此取消了钢板桩，节约了资金。

（3）泗阳三线船闸

泗阳三线船闸项目于 2005 年 12 月开工，2009 年 5 月试运行，2010 年 10 月竣工。

项目建设依据：2004 年 5 月，江苏省发改委对《京杭运河扩容工程泗阳三线船闸工程可行性研究报告》进行了批复（苏发改基础发〔2004〕598 号）；2005 年 9 月，江苏省发改委批复了该项目的初步设计（苏发改交能发〔2005〕871 号）。

泗阳三线船闸等级为二级，是第三线单级船闸。闸首采用钢筋混凝土坞式结构，上闸首输水系统采用格栅式帷墙消能形式，正面与顶面进水后，转 90 度弯后，通过设在闸首边墩底板上的输水廊道进入布置在闸室段的输水廊道，沿程经侧支孔出水进入闸室，与闸室共同组成局部长廊道输水系统。设计水头 7 米，充、泄水时间 8 分钟，一次过闸时间 30 分钟。船闸有效尺度为 260 米×23 米×5.0 米。设计船型 2000 吨级，设计代表船队：1 顶＋2×2000 吨级船队驳船：75 米×14 米×2.6 米，船队：185 米×14 米×2.6 米；1 顶＋2×1500 吨驳船：（64～68）米×13.4 米×（2.3～2.6）米，船队：161 米×13.4 米×（2.3～2.6）米；1 顶＋2×1000 吨驳船：（64～68）米×10.8 米×2.2 米，船队：161 米×10.8 米×（1.9～2.2）米；1 拖＋4×500 吨驳船：53 米×8.5 米×1.9 米，船队：242 米×8.5 米×1.9 米；1000 吨货船驳船：（56～58）米×9.8 米×（2.7～2.9）米；60TEU 集装箱船驳船：65.0 米×10.6 米×2.2 米。上、下游引航道护坦长度均为 70 米。上、下闸首工作闸门采用横梁式钢质平板人字门，阀门采用钢质平板提升门，实腹式板梁结构，材料选用 Q345B。闸阀门启闭机采用直推液压启闭机，电气控制系统采用集-散型控制系统。船闸工程总投资 3.45 亿元。

项目建设单位为江苏省交通厅航道局；设计单位为江苏省交通规划设计院；施工单位为江苏省交通工程集团有限公司、江苏省交通工程集团有限公司、常州液压成套设备有限公司；监理单位为江苏科兴工程建设监理有限公司；质检单位为江苏省交通厅工程质量监督站。

本工程初始概算投资 0.95 亿元，调整概算 1.08 亿元，实际造价 1.08 亿元。

泗阳船闸承受的水头为苏北运河沿线 11 个梯级船闸中承受水头最大的一个，泗阳三线船闸采用科研成果，创新采用局部分散输水系统，满足了闸室内的停泊条件；控制船闸阀门开启时间延长至 8 分钟后，闸室停泊条件有明显改善，但闸室充、泄水时间比一线、二线船闸没有增加，因此在一定程度上提高了船闸通过能力。

（八）淮阴船闸

1.闸坝概况

（1）自然地理条件

淮阴船闸所处地区属暖温带半湿润季风气候区，四季分明，日照充足，无霜期长，秋冬之交有雾，冬季有冰冻现象。年均气温为 14.1 摄氏度，年均降水量为 958.8 毫米。历年最多风向为 SE、E，年平均风速 3.5 米/秒，年均雾日为 32.5 天。京杭运河苏北段河面无冰冻，可常年通航。

淮阴船闸闸址区属于黄泛冲积平原区，区内水网发育，属淮河下游水系。地势由北向洪泽湖边呈波状倾斜。

船闸引航道南岸地势较高且地面起伏不平，据了解是一线船闸施工的弃土所致。上游地面高程 15.4～25.2 米，下游地面高程 10.2～20.0 米。

区内地质构造以东北向为主，并被较新的西北向平移断层切割，皱褶和断裂发育。据《中国地震烈度区划图》（2001）划分，闸址区地震基本烈度为七度。

分布于船闸基底的土质多为粉砂或砂质粉土，部分为可塑状态的粉质黏土或黏土。软土主要为 1～2 层淤泥或淤泥质土，砂土受震动易液化。闸区土性不均匀，土层不连续，地质情况复杂，上、下游土层分布不稳定，施工中根据地质情况采取了相应的技术处理措施，必要时作了及时的变更设计。

三线船闸闸址处潜水含水层厚度大，承压水含水层水量丰富且厚度不均匀。潜水含水层由粉砂组成，含水层底部埋深 18.0～23.6 米，上闸首静止水位埋深 7.2 米，顶高程 10.08 米，下闸首静止水位埋深 5.46 米，顶高程 9.04 米。因受运河水位差影响，流向由西向东，上、下闸首间水力坡度约 3‰。承压水含水层由细砂组成，上、下闸首间差异较大，上闸首厚仅 2.8 米，下闸首顶部为褐黄色粗砂，厚达 27.5 米。一线船施工时曾遇到过承压水顶穿的情况。施工中采取了深井降水方案，确保了施工期的基坑安全。

（2）闸坝建设情况

淮阴船闸闸址地处淮阴市西郊，淮安市清江浦区、淮阴区交界之处，占地 304 亩，上游与二河、废黄河、淮沭新河相交，下游与里运河相通，下闸首距老里运河口约 800 米，连接市区，地理位置较为特殊，是苏北运河最繁忙、船舶通过量最大的船闸之一。淮阴船闸是京杭运河 11 个通航梯级中自入江口而上的第四个梯级。

淮阴先后有四座船闸:淮阴老船闸、一线船闸、复线船闸、三线船闸。淮阴老船闸建成于民国25年(1936年),1985年拆除。

淮阴一线船闸位于江苏省淮阴市杨庄附近,中运河与里运河交会处,距淮阴老船闸西南500米。

淮阴复线船闸位于淮阴市西郊6千米。船闸上游接中运河,与淮沭新河、废黄河、盐河等河道在杨庄附近汇合;下游为里运河,复线船闸位于一线船闸北侧,纵轴平行,相距160米。由于船闸所处位置是废黄河河床边缘部位,地貌及水文、工程地质条件复杂。经技术经济比较,为避开不良地质条件,闸位向下游移动了130米。

淮阴三线船闸平行于一线、二线船闸,位于一线船闸南侧,两闸中心距105米,纵向以闸桥对齐布置。

(3)建设成就

自2005年12月1日起,淮阴船闸实行了计算机全省联网收费与调度,船舶直接在远方调度站购票过闸,实现了"一站式"服务和数字化管理,极大地方便了船员工作。同时,上级机关随时可以通过联网收费系统了解和掌握船闸运行调度情况,从而实现闸区运调监控系统的全方位覆盖,以及对运行调度的全过程及现场运行的安全管理实施跟踪监控。此外,对行风廉政建设也起到积极的监督和促进作用。

自1979年至2015年12月底,淮阴船闸累计运行109.60万闸次,过闸船舶吨位33.54亿吨,过闸货物吨位18.58亿吨,船舶过闸秩序良好,实现了安全、平稳、有序的工作目标。

2. 通航建筑物

(1)淮阴一线船闸

淮阴一线船闸由江苏省水利厅勘测设计院设计,1959年8月正式开始筹备,淮阴专区地、市委,盐城专区民工总队与江苏省水利厅基本建设工程队(原为江苏省水利厅工程局第二工程队)分别派员配合组成淮阴专区淮阴船闸工程处,负责工程施工,并受淮阴专区大运河工程指挥部直接领导。在筹备阶段,即进行测量放样,场地布置,并动员民力。1959年9月中旬盐城总队先到工地600人,同年9月27日闸塘土方开工,同年10月20日到工民工达1.4万人。因闸塘面积小,最多安排7000人,故采取日夜两班施工,平均运土距离800米左右,使用工具为胶轮车及单轨独轮车。

闸塘开挖不久,即遭遇流沙患工。随着闸塘的日渐挖深,1960年1月3日发生承压水,为保护闸基,采用打土排水井并降低承压水位,使工程得以按计划进度施工。

闸塘土方工程于1960年2月上旬基本完成并开始木板柱施工,2月20日开始浇筑混凝土。同年3月底在上闸首底板基础施工中由于四周泉眼较多,有一段板桩走动下沉,附近土方有撒裂滑移现象,经及时采取加强基础,增打砂桩、板柱,提高混凝土标号,增放钢筋,进行突击抢浇措施,战胜了承压水的威胁。同年4月10日完成消力区部位底板浇筑,闸身部位混凝土于同年5月基本结束。

闸室墙砌石自1960年3月下旬开始,同年8月底完成,回填土方工程亦相继进行,至同年12月底基本完成。上、下游主导航墙、靠船墩砌石工程全部于1960年11月底完成,并开始安装闸门及启闭机,同年12月底闸阀门吊装基本结束。1961年1月开始拼装闸门木面板,并进行试门等工作。同年2月3日由江苏省大运河工程指挥部会同各有关单位进行竣工检查。因闸阀门启闭机到工较迟,至1961年3月初始全部安装好,同年3月中旬切除上下游坝埝。下游坝于同年3月30日竣工放水,同年4月1日上游坝开始放水,具备通航条件。

淮阴一线船闸工程总预算921万元,实际造价890.2万元,主要工程量为:挖还土方229万立方米,木板柱1230.9米,混土及钢混凝土2.69万立方米,浆干砌块石5.32万立方米。主要材料耗用量为:钢筋502吨,水泥853吨,木材4140立方米,黄沙5.55万吨,块石9.42万吨,碎石5.37万吨。

淮阴一线船闸尺度为230米×20米×5米,设计通航水位高程上游最高15.4米,最低10.5米;下游最高10.8米,最低8.5米,船闸最大水头6.9米。上游引航道河底高程5.5米,下游引航道河底高程3.5米,边坡比为1:4,宽70米,水深5米,河底并各以1:100缓坡与大运河河底高程6.5米及4.5米相接。

淮阴一线船闸防渗布置采用木板桩延长地下轮廓。因一线船闸位于粉砂基底上,粉砂土易于液化,故在闸墙底板的板面各打300厘米深的木板桩,以加强横向防渗。在上、下闸首底板下,也加打木板桩一周,深度4~5米。

一线船闸建筑物高程为:上闸首顶16.5米,上门槛5.5米,下闸首顶16.0米,下门槛3.5米;闸室顶高16.0米,底高3.5米。上、下闸首为整体钢筋混凝土坞式结构,闸室为分离坞工重力式结构。闸室墙、底板皆为混凝土结构,墙身为重力式浆砌块石挡土墙,墙面镶有34.5厘米厚的混凝土护面。闸室墙之间为透水式的块石铺盖,下垫有砂石滤层,上、下闸首及闸室底板下四周均有3.6~4.7米的木板柱。

充、泄水系统均为短廊道,钢筋混凝土结构,廊道断面尺度4米×4米,上闸首为乙型,是平面跌水对冲结合消能室的混合形式。因该闸帷墙矮,仅有2米,最大水头差6.9米,故采用降低廊道出口的办法,使水流在廊道内先经过一次跌水消能,流出廊道后进入宽7米、高3.7米的消能室,再由顶部及帷墙上孔洞流出,使水流能均匀分布于间室。其充水时间6分钟,泄水4.5分钟。

上、下游导航架各长260米,导航墙结构按船舶直线进、曲线出布置,主导航墙前方建靠船墩15座,墩距15米。该船闸为单向水头,采用钢架木面板人字闸门,后改为钢质人字门,共4扇。上游闸门尺度为10.3米×11.58米,质量为72吨;下游闸门尺度为12.1

米×11.58 米，质量为 80 吨。两门均由 10 吨卷扬式启闭机启闭，共 4 台。现改由液压四连杆启闭机启闭。

上、下游阀门均为钢质平板门，尺度均为 4.07 米×4.2 米，共 4 扇，每扇质量均为 10 吨，由 5 吨卷扬式启闭机启闭。现改由液压直推式启闭机启闭。

一线船闸电器控制原为分散式控制，现采用有触点步进顺序控制。

（2）淮阴复线船闸

项目于 1984 年 12 月开工，1987 年 12 月试运行并竣工。

项目建设依据：1984 年 11 月，江苏省京杭运河续建工程指挥部《关于京杭运河淮阴复线船闸工程初步设计和概算审批意见的通知》（苏运建航〔84〕41 号）。

淮阴复线船闸等级为二级，设计尺度为 260 米×23 米×5 米。船闸承受单向水头，设计上、下游最高通航水位分别为 15.4 米、10.8 米，最低通航水位分别为 10.5 米、8.5 米，船闸最大水级 5 米。闸首为坞式钢筋混凝土结构，闸室为分离式浆砌块石重力式结构。输水系统类型为上闸首采用短廊道输水，利用廊道出口处的围墙形成消能室，输水流在消能室中对冲消能后再进入闸室；下闸首采用短廊道集中输水、平面对冲消能。充、泄水时间均为 4.5 分钟，一次过闸时间 60 分钟。设计船型 2000 吨级，设计代表船队为 1 顶＋2×2000 吨级驳船：75 米×14 米×（2.6～2.8）米，船队：185 米×14 米；1 顶＋2×1000 吨驳船：62 米×10.6 米×（2.0～2.2）米，船队：154 米×10.6 米；1 拖＋4×500 吨驳船：53 米×8.8 米×1.9 米，船队：239.5 米×8.8 米；1 拖＋12×100 吨驳船：24.85 米×5.24 米×1.5 米，船队：317.2 米×5.24 米。引航道的平面布置及尺度上、下游引航道直线长度分别为 650 米及 800 米。上、下闸首闸门为钢质平板人字门，阀门为钢质平板门，启闭机采用 20 吨液压启闭机。项目总投资 3727.27 万元。项目征地 83 亩，占地 719.25 亩，拆迁房屋 760 间，征地拆迁补偿等总经费 247.5 万元。

项目建设单位为淮阴复线船闸工程指挥部；设计单位为盐城市水利勘测设计院；施工单位为盐城市水利建筑工程处。

本项目建设过程中的重大事项如下：1984 年 11 月 15 日，江苏省指挥部批准该船闸初步设计，同年 12 月 4 日开始挖闸塘；1985 年 5 月 25 日江苏省指挥部代电同意主体建筑物开工，1985 年 12 月完成上闸首浇筑，1986 年初建成下闸首，1985 年底完成闸室底板混凝土浇筑，墙身砌石于 1986 年 6 月完成。主体建筑物从开工到建成，只用了一年时间，施工进度较快。闸阀门安装自 1986 年 7 月开始，同年 9 月完成。该工程于 1987 年 4 月通过放水验收，开坝放水后，继续完成上、下游水下土方疏浚及其他未完尾工。1987 年 12 月由江苏省人民政府组织竣工验收并交付使用。

淮阴复线船闸闸位原设计位于一线闸北侧，纵轴平行，相距 160 米。由于所处位置是废黄河河床边缘部位，地貌及水文、工程地质条件复杂。为避开不良地质条件，闸位下游移动 130 米,与一线船闸错开半个闸位,闸距不变。

(3)淮阴三线船闸

项目于 2000 年 12 月开工,2003 年 7 月试运行,2005 年 1 月竣工。

项目建设依据:1997 年 9 月,江苏省计划经济委员会《京杭运河淮阴三线船闸工程可行性研究报告》(苏计经交发〔1997〕1555 号);2000 年 2 月,江苏省建设委员会《关于京杭运河淮阴三线船闸工程初步设计》(苏建重〔2000〕116 号)。

淮阴三线船闸等级为二级,设计水头 4.9 米,船闸上游设计最高通航水位 15.4 米,设计最低通航水位 10.5 米;下游设计最高通航水位 11.5 米,设计最低通航水位 8.5 米。船闸有效尺度为 260 米×23 米×5 米。闸首为钢筋混凝土整体式结构,闸室为 10 米的钢筋混凝土坞式和 250 米钢筋混凝土双铰底板结构。输水系统类型为上闸首输水系统采用水平环绕对冲消能的短廊道集中输水系统,下闸首采用环形短廊首输水。充、泄水时间均约 8 分钟。一次过闸时间 40 分钟。设计船型 2000 吨级,设计代表船队为 1 顶 +2×2000 吨级船队。引航道的平面布置及尺度为三线闸平面布置为不对称形式,上游在一线船闸靠船墩范围内为单独引航道,下游引航道为一线、三线共用引航道,船舶进出闸方式为直进曲出。上游引航道底宽为 70 米,上游引航道直线段长为 670 米(含靠船墩、导航墙段),以半径 1500 米的圆弧与上游直线段以外半直立式驳岸的河底边线相连,弯道转角为 16 度。下游引航道底宽为 126.5 米,在靠船段后设 200 米直立式驳岸后,在与头河交汊处采用灌砌块石护坡,直线段长为 670 米(含靠船墩、导航墙段),再以半径 800 米的圆弧直接与原航道中心线相接,弯道转角为 15 度。上、下闸首闸门为平板提升门,阀门为平板提升门,启闭机采用直推式启闭机。项目总投资 1.32 亿元。项目共完成混凝土浇筑 6.6 万立方米,砌石 5.45 万立方米,开挖、回填、疏浚总土方 264 万立方米,门体制作及运转件 319 吨,征地 253.4 亩,拆除房屋 1.93 万平方米。

项目建设单位为淮安市京杭运河三线船闸工程建设领导小组办公室;设计单位为江苏省交通规划设计院;施工单位为淮阴水利建设集团公司承建等;监理单位为江苏省交通厅航道局、淮安市京杭运河三线船闸工程建设领导小组办公室、江苏省交通工程咨询监理总公司;质检单位为江苏省交通厅工程质量监督站。

本项目建设过程中的重大事项如下:船闸于 2000 年 10 月 22 日正式开工建设,2003 年 3 月 6 日通过江苏省交通厅质监站组织的水下工程质量评定,2003 年 7 月 14 日通过交工验收,2004 年 7 月 28 日通过江苏省交通厅质监站组织的竣工质量鉴定,并被评为优良工程。2005 年 1 月 6 日工程全部竣工,并通过工程竣工验收。2005 年 1 月 8 日移交接养单位——苏北航务管理处。

本项目建设过程中的科技创新如下:

①下闸首廊道混凝土施工防裂措施。

通过室内的原材料质量检测试验,提出微膨胀混凝土的优化配比及相关混凝土性能;通过室外下闸首两侧廊道的原型对比试验,在分析相关数据基础上,决定在工程中采取以下措施:a.在廊道混凝土中掺入 HLC-Ⅰ型防渗抗裂剂;b.在廊道易产生裂缝的弯道处预留缺口作为后浇带;c.在廊道外墙内侧增布防裂钢筋网;d.加强成品混凝土的养护工作。上述措施有效控制了船闸廊道路裂缝的产生。

②淮阴三线船闸大体积混凝土施工温度裂缝的控制措施。

分析廊道出现裂缝的主要原因,并在此基础上,根据相关规范的要求,检测原材料性能,确定综合性能优化的配合比。根据计算得出的允许应力控制温差范围,提出了控制温差范围的主要措施:a.减少混凝土的发热量;b.降低混凝土的入仓温度;c.加速混凝土的热量散发;d.防止气温不利影响。上述措施有效控制了闸首、闸室大体积混凝土裂缝问题。

③对廊道外侧拐弯段混凝土、闸室大面积混凝土墙收缩裂缝的防治。

项目部与科研单位联手对闸首廊道及闸室墙混凝土结构裂缝控制进行攻关,廊道裂缝较以往工程有明显改善,闸室墙未出现一条裂缝。此项成果获得了 2003 年江苏省水利厅科技进步奖。

④设计师所做的其他创新。

电气元件采用国际先进的 MTS 位置传感器等新工艺。首次采用在船闸闸首廊道内开缺口和增加防裂钢筋网措施。闸室墙采用整体钢模板连续施工和混凝土增加防裂剂措施,有效控制了船闸裂缝。

⑤新材料的运用。

首次在淮阴三线船闸中大面积使用了 JSP 水膨胀橡胶条新材料止水。

(九)淮安船闸

1.闸坝概况

(1)自然地理条件

淮安船闸所处地区属暖温带半湿润季风气候区,四季分明,日照充足,无霜期长,秋冬之交有雾,冬季有冰冻现象。年均气温为 14.1 摄氏度,年均降水量为 958.8 毫米。历年最多风向为 SE、E,年平均风速 3.5 米/秒。年均雾日为 32.5 天。京杭运河苏北段河面无冰冻,可常年通航。

淮安船闸闸址区属于黄泛冲积平原区,区内水网发育,属淮河下游水系。地势由北向洪泽湖边呈波状倾斜。

船闸引航道南岸地势较高且地面起伏不平,据了解是一线船闸施工的弃土所致。上游地面高程 15.4～25.2 米,下游地面高程 10.2～20.0 米。

淮安复线船闸闸址所在区域地基土层较复杂。上层土质混杂不匀,中下层多数为灰黄色或灰绿色亚黏土夹亚砂土和粉砂土,土质较好。在高程 0 米左右土质比较复杂,夹有一层灰黄色亚砂。上闸首在 −9.5 米以下、下闸首在 −6.4 米以下为灰黄色粉细沙,为承压水层。复线船闸基坑与一线闸引航道仅一堤之隔,相距较近。复线船闸工程在防渗问题上采取 3 条措施:①在上闸首一线引航道隔堤上施打防渗钢板桩;②上、下闸首基坑设置针井;③沿闸室基坑两侧各设置一排毛竹溢流井。

淮安三线船闸闸址区人工填土层厚度一般为 3.6 ~ 5.1 米,最厚处达 8 米。填积物主要是黏土、亚黏土混粉砂,局部有粉砂和淤泥质土。成分不均匀,密实度差异大。第 3 层黏土呈可塑-硬塑状态,分布稳定,厚度一般为 3.5 ~ 5.3 米,其工程特性较好,可作为浅基础持力层。第 5 层土为粉砂层比较稳定,呈中密-密实状态,可作为桥梁基础持力层。

淮安三线船闸在下闸首处地表有淤泥质土,2 层亚黏土混粉砂层与 3 层黏土层之间有 2a 层软黏土,具高压缩性。闸室区 4 ~ 1、4 ~ 3 层亚黏土层和 5 层粉砂层为承压含水层,该层分布稳定厚度大,基坑开挖时可能出现地下水突涌和管涌现象。上、下游引航道近地表有 1 层亚黏土混粉砂,局部为粉砂层,对航道岸坡稳定不利。

(2)闸坝建设情况

新中国成立后,淮安共兴建四座船闸:淮安老船闸、一线船闸、复线船闸、三线船闸。淮安老船闸位于淮安市南郊头、二涵洞之间,里运河与苏北灌溉总渠相交处南侧,由江苏省治淮工程指挥部负责设施施工,总投资 128 万元。该船闸于 1952 年开工,1953 年竣工,1981 年报废。

淮安一线船闸位于淮安老船闸右侧,就原有枢纽布置。

淮安复线船闸位于淮安市东南 5.5 千米处,为淮安水利枢纽工程的组成部分之一,与一线船闸纵轴线平行兴建,两船闸中心线相距 98 米。为解决京杭运河徐扬段运输航道"卡脖子"问题,在京杭运河续建工程总体设计批准前,由国家计划委员会批准。该工程于 1982 年提前兴建。

淮安三线船闸位于一线船闸西侧。两闸轴线平行相距 66.5 米。三线船闸上闸首下游面较一线船闸上闸首下游面向上游方向平移约 28 米。跨闸公路桥中心线距上闸首下游面 3.9 米,保证与一线闸闸桥对齐。

(3)建设成就

淮安船闸位于淮安市淮安区南郊 4 千米,京杭运河与苏北灌溉总渠交汇处下游 2 千米处,是京杭运河苏北段由南向北第三个梯级,和上游的淮阴船闸相距 25 千米,和下游的邵伯船闸相距 113 千米。淮安船闸上游有淮河、里下河和大运河三个方向来船,船舶在此汇集而下,是典型的水上船舶集散地,是京杭运河上最繁忙、通过量最大的船闸,主要担负北煤南运的重要任务。常年有苏、鲁、豫、皖、浙、沪等省市的船舶通过。

1975—1986 年,一线船闸共开放闸次 13.69 万次,过闸货物量 1.14 亿吨,过闸船舶吨位 1.72 亿吨;1987—2003 年,一线、二线船闸共开放闸次 45.77 万次,过闸货物量 5.67 亿吨,过闸船舶吨位 10.59 亿吨;2004—2015 年,一线、二线、三线船闸共开放闸次 56.10 万次,过闸货物量 16.56 亿吨,过闸船舶吨位 24.84 亿吨。船舶过闸秩序良好,实现了安全、平稳、有序的工作目标。

2. 通航建筑物

（1）淮安一线船闸

淮安一线船闸由大运河工程指挥部负责设计施工,总投资 431 万元。其主要工程量包括:混凝土 1.74 万吨,砌石 3.17 万立方米,土石方 62.99 万立方米,耗用钢材 755 吨,木材 3327 立方米。

一线船闸于 1959 年 10 月开工,次年 2 月建成。1960 年 11 月由江苏省大运河工程指挥部、江苏省交通厅、江苏省水利厅派员组成检验组,同时邀请交通部水工局工作组与江苏省淮阴专区大运河工程指挥部有关人员参加验收,验收后交付使用。

一线船闸尺度为 230 米×20 米×5 米,设计通航水位高程:上游最高 10.8 米,最低 8.5 米;下游最高 9.0 米,最低 7.2 米。设计水头 4.0 米。上、下游引航道底宽均 70 米,最小通航水深 4.0 米,长 800 米。

闸首建筑物高程为:上闸顶 12.3 米,上门 3.5 米;下闸顶 11.2 米,下门槛 1.8 米。闸首为混凝土坞式平底板、重力式边墩结构。闸室建筑物高程为:顶高 12.2 米,底高 1.6 米,结构形式为分离式。船闸墙身较矮,因墙后和地基土层均为较坚硬的黏性土壤,故采用衡重式。闸墙断面较小,墙身内不挖洞,余皆挖洞填土,以节省材料。闸墙表面均用混凝土预制块镶面。

淮安一线船闸是一期工程中兴建的 7 座船闸中水位差最小的一座,最大水位差仅 4 米,帷墙高度 1.7 米,不能利用作为消能室。鉴于水头小,故采用平底环形短廊道对冲消能结合消力塘作辅助消能的输水形式,廊道过水断面 3 米×4 米,出口处扩大为 4 米×4 米。输水廊道出口的凹槽内添设有 4 道两两对称消力槛,槛高 70 厘米（未超过底板顶面）;在闸室镇静段内开挖消力塘以增加起始水深,塘内并布置 2 道对称的消力槛。

一线船闸闸门承受单向水头,采用人字闸门,上闸门尺度为 8.1 米×11.58 米,质量为 36 吨;下闸门尺度为 9.2 米×11.58 米,质量为 39 吨。上、下闸门均由 10 吨卷扬式启闭机启闭,后改由液压四连杆启闭机启闭。

阀门采用直升式平板门,上、下阀门尺度均为 3.2 米×4.3 米,每扇质量为 4 吨,由 5 吨卷扬式启闭机启闭,后改由 20 吨液压启闭机启闭。

电气控制系统历经几次技术改造,现为 PLC（可编程逻辑控制器）控制。

（2）淮安复线船闸

项目于 1982 年 11 月开工，1987 年 1 月试运行，1987 年 4 月竣工。

1982 年 8 月，江苏省基本建设委员会与江苏省计划委员会以苏建综梁〔83〕第 162 号文批复该船闸的初步设计。

船闸等级为二级，最大设计船舶等级为 2000 吨级，船闸有效尺度为 230 米 × 23 米 × 5 米，设计水头 4 米。船闸上游设计最高通航水位 10.8 米，设计最低通航水位 8.5 米；下游设计最高通航水位 9 米，设计最低通航水位 5.23 米。上、下闸首为钢筋混凝土空箱边墩，反拱底板，闸室墙身为浆砌块石重力式结构，混凝土预制块镶面，透水分离式底板。输水系统类型为首部短廊道集中输水、对冲消能的形式。充、泄水时间均约 3 分钟，一次过闸时间 25 分钟。设计代表船队及尺度为 1 顶 + 2 × 2000 吨驳船：75 米 × 14 米 ×（2.6 ~ 2.8）米，船队：185 米 × 14 米；1 顶 + 2 × 1000 吨驳船：62 米 × 10.6 米 ×（2.0 ~ 2.2）米，船队：154 米 × 10.6 米；1 拖 + 4 × 500 吨驳船：53 米 × 8.8 米 × 1.9 米，船队 239.5 米 × 8.8 米；1 拖 + 12 × 100 吨驳船：24.85 米 × 5.24 米 × 1.5 米，船队 317.2 米 × 5.24 米。引航道的平面布置及尺度为上、下游引航道直线段分别长 800 米、500 米，引航道底宽上游为 70 ~ 135 米，下游为 70 ~ 182 米。引航道为共用引航道，弯道半径上游为 800 米，下游为 650 米。上、下闸首的闸门均为钢质平板人字门，阀门为钢质平板门，启闭机采用 20 吨油压启闭机。项目总投资 2161 万元，均为交通部水运建设资金。

项目建设单位为淮阴市政府；设计单位为江苏省交通规划设计院；施工单位为江苏省交通工程总公司第三工程处。

本项目建设过程中的重大事项如下：淮安复线船闸是京杭运河续建工程中的提办工程，根据国家计划委员会计交〔1982〕171 号文件的批复，为保证北煤南运的紧急需求，在总体设计批准前，首先提办淮安复线船闸等单项工程。江苏省计划委员会、江苏省建设委员会于 1982 年 6 月审批通过了船闸初步设计，1982 年 11 月正式批准土方工程开工。1983 年 3 月主体工程正式开始浇筑混凝土。1985 年 6 月主体工程完成并通过放水验收。1987 年 1 月，通过竣工检查，先行交接，由管理单位暂管使用。1987 年 4 月 26—28 日，江苏省人民政府主持了竣工验收，认为船闸设计经济合理，运行安全可靠，符合批准的设计任务书要求，并较一线船闸有所改进；在施工方面，土方和建筑安装工程符合设计要求，施工质量良好；基本建设项目具有的科技档案资料齐全；财会制度和物资管理执行情况较好，故同意竣工验收。

淮安复线船闸原计划闸室为重力式浆砌块石结构，后改为混凝土或钢筋混凝土结构，以提高闸室墙的整体性。船闸承受双向头，选用横拉闸门，顶台车采用液力耦合器过载保护传动装置，底台车改进为可以自动复位并总成互换的整车，便于检修。

复线船闸与一线船闸纵轴线中心距为 98 米，节省了占地。主、辅导航墙和靠船墩的布置形式适合大小船混合行驶和停靠,有利于缩短过闸时间。短廊道输水系统以及闸首、闸室墙、导航墙、靠船墩等结构形式较一线船闸有所改进。

上、下游主导航墙采用喇叭乙口布置形式,使靠船墩前沿从闸墙前沿后退 17 米,这种布置形式能较好地适应船型所组成的船队快速进出船闸,缩短进出闸时间,避免口门堵塞,利于航行和提高通过能力。

闸首结构形式采用钢筋混凝土反拱底板,较坞式底板节省造价约 10%、钢材 30%。反拱底板对裂缝开展的适应性也较好。

自淮安复线船闸投入运营以来,苏北航务管理处根据其技术状况,分别于 1992 年、2001 年、2014 年实施船闸大修,对其闸阀门、土建助航等设施进行维修。受船舶大型化影响,复线船闸靠船墩墩体损坏严重,于 2011 年对上游靠船墩进行改造,改造内容包括:将迎水面以上墩体拆除并浇筑混凝土,增设钢护面,并将 T 梁改造为板梁,引桥长度为 300 米。2017 年,对上游靠船墩进行改造,改造内容包括:在水面以下老墩体安放钢筋混凝土套箱,在其间空隙浇筑静水混凝土。将迎水面以上墩体拆除并浇筑混凝土,增设钢护面,并将 T 梁改造为板梁,引桥长度为 300 米。改造后,复线船闸技术状况良好。

(3)淮安三线船闸

项目于 2000 年 9 月开工,2003 年 7 月试运行,2005 年 1 月竣工。

项目建设依据:1997 年 9 月,江苏省计划经济委员会《关于淮安三线船闸工程可行性研究报告的批复》(苏计经交发〔1997〕1556 号);1999 年 3 月,江苏省建设委员会《关于京杭运河淮安三线船闸初步设计的批复》(苏建重〔1999〕92 号);2000 年 12 月,江苏省国土资源厅《关于京杭运河淮安三线船闸工程建设用地的批复》(苏国土资地复〔2000〕642 号);2001 年 9 月,淮安市楚州区国土管理局《建设用地批准书》(楚州〔2001〕字第 040 号)。

船闸等级为二级,是第三线单级船闸。闸室有效尺度为 260 米 × 23 米 × 5 米,设计水头 4.3 米。船闸上游设计最高通航水位 10.8 米,设计最低通航水位 8.5 米;下游设计最高通航水位 9 米,设计最低通航水位 5.23 米。闸首为钢筋混凝土坞式结构,闸室为钢板桩闸室墙钢筋混凝土格栅内现浇混凝土透水底板。输水系统类型为上闸首采用水平环绕、格栅消能形式的短廊道集中输水系统,下闸首采用环形短廊道简易输水形式。充、泄水时间均约 8 分钟,一次过闸时间 30 分钟。设计船型 2000 吨级;设计代表船队为 1 顶 + 2 × 2000 吨级船队,尺度为 180.0 米 × 14.0 米 × 2.6 米。引航道的平面布置及尺度为上游引航道除一线闸靠船墩范围内为单独引航道,底宽为 63 米外,其余为一线、复线、三线船闸共用引航道。引航道直线段长 520 米,经两个弯曲半径均为 600 米的 S 形弯道与原航道中心线相接,两个弯道的转角分别为 11 度和 17 度,两反弯点间直线段长度为 293.5 米。船队进出方式为直进曲出。下游引航道一线闸靠船墩范围内为一线、三线船闸共用引航道,宽 105 米,其余为一线、二线、三线船闸共用引航道,引航道直线段长 964 米,以弯曲半径为 600 米的圆弧直接与原航道中心线相接,弯道转角为 9.13 度。船队进出方式为曲进曲出。上、下闸首闸门为钢质平板人字门,阀门为钢质平板提升门,启闭机采用液压直推式启闭机。项目总投资 1.68 亿元,实际投资 1.57 亿元。用地及造地情况为:共完成混凝土浇筑 3.37 万立方米,钢材 3577 吨,土锚 1522 根,钢板桩 824 根,抛石 1.15 万立方米,砌石 1.62 万立方米,开挖、回填、疏浚总土方 94.81 万立方米,拆除房屋 2.69 万平方米,新建房屋约 2000 平方米等。

项目建设单位为淮安市京杭运河三线船闸工程建设领导小组办公室;设计单位为江苏省交通规划设计院;施工单位为中港四航局;监理单位为江苏交通工程咨询监理总公司;质检单位为江苏省交通厅工程质量监督站。

本船闸于 2000 年 9 月 16 日正式开工,2003 年 7 月工程交工通航。2004 年 7 月 28 日,江苏省交通厅质监站对工程进行了质量鉴定,作出了质量鉴定书。2005 年 1 月 7 日,江苏省发改委组织召开淮安三线船闸工程竣工验收会,参加单位有江苏省经济贸易委员会、江苏省建设厅、江苏省交通厅等,以及各参建单位。

本项目建设过程中,进行了背拉弹性薄壁挡土墙柔性结构受力体系研究。研究以淮安三线船闸闸室结构作为依托研究对象,研究预应力背拉薄壁墙在施工过程中的变形规律和应力分布状态,以及钢绞线土锚在不同预应力施工张拉条件下对结构与土体变形和应力的影响和协调关系,采用三维有限单元法对船闸两种闸室墙("钢板桩 + 土锚"和"地下连续墙 + 土锚")结构进行了开挖过程仿真计算分析,并通过与原设计杆件单元计算成果及实测数据比较、对照,对背拉薄壁墙的设计提出了改进建议。

通过上述分析,在充分考虑墙土耦合作用,优化预应力程序,采用三维有限元法进行仿真计算研究,分别考虑闸室开挖、分散压缩形土锚预应力的施工以及进行墙后土体回填等施工全过程的条件下,完成了各种工况仿真(采用方形单元网格)计算。此外,为充分了解背拉弹性薄壁墙的工作状况,在淮安三线船闸的施工及运营过程中进行了有针对性的检测,其检测范围包括:一线船闸主体结构,三线船闸主体结构,上、下游引航道及闸首维护结构等,检测内容包括:墙后水压力、土压力、沉降、变位、深层位移、锚杆拉力、墙身应力、支撑应力等。检测结果较为全面地反映了结构的实际状况,可作为检验佐证理论分析计算成果科学性的重要依据。

本项目建设过程中,全面总结了该船闸工程建设中新技术、新工艺的经验,深入研究了多锚弹性薄壁墙结构的特点,结合工程设计、施工、检测资料与实践经验,对设计理论、计算方法、施工控制技术等进行了研究与评估,既可对该工程设计与施工的科学性、可靠性进行客观的评价,又可为今后类似工程的设计与施工提供有益的参考和借鉴,为预应力背拉弹性薄壁墙结构在水运、水利等工程中的推广运用打下坚实的基础。此外,通过此项研究工作,可为今后船闸设计、施工等相关规范规程的修编、完善提供可靠的基础资料。

2006 年 12 月,京杭运河淮安三线船闸工程获建设部中国建筑业协会颁发的中国建筑工程鲁班奖(国家优质工程)。

3.经验与启示

淮安复线船闸施工区域狭小,作业区需隔河布置,另外还需过河调 2 万余立方米土方填洼地、做混凝土预制场。为解决施工区场内交通和过河问题,施工单位在一线船闸闸室上搭建了贝雷便桥,方便了施工。为使船闸工程施工期间场外交通不中断,在运河下游设置了临时汽渡码头,并利用了一艘 6 车汽渡船,解决了场外交通问题。

上闸首和闸室底板,采用了轻型轨道运输熟料,采用大跨度龙门吊浇筑的方法施工。这种浇筑方法节省了脚手架和劳动力,提高了设备使用的周转率。

上游辅导航墙,按设计要求须与一线船闸辅导航墙相衔接。其中第 4、5 节已由原钢筋混凝土板桩改为沉箱与浆砌块石混合结构,但由于第 3 节距一线引航道只有 10 余米,原设计的大开挖、采用浆砌块石重力式墙结构方案很难实施。经过长时期的分析研究,决定改为曲线形沉箱,浆砌块石混合结构。由于三只沉箱结构尺寸较大有一只为曲线形,又要求相互之间吻接,既要保证与一线船闸辅导航墙接头不渗水,又要做到沉箱之间不被挤死,所以沉箱平面位置尺寸允许偏差小,施工难度大。施工单位采取了一些措施,如 5 号沉箱与一线墙身之间预留 10 厘米工作缝,以后再用混凝土楔块堵闭;3 号沉箱与 2 号浆砌墙身之间留 1 米宽缝,后设置止水,浇筑混凝土封缝;沉箱之间留 2 厘米伸缩缝等,使沉箱施工达到预期的效果。

上游辅导航墙一侧,按设计要求设置了 4 座分隔墩,其结构为薄壁沉井,需浮运就位,施工难度较大。施工单位采用薄壁翻板工艺,解决了附着式振动器对模板牢固程度的要求。浮式沉井下水时,采用了钢托板负重沿河坡下滑,避免了铺铁轨下水对地基强度的要求。

对于上、下游靠船墩人行桥梁安装,施工单位采用可移式高低脚活动龙门安装的方法,较扒杆吊装方法节省了劳动力和材料。

(十)邵伯船闸

1.闸坝概况

(1)自然地理条件

邵伯船闸所处地区属暖温带半湿润季风气候区,四季分明,日照充足,无霜期长,秋冬之交有雾,冬季有冰冻现象。历年最多风向为 SE、E,年平均风速 3.5 米/秒,年均雾日为

32.5 天。年均 14.1 摄氏度。年均降水量为 958.8 毫米。

邵伯复线船闸闸位所在地区近表层为第四纪全新统冲积湖相及人工堆积的棕黄色黏土混碎砂石、腐杂质、贝壳等，其下为第四纪上更新统湖积相灰黄色亚黏土，局部有软黏土。闸基土层在高程 -12 ～ -15 米、透水性较轻的亚砂土透水层上。闸塘开挖至高程 -7 米，承压水头约 11 米左右，上覆盖土层为亚黏土，厚度仅 4.3 米。根据以上水文土质条件，在上、下游闸首两侧共设计了井底高程为 -17 米的深井 12 只，使井水位降至 3 米高程，以保护地基不受承压水破坏。工程结束后，保留 8 只深井，上接至高程 10 米，作为永久井，供以后抢修使用。上闸首西边墩基础部位，局部有厚约 50 厘米的软黏土层，施工中全部挖除，换填低标号混凝土；下游 14 ～ 16 号靠船墩位于软土地基上，做了灌柱桩加固处理，其他靠船墩凡有淤泥的全部清除。

地震动峰值加速度为 0.15g，相应的地震基本烈度值为七度。

（2）闸坝建设情况

清咸丰五年（1855 年）黄河北徙，不再危害运河，但在黄河夺淮期间对淮河尾闾带来的灾害却并未因黄河北去而消除。光绪年间，南通实业家张謇积极主张"导淮"，但导淮工程计划并未得到实施。民国 18 年（1929 年），国民政府成立"导淮委员会"，制订导淮入江计划，决定"江海分流"。邵伯船闸是导淮工程设施之一，用以维持邵伯至淮阴之间运河水位，使其最低水深不小于 2.5 米。吃水 2 米在当时可使重载的船舶得以常年通航，建闸款项则利用英国减免的"庚子赔款"款项。为建设邵伯船闸，特建立邵伯船闸工程局。船闸于民国 25 年（1936 年）建成通航，闸室有效尺度为 100 米×10 米。建成后一年余，日军即侵占邵伯，此时国民政府军队扼守邵伯之北昭关坝一带，两军对峙，船闸未能使用。民国 28 年（1939 年）春，国民政府军队撤退，邵伯船闸恢复通航。日本投降后，在解放战争中的邵伯保卫战期间，船闸部分设施被炮火摧毁，国民党军队占领邵伯后又着手修复，直至 20 世纪 50 年代，闸况一直较好。后引江工程上马，于邵伯一线船闸与该船闸之间开辟高水河，因受高水河水压力的威胁，造成西岸护坡滑坡，人行便桥也一再发生位移，虽经多次检修，但闸况逐年下降。1979 年扩大向北送水过水段面时予以拆除。

邵伯一线船闸位于江都区邵伯镇西侧原邵伯老船闸以西 250 米的邵伯湖畔，四面环水，为"邵伯大控制"工程中的组成部分。后由于枢纽工程集中控制方案改为分散控制，其主体工程节制闸转向下游，故船闸设计也随之变更，致使施工最早的邵伯一线船闸延迟至 1962 年 3 月方正式投入运行。邵伯船闸上游引航道接里运河，距淮安船闸 112 千米，下游引航道与淮河入江水道交叉，距施桥船闸 23.5 千米。闸室尺度为 230 米×20 米×5 米。

邵伯复线船闸建成于 1987 年，位于一线船闸西侧，两闸平行布置。两船闸中心线相距 103 米。复线船闸按国家二级通航建筑物标准设计，可通过 1 顶 + 2×2000 吨级驳船队。

邵伯三线船闸建成于 2016 年,工程位于已建邵伯一线、二线船闸西侧,邵伯湖和京杭运河之间,工程紧邻邵伯湖湿地风景区、京杭大运河和高水河饮用水基地。邵伯三线船闸为二级通航建筑物,主体结构水工建筑物级别:上闸首和闸室按二级水工建筑物设计;下闸首按一级水工建筑物设计;上下游导航墙、靠船墩、远调站、停泊锚地和航道护岸按照三级水工建筑物设计;临时建筑物按四级水工建筑物设计;上、下闸首的工作闸、阀门的设计级别与其相应闸首一致。上游运河西堤和下游运河东堤为一级堤防。邵伯三线船闸建设尺度为 260 米 × 23 米 × 5 米,可满足 1 顶 + 2 × 2000 吨级、1 拖 + 4 × 500 吨级等主要船队不解缆过闸的要求。

（3）建设成就

邵伯船闸负责安全保畅、规费征收和建设管理工作,设"三室三中心",船闸全年 24 小时昼夜运行。常年有苏、浙、鲁、皖等 10 余个省、市的船舶通过,船舶通过量等主要经济技术指标每年增幅达 10% 左右,船舶年通过量已超 2 亿吨。现采用联网收费系统、监控系统、航闸智能运行系统以及无人机等先进方式,对船闸运行控制、船舶过闸服务等进行一体化管理,具有较高的科技水平。近年来,以"管好河、放好闸"为要求,以打造"便捷、智慧、创新、人文、绿色"船闸为目标,以建设"员工精神家园""船闸水工科普园""服务对象生活乐园"为重点,全体职工不懈努力,邵伯船闸先后荣获"交通文化建设示范单位""全省航道系统十大服务品牌"等称号,连续四次被中央文明委表彰为全国文明单位。

1963—1987 年,一线船闸共开放闸次 35.25 万次,过闸货物量 1.75 亿吨,过闸船舶吨位 2.58 亿吨;1988—2011 年,一线、复线船闸共开放闸次 68.33 万次,过闸货物量 11.87 亿吨,过闸船舶吨位 18.82 亿吨;2012—2015 年,一线、复线、三线船闸共开放闸次 13.60 万次,过闸货物量 5.50 亿吨,过闸船舶吨位 6.85 亿吨,船舶过闸秩序良好,实现了安全、平稳、有序的工作目标。2016 年,邵伯船闸管理所全年共开放闸次 4.09 万次,放行船队 9272 个、货轮 14.97 万艘,分别为 2015 年同期的 115.6%、93.9% 和 117.8%,优良闸次率为 100%;船舶通过量达到 2.83 万吨,同比增长 30.9%;货物吨位 2.37 亿吨,同比增长 41.2%,主要指标均创下历史新高。2017 年 9 月 6 日创下 108 万吨的全国内河船闸日通过量历史最好成绩。

2.通航建筑物

（1）邵伯一线船闸

邵伯一线船闸由江苏省水利厅勘测设计院设计,扬州专区与江苏省水利厅基建工程队共同派员组成邵伯船闸工程处负责施工。

一线船闸实际完成工程量为:土方 675.18 万立方米,浆砌块石 4.52 万立方米,干砌块石 4019 立方米,深塘填砂 4100 立方米,工程耗用钢材 3148 吨,木材 1018 立方米,水泥

9649 吨，黄沙 4549 吨，碎石 7.22 万吨，块石 9.07 万吨。共投入劳动力 188.49 万工日，其中技工 13.48 万工日，民工 175.01 万工日。工程总投资 553.30 万元。

船闸施工中土方工程项目分为开挖闸塘、上下游引航道，筑施工圩堰，闸首、闸室回填土，打坝、拆坝等。开挖闸塘自 1959 年 1 月 18 日起由兴化县水利工程总队民工施工，同年 4 月中旬完成闸塘土方 27.41 万立方米。其他项目的土方则由泰县、泰兴水利工程总队民工完成。土方工程项目以开挖闸塘任务较为艰巨，土质硬、挖得深、坡比小、爬得高，到计划线时，即使人空手上下，也非常吃力。

建筑物施工于 1958 年 12 月进行测量放样，后即进行工场布置。混凝土工程从 1959 年 6 月中旬开始施工，先浇筑闸室底板，至同年 6 月底浇好 7 块，后因修改设计而停顿。设计单位变更设计时虽曾照顾工地已施工情况，但修改后的设计下闸首底部高程已由原高程 －5.8 米提高到 －1.5 米。为此，将上闸首向上游移位 5 米，下闸首向下游移位 25 米，使原已开挖的下闸首基础部位让出作为下游消力塘的位置。按照修改后的设计图纸，1959 年 8 月继续浇筑混凝土，同年底完成闸身主要建筑物浇筑任务。

船闸上、下游闸首由底板、输水廊道、门墙及门井、门库、控制室等分部工程组成。除部分墙身用浆砌块石，其余全部为钢筋混凝土结构。

上、下游闸首底板原厚度为 3.4 米，由于设计变更，需迁就闸塘已挖的深度，故改用空心底板，厚度达 7.5 米，浇筑在高程 －7 米的原状土层上，并在已开挖的下闸首基坑与闸室基坑交界处做短挡土墙，以防基础滑动。挡土墙的下闸首则换填黄沙，砸实到高程 －6.8 米。闸室挡土墙仍在浇筑好的底板上进行浇筑。浇筑底板时参加配料、运料、拌和、熟料运送、浇筑、平仓、振捣等操作的技工、民工每班 600 人左右，三班轮值，连续浇筑。

完成闸首底板后，即一次性浇筑输水廊道。墙身中因设有阀门井，结构复杂，模板支撑亦较困难，故分两次浇筑完成。控制室房屋，每次浇筑一层，分三次完成。门库第一次浇筑底部，第二次浇库身的下段，第三次浇筑库身上段及顶板部分。

闸室的闸墙后和地基均为较坚硬的黏性土壤，在设计中选用衡重式结构、分离式干砌块石透水室底板、直立式闸墙。闸室墙底板为钢筋混凝土结构，闸墙采用空心衡重式，以减少地基反力并减少砌石工作量。墙体为浆砌块石结构，外镶 110 级预制混凝土块件，墙内留圆洞，每侧 25 个，直径 3.6 米，高度 5.8 米，为非连续性空心形式，圆洞中回填黏土夯实，以减少渗水对砂浆的淘空作用。每岸各分为 9 段，段与段间留 0.03 米宽的伸缩缝，水平垂直方向均用紫铜片，柏油柱用作止水设备；闸室底部为透水式的块石铺盖，下垫砂石过滤层，并做混凝土纵横梁将块石铺盖分隔。在施工步骤上分为打板桩、浇筑底板、砌块石墙身、铺护底砂石及过滤层、浇混凝土纵横梁、砌块石护底六道工序。

在船闸上、下游引航道中，左、右岸设有主辅导航墙，均采用浆砌石墙重力式结构，分别与上、下游闸首衔接。由于导航墙位置连接闸首，因而大部分基础土方均为满足闸首施工需要被挖除，致使导航墙的部分基础筑在回填土上，以致上游 4 号辅导航墙因回填土沉陷而引起移位。后采取补救措施，基础沉陷方稳定。

船闸上、下游各有 15 个靠船墩，底板均浇筑 110 级混凝土。墩身为浆砌块石，临航道面则用混凝土浇筑，以埋置系船柱的底座铁件。此项工程于 1960 年 2 月下旬完成。

在混凝土施工中，使用外加剂并抛置适量块石，以节约水泥。上、下闸室底板混凝土浇筑均掺加塑化剂及加气剂，并抛大块石，埋石率一般在 10% ~ 18%，靠船墩底板浇筑混凝土时埋石率达 30% 以上，共节约水泥 549 吨。

闸门为钢架木面板结构，钢架结构由上海沪东造船厂制造。整个门安装分为轨道安装、底滚轮就位、门扇拼装、吊装顶平车及三角吊架、全面电焊、装配门面板等。阀门亦由沪东造船厂制造，吊装比较顺利，止水效果较好。

邵伯一线船闸按国家二级通航建筑物设计，闸室尺度原设计为 250 米 × 20 米 × 5 米，后改为 230 米 × 20 米 × 5 米。上游设计最高水位高程 9 米，正常水位高程 7 米，最低水位高程 6 米；下游设计最高水位高程 8.76 米，最低水位高程 3.5 米。船闸最大水级 5.5 米。引航道河底及堤顶高程为：上游河底 1 米，堤顶 11.5 米；下游河底 - 1.5 米，堤顶仍为 11.5 米。上、下游引航道底宽均为 70 米，水深 5 米，长均为 700 米。

闸首建筑物高程为：上闸顶 10.4 米，上门槛 1.0 米；下闸顶 10.4 米，下门槛 - 1.5 米。结构为整体混凝土坞式结构，底板因迁就改变设计前的闸塘已挖深度，改用厚度达 7.5 米的空心底板。输水廊道亦为钢筋混凝土结构，其上部作为挡土墙用的边墩则采用浆砌块石重力式结构。闸室建筑物高程为：顶高 10.4 米，底高 - 1.5 米。

在输水形式上，因水级差小于 10 米，故采用短廊道输水，廊道尺度为 3 米 × 4 米，充、泄水时间均为 6 ~ 8 分钟。

闸门承受双向水头，采用钢质横拉门形式。上游闸门尺度为 9 米 × 20.7 米，质量为 90 吨；下游尺度为 11.5 米 × 20.7 米，质量为 110 吨。闸门用 10 吨绳鼓式启闭机启闭，后改由 10 吨齿轮齿条式顶平车启闭机启闭。

上、下游阀门均为钢质平板门，尺度均为 4.3 米 × 3.2 米，质量为 4.5 吨，用 5 吨绳鼓式启闭机启闭，后改由 20 吨液压启闭机启闭。

一线船闸电气控制原设计采用电动集中控制，后因配件不足，暂时在上、下闸首分散控制。分散控制的控制室，分别设在上、下游闸首启闭机房内。

（2）邵伯复线船闸

项目于 1985 年 5 月开工，1987 年 12 月试运行并竣工。

1984 年 11 月，江苏省京杭运河续建工程指挥部审批通过初步设计与概算，审批文号为苏运建航〔84〕46 号。

船闸等级为二级，承受双向水头，设计水位正向为 4.5 米、反向为 1.8 米，设计上下游最高通航水位为8.5米、8.7米,最低通航水位分别为6.0米、3.5米。上、下闸首均为钢筋混凝土反拱底板、坞式结构。闸室底部为透水分离式结构,墙身为钢筋混凝土扶壁式轻型结构,闸首净宽23米,上首长25.42米,下首长28.85米。闸室净宽23米,全长230米。船闸有效尺度为230米×23米×5米,设计采用短廊道集中输水系统,充、泄水时间均为3分钟,一次过闸时间为31.8分钟。

设计船型2000吨级,设计代表船型(船队)及尺度为1顶+2×2000吨驳船:75米×14米×(2.6~2.8)米,船队:185米×14米;1顶+2×1000吨驳船:62米×10.6米×(2.0~2.2)米,船队:154米×10.6米;1拖+4×500吨驳船:53米×8.8米×1.9米,船队:239.5米×8.8米;1拖+12×100吨驳船:24.85米×5.24米×1.5米,船队:317.2米×5.24米。上游引航道直线段长770米,底宽70米,下游为一线、二线船闸共用引航道,直线段长800米,底宽124.5米。上、下闸首均设钢质双面板横拉门,上闸首闸门高、宽为9.1米×23.63米,质量为98.9吨,下闸首闸门高、宽为11.6米×23.63米,质量为124.8吨。上、下闸首闸门由150吨台车式齿条传动启闭机启闭。阀门为钢质平板门,尺度均为4.5米×4.0米,每扇门质量均为7.8吨,由20吨液压直推式启闭机启闭。电气控制采用弱电继电器-控制器系统,并试用微机控制。上、下游主导航墙各长70米,均为钢筋混凝土扶壁式结构,上、下游导辅航墙亦为钢筋混凝土扶壁式结构。上、下游分别设16座靠船墩,间距20米,均为浆砌块块石墩身、混凝土底板。船闸工程总投资3355.9万元,均为交通部水运建设资金。工程征地116亩,占地76亩,拆迁房屋100间,用于拆迁补偿等总经费41.3万元。

项目建设单位为邵伯复线船闸指挥部;设计单位为扬州市水利测设计院、江苏省交通规划设计院;施工单位为江苏省水利基建工程公司疏浚队、安徽省水利机械疏浚工程公司、江都水利基建工程队等。

本项目建设中的重要科技创新如下:

①邵伯复线船闸原计划闸室为重力式浆砌块石结构,后改为混凝土或钢筋混凝土结构,以提高闸室墙的整体性。船闸承受双向头,选用横拉闸门,顶台车采用液力耦合器过载保护传动装置,底台车改进为可以自动复位并总成互换的整车,便于检修。

②复线船闸大部分闸首底板为大体积混凝土厚板结构物,一块底板的混凝土方量达4000立方米,混凝土内出现过高的水化热,产生温度应力,容易造成混凝土的早期裂缝。河海大学对闸首厚底板混凝土的温控措施进行了试验研究,河海大学建议用垂直分割与分层浇筑综合措施,使每块体积约不超过2000立方米,用二期微膨胀混凝土合缝;并将厚底板分层,采用不同标号的混凝土一次浇筑,尽可能在中间层多埋块石,以降低水化热。采用分块分层浇筑的方法后,不仅温度应力大大降低,而且两侧空箱基础在底板合缝前获得了初期沉实,合缝后底板的跨中弯矩也相应减小,增加了抗弯安全储备,保证了工程

质量。

自邵伯复线船闸投入运营以来,苏北航务管理处根据其技术状况,分别于 2001 年、2013 年实施船闸大修,对其闸阀门、土建助航等设施进行维修。受船舶大型化影响,复线船闸上、下游靠船墩墩体损坏严重,于 2015 年对靠船墩进行改造,改造内容包括:水面以下老墩体安放钢筋混凝土套箱,其间空隙浇筑静水混凝土。将迎水面以上墩体拆除并浇筑混凝土,增设钢护面,并将 T 梁改造为板梁,上、下游引桥长度均为 320 米。改造后,邵伯复线船闸技术状况良好。

(3)邵伯三线船闸

项目于 2009 年 1 月开工,2011 年 12 月试运行,2016 年 10 月竣工。

项目建设依据:2008 年 7 月,江苏省发改委批复邵伯三线船闸工程可行性研究报告(苏发改交通发〔2008〕791 号);2008 年 10 月,江苏省发改委批复邵伯三线船闸工程初步设计(苏发改交通发〔2008〕1242 号);2007 年 12 月,江苏省环境保护厅批复邵伯三线船闸工程环境影响报告书(苏环管〔2007〕282 号);2008 年 5 月,江苏省国土资源厅批复邵伯三线船闸工程项目用地预审意见(苏国土资预〔2008〕36 号)。

船闸等级为二级的第三线船闸。2015 年,单向年过闸船舶总吨位 3658 万吨,单向年过闸货物量 3139 万吨。船闸设计最大水头为 4.5 米。上游设计最高通航水位 8.33 米,下游设计最高通航水位 8.13 米;上游设计最低通航水位 5.83 米,下游设计最低通航水位 3.33 米。闸首采用整体式结构,闸室近闸首的第一个结构段采用钢筋混凝土空箱结构,其余结构段采用钢筋混凝土扶壁式结构,采用环形短廊道集中输水结合三角门门缝输水形式,设计水头 4.5 米,充、泄水时间 9 分钟,一次过闸时间 50 分钟。船闸有效尺度为 260 米×23 米×5 米,设计代表船型 2000 吨级,1 顶 + 2×2000 吨驳船:75 米×14 米×2.6 米,船队:180 米×14 米×2.6 米。

三线船闸上游引航道与二线船闸共用,宽度为 113 米,船队进出方式为直进曲出。下游为单独引航道,底宽 70 米,船队进出方式为直进曲出。上、下游引航道直线段长度分别为 1177 米和 660 米,其中导航段为 70 米,主导航墙均布置在引航道西岸,上、下游主导航墙端部各设 20 个靠船墩,靠船墩间距 20 米,墩间以驳岸相连,上、下游靠船段各长约 400 米,靠船段以外设直立式驳岸。船闸中心线在上、下游直线段以外分别以半径 750 米和 850 米的圆弧与主航道中心线相接。上、下游工作闸门均采用钢质三角门,阀门采用钢质平板提升门,闸阀门启闭机均采用直推式液压启闭机。船闸控制系统采用计算机集散控制系统结构,通过设置视频监视及报警系统,加强对船闸控制、船闸收费(调度)的监视力度。船闸设置容量为 120 门程控交换机一台。船闸工程总投资 4.56 亿元。本项目为交通重点基础设施,建设资金由交通运输部、江苏省、扬州市各级政府部门共同筹措,其中船闸工程概算投资 4.04 亿元,桥梁工程为 5152.71 万元。工程共用地 206 亩,房屋拆迁

3609.8 平方米。

项目建设单位为邵伯三线船闸工程建设办公室；设计单位为江苏省交通规划设计院有限公司；施工单位为中交第一航务工程局有限公司、江苏省水利建设工程有限公司、常州盛得液压设备有限公司等；监理单位为江苏省京杭运河交通工程咨询监理有限公司；质检单位为江苏省交通运输厅工程质量监督局。

本项目建设过程中的重要科技创新项目为闸室墙倾斜度控制技术研究开发。本项目根据现有地质条件、结构形式、墙后回填资料等，采用常规方法和 FLAC～3D 岩土工程软件真实模拟计算两种方法，研究了空箱段、扶壁段基底不均匀沉降及墙后回填等因素引起闸墙倾斜度大小与差异，提出了预留沉降及闸室墙混凝土浇筑预留倾斜度数值建议，开发出可用于船闸倾斜度控制的系统技术，以指导邵伯三线船闸及类似工程的建设。

3. 经验与启示

①复线船闸闸位原于京杭运河工程分期建设规划中预留，在一线船闸西侧的邵伯湖内，与一线船闸轴线平行，间距在总体设计中定为 82 米（上、下游共用引航道）。后考虑距一线船闸过近，闸塘渗径长度偏小（闸首仅为 2.59 米），且施工场地过于狭小，施工难度大，为确保一线船闸的安全运行和复线船闸的施工安全，并尽量减少占用入江水道行洪断面，经方案比较，最后确定两船闸间距为 103 米。上游引航道与一线船闸分开，下游仍为共用引航道，与湖内航道相接。由于闸位占用了邵伯湖部分行洪断面，故采用在湖西疏浚深泓增大泄量来补偿，并适当延长了下游与湖的分水堤，填堵了原横斜深槽，以改善泄洪对引航道出口处的横流影响。闸位总体布置是经济合理的。

②复线船闸基础土质较好，首选用反拱底板，空箱式边墙结构，节省了投资。上闸首门底与短廊道立交，出口有一定的淹没水深，在中间底板对冲消能，以反拱拱腹作为消能室。下闸首输水廊道与门库交叉，门库两侧各设阀门，正向泄水的水流基本对称，反向因水头小，出现概率低，仅用挑水隔槛不对称布置来改善水流条件。虽增设一套阀门启闭机，但减少了开挖基础，节省了费用。闸室采用钢筋混凝土扶壁式轻型结构，充分发挥了翻板浇筑混凝土的施工工艺特点，占用场地少，施工速度快。主体工程施工正值冬季，采取了搭暖棚、热水拌和、蒸汽养护保温等一系列措施，取得了良好的效果。

③复线船闸横拉门的设计，在总结一线船闸 20 米宽横拉门运行经验的基础上，吸收国内外先进科技，作出提高改进。门厚为 3.74 米、厚跨比 1:6.2，采用双面板加浮箱结构，以减少偏重和底部结构负荷；底台车由 4 只主滚轮、两套辊轴支承，与车架组成一体，可总成互换；门体通过底部主桁架上的弧形支座放在底台车的两个辊轴上，受正、反向水压力时门体可向下游或上游移动 30 毫米，底主滚轮不随水压力而左右移动。水压力消失后，门体可以复位；正、反向止水橡皮为 P 形、球形或平板形，贴紧门槛或支承木，在水位差为 5～10 厘米时，即可借助门体位移压紧止水，提高止水效果。15 吨齿条启闭机用液力耦合

传动装置,在国内船闸上尚属首次,其有滤波隔振、过载保护、可延长机械寿命和大修周期等优点。通过不断总结改进提高,丰富了船闸大型钢闸门的设计经验。与此同时,施工单位也精心制作、安装。经联合调试,闸门运行正常、灵活,是一项较优秀的设计。

④复线船闸电气控制采用"弱电继电器-制在维修、调试时使用。中央控制室及上、下闸首机房各设操作台,以集中控制为主,上、下闸首又可分散操作。设计功能较齐全,并有所改进,符合科学管理需要和船闸设计规范要求。水位计在中控室和闸首机房显示水位,机器误差小、适应性好,运转正常。微机在船闸自动控制上的应用尚属首次,是一项重要的科研项目。经试用,证明设计是可行的。

⑤通过从水利、航运、征地拆迁、工程投资以及实施难易等方面进行定量和定性综合比较,确定将三线船闸平行布置在二线船闸西侧,两闸中心距约 90 米,闸体占用少量行洪滩地,运河与邵伯湖之间的防洪堤局部略向西迁。为保证淮河入江水道行洪不受影响,设计提出在邵伯湖花园墩浅滩进行切滩,补偿行洪断面,并通过船闸整体模型试验进行验证,较好地协调了水利与航运的矛盾,具有创新性。

（十一）施桥船闸

1.闸坝概况

（1）自然地理条件

施桥船闸所处地区属暖温带半湿润季风气候区,四季分明,日照充足,无霜期长,秋冬之交有雾,冬季有冰冻现象。年均气温为 14.1 摄氏度,年均降水量为 958.8 毫米。历年最多风向为 SE、E,年平均风速 3.5 米/秒,年均雾日为 32.5 天。京杭运河苏北段河面无冰冻,可常年通航。

本场地地貌分区属长江下游冲积平原区,地貌类型属长江三角洲平原的古河口沙嘴地貌。

船闸及其配套部位场地地基存在饱和砂土及粉土,场地地基中存在的饱和砂土为可能液化土层,液化等级为中等,处于对建筑抗震不利地段。

地震动峰值加速度为 0.15g,相应的地震基本烈度为七度。

（2）闸坝建设情况

施桥船闸位于扬州市南偏东 7 千米处,在邗江区施桥镇北,是京杭运河南下入江最后一个梯级的通航建筑物。上游距上一个梯级——邵伯船闸约 23 千米,下游距离京杭运河苏北段与长江交汇口仅 6.5 千米。施桥一线船闸是第一期京杭运河整治工程中的项目之一,亦是新增施桥枢纽工程的组成部分。施桥复线船闸位于一线船闸东、翻水河西,闸址被大运河和翻水河包围。

施桥一线、复线船闸分别建成于 1961 年、1988 年,尺度分别为 230 米 × 20 米 × 5 米和

230米×23米×5米，两闸平行布置，复线船闸在东侧，上闸首上游侧齐平，承受双向水头，中心距150米。复线船闸东侧有水利防洪排涝用翻水河，与复线船闸中心距约为250米。复线船闸可通过1顶+2×2000吨级驳船队。翻水河上设有水利节制闸1座，翻水河下游侧进苏北运河处有施桥翻水站1座，设计流量30立方米/秒。

施桥三线船闸布置于一线船闸西侧，距一线船闸100米。施桥三线船闸为二级通航建筑物，主体结构水工建筑物级别如下：上闸首、下闸首、闸室为二级，导航墙、靠船墩、远调站、停泊锚地、驳岸为三级，临时工程按四级水工建筑物设计。

施桥三线船闸设计可通过最大1顶+2×2000吨级船队，建设等级为二级。三线船闸建设尺度为260米×23米×5米，可满足1顶+2×2000吨级、1拖+4×500吨级等主要船队不解缆过闸的要求。

（3）建设成就

施桥船闸常年有10余个省、市的船舶通过，是煤炭、建材水运的重要通道，在服务地方经济和国民经济发展中日益发挥着十分重要的作用。

1969—1988年，施桥一线船闸共开放闸次25.31万次，过闸货物量1.38亿吨，过闸船舶吨位2.01亿吨；1989—2011年，一线、二线船闸共开放闸次62.96万次，过闸货物量1.02亿吨，过闸船舶吨位17.68亿吨；2012—2015年，一线、二线、三线船闸共开放闸次13.88万次，过闸货物量5.82亿吨，过闸船舶吨位7.34亿吨。船舶过闸秩序良好，实现了安全、平稳、有序的工作目标。

2. 通航建筑物

（1）施桥一线船闸

施桥一线船闸由江苏省水利厅设计院设计，施桥船闸工程处施工。1959年10月11日工程开工，总投资800.7万元，完成土石方131.5万立方米，混凝土3.9万立方米，工程耗用钢材774吨，水泥1.31万吨，木材2765立方米，黄沙5.19万吨，石子9.21万吨，块石9.87万吨。投入技工21.45万工日，民工234.91万工日，于1961年建成。

施桥一线船闸闸塘由人工开挖而成，共挖深约14米，开挖龙沟和及时排除渗水是施工的关键。

由于在地下水位高的细砂土壤地基上开挖闸塘，渗水汹涌，土坡易于坍塌，于是在土坡上加做护塘柴埽和沙石滤层以降低地下水位，并在边坡上开挖排水沟拦截地面径流，排水沟的一侧筑子埝，以防止排水沟来不及排泄的雨水侵入闸塘。然而仅仅采用柴埽护塘及集水坑抽水的措施不能大幅度降低地下水位，当闸首基坑挖至高程−7.5米时，基坑内泉眼甚多，边坡上流砂四溢，使挖土无法进行，于是采用井点系统排水来降低地下水位。井点系统的平面布置为环形，每隔1米设一根长5.08厘米的黑铁管井点，各井点的铁管与架空的10.16厘米长黑铁管连接，由两台真空泵机组将水抽至闸塘的下游。井点包围面积为 1441 平方米，长度 155 米，共打井点 156 眼。在开始抽水后的第三天，泉眼已基本堵塞，地下水位相应下降，保证了基础不受扰动，为开挖深基及浇筑混凝土底板创造了有利条件。

混凝土工程从 1960 年 8 月 24 日开始浇筑。上、下闸首底板的厚度为 3.4～4.0 米，宽度一般为 38 米，长度为 26～27.5 米，混凝土数量达 3000～4000 立方米。上闸首设有消能室的分两次浇筑，其余皆一次浇筑完成。每班技工、民工 600 人左右，三班轮流，连续浇筑。

船闸闸、阀门的钢结构部件，全部由上海沪东造船厂承制。为便于运输，除网门在厂内整扇装好外，闸门分成若干构件，每件质量以不超过 3～5 吨为准，运至工地后拼装。

电气安装的设备及材料，均由中央统一分配，在各厂加工定制，到工后严格检查、编号，分动力、控制、信号照明三组同时动工，共花费工日 4870 个，经费 12.8 万元。

施桥一线船闸为一期工程中新增枢纽的通航建筑物，其附近一带地域在唐代成陆，属长江淤积平原。该段地基土质从湾头起由北向南逐步变差，越近江边，土质越差。如单纯考虑地基土质，则闸址越靠北越好；如单纯考虑节省土方、加快施工进度，则闸址越近江口越好。经研究测算比较，在两者兼顾、全面考虑的原则下，决定将枢纽位置设在施桥附近。

施桥一线船闸按照国家二级通航建筑物设计，船闸尺度为 230 米 × 20 米 × 5 米。设计通航水位高程为：上游最高 8.15 米，最低 3.5 米；下游最高 8.2 米，最低 –0.4 米，最大水头 7.6 米。上、下游引航道河底高程分别为 –1.5 米、–5.4 米；堤顶高程均为 9.0 米。引航道上下游底宽均 70 米，水深 5 米，长均为 800 米。

船闸上闸首与节制闸置于同一横轴线上，以使闸室处于下游低水位河段，从而使地下水位通过墙后排水管降至与下游水位相平，减小闸室墙的断面并避免增做防渗措施。

闸首建筑物高程为：上、下闸顶均 9.0 米，上、下门槛分别为 –1.5 米、–5.4 米；闸室建筑物高程为：顶高 9.0 米，底高 –5.4 米。因闸墙较高，地基土质较差，故采用浆砌重力式，上、下闸首为整体混凝土坞式结构，闸室为分离圬工重力式结构。墙身内留洞，洞中回填壤土夯实。墙身内的空洞为圆柱形，直径为 3.0～3.6 米，每侧 50 个，墙表面均用混凝土预制块镶面。因船闸位于粉砂基地上，故在闸墙底板的板面各打 3.0 米深的木板桩，以加强横向防渗。在上、下闸首底板下，也各打木板桩一周，深度在 4.0～5.0 米。闸室两侧为直立式的挡土墙，挡土墙后回填 40 厘米中粗砂一层，在每道排水管同一高程处亦加铺水平的中粗砂一层，以保证墙后或墙顶的渗流水能汇入排水管中向下游排出，借以降低墙后地下水位。

船闸承受双向水头，最大正向水头达 7.6 米，反向水头 3.2 米，上闸首采用甲型输水系统，即在闸首底板顶面以下布置两个对称的平底短廊道，断面积为 4 米 × 4.5 米。阀门采用直升式平板门，变速启闭。廊道在阀门处做成楔形以约束水流，其出口断面扩大至计算断面的1.85倍,促使水流扩散。廊道出口后接消能室,消能室由前后帷墙及顶部消力栅组成。廊道出口宽7.4米,用分水墩隔成两孔,在消能室的中部亦用60厘米厚的隔墙连接左、右两分水墩。隔墙与前帷墙上各开4个385厘米×350厘米的方孔,使进入消能室对冲后的水流大部分从消能室经方孔流出,进入镇静段范围内的消力塘中再次进行消能;另外一小部分水流经消能室顶部的栅孔流入闸室,以避免水流过分集中。泄水系统亦为短廊道,廊道尺度为4.5米×4米,设计充、泄水时间均为8分钟。

一线船闸上、下闸门均为单扇钢质横拉门,上游闸门尺度为10.0米×20.7米,质量为118吨;下游闸门尺度为13.9米×20.7米,质量为182吨,均由10吨卷扬式启闭机启闭,后改由10吨齿条齿轮式顶平车启闭机启闭。

上、下游阀门均为钢质平板门,尺度均为4.64米×4.2米,质量均为5吨,由5吨卷扬式启闭机启闭,后改为液体直推式启闭机启闭。

(2)施桥复线船闸

项目于1986年5月开工,1988年11月试运行并竣工。

1985年9月,经江苏省京杭运河续建工程指挥部审查,批准施桥复线船闸初步设计(苏运建航〔1985〕63号)。

施桥复线船闸为二级、单级单线船闸。上、下闸首均为钢筋混凝土坞式结构。闸室闸墙为分离式钢筋混凝土重力式结构,底板为双绞式结构。采用短廊道集中输水,设计水头7.6米,船闸承受双向水头,设计通航水位:上游最高8.15米,最低3.5米;下游最高7.0米,最低负0.4米。充、泄水时间均为5分钟,一次过闸时间46.3分钟。船闸有效尺度为230米×23米×5.0米。设计船型2000吨级,1顶+2×2000吨驳船:75米×14米×(2.6~2.8)米,船队:185米×14米;1顶+2×1000吨驳船:62米×10.6米×(2.0~2.2)米,船队154米×10.6米;1拖+4×500吨驳船:53米×8.8米×1.9米,船队239.5米×8.8米;1拖+12×100吨驳船:24.85米×5.24米×1.5米,船队317.2米×5.24米。

上、下游主导航墙各长70米。上、下游各设靠船墩15个,中心距均为20米,建筑物总长为1021.1米。上、下游引航道与一线船闸共用,上、下游直线段长均为650米。辅导航墙外各设一段分隔堤,上游长97米,下游长218米。上、下游引航道东堤及西堤坡,除主导航墙后锥形护坡灌砌石外,其余均为混凝土预制块铺砌,下设土工布垫层。闸门为双面板钢质横拉门,上游闸门尺度为23.3米×10.8米,质量为120.8吨;下游为23.3米×12.9米,质量为140.4吨。闸门厚3.74米,跨比1:6.2,双面板加浮箱结构,以减少偏重系数和底部结构负荷。由150吨台车式齿条传动启闭机启闭。阀门钢质平板门,尺度为4.17米×4.69米,质量为4.72吨,由20吨液压活塞杆式启闭机开启,采用有触点程序控制。船闸工程总投资3050万元。项目共征地605亩,拆迁房屋188间。征地拆迁补偿等总经费330万元。

项目建设单位为扬州市京杭运河工程指挥部；设计单位为江苏省交通规划设计院。

施桥复线船闸原计划闸室为重力式浆砌块石结构，后改为混凝土或钢筋混凝土结构，以提高闸室墙的整体性。船闸承受双向头，选用横拉闸门，顶台车采用液力耦合器过载保护传动装置，底台车改进为可以自动复位并总成互换的整车，便于检修。

本项目建设过程中的重要科技创新如下。

①复线船闸大部分闸首底板为大体积混凝土厚板结构物，一块底板的混凝土方量达4000立方米，混凝土内出现过高的水化热，产生温度应力，容易造成混凝土的早期裂缝。河海大学对闸首厚底板混凝土的温控措施进行了试验研究，建议用垂直分割与分层浇筑综合措施，使每块体积不超过2000立方米，用二期微膨胀混凝土合缝，并将厚底板分层，采用不同标号的混凝土一次浇筑，并尽可能在中间层多埋块石，降低水化热。采用分块分层浇筑的方法后，不仅温度应力大大降低，而且两侧空箱基础在底板合缝前获得了初期沉实，合缝后底板的跨中弯矩也相应减小，增加了抗弯安全储备，保证了工程质量。

②本期工程回填土方45万立方米，采用的是水力冲土结合还填，进行水密实，土壤容重全部符合设计要求；采用新技术、新材料：传统的砂石垫层，改用涤纶土工布铺垫，垫层铺平且均匀，比砂石垫层透水保砂作用好；采用组合活动脚手架，比移动脚手又进了一步，组装一次可用多次，且安全、方便；靠船墩人行桥大梁吊装，不采用陆地移位吊装，而改为船上浮吊，既省工又安全；混凝土浇筑，尤其是冬季施工，装置真空吸水装置，提高混凝土早期强度和抗冻性。

自施桥复线船闸投入运营以来，苏北航务管理处根据施桥复线船闸技术状况，分别于2000年、2013年实施船闸大修，对其闸阀门、土建助航等设施进行维修。受船舶大型化影响，复线船闸上游靠船墩墩体损坏严重，后于2013年对靠船墩进行改造，改造内容包括：将迎水面以上墩体拆除并浇筑混凝土，水面以下老墩体灌浆加固，增设钢护面，并将T梁改造为板梁，引桥长度300米。改造后，施桥复线船闸技术状况良好。

（3）施桥三线船闸

项目于2009年4月开工，2011年12月试运行。

2007年10月，江苏省环境保护厅批复施桥三线船闸工程环境影响报告书（苏环管〔2007〕236号）；2007年12月，江苏省国土资源厅批复施桥三线船闸工程项目用地预审意见（苏国土资预〔2007〕1054号）；2008年，江苏省水利厅批复京杭运河施桥三线船闸建设需退建防洪堤线方案（苏水计〔2008〕92号）。

船闸等级为二级。上、下闸首采用钢筋混凝土整体坞式结构，闸室采用钢筋混凝土整体式结构，采用环形短廊道集中输水结合三角门门缝输水形式，船闸承受双向水头作用，最大正向设计水头6.19米，反向设计水头2.86米；上游最高通航水位7.13米，下游最高通航水位6.83米；上游最低通航水位3.33米，下游最低通航水位0.23米；上游年均常水位 5.0 米，下游年均常水位 3.0 米。船闸有效尺度为 260 米 × 23 米 × 5.0 米。设计船型 2000 吨级，1 顶 +2 × 2000 吨驳船：75 米 × 14 米 × 2.6 米，船队：185 米 × 14 米 × 2.6 米；1 顶 +2 × 1500 吨驳船：(64 ~ 68) 米 × 13.4 米 × (2.3 ~ 2.6) 米，船队：161 米 × 13.4 米 × (2.3 ~ 2.6) 米；1 顶 +2 × 1000 吨驳船：(64 ~ 68) 米 × 10.8 米 × 2.2 米，船队：161 米 × 10.8 米 × (1.9 ~ 2.2) 米；1 拖 +4 × 500 吨驳船：53 米 × 8.5 米 × 1.9 米，船队：242 米 × 8.5 米 × 1.9 米；1000 吨货船驳船：(56 ~ 58) 米 × 9.8 米 × (2.7 ~ 2.9) 米；60TEU 集装箱船驳船：65.0 米 × 10.6 米 × 2.2 米。

施桥三线船闸引航道布置采用不对称形式，船闸进出闸方式均为直进曲出。上、下游主导航墙、靠船段均直线布置于右岸（西侧），辅导航墙采用圆弧形曲线墙。三线船闸上游引航道为单独引航道，宽度为 70 米；下游与一线船闸的共用引航道，宽度为 121.7 米。上游引航道直线段长为 714.19 米，以半径 700 米的圆弧与上游航道中心线相接，弯道转角为 21 度 05 分。下游引航道直线段长为 802.91 米，以半径 700 米的圆弧转向后与下游航道中心线相接，弯道转角为 14 度 06 分。上下游引航道的主导航墙为直线段，长度为 70 米。上游辅导航墙自上闸首经 20 米长直线段再以 90 度的圆弧与一线船闸侧衔接，衔接段采用沉井结构；下游辅导航墙自上闸首经 20 米长直线段以 57.49 度的圆弧扩散，再与沉井结构与一线船闸侧过渡连接。上、下游靠船段长为 400 米，按 20 米间距设独立靠船墩，共设 20 个靠船墩，均在航道右岸。靠船墩之间采用空腔式素混凝土的重力式挡墙驳岸连接。重力式挡墙前沿线较靠船墩前沿退后 0.5 米。上、下游工作闸门均采用钢质三角门，阀门采用钢质平板提升门，闸阀门启闭机均采用直推式液压启闭机。船闸控制系统采用计算机集散控制系统结构。船闸工程总投资 5.87 亿元。

项目建设单位为京杭运河船闸扩容工程施桥三线船闸工程建设办公室；设计单位为江苏省交通规划设计院有限公司；施工单位为中建筑港集团有限公司、江苏省交通工程集团有限公司、江苏武进液压启闭机有限公司；监理单位为江苏科兴工程建设监理有限公司；质检单位为江苏省交通运输厅工程质量监督局。

3. 经验与启示

①在全国交通、水利系统内采取招标方式择优选定承建单位，由扬州市指挥部负责招标工作。1985 年下半年成立招标委员会，邀请了交通部、水电部部属工程局，江苏省属交通部、水利部部属工程局，工程公司及淮阴、盐城、扬州市水利工程队等十三个单位参加投标，有七个单位应邀。1986 年 3 月中旬，由江苏省、扬州市有关部门参加，在扬州市法律公证机关的监督下公开开标，各单位标价悬殊，竞争也十分激烈，最高标价达 3400 万元，最低标价为 2428 万元。经招标委员会及江苏省、扬州市建设委员会、建设银行等单位共同评议，对各投标单位逐一过堂，听取各单位施工打算和对重大技术关键问题采取的措施后，确定由扬州市水利基建工程处中标，经江苏省指挥部审定同意。

②做好打井降水,以确保顺利进行闸塘开挖及建筑物施工。设计要求在刚塘周围环形布置45眼降水井,并计划先打试验井,做抽排水和含量试验,摸清地下水的涌水量,控制含沙量,以防降水时地基被掏空。由于打试验井的队伍对地质状况缺乏仔细的分析,设计要求的含沙量指标又提得太高,打了5眼井,均因泥浆浓度控制较差、井深不足20米发生坍孔,出水量不足15吨/小时。试验井不成功,资料难以反映地下水情况,为此经研究决定,将原设计的井距由25米改为15米,每口井深由原高程-17.0米加深至高程-21.0米。经多次试验,采取"三改""三控制"等措施,即将泥浆浓度由1.3改为1.05,网布由110~120目改为60~80目,外加缠丝垫筋,并派专人把关严格控制泥浆浓度质量、严格控制滤砂的级配、严格控制洗井这三个重要环节。经抽排试验,出水量达到20吨/小时,含沙量控制在1/50000~1/70000以下。实践证明,调整后的井距及井深度比较理想,开挖闸塘后地下水位控制高程达到设计要求。

③为解决施工期防渗问题,设计要求在上闸首以西打155延米的钢板桩,从高程5.0米打到-5.0~-15.0米(其中有45延米打至-21.0米);下游插打125延米的钢板柱,高程打到-5~-15.0米。经多次研究,决定以最快的速度引进高压定喷构筑防渗墙的新技术,来代替钢板桩防渗。新施工方案于1986年10月开始实施,只用了25天时间,上、下游防渗帷幕共2432平方米就全部完成,为闸塘开挖创造了条件。

④采用水抢冲土方法能否确保开挖好闸塘,是主体工程能否如期开工的前提。原计划分两期施工,1986年汛期先挖至-2.5米,汛后再挖至塘底保护层,同年10月底浇筑底板。施工单位从1986年6月开始,组织近20台机组连续作业。水枪冲挖土速度极快,一台机组每天可以完成500立方米。由于打钢板桩延误了工期,到1986年11月底闸墙全冲达标准,共完成土方36万立方米。

⑤1986年底主体建物全面施工。按标书要求,要在半年时间内完成近5万立方米的混凝土浇筑任务,平均每月的浇筑强度要达到1万立方米左右。施工单位正确、合理地确定了施工方法,从配料到运输,从脚手到吊机,从浇序顺序到浇筑高程,都做了精心的组织和安排。在浇筑闸室墙时,设计可以提升移动的组合脚手。待第一块闸室完成后,由红旗吊车将脚手整体吊起,移动到第二块闸墙后,将东西两片脚手整体连接,使东、西闸墙两个作业面同时施工,整个工地形成了一个立体交叉作业网,从而创造了月完成混凝土量13000立方米的记录。

(十二)谏壁船闸

1.闸坝概况

(1)自然地理条件

谏壁船闸位于我国两大水运主通道——长江与京杭运河的交汇处,是苏南运河的入江口门。京杭运河是我国南北向的水上运输大动脉,也是江苏省干线航道网规划"两纵四横"中的第一纵,在我国综合运输体系建设和长江三角洲地区经济社会发展中具有十分重要的地位和作用。苏南运河流经区域属于长江水系和太湖水系,全长212千米,区域内河网纵横交错、湖塘星罗棋布,其镇江段航道全长42.57千米。谏壁船闸地处长江下游,北有长江补充水源,西南方有太湖可作为调节,水源丰沛稳定,地表水径流量除长江随季节变化外,不仅受季节影响,而且受人为水利设施条件控制,运河水位明显受潮汐作用而波动。船闸上游受长江潮汐影响,一般高潮时含沙很少,低潮时含沙量多;下游侧航道在谏壁闸和九曲河引长江水时,江水夹带的泥沙引入大运河,从而导致航道泥沙淤积。谏壁船闸地处镇江市谏壁镇,属宁镇丘陵地带,所在地区西南高、东北低。谏壁镇闸址区北依长江,南依雾山,江边阶地与山前堆积岗地衔接,闸址处于江岸低平原地带,京杭运河接长江绕雾山而过。闸址地质构造上属扬子准地台,处于新华夏系第二隆起带与淮阳山字型东翼反射弧及秦岭东西向复杂构造带复合地带,场址区附近主要为东西向构造的宁镇断褶隆起,展布在南京—镇江—埠城—孟河一带,北侧有幕府山—焦山断裂,南侧有汤山—东昌、丹阳—小河断裂。闸址区域内工程地质条件复杂,老冲沟、暗塘、填土、有机质腐殖物等问题均不同程度的存在。船闸所在地区属亚热带季风型气候,具有长江下游明显的海洋性气候特征。该地区四季分明,雨热同期,日朝充足,无霜期长,雨量充沛,气候宜人,同时雾、霜、雪等气象灾害情况也常有发生。

(2)闸坝建设情况

谏壁船闸地处镇江市东郊谏壁镇,距镇江市14千米,距离苏北段入江口门施桥船闸22.5千米,西距镇江老港10千米,东距大港海港码头8千米。谏壁船闸与西侧的节制闸、东侧的抽水站共同构成了苏南运河的重要水利枢纽。由此南下可达上海、浙江及苏南地区,北上可达山东、安徽及苏北地区,顺江而下入海,逆江而上可达安徽、江西、湖北、重庆、四川等地,可谓四通八达。谏壁船闸是谏壁枢纽的组成部分,谏壁枢纽自西向东依次为谏壁节制闸、一线、二线船闸和谏壁抽水站。谏壁节制闸与一线船闸中心距约为150米,是集挡洪、排涝、灌溉等多种功能于一体的重要水利控制工程。谏壁抽水站在船闸东侧约2千米处,是太湖流域分泄洪水入江、引水冲淤的区域性灌排的重点工程之一。谏壁一线船闸等级为三级,主体结构为二级水工建筑物,建于1980年,其建设尺度为230米×20米×4米。谏壁二线船闸为三级通航建筑物,主体结构为二级水工建筑物,建于2001年,位于一线船闸的东侧,其纵轴线间距为80米,建设尺度为230米×23米×4米,设计最大船舶等级为1000吨级。一线、二线船闸上游共用引航道在1.2千米处与节制闸上游引河汇合,并于长江相连,一线、二线船闸下游共用引航道,引航道在0.7千米处与节制闸的下游引水河汇合后与苏南运河相通。其苏南运河镇江段经2006—2016年的大规模整治,已达三级航道通航标准,可通航1000吨级的船舶。

(3)建设成就

因苏南运河四改三整治工程的完成,以及该地区对外经济的进一步发展,谏壁船闸的通过量以较大的递增速度发展。因船舶吨位越大越经济,船型标准化步伐的加快,以及航道航行条件的改善,都为大吨位船舶发展提供了有利的条件。近年来,谏壁船闸货运量逐年递增率达到12%,尤其以煤炭、矿建材为主的货运量更是持续快速增长,在沿江五个口门中谏壁船闸增幅最大,交换量由2000年所占的39%上升到2007年的50.3%。1997—2007年谏壁口门船舶通过量从2302.32万吨、23.54万艘,增加到1.12亿吨、28.99万艘,年均增长44.13%。平均日通过货运量为32万吨,最大日通过量达到35万吨。2007年谏壁船闸货物通过量已达6570万吨,其中上行(往长江方向)1531万吨,下行(往丹阳方向)5039.2万吨,船舶装载系数上、下行分别为0.27和0.93。区域航道中航行的船舶平均吨位增长较快,由1990年的75吨增长到2007年的222吨,尤其是大吨位船舶所占比例增长较快,300吨级及以上船舶的艘数和吨位所占比例由1995年的5%和28%上升到2007年的40.55%和70.4%,而100吨级以下的船舶的艘数和吨位所占比例由1995年的58%和34%下降到2007年的7.86%和3.9%。

2.通航建筑物

(1)谏壁一线船闸

项目于1976年2月开工,1980年11月试通航,1982年11月竣工。

项目建设依据:1975年8月,江苏省计划委员会《关于京杭运河谏壁船闸扩建初步设计文件的批复》(苏革计函〔1975〕157号)。

船闸等级为二级,设计水头5米,一次过闸时间18分钟。闸室尺度为230米×20米×4米。设计代表船队2×1000吨级驳船。谏壁一线船闸(建设初期)上游最高通航水位为6.1米,最低通航水位为-0.5米;下游最高通航水位为5.1米,最低通航水位为0.4米,输水系统采用短廊道结合门缝输水。

闸首按国家一级水工建筑物标准设计,采用钢筋混凝土倒拱底板和边墩底板,混凝土和砌石混合结构的边墩墩身。闸室为透水式块石护底,混凝土纵横隔梁,闸墙为砌石重力式和砌石空箱式(软基段)。闸门采用钢结构空间桁架式三角弧形门,阀门为钢结构平板门,液压启闭机,有触点电气程序控制。引航道的平面布置及尺度为:下游引航道底宽40米,下闸首至靠船墩南端水深4米,从南端靠船墩起的150米引航道按1%纵坡升高至水深2.5米,中心线与节制闸下游引河中心线交角为20度,与抽水机站下游引河中心线交角为42度,上游引航道底宽50米,水深4米,中心线与节制闸上游引河中心线交角为18度。新建护岸1.88千米。靠船墩上下游布置各10个,间距为20米,上、下靠船墩长度均为200米(后在三级航道改建中拆除)。项目总投资1775万元,其中交通部水运建设资金990万元,地方投资785万元。国家征(拨)用土地1010亩。

项目建设单位镇江地区谏壁船闸工程指挥部；设计单位为江苏省交通工程规划设计院、交通部水运规划设计院、镇江市公路管理站等；施工单位为上海航道局第四工程处、江苏省航道工程处、镇江地区航道管理处等。

江苏省交通科学研究所、江苏省交通规划设计院在谏壁船闸上闸首进行一次原位观察，验证闸首倒拱底板设计计算方式。进行这项研究，一是为获得倒拱底板反力的分布情况，二是为获得边墩、底板反力的分配情况，三是为获得边载对倒拱底板的影响。

谏壁船闸的建成，改善了京杭运河苏南段入江口门的通航条件，将太湖西岸的丹阳、金坛、武进、溧阳、宜兴等县连接成网，为各类船舶水上航行提供回旋机动条件，对促进城乡物资交流、发展农业生产等方面起到一定的积极作用。

谏壁船闸与节制闸、抽水站三位一体，组成了重要的水利枢纽，取得了防洪、排涝、灌溉、航运等多方面的经济效益，为专业运输船舶缩短航行里程、降低运输成本等创造了有利条件。苏南腹地的金坛、溧阳、宜兴、武进以及常州等市、县的物资可直接从谏壁船闸出江，无须绕道江阴，减少了锡澄运河的压力，节省了运输费用。从六圩过江的船队，可直接从谏壁船闸进口，经运河直达苏南腹地及苏州、上海、杭州等地，避免了六圩至江阴的120千米长江风险，改善了航行条件。

船闸建成后，已有鲁、皖、苏、赣、浙、鄂、湘、粤、川、黔、沪共10省1市运输船舶通过。至1988年底，过闸船舶达到4680万总吨；至2015年底，单闸年度船舶通过量4229万吨。

（2）谏壁二线船闸

项目于1999年6月开工，2001年12月试通航，2003年12月竣工。

项目建设依据：1997年3月，江苏省计划与经济委员会《关于京杭运河谏壁二线船闸可行性研究报告的批复》（苏计经交发〔1997〕1557号）；1998年5月，江苏省建设委员会《关于京杭运河谏壁二线船闸工程初步设计的批复》（苏建重〔1998〕211号）。

船闸等级为二级，为单级船闸。船闸承受双向水头，设计最大水头为5米，一次过闸时间18分钟。闸室尺度230米×23米×4米，设计代表船型1000吨级船舶，船闸设计最大水头为5米（按原四级航道标准）。上游最高通航水位为6.1米，最低通航水位为－0.1米；下游最高通航水位为5.1米，最低通航水位为0.6米。船闸闸首采用整体坞式钢筋混凝土结构，闸室采用钢筋混凝土双铰鱼腹式底板，重力式钢筋混凝土墙身。上、下游导航墙呈喇叭形对称布置，采用混凝土底板、浆砌块石重力式墙身。闸门采用钢结构空间桁架式三角弧形门，阀门为钢质平板实腹式板梁结构提升门，启闭机采用液压直推式，输水系统采用短廊道对冲消能形式结合三角门门缝输水，在上、下闸首底板上布置纵横向消力槛既消能又可降低流速，最大充、泄水时间均为8分钟。上游引航道采用单独引航道平面布置形式，下游引航道采用与一线船闸公用引航道的布置形式，上游引航道直线段长742米，曲线弯曲半径为600米，弯道中心角为18度，下游引航道直线段长751米，曲线弯曲半径为 600 米,弯道中心角为 12 度,上、下游靠船墩均布置在引航道东侧,上、下游各布置 20 个,间距 20 米,靠船墩之间衔接段采用实体式浆砌块石挡墙结构形式,其前沿线较靠船墩临水面后移 0.5 米。1998 年江苏省建设委员会以苏建重〔1998〕211 号文核定本项目总概算投资 1.90 亿元,竣工审计认定项目实际投资为 1.62 亿元,其中交通部水运建设资金 3868 万元,江苏省航道建设资金 5440.87 万元,世界银行和国内贷款 7075.41 万元。建设用地中,征地 261 亩,压废土地 447.48 亩,房屋拆迁 4.02 万平方米。

项目建设单位为江苏省交通厅航道局;设计单位为江苏省交通规划设计院;施工单位为江苏省交通工程总公司、中国大千技术进出口公司、中设江苏机械设备进出口公司等;监理单位为江苏省交通监理咨询总公司;质检单位江苏省交通运输厅质量监督局。

2003 年 12 月,谏壁二线船闸项目获交通部水运工程优质奖。2004 年 12 月,谏壁二线船闸项目获建设部颁发的国家优质工程银质奖。

谏壁二线船闸建成后,船闸通过能力明显提高,基本上满足了苏南运河建成通航后船舶大量过闸的需求,改变了以往汛期经常堵挡的状况,仅从 2002 年 4 月 22 日至 2003 年 1 月 31 日,双闸通过量就达 5041 万吨,开放闸次 1.57 万次,分别同比增长 19% 和 39%。最高日通过量达 22.78 万吨,充分发挥了二线船闸和苏南运河整治的投资效益。其次,谏壁二线船闸的建成,使得船闸技术性能可靠,过闸更加安全快捷。二线船闸采用了大量的新技术、新材料,如控制系统采用了先进的集散型 PLC 控制,水位计及时提供现时水位以及准确的报警装置,减少了人为操作失误,为安全开放套(通)闸提供了更加安全可靠的技术保证,同时由于二线船闸闸室宽度较一线闸宽出 3 米,使闸室的容量增大,从而避免了船舶在闸室内挤夹现象。试通航以来未发生因设备或设施故障而造成的断航或停航。此外,船闸的配套设施较为完善,一方面上游、下游引航道采用直立式驳岸护坡,方便了船舶停靠和过闸,也有利于运行管理;另一方面新建了贯通一线、二线闸室的工作桥,不仅方便船员和工作人员,同时也美化了船闸。闸首、闸室和引航道照明系统也比较完善,方便夜航船舶过闸;同时,还新建了上、下游远调站和中心票房,尤其是远调站,改变过去船闸工作人员利用趸船办公的简陋条件,同时也方便船员上岸登记。

3. 经验与启示

①谏壁二线船闸是京杭运河扩容工程中第一个建成的船闸工程。该船闸建成试通航后,满足了苏南运河全面整治后船舶过闸量增长需求,消除了船舶过闸堵挡现象,社会效益和经济效益显著。

②工程施工中采取的各项技术措施符合施工规范和设计要求,在闸室墙施工中,采用了大型移动式龙门整体拼装模板一次浇筑到顶的新工艺,不仅保证了工程的质量,也大大加快了施工进度。

四、浙江段

三堡船闸

1. 闸坝概况

（1）自然地理条件

钱塘江是浙江省第一大河，流域面积为 489 万公顷。干流长为 605 千米，主干流新安江发源于安徽省休宁县境的怀玉山朱峰六股尖，流向自西向东，经新安江水库后在浙江省建德市梅城镇与兰江汇合称富春江，经富春江水库后向东北流经桐庐县、富阳区至杭州市后称钱塘江，再向东注入杭州湾。

京杭大运河是世界上里程最长、工程最大的古代运河，也是最古老的运河之一，与长城、坎儿井并称为中国古代的三项伟大工程，并且使用至今，是中国古代劳动人民创造的一项伟大工程，是中国文化地位的象征之一。大运河南起余杭（今杭州），北到涿郡（今北京），途经今浙江、江苏、山东、河北四省及天津、北京两市，贯通海河、黄河、淮河、长江、钱塘江五大水系，全长约 1797 千米。杭州三堡船闸（即一线船闸）沟通京杭运河和钱塘江，其位置为东经 120 度 12 分，北纬 30 度 15 分。

三堡船闸上闸首公路桥与航海路相衔接；中间隔离带顶高程为 10.5 米（吴淞高程，下同），南与钱塘江相交；在上游引航道顶端、钱塘江畔建有"望江亭"一座。上游临江小木屋是观赏"天下第一潮"——钱江潮的最佳处之一；下游引航道建有"双流奇汇"碑亭一座（原在一线上游引航道边，为建二线船闸移建），由著名书法家赵朴初题写。闸室两侧地面高程 8.0 米，闸室间为管理用房、道路及绿化；下游引航道两侧地面高程 7.5 米。

三堡船闸位置上层地质主要为亚黏土、亚砂土及粉土。

钱江潮的特点是涨潮历时短促，潮头高，涨潮流速极快，破坏力强，落潮平缓，小潮汛时，潮差小，潮涌不明显；而在大潮汛时，因潮差增大，一般上潮至闸口附近消失，最远可达浦阳江。据有关观测资料，涌潮的高度一般为 1～2 米，最高在 2.5 米；传播速度为 5～7 米/秒。

依据浙江省气象站及杭州市气象站资料，钱塘江流域属副热带季风气候区，温和多雨，四季分明。杭州市地处钱塘江水系中下游，属亚热带季风气候，四季分明，日照充足，降水充沛。一年四季光、温、水基本同步增减，配合良好，气候资源丰富。

（2）闸坝建设情况

三堡船闸位于浙江省杭州市江干区四季青街道三堡社区，是京杭大运河最南端的起点，也是京杭大运河与钱塘江沟通的枢纽。工程走向为东偏东 33 度 58 分，船闸轴向与钱塘江江堤轴线交角为 66 度。该工程为省重点工程，船闸等级为五级，300 吨级，设计船型为 300 吨级 1 拖 3 驳船队与 100 吨 1 拖 10 驳船队,闸室尺度 160 米 × 12 米 × 2.5(3.0)米。上、下闸首长度各为 16 米、宽 23.4 米,上闸首顶高程 10.5 米,闸室和下闸首顶高程为 8.0 米,上游引航道(含翼墙)总长 712 米、底宽 60 米、水深 3.0 米;下游引航道(含翼墙)总长 500 米、底宽 45 米、水深 2.5 米。船闸闸门启闭机采用双吊点卷扬式启闭机,上闸首行程 10.3 米,下闸首行程 9.2 米,启闭操纵均为自动控制并配有监控设备,所有操作系统都采用中央自动控制系统。工程总投资 7141.33 万元,其中三堡船闸及配套工程 1221.46 万元,船闸上、下游均设有远方锚泊区。

三堡二线船闸工程位于京杭运河杭州段最末端的钱塘江三堡村,沟通京杭运河和钱塘江,是浙江省及杭州市重点工程,1993 年被江苏省政府列为第一批 25 项交通基础设施"四自工程"中唯一的一项水运工程,也是杭州市交通局党委宣布的标志杭州市交通三年(1994—1996 年)大变样三大主要工程项目之一。该船闸工程等级为五级,300 吨级,设计船型 300 吨级 1 拖 4 驳船队与 100 吨 1 拖 12 驳船队,闸室尺度为 200 米 × 12 米 × 2.5(3.0)米,上、下闸首长度各为 16 米,上游引航道(含翼墙)总长 600 米、底宽 60 米、水深 3.0 米;下游引航道(含翼墙)总长 450 米、底宽 45 米、水深 2.5 米;船闸闸门启闭机采用双吊点卷扬式启闭机,上闸首行程 10.1 米,下闸首行程 9 米,启闭操纵均为自动控制并配有监控设备。三堡二线船闸总投资核准为 1.49 亿元人民币,设计水平年 15 年,船闸上、下游均设有远方锚泊区。

(3)建设成就

三堡船闸建成后,为京杭运河沟通钱塘江打开了口子,结束了江河相望、咫尺不通的历史,了却了人们的千年夙愿,揭开了浙江省内河航道建设史上崭新的一页。它可充分利用浙江省优越的水运条件,使省内五大水系连成一片,拓展航程 400 千米。它北通上海港和长江,东连杭甬运河直达宁波港,西溯富春江和新安江入皖,南抵钱塘江腹地金华、兰溪,形成以杭州为中心的四通八达的交通水运网,成为浙江省水运网的重要枢纽,对改善华东地区的水运条件、促进经济发展、改善运河水质发挥了巨大的作用。

2015 年,三堡一线船闸过闸总量 2757 万吨,过闸船舶 4.24 万艘,船舶最大吨位 900 吨,平均载重 650 吨。

三堡二线船闸工程建成后,大大缓解了一线船闸的压力,对繁荣杭州市乃至浙北、浙东、浙中地区和长三角地区的水运经济带来了深远的影响。截至 2015 年底,二线船闸过闸总量 2668 万吨,过闸船舶 5.27 万艘,船舶最大吨位 650 吨,平均载重吨 550 吨。

2.通航建筑物

(1)三堡船闸

项目于 1983 年 11 月开工,1989 年 2 月试通航,1989 年 8 月竣工。

项目建设依据:1983 年 7 月,浙江省计划委员会印发《关于京杭运河钱塘江沟通工程建设问题的通知》（浙计建〔1983〕307 号）；1985 年 6 月，浙江省计划经济委员会下达《关于调整京杭运河钱塘江沟通工程总概算的批复》。

工程建设 1 座单级、单线船闸，建设标准为五级，设计水头 5 米，上游最高通航水位 7.3 米，最低通航水位 4.7 米；下游最高通航水位 4.25 米，最低通航水位 2.3 米。一次过闸时间单向约 35 分钟，双向约 60 分钟。闸室设计有效尺度为 160 米×12 米×3 米，设计船型 300 吨级，尺度为 42 米×9 米×1.2 米；设计船队 300 吨级船队 1 拖 3 驳，尺度为 151 米×9 米×1.8 米。上、下闸首均为混凝土坞式结构，闸室采用钢筋混凝土双铰底板。上、下闸门均为双吊点提升式平面钢闸门，闸门启闭机为带平衡重卷扬式。上、下阀门均采用单点提升式平面钢阀门，阀门启闭机为液压式，采用上、下闸首底部两侧设置输水廊道输水方式。充、泄水时间均为 4 分钟。上游引航道长 712 米、底宽 60 米、水深 3.0 米（含翼墙长），除引航道的 712 米外，假延伸段、圆弧段总长为 500 米，堤顶高程 11.7 米可抵御百年一遇的洪水；下游引航道长 450 米（含翼墙长）、底宽 45 米、水深 2.5 米，引航道北与二线引航道合并与京杭运河衔接的渐变段长 306 米。

项目总投资 7141.33 万元，其中交通部水运建设资金 1350 万元，中央拨贷 1880 万元，浙江省地方预算 1850 万元，浙江省、杭州市交通局自筹 1758.6 万元，浙江省更新改造基金 107.4 万元，此外，浙江省交通厅移交未完工程及应收款、材料款等计 281.42 万元。

建设单位为杭州市京杭运河钱塘江沟通工程指挥部；设计单位为浙江省交通设计院、交通部水运规划设计院；施工的单位为浙江省水电建筑第一工程处、冶金部五冶机械化公司、浙江省第三公路工程队、浙江省航道工程队、浙江省航道疏浚工程队、富阳县交通局桥梁工程队、杭州船舶修造厂、杭州园林工程处；质监单位为浙江省交通厅工程质量监督站。

本项目曾获浙江省科学技术三等奖。1991 年 8 月，获中国勘察设计协会颁发的国家优秀工程设计铜质奖。1992 年 12 月，获中国建筑业协会颁发的国家建设行业最高奖——鲁班奖。2014 年 12 月，依托项目研发的"船闸防撞胸墙"获实用新型专利。

三堡一线船闸自 1989 年 1 月 31 日首次试航成功以后，即投入试运营，截至同年 3 月底，处于 12 小时工作的三堡一线船闸已吞吐 31 万余吨货物，航线达江西、湖南、山东、安徽、湖北等地，扩展了直达水运里程，节省了大量运费，减轻了城市交通压力，初步发挥了沟通工程的效益。到 1993 年，过闸量达到了 930 万吨，处于严重超负荷运行状态。二线船闸建成后，三堡一线船闸于 1999 年进行了首次大修。

（2）三堡二线船闸

项目于 1993 年 9 月开工，1996 年 12 月试通航，2001 年 12 月竣工。

项目建设依据：1993 年 3 月，浙江省计划经济委员会《关于杭州三堡二线船闸工程可行性研究的批复》(浙计经建〔1993〕259 号);1993 年 4 月,浙江省环境保护局《关于杭州三堡船闸二期扩建工程环境影响评价报告书审查意见的批复》(浙环管〔1993〕59 号);1993 年 7 月,浙江省计划经济委员会《关于杭州三堡二线船闸工程初步设计的批复》。

　　工程建设 1 座单级、单线船闸,建设标准为五级,设计水头 5 米,上游最高通航水位 7.3 米,最低通航水位 4.7 米;下游最高通航水位 4.25 米,最低通航水位 2.3 米。一次过闸时间单向约 38 分钟,双向约 64 分钟。闸室有效尺度为 200 米×12 米×2.5 米,设计船型 300 吨级,尺度为 42 米×9 米×1.2 米。设计船队为 1 拖 4 驳。上、下闸首均为混凝土坞式结构,闸室采用不透水斜接式钢筋混凝土双铰底板,上、下闸门均为单点提升式平面钢阀门,阀门启闭机为液压式;输水系统采用闸首底部两侧设置输水廊道输水方式;充、泄水时间均为 5 分钟。上游引航道长 600 米、底宽 60 米、水深 3.0 米(含翼墙长),下游引航道长 450 米(含翼墙长)、底宽 45 米、水深 2.5 米,引航道北与一线引航道合并与京杭运河衔接的渐变段长 306 米,东西两岸采用二级块石混凝土直立式挡墙。项目总投资 1.49 亿元,其中交通部水运建设资金 3917 万元,国内银行贷款 6000 万元,本单位自筹资金约 4948 万元。

　　项目建设单位为杭州航运管理处(现杭州市港航管理局);设计单位为浙江省交通设计院,而电力部华东勘测设计院分担了启闭机和启闭机房的设计;施工单位为浙江省水电建筑第一工程处六公司(简称水电一处);监理单位为杭州三堡二线船闸工程监理办公室;质监单位为浙江省交通厅工程质量监督站。

　　三堡二线船闸通航后,大大缓解了三堡一线船闸的运行压力,分流了一线船闸的超负荷运量,提高了整个船闸枢纽的通过能力,基本解决了因为三堡船闸过闸不畅导致的京杭运河杭州段的堵航现象。建成后的三堡船闸与一线船闸能同时运行,又能互为后备,相互提供通航保障,不会出现仅有的一个船闸因检修突发故障而引起全貌停航的情况。三堡二线船闸的建成,使船闸的通过能力提高,因而吸引了大批外地船舶进入钱塘江来运砂石,船闸效益日益明显。1999 年总过闸量 1089 万吨,过闸收入 2286 万元;2000 年总过闸量 1148 万吨,过闸收入 2472 万元,过闸收入分别比二线船闸建成前的 1996 年增长 92%和 108%。

　　3. 经验与启示

　　三堡一线船闸闸室的设计容积不能满足不断增加货物水运量的要求,上游引航道喇叭口受江洪影响而造成的回淤现象,也一时难以找到彻底根除的办法(只能采用疏浚处理)。

　　三堡二线船闸闸室长 200 米,比一线闸室长 40 米,增加了通过能力,提高了过闸效率。

　　上下游引航道护岸设计合理,稳定性好,经受住了钱塘江潮水的冲刷。

　　在三堡二线船闸下游引航道设计中,将两侧均设计成直立式靠船墙;实际使用中,尝试将下游引航道右侧设置为船队停泊候闸区,左侧为单机停泊候闸区,航道中间为出闸通道,实际效果明显,船舶分类进闸速度快、调度灵活。

2008年,三堡船闸实施了错时通航保障方案,优化运作流程,推行两级调度机制,确保货运船舶过闸效率最大化的同时,全力保证水上巴士过闸安全,为营造运河旅游新亮点、建设品质杭州贡献了力量。

第四节　淮河—沙颍河通航建筑物

一、淮河的通航建筑物

(一)综述

淮河发源于河南省南阳市桐柏县西部的桐柏山主峰太白顶西北侧河谷,干流流经河南、安徽、江苏三省。淮河干流可以分为上游、中游、下游三部分,全长1000千米,总落差200米。洪河口以上为上游,长360千米,地面落差178米,流域面积306万公顷。洪河口以下至洪泽湖出口中渡为中游,长490千米,地面落差16米,中渡以上流域面积1580万公顷;中渡以下至三江营为下游入江水道,长150千米,三江营以上流域面积为1646万公顷。淮河水系以废黄河为界,分淮河及沂沭泗河两大水系,两水系通过京杭大运河、淮沭新河和徐洪河贯通,江苏省境内支流主要包括沂河、沭河等。

淮河安徽段航道由豫、皖交界的三河尖至苏皖交界的红山头,全长378千米,其中三河尖至临淮岗73千米航道现状等级为四级,规划等级为三级,该航段建有临淮岗枢纽,配套建设了一座500吨级船闸;临淮岗至红山头305千米航道现状等级为三、四级,规划等级为二级,该航段建有蚌埠枢纽,并配套建设了2座1000吨级船闸。

淮河江苏段主要位于淮河下游。淮河出海航道西自苏皖交界,东至黄海,全长约278千米,是长三角高等级航道网规划和全国内河航道与港口布局规划确定的高等级航道,航道规划等级为三级。航道路线走向为:京杭运河以西红山头—京杭运河段,由淮河、洪泽湖南线和苏北灌溉总渠的一段航道组成,全长105.9千米,有船闸一座(高良涧船闸),淮河、洪泽湖南线段基本达五级标准,苏北灌溉总渠高良涧船闸至京杭运河段基本达三、四级标准;京杭运河以东段利用淮河入海水道、通榆运河和灌河入海,通榆运河段为三、四级标准,灌河段为三级及以上航道,而淮河入海水道段主要用于淮河排洪功能,尚不具备通航条件;区域北部的盐河也是规划确定的淮河出海航道(含盐河)"一横"干线航道的重要组成部分,正在按照三级标准建设,现状达到五级标准。

淮河梯级水位图如图11-4-1所示。

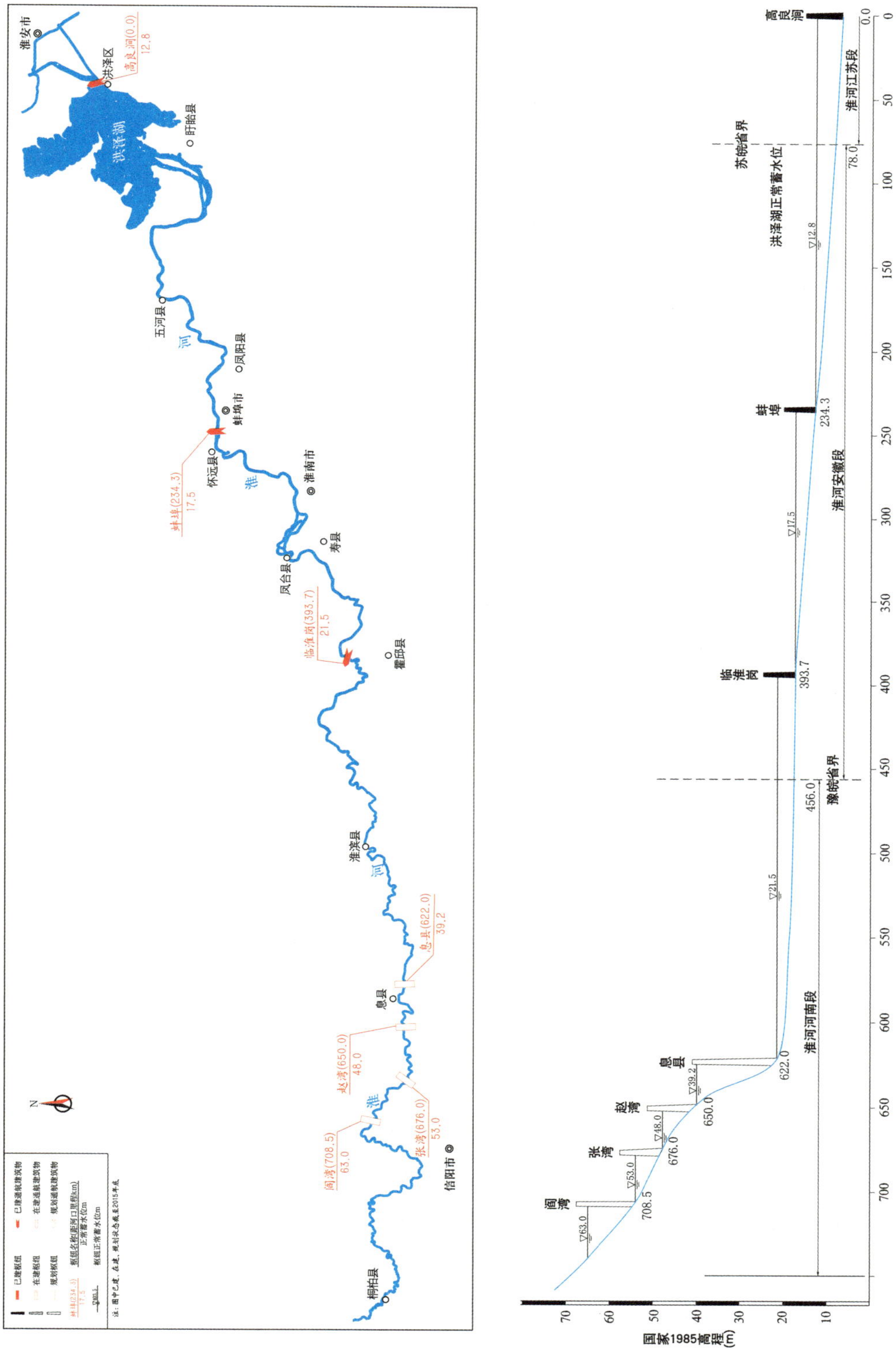

图11-4-1　淮河梯级水位图

（二）临淮岗船闸

1.闸坝概况

（1）自然地理条件

临淮岗船闸所在区域地貌类型属于淮北冲积平原,闸址区域地质构造稳定,位于二级阶地地貌单元,主持力层为重粉质壤土和中轻粉质壤土,总体地质条件基本良好,承载力高。场地地震基本烈度为六度。

船闸地处暖温带半湿润季风气候区,夏热多雨,秋旱少雨,冬寒晴燥。闸址多年平均气温15.4摄氏度。该地区夏秋季风向为SE或E,多年平均风速3.0米/秒。流域降雨时空分布很不均匀,南部大别山区多年平均降水量为1300～1400毫米,最大年降水量可达2000毫米以上。年降水量集中在6—9月,汛期降水量又多集中在7—8月。

（2）闸坝建设情况

临淮岗水利枢纽位于安徽省六安市境内,淮河干流中游,是淮河航道安徽段的重要组成部分。枢纽主要建筑物等级为一等一级,所在淮河航道现状等级为四级,规划等级为三级。设计通航船舶吨级为500吨级,船闸所在的临淮岗洪水控制工程总库容为121.3亿立方米。临淮岗船闸主要包括闸首、闸室、导航墙、靠船墙、引航道、导航堤等。临淮岗船闸位于城西湖船闸与深孔闸之间,城西湖船闸与临淮岗船闸间有导流堤分隔,临淮岗船闸及深孔闸间设分流岛。临淮岗船闸下闸首位于主坝上,闸室及上闸首靠主坝上游布置,该工程于2002年10月兴建,2005年6月完工并投入运行。

（3）建设成就

临淮岗水利枢纽的建成,使上游水位得到有效控制,上游航道通航条件得到较大改善;船闸的建设也为区域物流发展发挥了重要作用,基本满足了淮河中上游水运需求,年通航天数为240～320天。尤其是2014年以来,过闸货运量快速增长,2014年过闸货运总量达773万吨,2015年达960万吨。由于近年来淮河水系船舶大型化趋势明显,2015年运输船舶80%以上为1000吨及以上船舶。

2.通航建筑物

项目于2002年10月开工,2004年2月试通航,2005年10月竣工。

项目建设依据:2000年6月,国家发改委《关于临淮岗洪水控制工程可行性研究报告的批复》(计农经〔2000〕902号);2001年6月,水利部《关于临淮岗洪水控制工程初步设计报告的批复》(水设〔2001〕187号);2003年6月,国家环保总局《关于淮河中游临淮岗洪水控制工程环境影响报告书审查意见的复函》(环审〔2003〕157号)。

船闸等级为四级,单线船闸,设计水头5.5米,船闸设计洪水位100年一遇。设计最高通航水位为：闸上 26.90 米、闸下 26.70 米；设计最低通航水位为：闸上 17.60 米、闸下 17.40 米。一次过闸时间 44 分钟。闸室设计有效尺度为 130 米×12 米×2.5 米。设计代表船型 500 吨级，尺度为 45 米×10.8 米×1.6 米；设计代表船队为 1 顶＋2×500 吨级顶推船队，尺度为 111.0 米×10.8 米×1.6 米。闸首为钢筋混凝土整体式结构，闸室为钢筋混凝土 U 形槽结构。输水系统采用廊道式集中输水，充、泄水时间均为 10 分钟。闸门为人字平板钢闸门，阀门为平板门，均采用液压式启闭机。引航道对称布置，直进曲出，引航道内布置导航建筑物和靠船建筑物。上、下游引航道采用反对称布置，上、下游主导航墙长度 120 米，上、下游靠船墙长度 80 米，上、下游航道设计底宽 35 米。初步设计批复中的船闸投资 6685.3 万元，均为中央政府投资。临淮岗洪水控制工程永久占地 1280.33 公顷。

临淮岗洪水控制工程的项目法人单位是水利部淮委临淮岗洪水控制工程建设管理局，其上级主管部门是水利部淮河委员会。受项目法人委托，安徽省水利厅于 2001 年 5 月组建了临淮岗洪水控制工程安徽省建设管理局作为现场建设管理机构，具体负责临淮岗洪水控制工程与引河有关的主体工程的现场建设管理工作。设计单位为安徽省水利水电勘测设计院；监理单位为安徽省大禹工程建设监理咨询部；施工单位为安徽省水利建筑安装总公司；质监单位为安徽省水利工程质量监督中心站。

本项目建设期间的重大事项如下：2002 年 10 月开工，开始填筑上下游围堰；2002 年 11 月 19 日，下游围堰通车；2002 年 12 月 21 日，主体工程开工建设；2003 年 11 月 23 日，临淮岗淮河截流成功；2003 年 12 月 31 日，交通桥正式通车；2004 年 2 月 8 日，水下工程阶段验收；2004 年 2 月 18 日，临淮岗船闸下游围堰基本拆除，来往船只可限制性通航；2005 年 8 月 11—12 日，临淮岗船闸电控设备、金属结构及启闭机、计算机自动监控等通过运行联合调试。

临淮岗船闸建成后，打通了淮河中上游航运通道，进一步改善了通航条件，促进了淮河流域航运发展，工程社会、经济效益显著。

3.经验与启示

从临淮岗船闸运行多年的实践来看，近年来沿淮区域社会经济快速发展，货运量逐年增加，由于船闸等级偏低，闸室尺度较小，门槛水深不足，加上船舶大型化趋势明显，船闸已无法满足淮河航运发展需要，成为淮干航道的通航瓶颈。为解决这一问题，安徽省已启动临淮岗复线船闸建设工作，届时，临淮岗水利枢纽的通过能力将得到大大提升。建议在后续船闸建设中，应充分考虑社会、经济长远发展需要，按照更长远的设计水平年进行船舶过闸量预测，应在规划航道等级的基础上提高一个等级进行船闸设计。

(三)蚌埠船闸

1. 闸坝概况

(1)自然地理条件

淮河自西向东流经蚌埠船闸,河道比较顺直。左岸地势平坦为冲积平原,右岸在枢纽上游大部为低山残丘,下游为逐渐宽阔的堆积阶地。从地形地貌特征看,该段淮河属不对称的河道,枢纽区的地貌自南向北为黑虎山山前一级阶地、南岸滩地、淮河主河槽和北岸滩地。

淮河在蚌埠船闸枢纽位置较为宽阔,受上游涡河和右岸低山残丘的影响,沉积环境较复杂,主要为第四纪黏性土或砂性土,各层之间变化较大,南岸黑虎山基岩基本出露为下元古界五河群西固堆组(Pt)混合花岗岩。

蚌埠闸枢纽工程设计洪水位闸上23.22米(废黄河高程系统,下同),闸下23.10米,设计总流量1.3万立方米/秒。闸上正常蓄水位控制在17.50~18.00米,干旱及用水高峰期,经安徽省防汛抗旱指挥部同意,闸上水位视情可适当提高。自1960年蚌埠船闸建成运用以来,闸上历年最高水位22.50米(2003年7月6日),闸下历年最低水位10.32米(1966年10月31日)。历年闸上、闸下最大水位差一般为5~7米,历年最大水位差7.07米(1992年8月19日)。历年最大流量8620立方米/秒(2003年7月5日)。

淮河流域属暖温带半湿润季风气候区,气候温和,四级分明,光照充足,雨量适中,年均降水在800~1000毫米,年均径流深在200~600毫米,无霜期约200~250天。蚌埠闸枢纽位于南北冷暖气流交会带,即有暖温带气候特点,又有大陆性气候特点,夏热多雨,冬寒降水少,冷暖、旱涝转变突然,年平均气温在13~15摄氏度,实测最高气温41.2摄氏度,最低气温-20.5摄氏度,冻结深度0.2~0.4米。夏季偏SE,冬季偏NW,多年平均东风频率为12%,多年平均雾日10天左右,多年平均水面封冻日为7天。

(2)闸坝建设情况

蚌埠闸枢纽位于安徽省蚌埠市城西郊许庄附近,淮河干流中游。枢纽具有灌溉、航道、发电、公路交通等综合功能。工程于1958年开工,1963年前建成节制闸、船闸、分洪道等,2002年汛前又扩建了深孔节制闸,2013年又新建了一座复线船闸。

蚌埠闸枢纽建有的两座船闸均为1000吨级船闸。两船闸均位于分洪道及水电站之间,复线船闸位于老船闸南侧,与老船闸平行布置,两船闸闸室中心线相距66.8米,复线船闸和老船闸共用引航道。

从河道左岸至右岸依次布置扩建深孔节制闸、老节制闸、水电站、老船闸、复线船闸及分洪道。老节制闸位于淮河深槽内,轴线与河槽垂直,闸身总长336米,共28孔,每孔净宽10米;扩建深孔节制闸位于老闸北端滩地处,与老闸轴线一致,新闸共12孔,总长

141.7米;水电站位于老节制闸南侧,主要利用壅水落差和剩余泄量发电,为河床式低水头水电站,装机6台,每台800千瓦,总装机容量4800千瓦,设计年发电量1974万千瓦时,实际年发电量3000万千瓦时。新、老船闸均位于老节制闸南侧,分洪道和老节制闸之间,复线船闸工程等别为一等,上闸首建筑物级别与蚌埠闸枢纽工程一致,为一级建筑物,下闸首和闸室为二级建筑物;导航、靠船建筑物级别为三级。枢纽所在淮河航道现状等级三级,规划等级为二级,设计通航船舶为2000吨级。

(3)建设成就

蚌埠闸枢纽复线船闸工程的建成使整个枢纽工程的综合效益得到了充分的发挥,大大提高了淮河干流的通航能力,促进了经济腹地的水运事业发展,为腹地矿产资源的开发利用提供了条件,减少了淮河枯水期煤炭外运的困难,同时改善了豫、皖、苏三省水运条件,降低了沿淮城市带企业的运输综合成本。截至2015年,复线船闸与老船闸联合运行累计运量约8亿吨。船舶最大吨级已从最初的不足30吨级增加到2015年的3000吨级,船舶吨级增长了100倍。

2. 通航建筑物

项目于2007年10月开工,2010年5月试通航,2013年7月竣工。

项目建设依据:2005年3月,安徽省水利厅《关于蚌埠闸船闸扩建与加固工程可行性研究报告的批复》(皖水规计〔2005〕117号);2007年5月,安徽省水利厅《关于蚌埠闸船闸扩建工程修正初步设计的批复》(皖水基〔2007〕342号);2005年6月,安徽省环境保护局《关于蚌埠闸船闸扩建与加固工程环境影响报告书审查意见的函》(环监函〔2005〕402号);2006年,水利部淮河水利委员会《关于蚌埠闸船闸扩建与加固工程建设方案的审查意见》(水利部淮委建管〔2006〕207号);2005年,安徽省水利厅《关于蚌埠闸船闸扩建与加固工程水土保持方案的批复》(皖水农函〔2005〕778号);2007年,安徽省水利部淮河水利委员会水利科学研究院编制了《蚌埠闸船闸扩建工程水工模型试验》模型试验报告。

蚌埠闸船闸建设标准为三级,设计船舶吨级为1000吨级,船型尺度为67.5米×10.8米×2.0米,闸室有效尺度为230米×23米×3.5米,闸室为钢筋混凝土整体式倒"π"形结构;设计水头3.5米,设计洪水位闸上23.22米、闸下23.10米,设计最高通航水位闸上22.50米、闸下22.46米;设计最低通航水位闸上15.80米、闸下11.30米。上、下闸首均采用钢筋混凝土整体式结构,闸门为钢质人字门,输水闸门为钢质平板门,液压启闭系统,输水方式为长廊道多支孔分散输水,充、泄水时间均约5分钟。新建船闸和老船闸共用引航道,采用直线进闸、曲线出闸,引航道宽86米,直线段长520米。一次过闸时间为48分钟。蚌埠船闸扩建工程由船闸工程区、弃土区和临建工程区三部分组成,均在管理单位范围内。工程总挖方231.7万立方米,填方80.7万立方米,主体工程位于老船闸南侧,分洪道与老船闸之间,占地约62亩。下游引航道右下端占地80亩,共占地面积142亩。

蚌埠闸船闸扩建工程总投资 1.43 亿元，主要来源于公司注册资金 6000 万元（政府资金），银行贷款和自筹共 8000 万元。

项目建设单位为安徽蚌埠淮河船闸有限公司，其成立于 2007 年 5 月，主要负责扩建船闸建设管理和运行管理；设计单位为安徽省水利水电勘测设计院；主要施工单位为安徽水利开发股份有限公司、安徽省淮河河道工程有限公司、淮河水利水电开发总公司等；监理单位为安徽省阜阳市聚星水利工程建设监理中心；质监单位为安徽省水利工程监督中心站；质检单位为安徽省水利水电勘测设计院岩土工程质量监测所；科研单位为安徽省水利部淮河水利委员会水利科学研究院。

2014 年，蚌埠船闸扩建项目获安徽省水利水电优质工程（禹王）奖，颁奖机构为安徽省水利厅。2015 年，项目获安徽省建设工程"黄山杯奖"，颁奖机构为安徽省住房和城乡建设厅。

蚌埠闸复线船闸自运营以来，在社会效益和经济效益方面均取得了较大成就。社会效益方面，大大提高了淮河干流的通航能力，促进了经济腹地的水运事业发展，为腹地矿产资源的开发利用提供了条件，减少了淮河枯水期煤炭外运的困难。经济效益方面，2010 年船舶通过量为 3000 万吨，到 2015 年船舶通过量增加到 6300 万吨，增幅达 110%。

3. 经验与启示

船闸作为一项永久性的航道基础设施，一旦建成往往成为航道的控制节点，其通过能力决定着航道的通过能力，若船闸尺度偏小、门槛水深不足，将造成枯水期部分重载船舶无法顺利过闸。因此，船闸的建设标准，尤其是门槛水深的确定，应充分考虑航道长远发展需要和船舶大型化发展趋势，按照适度超前的原则合理确定。

（四）高良涧船闸

1. 闸坝概况

（1）自然地理条件

淮河出海航道海航道西起河南省境内淮滨港，终点为江苏省境内淮安港，全长 559 千米。江苏境内的淮河出海航道路线走向为：京杭运河以西段由淮河、洪泽湖南线和苏北灌溉总渠组成，京杭运河以东段规划利用淮安至滨海段淮河入海水道、通榆运河和灌河入海，淮河出海航道是国家高等级航道布局方案"两横一纵两网十八线"中"两网"的重要组成部分，淮河出海航道在淮河、洪泽湖南线段基本达五级标准，长约 73.8 千米；高良涧船闸至京杭运河苏北灌溉总渠段长约为 32.1 千米。

高良涧船闸所处位置地貌属于淮河冲积平原。高良涧三线船闸位于一线船闸以北约 3 千米、二河节制闸进水喇叭口以南洪泽湖大堤西侧滩地上，中心线与二线船闸中心线平行,相距70米,船闸上、下闸首及闸室与二线船闸纵向对齐布置,布置范围里程长度为3619.8米。

高良涧船闸所处位置为下扬子断与苏鲁断块的接壤部位,构造线主要方向以东北向为主,并被较新的西北向平移断层所切割。区内地层属扬子地层区苏鲁地层小区。本区区域地层基底为中元古界锦屏组片麻岩、片岩;上元古界震旦系莲沱组、陡山沱组、灯影组灰岩,古生界地层大部缺失,中生界白垩纪系浦口组、赤山组。新生界发育老第三系泰州组、阜宁群、戴南组、三垛组和新第三系盐城群;第四系发育下更新统、中更新统、上更新统和全新统。勘察深度内均为第四系地层,勘察深度(50米)内为全新系、上更新系,两者分界明显,土性各异。

地表水资源量以天然河川径流表示,由湖面产水量湖区区间径流和入湖河川径流量组成,多年平均湖区湖面产水量和湖区区间径流约为19亿立方米。洪泽湖多年平均入湖河川径流量为325.1亿立方米。一年中,径流分配以夏季最多,占全年的50%以上,冬季最少,不足10%,春秋两季居中。洪泽湖区的最大年径流量达800亿立方米(1954年),最小年径流量仅为28亿立方米,年际丰枯极值比达28.6。地下径流由周围山区、黄河侧渗水以及降水补给组成,降水入渗补给量占总补给量的78%,地下水埋设一般在1~2米,其水流由西北流向东南,水力坡降减缓,多年平均地下水资源量为3.89亿立方米。

淮安市属亚热带暖湿气候,受季风环流影响,温暖湿润,四季分明,气候年际性差异显著。年平均气温15.1摄氏度,年平均降雨量950毫米,年平均风速3.0米/秒,多年平均湿度75.5%。历年平均雾日24天,最大积雪深度20厘米,冰冻天数每年以15天计。

（2）闸坝建设情况

高良涧船闸地处淮河下游,是淮（淮南）申（上海）线煤炭运输水上咽喉要道,上游为全国五大淡水湖之一的洪泽湖,下游是苏北灌溉总渠,与京杭大运河沟通,承担着建材、粮食、石油等物资的运输任务,是苏、皖、豫等省工农业生产及人民生活等物资的重要运输通道。

高良涧二线船闸布置于一线船闸北侧,距一线船闸3千米,与一线船闸平行布置,船闸起点自上游停泊锚地,终点至下游停泊锚地,船闸范围3.76千米。

跨闸工作自桥二线、三线船闸闸室中部段跨越,桥梁中心距三线船闸上闸首下游距离35米。

高良涧三线船闸于2013年7月20日开工建设,2015年12月28日建成通航,总投资3.2亿元。

（3）建设成就

高良涧一线船闸建成于1953年,通过能力较低。高良涧船闸所承担的货运量主要由二线船闸完成,因高良涧船闸是淮河出海航道江苏境内的第一座船闸,其船舶通过量大,船舶平均待闸时间需1~2天,遇到特殊情况（如船闸大修）时,船闸的待闸堵塞现象更加严重,现有的一线、二线船闸已经不能满足淮河出海航道货运量的需求,船闸的通过能力成为制约航道发展的瓶颈,故船闸需要扩容。

2015年12月试运行的高良涧船闸三线船闸,顺应了区域经济的发展需求,满足了通航的需要。航道、船闸等级的提升,极大地提高了货物的通过能力,自2015年12月28日开闸至2018年7月31日累计过闸船舶13.1万艘,货运量5314.1万吨,过闸船舶总吨位6683.7万吨,最大载货种主要为矿建(黄沙)。船舶过闸秩序良好,实现了安全、平稳、有序的工作目标。2015年高良涧船闸二线船闸的平均载重吨为470吨,随着高良涧三线船闸运行,到2017年平均载重吨提升至565吨。

2. 通航建筑物

项目于2013年7月开工,2015年12月试运行,暂未组织竣工验收。

项目建设依据:2012年10月,江苏省发改委《关于淮河出海航道高良涧船闸扩容工程可行性研究报告的批复》(苏发改基础发〔2012〕1548号);2012年12月,江苏省发改委《关于淮河出海航道高良涧船闸扩容工程初步设计的批复》(苏发改基础发〔2012〕1894号);2012年5月,江苏省环境保护厅《关于对淮河出海航道高良涧扩容工程项目环境影响报告书的批复》(苏环审〔2012〕88号);2012年8月,江苏省国土厅《关于淮河出海航道高良涧扩容工程项目用地的预审意见》(苏国土资预(2012)142号)。

船闸等级为三级,设计代表船型1000吨级船舶,船队为1顶+2×1000吨级船队,尺度为160米×10.8米×(1.9~2.2)米;1拖+6×1000吨级船队,尺度为357米×10.8米×2.5米;1000吨级货船(机驳),尺度为68米×10.8米×2.6米。船闸有效尺度为230米×23米×4米。设计水头6米,船闸上游设计最高通航水位14.83米,设计最低通航水位10.63米;下游设计最高通航水位10.33米,设计最低通航水位8.33米。上、下闸首、闸室均采用钢筋混凝土坞式结构。输水系统类型为短廊道集中输水系统。充、泄水时间均为6分钟,一次过闸时间36分钟。钢质平板人字门,阀门为钢质平板提升门,闸、阀门启闭机均采用直推式液压启闭机。船闸上、下游主导航墙各长140米,上、下游直线段长度分别为583米和470米,上游远调站码头长度为200米,上、下游锚地护岸长分别为1000米和500米。高良涧船闸三线船闸工程征地186亩,用地范围拆迁房屋5620平方米。高良涧船闸管理所占地面积8.89万平方米。项目总投资3.26亿元,建设资金由交通运输部和地方共同筹措解决。

项目建设单位为江苏省交通运输厅航道局;设计单位为江苏省交通规划设计院股份有限公司;施工单位为中交第四航务工程局有限公司、江苏省水利机械制造有限公司、江都市永坚有限公司等;监理单位为江苏科兴工程建设监理有限公司;质监单位为江苏省交通运输厅质监局。

2014年10月31日通过洪泽湖大堤防洪线验收,2015年10月28日通过水下验收,同年12月23日通过交工质量鉴定。船闸主体工程,下游引航道及导航、靠船建筑物,工作桥,防洪大堤,闸阀门及启闭装置工程,电气工程,房建工程7个单位工程质量等级合格。上游引航道及导航、靠船建筑物已完工程质量等级合格,该单位工程质量等级暂定合格。公路桥已完工程质量合格,该单位工程质量暂定合格。

高良涧三线船闸闸区工作桥原为钢系杆拱桥。为进一步增加闸区景观,设计单位对该桥按景观桥的思路进行了方案优化设计,采用了纤维强复合材料GFRP复合材料,单跨为36.44米,桁间距3.98米,桁高4米,可承受6吨汽车活载,为国内最大的全复合材料轻载公路桥。首次采用闭合矩形主梁截面,截面尺寸达到300毫米×300毫米×16毫米,制造及加工难度高;首次采用内衬件局部增强大节点板构造,简化结点连接构造,加工及安装精度要求高;全桥总质量30吨,在工厂完成制作、拼装、试验,现场一次性吊装方案,施工组织难度大。建设单位一方面与设计科研单位联合开展了GFRP桁架桥设计与建造关键技术研究,以及节点连接试验、材料及构件试验、成桥检验及验收标准、设计及施工指南等一系列开拓性的研究工作,为此类桥梁推广应用打下较好基础;另一方面加强了一线参建人员业务培训,层层落实到操作班组,使一线工程人员深入了解质量通病的名称、危害、产生原因和表现形式,掌握施工工艺的关键环节,进一步提高了一线作业人员的技术素质和管理能力。此外,钢板桩、沉井在永久结构物中的应用、大体积混凝土防裂新探索等均取得了良好的效果。

高良涧三线船闸设计船舶吨位为1000吨,通航等级为三级。自2015年12月船闸进入通航状态,工程主体状况良好,各分部、分项工程运行正常平稳,能够满足船闸的运行要求。

2017年,高良涧三线船闸放行船队819组,放行货轮3.35万艘,船舶通过量较上一年同期减少了10.1%,所载货种主要为矿建(黄沙)。船舶过闸秩序良好,实现了安全、平稳、有序的工作目标。

3. 经验与启示

信息化时代,各种新技术、新媒体不断出现。了解、掌握、使用这些新鲜事物,能够有效地节约时间和资源,使工作事半功倍。2013年高良涧船闸"洪泽湖e站"QC小组成果"视频登记和手机缴费系统的研发",利用视频监控、计算机与网络实现视频登记,解决提前登记的问题,联合电信、银联通过手机支付业务实现手机缴纳过闸费,使船民不用上岸便可一次性轻松办理船民登记、买票等手续,既方便了船民,将广大船员从办理过闸手续的烦琐事务中解脱出来;又提高了船闸服务精度和质量,树立了良好的行业形象。同时,船舶吨/公里油耗随之降低,节能减排效果十分明显。

二、沙颍河的通航建筑物

（一）综述

新中国成立初期,沙颍河河道枯水流量为 25～40 立方米/秒,可供 20～30 吨的木帆船(对槽船)由漯河顺沙颍河至沫河口入淮河,淮河船只可上溯通航至京广铁路漯河站。随着沿岸工农业的发展和用水量的增加,河道航运供水日益减少。为进一步解决豫西南地方煤炭水运东送问题,在流域航运规划的基础上,于"六五"期间,对沙颍河航运建设问题进行了补充规划,并对建设方案进行了工程可行性研究。研究提出五级航道标准,建设梯级渠化沙颍河、漯河至沫河口段长 340 千米航道,同期改建了阜阳船闸。"七五"期间建成沈丘通航梯级,船闸标准为五级,并建成刘湾煤港,开始接汽车来煤东运。"八五"期间,建设周口至郑埠口复航工程,建成郑埠口通航梯级,船闸标准为五级,并建成年吞吐能力达 80 万吨的周口港,此后又陆续兴建了太和(耿楼)、颍上通航梯级。"十二五"期间,重点建设了周口至漯河段航道,总投资 17.5 亿元。到此,沙颍河五级航道全线贯通,由周口港发出的货船,可由沙颍河顺水而下至阜阳,过颍上船闸,出沫河口入淮河,或由阜阳进入通航船闸为五级的茨淮新河,航程 135 千米,由怀远驶入淮河干流航道。

沙颍河航道(河南段)规划里程 172 千米,规划等级四级。其中漯河至周口段航道 83 千米已于"十二五"期间按照四级航道标准建成通航。周口至豫皖省界 89 千米航道等级为五级,"十三五"期间正在实施沙颍河周口至省界航道升级改造工程(五级升四级)和沙河漯河至平顶山航运工程。项目建成后,将使河南省沙颍河航道 272 千米全部达到四级航道标准。截至 2015 年底,沙颍河漯河至豫、皖省界航道上建有船闸 5 座,均位于周口市,其中大路李船闸、葫芦湾船闸、周口船闸为 500 吨级,郑埠口船闸、沈丘船闸为 300 吨级。2016 年,位于上游的西陈、马湾、漯河三座 500 吨级船闸开工建设。

沙颍河航道(安徽段)由豫、皖省界常胜沟至沫河口全长 206 千米,规划航道等级为三级。沿线建有耿楼、阜阳和颍上三座枢纽,均配套建设了 500 吨级船闸。三座枢纽均规划建设复线船闸,其中颍上复线船闸正在建设。

沙颍河梯级水位图如图 11-4-2 所示。

（二）西陈船闸

1. 闸坝概况

（1）自然地理条件

西陈枢纽所处河道为沙河,位于沙颍河上游。该河段位于华北平原西南部,即黄淮冲积平原的过渡地带,岩性、岩相较单一。

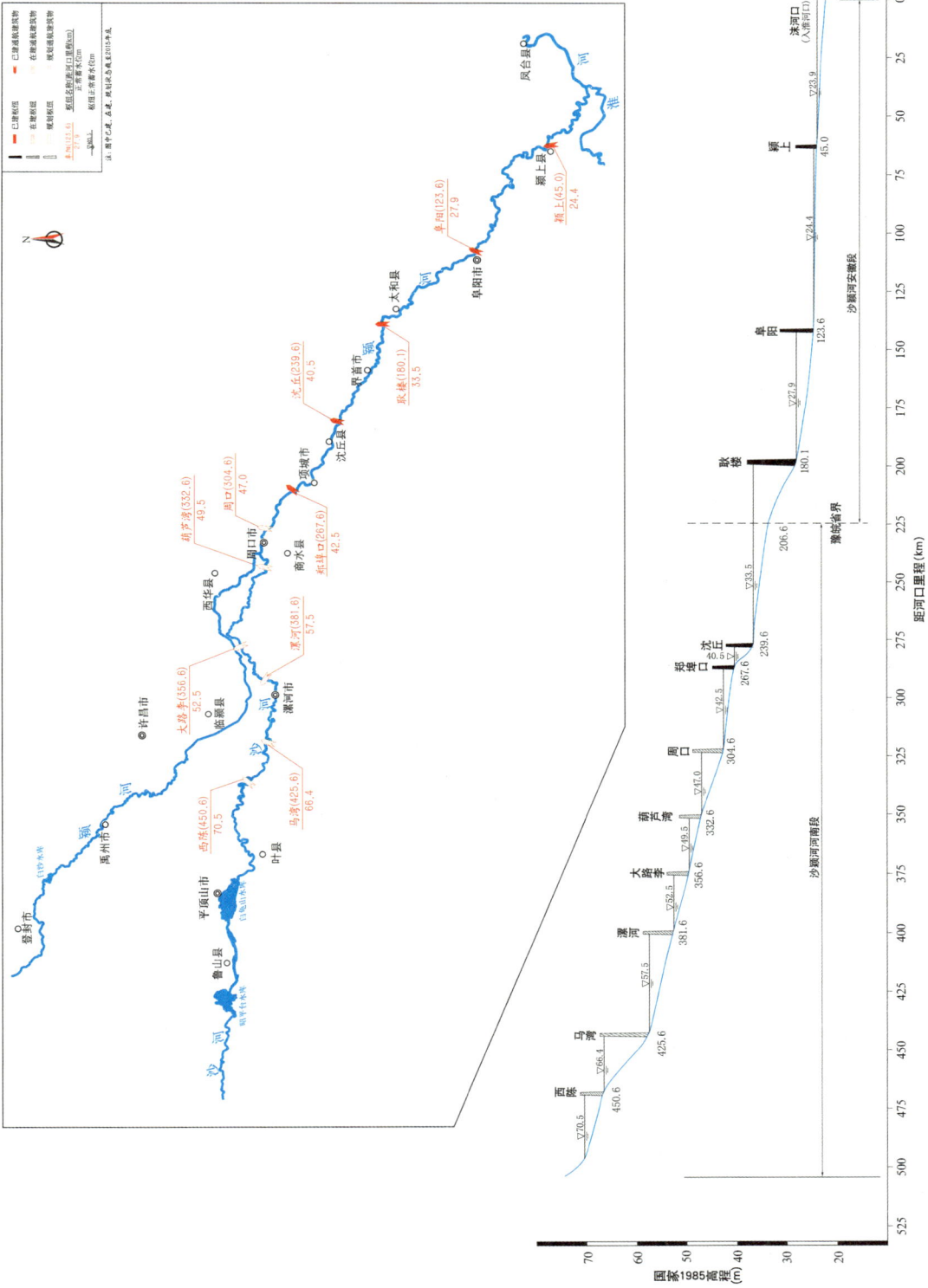

图11-4-2　沙颍河梯级水位图

总体而言，覆盖层由第四系冲洪积土层组成，下部更新统主要由黄河冲积扇边缘带的沉积物组成，上部全新统主要由淮河支流沙颍河近期沉积物组成，呈现出河谷地貌。河谷两岸局部有岗地，河谷两岸一般呈 U 形，局部呈 V 形。西陈船闸所在区域处于北温带向亚热带过渡区，属大陆性气候区，流域内地形复杂，冷暖气团交会频繁，气候变化受季风及地形特征的影响，气候温暖，四季分明，冬春干旱少雨，夏季炎热多雨。

（2）闸坝建设情况

2015 年，河南省开工建设沙河漯河至平顶山航运工程漯河港至北汝河口段，建设西陈枢纽。西陈枢纽位于北汝河口下游 1.8 千米处的西陈村附近。西陈枢纽总体布置自右至左依次为：右侧连接引桥、船闸、中间连接引桥、节制闸和左侧连接引桥。水闸布置在原河床位置，船闸布置在右岸滩地上，水闸中心线和船闸中心线夹角 15 度、建筑物和现有堤防之间采用桥梁连接。船闸位于右岸滩地上，船闸上、下游引航道布置均采用不对称形。上游引航道采用直线进闸、曲线出闸的布置方式。主导航墙和靠船墩布置在引航道右侧，引航道底宽为 45 米。上游引航道直线段总长 842 米。下游引航道也采用直线进闸、曲线出闸的布置方式。主导航墙和靠船墩布置在引航道左侧，引航道底宽为 45 米。下游引航道直线段总长 400 米。上、下游靠船段各设 12 个靠船墩，间距为 20 米，总长 240 米。西陈枢纽节制闸布置于主河床上，闸中心线与弯道上、下游河道中心线平顺相接。节制闸共布置 10 孔，单孔净宽 12 米，水闸泄流总净宽 120 米，水闸采用两孔一联结构，共设 5 联，总挡水宽度 139.0 米。闸槛高程 60.0 米。

（3）建设成就

西陈船闸随沙河漯河至平顶山航运工程建成后，将使沙颍河国家高等级航道向上游延伸 100 千米，由漯河市延伸至平顶山市，从而减轻陇海、京广等铁路和公路的运输压力，方便河南省中部地区与"长三角"地区的物资交流，形成一条北煤南运、西煤东运、经济合理的水运通道，是对腹地综合运输体系的重要补充。

2. 通航建筑物

项目于 2015 年 12 月开工建设。

项目建设依据：2015 年 3 月，河南省发改委《河南省发展和改革委员会关于沙河漯河至平顶山航运工程漯河港至北汝河口段工程可行性研究报告的批复》（豫发改基础〔2015〕230 号）；河南省发改委《河南省发展和改革委员会关于沙河漯河至平顶山航运工程漯河港至北汝河口段初步设计的批复》（豫发改设计〔2015〕1150 号）；河南省环境保护厅《河南省环境保护厅关于沙河漯河至平顶山航运工程项目环境影响报告书的批复》（豫环审〔2015〕3 号）；河南省水利厅《关于沙河漯河至平顶山航运工程建设方案的审查意见》（豫水行许字〔2014〕132 号）。

西陈船闸建设规模为 500 吨级，按照四级船闸标准设计。闸室有效尺度为 120 米 ×

18 米×3.5 米,设计代表船型尺度为 45 米×10.8 米×1.8 米,设计代表船队尺度为 231 米×8.0 米×2.1 米。闸上最高通航水位 70.5 米,最低通航水位为 68.0 米;闸下最高通航水位 69.5 米,最低通航水位 61.2 米。闸首均为钢筋混凝土坞式结构,闸室采用下部空箱、上部悬臂组合式钢筋混凝土坞式结构,导航墙、靠船墩采用素混凝土半重力式结构。闸门为钢质人字门,阀门为钢质平板门,启闭机为液压启闭机。输水系统采用短廊道集中输水。引航道平面布置采用不对称形式,船舶采取曲线进闸、直线出闸方式过闸。坝顶交通桥设计荷载为公路 II 级,桥梁净空不小于 7 米。工程总投资 3.62 亿元。工程永久占地 390 亩。

项目建设单位为漯河市地方海事局;设计单位为江苏省交通规划设计院股份有限公司;施工单位为湖北省航道工程有限公司;监理单位为河南省水运工程建设监理事务所;质监单位为漯河市交通基本建设工程质量监督管理站。

（三）马湾船闸

1.闸坝概况

（1）自然地理条件

马湾船闸所处河道为沙河,位于沙颍河上游。该河段位于华北平原西南部,即黄淮冲积平原的过渡地带,岩性、岩相较单一。总体而言,覆盖层由第四系冲洪积土层组成,下部更新统主要由黄河冲积扇边缘带的沉积物组成,上部全新统主要由淮河支流沙颍河近期沉积物组成,呈现出河谷地貌。河谷两岸局部有岗地,河谷两岸一般呈 U 形,局部呈 V 形。船闸所在区域处于北温带向亚热带过渡区,属大陆性气候区,流域内地形复杂,冷暖气团交会频繁,气候变化受季风及地形特征的影响,气候温暖,四季分明,冬春干旱少雨,夏季炎热多雨。

（2）闸坝建设情况

沙颍河流域现有泥河洼滞洪区,位于漯河以西 30 千米的沙河、澧河之间的低洼易涝地区,设计蓄水位 68.0 米,设计滞蓄水量 2.36 亿立方米。泥河洼主要滞洪工程设施有马湾拦河闸、马湾进洪闸等。马湾拦河闸共 7 孔,单孔净宽 10 米;马湾进洪闸为沙河干流向泥河洼滞洪区分洪的进洪闸,共 12 孔,单孔净宽 10 米。2015 年,河南省开工建设沙河漯河至平顶山航运工程漯河港至北汝河口段,建设马湾船闸。马湾船闸位于马湾拦河闸北侧,船闸中心线与拦河闸中心线基本平行,相距 213 米,其中相隔陆域部分为 160 米。马湾船闸主要建筑物级别划分如下:上、下闸首、闸室为主要建筑物,水工建筑物级别为二级;导航墙、靠船墩、驳岸为次要建筑物,水工建筑物级别为三级;临时工程水工建筑物级别为五级。

（3）建设成就

马湾船闸随沙河漯河至平顶山航运工程建成后，将使沙颍河国家高等级航道向上游延伸 100 千米，由漯河市延伸至平顶山市，从而减轻陇海、京广等铁路和公路的运输压力，方便河南省中部地区与"长三角"地区的物资交流，形成一条北煤南运、西煤东运、经济合理的水运通道，是对腹地综合运输体系的重要补充。

2. 通航建筑物

项目于 2015 年 12 月开工建设。

项目建设依据：2015 年 3 月，河南省发改委《河南省发展和改革委员会关于沙河漯河至平顶山航运工程漯河港至北汝河口段工程可行性研究报告的批复》（豫发改基础〔2015〕230 号）；2015 年 9 月，河南省发改委《河南省发展和改革委员会关于沙河漯河至平顶山航运工程漯河港至北汝河口段初步设计的批复》（豫发改设计〔2015〕1150 号）；2015 年 1 月，河南省环境保护厅下达《河南省环境保护厅关于沙河漯河至平顶山航运工程项目环境影响报告书的批复》（豫环审〔2015〕3 号）；2014 年 9 月，河南省水利厅《关于沙河漯河至平顶山航运工程建设方案的审查意见》（豫水行许字〔2014〕132 号）。

船闸建设规模为 500 吨级，按照四级船闸标准设计。闸室有效尺度为 120 米 × 18 米 × 3.5 米，设计代表船型尺度为 45 米 × 10.8 米 × 1.8 米，设计代表船队尺度为 231 米 × 8.0 米 × 2.1 米。闸上最高通航水位 66.4 米，最低通航水位为 61.2 米；闸下最高通航水位 63.9 米，最低通航水位 56.5 米。上、下闸首均为钢筋混凝土坞式结构，闸室采用下部空箱、上部悬臂组合式钢筋混凝土坞式结构，导航墙、靠船墩采用素混凝土半重力式结构。闸门为钢质人字门，阀门为钢质平板门，启闭机为液压启闭机。输水系统采用短廊道集中输水。引航道平面布置采用不对称形式，船舶采取曲线进闸、直线出闸方式过闸。坝顶交通桥设计荷载为公路 II 级，桥梁净空不小于 7 米。工程总投资 1.41 亿元。工程永久占地 300 亩。

项目建设单位为漯河市地方海事局；设计单位为江苏省交通规划设计院股份有限公司；施工单位为江苏淮阴水利建设有限公司；监理单位为江苏科兴项目管理有限公司；质监单位为漯河市交通基本建设工程质量监督管理站。

（四）漯河船闸

1. 闸坝概况

（1）自然地理条件

漯河船闸所处河道为沙河，位于沙颍河上游。该河段位于华北平原西南部，即黄淮冲积平原的过渡地带，岩性、岩相较单一。总体而言，覆盖层由第四系冲洪积土层组成，下部更新统主要由黄河冲积扇边缘带的沉积物组成,上部全新统主要由淮河支流沙颍河近期沉积物组成,呈现出河谷地貌。河谷两岸局部有岗地,河谷两岸一般呈 U 形,局部呈 V 形。船闸所在区域处于北温带向亚热带过渡区,属大陆性气候区,流域内地形复杂,冷暖气团交会频繁,气候变化受季风及地形特征的影响,气候温暖,四季分明,冬春干旱少雨,夏季炎热多雨。

（2）闸坝建设情况

漯河节制闸位于市区东北方向小闫庄沙河干流上。该节制闸采用 9 孔开启式平卧门结构方案,单孔净宽 12 米,闸室总宽 130 米。右侧设地下发电站,电站设两台轴伸贯流式机组,总装机容量 2×100 千瓦。节制闸按 20 年一遇洪水设计,50 年一遇洪水校核,闸址处设计、校核流量均采用 3000 立方米/秒,设计蓄水水位 57.5 米,最小下泄流量 1.0 立方米/秒。2015 年,河南省开工建设沙河漯河至平顶山航运工程漯河港至北汝河口段,漯河船闸布置在节制闸右侧滩地处。漯河船闸上游引航道平面布置采用对称形式,下游引航道布置采用不对称形式。漯河船闸主要建筑物级别划分为:上、下闸首、闸室为主要建筑物,水工建筑物级别为二级;导航墙、靠船墩、驳岸为次要建筑物,水工建筑物级别为三级;临时工程水工建筑物级别为五级。

（3）建设成就

漯河船闸随沙河漯河至平顶山航运工程建成后,将使沙颍河国家高等级航道向上游延伸 100 千米,由漯河市延伸至平顶山市,从而减轻陇海、京广等铁路和公路的运输压力,便于河南省中部地区与"长三角"地区的物资交流,形成一条北煤南运、西煤东运、经济合理的水运通道,是对腹地综合运输体系的重要补充。

2.通航建筑物

项目于 2015 年 12 月开工建设。

项目建设依据:2015 年 3 月,河南省发改委《河南省发展和改革委员会关于沙河漯河至平顶山航运工程漯河港至北汝河口段工程可行性研究报告的批复》(豫发改基础〔2015〕230 号);2015 年 9 月,河南省发改委《河南省发展和改革委员会关于沙河漯河至平顶山航运工程漯河港至北汝河口段初步设计的批复》(豫发改设计〔2015〕1150 号)。2015 年 1 月,河南省环境保护厅《河南省环境保护厅关于沙河漯河至平顶山航运工程项目环境影响报告书的批复》(豫环审〔2015〕3 号)。2014 年 9 月,河南省水利厅《关于沙河漯河至平顶山航运工程建设方案的审查意见》(豫水行许字〔2014〕132 号)。

船闸建设规模为 500 吨级,按照四级船闸标准设计。闸室有效尺度为 120 米×18 米×3.5 米,设计代表船型尺度为 45 米×10.8 米×1.8 米,设计代表船队尺度为 231 米×8.0 米×2.1 米。闸上最高通航水位 57.5 米,最低通航水位为 56.0 米;闸下最高通航水位55.7 米,最低通航水位 51.0 米。上、下闸首均为钢筋混凝土坞式结构,闸室采用下部空箱、上部悬臂组合式钢筋混凝土坞式结构，导航墙、靠船墩采用素混凝土半重力式结构。闸门为钢质人字门，阀门为钢质平板门，启闭机为液压启闭机。输水系统采用短廊道集中输水。引航道平面布置采用不对称形式，船舶采取曲线进闸、直线出闸方式过闸。坝顶交通桥设计荷载为公路Ⅱ级，桥梁净空不小于7米。工程总投资1.10亿元。工程永久占地258亩。

项目建设单位为漯河市地方海事局；设计单位为江苏省交通规划设计院股份有限公司；施工单位为中建筑港集团有限公司；监理单位为江苏科兴项目管理有限公司；质监单位为漯河市交通基本建设工程质量监督管理站。

（五）大路李船闸

1. 闸坝概况

（1）自然地理条件

大路李枢纽所在区域处于北温带向亚热带过渡的大陆性气候区，气候具有明显的季节性，冬春干旱少雨，夏季炎热多雨。枢纽区所在沙颍河多年平均年径流量19.73亿立方米，多年平均流量62.7立方米/秒。枢纽区所处河段总体自西向东，河道单一，枯水期水面宽约70~90米，河底高程43.9~44.4米，河床右侧滩地宽约300米，滩地高程51.5米左右。闸基位于第四层砂质粉土上，第四层砂质粉土及其下各主要持力层的土质、厚度、强度基本均匀，属均匀地基。

（2）闸坝建设情况

"十二五"期间，河南省实施了沙颍河周口至漯河段航运开发工程逍遥至漯河段，建成大路李枢纽，其泄水闸规模为二等工程，主要建筑物级别为二级，次要建筑物为三级，临时建筑物为四级。大路李枢纽位于黑龙潭枢纽至葫芦湾枢纽约48千米河段中部，所在航道为沙颍河航道，等级为四级，通航500吨级船舶。坝轴线总长430.8米，坝顶高程60.5米。工程布置自右向左依次是：右侧连接坝段（150.8米）、船闸闸室（16米）、中间连接坝段（75.8米）、10孔泄水闸（141米）、左侧连接坝段（47.2米）。船闸位于右侧凹岸滩地上，船闸与泄水闸之间布置隔流堤。船闸平面布置为不对称形式，采取曲进直出方式过闸。泄水闸位于主河床上，其中心线与弯道上、下游河道中心线平顺相接，共布置10孔，单孔净宽12米。

（3）建设成就

大路李枢纽随沙颍河周口至漯河段航运开发工程逍遥至漯河段建成后，打通了沙颍河周口至漯河84千米四级航道，大大缓解了腹地铁路、公路运输压力，同时可促进腹地水陆运输成网发展，形成腹地内完备的综合运输体系，对促进漯河市、周口市的建设与发展，拉动腹地经济具有十分重要的意义。

2.通航建筑物

项目于 2012 年 12 月开工建设,2018 年 6 月试运行。

项目建设依据:2011 年 4 月,河南省发改委《关于沙颍河周口至漯河段航运开发工程可行性研究报告的批复》(豫发改基础〔2011〕423 号);2011 年 10 月,河南省发改委《关于沙颍河周口至漯河段航运开发工程逍遥至漯河段初步设计的批复》(豫发改设计〔2011〕1659 号);2010 年 11 月,河南省环境保护局《河南省沙颍河周口至漯河段航运开发工程环境影响报告书的批复》(豫环审〔2010〕252 号)。

船闸建设规模为 500 吨级,按照四级船闸标准设计。闸室有效尺度为 120 米 × 12 米 × 3.2 米,设计代表船型尺度为 111 米 × 10.8 米 × 1.6 米,设计代表船队尺度为 92 米 × 8.8 米 × 2 米。上、下闸首均为钢筋混凝土整体式结构,闸室采用钢筋混凝土坞式结构。闸门为钢质人字门,阀门为钢质平板门,启闭机为液压启闭机。输水系统采用短廊道集中输水。引航道平面布置采用不对称形式,船舶采取曲线进闸、直线出闸方式过闸。导航墙采用钢筋混凝土半重力式结构,靠船墩采用混凝土墩式结构。坝顶交通桥设计荷载为公路Ⅱ级,桥梁净空不小于 7 米。闸上最高通航水位 52.50 米,最低通航水位为 51.00 米;闸下最高通航水位 52.23 米,最低通航水位 48.00 米。工程总投资 2.84 亿元。工程永久占地 401 亩。

项目建设单位为周口市交通运输局航务管理处;设计单位为湖北省交通规划设计院;施工单位为河南中原水利水电工程集团有限公司、淮河水利水电开发总公司、中铁五局(集团)有限公司等;监理单位为河南省水运工程建设监理事务所、河南卓越工程咨询有限公司;质监单位为周口市交通基本建设工程质量监督管理站。

大路李船闸于 2018 年 6 月建成试运行后,运行状况良好,设计通过能力满足当地货运需求,达到了预期效果。

(六)葫芦湾船闸

1.闸坝概况

(1)自然地理条件

葫芦湾枢纽所在区域为北温带向亚热带过渡的大陆性气候区,气候具有明显的季节性,冬春干旱少雨,夏季炎热多雨。枢纽区所在沙颍河多年平均年径流量 19.73 亿立方米,多年平均流量 62.7 立方米/秒。枢纽区所处河段总体呈东南流向,河道单一,弯道众多。枢纽位于西白帝弯道处,泄水闸轴线与河槽主流方向基本正交,枯水期水面宽约 109 米,河底高程 39.8 ~ 41.7 米,河床右侧有长 2.5 千米,宽 438 米的边滩与大堤相接,滩顶高程 52.16 ~ 54.54 米。坝址地基均匀,以砂质粉土为主。

（2）闸坝建设情况

"十二五"期间，河南省实施了沙颍河周口至漯河段航运开发工程周口至逍遥段，建成葫芦湾枢纽，其泄水闸规模为二等工程，主要建筑物级别为二级，次要建筑物为三级，临时建筑物为四级。葫芦湾枢纽位于大路李枢纽至周口枢纽约 52 千米河段中部，所在航道为沙颍河航道，等级为四级，通航 500 吨级船舶。坝轴线总长 508.2 米，坝顶高程 57.5 米。工程布置自右向左依次是：右侧连接坝段（46.4 米）、船闸闸室（16 米）、中间连接坝段（246.8 米）、10 孔泄水闸（141 米）、左侧连接坝段（58.0 米）。船闸位于右侧滩地上，闸轴线与右侧连接坝段轴线正交，船闸与泄水闸之间有隔流岛分开。船闸平面布置为不对称形式，采取曲进直出方式过闸。泄水闸位于主河槽上，其中心线与弯道上、下游河道中心线平顺相接，共布置 10 孔，单孔净宽 12 米。

（3）建设成就

葫芦湾枢纽随沙颍河周口至漯河段航运开发工程周口至逍遥段建成后，打通了沙颍河周口至漯河 84 千米四级航道，大大缓解了腹地铁路、公路运输压力，同时可促进腹地水陆运输成网发展，形成腹地内完备的综合运输体系，对促进漯河市、周口市的建设与发展，拉动腹地经济具有十分重要的意义。

2. 通航建筑物

项目于 2012 年 12 月开工建设，2018 年 6 月试运行。

项目建设依据：2011 年 4 月，河南省发改委《河南省发展和改革委员会关于河南省沙颍河周口至漯河段航运开发工程可行性研究报告的批复》（豫发改基础〔2011〕423 号）；2011 年 10 月，河南省发改委《河南省发展和改革委员会关于河南省沙颍河周口至漯河段航运开发工程周口至逍遥段初步设计的批复》（豫发改设〔2011〕1658 号）；2010 年 11 月，河南省环境保护局《河南省环境保护厅关于河南省沙颍河周口至漯河段航运开发工程环境影响报告书的批复》（豫环审〔2010〕252 号）；2011 年 10 月，水利部淮河水利委员会《关于河南省沙颍河周口至漯河段航运工程建设方案的审查意见》（淮委许可〔2011〕87 号）。

船闸建设规模为 500 吨级，按照四级船闸标准设计。闸室有效尺度为 120 米×12 米×3.2 米，设计代表船型尺度为 111 米×10.8 米×1.6 米，设计代表船队尺度为 92 米×8.8 米×2 米。上、下闸首均为钢筋混凝土整体式结构，闸室采用钢筋混凝土坞式结构。闸门为钢质人字门，阀门为钢质平板门，启闭机为液压启闭机。输水系统采用短廊道集中输水。引航道平面布置采用不对称形式，船舶采取曲线进闸、直线出闸方式过闸。坝顶交通桥设计荷载为公路 II 级，桥梁净空不小于 7 米。闸上最高通航水位 49.50 米，最低通航水位为 48.00 米；闸下最高通航水位 49.22 米，最低通航水位 44.50 米。工程总投资 3.27 亿元。工程永久占地 660 亩。

项目建设单位为周口市交通运输局航务管理处;设计单位为湖北省交通规划设计院;施工单位为中铁五局(集团)有限公司、中国水利水电第十一工程局有限公司、湖州宏强集团建设有限公司等;监理单位为河南省水运工程建设监理事务所、河南天地工程咨询有限公司;质监单位为周口市交通基本建设工程质量监督管理站。

葫芦湾船闸于2018年6月建成试运行后,运行状况良好,设计通过能力满足当地货运需求,达到了预期效果。

(七)周口船闸

1.闸坝概况

(1)自然地理条件

周口船闸闸址区地层属河流冲积相,第四纪全新世土层,地形平坦。右岸老河床处,高程33.6~36米以上为灰黄色亚黏土或粉质亚黏土层,以下顺序为黄色细砂,局部为亚黏土间薄层黏土、灰黄色黏土层。场区地层由低液限黏土和级配不良砂组成,分布稳定,均为具中等压缩性的中硬土层。船闸所在区域处于北温带向亚热带过渡的大陆性气候区,气候具有明显的季节性,冬春干旱少雨,夏季炎热多雨。枢纽区所在沙颍河多年平均年径流量19.73亿立方米,多年平均流量62.7立方米/秒。

(2)闸坝建设情况

周口船闸位于周口市西郊的沙颍河上。周口大闸为泄水闸,建于1975年,全长250米,共24孔,每孔净宽6米。"十二五"期间,河南省实施了沙颍河周口至漯河段航运开发工程周口至逍遥段,建成周口船闸。周口船闸所在航道为沙颍河航道,等级为四级,通航500吨级船舶。周口船闸布置于周口大闸右岸的老河道上,主体长751.5米,其中上闸首22.0米,闸室130米,下闸首25.5米,上、下游导航墙及靠船建筑物各长287米。船闸平面布置为不对称形式,采取"曲进直出"方式过闸。

(3)建设成就

周口船闸随沙颍河周口至漯河段航运开发工程周口至逍遥段建成后,打通了沙颍河周口至漯河84千米四级航道,大大缓解了腹地铁路、公路运输压力,同时可促进腹地水陆运输成网发展,形成腹地内完备的综合运输体系,对促进漯河市、周口市的建设与发展,拉动腹地经济具有十分重要的意义。

2.通航建筑物

项目于2012年12月开工建设,2018年6月试运行。

项目建设依据:2011年4月,河南省发改委《关于河南省沙颍河周口至漯河段航运开发工程可行性研究报告的批复》(豫发改基础〔2011〕423号);2011年10月,河南省发改委《关于河南省沙颍河周口至漯河段航运开发工程周口至逍遥段初步设计的批复》（豫发改设〔2011〕1658 号）；2010 年 11 月，河南省环境保护局《关于河南省沙颍河周口至漯河段航运开发工程环境影响报告书的批复》（豫环审〔2010〕252 号）；2011 年 10 月，水利部淮河水利委员会《关于河南省沙颍河周口至漯河段航运工程建设方案的审查意见》（淮委许可〔2011〕87 号）。

船闸建设规模为 500 吨级，按照四级船闸标准设计。闸室有效尺度为 120 米 × 12 米 × 3.2 米，设计代表船型尺度为 111 米 × 10.8 米 × 1.6 米，设计代表船队尺度为 92 米 × 8.8 米 × 2 米。上、下闸首均为钢筋混凝土整体式结构，闸室采用钢筋混凝土坞式结构。闸门为钢质人字门、阀门为钢质平板门，启闭机为液压启闭机。输水系统采用短廊道集中输水。引航道平面布置采用不对称形式，船舶采取"曲线进闸、直线出闸"方式过闸。导航墙采用钢筋混凝土半重力式结构，靠船墩采用混凝土墩式结构。坝顶交通桥设计荷载为公路 Ⅱ 级，桥梁净空不小于 7 米。闸上最高通航水位 47.00 米，最低通航水位为 44.50 米；闸下最高通航水位 45.98 米，最低通航水位 41.00 米。工程总投资 3.27 亿元。工程永久占地 350 亩。

项目建设单位为周口市交通运输局航务管理处；设计单位为湖北省交通规划设计院；施工单位为江苏淮阴水利建设有限公司；监理单位为河南省水运工程建设监理事务所；质监单位为周口市交通基本建设工程质量监督管理站。

周口船闸于 2018 年 6 月建成试运行后，运行状况良好，设计通过能力满足当地货运需求，达到了预期效果。

（八）耿楼船闸

1. 闸坝概况

（1）自然地理条件

耿楼枢纽工程区位于秦岭纬向构造带的东端，区内主体隐伏构造线的走向为近东西向和北西向，横贯全区，起控制作用；次为北东向和南北向构造带，如阜阳断裂等，对本区地貌轮廓具有一定的控制作用。区地震动峰值加速度为 0.05g，相应地震基本烈度为六度，地震动反应谱特征周期为 0.35。

耿楼枢纽工程区域地处暖温带向亚热带的过渡地带，属暖温带半湿润大陆性季风气候区。多年平均降水量为 816 毫米，多年平均水面蒸发量 1137.2 毫米。年平均气温约 14.5 摄氏度，极端最高气温 41.4 摄氏度，极端最低气温零下 20.4 摄氏度，年日照时数 2444 小时，多年平均无霜期 220 天左右，初霜期在每年 10 月下旬至 11 月中旬，终霜期一般在每年 2 月下旬至 4 月上旬。最大冻土深为 19 厘米。耿楼船闸闸址以上多年平均径流深 150.2 毫米，年径流量 44.1 亿立方米。

（2）闸坝建设情况

耿楼枢纽位于沙颍河左岸太和县境内耿楼村,是利用史老家至井孜弯道修建的枢纽工程。整个枢纽由节制闸和船闸组成。枢纽工程建筑物设计等级为二级,节制闸设计过闸流量3910立方米/秒,校核流量4770立方米/秒。沙颍河航道现状等级为四级,船闸建设标准为四级,设计通航500吨级船舶。船闸位于节制闸左侧,船闸中心与节制闸中心距201.8米,节制闸、船闸上闸首公路桥与省道308线公路连接。

（3）建设成就

耿楼枢纽的建成增加蓄水量约4000万立方米,增加灌溉面积50万亩以上,极大改善了当地地表水资源紧缺状况,进一步实现了沙颍河水资源的优化配置,为当地工农业经济的可持续发展及实现水资源的可持续利用创造了有利条件。同时,沙颍河通航里程延伸至周口,河南省刘湾港以下通航条件得到极大改善,上游已建的沈丘船闸、郑埠口枢纽航运效益得到充分发挥。

2.通航建筑物

项目于2007年6月开工,2009年6月试通航,2009年8月竣工。

项目建设依据:2006年7月,国家发改委《关于沙颍河近期治理工程可行性研究报告的批复》(发改农经〔2006〕1284号);2006年9月,水利部《关于沙颍河近期治理工程初步设计报告的批复》(水总〔2006〕419号);2007年3月,水利部《沙颍河近期治理工程耿楼枢纽船闸四级闸室五级航道变更设计报告》(水总〔2007〕74号)。

耿楼船闸为单级、单线船闸,建设标准四级,设计水头3.5米,设计最高通航水位闸上35.86米、闸下35.66米,设计最低通航水位闸上28.00米、闸下24.50米。一次过闸时间40.0分钟。闸室有效尺度为130米×12米×3.5米,设计代表船型500吨级货船,尺度为45.0米×10.8米×1.6米;设计代表船队为1顶+2×500吨级船队,尺度为111.0米×10.8米×1.6米。上、下闸首均为钢筋混凝土整体式结构,钢结构人字形闸门,采用液压推杆式启闭机,启闭机房设在两侧的空箱内。闸室为钢筋混凝土坞式结构。输水系统采用集中输水系统,充、泄水时间均为6分钟。船闸下游左岸万福沟闸出口滩地填筑导流堤长215米,与船工闸中心线交角40度。船闸北侧布置左岸封闭堤,长为974米。船闸与节制闸之间导流堤进口右侧边线为四分之一椭圆状曲线,椭圆长轴320米,短轴139.82米。引航道采取不对称布置,引航道中心线与上下游河道中线平顺连接,上游引航道长600米,下游引航道长500米。枢纽工程批复投资2.83亿元,其中交通部水运建设资金2.29亿元,安徽省配套投资5371万元。枢纽工程永久占地总面积1185.9亩,现状主要类型有耕地、苇塘、居民区和其他用地等,需永久征地面积1006.8亩。

项目建设单位为淮河水利委员会治淮工程建设管理局;设计单位为中水淮河规划设计研究有限公司、安徽省水利水电助测设计院;施工单位为中国水利水电第十一工程局、安徽省水利建筑安装总公司、中国水利水电第十三工程局等;监理单位为中水淮河安徽恒信工程咨询有限公司;质监单位为水利部水利工程建设质量与安全监督总站淮河流域分站。

本项目建设期间的重大事项如下:2007 年 3 月 15 日,淮河水利委员会批准工程开工;2007 年 3 月,水利部以水总〔2007〕74 号文批复《沙颍河近期治理工程耿楼枢纽船闸级闸室级航道变更设计报告》;2009 年 2 月 23 日,沙颍河近期治理工程耿楼枢纽工程老河道截流成功;2009 年 6 月 1 日,耿楼船闸实现通航;2009 年 7 月 3 日,节制闸上、下游连接段分部工程和船闸上下游引航道、金属结构安装分部工程通过验收;2009 年 8 月,项目通过竣工验收。

耿楼船闸于 2009 年 6 月通航后,过闸船只数量和货物量逐年递增,特别是阜阳船闸通航后过闸船只数量和货物量迅猛增长。据统计,2013 年全年上、下行合计过闸船只 2.05 万艘,年过闸货物量 1159 万吨;2014 年全年上、下行合计过闸船只 2.4 万艘,年过闸货物量 1190 万吨,远超设计运能。全年船闸 24 小时不停运行天数达 75% 左右,船只待闸平均 2~4 天。

3. 经验与启示

以科学、严谨的态度解决工程施工难题是保证工程施工质量和进度的有力保障。针对耿楼枢纽工程高水头、高填土、小空腔式缝墩等特点,及时组织召开专家咨询会,联合科研单位采取相应技术措施,有效地保证了工程施工质量。

(九)阜阳船闸

1. 闸坝概况

(1)自然地理条件

阜阳航运枢纽位于颍河河漫滩及河心洲高漫滩之上,属于淮北冲积平原。颍河自北向南流经阜阳闸。河心洲地势平坦、略有起伏,地面高程一般为 28.5~31.0 米,河底高程为 20.7 米。

工程区地层属华北地层区华北平原地层分区阜阳小区,其地层浅部除人工填土外主要为第四系全新及上更新统河湖相冲、淤积层,呈明显的多层结构。

阜阳节制闸蓄水位闸上 28.86 米,设计洪水位闸下 32.65 米,设计流量 3760 立方米/秒。根据节制闸建闸以来实测水位分析,节制闸闸上历年最高水位 32.32 米(1975 年 8 月 18 日),闸下历年最低水位 19.20 米(1982 年 1 月 31 日)。历年闸上、闸下最大水位差为 8.98 米(1990 年 12 月 10 日)。

工程区属暖温带半湿润性季风气候区,区域内季风明显,光照充足,无霜期长,四季分明,雨量适中,年均降水量在 700 ~ 900 毫米,年均径流深在 100 ~ 300 毫米,无霜期约 200 ~ 250 天。本区位于南北冷暖气流交会带,即有暖温带气候特点,又有大陆性气候特点,夏热多雨,冬寒降水少,冷暖、旱涝转变突然,年平均气温在 13 ~ 15 摄氏度,实测最高气温 41.2 摄氏度,最低气温 −20.5 摄氏度,冻结深度 0.2 ~ 0.4 米。

（2）闸坝建设情况

阜阳航运枢纽位于安徽省阜阳市城区,是沙颍河安徽段航道上的第二梯级,下距沫河口(沙颍河入淮河口)约 125 千米。枢纽工程由节制闸、船闸组成,其主要作用是蓄水,兼有航运、供水等功能。阜阳节制闸于 1959 年建成,长 162.4 米,共 12 孔,单孔宽 12 米,其中中间 4 孔为深孔闸,两侧各 4 孔为浅孔闸,设计 20 年一遇过闸流量为 3760 立方米/秒。为保证航道通航,配套建设了一座 100 吨级船闸,后因 1981 年建成的颍上节制闸未配套建设通航设施,造成沙颍河颍上、下游断航。1984 年茨淮新河通航,阜阳船闸上游船只经茨淮新河入淮河,至 20 世纪 80 年代中期,阜阳船闸(老船闸)完全废弃。为实现沙颍河全面复航,阜阳船闸于 2012 年完成重建工程。阜阳船闸位于节制闸右侧,在老船闸闸址上拆除重建而成,与节制闸中心距 440 米。

（3）建设成就

阜阳船闸重建工程是交通部"十一五"重点建设项目——沙颍河航道整治工程的一个重要子项目,是皖、豫两省实施水运交通主通道和区域性重要航道的升级贯通工程。阜阳船闸的建成通航标志着沙颍河安徽段全面复航,对畅通沙颍河航道,开辟皖、豫物资东运通道,提高淮河航道网标准,充分发挥淮河水路运输优势,完善综合交通运输体系,促进区域经济发展具有重要作用。船闸自 2012 年 3 月通航以来,通航船舶吨位及数量持续上升,截至 2015 年底,通过最大船舶吨级达到了 2600 吨级,其中 800 吨以上船舶占比达到了 85% 以上,通航船舶平均载重吨超过 1000 吨。

2. 通航建筑物

项目于 2010 年 3 月开工,2012 年 3 月试通航,2016 年 12 月竣工。

项目建设依据:2009 年 6 月,安徽省发改委下达《关于沙颍河阜阳船闸重建工程可行性研究报告的批复》(皖发改交通〔2009〕474 号);2009 年 7 月,安徽省发改委下达《关于沙颍河阜阳船闸重建工程初步设计的批复》(皖发改设计〔2009〕628 号);2009 年 5 月,安徽省环保局以环评函〔2009〕373 号文出具环评批复;2008 年 10 月,阜阳人民政府以阜东国用〔2008〕字第 A120228 号发国有土地使用证;2009 年 4 月,淮河水利委员会以淮委许可〔2009〕17 号文批复阜阳船闸重建工程变更设计方案;2009 年 4 月,安徽省水利厅以皖水农函〔2009〕449 号批复沙颍河阜阳船闸重建工程水土保持方案报告书。

阜阳船闸在老船闸闸址上拆除重建而成,与节制闸中心距 440 米。船闸建设标准为四级,闸室尺度为 180 米 × 12 米 × 3.5 米。船闸设计洪水位闸上 33.8 米、闸下 33.4 米,设计最高通航水位闸上 31.4 米、闸下 31.1 米,设计最低通航水位 24.35 米、闸下 19.50 米,检修水位 28.86 米、闸下 25.20 米。上、下闸首为整体式闸室,钢筋混凝土筏式底板,上闸首底板厚 2.0 米,下闸首底板厚 2.3 米,口门净宽 12 米,闸首顺水流方向长度上闸首 20 米,下闸首 21 米,底宽 24 米,输水廊道位于闸首空箱式边墙底部,断面尺度 2.2 米 × 2.5 米。闸室采用整体式钢筋混凝土 U 形结构,净宽 12 米,闸室底板顶面高程 16.7 米,底板厚 2.3 米,底宽 16.6 米。船闸引航道直线段长 400 米,底宽 35 米,布置有导航墙和靠船墩,其中导航墙长度 112 米,靠船墩分布长度 112 米。设计水头 9.66 米。代表船型为 500 吨级货船,1 顶 + 2 × 500 吨顶推船队。输水系统采用短廊道集中输水。采用平面式人字闸门,QRWY-200/160 型液压启闭机;一次过闸时间 42.1 分钟。项目完成工程投资 1.13 亿元,资金来源包括政府补助、企业自筹。本项目在原有老船闸原址拆除重建,船闸共占地 300 亩,无造地情况。

项目建设单位为安徽阜阳颍河船闸有限公司;设计单位为安徽省水利水电勘测设计院;施工单位中,安徽水利开发股份有限公司负责包括闸首、闸室、靠船墩、导航墙、过闸交通桥、闸门制安和启闭机安装,安徽省淮河河道工程有限公司负责上下游引航道的水上、水下土方开挖;江都市永坚有限公司负责启闭机及相应预埋件的制造、配合安装及与其他有关设备进行的联合调试;监理单位为阜阳市聚星水利水电工程建设监理中心。

自阜阳船闸试通航以来,沙颍河安徽段全线复航,西通豫中,东连江浙沪,进一步拉近了阜阳与长江三角洲地区的距离,社会效益显著。船闸进出口货物以砂石建筑材料、粮食、煤炭、化工原料为主。船闸自 2012 年 3 月通航以来,通航船舶吨位及数量持续上升,截至 2015 年底,累计通行船舶 8.85 万艘、8904 万吨。

3. 经验与启示

阜阳船闸在设计之初,采用的是固定式系船设施,后改为浮式系船设备。如今,浮式系船设备在船闸工程中广泛推广,既提高了工作效率,又保障了船舶在闸室充、泄水过程中的安全。

(十)颍上船闸

1. 闸坝概况

(1)自然地理条件

沙颍河在颍上县城向右岸呈一个大的弯道,兴建颍上节制闸时,对弯道进行了裁弯取直。节制闸布置在取直段新颍河上,老河道被堵死筑坝通车,省道 102 线穿大坝和节制闸而过。老颍河河宽 200～300 米,新颍河河宽 300～380 米。新、老颍河两侧均筑有堤防,新颍河堤顶较宽,普遍在 12 米以上,顶标高 30.0～32.0 米。老颍河堤顶宽窄不一,大部分在 7 米左右,顶高程 28.0~30.0 米。新、老颍河围成的三角岛内地势平坦,地面标高 23~25 米,大部分为农田,其间分布着较多的民房。

颍上船闸处约 16 米以上主要为第四系全新统沙颍河河床,河漫滩相冲积物,16 米以下主要为第四系上更新统河流冲积物。工程地下水属潜水类型,主要赋存于第四系全新统地层及深部第四系上更新统地层。地下水接受大气降水和河水补给。

颍上船闸工程区地处暖温带向亚热带的过渡地带,属暖温带半湿润大陆性气候区。气候变化受季风以及地形特征的影响,冬春干旱少雨,夏秋闷热多雨。降水年内分配不均匀,汛期径流量往往占全年总径流量的 70%~80%;降水年际变化较大,多水年份降水量与少水年份降水量的比值达 4 以上,且还常出现连旱或连涝年份。

(2)闸坝建设情况

颍上船闸位于安徽省颍上城东 3 千米,上距阜阳闸 78.5 千米,下距沫河口 45 千米,控制面积 53.6 万公顷。颍上船闸为沙颍河航道下游的最后一级枢纽,主要作用是防洪、排涝、防污、灌溉、航运。枢纽由左至右依次布置了 24 孔节制闸、复线船闸、一线船闸。

颍上一线船闸及在建的复线船闸建设标准均为四级。一线船闸布置在节制闸右侧的三角岛上,船闸中心线与节制闸中心线夹角为 2 度,节制闸处两轴线相距离 313 米,船闸主体建筑物布置在节制闸下游,引航道按反对称形布置;复线船闸在一线船闸与颍上节制闸右岸导流堤之间,一线、复线船闸平行布置,中心相距 62 米。

(3)建设成就

颍上船闸的建成结束了沙颍河颍上至阜阳段 78 千米航道断航近 30 年的历史,使阜阳航运枢纽以下恢复了通航,沿线矿建材料可经沙颍河一船直达阜阳、太和、界首、漯河、周口等地,煤炭可就近从沙颍河水运至长三角地区。颍上船闸的建成也为沙颍河航道全线复航奠定了坚实的基础。

自 2009 年 5 月正式通航以来,尤其是上游阜阳船闸建成后,过闸货运量逐年剧增。2009 年过闸船舶 349 艘次,货运量 17 万吨左右;2015 年过闸船舶已达 2.67 万艘次,货运量更是突破了 3100 万吨。同时,过闸船舶吨位也逐年递增,至 2015 年船均吨位超过 1000 吨,已经远远超过颍上闸设计年通航能力。颍上复线船闸工程于 2015 年 6 月开工建设。2017 年 11 月 29 日,颍上复线船闸通过交工验收;2018 年 1 月复线船闸进行通航试验,解决了船舶待闸问题,船员满意度普遍增加。

2. 通航建筑物

(1)颍上船闸

项目于 2006 年 2 月开工,2008 年 12 月试通航,2016 年 12 月竣工。

项目建设依据:2003 年 11 月,安徽省发展计划委员会下达《关于沙颍河颍上船闸工程可行性研究报告的批复》(计基础〔2003〕1150 号);2004 年 3 月,安徽省发改委下达《关于沙颍河颍上船闸工程初步设计的批复》(皖交基〔2004〕23 号),后因航道规划等级由五级调整为四级。2005 年 7 月,安徽省发改委以发改交运函〔2005〕408 号函批复了安徽省交通厅《关于请审批沙颍河颍上船闸工程调整方案可行性研究报告的函》(皖交计〔2005〕38 号),同意调整颍上船闸工程建设标准,由五级调整为四级;2005 年 8 月,安徽省发改委以发改设计〔2005〕890 号批复了安徽省交通厅《关于颍上船闸工程调整初步设计的函》(皖交基函〔2005〕30 号),批准按照 500 吨级标准调整颍上船闸工程初步设计。2004 年 3 月,安徽省环保局下达《关于沙颍河颍上船闸工程环境影响评价的批复》(环然函〔2004〕82 号);2005 年 10 月,国土资源部以国土资源〔2005〕939 号文批复安徽省人民政府《关于沙颍河颍上船闸工程建设用地的请示》(皖政〔2005〕56 号)。

颍上船闸建设标准四级,一次过闸时间 90 分钟。闸室有效尺度为 180 米 × 12 米 × 3 米。设计代表船型 500 吨级,尺度为 46 米 × 9.2 米 × 2.0 米;设计代表船队为 1 顶 + 2 × 500 吨级,尺度为 111 米 × 10.8 米 × 1.6 米。船闸设计水头 7.73 米,设计洪水位为闸上 28.87 米,闸下 28.62 米(50 年一遇);最高通航水位闸上 27.13 米,闸下 27.05 米(10 年一遇);最低通航水位为闸上 19.13 米,闸下 17.00 米(95% 保证率);正常蓄水位为闸上 23.86 米。工程由闸首、闸室、导航墙等主体工程和引航道、靠船墩等工程组成。闸首采用钢筋混凝土整体式结构,口门宽度 12 米。上闸首边坡墩顶标高 30.0 米,门槛顶标高 16.13 米;下闸首边墩顶高程 29.97 米,门槛顶高程 14.0 米。闸室采用预应力钢绞线混凝土坞式结构,净宽 12 米,边墙的胸墙顶标高 29.5 米、走道板顶标高 28.5 米,底板高程 14.0 米。引航道按反对称形布置,水深 2.5 米,底宽 35 米,最小弯曲半径 350 米。上游引航道长 1318 米,下游引航道长 1803 米。引航道开挖边坡 1:3 ~ 1:4,底标高上游引航道为 17.13 米,下游引航道为 15.0 米。大堤填筑边坡 1:3 ~ 1:5,堤顶宽 8 米,顶高程 31.12 米。导航墙采用钢筋混凝土扶壁结构,墙顶高程 28.0 米。输水系统采用短廊道集中输水,充、泄水时间均为 15 分钟。闸首闸门选用钢质人字门,输水廊道阀门采用钢质平板门,检修门选用钢质叠梁式门,闸门和阀门启闭均采用液压操作,并通过 PLC 程序控制。同时,建设跨闸公路桥一座,一跨跨过闸室,通航净高 7 米。

项目总投资 1.4 亿元,其中 4880 万元为交通部水运建设资金,其余 9120 万元为安徽省自筹。2007 年以前,项目资金来源为安徽省港航局划拨,2007 年颍上船闸工程移交至安徽省港航投资集团,改为由安徽省港航投资集团进行投资。

2004 年 5 月 9 日,安徽省港航局组建颍上船闸建设项目法人;2007 年 2 月 1 日,颍上船闸项目由安徽省港航局移交给安徽省港航投资集团。颍上船闸设计单位为安徽省港航勘测设计院,其完成了预可行性研究报告、可行性研究报告、初步设计和施工图设计;施工单位中,安徽水利水电建筑安装总公司承建船闸主体工程,安徽路港股份有限公司承建桥梁与接线工程;监理单位为安徽中兴监理公司,监理船闸主体和桥梁与接线工程;质监单位为安徽省交通质监站。

本项目建设期间的重大事项如下:2007 年 6 月 21 日,安徽省发改委以发改交运函〔2007〕401 号函对安徽省交通厅《关于调整颍上船闸主体工程建设规模的函》（皖交基函〔2006〕92 号）进行批复,同意调整颍上船闸工程建设规模（闸室尺寸由 130 米 × 12 米 × 3 米调整为 180 米 × 12 米 × 3 米）;2008 年 9 月 16 日,安徽省发改委以发改设计〔2008〕857 号文对安徽省交通厅《关于请批准沙颍河颍上船闸建设规模调整初步设计的函》（皖交基函〔2008〕42 号）进行批复;2008 年 12 月 6 日颍上船闸实现通水;2008 年 12 月 25 日建成试通航;2016 年 12 月竣工验收。

2012 年 4 月,本项目取得实用新型专利"高边墩高填土船闸闸室 U 形预应力索坞式结构体系",专利号 ZL201220180796.X;2013 年 7 月,本项目取得实用新型专利"蘑菇头双球面高分子耐磨衬套",专利号 ZL201320107346.2。

耿楼、阜阳两船闸建成后,打通了断航 30 余年的黄金水道——沙颍河。随着阜阳水运事业的快速发展,船舶数量大增,船型越来越大,颍上船闸已无法满足通航要求。为解决船舶待闸问题,颍上复线船闸于 2015 年 6 月开工建设。

（2）颍上复线船闸

项目于 2015 年 6 月开工,2018 年 1 月试通航,截至 2018 年底尚未竣工。

项目建设依据:安徽省发改委《关于沙颍河航道颍上复线船闸工程工程可行性研究报告的批复》（皖发改外资函〔2014〕134 号）;安徽省发改委《关于世行贷款安徽航道整治项目沙颍河航道颍上复线船闸工程初步设计的批复》（皖发改设计函〔2014〕366 号）;安徽省环境保护厅《关于沙颍河航道颍上复线船闸工程环境影响报告书的批复》（皖环函〔2014〕127 号）;安徽省国土资源厅《关于沙颍河航道颍上复线船闸工程建设用地预审备案的复函》（皖国土资函〔2013〕2032 号）。

颍上复线船闸工程按四级标准建设,一次过闸时间为 40 分钟。闸室有效尺度为 200 米 × 23 米 × 4 米。设计代表船型为 500 吨级兼顾 1000 吨级,尺度为 67.5 米 × 10.8 米 × 2.1 米;设计代表船队为 1 拖 + 6 × 500 吨拖带船队,尺度为 278.0 米 × 9.2 米 × 2.0 米。船闸设计水头 7.96 米,设计洪水位为闸上 28.87 米,闸下 28.62 米（50 年一遇）;最高通航水位为闸上 27.13 米,闸下 27.05 米（10 年一遇）;最低通航水位为闸上 19.13 米,闸下 17.00 米（95% 保证率）;正常蓄水位为闸上 23.86 米。闸首采用钢筋混凝土实体底板和空箱边墩组成的整体式结构;闸室采用钢筋混凝土倒 π 形结构,钢筋混凝土空箱式和扶壁式导航墙,混凝土墩式靠船墩。船闸的闸门采用钢质人字门,阀门采用平板提升门,均采用液压启闭机。输水系统采用长廊道分散输水,充、泄水时间均为 8.5 分钟。复线船闸上游与一线船闸共用引航道,引航道左边线与上闸首口门左边线平齐布置,直线段长 472.5 米,主导航墙、调顺段与停泊段布置在直线段上,主导航墙长 60 米,自导航墙后

412.5 米内为调顺段和停泊段。复线船闸下游引航道在一线船闸靠船墩之前与一线船闸引航道各自为独立布置，该段总底宽 102 米，一线线船闸引航道底高程 14.5 米，复线船闸引航道底高程 12.4 米。复线闸引航道左边线与下闸首口门左边线平齐布置，直线段长 460 米，主导航墙、调顺段与停泊段布置在直线段上。此外，项目包括跨闸公路桥梁改造，跨闸人行便桥建设，船闸管理区拆除重建等。

工程概算总投资 3.44 亿元，其中世界银行贷款 2516 万美元（折合人民币约 1.53 亿元），其余 1.92 亿元资金由项目业主自筹。

项目建设单位为安徽省港航建设投资集团有限公司；设计单位为安徽省水利水电勘测设计院和安徽省交通勘察设计院；施工总承包单位为山东黄河工程集团有限公司，负责船闸主体、上下游引航道、跨闸公路桥、闸阀门、启闭机、电气及控制系统建设，其中单独招标的专业分包单位中，常州液压成套设备厂有限公司负责启闭机建设，中水三立技术股份有限公司负责电气及控制系统建设；监理单位为安徽省中兴工程监理有限公司；质检单位为安徽省公路工程检测中心。

工程新增永久用地 143.7 亩。

颍上复线船闸的建成，大大缓解了上下游船舶待闸现象，提高了颍上船闸的通过能力。相较一线船闸，复线船闸单次过闸船舶由 4 艘提高到 8 艘；一线、复线船闸同时运行，单向过闸量提升到原一线船闸的 3.2 倍。

预计复线船闸正式运行之后，颍上船闸及复线船闸能够满足沙颍河腹地社会经济发展对货运量增长的需求，对加快皖西北地区经济社会的可持续发展具有重要意义。

第五节　长江三角洲高等级航道网的通航建筑物

一、综述

《全国内河航道与港口布局规划》确定的长江三角洲高等级航道网布局方案为以长江干线和京杭运河为核心，三级航道为主体，四级航道为补充，由 23 条航道组成"两纵六横"高等级航道网。其中"两纵"是指京杭运河—杭甬运河（含锡澄运河、丹金溧漕河、锡溧漕河、乍嘉苏线），连申线（含杨林塘）；"六横"是指长江干线（南京以下），淮河出海航道—盐河，通扬线，芜申线—苏申外港线（含苏申内港线），长湖申线—黄浦江—大浦线、赵家沟—大芦线（含湖嘉申线），钱塘江—杭申线（含杭平申线）。"两纵六横"共规划高等级航道 4200 千米，其中三级及以上航道 3400 千米，四级航道 930 千米。

截至 2016 年底，长三角区域三省一市共有内河水利枢纽 1212 处，具有通航功能的

1021 处；通航船闸共 252 座，可正常使用的 229 座；升船机共 18 座，可正常使用的 11 座。其中，江苏、浙江两省内河水利枢纽数量占比分别为 57% 及 27%；两省内河通航建筑物数量占比分别为 42% 及 20%。内河水利枢纽及通航建筑物主要分布在低等级航道，高等级航道分布相对较少。除京杭运河以外，高等级航道上建有通航建筑物 40 余座。

二、连申线的通航建筑物

（一）善南船闸、云善河船闸

1. 闸坝概况

（1）自然地理条件

连云港港疏港航道北接连云港港，南连灌河、通榆河，西接京杭运河，既是长三角高等级航道网和江苏省规划建设的"两纵四横"内河干线航道网的主要干线——连申线的重要组成部分，也是连云港港集疏运系统中重要的内河水运通道。

善后河枢纽工程位于江苏省连云港市灌云县板浦镇，处于盐河与善后河、善后河与云善河交汇处，是连云港港疏港航道工程的组成部分，是疏港航道盐河段跨越善后河与云善河相接的通航枢纽工程。善后河枢纽主要由善南船闸和云善河船闸及其连接段航道组成。

善后河枢纽工程地处北半球的中纬度，属暖温带和北亚热带的过渡区，气候具有明显的季风性、不稳定性、过渡性等特征。冬季多偏 N，气候寒冷干燥，正常年景少雨雪。春季雨量偏少，有寒流。春夏之交时有冰雹，夏季多暴雨，夏秋有台风。7—9 月盛行 SE，受台风影响多暴雨；常风向以 NE 为主。

拟建航道及船闸区域内河网交错，属冲海积平原地貌，除河流及沟渠外，其余地形、地势均较平坦，地面高程一般为 3~4 米。

（2）闸坝建设情况

善后河枢纽工程建设内容包括善南船闸、云善河船闸两座设计标准为三级的船闸及其相关配套工程、两座远调码头及停泊锚地、两座跨引航道交通桥、防洪大堤及连接段航道整治及护岸等工程。执行三级航道通航标准，设计最大通过船舶等级为 1000 吨级。

善后河枢纽工程下游起始位置为连云港港疏港航道桩号 K36+720。航道沿盐河上行，在孙口庄南进入新开挖航道，善南船闸建于善南套闸东侧，与套闸相距约 175 米，航道以 480 米曲率半径右拐进入善后河，穿过国道 204 线桥 2 千米后，在葛庄砖瓦厂东侧以 640 米曲率半径左拐进入新开挖航道。云善河船闸建于云善套闸西北侧，两闸相距约 175 米，航道进入云善河至桩号 K26+052 位置。整个航道轴线全长 10.67 千米。

（3）建设成就

自运营以来，善后河枢纽船闸整体上呈现安全平稳、运营有序的态势，机电设备和助航通航设施有效可靠，土建结构物稳定。截至2017年底，善南船闸开放闸次7.07万次，云善船闸开放闸次6.14万次，二者合计开放闸次13.21万次；善南船闸过闸单机船舶15.02万艘次，云善船闸过闸单机船舶13.30万艘次，二者合计过闸单机船舶28.31万艘次；善南船闸过闸货物量4337.79万吨，云善船闸过闸货物量3697.15万吨，二者合计8034.93万吨；善南船闸过闸总吨7857.20万吨，云善船闸过闸总6898.55万吨，二者合计过闸总1.48亿吨。

2.通航建筑物

项目于2007年12月开工，2010年12月竣工。

项目建设依据：2007年8月，江苏省发改委对连云港港疏港航道工程可行性研究报告进行批复（苏发改交能发〔2007〕846号）；2008年1月，江苏省发改委分别对连云港港疏港航道整治工程航道工程及枢纽桥梁工程进行了初步设计批复（苏发改交通发〔2008〕46号、苏发改交通发〔2008〕47号）；2007年6月，江苏省环境保护厅对连云港港疏港航道环境影响报告书进行批复（苏环管〔2007〕138号）；2007年8月，江苏省国土资源厅下发连云港港疏港航道整治工程项目用地的预审意见（苏国土资函〔2007〕569号）；2008年6月3日，江苏省国土资源厅印发了包括连云港港疏港航道的2008年度第二批省及省以下独立选址建设项目新增建设用地计划的通知（苏国土资发〔2008〕151号）；2007年7月，灌云县水利局对《连云港港疏港航道穿越善后河枢纽工程防洪评价报告》进行了审批。

善后河枢纽包含善南船闸及云善河船闸两座单级船闸，船闸等级均为三级。两船闸上、下闸首均采用钢筋混凝土实体底板和箱形边墩构成的整体坞式结构，闸室采用C25钢筋混凝土整体式结构。船闸采用门缝输水，闸首不设输水廊道，设计正向最大水位差为0.6米，设计反向最大水位差为0.93米，充、泄水时间均为8分钟，一次过闸时间36分钟。船闸有效尺度为230米×23米×4米。设计代表船队为1顶+2×1000吨级驳船队。闸门门型采用钢质三角门，闸首采用大门库的空箱边墩形式。两船闸上、下游引航道护坦长度均为60米。善南船闸下游和云善河船闸上游各设置远方调度站一座。两船闸工程总投资3.63亿元，资金来源为交通运输部水运建设资金、江苏省财政资金。新沂河枢纽、善后河枢纽为疏港航道整治工程的重要组成，项目资金为政府财政资金，工程概算投资34.56亿元，实际投资31.16亿元，永久征地8003.84亩，临时用地1.41万亩，拆迁房屋21.03万平方米。

项目建设单位为江苏省交通运输厅和连云港市政府；设计单位为中交第二航务工程勘察设计院有限公司、中交水运规划设计院有限公司、江苏省交通规划设计院、中水淮河规划设计研究有限公司等；施工单位为中交第一航务工程局有限公司、江苏省水利建设工程有限公司、常州盛得液压设备有限公司等;监理单位为安徽中兴工程建设监理所;质监单位为江苏省交通运输厅工程质量监督局。

中交第四航务工程局有限公司和江苏交通工程集团有限公司总结形成的"移动模板混凝土墙体施工工法"被评定为交通运输部水运工程一级工法。

善南船闸 QC 小组获得全国优秀 QC 小组一等奖。

连云港港疏港航道通航以来,由于其高标准的内河航运集疏运通道,加上相对低廉的运输成本,使之成为苏北地区航道网中最重要的出海通道。港口货运在维持传统货源地区的同时,通过疏港通道对接港口,由千吨级干线航道将货轮直接送达连云港港口,将业务范围拓展到了淮河以北乃至中原腹地。

自 2011 年 8 月 16 日运行以来,新沂河枢纽、善后河枢纽共 4 座船闸整体上呈现安全平稳、运营有序的态势,机电设备和助航通航设施有效可靠,土建结构物稳定。截至 2017年底,2 个枢纽 4 座船闸共开放闸次 22.45 万次,共过闸单机船舶 70.89 万艘次,共计过闸货物量 2.11 亿吨,共计过闸总 3.66 亿吨。

疏港航道的建成使连云港港口综合集疏运体系得到进一步扩大和提升,对改善苏北地区水上运输条件,进一步提升连云港港口功能,完善沿海地区集疏运体系,充分发挥苏北腹地对沿海开发的资源支撑作用具有重要意义。

(二)沂北船闸、沂南船闸

1. 闸坝概况

(1)自然地理条件

连云港市位于江苏省的东北部,历史悠久、河网密布、人杰地灵、资源丰富。连云港市是一个美丽的海港城市,也是我国最早实行对外开放的沿海 14 个城市之一。它位于东经118 度 24 分~119 度 48 分和北纬 34 度~35 度 07 分之间,地处我国沿海中部的黄海之滨,位于横贯大陆东西的陇海铁路的东端,是海陆和南北两个过渡带交叉的中心点,也是新亚欧大陆桥的东桥头堡。

连云港港疏港航道北接连云港港,南连灌河、通榆河,西接京杭大运河,既是长江三角洲高等级航道网"两纵三横"和江苏省干线航道网"两纵四横"的主要干线——连申线的重要组成部分,也是连云港港集疏运系统中重要的内河水运通道。内河航道和港口的衔接,将促进连云港港口的开发和崛起,对逐步建成通行 1000 吨级船舶的通江达海大通道,推动苏北、苏中、苏南区域经济的共同发展,具有十分重要的意义。

新沂河枢纽所在的连云港市灌云县和灌南县濒临黄海,地处温带与亚热带过渡地带,属暖温季风气候区。由于该县处于两个气候带之间,是冷、暖气团经常交汇区,气候多变,洪涝、干旱、霜冻、冰雹、大风等灾害频繁。冬季多偏 N,气候寒冷干燥,正常年景少雨雪。

春季雨量偏少，有寒流，春夏之交时有冰雹，7—9月盛行SE，雨量充沛。夏季多暴雨，夏秋有台风。

（2）闸坝建设情况

新沂河枢纽工程内容包括沂南船闸和沂北船闸2座船闸，其中沂南船闸位于灌南县张店镇二里村，沂北船闸位于灌云县东王集乡盐河村；连接新沂河南北大堤东西交通的防汛交通桥2座；跨越新沂河南泓道、北泓道的漫水桥2座；跨闸（引航道）桥梁4座；义北引水渠、石剑河倒虹吸涵洞2座；岑池河立交地涵1座；新沂河开挖航道约1.79千米。执行三级航道通航标准，设计最大通过船舶等级1000吨级。

新沂河枢纽南北向起讫点为K56+817、K63+413，中间为切滩挖槽形成航道段，长1.79千米，在新沂河南北侧分别新建沂南船闸、沂北船闸，在新沂河中泓—岑池河建立交地涵；由于航道穿越义北引水渠和石剑河，在南侧义北引水渠建倒虹吸涵洞，北侧石剑河建倒虹吸涵洞；将盐东滚水坝移址重建。漫水路、漫水桥作为非汛期南北交通主要通道；在新沂河两侧大堤处建防汛交通桥，作为东西向防汛主要通道；每座船闸各建船闸管理区1处。

新开挖航道位于新沂河河道内，与新沂河南、北深泓十字交叉，航道呈直线布置，与船闸引航道中心一致。航道底宽45米，航道边坡为1:4。为减少深泓水流对横穿船舶航行条件带来不利影响，根据《平交船闸方案数学模型研究报告》，当航道通航保证率达95%时（流量550立方米/秒，横向流速0.3米/秒），南偏泓上、下游方向540米范围内，北偏泓上下游方向800米内的泓道河底高程扩挖至航道底高程。

新建船闸尺度为230米×23米×4米，其设计中心线与原套闸中心平行且相距250米。沂北船闸布置于新沂河北大堤外约750米处，沂南船闸布置于新沂河南大堤外约700米处，两侧通过新筑防洪堤与新沂河大堤连接，新筑防洪堤顶高程为9.85米。

船闸水工建筑物等级如下：沂北船闸和沂南船闸工程水工建筑物级别为三级，沂北船闸下闸首、沂南船闸上闸首建筑物考虑新沂河防洪要求，等级为一级，其余闸首、闸室主要建筑物为二级，导航墙、靠船墩、远调站、引航道驳岸为三级，临时工程为四级。

沂北船闸和沂南船闸基本尺度均为230米×23米×4米，两船闸上、下游主导航墙各长70米（沿船闸中心线投影长度）、上、下游靠船段各长400米（上、下游靠船墩各20个）。沂北船闸上游远调站码头、沂南船闸下游远调站码头长均为100米。

（3）建设成就

自运营以来，新沂河枢纽船闸管理所整体上呈现安全平稳、运营有序的态势，机电设备和助航通航设施有效可靠，土建结构物稳定。截至2017年底，沂南开放闸次4.62万次，沂北开放闸次4.62万次，二者合计开放闸次9.24万次；沂北过闸单机船舶21.29万艘，沂南过闸单机船舶21.29万艘，二者合计过闸单机船舶42.58万艘；沂北过闸货物量

6525.33 万吨,沂南过闸货物量 6525.33 万吨,二者合计 1.31 亿吨;沂北过闸总 1.09 亿吨,沂南过闸总 1.09 亿吨,共计过闸总 2.18 亿吨。

随着航道环境的整治、航道维护的保障、航道服务的加强,船舶越来越大型化。经统计,新沂河船闸 2011—2017 年以来过闸平均吨位分别为 284 吨、280 吨、358 吨、383 吨、497 吨、571 吨、623 吨,船舶大型化日趋显著。

2. 通航建筑物

项目于 2007 年 12 月开工,2010 年 12 月竣工。

项目建设依据:2007 年 8 月,江苏省发改委对连云港港疏港航道工程可行性研究报告进行批复(苏发改交能发〔2007〕846 号);2008 年 1 月,江苏省发改委对连云港港疏港航道整治工程航道工程及枢纽桥梁工程进行了初步设计批复(苏发改交通发〔2008〕46 号、苏发改交通发〔2008〕47 号);2007 年 6 月,江苏省环境保护厅对连云港港疏港航道环境影响报告书进行批复(苏环管〔2007〕138 号);2007 年 8 月,江苏省国土资源厅下发连云港港疏港航道整治工程项目用地的预审意见(苏国土资函〔2007〕569 号)。2007 年 11 月,江苏省国土资源厅对连云港港疏港航道整治工程控制工期的单体工程先行用地进行复函(苏国土资函〔2007〕912 号)。

在新沂河南北侧分别新建沂南船闸、沂北船闸。新沂河枢纽包含沂南和沂北船闸,新建船闸尺度均为 230 米 × 23 米 × 4 米。

沂北船闸中心线位于沂北套闸中心以东 250 米,船闸纵轴线分别与盐河(K56 + 817)、新沂河北偏弘的航道中心线(K59 + 235)相交,两交点距离约为 2418 米,其中上闸首长为 28.8 米、下闸首长为 27.5 米,闸室长 230 米,为单级、一线船闸。船闸采用钢筋混凝土坞式整体结构结构,采用短廊道输水形式,设计正向最大水位差为 1.51 米,设计反向最大水位差为 3.19 米,充、泄水时间均为 10 分钟,一次过闸时间为 35 分钟。设计代表船队为 1 顶 + 2 × 1000 吨级,船队尺度为 160 米 × 10.8 米 × 2.0 米。上、下闸首工作闸门为钢质三角门,阀门为平板提升门,闸、阀门启闭机均采用液压直推式启闭机。上、下游导航段均长 70 米(中心线投影长度),上游引航道直线段长度约为 908 米,下游引航道直线段长度约为 750 米,船闸上游引航道与盐河的衔接采用弯曲段过渡。上游引航道直线段长度为 908 米,下游直线段长约为 748 米。上、下游靠船段底宽 60 米,长 400 米,各设 20 个重力式靠船墩,间距为 20 米。

沂南船闸中心线位于沂南套闸中心以东 250 米,船闸纵轴线分别与盐河(K63 + 413)、新沂河南偏弘的航道中心线(K61 + 022)相交,两交点直线距离约为 2391 米,其中上闸首长为 27.5 米、下闸首长为 28.8 米,船闸有效尺度为 230 米 × 23 米 × 4.0 米,标准为三级、一线船闸。船闸采用钢筋混凝土坞式整体结构结构,采用短廊道输水形式,设计正向最大水位差为 2.33 米,设计反向最大水位差为 2 米,充、泄水时间均为 10 分钟,一次过闸时间为 35 分钟。设计代表船队为 1 顶 + 2 × 1000 吨级,船队尺度为 160 米 × 10.8 米 × 2.0 米。上、下闸首工作闸门为钢质三角门,阀门为平板提升门,闸、阀门启闭机均采用液压直推式启闭机。上、下游导航段均长 70 米(中心线投影长度),上游引航道直线段长度约为 700 米,下游引航道直线段长度约为 638 米,船闸下游引航道与盐河的衔接采用弯曲段过渡。上游引航道直线段长度为 700 米,下游直线段长约为 638 米。上、下游靠船段底宽 60 米,长 400 米,各设 20 个重力式靠船墩,间距为 20 米。船闸工程总投资 4.47 亿元,资金来源为交通运输部水运建设资金及江苏省自筹。

项目建设单位为连云港港疏港航道工程现场指挥部项目管理办公室;设计单位为中交第二航务工程勘察设计院有限公司、中交水运规划设计院有限公司和江苏省交通规划设计院等;施工单位为江苏省交通工程集团有限公司、中交第四航务工程局有限公司、江苏省交通工程集团有限公司等;监理单位为江苏科兴工程建设监理有限公司;质检单位为江苏省交通运输厅工程质量监督局。

新沂河枢纽、善后河枢纽为疏港航道整治工程的重要组成,项目资金为政府财政资金,工程概算投资 34.56 亿元,实际投资 31.16 亿元;永久征地 8003.84 亩,临时用地 1.41 万亩,拆迁房屋 21.03 万平方米。

中交第四航务工程局有限公司和江苏交通工程集团有限公司总结形成的"移动模板混凝土墙体施工工法"被评定为交通运输部水运工程一级工法。

沂北船闸混凝土墙新型模板系统 QC 小组获得全国优秀 QC 小组一等奖,沂北船闸钢筋保护层厚度控制 QC 小组获得广东省工程建设优秀 QC 小组二等奖,沂南船闸闸室墙一次性浇筑工艺获得镇江市优秀 QC 小组成果三等奖。YJ 监理部参与研究的《以创建内河一流水运工程监理企业为目标的品牌战略管理》获得 2012 年中国交通企业管理现代化创新成果二等奖。HD2 标工程还获得了 2012 年度连云港市"玉女峰杯优质工程奖"。

连云港港疏港航道通航以来,由于高标准的内河航运集疏运通道,加上相对低廉的运输成本,使之成为苏北地区航道网中最重要的出海通道。港口货运在维持传统货源地区的同时,通过疏港通道对接港口,由 1000 吨级干线航道将货轮直接送达连云港港口,将业务范围拓展到了淮河以北乃至中原腹地。

自 2011 年 8 月 16 日运行以来,新沂河枢纽、善后河枢纽 4 座船闸整体上呈现安全平稳、运营有序的态势,机电设备和助航通航设施有效可靠,土建结构物稳定。截至 2017 年底,2 个枢纽 4 个船闸共开放闸次 22.45 万次,共过闸单机船舶 70.89 万艘次,共计过闸货物量 2.11 亿吨,共计过闸总 3.66 亿吨。

疏港航道的建成使连云港港口综合集疏运体系得到进一步扩大和提升,对改善苏北地区水上运输条件,进一步提升连云港港口功能,完善沿海地区集疏运体系,充分发挥苏北腹地对沿海开发的资源支撑作用具有重要意义。

（三）盐灌船闸

1. 闸坝概况

（1）自然地理条件

盐河为三级航道,南起与京杭运河交汇处的淮阴市淮阴区杨庄,经淮阴、涟水、灌云四区县至连云港市新浦。灌河基本呈东西走向,主干流自灌南县的东三岔经响水至燕尾港入海,全长64.5千米。灌河为三级航道,全程均处于潮流界内,水深河宽,河道顺直。灌河入海径流量多年平均为76.36亿立方米,其中包括新沂河和灌河上游各支流泄水量。

盐灌船闸闸坝所处位置属暖温季风气候区,气候多变,洪涝、干旱、霜冻、冰雹、大风等灾害频繁。冬季多偏N,气候寒冷干燥,正常年景少雨雪。春季雨量偏少,有寒流,春夏之交时有冰雹,7—9月盛行SE,雨量充沛。夏季多暴雨,夏秋有台风。

（2）闸坝建设情况

盐河与灌河是江苏省苏北地区重要的内河干线航道,也是江苏省规划建设的"两纵四横"内河干线航道网的重要组成部分。盐灌船闸工程位于灌南县境内的盐河与灌河支流武障河的交汇处,距灌南县城2.5千米,执行三级航道通航标准,设计最大通过船舶等级为1000吨级。

（3）建设成就

盐灌船闸是江苏省内河干线航道"二纵四横"主通道的关键交汇点之一,盐灌船闸工程是沟通盐河、灌河入海,实现海河联运的先导性工程。该工程对沟通盐河和灌河实现海河联运、加快盐河和灌河流域开发和区域经济社会发展、完善连云港港集疏运体系和拓展港口辐射范围都具有十分重要的意义。

2. 通航建筑物

项目于2007年3月开工,2009年12月试通航,2010年1月竣工。

项目建设依据:2006年12月,江苏省发改委下达《关于盐河入海沟通工程盐灌船闸工程可行性研究调整报告的批复》(苏发改交能发〔2006〕1459号);江苏省发改委下达《关于盐河入海沟通工程盐灌船闸工程初步设计的批复》(苏发改交能发〔2007〕41号);2006年5月,江苏省环保厅下达《关于对盐河入海沟通盐灌船闸工程环境影响报告书的批复》(苏环管〔2006〕67号);2006年11月,江苏省国土资源厅以苏国土资函〔2006〕940号文通过盐灌船闸工程项目用地预审意见。2007年2月2日,江苏省国土资源厅以苏国土资地函〔2006〕0694号文批准盐灌船闸建设用地;2009年8月6日通过江苏省林业局苏林林地审字〔2009〕059号使用林地审核同意书。

船闸等级为三级通航标准,采用单线、单级布置。双向设计水头正向4.5米,反向

2.0 米。上游设计最高通航水位为 4.28 米,最低通航水位为 1.61 米,下游设计最高通航水位为 4.17 米,最低通航水位为 −1.05 米。一次过闸时间为 30 分钟。闸室尺度为 230 米 × 23 米 × 4 米。盐灌船闸为三级通航建筑物,设计代表船队 1 顶 + 2 × 1000 吨级,尺度为 160.0 米 × 10.8 米 × 2.0 米。闸室采用钢筋混凝土坞式结构,上、下闸首均采用钢筋混凝土整体式结构,闸门为钢质弧形三角门;阀门为钢质平板提升门;闸阀门启闭采用液压直推式启闭机。上、下游主导航墙各长 70 米(沿船闸中心线投影长度);上、下游靠船段各长 400 米(上、下游靠船墩各 20 个),上、下游远调站护岸长均为 100 米;上、下游停泊锚地长均 300 米;船闸引航道与盐河及武障河的衔接采用弯曲段过渡;跨越上游引航道的新张公路桥及接线采用二级公路标准设计,主桥采用计算跨径 100 米的钢管混凝土系杆拱,引桥采用 25 米跨径装配式部分预应力钢筋混凝土连续箱梁;电气控制系统采用集-散型控制系统,主要设备采用 PLC 和工控机,配电采用电网理理系统进行监测控制;房屋建筑包括机房、调度控制中心、配电房、远方调度站用房及新建闸管区内的办公用房等。盐灌船闸工程项目概算总投资 3.64 亿元,资金来源为交通运输部水运建设资金和江苏省航道局投资借款。施工用地中,工程占用土地 1175 亩,临时用地 1485 亩。拆迁房屋 2 万平方米,开挖水上土方约 358 万立方米,疏浚水下土方约 45 万立方米。

项目建设单位为盐灌船闸工程建设指挥部;设计单位为省交通规划设计院有限公司;施工单位为江苏交通工程集团有限公司、中交三航局有限公司、常州液压成套设备厂有限公司、合肥三立自动化工程有限公司等;监理单位为安徽中兴工程建设监理所;质监单位为江苏省交通运输厅质量监督局。

本项目建设过程中的科技创新及成果获奖情况如下:

①生态环保技术。

盐灌船闸在驳岸工程中引入生态环保技术,将上游三角洲浆砌块石结构改变为格宾挡墙加雷诺护垫结构形式。该项技术在金属丝网箱结构内充填级配良好的碎石,具有生态环保的优点。

②突破闸室墙模板对拉螺栓传统工艺。

船闸主体施工期间,建设办带领土建项目部成立了闸室墙模板少拉条技术创新课题小组。经奋力攻关,课题小组突破闸室墙模板对拉螺栓传统工艺,采用预应力精轧螺纹钢作为拉条螺栓,在保证模板强度、刚度的前提下,减少了 75% 的对拉螺栓孔,不仅提高了混凝土外观质量,而且大大减少了模板支护、拆卸和后期封堵的工作量。该工法获得省级工法二等奖。

③"钻孔灌注桩 + 土锚"支护体系的试验研究。

盐灌船闸建设办与同济大学共同开展了盐灌船闸下游远调码头护岸"钻孔灌注桩 + 土锚"支护体系的试验研究,为今后在连云港市以及其他软土地区"钻孔灌注桩 + 土锚"

支护体系的设计与施工积累经验和提供依据。项目科研获 2013 年度连云港市科技进步三等奖。

　　盐灌船闸是淮河、盐河、灌河入海的东西方向主通道，是沟通盐河、灌河两条干线航道实现海河联运的关键工程，也是江苏省内河干线航道网规划"二纵四横"主通道的一纵（连申线）和一横（淮河出海航道）关键交汇点之一。作为江苏省交通运输厅"十一五"重点项目，盐灌船闸建设得到江苏省、连云港市各级领导的高度关注。它的建设成就体现为"四个第一"：江苏省第一个内河沟通沿海的口门船闸，江苏省航道"十一五"规划第一个开工建设的船闸，江苏省沿海地区发展规划战略实施之后第一个完工的船闸，连云港市第一个投资超亿元的内河交通船闸。

　　自 2010 年 1 月 15 日试运行以来，盐灌船闸整体上呈现安全平稳、运营有序的态势，机电设备和助航通航设施有效可靠，土建结构物稳定。截至 2015 年底，共开放闸次 1.58 万次，过闸船舶 7.01 万艘，过闸货物量 687.21 万吨，过闸总吨 2383.16 万吨，有效提升了盐河、灌河的通航能力，完善了连云港港口集疏运体系，对改善苏北地区水上运输条件，进一步提升连云港港口功能，完善沿海地区集疏运体系，充分发挥苏北腹地对沿海开发的资源支撑作用具有重要意义。

（四）海安船闸

1. 闸坝概况

（1）自然地理条件

连申线是江苏省"十二五"交通重点工程，北起连云港，经盐城、南通、苏州，止于上海，全长 558 千米。

海安船闸所处地区历年平均气温 15 摄氏度，7 月、8 月平均最高气温 31.0 摄氏度，1月平均最低气温 −0.5 摄氏度。上游千年一遇高水位为 3.70 米；上游百年一遇高水位为 3.30 米；上游最低水位为 0.3 米；下游最低水位为 −1.3 米；下游最高潮水位 4.4 米。在地表下 0.5 米以内一层耕植土为灰黄色壤土，再向下逐渐变为浅黄色粉土或粉砂和极细砂。

（2）闸坝建设情况

海安双线船闸位于海安市主城区内，位于连申线海安段，采用拆除老船闸新建双线船闸的方式建设。船闸中心线以老船闸中心线为基准向东移动 40 米建设一线船闸，复线船闸布置在一线船闸西侧，两闸中心距为 60 米，采用上、下闸首、闸室对齐布置的方案。上、下游主辅导航墙采用喇叭形布置，导航调顺段长 140 米（船闸中心线上投影长度），船舶曲线进闸、直线出闸。靠船段 330 米，分别设置 14 个靠船墩。双线船闸上、下游均共用引航道。上、下游远调站分别布置在距上、下闸首约 1.85 千米处西岸、2.4 千米处东岸的堤坡上,远调站护岸长 100 米。在紧邻船闸上、下游引航道远调站外侧延伸布置停泊锚地,锚地护岸各长 300 米、500 米,供过往船舶停泊等待过闸使用。

(3)建设成就

海安复线船闸于 2013 年 12 月 18 日建成试通航。四年多来,海安船闸服务地方经济作用逐步显现,构筑了江海河联运新格局,推动了地区经济高质量发展。以过闸货物量为例,2014 年为 647.81 万吨;2015 年同比增长 22.52%,达 793.75 万吨。

2. 通航建筑物

项目于 2011 年 7 月开工,2013 年 12 月试运行,2020 年 1 月竣工。

项目建设依据:2009 年 3 月,江苏省发改委《连申线(东台—长江段)航道整治工程项目建议书》(苏发改交通发〔2009〕337 号);2010 年 8 月,江苏省发改委《连申线(东台—长江段)航道整治工程可行性研究报告》(苏发改基础发〔2010〕1133 号);2010 年 1 月,江苏省环境保护厅《连申线(东台—长江段)航道整治工程环境影响报告书》(苏环审〔2010〕17 号);2015 年 12 月,国土资源部《连申线航道整治工程(东台—长江段)建设用地事项的请示》(国土资函〔2015〕893 号)。

船闸等级为三级,为双线船闸,最大设计通过船舶等级为 1000 吨级,设计水头 3.33 米。船闸有效尺度为 230 米×23 米×4 米。上、下闸首、闸室采用钢筋混凝土坞式结构。输水系统类型为闸首短廊道输水,充、泄水时间均为 10~15 分钟,一次过闸时间为 30 分钟。设计代表船型为 1 顶 +2×1000 吨驳船:67.5 米×10.8 米×2.0 米,船队:160.0 米×10.8 米×2.0 米;代表船型吨级 1000 吨货船,驳船:80.0 米×10.8 米×2.0 米。双线船闸上、下游均为共用引航道,宽度 100 米,上、下游主辅导航墙采用喇叭形布置,上游主导航墙长 140 米,辅导航墙长 70 米;上游引航道护岸长 2442.8 米;下游主导航墙长 140 米,辅导航墙长 41 米,下游引航道护岸长 2439.5 米。上、下闸首、闸室采用钢筋混凝土坞式结构。上、下闸首闸门均采用钢质空间网架结构三角门,阀门为钢质平板提升门,闸、阀门启闭机均采用液压直推式启闭机。项目总投资 6.02 亿元,其中交通运输部水运建设资金 1.45 亿元,地方投资 4.57 亿元。项目永久性征地 676.6 亩,船闸管理用房 3666 平方米。

项目建设单位为南通市连申线航道整治工程建设指挥部;设计单位为江苏省交通规划设计院股份有限公司;施工单位为中交第三航务工程局有限公司(船闸土建标)、江苏省交通工程集团有限公司(闸阀门标)、江苏晨光盛得液压设备有限公司(启闭机标)等;监理单位为江苏科兴工程建设监理有限公司;质检单位为江苏省交通科学研究院股份有限公司(中心试验室)、江苏省交通规划设计院股份有限公司(交竣工检测)。

本项目建设过程中的重大事项如下:2011 年 4 月船闸土建施工、监理单位进场,2011 年 7 月正式开工建设。在 2012 年交通运输部水运工程质量安全综合督查中被评价为"质量管理理念先进,总体管理水平高,质量排名全国第一"。2013 年 10 月 24 日,江苏省交通运输厅工程质量监督局印发《关于海安船闸工程（水下部分）质量鉴定意见》（交质水〔2013〕31号）;2013年12月11日，江苏省交通运输厅、厅航道局、南通市交通运输局、南通市航道管理处组成了交工档案验收组，对海安船闸工程交工档案进行了验收。2013年12月25日，江苏省交通运输厅工程质量监督局印发连申线（南通段）航道整治工程交工质量鉴定书（交质水〔2013〕37号），工程质量鉴定结论为:连申线（南通段）航道整治工程总体质量管理水平较高，首次在江苏省内河航道建设工程中推行混凝土集中拌和、水上混凝土浇筑等施工标准化管理措施，同时积极开展质量通病治理活动，通过新材料、新工艺的创新，精细化管理，工程质量通病治理取得了明显效果，已完工航道、船闸工程达到了江苏省"十二五"以来内河航道建设质量最高水平。2013年12月18日，江苏省交通运输厅航道局组织召开了连申线（东台—长江段）航道整治工程交工验收会议，参加会议的有江苏省交通运输厅办公室、综计处、财务处、驻厅纪检组、建设办、质监局，盐城市交通运输局、航道处、东台市交通运输局，南通市人民政府、交通运输局、航道处，海安县人民政府、交通运输局，如皋市人民政府、交通运输局以及工程建设、设计、监理、施工、接养等单位的领导及代表。会议成立了连申线（东台—长江段）航道整治工程交工验收委员会，连申线（东台—长江段）航道整治工程通过交工验收，并投入试运行。2017年12月26日，江苏省档案局会同江苏省交通运输厅组织档案验收组，连申线海安船闸工程项目档案通过专项验收。

南通市航道管理处与江苏省交通规划设计院、河海大学联合开展"土基上船闸结构优化设计和质量通病防控技术研究"科研活动，提出了考虑时间效应的土基上结构仿真计算方法，将优化设计理论首次应用与土基上船闸结构设计，在船闸结构设计计算理论研究上有所创新;结合海安双线船闸施工期原型观测数据，采用现场监测手段与仿真计算技术相结合方法，预测未来4~7天的混凝土内部温度值和应力值，提出船闸施工期混凝土防裂措施，在治理混凝土裂缝这一质量通病上有所突破。

南通市航道管理处与中交上海港湾工程设计研究院有限公司联合开展"非对称工况下双线船闸的施工工艺优化研究"的科研活动，通过对船闸主体结构的地基应力、基坑和岸坡稳定、大体积混凝土浇筑全过程中温度和采用冷却水管后内部温度变化、船闸主体结构应力及建筑物沉降位移的监控、监测，探索建立双线船闸同步施工监控、监测体系，为同类工程施工设计积累经验。

本项目的获奖情况见表11-5-1。

海安船闸工程获奖情况　　　　　　　　　　　　　　　　　　表11-5-1

奖项分类	奖项级别	奖项名称	获奖年月	颁奖机构
工程质量	国家级	全国工人先锋号	2012年4月1日	中华全国总工会
工程质量	省部级	江苏省工人先锋号	2011年12月1日	江苏省总工会
工程质量	省部级	江苏省五一劳动奖章	2013年1月1日	江苏省总工会

续上表

奖项分类	奖项级别	奖项名称	获奖年月	颁奖机构
工程质量	国家级	平安工程	2015年9月1日	国家安全生产监督管理总局、交通运输部
工程质量	省部级	平安工地	2013年1月1日	江苏省交通运输厅
工程质量	省部级	省级"示范工程"、省级"示范工地"	2014年2月1日	江苏省交通运输厅
工程质量	省部级	部级"平安工地"	2013年5月1日	交通运输部
工程质量	省部级	"十二五"江苏交通建设十大"品牌工程"	2017年7月1日	江苏省交通运输厅
工程质量	省部级	江苏省优质工程奖"扬子杯"	2016年2月1日	江苏省住房和城乡建设厅

海安船闸及连申线(东台—长江段)建成后,可较好地完成区域建设和生产所需的大宗物资调入任务;同时可增强区域对外联系,改善区域投资环境,带动沿河产业带的逐步形成,是促进区域经济持续发展的重要保障。同时,本项目的建设对整个苏北地区的区域经济发展也起着非常重要的作用,其升级改造将加强苏北与苏南地区的沟通,有利于苏北地区接收苏南地区产业转移,促进苏北地区经济快速发展。按三级标准改建的海安船闸,不仅可以提高航道通过能力,而且能够适应船舶大型化发展的需要,提高航运效益,增强内河水运的竞争力,从国民经济的角度也是可行的。海安船闸既是通航设施,也是水利枢纽,其建设在改善航运条件的同时,也提升了区域的行洪、排涝、蓄水能力,具有较大的水利效益,有利于水资源的综合利用。

3. 经验与启示

①以创建优质工程为目标,强化质保体系建设。本项目建立并实施了政府监督、法人管理、社会监理、企业自检四级质保体系,按要求全面建立了工程质量责任人档案。指挥部负责制定质量目标、措施,对总监办、项目部进行检查、考核;总监办负责质量规划、质量方案的审查、审批,施工全过程的监督检查,以及已完工程质量的评定验收;各标段建立了以项目经理为第一责任人的质保网络,明确了各现场作业段、重要工序的质量责任人及具体岗位职责和质量责任,负责工程质量措施的落实;指挥部通过"抓监理、抓首件、抓考核"、总监办通过"抓程序、抓旁站、抓检测"、施工单位通过"抓人员、抓设备、抓材料、抓工序"确保质保体系的有效运转。

②以推行标准化建设为主线,强化质量全过程管理。积极探索建立航闸工程标准化建设体系,细化驻地建设、管理程序、施工工艺流程、现场安全文明施工和试验检测等标准,全面推行全程控制,进一步规范了监理、施工单位的建设行为,全面提升了建设品质。

（五）焦港船闸

1.闸坝概况

（1）自然地理条件

连申线是江苏省"十二五"交通重点工程,北起连云港,经盐城、南通、苏州,止于上海,全长 558 千米。

焦港船闸所处位置历年平均气温 15 摄氏度;7 月、8 月平均最高气温 31.0 摄氏度;1月平均最低气温 -0.5 摄氏度。上游千年一遇高水位为 3.70 米;上游百年一遇高水位为3.30 米;上游最低水位为 0.3 米;下游最低水位为 -1.3 米;下游最高潮水位 4.4 米。在地表下 0.5 米以内一层耕植土为灰黄色壤土,再向下逐渐变为浅黄色粉土或粉砂和极细砂。

（2）闸坝建设情况

焦港船闸是连申线上一座三级沿江口门船闸,位于如皋市江安镇焦港河,下游位于靖江。

（3）建设成就

焦港船闸作为主干线航道的连接口,既是沟通内河与江海的契入口,也是连接连云港、盐城、南通、泰州到苏州、上海等地最主要的水运枢纽之一,是交通综合运输体系的重要组成部分,对于促进沿海开发、拉动区域经济发展影响深远。2015 年,焦港船闸过闸货物量 631.81 万吨,船舶通过量 1304.27 万吨,为提升所在地方经济建设发挥了重要作用。

2.通航建筑物

焦港船闸

项目于 2008 年 1 月开工,2011 年 4 月试运行,2014 年 6 月竣工。

项目建设依据:2006 年 3 月,江苏省发改委《连申线焦港船闸工程预可行性研究报告》（苏发改交能发〔2006〕180 号）;2007 年江苏省发改委《连申线焦港船闸工程可行性研究报告》（苏发改基础发〔2007〕703 号）;2006 年 9 月,江苏省环保厅《焦港船闸工程环境影响报告书》（苏环管〔2006〕166 号）;2006 年 6 月,江苏省国土资源厅《用地预审意见》（苏国土资函〔2007〕411 号）。

焦港船闸等级为三级,单线船闸,最大设计船舶等级为 1000 吨级,设计水头 2.6 米。船闸有效尺度为 230 米×23 米×4 米。上游设计最高通航水位 3.71 米,设计最低通航水位 0.96 米;下游设计最高通航水位 4.85 米,设计最低通航水位 -0.46 米。闸首为钢筋混凝土整体坞式结构,闸室为钢筋混凝土整体式结构。输水系统类型为闸首短廊道集中输水,充、泄水时间均约 10 分钟。上、下游引航道直线段底宽 60 米,上游引航道至口门区衔接段航道底宽采用70米；下游引航道在界河节制闸出水口至口门区段，考虑界河闸泄水和潮汐水流对船舶航行的影响，底宽增大至80米。上、下游主辅导航墙呈喇叭口布置，主导航墙布置于左岸，长70米（船闸中心线上投影长度），斜率为1:5。辅导航墙端部采用圆弧过渡后与护岸垂直相接。上、下游引航道直线段长度分别为622.5米、600米，上、下游河底高程在距闸首60米处以1:10的坡度衔接。上、下游引航道与主航道采用反向圆弧连接，夹角均为22度，圆弧间的直线段长度分别为517米、698米。上、下闸首闸门为钢质三角弧形门，阀门为平板提升门，启闭机采用液压直推式；电气控制系统采用集-散控制系统；上游远调站、停泊锚地布置在距上闸首1.85千米处，下游远调站、停泊锚地布置在下闸首约2千米处，长度分别为100米、300米；设有桥梁3座，其中省道336线公路桥为跨径80米的预应力混凝土系杆拱桥，焦港人行桥为跨径80米的V形墩预应力钢筋混凝土连续箱梁桥，闸区工作桥为跨径36米钢管系杆拱桥。项目总投资4.82亿元，其中交通运输部水运建设资金1.59亿元，银行贷款3.23亿元。项目永久性征地980.0亩，船闸管理用房3603平方米。

项目建设单位为南通市焦港船闸建设总指挥部、泰州市焦港船闸工程建设指挥部；设计单位为江苏省交通规划设计院有限公司；施工单位为江苏淮阴水利建设有限公司、南通市航务工程有限公司、中建筑港总公司等；监理单位为安徽中兴工程建设监理所、江苏科兴工程建设监理有限公司；质检单位为江苏省交通运输厅工程质量监督局。

本项目建设过程中有如下三点设计变更：①人行桥施工图设计变更。人行桥西侧增加3孔60米长的引桥（审批时间：2009年10月11日，支付金额52.21万元）。②上游引航道增加一般土方（变更指令016，审批时间：2010年5月11日，支付金额19.5万元）。③如皋供电局供电电压20千伏，用电容量200千伏安对应供配电系统变更（设计变更通知DQ-02，变更指令DQ-03，审批时间：2010年4月25日，支付金额27.97万元）。

2012年12月，本项目获江苏省建筑行业协会"扬子杯优质工程奖"。

截至2017年底，焦港船闸累计过闸费征收5383.56万元，开放闸次4.34万次，放行船舶33.05万艘，过闸货物量6990.83万吨，船舶通过量1.28亿吨。运行7年以来，过闸货物量每年均创新高，为提升所在地方经济建设发挥了重要作用。此外，自焦港船闸成立以来，焦港船闸管理所先后获得了"省厅先进堡垒党支部""南通市文明单位""南通市总工会模范职工小家""省局争先创优先进单位""市局平安交通示范点""南通市航道处有功单位""南通市航道处先进单位"等荣誉。

3.经验与启示

试通航以来，焦港船闸管理所在江苏省、南通市交通主管部门的正确领导下，认真梳理当地关系，积极探索创新运行管理模式，始终坚持"制度创新、服务优先"的理念，在全省率先探索建立了"一站式"运行调度模式,使船民过闸由原来往返多次缩短为一次性完成登记、缴费、调度程序。该做法于 2011 年下半年在全省航道系统沿江口门船闸进行推广,先后被中央、江苏省、南通市等多家媒体深度报道。

2015 年,为了解决部分船舶没有资格安装"ETC"(电子不停车收费系统)而要上岸登记缴费的问题,管理所推行了 AIS(船舶自动识别系统)过闸系统,同样实现了船民自主申报登记缴费过闸。截至 2017 年底,管理所累计安装 AIS 过闸系统船舶 2400 艘,占实际过闸船舶数量的 90% 以上,ETC 和 AIS 过闸系统(合称"E 站通")基本实现了全覆盖。由于"E 站通"的使用,管理所撤销了上、下游远调站,仅留闸口一个登记售票窗口,精简下来的人员于 2016 年 10 月扩充为三个工班外加现场管理组,由原来每天服务 12 小时提高至 16 小时,进一步方便了过闸船民,缓解了上、下游引航道的拥堵。

三、刘大线的通航建筑物

刘庄船闸

1. 闸坝概况

(1)自然地理条件

刘庄船闸所处位置属北亚热带季风气候区,四季分明,寒暑显著,阳光充足,雨水充沛。年平均气温 14.0 摄氏度,无霜期 213 天,常年降水量 1058.4 毫米,日照 2255.6 小时。其气候特征是:气温明显偏高,降水明显偏少,春旱严重,秋季干爽,初冬温暖如春。气温平均值为 14.8 摄氏度,全年除 8 月、11 月两个月平均气温低于常年平均气温外,其余各月均高于常年平均气温。

(2)闸坝建设情况

刘庄船闸(原新团船闸)位于盐城市大丰区新团河闸旧址下游约 715 米处。通航建筑物集中布置在新团河主河道上,即拆除新团节制闸,新团船闸和通航孔向下游移位约 673 米布置,船闸布置在左岸,通航孔布置在右岸,中轴线相距 23 米。上、下游闸首、闸室为三级水工建筑物,导航墙、靠船墩等为四级水工建筑物,临时工程为五级水工建筑物。

2. 通航建筑物

项目于 2011 年 1 月开工,2012 年 12 月试运行,2019 年 1 月竣工。

项目建设依据:2008 年 11 月,江苏省发改委《刘大线航道整治工程可行性研究报告》(苏发改交通发〔2008〕1589 号);2009 年 12 月,江苏省发改委《刘大线航道整治工程初步设计》(苏发改交通发〔2009〕1795 号);2008 年 11 月,江苏省环境保护厅《关于对刘大线航道整治工程环境影响报告书的批复》(苏环管〔2008〕294 号);2011 年 6 月,国土资源部《关于刘大线航道整治工程建设用地的批复》(国土资函〔2011〕336 号)。

船闸等级为单线三级，设计通行船舶 1000 吨级，有效尺度为 120 米 × 18 米 × 4 米。设计水头 1.18 米。平时采用平水通闸运行，由于该船闸水头差较小，采用提升上卧门门下输水。闸室采用钢筋混凝土整体坞式结构。设计代表船型为 500 吨级、300 吨级货船、30TEU 集装箱船，尺度为 47.0 米 × 8.4 米 × 2.1 米；设计代表船队为 1 拖 + 5 × 500 吨级货船、1 + 2 × 500 吨级顶推船队，尺度为 231.0 米 × 8.2 米 × 2.1 米。新的船闸上、下游航道对称布置，船舶进出闸采用曲进直出的运行方式。上、下游引航道直线段长度分别为 534 米、687 米。上、下游导航墙采用 1∶5 的坡度布置，沿船闸轴线投影长度均为 50 米；在上、下游引航道各布置 6 个靠船墩，间距为 20 米；上、下游不设远调站、停泊锚地。上、下游闸首闸门为钢质平板提升门，采用卷扬机式启闭机。项目总投资 9798.67 万元。

项目建设单位为盐城市刘大线航道整治工程建设指挥部项目管理办公室；设计单位为中交水运规划设计院有限公司、江苏省交通规划设计院有限公司、上海林同炎李国豪土建工程咨询有限公司；施工单位为江苏盐城水利建设有限公司、合肥三立自动化工程有限公司、江苏武进建筑安装工程有限公司等；监理单位为江苏科兴工程建设监理有限公司；质检单位为盐城市交通工程质量监督站。

刘庄船闸自试运营以来社会效益明显。自 2012 年 12 月 18 日试运营至 2017 年底，累计开放闸次 1.8 万余次，过闸船舶 16 万余艘，过闸船舶总吨位约 8000 万吨，过闸货物量 4600 余万吨。2018 年前 8 个月开放闸次 2290 次，过闸船舶 2.5 万余艘，过闸船舶总吨位 1630 万吨，过闸货物 1000 万吨。

通过对过闸船舶货种的分析，排名前四位的依次是矿建（43.82%，含炼钢进口矿砂、建筑材料等）、钢材（32.02%，主要是联鑫特钢及外围企业）、危化品（8.08%，主要是江苏博汇、航道沿线的化工园区等）及粮食（5.73%，主要是服务业集聚区、上海光明工业园等），四种货物通过量占总量的 89.65%。过闸船舶重载率为 0.63，高于全省 0.54 的平均水平，刘大线航道发挥水运综合效益、服务区域经济社会发展的作用日趋明显。

四、盐河的通航建筑物

（一）杨庄船闸

1. 闸坝概况

（1）自然地理条件

杨庄船闸位于盐河杨庄段。盐河位于江苏省西北部，南起淮安市淮阴区与京杭运河交汇口（杨庄），向东北经涟水、灌南、灌云至连云港市区玉带河，全长约 144.8 千米（其中盐河自武障河向北至善后河段约 40 千米列入连云港港疏港航道工程进行整治），是江苏省干线航道网"两纵四横"中"一横"淮河出海航道的重要组成部分。它沟通"两纵"京杭运河和连申线,是苏北地区以及淮河流域最便捷的出海通道。规划航道等级为三级。航道底宽不小于45米,最小设计水深3.2米,最小弯曲半径480米。

盐河沿线区域流域地貌属黄淮冲积平原。盐河流经的淮安、连云港两市,沿线地势平坦。地势南高北低,其高程一般为3.5~12米。灌南县为古黄河决堤泛滥沉积的黄泛区。

船闸所处区域属于扬子准地台的次一级构造单元——下扬子台坳中的淮阴—响水隆起和苏北坳陷。淮阴—响水隆起,分布在泗阳—赣榆断裂以东、淮阴—响水口断裂以北,呈北东向展布,北宽南窄,逐渐收缩,主要由元古界片麻岩组成。滨海—淮阴凸起,分布在淮阴—滨海一线以北。涟水—阜宁凹陷,位于涟水、阜宁、射阳一线,呈东西向展布。

根据区域地质资料,本段航道地层分布如下:上部主要为第四纪全新统冲积相成因的黄灰色(粉质)黏土、灰黄色粉土、粉细砂、灰色淤泥-淤泥质(粉质)黏土,其下部为上更新统冲积相成因的灰黄色(粉质)黏土、粉细砂。该区历史上受黄河、淮河泛滥影响,导致区域内土层变化频繁,厚度不稳定。

盐河地处黄泛平原区。区域内含水层岩性以细砂、粉砂为主,其次是亚砂土及含粉砂薄层或钙结核的亚砂土。潜水层与下部浅层承压水之间无稳定的、较好的隔水层,许多地方二者之间有直接水力联系,以淮阴及其附近区域较为强烈,水位埋深1.2~3.5米。

潜水层补给来源,主要是大气降水及地表水入渗,地表水自西南流向东北,坡度极小。

盐河途径淮阴、涟水、灌南,沿线交汇河流及闸、站等交通水利设施较多,现已发展成为集航运、灌溉、排涝、供水的多功能河道。盐河沿线主要交汇河流有南六塘河、北六塘河、柴米河等,其中南六塘河、北六塘河、柴米河穿越盐河,汇入灌河。在盐河东侧,分别建有武障河闸、北六塘河闸、龙沟河闸及义泽河闸,以上四闸统称为盐东控制。在盐河(杨庄—武障河)河流上,现设有杨庄、朱码梯级。

本地区地表径流主要由降水补给,经统计该地区多年平均径流量约为149亿立方米,折合平均径深为235.6毫米。径流的年内分配和降水相似,平均70%~80%径流集中在汛期6—9月。由于本区域为平原地区,径流拦蓄条件差,平均可利用率为12%~17%。一般年份可利用的本地径流为30亿立方米,大旱年只有5亿余立方米。可开发利用的地下水主要是浅水,根据开采能力,可利用量仅为6.5亿~7.6亿立方米/年,为数甚微。由于盐河上游与京杭运河相连,中部有与骆马湖相通的六塘河、新沂河相交,故该河除排泄本地区地表水外,还受洪泽湖、骆马湖水位调节的影响,亦即受淮、沂、沭、泗水系影响。由于本地的降雨与淮、沂水系的丰、枯大体上相同,频率相近,且年内分配也极为相似,即不需要水时来水较多,而当本地缺水时,上游淮、沂水系又关闸断流,因此,淮、沂水源是可用而不可靠。当洪泽湖和骆马湖采取有计划的拦蓄,并进行合理的调节使用,大水年份可利用95亿立方米,大旱年份只有43亿立方米。

横贯淮安市境内的淮河苏北灌溉总渠一线是我国暖温带和亚热带的分界线,因此淮安市兼有南北气候特征。一般说来，苏北灌溉总渠以南地区属北亚热带湿润季风气候，以北地区为北温带半湿润季风气候。受季风气候影响，四季分明，雨量集中，雨热同季，冬冷夏热，春温多变，秋高气爽。

区域内年平均气温 14～15 摄氏度。冬季最低气温 -21.5 摄氏度，夏季最高气温达 39.5 摄氏度。无霜期约 210 天，年际间变化较大，时有旱、涝、风、冻灾害。

盐河地处江苏北部，降水分布特征是南部多于北部，降水年内变化明显，夏半年降水集中。春夏之交，即梅子成熟季节多锋面雨，称为"梅雨"。降水年际分布不均，年降水量最多的年份达 1700 毫米以上，最少的年份只有 500 毫米。区域内年平均降水量分别为淮安 1028.2 毫米、连云港 923 毫米，月最大降水量分别为淮安 427.3 毫米（1991 年 7 月）、连云港 389.2 毫米（1992 年 7 月）。

区域内年平均风速在 2.9～3.6 米/秒，以偏 E 和 SW 为主。

（2）闸坝建设情况

杨庄船闸等级为三级，因地处五汊口，属于洪泽湖区域防洪体系，防汛地位突出，故该河段防洪标准取与洪泽湖区域防洪标准（100 年一遇）相一致，工程设计上游按 100 年一遇标准一级堤防设防。该船闸为盐河航道整治工程的组成部分。

杨庄船闸位于淮安市境内，是一个具有防洪、通航、引水等综合性功能的枢纽工程。杨庄船闸起点位于大运河与杨庄一线船闸交汇处，二线船闸中心线距离一线船闸中心线约 225 米（一线船闸下闸首下游边处），两闸中心线交角约 14 度。在纵向位置上，二线船闸上闸首较一线船闸下闸首下移 891 米。实际布置长度 850 米，然后采用三级航道最小弯曲半径 480 米与大运河中心线衔接。

盐河整治后通航等级为三级，船闸通航等级为三级，设计最大船舶等级为 1000 吨级，防洪标准为 100 年一遇。

（3）建设成就

盐河是江苏省干线航道网中"两纵四横"的重要组成部分。盐河（杨庄—武障河）航道工程的整治提高了航道通过能力，进一步完善了江苏省内河航道网的建设，与正在实施的连云港港疏港航道、盐灌船闸共同形成连云港港内河集疏运通道，扩大了连云港港口的腹地范围，增强了连云港港的辐射功能，完善和加强了连云港港口集疏运系统，为连云港港乃至沿海、东陇海经济带的整体竞争力提供可靠保障。

2013 年 12 月通航的杨庄二线船闸，顺应了区域经济的发展需求，满足了防洪、通航的功能。在通航以来的汛期，都起到了很好的防洪作用，有效地保护了当地居民的生命和财产安全。航道、船闸等级的提升极大地提高了货物的通行能力。船舶过闸秩序良好，实现了安全、平稳、有序的工作目标。自 2013 年 12 月运行至 2015 年底，杨庄船闸的运量为 3081.03 万吨，截至 2017 年底的运量为 6577.91 万吨。2013 年杨庄船闸的平均载重吨为

426 吨,随着杨庄二线船闸的运行,至 2015 年平均载重吨为 523 吨,至 2017 年的平均载重吨为 590 吨。至 2018 年 7 月 31 日过闸单船 13.93 万艘,船队 8348 组,货运量 4434.3 万吨,其中最大载货种主要为矿建。

2.通航建筑物

项目于 2009 年 10 月开工,2012 年 12 月试通航。

项目建设依据:2009 年 6 月,江苏省发改委《江苏省发展改革委关于盐河(杨庄—武障河)航道整治工程可行性研究报告的批复》(苏发改交通发〔2009〕771 号);2009 年 10 月,江苏省发改委《江苏省发展改革委关于盐河航道整治工程(杨庄—朱码二线船闸段)初步设计的批复》(苏发改交通发〔2009〕1530 号);2008 年 8 月,江苏省环保厅《关于对盐河(杨庄—武障河)航道整治工程环境影响报告书的批复》(苏环管〔2008〕169 号);2008 年 12 月,江苏省国土厅《关于盐河(杨庄—武障河)航道整治工程项目用地的预审意见》(苏国土资预〔2008〕193 号)。

船闸等级为三级,为二线船闸,总长 3018 米。正向设计水头 5.01 米,一次过闸时间为 36 分钟。闸室尺度为 230 米 × 23 米 × 4 米,设计代表船型 1000 吨级船舶,1 顶 + 2 × 1000 吨级船队、1 拖 + 3 × 1000 吨级船队和 1000 吨级货船(机驳)。船闸上游设计最高通航水位为 13.45 米,最低通航水位为 9.94 米。下游设计最高通航水位为 10.18 米,最低通航水位为 7.45 米。杨庄二线船闸上游设计防洪水位为 15.2 米,下游设计防洪水位为 10.18 米。上、下闸首充水、闸室采用封闭式帷墙短廊道集中输水系统,结构形式为钢筋混凝土坞式结构。上、下闸首工作闸门为钢质平板人字门,阀门为钢质平板提升门,闸、阀门启闭机均采用液压直推式启闭机。船闸上、下游引航道平面布置采用单独引航道形式,导航、靠船建筑物采用不对称布置,船闸进出闸方式上游为曲进曲出、下游为直进曲出。上游导航靠船段布置在引航道西(左)侧,下游导航靠船段布置在引航道东(右)侧。杨庄船闸工程项目概算总投资 4.38 亿元,资金来源由交通运输部和地方共同筹措解决。船闸工程征地 3319.84 亩,用地范围拆迁房屋 11.11 万平方米。

项目建设单位淮安市盐河航道整治工程建设办公室(项目法人为江苏省交通运输厅航道局);设计单位为省交通规划设计院;施工单位为中交第四航务工程局有限公司、江苏省交通工程集团有限公司、江苏晨光盛得液压设备有限公司等;监理单位为常州市交通建设监理咨询有限公司;质监单位为江苏省交通运输厅质量监督局。

经江苏省交通运输厅批准同意,在盐河航道整治工程中开展《航道工程中的节能减排问题研究》课题,主要进行航道工程节能减排现状调查与分析、能耗构成分析,研制航道工程能耗分析模型,研究节能减排效果计算模型、节能措施。其成果用于国内相关航道工程设计规划、施工及管理,为相关节能减排政策、方案指标的制定提供依据,同时有助于航道工程朝节约化方向发展,坚持可持续发展道路。此外,还进行了大体积混凝土防裂等一系列研究。

杨庄船闸是盐河的口门船闸,是连接京杭大运河与盐河的重要枢纽。自 2012 年 12 月交工验收后,船闸进入通航状态,至今已经过近 6 年的试运行,工程主体状况良好,各分部、分项工程运行正常平稳,能够满足船闸的运行要求。

2017 年,杨庄船闸累计放行船队 1563 组,放行货轮 2.80 万艘,所载货种主要为矿建、金属矿和其他。船舶过闸秩序良好,实现了安全、平稳、有序的工作目标。自 2013 年开闸至 2017 年累计放行船队 2867 组,放行货轮 9.77 万艘,航标维护精细、布局合理,航行导航功能精准稳定,智慧船闸建设有序实施,日常养护和中修工程积极推进。新版"ETC"于 2018 年 5 月 14 日开始安装,截至同年 8 月 20 日,共计安装船舶 330 艘,获得了船民的一致好评,取得了较好的社会效益。

3. 经验与启示

为了努力构建"信息化"过闸新模式,本着"公平公正、为民便民"的原则,杨庄船闸以"互联网＋服务"作为主要运营手段,方便船民、提高船舶过闸效率。新版"ETC"投入使用后,每月使用"ETC"过闸的船舶占比迅速增加,后期已经超过 90%。2018 年杨庄船闸安装的基于视频抓拍的过闸船舶稽查复核系统,能够检测过闸船舶,并同时进行船舶全貌与局部细节的抓拍,不仅可以核对船舶尺度、数量,还可以将识别到的数据与收费系统里的数据进行比对,以及统计每日开放闸次以及每闸次船舶放行情况等流量数据,并按时间生成流量报表。"互联网＋"在船舶过闸及服务船民过程中的充分利用,不但方便了船民、有效降低了船舶运营成本,而且切实提升了职工工作效率,在提高过闸效率的同时还降低了碳排放,实现了节能减排,使得内河水路运输的效能进一步增加。

（二）朱码船闸

1. 闸坝概况

（1）自然地理条件

盐河位于江苏省东北部,南自淮安市淮阴区京杭大运河与盐河交汇口杨庄船闸,向东北经涟水县,再往北过灌南、灌云,到达连云港市区玉带河,全长约 144.8 千米。在江苏省干线航道网规划"两纵四横"中,盐河为"一横"——淮河出海航道的重要组成部分,规划等级为三级航道。

盐河流域地貌属于黄淮冲积平原。朱码二线船闸位于朱码镇安东北路东侧,朱码越闸、朱码节制闸、朱码一线船闸等已有枢纽建筑物的南侧。

工程区域属于扬子淮地台的次一级构造单元下扬子台坳中的淮阴—响水隆起和苏北坳陷。淮阴—响水隆起,分布于泗阳—赣榆断裂以东、淮阴—响水口断裂以北,呈北东向展布,北宽南窄,逐渐收缩,主要由元古界片麻岩组成。滨海—淮阴凸起,分布在淮阴—滨海一线以北。涟水—阜宁凹陷,位于涟水、阜宁、射阳一线,呈东西展布。勘察深度内均为第四系地层,勘察深度(50 米)内为全新系、上更新系,两者分界明显,土性各异。

朱码船闸位于涟水县城北约 5 千米处的朱码镇北侧,在盐河航道的一处大弯道上。本地区地表径流主要由降水补给,经统计该地区多年平均径流量约为 149 亿立方米,折合平均径深为 235.6 毫米。由于本区域为平原地区,径流拦蓄条件差,平均可利用率为 12% ~ 17%。一般年份可利用的本地径流为 30 亿立方米,大旱年只有 5 亿余立方米。

淮安市属亚热带暖湿气候,受季风环流影响,温暖湿润,四季分明,气候年际性差异显著。年平均气温 15.1 摄氏度,年平均降水量 950 毫米,年平均风速 3.0 米/秒,多年平均湿度 75.5%,历年平均雾日 24 天,最大积雪深度 20 厘米,冰冻天数每年以 15 天计。

(2)闸坝建设情况

朱码船闸位于淮河水系盐河中游、涟水县朱码镇境内,是朱码水利枢纽配套工程之一,与上游的杨庄船闸组成盐河上的梯级船闸。上游经杨庄船闸进入大运河,下游经灌南县的盐灌船闸入灌河可通达连云港港口。

朱码二线船闸布置于一线船闸南侧,距一线船闸中心线 140 米(二线船闸上闸首上游边中心点至一线船闸中心线的垂直距离),两闸中心线夹角为 7 度。跨闸公路桥于二线船闸上游导航段跨越,桥梁中心距上闸首上游边 18.2 米,桥梁东侧边缘距上闸首检修门槽最小净距 6.0 米。

二线船闸上、下游引航道中心线与盐河航道中心线相连,布置范围为 K45 + 849 ~ K49 + 386.86,里程长度为 3538.9 米。

(3)建设成就

朱码一线船闸建成于 1958 年,通过能力较小,已成为制约航道通过能力的瓶颈。随着盐河航道的升级改造,建设适应 1000 吨级船舶通过的朱码二线船闸是十分必要和迫切的。

2013 年 6 月试运行的朱码二线船闸,顺应了区域经济的发展需求,满足了通航的功能。航道、船闸等级的提升极大地提高了货物的通行能力,自 2013 年开闸至 2018 年 7 月 31 日累计过闸单船 10.23 万艘,船队 2.01 万组,货运量 2609.88 万吨,过闸船舶总吨位 4348.02 万吨,其中,最大载货种主要为矿建(黄沙)。船舶过闸秩序良好,实现了安全、平稳、有序的工作目标。2012 年朱码船闸一线船闸的平均载重吨为 243 吨,随着二线朱码船闸运行,至 2015 年平均载重吨为 328 吨,至 2017 年的平均载重吨为 432 吨。

2.通航建筑物

项目于 2009 年 10 月开工,2012 年 12 月投入运行。

项目建设依据:2009 年 6 月,江苏省发改委《江苏省发展改革委关于盐河(杨庄—武障河)航道整治工程可行性研究报告的批复》(苏发改交通发〔2009〕771号);2009年10月,江苏省发改委《江苏省发展改革委关于盐河航道整治工程(朱码二线船闸—武障河段)初步设计的批复》(苏发改交通发〔2009〕1531号);2008年8月,江苏省环保厅《关于对盐河(杨庄—武障河)航道整治工程环境影响报告书的批复》(苏环管〔2008〕169号);2008年12月,江苏省国土厅《关于盐河(杨庄—武障河)航道整治工程项目用地的预审意见》(苏国土资预〔2008〕193号)。

船闸等级为三级,为二线船闸。承受单向水头,正向设计水头6.35米,一次过闸时间为30分钟。闸室尺度为230米×23米×4米。设计代表船型1000吨级船舶,1顶+2×1000吨级船队:尺度为160米×10.8米×(1.9~2.2)米、1拖+6×1000吨级船队:尺度为357米×10.8米×2.5米,1000吨级货船(机驳):尺度为68米×10.8米×2.6米。上游最高通航水位为8.87米,最低通航水位为7.29米;下游最高通航水位7.5米,最低通航水位为1.84米。上、下闸首、闸室均采用钢筋混凝土坞式结构。上、下闸首工作闸门为钢质平板人字门,阀门为钢质平板提升门,闸、阀门启闭机均采用液压直推式启闭机,输水系统采用局部分散输水系统形式。引航道的平面布置及尺度为:上、下游主导航墙各长70米,上、下游直线段长度分别为631.7米和559.31米,上、下游远调站码头长度均为100米,上、下游锚地护岸长分别为500米和300米。船闸工程项目概算总投资3.65亿元,资金来源为交通运输部水运建设资金及江苏省自筹。朱码船闸二线船闸工程征地752亩,用地范围拆迁房屋6.23万平方米。

项目建设单位淮安市盐河航道整治工程建设办公室(项目法人为江苏省交通运输厅航道局);设计单位为江苏省交通规划设计院有限公司;施工单位为中江苏淮阴水利建设有限公司、江苏省水利机械制造有限公司、江都市永坚有限公司等;监理单位为黑龙江黑航工程监理咨询有限公司;质监单位为江苏省交通运输厅质监局。

本项目建设过程中的科技创新如下:

①在朱码二线船闸廊道施工中,在原有廊道防裂技术的基础上,开展了"船闸输水廊道混凝土裂缝防治与自愈合技术"工程科研,为船闸廊道混凝土防裂开辟了一条新的途径。

②经江苏省交通运输厅批准同意,在盐河航道整治工程中开展《绿色低碳航道评价指标体系研究》,以低碳经济和绿色理念为基础,提出绿色低碳航道指标体系,丰富绿色低碳经济领域的研究成果,并为其他行业向绿色低碳化发展的相关研究提供理论参考。研究具有评价功能和导向功能,成果可用于指导内河航道工程设计、建设及管理,可为制定绿色低碳航道的技术层面政策提供参考,进而使得管理部门与行业的素质得到全面、协调和可持续的提升与发展。所进行的实证研究将为这一领域研究提供案例,为航道工程建设与管理提供实践依据。

朱码船闸二线船闸工程设计船舶吨位为 1000 吨级,通航等级为三级。自 2013 年 6 月船闸进入通航状态,至今已经过多年的试运行,工程主体状况良好,各分部、分项工程运行正常平稳,能够满足船闸的运行要求。

2017 年放行船队 609 组,放行货轮 2.57 万艘,船舶通过量较去年同期增长 49.57%,所载货种主要为矿建(黄沙)。船舶过闸秩序良好,实现了安全、平稳、有序的工作目标。自 2013 年开闸至 2018 年 7 月 31 日累计过闸单船 10.23 万艘,船队 2.01 万组,货运量 2609.88 万吨,过闸船舶总吨位 4348.02 万吨。智慧船闸建设有序实施,日常养护和中修工程积极推进。

3. 经验与启示

信息化时代,各种新技术、新媒体不断出现。了解、掌握、使用这些新鲜事物,能够有效地节约时间和资源,让工作事半功倍。2014 年朱码船闸创新工作方式,采用二维码扫描技术进行船舶登记管理。在船舶信息建档时赋予每艘船舶一个独立的二维码,每次船舶过闸时只需扫描二维码,售票处就会自动生成详细记录船舶信息、收费信息的登记单,从而替代了手工填写的船舶信息申报单,售票员也只需依据登记单进行收费。该技术的成功应用优化了登记、售票工作,避免了人工输入可能带来的失误,简化了过闸手续,为广大船民提供了更加优质、快捷的服务。

五、成子河的通航建筑物

成子河船闸

1. 闸坝概况

(1)自然地理条件

洪泽湖北线航道连接京杭运河、徐洪河、洪泽湖与淮河,航道分为南段和北段两部分,共约 60 千米。其中,南段起于洪泽湖西线 4 号标,与洪泽湖西线交接,北至顾勒河口,与徐洪河相接,航线全长 27.29 千米;北段航道自顾勒河口起,与徐洪河相连,终止于成子河与京杭运河交汇处,北线北段为 32.87 千米。

船闸所在区域总地势西高东低,属黄淮冲积平原。黄淮冲积平原分为黄淮冲积平原一区和黄淮冲积平原二区,一区地势较低洼、平坦,鱼塘密布,表层多发育软塑-可塑状黏土、粉质黏土;二区地势较高、平坦,表层多发育松散状粉土。近场区无全新世活动断裂,距拟建场区距离均大于发震断裂的最小避让距离(200 米)。泗阳县属北亚热带季风过渡性气候区,四季分明,光照充足,雨量丰沛,无霜期较长。历年平均相对湿度为 77%,最大相对湿度 84%,最小相对湿度 72%。成子河船闸沿线冬季盛行偏 N,夏季盛行 SE,春季以偏 E 为主,秋季以 NE、NNE 为主。全年平均风速为 3.5 米/秒,最大风速 20 米/秒。年平均气温 14.2 度左右,年均降水量为 906.2 毫米,年均日照时间 2215.9 小时左右,年均无霜期 209 天左右。

（2）闸坝建设情况

成子河船闸工程位于宿迁市泗阳县城郊,成子河与京杭运河交汇处。上闸首距离上游京杭运河中心线约 1062 米,下闸首距离下游成子河航道与古黄河交汇处约 440 米。成子河船闸为宿迁市航道网规划中洪泽湖北线航道的关键节点,其建设可使京杭运河与洪泽湖、淮河沟通,对宿迁市航道内部成网、外部通达,推动区域经济发展具有十分重要的意义。成子河航道通航等级为三级,船闸等级为四级,设计最大船舶等级为 500 吨。

船舶上、下游引航道均采用"曲进直出"的反对称形布置方式,引航道直线段长度 435 米,引航道中心线与船闸中心线错开 9 米,引航道宽度 45 米。上游主导航墙和靠船墩布置在西侧,下游主导航墙和靠船墩布置在东侧。上游远调站和锚地布置在上游引航道西侧端部,距离上闸首上游侧 435 米处;下游远调站和锚地布置在省道 325 线的下游左侧,距离成子河航道与古黄河交汇处下游约 100 米。

（3）建设成就

洪泽湖北线是宿迁市航道网规划"三纵三横一联"中重要的"一联",是连接京杭运河—洪泽湖—淮河、打通泗阳县到泗洪县、淮河地区的快捷通道。沿线区域经济发达,近年来一直维持较高的货运量。

成子河船闸建成通航后,在宿迁市境内形成京杭运河与洪泽湖、淮河的贯通相连的新通道,淮河北上宿迁的船舶航行里程大大缩短,极大优化了运输路径,缩短了航运时间,降低了物流成本。截至 2018 年 7 月,共放行 1.26 万闸次,放行过闸船舶 2.86 万艘,船舶通过量 1663 万吨。

2. 通航建筑物

项目于 2013 年 4 月开工,2015 年 12 月试运行,2018 年 5 月竣工。

项目建设依据:2012 年 3 月,江苏省发改委《关于成子河船闸工程可行性研究报告的批复》(苏发改基础发〔2012〕353 号〕;2012 年 9 月,江苏省发改委《关于成子河船闸工程初步设计的批复》(苏发改基础发〔2012〕1368 号〕;2013 年 5 月,江苏省交通运输厅《关于成子河船闸工程水工、上闸首交通桥及西条堆地涵等工程施工图设计的批复》(苏交建〔2013〕20 号〕;2012 年 2 月,江苏省环境保护厅《成子河船闸工程环境影响报告书》(苏环审〔2012〕31 号〕;2010 年 12 月,江苏省国土资源厅《成子河船闸工程项目用地预审意见》(苏国土资预〔2010〕204 号〕。

船闸等级为四级,最大设计船型为 1 顶 +2×500 吨级,1 拖 +5×500 吨级船队和 500 吨货船,设计水头 4.67 米。船闸有效尺度为 180 米×18 米×4 米。船闸上游校核洪水位 17.83 米;上游设计最高通航水位 16.83 米,设计最低通航水位 14.83 米;下游设计最高通航水位 14.33 米,设计最低通航水位 11.33 米。输水采用集中输水系统,充、泄水时间均约 3 分钟,一次过闸时间为 45 分钟。上、下闸首均采用横梁式钢质人字门作为工作闸门,输水廊道工作阀门选用实腹式钢质平板阀门,阀门均采用直推式液压启闭机方案。项目总投资 2.72 亿元,全部为政府投资。成子河船闸工程共征用永久用地 451.77 亩,拆迁房屋 5083.4 平方米。成子河船闸占地面积 337 亩,新建办公楼一座(1502 平方米)、生活楼一座(1144 平方米),机房一间(100 平方米),上、下闸首启闭机房共 538 平方米,上、下游远调站各一间共 134 平方米、配电、泵房及机修间共 284 平方米,总建筑面积 3048 平方米。

项目建设单位为宿迁市成子河船闸工程建设指挥部办公室;设计单位为中交水运规划设计院有限公司、苏交科集团股份有限公司、南京市园林规划设计院有限公司;施工单位为江苏省交通工程集团有限公司、江苏省交通工程集团有限公司、扬州市江都永坚有限公司等;监理单位为江苏省京杭运河交通工程咨询监理有限公司、南京宁政工程监理有限公司;质监单位为省交通运输厅质量监督局。

2015 年 8 月 27 日船闸主体通过水下验收,同年 11 月 18 日闸室及下游引航道放水。2015 年 11 月 27 日工程交工验收,2015 年 12 月 7 日投入试运行,2018 年 1 月 20 日组织实施景观提升工程,2018 年 5 月 8 日工程完工。

成子河船闸工程在施工过程中大力创新,通过技术手段改进落后工艺,以工艺保质量,从根本上解决工程施工的质量问题与隐患。本项目建设过程中的科技创新如下:

①闸室墙移动模架轻量化。

闸室墙浇筑采用轻量化移动龙门架整体大钢模施工技术:整体拼装大钢模,采用"钢模 + 型钢围图 + 精轧螺纹钢拉杆的形式支撑,大面模板的移动采用一套整体龙门吊吊移。龙门吊由龙门架、平车和轨道组成,用自行牵引装置牵引前行。闸室墙身模架采用组合式钢结构移动模架施工,移动模架由原来的贝雷纵横梁创新为轻型钢桁架和型钢纵梁,减轻了纵横梁质量。桁架片每片长度采用 6 米/节或 7 米/节代替了贝雷的 3 米/节,有效缩短了横梁拼装时间和拆除时间,提高了移动模架装拆效率,提高了横梁的安全性,加快了工程进度。常用该技术,极大提高了施工工效,浇筑出的墙身线形顺直,墙面光洁,平整如一,消除了错台、减少了蜂窝、麻面等通病。

②驳岸墙滑动模板施工技术推广。

驳岸墙滑动模板施工技术即小型移动模架技术,在丹金船闸工程首次应用成功后继续在成子河船闸进行推广应用。针对成子河船闸引航道结构长、高、面积大,墙身相同结构形式多等特点,施工时应用小型移动模架新技术,减少了大型起吊设备的使用,保证了挡墙外观线形,缩短了挡墙施工周期,提高挡墙施工效率,混凝土面平线直,外观良好。

③拉条螺栓孔采用白胶塞封堵（新材料应用）。

船闸及引航道、西条堆地涵施工中，拉条螺栓孔洞的修补要求高，为防止修补后孔洞出现渗水现象，针对拉条螺栓孔洞，采用定制的白胶塞封堵，有效防止了修补完成的孔洞渗水。

④积极开展 QC 小组活动。

成子河船闸下游引航道处在粉砂、粉土层上，其下分布承压水，且承压水头高，施工时易出现管涌。为此开展了降低承压水地层基坑管涌发生率质量 QC 活动小组。通过 QC 小组活动的开展，使基坑降水顺利达到要求，基坑管涌与渗水现象得到有效的预防和控制，为引航道土方开挖和挡墙底板施工创造了干地的施工环境。

⑤开展课题研究。

针对船闸下游引航道与废黄河相交、水流条件复杂、存在船舶运行安全和建筑物冲刷问题，建设办和河海大学合作，开展《成子河船闸引航道与泄洪河道交汇区域的流态特性及航道安全措施研究》课题。通过课题研究，优化导流墙设置，对建筑物采取防冲刷设施，并提出了航道安全运行条件。该成果对类似工程具有指导意义。

本项目建设以来的获奖情况见表 11-5-2。

成子河船闸项目获奖情况　　　　　　　　　　　　　表 11-5-2

奖项分类	奖项级别	奖 项 名 称	获奖年月	颁 奖 机 构
工程质量	省部级	2013 年度江苏省公路水运工程"平安工地"建设活动省级"示范工地"	2014 年 2 月 1 日	江苏省交通运输厅
工程质量	省部级	2014 年度江苏省公路水运工程"平安工地"建设活动省级"示范工地"	2015 年 1 月 1 日	江苏省交通运输厅
工程质量	省部级	2016 年度全国交通行业优秀质量管理小组	2016 年 8 月 1 日	中国交通企业管理协会和交通行业优秀企业管理成果评审委员会
技术进步	省部级	"混凝土驳岸墙移动模架研制与应用"获 2014 年全国交通运输企业科技创新成果二等奖	2014 年 12 月 1 日	中国交通企业管理协会和交通行业优秀企业管理成果评审委员会
技术进步	省部级	成子河船闸基坑降水 QC 小组荣获 2016 年度江苏省交通运输行业优秀质量管理小组	2016 年 6 月 1 日	江苏省交通企业协会
工程质量	省部级	2017 年度"江苏交通优质工程"	2017 年 12 月 1 日	江苏省交通运输厅

成子河船闸自 2015 年投入试运行以来，运营管理单位制定和落实严格的调度、安全生产等规章制度，强化日常生产管理，各项基础设施设备运行正常，管理规范到位，船闸运行平稳高效，闸区环境优美，较好地满足了船闸运行的需求以及人员办公、生活需求，发挥了较好的经济和社会效益。截至 2018 年 7 月，成子河船闸共计开放 1.26 万闸次，放行船舶 2.86 万艘，总吨位 1829 万吨，通过量 3883 万吨，通货量 1663 万吨。

3. 经验与启示

①施工工艺方面结合工程结构形式多、技术密集型大的特点，借鉴类似工程先进经验、工法和做法，大胆尝试，推广驳岸墙滑动模板施工技术，应用闸室墙移动模架轻量化工法、采用白胶塞封堵拉条螺栓孔、红外线贴纸进行闸室墙测量监控等多项施工工艺，提高工程建设的科技含量。通过技术手段改进工艺，以工艺保质量，在提升工程质量保证工程进度的同时有效消除安全隐患，降低安全风险，从根本上提高工程安全生产的可靠性，实现全过程安全生产零伤亡、零事故。

②管理创新方面结合工程实际，建立健全了工程质量管理办法、工程质量保证体系建设指导意见、工程质量创优指导意见、质量通病治理实施指导意见、原材料管理规定、"首件工程认可制"实施办法等质量管理制度，制订管理工作流程，加强施工方案执行管理，利用视频监控系统进行现场管理、开展闸室施工工艺标准化，夯实了工程质量管理基础，规范了工程管理程序，加强工程过程控制，对工程建设过程实行了有效掌控。

③船舶过闸方面，在工程交工验收后，成子河船闸推广应用了江苏内河船舶便捷过闸系统（又名"水上 ETC"）。"水上 ETC"系统采用智能自组织网络技术，简化过闸流程，缩短一半过闸时间，使船闸的管理智能化水平大幅提升。2018 年 2 月 5 日开始安装"水上 ETC"，随后又迈入"移动支付时代"。

六、盐宝线的通航建筑物

宝应船闸

1. 闸坝概况

（1）自然地理条件

盐宝线航道由京杭运河口宝应船闸向东，经黄土沟至盐城市龙冈镇与盐邵线汇合，西通大运河，东连通榆河。利用现状宝射河、西塘河、西盐河、蟒蛇河及新港河等进行拓宽整治，沿线与大三王河、营沙河、涧沟河、东塘河、冈沟河、皮叉河、串场河灯区域骨干河道交汇。

宝应船闸位于宝应县城南。宝应县位于江苏省中部、淮河下游高宝湖地区，东经119度07分43秒～119度42分51秒、北纬33度02分46秒—33度24分55秒，北临淮安，西濒白马湖、宝应湖、高邮湖，南与高邮市毗邻，东部分别与建湖县、盐都区、兴化市接壤。县域东西长55.7千米，南北宽47.4千米，土地总面积1461平方千米，其中陆地占66.7%，水域占33.1%，京杭运河横贯南北。宝应地区属黄淮冲积平原，以京杭运河为界，分成东西两部分，西高东低；沿运河两岸较高，东西边缘低洼；运东南北两侧略高，中间偏低。境内多数地区高程2.0米左右，属里下河江苏浅洼平原区，地貌类型属古潟湖堆积平原中的沼泽洼地。场地两侧地形起伏较大，居民楼分布较密集。场地地基土层相对较稳定，土类型为中软场地土，类别为三类。场地钻探深度范围内揭示的土层，按其成因类型及土的性状自下而上共分为11层。地基土以重、轻粉质沙壤土为主，地下水位高程2.0～4.4米，平均高程3.1米。

本地区具有寒暑变化显著、四季分明的气候特征，属亚热带季风气候区，影响该地区气候的大气环流是季风环流，冬季盛行来自高纬度大陆内部的偏北风，气候寒冷干燥；夏季盛行来自低纬度太平洋的偏S，气候炎热多雨。年平均风速为3.1米/秒，一年中3月、4月平均风速最大为3.9米/秒，瞬时最大风速为34米/秒。年平均气温在14～16摄氏度，最高气温38摄氏度，最低气温–14摄氏度，无霜期220～240天，多年平均日照时数2239小时，多年平均蒸发量1060毫米，多年平均降水1036.7毫米，降水年际差异较大，最大1858.9毫米（1991年），最小478毫米（1978年），且受海洋性季风影响，梅雨、台风等自然灾害频发，降水年内季节间分配也不均匀，6—9月降水占全年降水量的60%～70%，经常出现先旱后涝、旱涝急转、旱涝交替的天气形势。

（2）闸坝建设情况

盐宝线航道是《江苏省干线航道网规划》确定的"两纵四横"干线航道网的重要组成部分，由宝应船闸京杭运河口向东经黄土沟至盐城市龙岗镇与盐邵线汇合，西通大运河，东连串场河，承担着沟通干线航道网中"两纵"京杭大运河和连申线的重要作用，同时承担着扬州、盐城的水运物资运输功能，是里下河地区水上运输的重要横向通道。盐宝线航道规划为四级航道，设计最大船舶吨级为500吨级单船，航道设计底宽不小于45米，全长73.5千米，最小通航水深为3.2米，最小弯道半径为320米，桥梁桥下通航净空尺度不小于55米×7米（净宽×净高）。

宝应船闸，沟通京杭大运河和盐宝线航道，为盐宝航道口门船闸。2013年扩容改造后的宝应船闸闸室中心线与原闸中心线（下游引航道中心线）基本重合，闸室长度向上游延伸。新建船闸等级为四级。宝应船闸上闸首一级水工建筑物，下闸首、闸室为三级水工建筑物，导航、靠船建设施为四级水工建筑物，上游围堰为四级建筑物，下游围堰及其他临时建筑物为五级建筑物。

2.通航建筑物

项目于2011年9月开工,2013年7月试运行并竣工。

项目建设依据:2011年7月,江苏省交通运输厅航道局《关于宝应船闸大修扩容改造工程土建、公路桥施工图设计的批复》(交航养〔2011〕32号)。

船闸等级为四级,为单线、单级船闸,代表船型为500吨级货船,尺度为42米×9.2米×1.8米;代表船队为500吨级顶推船队,尺度为108米×9.2米×1.9米。设计水头7.8米,船闸有效尺度为180米×23米×4米。船闸上游设计最高通航水位8.5米,设计最低通航水位6.0米;下游设计最高通航水位2.8米,设计最低通航水位0.7米。闸首闸室为整体坞式结构,输水系统类型为分散式输水,充、泄水时间均约7.5分钟,一次过闸时间为34.5分钟。上、下闸首闸门为钢质平板人字门,阀门为平板提升门,闸、阀门启闭机为液压直推式。船闸引航道由导航段、调顺段、停泊段和制动段等组成,船舶过闸方式为曲进直出,上、下游引航道长度分别为320米、780米,底宽分别为53米、35米。宝应船闸上、下游导航墙平面布置基本采用不对称布置方式,并呈喇叭口扩散。上游南岸布置主导航墙,墙顶高程为10.00米(再加1.0米高挡浪墙),与现有驳岸衔接,北岸辅导航墙通过圆弧翼墙与运河大堤连接;下游北侧主导航墙墙顶高程为4.50米,兼具导航和调顺的功能,南侧辅导航墙通过圆弧翼墙与驳岸连接,圆弧半径为25米。船闸上闸首长23.5米,宽40.6米;下闸首长27.5,宽40.6米,上、下游主导航墙长度分别为72米、50米(沿船闸中心线投影长度),上、下游靠船段长分别为144米、258米(上、下游分别设系船柱18和14个)。项目计划总投资1.45亿元,其中工程造价1.19亿元(船闸1.03亿元,公路桥0.16亿元),工程占地及房屋拆迁补偿0.26亿元(船闸0.13亿元,公路桥0.13亿元)。项目实际总投资1.64亿元,由扬州市、宝应县各级政府部门负责共同筹措。闸区总占地面积11.46万平方米。

项目建设单位为江苏省扬州市航道管理处;设计单位为江苏省水利勘测设计研究院有限公司;施工单位为中建筑港集团有限公司,江苏省交通工程集团有限公司,江苏晨光盛得液压设备有限公司等;监理单位为江苏科兴项目管理有限公司;质检单位为青岛海陆通工程质量检测有限公司。

本项目建设过程中的重大事项及科技创新如下:

①开展软土地基整体式船闸地板预留宽缝效应研究。该研究委托江苏省水利勘测设计研究院有限公司开发研究,完善了软土地基上预留宽缝整体式闸室结构的仿真计算方法及参数取值,确定软土地基弹性模量与预留宽缝封铰最佳时间、封铰前闸室墙后填土高度与填筑速率和闸室结构变形之间的关系,为江苏省类似船闸工程建设提供了依据。

②研制水运工程试验管理系统。因宝应船闸扩容改造工程涉及水运、公路、桥梁、电

气、钢结构等多个专业，试验规范的选取要按照不同的专业分别选取，容易造成混淆。该软件运用后，实现了对试验资料结果的自动生成和一键分析功能，既减少了试验人员重复查找试验标准、规范的工作，又降低了试验报告的出错率，操作简单，数据准确，大大提高了试验工作效率。

宝应新船闸于 2013 年 7 月投入试运行。2014 年 8 月，通过专家组验收并正式投入运行。因高邮运东和淮安运东船闸相继停航，宝应船闸过闸船舶流量激增，船舶通过量 4532 万吨，超过最大设计能力，船闸超负荷运行。2018 年，因两湖禁采，船舶和货种流向发生了变化，过闸船舶流量大幅下降。截至 2018 年 10 月，共安全开放 5.91 万闸次，通过船舶 30.5 万艘，通过船舶总吨位 1.52 亿吨，货物量 6719.4 万吨。

3. 经验与启示

①课题对船闸闸室预留宽缝效应的研究采用非线性有限元分析方法，通过"移除、添加"单元技术可较好地对整体式闸室结构预留宽缝施工过程中底板应力变化过程进行模拟分析，按照施工顺序，反映出底板浇筑、边墩浇筑、墙后回填、封铰、再回填等加载过程对结构受力情况的影响。

②通过对有/无预留宽缝施工方法下闸室底板拉应力对比分析可知，结构预留宽缝可显著降低结构和填土自重荷载引起的地基变形对中底板的影响，从而大幅度减小中底板的变形和底板结构应力。

③通过对宝应船闸闸室预留宽缝效应的研究，发现影响宽缝效应的主要因素有地基条件、施工工序、宽缝位置和封铰时间，而宽缝位置又与到封铰前闸室墙的稳定及结构强度有关。在工程设计中，以底板内力为优化目标，结合考虑地基承载力和允许沉降差，可以通过计算确定合理的封铰位置和封铰时间。

④对预留宽缝的船闸闸室结构采用三维仿真计算方法，地基压缩模量按回弹再压缩 e-p 曲线能计算值，按照船闸闸室结构预留宽缝的施工工序进行加载分析计算，通过对三维仿真计算成果、设计成果和现场实测成果进行对比分析，三维仿真计算的闸室最大沉降量为 33 毫米，设计计算最大沉降为 53 毫米，工程现场实测最大沉降为 30 毫米，三维计算成果与实测成果间的误差约为 10%。因此，三维仿真计算能够有效地提高闸室结构预留宽缝效应的计算准确程度，计算成果能更好地反映闸室结构实际受力情况。

⑤根据 Biot 固结理论，以土体渗透系数为地基指标，按照预留宽缝闸室底板最大拉应力与无宽缝底板最大拉应力的比值，确定预留宽缝结构地基边荷载拟折减系数，并绘制了不同渗透系数地基在不同施工工序下的折减系数曲线，对类似工程预留宽缝结构地基边荷载的合理取值具有一定的借鉴作用。

七、高东线的通航建筑物

运东船闸

1.闸坝概况

(1)自然地理条件

通扬线(运东船闸—海安船闸段)位于里下河腹部以南地区,利用现有的高东线(北澄子河)、建口线(卤汀河)、新通扬运河等航道,沿线与三阳河、蚌蜒河(斜丰港)、龙耳河、茅山河、泰东河、龙叉港、姜溱河、东塘河、串场河等区域骨干河道交汇,全长120千米。

运东船闸位于高邮市城区南部,文游南路与盐河交叉处,区属里下河平原工程地质区,地貌类型为古潟湖堆积平原的水网平原。运东新船闸主体位于原有运东船闸管理所范围内,地势较平坦,船闸场址区及航道沿线建筑较密集。地面高程一般为3.3～4.6米,上游(运河侧)堤顶高程10.1～10.7米,下游无明显堤防。高邮市所处地区属北亚热带和暖温带过渡性地带,具有季风性和兼受高邮湖水体调节的气候特点。四季分明,气候温和,无霜期长,雨量充沛;冬季寒冷干燥,春季冷暖多变,夏季湿热多雨,秋季温和晴朗,日照充足。

(2)闸坝建设情况

运东船闸为通扬线的上游起点,是京杭运河续建工程之一,地处江苏省高邮市。船闸主要包括船闸主体(上、下闸首,闸室,闸阀门,启闭机等)、上、下游引航道、上、下游导航墙、靠船段、上、下游远调站(停泊锚地)、闸区工作桥、跨闸公路桥、标志标牌等。上闸首按一级水工建筑物设计;闸室、下闸首按二级水工建筑物设计;导航墙、靠船墩、护岸按三级水工建筑物设计,临时工程按四级水工建筑物设计。新船闸在文游路公路桥轴线上向北移28.5米,新建船闸中心线与老船闸闸室段中心线偏角3度12分19秒,公路桥中心线距离下闸首下游面18.0米。新船闸起点上游引航道中心线与京杭运河中心线交角91度3分20秒,终点至武安大桥上游河浜口,船闸范围2.73千米。上、下游引航道平面布置采用不对称形式,船舶进出闸方式上、下游均为曲线进闸,直线出闸。上、下游引航道宽度分别为80米、不小于62.6米。上、下游引航道直线段长度分别350米,其中导航、调顺段分别长120米、160米,靠船段分别长250米,上、下游靠船墩前沿线距离船闸中心线分别为40米、51～71米。上游远调站采用老船闸远调站。下游远调站布置在下游引航道折点735米的西岸,靠泊岸线长度均为100米,护岸前沿线距航道中心线不小于70米。下游设置175平方米调度楼。下游停泊锚地均紧邻远调站顺岸布置,长度为440米,护岸前沿线距航道中心线不小于70米。文游路公路桥从船闸下游导航墙跨越,桥梁中心线距离下闸首下边缘18米,桥下净空高度为7.0米。

(3)建设成就

运东新船闸自 2014 年 4 月开工建设以来,仅用时 20 个月即完成新船闸交工验收,开创了同类船闸建设的新速度(一般用时为 30 个月)。新船闸创新采用全闸室墙钢板护面施工工艺和全长廊道输水系统,为全省首创,使用近 3 年来效果良好。

运东船闸历年船舶通过量和货运量见表 11-5-3。

运东船闸历年船舶通过量和货运量 表 11-5-3

年份(年)	船舶通过量(万吨)			货物通过量(万吨)			重载率(%)
	合计	上行	下行	合计	上行	下行	合计
2000	1226.4	597.7	628.7	619.8	73.1	546.7	50.54
2001	1106.8	555.9	550.9	555.4	12.9	542.5	50.18
2002	1121.3	539.4	581.8	580	18.9	561.1	51.73
2003	1238.4	545.4	692.9	689.9	7.6	682.3	55.71
2004	1558.1	722.9	835.2	835.2	5.3	829.8	53.60
2005	1642.2	794.9	847.3	851.1	13.5	837.6	51.83
2006	1592.3	730	862.2	874.4	17.8	856.7	54.91
2007	2277.3	1063.7	1213.6	1220.1	11.6	1208.5	53.58
2008	2223.8	1116.5	1107.3	1118.8	14.4	1104.4	50.31
2009	1985.7	879.4	1106.3	1105.2	7.4	1097.8	55.65
2010	2126.0	1066.0	1060.0	837.4	7.4	830.0	39.39
2011	2318.6	960.0	1358.6	1360.2	4.1	1356.1	58.66
2012	2319.3	993.6	1325.6	1326.9	3.6	1323.3	57.21
2013	2228.3	925.8	1302.6	1308.9	11.4	1297.5	58.74
2014	185.0	80.6	104.4	105.3	0.9	104.4	56.92
2015	—	—	—	—	—	—	—
2016	780.8	323.9	456.9	471.1	28.7	442.4	60.34
2017	957.9	280.3	677.6	683.9	41.6	642.4	71.40
2018	1127.4	491.2	636.2	719.3	226.1	493.2	63.80

2.通航建筑物

项目于 2014 年 4 月开工,2015 年 12 月竣工,2016 年 1 月试运行。

工程预可行性研究报告和可行性研究报告分别于 2010 年 12 月和 2013 年 2 月由江苏省交通规划设计院完成,初步设计文件由江苏省交通运输厅负责。2013 年 11 月 6 日江苏省发改委《关于通扬线运东船闸扩容工程初步设计》(苏发改基础发〔2013〕1688号);2012 年 8 月,江苏省环境保护厅《关于对通扬线运东船闸扩容工程环境影响报告书的批复》(苏环审〔2012〕164 号);2013 年 2 月,江苏省国土资源厅《批复江苏省扬州市航道管理处通扬线运东船闸扩容工程项目用地的预审意见》(苏国土资预〔2013〕8 号);

2015 年 9 月,江苏省人民政府《扬州市人民政府关于高邮市通扬线运东船闸扩容工程建设用地的批复》(苏政地〔2015〕509 号)。

　　船闸等级为三级,为单线船闸,代表船型为 1000 吨级货船、1 顶 + 2×1000 吨、1 拖 + 3×1000 吨船队。设计水头 7.13 米,船闸有效尺度为 223 米×23 米×4 米。上游设计最高、最低通航水位分别为 8.33 米和 5.83 米;下游设计最高、最低通航水位分别为 2.92 米和 0.7 米。闸首闸室为 C25 混凝土重力式结构,输水系统采用长廊道分散输水形式。充、泄水时间分别约 10 分钟和 9 分钟,一次过闸时间约 45 分钟。上、下闸首闸门为人字门,阀门为钢质平板提升门,闸阀门启闭机为液压启闭机。项目总投资 4.64 亿元,由交通运输部、江苏省、扬州市各级政府部门负责共同筹措。总建设用地10.58万平方米。

　　项目建设单位为扬州市航道管理处;设计单位为江苏省交通规划设计院股份有限公司、施工单位为中建筑港集团有限公司、江苏省交通工程集团有限公司、合肥三立自动化工程有限公司等;监理单位为江苏科兴项目管理有限公司;质检单位为江苏省交通工程集团百润工程检测有限公司。

　　本项目建设过程中的重要科技创新有:①全闸室墙钢板护面,为全省首创,由工程建设指挥部制定施工标准,为今后船闸闸室墙施工提供参考;②下游引航道东侧护岸采用冷弯钢板桩水上静压植桩工艺,节能减排;③探索闸首输水廊道大体积混凝土温控防裂,采用工艺后未发现混凝土裂缝。

　　运东船闸扩容工程自 2016 年 1 月 20 日通航试运行以来,通扬线运输瓶颈得到有效缓解,船舶过闸基本达到"随到随放",取得了较好的经济和社会效益。截至 2019 年 11 月底,共安全开放 1.74 万闸次,通过船舶 7.5 万艘,船舶通过量 4925 万吨,货物通过量 3586 万吨。

　　3. 经验与启示

　　建设方面:①成功解决了闸首廊道裂缝问题。针对闸首廊道裂缝问题,运东船闸扩容工程建设指挥部与河海大学开展科研课题合作,开发了混凝土全自动温度监测系统,提出了"防裂钢筋中面配置法",通过建立三维结构仿真模型,在廊道截面中部拉应力超过混凝土自身抗拉强度区域适当配置限裂钢筋的措施,上、下闸首廊道未发现一条裂缝,为今后船闸大体积混凝土施工提出了一个新的解决思路和方法。②首创两项施工工艺。冷弯钢板桩水上静压植桩、闸室钢板护面均为省内同类船闸工程中首次使用,针对这两项重点及难点技术,运东船闸扩容工程建设指挥部积极组织攻关,创新工艺,形成工法。

　　运营方面:在实际运营过程中,闸室尺度的扩大,使通行效率显著提高。相较老船闸,全长廊道分散输水系统以及闸室浮式系船柱的运用,使在闸室涨落水过程中,船舶过闸安全系数显著提高;闸室全护面钢板的运用,对闸室墙主体起到很好的保护作用。科技的创新与运用,为船闸的运营和发展带来更多的便利和保障。

八、通扬线的通航建筑物

九圩港船闸

1.闸坝概况

(1)自然地理条件

九圩港船闸上连通扬、通吕运河,下接长江,是南通及苏北地区水运物资进出长江的重要咽喉,是南北水上交通的主要枢纽。

历年平均气温 15 摄氏度;7 月、8 月平均最高气温 31.0 摄氏度;1 月平均最低气温 -0.5 摄氏度。上游千年一遇高水位为 3.70 米;上游百年一遇高水位为 3.30 米;上游最低水位为 0.3 米;下游最低水位为 -1.3 米;下游最高潮水位 4.4 米。在地表下 2.7 米以上为灰黄沙黏土,卷性较强,土质不均匀,具粉感。在地表下 2.7 米以下变为浅灰色,土质均匀。在 -4.0 米以下为青灰色岩砂土土质均匀,黏性弱。

(2)闸坝建设情况

九圩港一线船闸位于南通市西北郊港闸区境内,九圩港节制闸东侧 500 米,距市区 13 千米。船闸上游沟通九圩港河、通扬运河和通吕运河;下游连通长江天生港水道,是苏北地区与长江相连的重要通道。船闸按四级通航标准建设。九圩港一线船闸于 1991 年建成,根据 2012 年九圩港船闸过闸资料,货物量达到 2532 万吨(2012 年九圩港船闸大修),实际过闸量已远超过设计通过量;下游引航道长度约 1600 米,受潮汐、风浪、雨雾以及夜航限制影响大,船舶流量具有明显的不均衡特性,由于没有锚泊区,经常造成口门堵塞,影响九圩港船闸通过能力的发挥。

九圩港二线船闸通航标准与航道等级一致为三级,二线船闸与一线船闸纵轴线相互平行,中心距为 80 米,以下闸首下游面对齐布置,南通引河大桥在原线位上一跨跨越上游引航道。

(3)建设成就

九圩港一线船闸于 1994 年正式通航。多年来,九圩港船闸不断优化船闸通航环境,先后推出危险品运输船舶专业定制服务、钢结构运输船 VIP 服务、一站式服务、重要民生物资运输船舶绿色通道服务和其他船舶零距离服务等系列便民举措,最大限度提供优质、高效的便民服务,货物通过量也由 1994 年的 389 万吨,增加至 2015 年的 2177 万吨。其中,2013 年达 2682 万吨,最高增长达 5.89 倍。截至 2015 年底,累计货物通过量 2.98 亿吨,船舶通过量 5.73 亿吨,通过船舶 219 万艘,船队 3.10 万个。

2.通航建筑物

(1)九圩港一线船闸

项目于1991年10月开工,1993年12月试运行,1994年1月竣工。

项目建设依据:1988年,江苏省计划经济委员会《关于南通第二船闸工程设计任务书的批复》(计经基〔1988〕444号)。

船闸等级为四级,单级、单线船闸,设计水头3.55米。船闸有效尺度为220米×16米×3.3米。船闸上游设计最高通航水位3.46米,设计最低通航水位0.71米;下游设计最高通航水位4.04米,设计最低通航水位-0.86米。闸首闸室采用坞式钢筋混凝土结构。输水采用闸室充水、泄水分别通过设在上、下闸首内的输水廊道在闸首处集中进行,为头部集中输水系统。充、泄水时间均为15分钟,一次过闸时间45分钟。设计代表船型为500吨级货船,尺度为45.0米×8.8米×2.2米;设计代表船队为1顶+2×1000吨级,尺度为160米×10.8米×2米。上游引航道总长度1624.57米,下游引航道总长度1341.36米。三角形钢闸门由上、下底枢、立柱、门叶组成;阀门采用平面钢闸门,门叶结构由面板、梁格、横向和纵向连接系、行走滚轮以及止水等部件组成;门槽由门楣、底坎和侧轨以及锁定装置等组成;启闭机、闸门部分采用卧式油缸进行开关三角门;阀门部分采用竖式直推式油缸进行开关阀门。项目总投资3700万元,其中南通市政府925万元,江苏省交通厅925万元,世界银行贷款1850万元。陆域用地802亩。

项目建设单位为南通九圩港大桥第二船闸工程建设指挥部;设计单位为江苏省交通规划设计院;施工单位为江苏省水利建设工程有限公司;监理单位为南通九圩港桥闸工程监理组;质检单位为江苏交通厅工程质量监督站。

九圩港船闸是南通内河特大型船舶进出长江的主要通道。该闸自通航以来,改善了沿河两岸的工农业发展环境,促使越来越多的企业在九圩港沿岸布点设厂。通州区平东、平潮和港闸区陈桥、永兴四大乡镇纷纷建起船舶配套工业生产园区。随着船舶钢结构行业的蓬勃发展,九圩港船闸作为南通内河钢结构企业进出长江唯一通道的地位日益凸显。截至2015年底,钢结构船舶通过量逾700万吨,为地方经济的发展作出了重要贡献。

上海世博会期间,南通作为国际先进、国内一流的海洋工程、船舶及重装备的先进制造业基地,承接了大量上海世博会桥梁设备、游览船舶业务,为保障世博会水上交通运输作出了突出的贡献。这些船舶和设备大部分均由南通九圩港河沿岸的钢结构企业制造,经九圩港船闸运出长江后再运抵上海服务。从九圩港船闸通过的"世博船"达2.8万吨,其中钢结构船占极大比例。

1994年九圩港船闸船舶通过量只有752.51万吨,通过船舶确达7.55万艘,船队1886个;放行的船舶最大只有100吨左右,平均载重吨不足100吨。随着水运事业的蓬勃发展,船舶大型化的趋势明显加速。截至 2015 年底,九圩港船闸放行最大船舶总吨达 1988 吨,载重吨为 4130 吨。

(2)九圩港二线船闸

项目于 2015 年 1 月开工,2018 年 12 月试运行,项目尚未竣工。

项目建设依据:2013 年 11 月,江苏省发改委以苏发改基础发〔2013〕1804 号文出具工可批复;2014 年 1 月,江苏省发改委以苏发改基础发〔2014〕128 号文出具初设批复;2013 年,江苏省环境保护厅批复《通扬线(九圩港复线船闸及通江连接线段)航道整治工程环境影响报告书》(苏环审〔2013〕149 号);2015 年 6 月,江苏省人民政府以苏政地〔2015〕152 号文下达用地批复。

船闸等级为三级,最大设计船舶 1000 吨,设计水头 4.51 米。船闸有效尺度为 230 米 × 23 米 ×4 米。船闸上游设计最高通航水位 3.46 米,设计最低通航水位 0.71 米;下游设计最高通航水位 4.01 米,设计最低通航水位 -0.89 米。闸首采用整体刚度大的钢筋混凝土坞式结构,闸室采用钢筋混凝土整体式结构。输水采用集中输水系统,对冲消能形式。充、泄水时间均为 8 分钟,一次过闸时间为 30 分钟。设计代表船型为 1000 吨级,设计代表船队为 1 顶 +2 ×1000 吨级,尺度为 160 米 ×18.8 米 ×2 米。上、下游引航道平面布置采用对称式,上、下游共用引航道,引航道宽大于 100 米。上、下游引航道平面布置采用对称式,上、下游共用引航道,引航道宽大于 100 米。上、下游引航道直线段长度分别为 538.7 米、598.7 米,其中靠船段长度均为 340 米。靠船墩前沿线距离船闸中心线 30 米。船舶进出闸方式上、下游均为曲进曲出。上、下游导航墙长度分别为 140 米。辅导航墙斜率为 1:5,端部分别与一线船闸的辅导航墙衔接。在上、下游分别新建远调站,远调站距离上(下)闸首上(下)边约 815 米、690 米;分别在上、下游远调站上下游侧布置停泊锚地,停泊锚地靠泊岸线长分别为 600 米、300 米。工作闸门均采用立柱式钢质三角门,阀门为平板提升门。闸、阀门启闭机均采用液压直推式启闭机。项目总投资 12.6 亿元,其中交通运输部水运建设资金 3.5 亿元,地方政府投资 3.12 亿元。项目永久性征地 980.0 亩,船闸管理用房 3603 平方米。

项目建设单位为南通市江海河联运项目建设指挥部;设计单位为江苏省交通规划设计院股份有限公司、中设设计集团股份有限公司;施工单位为江苏省交通工程集团有限公司、江苏省交通工程集团有限公司、中船重工中南装备有限责任公司等;监理单位为江苏科兴监理有限公司。

本项目建设过程中,相关人员积极开展科技创新工作,共开展 4 项省级课题,其中"BIM 技术在船闸施工中的应用研究""装配式靠船墩设计与施工技术研究"为主要研究内容。

①BIM(建筑信息模型)技术在船闸施工中的应用研究。船闸施工项目管理工具是以

BIM技术为核心,本课题利用BIM集成平台,通过BIM模型数据接口集成土建、房建、门机电等多个专业模型为一体,并以BIM集成模型为载体,将施工过程中的进度、合同、成本、工艺、质量、安全、图纸、材料、劳动力等信息集成到同一平台中。本课题利用BIM模型的形象直观、可统计、计算分析的特性,为项目技术管理、进度管理、合同成本管理、质量管理等关键过程及时提供准确的构件几何尺寸及位置、计划时间、工程量、资源量等,帮助管理人员进行有效决策和标准化管理,减少返工和浪费,有效控制项目工期和成本,提升项目品质和整体价值。

②装配式靠船墩设计与施工技术研究。本课题针对传统现浇独立桩柱式靠船墩施工周期长、施工中质量难以保障、成本控制难度大、安全风险高的问题,调查不同设计代表船型在单线、多线船闸靠船段的靠船需要,研究装配式靠船墩结构设计、工厂化生产及装配式施工工艺。

本项目建设过程中取得的专利如下:

①2016年8月获实用新型专利——"简易金属止水带成型机",专利号为ZL201620071325.3。

②2016年3月获实用新型专利——"桩头钢筋调直器",专利号为ZL201520821946.4。

③2017年3月获实用新型专利——"一种采用降水井的防渗帷幕临河基坑",专利号为ZL201620775326.6。

④2017年8月获实用新型专利——"船闸闸室墙钢板护面防空鼓结构",专利号为ZL201621436144.2。

⑤2017年8月获实用新型专利——"船闸止水结构",专利号为ZL201621436841.8。

⑥2017年8月获实用新型专利——"钢板护面拉条螺栓孔封堵结构及封堵件",专利号为ZL201621437475.8。

3.经验与启示

①严格管理是工程优质平安推进的重要保证。九圩港二线船闸建设过程中,指挥部秉持抓工程首先抓队伍的理念,提出了"建优质工程、带一流队伍、树勤廉品牌、铸千秋丰碑"的口号,从明确岗位职责、规范工作流程、细化工作标准、严明工作纪律、完善规章制度入手,加强监督检查,严格考核奖惩,以优良的作风促进严格管理,以严格管理保证工程建设品质。在质量控制、安全管理、廉政建设等方面直面问题和矛盾、敢于动真碰硬,旗帜鲜明地破除陈规陋习,防治通病积弊,形成了"聚精会神抓推进、一心一意抓质量、一丝不苟抓安全"的生动局面。

②施工标准化建设是创精品工程的重要手段。通过推行"三集中"工地标准化建设,

大幅提高了生产效率和工程质量;通过推行工艺标准化和管理标准化,有效带动精细化施工水平的不断提升,工程质量通病得到有效治理,工程质量得到有效保障。

九、周山河的通航建筑物

周山河船闸

1.闸坝概况

（1）自然地理条件

泰州属江淮冲积平原区,境内总体地势中间高、南北低。北部兴化全境和姜堰、海陵部分地区属于里下河地区,区内坑塘众多,以圩区、荡区为主;南部泰兴、靖江属于通南地区,又以省道312线为界,省道312线以北属通南高沙土地区,土层多粉砂和极细砂,保水性能差;省道312线以南属沿江圩区,地形向长江微倾,大部为低漫滩,是近两千年来长江冲积、沉积物或古沙洲并岸而成。

（2）闸坝建设情况

周山河船闸技术改造后等级为五级,主体结构水工建筑物级别为:上、下闸首、闸室按三级水工建筑物设计;导航墙、靠船墩按四级水工建筑物设计;临时建筑物按五级水工建筑物设计。

（3）建设成就

周山河船闸从2012年8月1日开始试运行,试运行一年周山河船闸共开放闸1.48万次,为2010年泰州船闸开放次数的64%;过闸船舶8.03万艘,为2010年泰州船闸过闸船舶数量的87%;过闸船舶吨位2428.04万吨,为2010年泰州船闸过闸船舶吨位的127%;其中货物运量1602.17万吨,为2010年泰州船闸货运量的106%。

2.通航建筑物

项目于2009年12月开工,2012年8月试通航,2014年10月竣工。

技术改造后船闸等级为五级,船闸承受双向水头,正向最大水头3.8米,反向最大水头1.6米,一次过闸时间39.9分钟,通航保证率为95%。闸室尺度为160米×18米×3.5米。设计代表船型为300吨级,兼顾500吨级船舶。闸室采用钢筋混凝土坞式结构,船闸上、下游闸首为钢筋混凝土实体底板和箱型边墩组成的坞式结构。上、下闸首工作闸门为钢质弧形三角门,阀门为钢质平板提升门,闸、阀门启闭机均采用滚珠丝杆启闭机;闸室为钢筋混凝土整体坞式结构,分为10段,每段两侧设置浮动式系船柱,充、泄水时间均约7分钟。引航道采用对称布置,船舶采取曲进直出方式过闸。上、下游引航道中心线分别与周山河中心线一致。引航道为半直立式护岸,底宽为45米。项目总投资8870万元,均为地方投资。

项目建设单位为泰州市周山河船闸工程建设指挥部;设计单位为中交第二航务工程勘察设计院有限公司;施工单位为中交第一航务工程有限公司;监理单位为南京公正工程监理有限公司;质检单位为泰州远通公路水运工程检测有限公司。

3. 经验与启示

周山河船闸技术改造工程是采用养护经费进行改造的,其优点包括:①投入周期短,从计划到船闸开始运行一共只用了两年半的时间;②投入经费少,一共只用了 8870 万元就完成了一个船闸的基本建设,并使船闸达到通航要求;③成本回收快,只用了 4 年半的时间,投资经费就已收回。

十、南官河的通航建筑物

口岸船闸

1. 闸坝概况

(1)自然地理条件

口岸船闸位于泰州市南部,地处长江三角洲区域,周围平原辽阔,水网纵横,土地肥沃,人口密集。该地属亚热带湿润季风气候,寒暑变化显著,四季分明。1 月平均气温为 2 摄氏度左右,7 月平均气温为 28 摄氏度左右,年降水量在 1000~1200 毫米,降雨多在夏季。地貌类型为高沙平原。地势呈中间高、南北低走向,地面标高一般为 2~5 米。

(2)闸坝建设情况

拆除一座老船闸,建设一座新船闸。口岸老船闸始建于 1958 年 3 月,1959 年 1 月建成通航。船闸尺度为 135 米 × 10(12)米 × 2.8 米。新建口岸船闸尺度为 140 米 × 16 米 × 3 米。

(3)建设成就

新口岸船闸从 2008 年 12 月 10 日开始试运行,试运行一年共开放 1.77 万闸次,为 2006 年开放闸次数的 105%;过闸船舶 11.05 万艘,为 2006 年过闸船舶数量的 103%;过闸船舶吨位 2491.5 万吨,为 2006 年过闸船舶吨位的 96.1%;其中货运量 1663.2 万吨,为 2006 年货运量的 107%。

2. 通航建筑物

项目于 2007 年 8 月开工,2008 年 12 月试运行,2011 年 6 月竣工。

口岸船闸大修改造工程于 2007 年经江苏省交通厅航道局苏交航〔2007〕1 号文批准立项;2007 年 11 月江苏省交通厅航道局以交航养〔2007〕353 号文批准施工图设计文件。

新口岸船闸等级为五级，为单线船闸，设计水头 3 米。船闸有效尺度为 140 米 × 16 米 × 3 米。船闸上、下游最高通航水位分别为 4.90 米、5.95 米，最低通航水位为 1.20 米、0 米。闸首、闸室采用钢筋混凝土坞式结构。输水采用环形短廊道集中输水结合三角门的输水形式。充、泄水时间均为 2 分钟，一次过闸时间为 30 分钟。设计代表船型为 300 吨级货船，尺度为 38 米 × 7.3 米 × 1.9 米；500 吨级货船，尺度为 47 米 × 8.8 米 × 2.0 米；设计代表船队为 2 × 500 吨货船 + 1 × 300 吨货船 + 4 × 100 吨货船、3 × 300 吨货船 + 4 × 100 吨货船。引航道的平面布置基本上是对称式的，尺度为上游 480 米 × 50 米 × 3 米，下游 280 米 × 50 米 × 3 米。闸门采用钢质三角门，阀门采用垂直升降钢质平板门，启闭机械使用液压直推式启闭。项目总投资 5327 万元，均由政府投资。陆域用地 4.87 万平方米。

项目建设单位为泰州市航道管理处；设计单位为江苏省交通规划设计院有限公司、南京水利科学研究院、江苏省引江水利水电设计研究院等；施工单位为中交第二航务工程局有限公司、南京洛普股份有限公司、泰州市口岸建筑安装工程有限公司；监理单位为江苏润通交通工程监理咨询有限公司；质检单位为泰州市交通工程质量监督站。

本项目建设过程中的重要科技创新包括：①使用冲砂袋围堰，既保证了质量，又缩短了工期。②使用进口模板纤维布，基本消除了混凝土表面存在气孔的质量通病。③闸室墙浇筑采用龙门架支撑模板施工技术，提高混凝土的表面光洁度和平整度。④在闸首廊道空箱混凝土中掺入防裂纤维，减少了裂缝通病的发生，提高了工程内在质量和外观质量。⑤采取深井、轻型井点、无砂管井降水、防渗帷幕截渗相结合的综合降水措施有效降低了地下水位，保护了周围建筑物。

3. 经验与启示

为提升船闸服务水平，简化船舶过闸程序，提高船闸运行效能，2012 年，江苏省口岸船闸管理所实施"江苏内河船舶便捷过闸系统"试点研究。

该项目主要针对船舶过闸登记、船闸运行调度、系统结算等方面开展研究，船闸于 2012 年 12 月 20 日投入试运行。截至 2013 年 1 月 15 日，安装试点船舶 100 艘，过闸 449 次。

船舶便捷过闸系统，将船舶过闸原有的上岸、登记、调度、领牌、过闸等八项程序缩减为船舶识别、调度、过闸三项程序，且船民无须上岸办理过闸手续，改变了船闸运行调度方式，使船舶过闸更加便捷、顺畅、安全，显著提升了船闸运行效率。该项目运行至 2017 年 10 月，口岸船闸共安装 1300 余艘，极大地方便了广大船民。

2017 年 10 月江苏省交通运输厅航道局继续在口岸船闸试点升级便捷过闸系统，一个月后开始在全省推广。这套系统解决了船民上岸办理过闸手续和缴费困难的问题，可以直接在手机 App 上完成所有操作，用支付宝或银联直接支付，并且兼容老版 ETC 的账户。

十一、芒稻河的通航建筑物

芒稻船闸

1. 闸坝概况

(1)自然地理条件

芒稻船闸地处扬州市,其所在区域属于亚热带湿润季风气候,寒暑变化显著,春、夏、秋、冬四季分明,气候温和,雨量充沛。场地位于扬子准地台宁—通东西向构造带的江都隆起中部,场地北侧约 7 千米有甘泉山—小纪断裂,南侧约 3 千米有宜陵—蒋王庙断裂,在场地东侧约 11 千米处有茅山东侧断裂通过,其他断裂距离本场地较远。根据区域地质资料,这些断裂晚近期未发现活动迹象,场地区域地质构造稳定性较好。场地地貌分布区属于长江中下游冲积平原,地貌类型属长江三角洲平原古河口沙嘴地貌,场地地势较为平坦。

(2)闸坝建设情况

芒稻河北连京杭大运河,南连长江,是京杭大运河徐扬段入江货物的分流航道,为五级航道。

芒稻船闸位于芒稻河上,为三级水工建筑物,设计通航船舶等级为 1000 吨级。

2. 通航建筑物

项目于 2014 年 11 月开工,2017 年 1 月试运行,2017 年 12 月竣工。

项目建设依据:2013 年 8 月,江苏省交通运输厅航道局《关于芒稻船闸扩容改造工程方案设计的批复》(交航计〔2013〕25 号);2013 年 11 月,江苏省交通运输厅航道局《关于芒稻船闸扩容改造工程土建、人行桥施工图设计的批复》(交航养〔2013〕43 号)。

芒稻船闸等级为三级,单线船闸,最大设计通航船舶等级为 1000 吨级,设计水头 8.5 米。船闸有效尺度为 180 米 × 23 米 × 4 米。船闸扩容改造工程设计水头为:正向设计水头差 8.5 米,反向设计水头差 1.31 米。船闸上游最高通航水位 8.33 米,下游最高通航水位 6.39 米;上游最低通航水位 4.94 米,下游最低通航水位 − 0.17 米。闸首、闸室结构形式均为钢筋混凝土坞式结构。输水系统类型为全分散输水系统,充、泄水时间均为 9 分钟,一次过闸时间为 45 分钟。设计代表船队为 1 顶 + 2 × 2000 吨船队,尺度为 161 米 × 10.8 米 × 2.5 米。上、下游引航道平面布置采用不对称形布置形式。上游引航道导航调顺段长度为 200 米,由 60 米长重力式墙及 7 个间隔 20 米的独立墩及栈桥组成。辅导航墙直线段长度 25 米,之后以半径 35 米的圆弧与东侧 140 米的重力式护岸衔接,辅导航墙在船闸中心线上的投影长度为 60 米。下游引航道主导航墙布置在西岸,按照 1∶6.25 的坡度布置,船闸中心线上投影长度均为 70 米,主导航墙为 180.5 米的钢板桩直立式护岸,辅导航墙直线段长度45.5米,之后以半径20米的圆弧与东侧原180.5米重力式护岸衔接,辅导航墙在船闸中心线上的投影长度为76.7米。船闸的闸门为钢质横拉门,阀门为钢质平板阀门,闸门启闭机为齿轮齿条机械式启闭机,阀门启闭机为液压直推式启闭机。项目总投资2.35亿元,均由地方政府承担。芒稻船闸扩容改造工程为原址扩建项目,无新增用地。

项目建设单位为扬州市航道管理处;设计单位为中设设计集团股份有限公司;施工单位为江苏省交通工程集团有限公司、江苏享海交通工程有限公司、无锡市航道工程有限公司等;监理单位为江苏智科交通工程咨询监理有限公司、中设设计集团工程质量检测中心。

本项目建设过程中的重要科技创新如下:

①预应力技术在防治芒稻船闸闸首混凝土裂缝中的应用研究。

通过在闸首和门库的关键部位置增加预应力来减少混凝土裂缝,实施后的混凝土外观质量和内部应力数据基本符合结构仿真计算的结果,达到了消除闸首和门库混凝土裂缝的目的。

②35米旋喷锚索施工工法。

在基坑最危险的位置使用35米旋喷锚索和支护桩相结合,成功地保证了基坑和临边建筑物的安全,解决了因场地狭窄致使基坑开挖对周边建筑物影响较大的问题。

③长廊道结合空箱结构闸室墙施工工法。

通过采用高低龙门架,整体式内外钢模等方法,保证了工程的施工质量和施工安全。

④横拉门船闸闸门技术集成研究。

将涉及的横拉门所特有的门体、顶底台车、齿轮齿条等关键技术读懂、吃透,并创造性地采用了麦型螺栓、自润滑材料等新材料,以期提高闸门的使用寿命。

⑤齿驱式横拉门安装工法。

根据横拉门体积大、质量大、安装精度要求高等特点,将整个横拉门分解成2～3段厂内整体制作试拼装再分段进场,从而使闸门在整体精度和进场操作性上达到了最佳平衡。

2017—2019年,船舶通过量和闸费收入连续增长,船舶通过量分别为3022万吨、3616.1万吨、3685.6万吨。

十二、丹金溧漕河的通航建筑物

丹金船闸

1. 闸坝概况

(1) 自然地理条件

丹金溧漕河金坛段丹金船闸地区地处北亚热带与中亚热带的过渡地带,地质条件较好,土质以粉质黏土为主,土层较厚,地基承载力为 16 ～ 25 吨/平方米。

丹金船闸沿线冬季盛行 NW,夏季盛行 SE,盛行时段为每年 3—8 月,在 7—9 月受台风影响,但持续时间不长,每次持续时间一般为 1 ～ 2 天,最大风力可达 9 级左右。年平均气温 16.4 度,年降水量为 1066 毫米,年平均湿度 78%,日照数 2081 小时,无霜期 242 天。

（2）闸坝建设情况

丹金溧漕河金坛段丹金船闸位于金坛区境内桩号 K20＋208—K25＋297 范围,北纬 31 度 47 分 8 秒,东经 119 度 34 分 6 秒,是丹金溧漕河 65.6 千米航道唯一的通航建筑,是一个具有防洪、通航、引水等综合性功能的枢纽工程。丹金船闸采用裁弯取直的平地开挖建设方案,起点位于金坛市区北、原丹金船闸上游约 600 米位置,向西南进入平地开河段,自灵官庙和居头村北部穿越,在通济河荆西桥附近折线向南接金坛市区的平地开河改线段。丹金溧漕河通航等级为三级,船闸等级为三级,设计最大船舶等级为 1000 吨级,防洪标准为 50 年一遇。

丹金船闸上闸首距离居头村约 500 米,下闸首距新开航道通济河口约 900 米。老省道 241 线省道桥从上游导航墙上方跨过,中心线距离上闸首外沿 30.35 米,夹角为 61 度。新省道 241 线在航道下游通济河附近跨过本航道,采用一桥跨两河方案,使得桥位中心与通济河和丹金溧漕河航道中心交汇点重合,保证新省道 241 线跨河桥跨径最小。

（3）建设成就

丹金溧漕河位于太湖流域西部,是国家“长三角”高等级航道网的重要组成部分和太湖流域综合治理湖西引排工程中南北引排骨干河道之一,对缓解苏南运河主通道运输压力、促进地区经济发展起着重要积极的作用。沿线区域经济发达,近年来一直维持较高的货运量。

2013 年 11 月通航的丹金溧漕河上的唯一一座通航建筑物——丹金船闸,顺应了区域经济的发展需求,满足了防洪、通航的功能。在通航以来的汛期,都起到了很好的防洪作用,有效地保护了当地居民的生命和财产安全。航道、船闸等级的提升极大地提高了货物的通行能力,至 2018 年 6 月 28 日,过闸单船 11.67 万艘,船队 3184 组,货运量 7583.17 万吨。自 2013 年开闸至 2017 年,累计放行船队 2867 组,放行货轮 9.77 万艘,最大载货种主要为石灰和油类、酸类化学品。船舶过闸秩序良好,实现了安全、平稳、有序的工作目标。自 2013 年 11 月运行至 2015 年底,丹金船闸总运量为 1519.52 万吨,截至 2017 年底总运量为 6304.61 万吨。船舶的最大吨级为 926 吨,老丹金船闸的平均载重吨为 168 吨,随着新丹金船闸运行,至 2015 年平均载重吨为 425 吨,至 2017 年的平均载重吨为 586 吨。

2. 通航建筑物

项目于 2010 年 10 月开工,2013 年 11 月试运行,2018 年 9 月竣工。

项目建设依据:2009年12月,江苏省发改委《江苏省发展和改革委员关于丹金溧漕河航道整治工程可行性研究报告的批复》(苏发改交通发〔2009〕1857号);2010年6月,江苏省发改委《关于丹金溧漕河丹金船闸工程初步设计的批复》(苏发改基础发〔2010〕731号);2009年1月,江苏省环保厅《关于对丹金溧漕河航道整治工程环境影响报告书的批复》(苏环管〔2009〕1号);2013年1月,江苏省国土资源厅《关于下达2011年度第一批省及以下独立选址建设项目新增建设用地计划的通知》(苏国土资函〔2013〕83号)。

船闸等级为三级,为单线船闸,设计船型为1000吨级船舶;设计船队为1顶+2×1000吨级船队、1拖+3×1000吨级船队和1000吨级货船(机驳)。设计水头主要承受单向水头,最大水头差为1.71米。船闸有效尺度为180米×23米×4米。船闸上游最高通航水位为4.38米,最低通航水位为0.84米;下游最高通航水位为4.36米,最低通航水位为0.84米。上、下闸首整体坞式结构,闸室采用钢筋混凝土坞式结构。输水系统类型为门下输水形式。上、下闸首闸门为卧式平板钢闸门,闸、阀门启闭机为双吊点卷扬式启闭机。项目总投资3.68亿元,其中交通运输部水运建设资金1.10亿元,地方投资5737.19万元,其他银行贷款1.99亿元。丹金船闸工程核定永久工程用地825.7亩,用地范围拆迁房屋1.26万平方米。

项目法人为江苏省交通运输厅航道局;建设单位为常州市三级航道网整治工程建设指挥部办公室;设计单位为中交水运规划设计院有限公司;施工单位为江苏省交通工程集团有限公司、南通四建集团有限公司、江苏省交通工程集团有限公司;监理单位为江苏润通交通工程监理咨询有限公司;质监单位为江苏省交通运输厅工程质量监督局。

2013年11月18日,丹金船闸通过江苏省交通运输厅航道局的验收,2013年10月30日通过指挥部现场办预验收。船闸主体、上游引航道及导航墙建筑物、下游引航道及导航墙建筑物、闸门及启闭机制造与安装四个单位工程于2013年4月10日顺利通过水下部分验收,并进行放水。

本项目建设过程中的获奖情况见表11-5-4。

丹金船闸工程获奖情况

表11-5-4

奖项分类	奖项级别	奖 项 名 称	获 奖 年 月	颁 奖 机 构
技术进步	省部级	第一批江苏省工程建设省级工法	2012年8月1日	江苏省住房和城乡建设厅
技术进步	省部级	"移动模架混凝土墙体施工工法"荣获交通运输部一级工法	2012年12月1日	交通运输部
工程质量	省部级	关于表彰2011年度全省公路水运工程"平安工地"建设活动省级"示范工地(工程)"	2012年3月1日	江苏省交通运输厅

续上表

奖项分类	奖项级别	奖项名称	获奖年月	颁奖机构
工程质量	省部级	丹金溧漕河丹金船闸工程 DJLC～DJCZ～TJ标荣获 2012 年度江苏省公路水运工程"平安工地"建设活动省级"示范工地"	2013 年 1 月 1 日	江苏省交通运输厅
技术进步	省部级	混凝土驳岸墙移动模架研制与应用获 2014 年全国交通运输企业科技创新成果二等奖"奖牌	2014 年 12 月 1 日	中国交通企业管理协会和交通行业优秀企业管理成果评审委员会

本项目建设过程中取得的专利情况见表 11-5-5。

丹金船闸工程取得专利情况　　　　　　表 11-5-5

专利名称	专利类型	专利号	获得时间
对丹金船闸工程"驳岸墙施工移动模架"	实用新型专利	ZL201220336297.5	2012 年 7 月 1 日

丹金船闸,是江苏省常州市第一交通船闸。自 2013 年 11 月交工验收后,船闸进入通航状态,至今工程主体状况良好,各分部、分项工程运行正常平稳,能够满足船闸的运行要求。丹金船闸管理所根据运行实际情况,采用了套闸、通闸等不同的运行模式。在不同的运行模式下,各项功能运行正常,满足实际使用需求。

2015 年丹金溧漕河遭遇 200 年一遇的特大洪水,防洪堤坝稳固正常,丹金船闸中断了航运功能,接受当地防汛指挥部的统一调度,有效地发挥了节制水头、防汛调度的功能,根据高低分开、疏控结合、合理调度的治水原则,发挥了湖西地区的防洪排涝功能及水资源综合利用优势,确保了金坛区以及下游地区的防洪安全,为该地区的可持续发展提供了可靠的基础保障。

根据现场实际情况及时调整工班运行模式,上、下游各增设航政岗亭,增加排挡员现场 24 小时排挡,很大程度上解决了停泊区安全隐患问题,提高了船舶停靠登记收费服务的质量,规范了船舶过闸秩序。同时,新船入网实施首录负责管理制度,做到"一船一档",确保从源头上堵住过闸费征收漏洞。新版 ETC 过闸系统的运用,大幅提升了运行效率,每日 ETC 船舶数量占单船数量 60%,单船上岸买票的船舶大大减少,安全隐患大幅度降低。

丹金船闸 2017 年累计放行船队 752 组,放行货轮 4.35 万艘,船舶通过量较去年同期增长 25.7%,所载货种主要为石灰和油类、酸类化学品。船舶过闸秩序良好,实现了安全、平稳、有序的工作目标。智慧船闸建设有序实施,日常养护和中修工程积极推进。与此同时,由工技、科信、综合及运调科成员联合汇报演出了情景剧《丹金船闸的烦恼》,再现了船闸 QC 活动的开展过程和收获,受到了专家评委的一致好评。丹金船闸成为苏南片区首批运用新版水上 ETC 的船闸。新版 ETC 于 2018 年 1 月 18 日开始安装,截至同年 2 月 8 日,共计安装船舶 596 条,取得了船户一致好评,各方媒体争相报道,争取较好的社会效益。

十三、锡澄运河的通航建筑物

(一)新夏港船闸

1. 闸坝概况

(1)自然地理条件

锡澄运河(无锡)属于长三角河网水系,河道比降小,水流平缓,地表植被好。暴雨期由径流带入河道的泥沙很少;泥沙来源主要为无护岸河段,船行波对河岸会产生一定冲刷,致使少量泥沙进入水体落淤航槽,以该方式进入河道的泥沙亦有限。河道内水体含沙量低。

该区属中亚热带北部向北亚热带南部过渡的湿润性季风气候区,受季风环流影响,雨量充沛,日照丰富,无霜期长。年内春夏秋冬四季分明,热量充裕,冬天寒冷,夏天湿热。工程区属长江三角洲冲积湖平原,区内地形平坦,厂区、道路、房屋密布。地面标高在 2.05 ~ 6.50 米。

(2)闸坝建设情况

新夏港船闸是锡澄运河航道整治工程的组成部分,该船闸是整治后的锡澄运河的入江口门。新夏港船闸位于江阴市新夏港河水利套闸处,船闸下闸首距长江主航道 1.5 千米,与长江主航道交角约 78.5 度。船闸起点为锡澄运河航道桩号 K36 + 472,终点为锡澄运河与长江主航道交点(桩号 K38 + 710)。

(3)建设成就

新夏港船闸的船闸设备、设施,经过两年多的试运行和实践检测,主体功能基本完善齐备,符合设计和实际需求,效果良好,在总体上满足和符合设计和使用要求,创造了很好的直接和间接经济效益,达到了工程实施的目的和意义,提升了新锡澄运河的通过能力,促进了区域经济的发展,社会反响较好。2017 年,新夏港船闸累计开放闸次 3.59 万次,船舶通过量 21.5 万艘,船舶吨位 1.43 亿吨。

2. 通航建筑物

项目于 2012 年 11 月开工,2015 年 12 月试运行。

项目建设依据:2011 年 8 月,江苏省发改委《江苏省发展改革委关于锡澄运河航道整治工程可行性研究批复》(苏发改基础发〔2011〕1418 号);2011 年 12 月,江苏省发改委《江苏省发展改革委关于锡澄运河新夏港船闸工程初步设计的批复》(苏发改基础发

〔2011〕2087 号）；2011 年 5 月，江苏省环境保护厅《关于对锡澄运河航道整治工程环境影响修编报告的批复》苏环审〔2011〕74 号）；2012 年 9 月，江苏省国土资源厅《江苏省国土资源厅关于〈转发国土资源部关于锡澄运河航道整治工程建设用地的批复〉的通知》（苏国土资函〔2012〕633 号）；2012 年 8 月，国土资源部《国土资源部关于锡澄运河航道整治工程建设用地的批复》（国土资函〔2012〕699 号）；2011 年 10 月，江苏省水利厅《关于锡澄运河新夏港双线船闸项目的行政许可决定》（苏水许可〔2011〕195 号）。

新夏港船闸为双线、三级船闸。设计水位以 20 年一遇的洪水位作为设计最高通航水位，保证率为 98% 的水位为设计最低通航水位。上游设计洪水位 3.28 米，下游设计洪水位 5.78 米；设计上游最高通航水位为 3.06 米，最低通航水位为 0.81 米；下游最高通航水位 4.96 米，最低通航水位为 -0.41 米。上、下闸首为钢筋混凝土整体式，闸室为分离式，采用闸首短廊道 + 三角门门缝输水，设计水头 3.47/3.63 米（正向/反向），充、泄水时间均为 15 分钟，一次过闸时间 60 分钟。船闸有效尺度为 180 米 ×23 米 ×4.0 米。设计船型为 1000 吨级（兼顾 60TEU 集装箱船）；设计代表船队为 1 顶 +2 ×1000 吨级船队。上游引航道尺度为 90 米 ×3.2 米 ×832.2 米，下游引航道尺度为 90 米 ×3.5 米 ×968.6 米。上、下闸首工作闸门采用弧形钢质三角闸门，工作阀门采用钢质平板提升门，启闭机采用液压直推式启闭机。船闸工程总投资 5.04 亿元，其中交通部水运建设资金 1.48 亿元，地方投资 3.56 亿元。用地办公楼建筑面积 1569.84 平方米，建筑基底面积 523.28 平方米；综合楼建筑面积 1263.90 平方米，建筑基底面积 655.94 平方米。

项目建设单位为无锡市锡澄运河三级航道整治工程建设指挥部办公室；设计单位为中交第二航务工程勘察设计院有限公司；施工单位为中建筑港集团有限公司、江苏省交通工程集团有限公司、江苏晨光盛得液压设备有限公司等；监理单位为江苏科兴项目管理有限公司；质检单位为江苏省交通运输厅工程质量监督局。

新夏港船闸是全国首个闸首错位布置、三墙两闸的钢板桩双线船闸，节省了土地资源。本项目在建设过程中开展了错位布置双线船闸闸首结构受力机理及变形控制研究，科研成果达到国内领先水平；同时开展了高性能钢板桩在船闸工程中的应用研究，研究成果总体上达到国内领先水平。

新夏港船闸于 2016 年 5 月 8 日投入使用，至 2016 年底，通过船舶总量为 11.34 万艘，通过船舶总吨为 3474 万吨；2017 年通过船舶总量为 21.52 万艘，通过船舶总吨为 7153 万吨；2018 年通过船舶总量为 20.25 万艘，通过船舶总吨为 7065 万吨；2019 年通过船舶总量为 21.92 万艘，通过船舶总吨为 8143 万吨。本项目建设过程中，相关人员按照《江苏省船闸养护标准化》相关规定认真做好设备设施的维护和管养，及时记录、汇报、督促整改质量缺陷，梳理和整改遗留问题，并根据船闸试运行的实际情况，对设计和施工存在的不足，在力所能及的情况下，进行了局部的完善。

3. 经验与启示

（1）船闸闸位布置方案考虑全面

本项目采用双线船闸错位布置形式，东侧船闸和西侧平行布置，两线船闸纵向错开一个闸首长度布置，横向两线船闸靠拢，两线船闸共用一道闸墙，形成"两闸三墙"的平面形态。其优势在于：①节约土地占用面积；②减少水工结构工程量，降低船闸投资；③增加了船舶航行的安全性；④施工量减少，维护费用降低，节省资源，利于环保。

（2）结合项目特点，合理选用水工结构，充分挖潜节省投资

江苏省内导航墙一般采用扶壁式挡土墙或重力式挡土墙结构，但这两种结构后底板较长，基坑开挖范围较大。下游受长江大堤限制，施工场地狭窄，为此采用了可靠的双排钢板桩结构。闸室为节约施工场地和减少施工临时措施采用了施工简单、工期短的钢板桩结构，这也是钢板桩首次应用于双线船闸工程。

钢板桩结构的采用，极大地简化了施工临时措施，降低了临江施工的风险，从而为项目的实施创造了良好的条件。同时由于上游导航墙采用钢板桩结构，可少降水施工，从而使对场地临近别墅区的保护变得简单和可靠。

（3）充分利用现有水域，提高船闸船舶通过能力

在平面布置中，充分考虑新夏港船闸过闸特点，利用一切可以利用的水域，增加待闸船舶泊位。上游待闸锚地利用了原紧邻新夏港河的一处水塘，下游把出口处一片水域划作了临时停泊区。这些措施既减少了占地，也可让待闸船舶泊位数量增加，提高船舶过闸速度。

（4）门机电设计体现注重实效、适度领先的理念

①船闸工程具有投资主要在土建、效益发挥在机电的特点。在闸门设计时充分考虑江苏省船闸运行的特点，从降低闸门被撞概率、减少闸门维修难度出发，三角闸门采用的是空间钢桁架结构，并增加闸门防撞板。虽然闸门投资有所增加，但减少了维修频次、降低了维修难度，从全寿命周期考虑，投资并不会增加。

②启闭机采用维修简单。江阴闸管所使用经验丰富的液压启闭机，可有效地减小因启闭机故障对过闸的影响，维保方便快捷。

③采用先进的 PLC 设备组成集散型控制系统，程序控制自动化程度高；电路设计模块化，主要电器元件均使用国内先进产品，总体处于国内同行业领先地位。

（二）江阴船闸

1. 闸坝概况

（1）自然地理条件

江阴船闸位于江阴市境内黄田港口，是苏南主要航道锡澄运河与长江连接的交通枢

纽,维系长江、太湖,素有"大江咽喉"苏南浙西门户之称。

锡澄运河在江阴市区穿城而过,河道狭窄,两岸居民、厂矿众多。地形地貌主要是长江冲积平原,高程 2~4 米,主要是粉沙亚黏土和粉沙壤土,土质疏松。江阴属北亚热带季风气候,在润湿季风区,雨量充沛,光照充足,气候温和,四季分明。梅雨季节一般为 6—7月,汛期一般为 6—9 月,台风季节一般为 7—9 月,其中以 8 月为多。

江阴船闸下游引航道受长江潮汐影响,水位变化与长江潮汐涨落一致。

(2)闸坝建设情况

江阴船闸是五级航道——锡澄运河的主要入口,距离长江口约 1.2 千米,设计通过船舶为 500 吨级。

在古代,黄田港是锡澄运河的通江口门。至明清时期,京杭大运河镇江段淤塞不畅,黄田港成为京杭大运河沟通大江南北的主要口门。

1953 年,苏南行政公署批复在锡澄运河兴建江阴船闸,闸室长度 92.8 米,口门宽度 9.8 米,以满足航运的需要。后由于经济建设和航运事业的发展,原有的船闸不适应航运要求,开始准备扩建江阴船闸。1989 年江阴二线船闸建设完成,闸室长度 98 米,口门宽度 12 米。江阴一线船闸与二线船闸基本在同一平面平行布置,东侧为一线船闸,西侧为二线船闸,两座船闸共用上下游引航道。二线船闸主要由引航道、闸首、闸室、隔流墩组成,采用短廊道输水、钢结构三角闸门,满足双向水头,输水阀门采用平板提升门,电控系统采用继电器控制方式,阀门采用液压直推式启闭闸阀门。

(3)建设成就

江阴船闸管理所成立于 1953 年,当时船闸标准比较低。随着经济建设和航运事业的发展,已经远远不能满足要求。1989 年,扩建完成了江阴二线船闸,两座船闸合计年通过量达 2070 万吨。随着时间的推移,过闸船舶越来越多,船闸的实际通过量远远超出设计通过量,2007 年江阴船闸两座船闸的通过量超过 1 亿吨,常年通过的船舶为 800 吨以上,经常有超过 45 米的船舶进出江阴船闸。

1990 年江阴船闸通过船舶总量为 34.63 万艘,通过船舶总吨为 2567 万吨。2014 年通过船舶总量为 19.85 万艘,通过船舶总吨为 5491 万吨,通过船舶艘数约为 1990 年的一半,通过船舶总吨为 1990 年的 2.14 倍。

2.通航建筑物

项目于 1985 年 7 月开工,1989 年 2 月试运行,1989 年 4 月竣工。

1982 年 11 月经江苏省计划委员会以计基顾字〔82〕301 号文批准新建江阴二线船闸;1983 年 6 月 18 日江苏省交通厅以苏交程〔83〕75 号文审查批准了初步设计;1985 年 3 月 20 日江苏省交通厅苏交程〔85〕28 号文审查批准了施工组织设计和预算;1986 年 8 月江苏省交通厅工程管理局以交程航〔86〕321 号文批准了土锚工程的施工组织设计。

船闸等级为五级,复线船闸,建成后可通过一轮 12 拖 60 吨级货船,设计水头 2.5 米。船闸有效尺度为 98 米×16 米×2.5 米。船闸上游设计最高通航水位 4.84 米,设计最低通航水位 1.75 米;下游设计最高通航水位 6.47 米,设计最低通航水位 0.91 米。上、下闸首基础各采用直径 120 厘米钻孔灌注桩 28 根,闸室墙 3/5 段(东西墙计 114 米长)采用单排地下墙双层锚杆结构,1/5 段(东西墙计 82 米长)采用半重力式地下墙结构,闸室底板为格型梁式透水结构,其倒滤层材料采用化纤土工毡。输水系统类型为短廊道液压提升平板阀门输水及三角闸门门缝输水两种结合。充、泄水时间均约 30 分钟,一次过闸时间约为 60 分钟。船闸闸门采用三角门,输水为平板门,启闭机械形式为直推式液压式。项目总投资 877.65 万元,全部为交通部水运建设资金。陆域用地 5250 平方米。

项目建设单位为江苏省交通工程公司第二工程处;设计单位为中国船舶工业总公司第九设计研究院;施工单位为江苏省交通工程公司第二工程处;监理单位为锡澄运河拓浚续建工程指挥部内部监理;质检单位为交通厅工程局组织;验收单位为江阴二线船闸工程竣工验收委员会。

本项目建设过程中的重大事项如下:1988 年 11 月完成操作机房、天桥、启闭机、电气控制的安装调试、上下游翼墙、上下游护坦及助航设施等工程,目的是及早发挥通航效益,及时拆除上下游施工围堰,以便进行航道口门段的土方疏浚。1988 年 11 月 16 日,江苏省交通厅航务局组织设计、施工、管理单位的工程技术人员进行工程分项质量复检,在此基础上于 1989 年 1 月 20 日由江苏省计划经济委员会、江苏省交通厅、无锡市交通局组成验收委员会,对江阴二线船闸进行放水验收。

本项目建设过程中的科技创新如下:江阴二线船闸主体工程结构设计上能按照船闸周围建筑物密集的实际情况,大胆、谨慎地采用地下连续墙先进技术,这在国内尚属首次。通过科学试验,采用双层斜土锚墙型,这在国内也属首次,达到先进水平。设计施工单位精心设计、精心组织施工,使整个施工期间维持了老船闸的正常通航,保证了邻近建筑物的安全,取得了明显的社会和经济效益,同时为同类条件的工程设计、施工也提供了许多有益的经验。

1990 年,江阴二线船闸年征收闸费仅为 38 万元,通过船舶总量为 7.02 万艘,通过船舶总吨为 39 万吨。2014 年,江阴二线船闸年征收闸费达 2473 万元,通过船舶总量为 11.60 万艘,通过船舶总吨为 3127 万吨。至此,江阴二线船闸年过闸费征收相当于建成初期的 65 倍,通过船舶艘数为初期 1.65 倍,通过船舶总吨为初期的 80 倍。

江阴船闸充分利用潮汐涨落规律,采用通、套闸相结合的运行方式,极大地提高了船舶过闸速度和船闸通过能力(由于江阴船闸地处长江下游南岸,受黄海半日潮的影响,一天之内江水有两次涨、落,江阴船闸充分利用涨落过程中江水与内河水位每天四次基本持平的时间,开放通闸)。江阴一线、二线船闸中心距仅 42 米,江阴二线船闸的建成增加了船闸的过水面积,减缓了过闸流速,延长了通闸时间,提高了开放通闸的水位差。加之江阴船闸闸门为三角门,能承受动水压力,双向水头,通闸时顺水水位差最高可控制到不超过20~30厘米,逆水水位差最高可控制到不超过30~40厘米,闸内流速不超过1.5米/秒。江阴船闸放通闸时船舶通过量占三分之二,套闸时的通过量不到三分之一。随着经济建设和航运事业的发展,老江阴船闸越来越不适应水运市场的需求,五级航道和船闸亟待改造和提升。因此,2012年开始实施锡澄运河"五改三工程"。

在船舶运营调度管理方面,江阴船闸实行"三分管理模式",对过闸船舶实行"分类管理、分段停靠、分别放行",充分利用江阴船闸的实际情况和水利水文条件,改善了通航情况,维持了航道畅通,加速了船舶流转,保障了船舶过闸安全。

3．经验与启示

江阴二线船闸于1985年7月批准施工,于1988年11月主体工程基本结束,历时40个月。工程建设人员在施工中不断摸索,大胆创新,克服了土质复杂、施工场地狭小、技术要求高、机械设备不配套等困难,在设计单位紧密配合下,坚持工程质量标准,取得了地连墙、斜土锚新技术在本工程的应用成功。可以说,该工程是设计、科研、施工共同努力的结晶。新技术在应用上获得了十分可贵的经验,而且经济效果也十分明显,受到了国内专家和教授的一致好评。从整个工程来说,江阴二线船闸新建和维持一线船闸的正常通航,为国家创造了可贵的精神和物质财富,为同类型条件的船闸工程设计、施工提供了有益的经验。

在船闸建设中,首先要充分考虑航运的发展势头,要做到设计具备前瞻性;其次要充分利用现有的技术,创新使用;第三要紧抓质量,一丝一毫都不能放松,实行"质量第一"的标准要求。

在船闸运营中,首先要树立"安全畅通、高效便捷"的意识,充分利用和发挥船闸的功能;第二要适应标准化的潮流,在船闸的设备、设施、元器件等方面,要推广标准化;第三要做到按章操作、按章运行、按章实行养护,保障船闸运行的安全和畅通,努力养护好船闸。

十四、芜申线的通航建筑物

（一）下坝船闸

1．闸坝概况

（1）自然地理条件

芜申线位于长江三角洲河网地区,横跨安徽、江苏、上海两省一市,是规划的长三角地区高等级航道网"二纵六横"和江苏省干线航道网"二纵四横"的第四横,水运地位十分突出,规划航道等级为三级。芜申线高溧段航道整治工程（高淳段）按三级航道标准进行建设,工程建设内容包括整治航道 61 千米(含界河)。

下坝船闸所处区域属湿润的亚热带季风气候,四季分明,冬季干冷、夏季湿热。气候温和湿润,日照充足,雨量充沛,土地肥沃,水域资源丰富,地理条件较为优越,适宜农作物生长。历史最高温度为 43 摄氏度,历史最低温度为 −12.5 摄氏度,年平均温度 15.2 ~ 15.9 摄氏度,最热月(7 月)平均温度 28.1 摄氏度,最冷月(1 月)平均温度 2.5 摄氏度。

区域内常年盛行风向为 SE,风向最大频率为 15%,盛吹期为 3—8 月;冬季主导风向为 NW,其风向最大频率为 14%;7—9 月受台风影响,最大风力 9 级以上,但每次持续时间为 1 ~ 2 天。船闸所处地区每年均有雾、霜、雪天气,但基本不影响航行。年平均下雾日为 25 天,历年最多雾日为 67 天,最少为 7 天。年平均下霜日为 125 天。年平均降雪日约 7 天。

根据《芜申线航道下坝复线船闸施工图设计地质勘察报告》,下坝船闸闸址区及附近区域在第四纪早中期处于相对抬升及稳定期,中晚期为缓慢沉降期,谷地平原接受松散沉积物堆积,第四系厚度薄,为 10 ~ 15 米。区域主要沉积物为灰、黄灰、灰黄色粉质黏土、粉土。基岩为白垩系极软质泥岩,厚层分布,为中新生代凹陷盆地沉积。

闸址区附近为岗地间河谷平原及河湖平原,地势稍有起伏,地面标高 8 ~ 20 米,成因主要为冲积、冲洪积、冲湖积。闸址区南北两侧为北北东走向的茅山山脉南段末端,有青山、花山等岗第,标高在 4 ~ 12 米,属丘陵岗地地貌。

芜申线高溧段由江苏与安徽交界的高淳区丹农砖瓦厂起,流经东芮线(高淳丹农砖瓦厂至东坝砖瓦厂)、溧坝线(东坝砖瓦厂至溧阳河口南段)一段,由溧梅线向东北至溧阳南渡镇,沿溧梅线至溧阳轮联船厂(丹金溧漕河口),与芜申线溧宜段起点相接。

芜申线高溧段高淳下坝上游属安徽水阳江、青弋江水网平原圩区,地面高程在 5.5 米(吴淞高程,下同)以上;下坝以下段为丘陵地区(茅山、天目山余脉),南侧为皖南、宜溧山区。芜申线以高淳区下坝船闸及茅东进水闸为界,上游为长江支水系青弋江、水阳江水系,下游为太湖水系。

(2)闸坝建设情况

下坝复线船闸位于南京市高淳区东坝镇,东经 119 度 06 分 25.3 秒,北纬 31 度 18 分 14.2 秒,距离杨家湾船闸约 30 千米,位于下坝一线船闸南侧,两闸中心轴线相距 140 米,横向以跨下闸首公路桥中心线对齐进行布置。下坝复线船闸主要建设内容包括船闸主体、导航墙、靠船墩、引航道护岸、远调码头及停泊锚地、闸阀门及机电设备制作安装、跨下闸首船闸桥和跨下游引航道公路桥及便桥 3 座、船闸房建及闸区景观绿化等工程。工程共征地 680 亩,拆迁房屋 4.5 万平方米。所在航道规划航道等级为三级。

(3)建设成就

随着芜申线航道整治工程的建设,芜湖至上海的水运航程比绕道长江约缩短 85 千米,并且可以避开在长江航行的风险,有利于船舶航行安全,同时对苏南运河起到一定的分流作用,对安徽东南部地区和江苏西南部地区的经济发展也起到积极的促进作用。

下坝复线船闸自2015年1月建成通航开始运行,截至2015年底,船闸安全运行354天,通过船舶2012艘次,过闸船舶通过量84.2万吨,过闸货物通过量21.3万吨。复线船闸建成后,船舶最大吨级由300吨级提高到1000吨级,平均载重吨由213吨提高到367吨。

下坝复线船闸的建成,使全长61千米航道全部达到三级航道通航标准目标,彻底改善了芜申线航道高淳段的通航条件,通航保证率提高至95%以上。

2.通航建筑物

项目于2010年9月开工,2015年1月试运行。

项目建设依据:2008年10月,江苏省发改委《关于芜申线高溧段航道整治工程可行性研究报告的批复》(苏发改交通发〔2008〕1293号);2009年8月,江苏省发改委《关于芜申线高溧段(下坝船闸—南渡段)航道整治工程初步建设》(苏发改交通发〔2009〕1085号);2007年3月,江苏省环境保护厅《芜申线(高溧段)航道整治工程环境影响报告书》(苏环管〔2007〕66号);2008年7月,江苏省国土资源厅《关于芜申线(高溧段)航道整治工程项目用地的预审意见》(苏国土资预〔2008〕96号);2016年9月,国土资源部《国土资源部关于芜申线高溧段(高淳段)航道整治工程建设用地的批复》(国土资函〔2016〕558号)。

船闸等级为三级,为单级、双线船闸。船闸设计最高通航水位上游12.15米,下游6.3米;设计最低通航水位上游6.5米,下游2.72米。闸首、闸室均采用钢筋混凝土整体式结构,上闸首无镇静段采用集中输水系统形式,下闸首采用集中输水系统形式,设计水头9.43米,充、泄水时间均为6分钟,一次过闸时间为30分钟。船闸有效尺度为230米×23米×4.0米。设计船型为1000吨级,船型尺度为80.0米×10.8米×2.0米;设计代表船队为1顶+2×1000吨级船队、1拖+3×1000吨级船队和1000吨级货船(机驳),船队尺度为160.0米×10.8米×2.0米。上、下游引航道平面布置采用单独引航道形式,导航、靠船建筑物采用反对称布置,进、出闸方式为直进曲出。上游导航靠船段布置在引航道南侧,下游导航靠船段布置在引航道北侧。上、下游远调站和停泊锚地均布置在引航道南侧,上、下游辅导航墙呈曲线形。上游引航道直线段560米,下游引航道直线段545米。闸门为钢质平板人字门,阀门为钢质平板提升门,闸门、阀门启闭机均采用液压直推式启闭机,事故检修门为钢质叠梁门,采用桥式起重机。船闸工程总投资3.54亿元,资金来源全部为地方投资。

项目建设单位为南京市航道工程建设指挥部办公室;设计单位为江苏省交通规划设计院有限公司;施工单位为中建筑港集团有限公司、闸阀门施工单位为江苏省水利机械制造有限公司、启闭机施工单位为江都市永坚有限公司等；监理单位为江苏科兴工程建设监理有限公司；质检单位为江苏省交通运输厅工程质量监督局。

为确保船闸安全高效通航，南京市航道管理处下坝船闸管理所负责船闸设备日常维护、通航运行操作、船闸调度工作。自 2015 年 1 月通航以来，船闸实现安全通航无事故。2015 年全年船舶通过量为 1305 艘，开放 468 闸次，过闸船舶通过量 47.86 万吨，过闸货物通过量 0.63 万吨。船闸建成通航后的一段时间，由于芜申线南京段航道整治没有完成，故下坝复线船闸过闸船舶通过量处于低位运行状态。

3. 经验与启示

（1）积极开展新技术、新材料、新工艺的研究

本工程采用了较成熟的闸墙龙门架移动大模板、靠船墩少拉杆无支架、护岸墙移动模板施工工艺。另外，针对工程特点，加大创新创优力度，通过引进新技术、新工艺，有针对性地解决了高水头差、拱圈护坡施工不便、林木保护等工程难点。

①采用船闸闸首无镇静段集中输水系统形式。由于本工程水头差大，正向设计水头 9.43 米，故对集中输水系统进行了设计创新。这种创造性采用的无镇静段集中输水系统形式，结构新颖，为国内船闸工程首次采用；同时，解决了水头较高、输水时间长、短廊道输水系统水力指标较高等关键技术难题。

②引进香根草生态护坡。针对上、下游二级护坡原设计预制拱圈护坡的施工不便的现状，结合生态科技航道的理念，采用香根草护坡设计变更。该护坡地上绿篱浓密，地下根系形成一排排抗滑的"生物桩"，具有较好的生态效果，同时起到了防冲刷侵蚀、固坡的作用，解决了该弱膨胀土地段边坡浅层滑坡问题。

③采用土钉墙施工技术。上游导航墙北侧原为浆砌片石拱圈护坡，如开挖将破坏长约 200 米的针叶松林。根据现场情况，因地制宜，对二级护坡采用土钉墙结构形式，解决了现场狭小和放坡难的问题，避免了对针叶松林的破坏。

（2）土方综合利用

工程地处山区，弃土约 290 万立方米，地方矛盾多，弃土难。项目相关人员加强调查、沟通与协调，统筹考虑土方综合利用，填筑废塘、洼地、宅基地、地方道路，使用船运调土至上游土源匮乏的圩区，解决了弃土难题。

（二）杨家湾船闸

1. 闸坝概况

（1）自然地理条件

杨家湾船闸所处区域芜申线高溧段所流经的区域，属湿润的亚热带季风气候，四季分

明,冬季干冷、夏季湿热。气候温和湿润,日照充足,雨量充沛,土地肥沃,水域资源丰富,地理条件较为优越,适宜农作物生长。一般从6月中旬进入梅雨季节,历时20~30天,属副亚热带与温带的季风过渡区,下霜期130天左右,下雾日25天左右,冬季河流水面基本不结冰。年平均相对湿度76%~80%。

芜申线高溧段航道分属水阳江、青弋江水系和太湖水系,雨量充沛,降水在年内呈规律性变化,区域年均降水量为780~1160毫米,主要集中在夏、秋两季。最大月降水量为345.2毫米,最大日降水量为280.9毫米(1960年6月19日,高淳)。降水在年内分布很不均匀,5—9月降水量占全年的60%~80%,年降雨日为110~145天。

杨家湾船闸穿过官溪河,位于老船闸至花奔河段,工作区区域上属河湖平原地貌。除河流及沟渠外,其余地形、地势均较平坦。工程所属区域范围内基本上为农田、鱼塘。

杨家湾船闸所在地区为扬子地层区,处于蒲塘桥—石臼湖凹陷区,该凹陷区在燕山早期可能已局部开始凹陷,主要在燕山晚期逐步形成,范围较大。凹陷区除沉积了白垩系地层外,另有老第三纪阜宁群的沉积,掩盖了中生代火山岩。

(2)闸坝建设情况

新建杨家湾船闸位于芜申线航道高溧段高淳官溪河口的杨家湾村以北,位于原杨家湾枢纽的下游,东经118度50分17.7秒,北纬31度21分00.1秒,与杨家湾枢纽相距约3千米。新建船闸下闸首与新建节制闸齐平,下闸首中心与节制闸中心间距为207米,主要建设内容包括船闸主体、导航墙、靠船墩、远调码头及停泊锚地、闸阀门及机电设备制作安装、跨闸首交通桥、跨闸室人行桥、房建、景观绿化、防洪大堤及航道整治等工程。工程共征地614亩,拆迁房屋1.56万平方米。所在航道规划航道等级为三级。

(3)建设成就

杨家湾船闸于2014年6月建成通航运行,截至2015年底,船闸安全运行567天,通过船舶3583艘次,过闸船舶通过量148万吨,过闸货物通过量34.1万吨。

杨家湾船闸的建成使61千米航道全部达到三级航道通航标准目标,彻底改善了芜申线航道高淳段的通航条件,通航保证率提高至95%以上。

2.通航建筑物

项目于2009年10月开工,2014年6月试通航。

项目建设依据:2008年10月,江苏省发改委《关于芜申线高溧段航道整治工程可行性研究报告的批复》(苏发改交通发〔2008〕1293号);2009年7月,江苏省发改委《关于芜申线高溧段(丹农砖瓦厂—下坝船闸段)航道整治工程初步设批复》(苏发改交通发〔2009〕1014号);2007年3月,江苏省环境保护厅《关于对芜申线(高溧段)航道整治工程环境影响报告书的批复》(苏环管〔2007〕66号);2008年,江苏省国土资源厅《关于芜申线(高溧段)航道整治工程项目用地的预审意见》(苏国土资预〔2008〕96号);2016年,国土资源部《国土资源部关于芜申线高溧段(高淳段)航道整治工程建设用地的批复》(国土资函〔2016〕558号)。

船闸等级为三级,为单线、单级船闸,设计水头正向5.17米,反向6.3米,一次过闸时间为30分钟。闸室尺度为230米×23米×4米。设计代表船型为1000吨级船舶,尺度为80.0米×10.8米×2.0米;设计代表船队为1顶+2×1000吨级船队、1拖+3×1000吨级船队和1000吨级货船(机驳),尺度为160.0米×10.8米×2.0米。上、下闸首、闸室均采用钢筋混凝土整体式结构,闸门为钢质弧形三角门;阀门为钢质平板提升门;闸门、阀门启闭采用液压直推式启闭机;环形短廊道集中输水结合三角门门缝输水的形式,充、泄水时间均约6分钟。船闸引航道采取曲线进闸、直线出闸方式。上游引航道西侧新建护岸总长986米,顶高程9.00米;西侧防洪大堤总长1098米,顶高程14.50米。下游引航道西侧新建护岸总长475米,顶高程11.00米;新建防洪大堤总长607米,顶高程14.50米。工程项目总投资为4.48亿元,全部为地方投资。

项目建设单位为南京市航道工程建设指挥部办公室;设计单位为江苏省交通规划设计院有限公司;施工单位为中交第四航务工程局有限公司、南京航务工程有限公司、江苏省交通工程集团有限公司等;监理单位为江苏科兴工程建设监理有限公司;质监单位为江苏省交通运输厅工程质量监督局。

针对本工程的特点,项目相关人员加大创新创优力度,以防治质量通病为抓手,通过引进新技术、新材料、新工艺,有针对性地解决了浆砌块石护坡、倒滤层、混凝土工程的一些质量通病,增强了混凝土结构的耐久性、安全性,提升了工程的整体质量。

①将引航道浆砌块石护坡改为现浇反滤+植生生态型混凝土护坡形式。该护坡提高了消波效果和适应变形能力,景观环境明显改善,施工成本有所降低。

②针对袋装砂作为倒滤层,施工工效较低、施工质量不易保证、施工成本较高等缺点,结合现场情况采用新材料H20蓄排水板+土工布,该材料具有较好的渗水排水功能、施工方便、成本较低且不污染墙面等优点。

③推行施工标准化管理。通过全面调研全省已建船闸和其他交通工程,开展船闸土建工程施工标准化研究,通过在杨家湾船闸工程施工标准化的试行,形成了一套船闸土建工程施工标准化指南,现已在航道工程、桥梁工程中应用,并取得较好成效。

为确保船闸安全高效通航,南京市航道管理处杨家湾船闸管理所负责船闸设备日常维护、通航运行操作、船闸调度工作。自2014年6月通航以来,杨家湾船闸实现安全通航无事故。2014年全年船舶通过量为1571艘,开放780闸次,过闸船舶通过量63.85万吨,过闸货物通过量量12.83万吨。2015年全年船舶通过量为2012艘,开放1086闸次,过闸船舶通过量84.19万吨,过闸货物通过量21.29万吨。

杨家湾船闸建成通航后的一段时间,芜申线南京段航道整治没有完成,故杨家湾船闸过闸船舶通过量处于低位运行状态。

3. 经验与启示

芜申线航道工程建设完成，常年可通航 1000 吨级船舶。自此，芜湖至上海的水运航程比绕道长江缩短约 85 千米，不仅可以避开在长江航行的风险，有利于船舶航行安全，而且可对改善苏、皖两省及长江中上游地区间的水运条件，优化区域综合运输体系，促进沿线社会经济、城镇建设及水资源综合利用发挥积极作用。

十五、申张线的通航建筑物

张家港船闸

1. 闸坝概况

（1）自然地理条件

申张线航道是江苏省干线航道网"二纵四横"的第二纵连申线的重要组成部分。申张线南起苏州昆山市青阳港与苏申内港线交汇处，北至苏州张家港船闸入江口门处，是苏州、无锡和上海交通经济联系的重要水运通道，规划航道等级为三级。

张家港船闸所在地属亚热带湿润性季风海洋性气候，四季分明，气候温和，雨量充沛，无霜期长，航道常年不结冰。年平均气温为 15.7 摄氏度，年极端最高气温为 39.2 摄氏度，夏季酷热，最高气温多出现在 7—8 月；年极端最低气温为 −9.8 摄氏度，最低气温一般出现在 1—2 月。年平均相对湿度为 80%。张家港船闸所在地降水量充沛，受季风的影响，降水量年内分布很不均匀，其中 5—9 月是主要的降雨季节，降水量约占全年总量的 60% ~ 80%。夏季受海洋气团的控制，盛行 SE；冬季受大陆冷气团侵袭，盛行偏 N，天气寒冷而干燥；7—9 月易受台风影响，但持续时间不长，一般 1 ~ 2 天，最大风力达 9 级左右。

张家港船闸闸址所在区域在地形地貌上属于长江三角洲冲积平原区，附近剥蚀残丘巫上与江阴长山突兀于平原之上，平原地面高程 3.5 ~ 6.5 米。本区为长江三角洲冲积平原区，勘察揭示 100 米以浅土层均为第四系地层，自上而下可概括为三个沉积旋回，总体以细—粗—细沉积。闸址区高程 −16.49 ~ −25.20 米以浅为第四系全新统黄灰色、灰色粉细砂，局部夹极薄层粉质黏土，地下水类型为空隙微承压水，属 30 米以浅主要含水层，其厚度一般在 16.4 ~ 22.3 米，呈北厚南薄分布，总体较稳定。渗透系数 K 为 14.0 米/天，影响半径为 125 米，其微承压水水头高度的标高为 1.81 ~ 1.86 米，单位涌水量 q 为 934 ~ 2.09 升/（秒×米）。

地表水与地下水的水力关系为：在长江高水位时，长江水补给地下水；在长江低水位时，地下水补给长江水。

（2）闸坝建设情况

张家港船闸地处张家港市金港镇，坐落于申张线的入江口处，既是江苏南部通往上海经长江的重要水上进出口通道之一，又是张家港港疏港航道上的主要通航建筑物。申张线金港段已按三级航道标准完成整治，可通行1000吨级船舶。

张家港船闸为双线船闸，一线船闸于1970年建成，尺度为130米×10（13）米×2.5米，最大设计水头3.2米，承受双向水头作用。上、下闸首均为钢筋混凝土整体坞式结构，闸室为钢筋混凝土双铰底结构，上、下闸门为钢质三角门。

张家港复线船闸于2012年建成，位于一线船闸东侧，两闸中心线平行，中心距为75米，两闸的下游闸首边缘齐平。

（3）建设成就

张家港船闸位于申张线的入江口门段，2004年货物通过量1926万吨，船舶通过量3213万吨，远大于一线船闸的设计通过能力。为此，张家港一线船闸处于超负荷运行状态。随着船舶的大型化和社会经济的发展，迫切需要兴建复线船闸。2012年，张家港复线船闸建成通航，大大改善了申张线入江口门段的航行条件，为地方经济发展提供了有力支撑。

2. 通航建筑物

项目于2007年7月开工，2012年12月试通航，项目未竣工。

项目建设依据：2007年8月，江苏省发改委《江苏省发展改革委关于申张线（张家港—江阴段）航道整治工程可行性研究调整报告的批复》（苏发改交能发〔2007〕914号）；2007年11月，江苏省发改委《江苏省发展改革委关于申张线（张家港—江阴段）航道整治工程初步设计批复》（苏发改交通发〔2007〕1302号）；2007年1月，江苏省环境保护厅《关于对申张线航道整治工程环境影响报告书》（苏环管〔2007〕17号）；2007年7月，江苏省国土资源厅《关于申张线（张澄段）航道整治工程项目用地的预审意见》（苏国土资函〔2007〕485号）。

船闸等级为三级，为二线船闸，承受双向水头，设计水头3.2米，一次过闸时间为30～40分钟。闸室尺度为230米×23米×4米。设计代表船型1000吨级船舶，尺度为80米×10.8米×2米，船队为1顶+2×1000吨级，尺度为161米×10.8米×2米。张家港复线船闸设计上游最高、最低通航水位分别为2.9米、0.5米；下游设计最高、最低通航水位分别为4.3米、-0.55米。

张家港复线船闸闸首采用整体式结构，闸门采用大门库的空箱边墩形式，闸室采用钢筋混凝土整体式结构。上、下游闸门均采用钢质三角门型，阀门采用钢质平板提升门。复线船闸闸门、阀门启闭机均采用直推式液压机型，输水系统采用环形短廊道集中输水结合三角门门缝输水的形式。复线船闸上游布置为单独引航道，宽60米，直线段长为505米，以半径480米的圆弧与申张线中心线相接,弯道转角位25.77度。下游与一线船闸共用引航道,共用引航道东侧驳岸至复线船闸中心线距离25米,共用引航道宽度115米,直线段长为840米,以半径600米的圆弧向后进入长江与航道中心线相接,弯道转角位25.98度。为满足开通闸安全运行的要求,导航墙采用对称布置方式,以减小开通闸时的横向流速,导航墙长度70米(中心线投影)。靠船段长400米,靠船墩中心距20米,共计20个。上游引航道东侧驳岸线从靠船墩延长至江苏省外贸公司后,航道口宽按90米对两侧进行拓宽,并在新工农桥下游布置远调站。下游引航道东侧驳岸线从靠船墩延长至润浦型钢厂拟建码头。西侧拓宽后布置锚地和下游远调站,远调站布置在临长江侧。远调码头和锚地护岸距离航道中心线均为70米。船闸工程项目概算总投资4.57亿元,全部为政府投资。张家港复线船闸工程征地470亩。

项目建设单位苏州市水运工程建设指挥部,设计单位为江苏省交通规划设计院有限公司、江苏省交通科学研究院股份有限公司、江苏纬信工程咨询有限公司;施工单位为中交第二航务工程局有限公司、苏州交通工程集团有限公司、中铁二十局集团第一工程有限公司等;监理单位为江苏交通工程咨询监理有限公司;质检单位为苏州交通工程试验检测中心有限公司、江苏省交通工程集团百润工程检测有限公司、江苏省交通规划设计院股份有限公司。

张家港复线船闸于2007年7月开工,受征地拆迁影响,至2010年底完成主体工程及部分引航道工程后暂停施工。

2011年3月,因征地拆迁,张家港工农桥、巫山桥不具备施工条件,经协商,苏州市水运工程建设指挥部与苏州交通工程集团有限公司解除原合同,并重新招投标。

针对张家港复线船闸主体工程超大型砂土深基坑、地下水位高、渗透压力大、地基土体透水性强、容易发生渗透破坏的具体情况,项目相关人员联合河海大学开展了张家港复线船闸深基坑抗渗稳定技术研究。通过基坑防渗形式的选择研究、基坑开挖期间渗流稳定性评判、施工期间对一线船闸闸室结构和周围建筑物的安全影响研究,获得了丰富的理论成果,并用于指导工程施工实践,保证了基坑以及对周围建筑物的安全稳定,为复线船闸主体结构的施工创造了方便、有利的条件,对今后同类型基坑设计和施工具有指导性作用。提出的多头小直径水泥搅拌桩与高压旋喷桩结合防渗墙施工工法,拓宽了深度防渗技术,为工程的顺利实施提供了有力的技术支撑,仅本项目防渗墙建造就节约经费300余万元,取得了显著的经济、环境和社会效益。该课题列入2008年江苏省交通厅科研项目,项目编号08Y12,研究起止时间为2008年5月至2011年4月,2011年6月通过专家评审。

张家港复线船闸建成通航后,极大地改善了申张线长江口门的航行条件,满足了日益增长的水运量和船舶大型化的发展需求,促进了区域经济的全面协调发展。

2015 年过闸船舶 8.79 万艘,通过量 6203.86 万吨。其中,船队通过 6110 艘,通过量 547.93 万吨;机动船通过 8.18 万艘,通过量 5655.93 万吨。上行通过 4.59 万艘,通过量 3156.29 万吨;下行通过 4.20 万艘,通过量 3047.57 万吨。船队运输逐年增加,机动船运输变化不大。

与此同时,船闸运行模式也发生改变转化,从一站式服务到水上 ETC 运用,再到手机 App 运用,缩短了船民过闸登记买票时间,提高了船闸运行效率。

3. 经验与启示

在船闸建设过程中,项目相关人员充分考虑船闸土质特征,采用了完善的防渗与支护措施,保证了船闸施工的顺利进行;加强对混凝土质量通病的研究,通过理论分析、优化设计、优选材料、优选配比、改进工艺、加强现场管理等多项措施,通病防治成效显著。

在船闸运行中,采用科技手段,简化过闸手续,缩短过闸时间,提高了船闸运行效率。

十六、杨林塘的通航建筑物

杨林塘船闸

1. 闸坝概况

(1)自然地理条件

杨林塘航道流经地区属亚热带湿润性季风海洋性气候,四季分明,气候温和,雨量充沛。杨林塘航道地处太湖流域,起于阳澄湖,上游在昆山境内巴城镇与申张线连接,下游与长江相连,全长 40.8 千米。船闸位于长江新三角洲平原工程地质亚区,地表除河堤填土外,其下均为厚层 1~2 层软土及 2~2a 层软土,软土分布广,软土最大厚度超过 40 米。杨林塘船闸上游内河航道属平原河网地区,地势平坦。

杨林塘船闸下游(长江侧)航道属典型的感潮河段。长江自西北向东南流经杨林口境内长江南支河段是一个中等强度的潮汐河口,潮汐性质属非正规半日浅海潮,潮流除中泓外均呈往复流,每天两涨两落,一般涨潮历时 4 小时左右,落潮历时 8 小时左右,并有较明显的日潮不等现象。

杨林塘航道水位受太湖和长江影响较大。当长江水引入内河时,江水中的泥沙易被带进航道,入江口门段易受长江潮汐影响而有部分淤积,其余航段泥沙含量不大。

(2)闸坝建设情况

杨林塘航道是太仓港疏港航道,现状等级为三级航道。杨林塘船闸位于苏州港太仓港区、杨林塘航道入江口门处,是三级通航建筑物,设计船舶等级为 1000 吨级。

杨林塘船闸南侧为杨林塘节制闸,船闸、节制闸两闸同步建设,由交通部门统一管理,杨林塘节制闸共三孔,两边孔净宽 10 米,中孔净空 16 米。杨林塘船闸与节制闸中心线平行,相距 90 米,船闸下闸首与节制闸闸室齐平布置,玖龙大桥跨越船闸上游导航堤。

（3）建设成就

杨林塘航道是江苏省干线航道网规划中"二纵四横"中连申线苏南段的重要组成部分,它沟通长江和申张线,连接苏州港太仓港区。杨林塘船闸的建成将进一步完善江苏省内河航道网,形成新的苏沪水运通道。航道整治后实施后,可改善苏州港太仓港区集疏运方式相对单一的局面,完善太仓港区集疏运方式,同时可为集装箱内河运输提供便捷的集疏运通道,为缓解公路集装箱运输压力、保护生态环境、促进上海国际航运中心的建设发挥重要作用。

2. 通航建筑物

项目于 2012 年 9 月开工,2016 年 1 月试通航。

项目建设依据:2010 年 11 月,江苏省发改委《关于杨林塘航道整治工程可行性研究报告的批复》(苏发改基础发〔2010〕1530 号);2011 年 3 月,江苏省发改委《关于杨林塘杨林船闸工程初步设计的批复》(苏发改基础发〔2011〕239 号);2008 年 5 月,江苏省环境保护厅《关于对杨林塘航道整治工程环境影响报告书的批复》(苏环管〔2018〕90 号);2010 年 6 月,江苏省国土资源厅《关于杨林塘航道整治工程项目用地的预审意见》(苏国土资预〔2010〕115 号)。

船闸等级为三级,为单线船闸,设计正向最大水头为 3.27 米,反向最大水头为 2.52 米,一次过闸时间为 30 ~ 40 分钟。闸室尺度为 230 米 × 23 米 × 4 米。设计代表船型为 1000 吨级船舶,尺度为 80 米 × 10.8 米 × 2.7 米;设计代表船队为:1 顶 + 2 × 1000 吨级,尺度为 160 米 × 10.8 米 × 2 米;1 拖 + 3 × 1000 吨级,尺度为 186 米 × 10.8 米 × 2.5 米。上游设计最高通航水位 1.68 米,设计最低通航水位 0.68 米;下游设计最高通航水位 4.34 米,设计最低通航水位 −0.95 米。船闸闸首采用钢筋混凝土坞式结构,输水系统采用环形短廊道集中输水并结合三角门门缝输水形式,设消力槛对冲消能;闸室采用钢筋混凝土坞式结构;闸首、闸室均采用钢筋混凝土预制桩基础,桩底进入持力层,充、泄水时间均为 7 分钟。船闸上、下游闸门均采用三角门;阀门采用钢质平板提升门,实腹式板梁结构;闸门、阀门启闭机采用直推式液压机型。上、下游引航道宽度均为 60 米,主导航结构均在北岸,船舶出闸的方式为:下行曲进曲出,上行直进曲出。上、下游主导航道墙在船闸中心线上投影长度均为 70 米。上、下游导航调顺段均为 140 米,上、下游靠船段均为 330 米。下游引航道道直线进入长江,上游引航道在距上闸首上游边 1144 米处以半径为 480 米的圆弧与上游航道中心线相衔接。工程项目总投资为 7.54 亿元,全部为政府投资。工程永久征地 904.6 亩,船闸管理用房 3465.4 平方米。

项目建设单位为苏州市水运工程建设指挥部;设计单位为江苏省交通规划设计院有限公司;施工单位为江苏交通工程集团有限公司、江苏省水利机械制造有限公司、江苏晨光盛得液压设备有限公司等；监理单位为江苏科兴工程建设监理有限公司；质检单位为江苏省交通规划设计院股份有限公司。

本项目建设过程中的重要科技创新如下：

①开展深厚超软土地基上的船闸建设施工期软土地基处理质量控制体系研究。

水泥土搅拌桩施工初期即时取样方法，实现了在搅拌桩刚施工完即可以连续在全桩深度范围内取样进行水泥含量测定；提出了直接检测水泥搅拌桩水泥剂量和均匀性来控制水泥搅拌桩施工质量的方法，达到了搅拌桩整个深度范围内水泥含量均匀，从而强度高且均匀的目标。

提出了深厚超软土中船闸基坑开挖与回填施工期结构变形与破坏的模式，该模式已被下闸首区基坑开挖引起底板位移现象所验证。采用闸室底板下土压力测试、桩顶应变测试和深层水平位移测试等综合措施，成功控制了闸塘回填期间闸室结构的稳定和安全。

提出了高含水率淤泥质土综合利用方法，通过室内模拟试验给出了生石灰改良淤泥质土的技术和施工工艺，实现了为依托工程挖方土料综合利用和节约土地、降低工程综合造价的目标。

"水泥土搅拌桩施工初期即时取样方法"取得了 7 项国家级发明专利和 4 项实用新型专利；项目获得 2016 年度中国航海学会科学技术奖二等奖；在水泥土搅拌桩即时取样方法和提出的用水泥含量及均匀性控制水泥搅拌桩施工质量方面取得国际先进成果，创新成果总体上达到国际先进水平。

②依托杨林塘船闸上游引航道 100 米护岸工程开展"开挖高含水量淤泥质土处理及综合利用技术"研究。

主要从废弃淤泥土再利用的角度出发，运用土工袋技术处理高含水量淤泥土，将高含水量淤泥土装入土工袋作为柔性挡土墙，应用于船闸引航道永久性护岸工程中，为杨林塘船闸工程中开挖的高含水量淤泥土再利用提供了一条环保、经济、可行的途径。

③开展"杨林塘船闸下游北大堤深层土体位移监控研究"项目。

对下游北大堤深厚超软土地基中水泥搅拌桩复合地基边坡开挖和防洪堤填筑施工期稳定开展现场安全监测工作，主要围绕边坡深层水平位移和地下水位变化情况进行监测。

④优化水泥搅拌桩施工工艺，确立"四搅三喷"施工工法。

本项目建设过程中所获得的奖项及专利如下：

①2016 年 12 月，项目获中国航海学会科学技术二等奖。

②2017 年 12 月，项目获江苏省住房和城乡建设厅优质工程"扬子杯"奖。

③2011 年 7 月，依托项目开发的"淤泥袋装机"获实用新型专利，专利号为ZL201020630520.8。

④2012 年 4 月，"淤泥质黏土袋装装置"获发明专利，专利号为ZL201010563877.3。

从船舶过闸量来看,2016 年杨林塘船闸过闸船舶总量为 7398 艘,2017 年为 1.66 万艘,同比增长 124.8%;2018 年上半年为 1.09 万艘,可见杨林塘船闸过闸量显著提升。从过闸船舶载重吨来看,2016 年杨林塘船闸过闸船舶总载重吨为 341.12 万吨,2017 年为 897.38 万吨,同比增长 163.1%;2018 年上半年为 661.14 万吨,可见过闸船舶平均吨位显著提高。杨林塘船闸自启用后,大大改善了杨林塘长江口的通航条件,有效改变了太仓港集疏运方式单一的情况,为大宗货物运输提供了便捷、经济、可靠的内河水运条件,对构建整个疏港体系、发挥航道效益起到至关重要的作用,也为太仓市"以港强市"作出了贡献,为构建"现代田园城,幸福金太仓"发挥了重要作用。

十七、秦淮河的通航建筑物

秦淮河船闸

1.闸坝概况

(1)自然地理条件

秦淮河航道是南京市沟通长江和芜申线最重要的一条内河航道,也是江苏省规划"两纵四横"干线航道中芜申运河的重要组成部分,规划等级为四级,现状等级为四级至等外级不等。秦淮河船闸位于南京长江下游亚热带季风气候区,具有四季分明、气候温和、雨量充沛、日照充足、无霜期长的特点。因受大陆、海洋以及来自南北天气系统的影响,气候比较复杂,年际间变化大,气象灾害较为频繁,夏秋之际多台风、暴雨。秦淮河船闸闸址位于南京市建邺区南端秦淮新河段,距长江口约 2.0 千米,属长江漫滩相地貌单元。原始地形较为平坦,地面标高一般为 8.0~12.0 米,船闸及两侧大堤高出原始地面约 5.0 米。秦淮河船闸所在区域大地构造位置位于扬子板块下扬子褶皱冲断带,本区次一级构造单元有宁芜凹陷,叠加在宁芜复向斜之上的中新生代断陷盆地,北界为南京—湖熟断裂,东界为方山—小丹阳断裂,西至西江口—裕溪口断裂。区域内分布有白垩系和侏罗系基岩,厚度可达 2.0~3.0 千米;湖熟—句容凹陷属中新生代断陷盆地,呈北东—北东东向分布,主要分布有白垩系泥质岩石,厚度可达 1.0 千米,见于江宁区方山以南,禄口以北,向东延续到句容县城。秦淮河船闸设计洪水位上游为 10.5 米(吴淞高程,下同),下游为 11.07 米;设计最高通航水位上游为 10.17 米,下游为 10.29 米;设计最低通航水位上游为 4.5 米,下游为 2.5 米;常水位上游为 6.5~7.5 米,下游为 5.5 米。

(2)闸坝建设情况

秦淮河水利枢纽位于南京市城区,北侧为建邺区的河西地区,南侧为雨花区,是集防洪、排灌、航运为一体的综合性枢纽,由节制闸、抽水站、船闸组成,所处地理位置为东经 118 度 40 分,北纬 31 度 57 分。秦淮河船闸设在节制闸右侧,位于秦淮河航道秦淮新河段下游,距入江口约 2 千米,是沟通长江干线和南京内河航道的唯一通江口门船闸,是南京市水上交通的重要基础设施。秦淮新河航道全长 16.98 千米,规划等级为四级,现状等级为四级、六级,新建秦淮河船闸等级按四级进行设计。其中,下闸首按一级水工建筑物设计,上闸首和闸室均按三级水工建筑物设计;导航墙按四级水工建筑物设计,临时性工程按五级水工建筑物设计;上、下闸首的工作闸、阀门的设计级别与其相应闸首一致。

（3）建设成就

秦淮河船闸扩容改造工程保障了秦淮河船闸运行安全,满足了沿线地区经济社会发展的需要,适应了货物量的迅速增长以及船舶大型化的发展,保证了过闸船舶的通畅,促进了秦淮河航道整体效益的发挥。扩容改造后的秦淮河船闸自 2013 年底开始试运行,截至 2015 年底,船闸安全运行 728 天,通过船舶 2.32 万艘次,船舶通过量 1578 万吨,货物通过量 791 万吨。2015 年秦淮河船闸运量达 747 万吨,货物通过量达 373 万吨。秦淮河船闸扩容改造完成至 2015 年底,船舶最大吨级由 300 吨级提高到 500 吨级,兼顾 1000 吨级;平均载重吨由 463 吨提高到 739 吨。

2. 通航建筑物

项目于 2012 年 4 月开工,2013 年 12 月试运行,2015 年 1 月竣工。

项目建设依据:2011 年 10 月,江苏省交通运输厅航道局批复秦淮河船闸扩容改造工程方案设计（交航计〔2011〕32 号）;2011 年 11 月,江苏省交通运输厅航道局批复秦淮河船闸扩容改造工程施工图设计（交航养〔2011〕43 号）。

扩容改造后的秦淮河船闸等级为四级,为单级、单线船闸。船闸上、下游设计最高通航水位 10.17 米、10.29 米,上、下游设计最低通航水位 4.5 米、2.5 米（吴淞高程,下同）。闸首、闸室均采用钢筋混凝土坞式结构,闸室墙结构为悬臂墙结构,采用短廊道集中输水加门缝输水的组合形式,设计正向水头 5.5 米、反向水头 2.29 米,充、泄水时间均为 6 分钟,一次过闸时间为 30 分钟。船闸有效尺度为 165 米 × 18 米 × 4.0 米。设计船型为 500 吨级（兼顾 1000 吨级）,船型尺度为 45.0 米 × 7.3 米 × 1.9 米;设计代表船队为 1 顶 + 2 × 500 吨级船队,船队尺度为 108.0 米 × 9.2 米 × 1.9 米。上游靠船段位于航道北侧,下游靠船段位于航道南侧,呈反对称式布置,宽度 35 米,最小水深 2.5 米,转弯半径 250 米。上、下游主导航墙直线投影长度均取 45 米,辅导航墙直线投影长度均取 30 米,上、下游引航道护坦均为 30 米。上、下闸首工作闸门为钢质弧形三角门,阀门为钢质平板提升门,闸门、阀门启闭机均采用液压直推式启闭机。上、下游主导航墙布置在现有靠船段同侧,上、下游辅导航墙前沿线均呈复合曲线形。上游主导航墙按照 1 : 10 坡度布置,导航墙投影长度为 45 米,主导航墙长度为 49.73 米;辅导航墙布置 10 米直线段,在直线段末端采用夹角 90 度的圆弧段与上游引航道南侧岸坡连接,辅导航墙长度为 41.5 米。下游导航墙布设与上游基本一致,主导航墙按照 1 : 10 坡度布置,导航墙投影长度为 45 米,主导航墙长度为51.8米;辅导航墙布置10米直线段,在直线段末端采用夹角90度的圆弧段与上游引航道南侧岸坡连接,辅导航墙长度为41.5米。船闸工程总投资1.31亿元,均为地方投资。

项目建设单位为江苏省南京市航道管理处;设计单位为江苏省交通规划设计院股份有限公司;施工单位为江苏省交通工程集团有限公司、江苏省水利机械制造有限公司、江苏晨光盛得液压设备有限公司等;监理单位为江苏科兴工程建设监理有限公司;质检单位为江苏省交通科学研究院有限公司检测中心和江苏省交通工程集团百润工程检测有限公司;咨询单位为中交第二航务工程勘察设计院有限公司。

本项目建设过程中的重要科技创新如下:

①针对工程广泛的粉砂土及局部淤泥的地质分布特点,以及渗透系数大的特征,开展二元地基深基坑渗透变形风险控制研究。该研究根据二元结构地基基坑降排水和防渗措施结合现场实时监测,提出基坑和边坡安全稳定性机制和适合于二元结构地基船闸整体稳定控制方法和技术,在保证安全的前提下尽可能减少投资,可为今后江苏类似条件下的工程提供参考。

②针对闸室墙倒角位置容易产生裂缝的问题,开展预应力方法在防治闸室墙倒角裂缝中的应用研究。在6号闸室墙倒角位置埋设传感器,通过进行闸室结构施工期温度仿真分析、混凝土重要参数试验和结构混凝土抗裂安全系数研究,研究体外预应力设计参数并进行调整,在此基础上进行预应力对结构影响的敏感性分析,从而解决闸室倒角附近区域混凝土裂缝问题,为防治水运工程混凝土质量通病开辟一条新的有效途径。

本项目建设过程中的获奖情况见表11-5-6。

秦淮河船闸扩容改造项目获奖情况　　　　　　　　　　　　　　表11-5-6

奖项分类	奖项级别	奖项名称	获奖年月	颁奖机构
工程质量	省部级	2014年度江苏省交通建设优质工程奖	2015年4月1日	江苏省交通运输厅
工程质量	国家级	2015年度江苏省优质工程奖"扬子杯"	2016年2月1日	江苏省住房和城乡建设厅
技术进步	省部级	2014年度中国航海学会科学技术三等奖	2014年11月1日	中国航海学会
技术进步	国家级	2016年度中国航海学会科学技术三等奖	2016年11月1日	中国航海学会

本项目建设过程中取得的专利情况见表11-5-7。

秦淮河船闸扩容改造项目获得专利情况　　　　　　　　　　　表11-5-7

专利名称	专利类型	专利号	获得时间
混凝土管桩专用施工桩帽	实用新型专利	ZL201220682240.0	2013年6月1日

秦淮河船闸扩容改造工程的实施推动了南京市城市建设及工业生产的发展,大量的

矿建材、煤炭由长江通过秦淮河运往沿线腹地,沟通了南京市与芜申线航道沿线地区。项目投产后可通行 500 吨级船舶兼顾 1000 吨级船舶,船舶通过量和吨位均明显提升。根据秦淮河船闸统计,项目建成前,2011 年全年船舶通过量为 2.01 万艘,开放 7376 闸次,过闸船舶通过量 926 万吨,过闸货物通过量 472.8 万吨;项目建成后,2014 年全年船舶通过量为 1.30 万艘,开放 5168 闸次,过闸船舶通过量 828.4 万吨,过闸货物通过量量 417.4 万吨。2015 年全年船舶通过量为 1.01 万艘,开放 4395 闸次,过闸船舶通过量 747.3 万吨,过闸货物通过量 372.6 万吨。过闸船舶大型化趋势明显,船闸运行效率明显提升。

3. 经验与启示

①一丝不苟地抓质量、抓安全是工程顺利建成的关键。没有质量,就没有进度;没有安全,就没有保障。广大参建者在工程建设中,坚定不移地把质量与安全放在首要位置,抓质量、抓安全,安全、优质、高效地完成了工程建设。

②建立和健全的规章制度是工程建设顺利完成的重要保证。制度带有约束性、规范性和指导性。在工程建设中,建设单位先后建立健全和完善了包括施工安全、工程质量管理、干部廉洁自律等方面的一系列规章制度,规范了行为,指导了实践,保障了工程建设的顺利进行和工程质量的稳步提高。

十八、长湖申线的通航建筑物

湖州船闸

1. 闸坝概况

(1)自然地理条件

长湖申线是太湖水系一条集航运、防洪、灌溉为一体的综合利用河流,是浙西北矿建材料运往上海的便捷通道,沿途沟通杭湖锡线、东宗线、乍嘉苏线、京杭运河、苏申外港线等航线,是江南水网的重要水运干线。该线贯通苏、浙、沪三省市,属全国内河水运主通道之一。

湖州市地处长江下游太湖流域西南侧,其地形自西南向东北倾斜,依次呈现为山地、丘陵和平原的梯度分布。湖州中西部丘陵、盆地、河谷相间,相对高程 10 ~ 200 米;东部和东北部是大片冲积平原和湖沼淤积平原,平均海拔 1.6 ~ 3.1 米。区域内河流发育,水系发达,湖塘星点密布,水系向太湖汇聚。河道两岸一般为旱地、水田和水塘,两岸地表较为平整,相对高差在 2.0 米以内。湖州枢纽工程场址位于湖州市区南郊,地貌上属于太湖流域冲积平原区,区内河、湖密布,地面高程在 1.5 ~ 4 米,地形平坦,南岸一带以旱地、水田为主,局部为民宅、厂房。

区域内降水丰富,但丰、枯年际变幅及年内时空分布不均匀,丰水年水量最大达 1905

毫米（1954 年），枯水年最小水量仅 850 毫米（1978 年）。降水有明显的季节变化，汛期4—10 月降水量约占年降水量的 80% 以上，其中 4—6 月为梅雨期，雨量小而持续时间长；7—10 月受台风影响，常降大雨或暴雨。降水资料表明：区域多年平均降水量 1295 毫米，最大年降水量 2103 毫米，最小年降水量 753 毫米；多年平均降水天数为 143 天，日降水量大于 10 毫米的天数为 62 天。

区域内受季风影响明显，冬季盛行 NW，夏季盛行 SE。常风向 ESE，强风向 NNW；平均风速 1.7 ~ 3.2 米/秒，最大风速 20.3 米/秒；多年平均 8 级以上风力的天数为 5.3 天。

（2）闸坝建设情况

长湖申线航道作为交通部编制的《长江三角洲地区高等级航道网规划》中二十三条航道组成的"两纵六横"高等级航道网中骨干航道之一，是一条集航运、防洪、灌溉为一体的综合性航道，是浙江省、安徽省与江苏省、上海市物资交流的大动脉之一，在区域经济和社会发展中所处地位十分突出，是浙北至上海最主要的水上通道之一。

湖州枢纽位于长湖申线航道中段，是控制船舶上下行的重要控制性建筑物。湖州枢纽现状为"两闸两孔"，从北向南依次是 1 号船闸、2 孔节制闸和 2 号船闸。其中，1 号船闸于 1991 年投入使用，其标准按五级船闸 300 吨级要求建设；2 号船闸于 2006 年投入使用，其尺度按四级船闸 500 吨级通航要求建设；中间的节制闸与 1 号船闸同时建设为 2 × 16 米节制闸，非汛期时兼作通航孔使用。

在 2008 年长湖申线湖州段航道按三级标准建设前，以上四孔航道闸孔均不能满足三级航道设计船舶通行要求。2 孔节制闸日常作为防洪闸使用，已经常出现重载船舶擦底现象，给航行安全带来了严重影响。因此，湖州枢纽改建工程被列入长湖申线改造项目中。枢纽改造项目于 2011 年开工，2013 年完工，改造后满足三级通航标准要求。湖州船闸扩建工程施工包括船闸工程、交通桥工程和房屋建筑工程三个部分。扩建后的船闸具有综合防洪、航运等多种功能，按防洪 100 年一遇、航道四级标准设计，在原防洪节制闸南岸新建 1 孔 23 米净宽船闸，闸室长 295 米，由上、下闸首、闸室、导航段、交通桥、启闭房、管理房等建筑物组成。

（3）建设成就

湖州船闸是长湖申线湖州段航道的主要配套建筑物之一，也是东苕溪导流东大堤的主要防洪节制闸之一。由于原船闸规模小，通航标准受限，防洪标准低，导致防汛和航运矛盾日益突出，严重制约了经济社会发展。湖州船闸扩建工程以及湖州枢纽改造工程的竣工，能够充分发挥东苕溪导流港工程作用，减少东泄水量对杭嘉湖平原的侵害，缓解汛期防洪与航运矛盾，提高湖州船闸及枢纽的日常及汛期通航能力，促进湖州市经济社会协调发展。

2. 通航建筑物

（1）湖州船闸

项目于 2004 年 1 月开工，2006 年 4 月试通航，2007 年 4 月竣工。

工程建设 1 座单线、单级船闸，建设标准为四级，设计水头 1.47 米，一次过闸时间为 60 分钟。闸室设计有效尺度为 295 米×23 米×3 米，设计船型为 500 吨级，尺度为 45.8 米×8.6 米×7 米。水闸上游设计最高通航水位 2.66 米，设计最低通航水位 0.66 米；下游设计最高通航水位 1.66 米，设计最低通航水位 0.66 米。上闸首为钢结构、下闸首为砖混，闸室呈 U 形结构，闸门为钢结构人字门，阀门为钢结构平板门，启闭机均为液压启闭机。输水系统为廊道，充、泄水时间均为 10 分钟。引航道采用平面布置形式，水深 2.5 米，最小底宽 45 米，最小弯曲半径为 320 米。上游引航道总长 392 米，下游引航道总长 220 米。项目总投资 1069 万元，均为企业自筹。

项目建设单位为湖州湖申船闸建设开发有限公司；设计单位为湖州南太湖水利水电勘测设计院有限公司、中国水电顾问团华东勘测设计院；施工单位为浙江省水电建筑安装有限公司；监理单位为浙江广川工程咨询有限公司；质监单位为湖州市水利水电工程监督站。

湖州船闸扩建项目是一个中型水利工程项目，投资较大，周期较长；不可预见的风险因素较多。立项之前，对项目进行充分的可行性研究分析，对项目投资的经济效益，社会效益及未来市场环境进行综合评价，是项目成功的关键。湖州船闸枢纽扩建项目的实施平均每年可减少东泄水量 1.33 亿立方米，具有很好的防洪效益，同时湖州船闸扩建项目每年可减少防洪期间关闸引起的搬运损失达 1500 万元左右，具有很好的航运经济效益。

（2）湖州枢纽

项目于 2011 年 1 月开工，2013 年 3 月试通航，2018 年 1 月竣工。

项目建设依据：2007 年 1 月，浙江省发改委《关于长湖申线（浙江段）航道扩建工程可行性研究调整报告批复的函》（浙发改函〔2007〕1 号）；2007 年 11 月，浙江省发改委《关于长湖申线（浙江段）航道扩建工程初步设计批复的函》（浙发改设计〔2007〕180 号）；2006 年 11 月，浙江省环境保护局《关于长湖申线浙江段航道建设工程环境影响报告书审查意见的函》（浙环建〔2006〕75 号）；2009 年 1 月，国土资源部《关于长湖申线（浙江段）航道扩建工程建设用地的批复》（国土资函〔2009〕57 号）。

工程新建 1 座 2 孔防洪水闸兼作 1000 吨级船舶通航孔，设计水头 1.47 米。闸室设计有效尺度为 272 米×29 米×2.5 米，设计船型为 1000 吨级，尺度为 62.0 米×10.6 米×2.5 米、55.0 米×10.8 米×2.4 米。上游设计最高通航水位 2.66 米，设计最低通航水位 0.66 米；下游设计最高通航水位 2.36 米，设计最低通航水位 0.66 米。闸室为两孔 U 形平底结构，闸门为 8 米×20 米提升式钢质平板门、阀门，启闭机为直升式卷扬启闭机。引航道平面布置采用直线进出闸形式,水深 3.2 米,最小底宽 45 米,最小弯曲半径为 380 米。上游引航道总长 637.6 米,下游引航道总长 595 米。项目总投资 6074.18 万元,项目建设资金由浙江省和交通运输部补助 70%,其余建设资金由浙江项目业主——湖州市港航管理局负责筹措。

项目建设单位为湖州市港航管理局组建工程建设指挥部;设计单位为中交第二航务工程勘察设计院有限公司;施工单位为湖州市交通工程处;监理单位为浙江公路水运工程监理有限公司。

湖州枢纽改造完成后,通航等级由 300 吨级提升至 1000 吨级,对发展浙北地区水运事业、服务区域经济起到水路航运保障作用,同时为保证下游人民群众生命财产安全起到城市防洪功能作用。

十九、衢江的通航建筑物

(一)塔底船闸

1. 闸坝概况

(1)自然地理条件

钱塘江是浙江省第一大河流,自衢州(双港口)至杭州(赭山)为钱塘江干流航道,全长 286 千米,规划为四级航道。钱塘江自上而下由衢江(衢州—兰溪 82 千米)、兰江(兰溪—建德梅城 45 千米)、富春江(梅城—闻家堰 112 千米)和钱塘江(闻家堰—赭山 47 千米)组成。

衢江航道属山溪性浅水航道,滩多、水浅,航道较为弯曲。衢江建设有塔底、安仁铺、红船豆、小溪滩、游埠和姚家六个梯级,其中塔底、安仁铺、红船豆、小溪滩枢纽位于衢州市境内,游埠和姚家枢纽位于金华境内。

衢江塔底水利枢纽工程位于衢州市城区下游衢江与乌溪江汇合口下游约 350 米处的塔底村,坝址以上集水面积 81.62 万公顷,多年平均径流量 92.44 亿立方米,正常蓄水位 59.5 米。

该工程位于浙中丘陵盆地中部低山平原地区,河谷为冲积、冲洪积平原,具有二元结构。衢江两岸发育一级阶地,河道开阔,宽约 200~600 米,江心洲及漫滩发育,一级阶地地面高程一般 59~63 米,往外分布有低山丘陵,一般海拔高程 75~86 米。

工作区位于扬子地台(Ⅰ1)钱塘台褶带(Ⅱ2)常山—诸暨拱褶带(Ⅲ5)。据地面调查及区域地质资料分析,该工作区地质构造较为简单,以北东向华夏系构造为主,无大的区域断裂构造通过本区。出露地层以白垩系细砂岩为主,单斜构造,岩石完整。

设计流域属中亚热带季风气候区,冬夏季风交替明显,温和湿润,四季分明,日照充足,雨量丰沛。多年平均气温 17.3 摄氏度,极端最高气温 40.5 摄氏度(1966 年 8 月 9 日),极端最低气温 -10.4 摄氏度(1970 年 1 月 16 日);全年高于 35 摄氏度的高温天气年均为 26.5 天,以 7 月气温最高,1 月气温最低。

多年平均降水量 1636 毫米,历年最大年降水量 2464.5 毫米(1983 年),历年最小年降水量 1105.7 毫米(1979 年),一日最大降水量 182.0 毫米(1992 年 7 月 4 日)。降水量年内分配不均匀,年最大连续四个月降水量占全年降水量的 50% ~ 60% ,发生在 3—6 月或 4—7 月,最大日降水量出现在 5 月或 6 月。每年 6 月中下旬至 7 月上旬,受静止锋影响,出现连绵阴雨天气,并伴有暴雨,极易造成洪涝灾害。

本地区受季节风气候影响,全年有两个方向相反的盛行风向,夏季以西南西为主,风频率为 15% ,冬季以 NE 为主,风频率为 26% ;全年静风频率为 20% ,年平均风速 2.7 米/秒,各月相差不大。每年平均出现 1 次强热带风暴或台风,且大多数发生在 7—9 月。

(2)闸坝建设情况

塔底水利枢纽工程正常蓄水位 59.5 米,电站装机 4×4.0 兆瓦,多年平均发电量 6415 万千瓦时。塔底水利枢纽工程是《钱塘江流域综合规划》及《钱塘江中游"三江"梯级开发规划》中推荐的一期开发建设工程。原枢纽工程以水电开发和改善衢州市城区水环境为主,兼顾航运和改善灌溉条件等综合开发利用。枢纽结合冲砂泄洪闸建设 100 吨级船闸上闸首,未同步建设船闸闸室及下闸首。工程布置自左至右依次为:橡胶坝、船闸上闸首(1 孔)、泄洪冲砂闸(2 孔)、充排水泵房、电站。新塔底船闸在改造枢纽左岸一跨橡胶坝的基础上新建船闸上闸首,枢纽橡胶坝总长度由 434 米缩短至 407.2 米。船闸布置和整个枢纽的平面布置相结合,上闸首位于坝轴线处,为枢纽挡水建筑物的组成部分,上闸首顶高程按百年一遇洪水位加一定安全超高确定,为 64.5 米。

(3)建设成就

塔底水利枢纽原由民营企业建设管理,无通航建筑物。在衢江(衢州段)航运开发工程中,塔底船闸的建成使其具备了通航能力。

2. 通航建筑物

项目于 2015 年 6 月开工,2017 年 12 月试通航。

项目建设依据:2008 年 11 月,浙江省发改委《浙江省发改委关于钱塘江中上游衢州段航运开发工程可行性研究报告的批复》(浙发改交通〔2008〕815 号);2012 年 11 月,浙江省发改委《关于钱塘江中上游衢江(衢州段)航运开发工程航道工程初步设计批复的函》(浙发改设计〔2012〕9 号);2007 年 9 月,浙江省环境保护局《关于钱塘江中上游衢江(衢州段)航运开发工程环境影响报告书审查意见的函》(浙环建〔2007〕76 号);2013 年 2 月,浙江省人民政府《浙江省建设用地审批意见书》(浙土字 A〔2012〕-0760)。

工程建设 1 座单级、单线船闸,船闸由上、下闸首、闸室及上下游引航道组成,直线段全长967.0米,建设标准为四级,设计水头6米,一次过闸时间为40分钟。闸室设计有效尺度为180米×23米×4米,设计船型500吨级,尺度为45.8米×8.6米×7米;设计船队为500吨级驳船(1拖+6×500吨),尺度为285米×9.2米×7米。上游设计最高通航水位59.5米,上游设计最低通航水位59.0米;下游设计最高通航水位55.5米,下游设计最低通航水位53.0米。上闸首长33.0米,宽32.0米,口门宽度为18米,右侧紧挨改建后橡胶坝边墩。闸室结构总长度为205米,其中25米为消能及过渡段,闸室宽23米,闸室墙顶高程为61.5米;下闸首长29.0米,宽42.0米,口门宽度为23米,顶高程为64.2米。输水系统类型为短廊道集中输水系统;充、泄水时间均为10分钟。上闸门形式为提升式平板门、下闸门形式为人字门;船闸的阀门形式为提升式平板门;启闭机械形式为液压启闭机;上、下游引航道均采用直线进闸、曲线出闸的不对称布置方式。上、下游导航段长均为105米。上游导航墙及靠船建筑物设置在左岸,下游导航墙及靠船建筑物设置在河道侧。上、下游引航道均采用直线进闸、曲线出闸的不对称布置方式。上、下游导航段长均为105米,靠船段长度均为245米,满足设计船队停靠要求。上、下游引航道直线段总长度均为350米,宽度为60米,可满足双排设计船舶停靠要求。上、下游引航道段外均设有100米的过渡段与主航道连接。规划预留二线船闸布置在一线船闸以北,与一线船闸中心距为150米。船闸上、下闸首采用钢筋混凝土底板和箱型边墩构成的整体坞式结构;闸室采用钢筋混凝土整体坞式结构;上、下游引航道导航墙采用直立块石混凝土衡重式结构;上游引航道靠船墩采用重力式结构,上游引航道靠船墙采用间隔布置墩式靠船结构,下游引航道靠船段采用连续的直立重力式结构。项目总投资2.2亿元。

建设单位为衢州市巨江航运建设开发有限公司;设计单位为浙江省交通规划设计研究院;施工的单位为浙江省第一水电建设集团股份有限公司;监理单位为江苏科兴项目管理有限公司;质监单位为衢州市交通工程质量安全监督站。

(二)安仁铺船闸

1.闸坝概况

(1)自然地理条件

衢江流域地貌形态主要为山丘和盆地。流域上游地形复杂,山峰林立,山脉走向与河流走向一致,沿河两岸多高山峻岭、悬崖陡壁,流域植被良好。流域下游多为开阔平地,乡镇村落沿江两岸分布,公路、铁路穿插而过,交通便利,同时土地肥沃,是浙江省重要的粮食产地之一。

工程区地质构造较为简单,以北东向华夏系构造为主,无大的区域断裂构造通过本区。测区前第四纪地层以白垩系泥质粉砂岩、粉砂岩、细砂岩为主,局部为砂砾岩,呈单斜构造,岩石完整。

多年平均降水量 1636 毫米,历年最大年降水量 2464.5 毫米(1983 年),历年最小年降水量 1105.7 毫米(1979 年),一日最大降水量 182.0 毫米(1992 年 7 月 4 日)。降水量年内分配不均匀,年最大连续四个月降水量占全年降水量的 50% ~ 60%,发生在 3—6 月或 4—7 月,最大日降水量出现在 5 月或 6 月。每年 6 月中下旬至 7 月上旬,受静止锋影响,出现连绵阴雨天气,并伴有暴雨,极易造成洪涝灾害。

多年平均气温 17.3 摄氏度,极端最高气温 40.5 摄氏度(1966 年 8 月 9 日);极端最低气温 –10.4 摄氏度(1970 年 1 月 16 日);全年高于 35 摄氏度的高温天气年均为 26.5 天,以 7 月气温最高,1 月气温最低。多年平均水汽压 17.4 百帕,多年平均相对湿度 79%。本地区受季节风气候影响,全年有两个方向相反的盛行风向,夏季以西南西为主,风频率为 15%;冬季以 NE 为主,风频率为 26%;全年静风频率为 20%。年平均风速 2.7 米/秒,各月相差不大。每年平均出现 1 次强热带风暴或台风,且大多数发生在 7—9 月。

(2)闸坝建设情况

安仁铺枢纽工程电站属河床式电站。工程地处衢江与右岸支流罗樟源汇合口上游,位于衢州市衢江区安仁铺村附近。水库坝址以上集水面积 85.35 万公顷。域内乌溪江上游建有湖南镇水库,集水面积 21.51 万公顷;下游已建黄坛口水电站。两工程原总装机 20 万千瓦,扩容后分别为 27 万千瓦及 8.2 万千瓦。

安仁铺枢纽工程位于衢州市衢江新区下游,安仁铺船闸闸址上游距衢州市衢江已建的塔底水利枢纽约 8 千米,下游距衢江区境内上山溪约 450 米,距衢州市中心约 15 千米,距国道 320 线仅 2 千米。多年平均径流量 96.32 亿立方米,是衢江干流 6 级开发中的第二级枢纽。正常蓄水位 53.5 米,相应库容 1625 万立方米。电站装机 4×4 兆瓦,容量为 16 兆瓦,多年平均发电量为 5966 万千瓦时。

闸址处河道中央有一江心洲,主河道位于左侧,宽度约 300 米。江心洲宽 200 米,右侧浅槽宽 200 米,两岸防洪堤间距约 700 米。考虑到衢江航道通航等级为四级,结合坝址处的地形特点和水流条件,工程总体布置首先从利于船闸进出安全可靠考虑,保证上、下游有足够长度的引航道,并为布置二线船闸留有余地。在本工程初步设计阶段,通过技术、经济的综合比较,对本工程闸址上游航道航线进行了调整,航道由原来的右侧调至左侧,相应船闸位置也从可研阶段布置于右岸调整至左岸。工程总布置自左岸至右岸依次为船闸、左河道泄洪闸、江心洲、右河道泄洪闸和电站厂房。

衢江航道经梯级开发后,按《内河通航标准》(GB 50139—2004)天然和渠化河流四级航道标准建设。船闸等级为四级,考虑航运长远发展以及衢江航运远期发展的需要及船舶大型化发展趋势,船闸结构及水深满足 1000 吨级船舶通航要求。根据货运量预测及通过能力计算,安仁铺船闸建设尺度最终确定为 230 米×23 米×4.0 米。

2.通航建筑物

项目于 2014 年 3 月开工,2018 年 10 月试通航。

项目建设依据:2008 年 11 月,浙江省发改委《浙江省发改委关于钱塘江中上游衢州段航运开发工程可行性研究报告的批复》(浙发改交通〔2008〕815 号);2011 年 8 月,浙江省发改委《关于钱塘江中上游衢江(衢州段)航运开发工程安仁铺枢纽及船闸工程初步设计批复的函》(浙发改设计〔2011〕99 号);2007 年 9 月,浙江省环境保护局《关于钱塘江中上游衢江(衢州段)航运开发工程环境影响报告书审查意见的函》(浙环建〔2007〕76 号);2012 年 3 月,浙江省人民政府印发《浙江省建设用地审批意见书》(浙土字 A〔2011〕-0769)。

工程建设 1 座单级、单线船闸,通航船舶吨位 500 吨(兼顾 1000 吨),设计水头 4.1 米,一次过闸时间为 40 分钟。闸室设计船型为 500 吨级,尺度为 45.8 米×8.6 米×7 米;设计船队(1 拖 +6 ×500 吨)尺度为 285 米×9.2 米×7 米。船闸上游设计最高通航水位 53.5 米,上游设计最低通航水位 53.0 米,下游设计最高通航水位 50.2 米,下游设计最低通航水位 46.5 米,通航净高7.0 米。上、下闸首均为钢筋混凝土实体底板和大门库空箱边墩组成的整体式结构,闸首、闸室均为整体坞式结构,闸门为平面人字闸门,阀门为钢质平板提升门,启闭机为液压启闭机。输水系统采用短廊道集中输水,充、泄水时间均为 10 分钟。上、下游引航道均采用直线进闸、曲线出闸的不对称布置方式,导航墙及靠船建筑物设置在右岸,上、下游引航道左侧设导流墩,导航段长均为 100 米,水深 3.6 米,最小底宽 60 米,最小弯曲半径为 330 米。项目总投资 10.29 亿元,由于其为衢江(衢州段)航运开发工程的一个单项工程,详细资金来源尚未拆分。

项目建设单位为衢州市巨江航运建设开发有限公司;设计单位为浙江省交通规划设计研究院;施工单位为浙江省第一水电建设集团股份有限公司(安仁铺船闸工程)、上海三航奔腾建设工程有限公司、浙江省第一水电建设集团股份有限公司;监理单位为浙江中水东方建设工程咨询有限公司;质监单位为浙江中水东方建设工程咨询有限公司。

(三)红船豆船闸

1.闸坝概况

(1)自然地理条件

红船豆枢纽工程区位于浙中丘陵盆地中部低山平原地区,河谷为冲积、冲洪积平原,具有二元结构。衢江两岸发育一级阶地,河道开阔,宽约 200 ~ 600 米,江心洲及漫滩发育,一级阶地地面高程一般 59 ~ 63 米。往外分布有低山丘陵,一般海拔高程 75 ~ 86 米。

（2）闸坝建设情况

红船豆枢纽工程位于衢州市龙游县境内、衢江与灵山港汇合口上游约6.8千米的衢江干流上，坝址位于龙游县城上游约4.5千米，坝址以上集水面积92.16万公顷，年径流量98.9亿立方米，是衢江干流六个梯级开发工程中的第三级枢纽。

红船豆枢纽工程综合考虑已建的汀塘圩大桥及河段的地形、河势、两岸地面高程等因素，从适宜工程布置，便于上、下游航道衔接考虑，枢纽布置在汀塘圩大桥以上约450米处，坝轴线与汀塘圩大桥交角约10度，基本垂直于河道水流方向，坝轴线处江面宽度约540米，枢纽布置自左至右依次为电站厂房、泄洪闸（24孔×14米）和船闸。河道左侧为河道深槽段，高程37.5~40.0米，河道右侧为浅滩段，高程39.0~42.5米。由于河道距左岸约230米处有县级公路穿过，与汀塘圩大桥及省级公路连通，交通便捷，从电站管理运行及施工交通等方面考虑，电站布置在左岸；同时，船闸布置于河床右岸有利于上、下游航道的衔接。故为尽量减小河道行洪对航运的影响，将船闸布置于河道右岸，船闸上闸首左侧紧靠泄洪闸边墩。

红船豆枢纽工程为三等工程，主要建筑物为三级，设计、校核洪水标准分别为50年、100年一遇。结合《船闸水工建筑物设计规范》（JTJ 307—2001），各建筑物等级分别为：闸首、闸室为三级（与枢纽挡水建筑物一致），上、下游导航建筑为四级，施工围堰等临时建筑为四级。

根据《钱塘江中上游衢江（衢州段）航运开发工程可行性研究报告》，衢江航道按内河四级航道标准建设，船闸等级为四级，考虑航运长远发展以及衢江航运远期发展的需要及船舶大型化发展趋势，船闸结构及水深满足1000吨级船舶通航要求。

2. 通航建筑物

项目于2010年9月开工，2018年10月试通航。

项目建设依据：2008年11月，浙江省发改委《浙江省发改委关于钱塘江中上游衢州段航运开发工程可行性研究报告的批复》（浙发改交通〔2008〕815号）；2009年8月，浙江省发改委《关于钱塘江中上游衢江（衢州段）航运开发工程红船豆枢纽及船闸工程初步设计批复的函》（浙发改设计〔2009〕101号）；2007年9月，浙江省环境保护局《关于钱塘江中上游衢江（衢州段）航运开发工程环境影响报告书审查意见的函》（浙环建〔2007〕76号）；2015年10月，浙江省人民政府《浙江省建设用地审批意见书》（浙土字A〔2014〕-0618）。

工程建设1座单级、单线船闸，建设标准为四级，设计水头5.5米，一次过闸时间为40分钟。闸室设计有效尺度为230米×23米×4米，设计船型500吨级，尺度为45.8米×8.6米×7米；设计船队500吨级驳船（1拖+6×500吨），尺度为285米×9.2米×7米。船闸上游设计最高通航水位47.0米，上游设计最低通航水位46.5米；下游设计最高通航水位 42.0 米,下游设计最低通航水位 39.5 米,通航净高 7.0 米。闸首、闸室均为整体坞式结构,闸门为平面人字闸门,阀门为钢质平板提升门,启闭机为液压直推式启闭机。输水系统采用短廊道集中输水,充、泄水时间均为 10 分钟。上游导航墙及靠船建筑物设置在右岸,下游导航墙及靠船建筑物设置在河道侧。上、下游引航道均采用直线进闸、曲线出闸的不对称布置方式。船闸轴线的布置和整个枢纽的平面布置相结合,船闸轴线与坝轴线垂直正交,紧临泄洪闸右侧布置,上闸首位于坝轴线处,为枢纽挡水建筑物的组成部分,其顶高程与泄洪闸高程一致,为 53.0 米。船闸由上、下闸首、闸室及上、下游引航道组成,全长 1344.5 米。上闸首长 36.0 米,宽 42.0 米,左侧紧挨泄洪闸闸墩;闸室结构总长度为 240 米,其中 10 米为消能镇静段;闸室宽 23 米,闸室墙顶高程为 49.5 米;下闸首长 28.5 米,宽 42.0 米,顶高程为 52.0 米。上游导航墙及靠船建筑物设置在右岸,下游导航墙及靠船建筑物设置在河道侧。上、下游引航道均采用直线进闸、曲线出闸的不对称布置方式。上、下游导航段长均为 100 米,靠船段长度均为 320 米,满足设计船队停靠要求。上、下游引航道直线段总长度均为 420 米,底宽为 60 米,水深 3.5 米,可满足双排设计船队停靠要求。上、下游引航道直线段外均设有 100 米的过渡段与主航道连接。规划预留二线船闸布置在一线船闸以南,与一线船闸中心距为 150 米。项目总投资 9.67 亿元,由于其为衢江(衢州段)航运开发工程的一个单项工程,详细资金来源无法拆分。

项目建设单位为衢州市巨江航运建设开发有限公司;设计单位为浙江省交通规划设计研究院、浙江省水利水电勘测设计院;施工单位为中国水利水电第十二工程局有限公司;监理单位为浙江广川工程咨询有限公司;质监单位为浙江省交通运输厅工程质量监督局。

(四)小溪滩船闸

1. 闸坝概况

(1)自然地理条件

小溪滩船闸工程位于浙中龙游丘陵盆地中部低山平原地区,所在区域河谷为冲积、冲洪积平原,具有二元结构。

衢江两岸发育一级阶地,河道开阔,宽约 200～600 米,江心洲及漫滩发育,一级阶地地面高程一般 59～63 米。往外分布有低山丘陵,一般海拔高程 75～86 米。

(2)闸坝建设情况

小溪滩水利枢纽工程位于衢州市龙游县境内,衢江与灵山港汇合口上游约 6.5 千米的衢江干流上。工程以发电为主,改善水环境和灌溉条件,兼顾航运等综合开发利用。枢纽主要建筑物由橡胶坝、充排水泵房、泄洪冲砂闸、船闸、河床式发电厂房及两岸连接建筑物等组成,挡水和泄水建筑物均处于同一轴线上。工程布置自左向右依次为电站、左侧冲排水泵房、3 孔泄洪冲砂闸、1 孔船闸(上闸首)、左侧 1～4 号橡胶坝、右侧 5～8 号橡胶坝、右侧冲排水泵房。小溪滩水利枢纽工程为三等工程，主要建筑物为三级，设计、校核洪水标准分别为50年、100年一遇。结合《船闸水工建筑物设计规范》（JTJ 307—2001），小溪滩船闸闸首、闸室建筑物等级与枢纽挡水建筑物一致为三级，上、下游导航靠船建筑物为四级，施工围堰等临时建筑为五级。

小溪滩电站，由主机房段、装配场段和副厂房段组成，全长90.35米。左侧冲排水泵房长23.0米，宽12.2米，为矩形四层结构。3孔×12米泄洪冲砂闸位于左侧冲排水泵房和橡胶坝之间。1孔×12米船闸（上闸首）紧靠泄洪冲砂闸布置。左侧1~4号橡胶坝底板顶高程35.5米，跨长及跨数为95×4跨；右侧5~8号橡胶坝底板高程37.0米，跨长及跨数为90×4跨。橡胶坝总宽755米。右泵房长18.4米，宽11.6米，为矩形四层结构，布置在闸址最右端，与右岸防洪堤相连。

规划预留二线船闸布置在一线船闸以南，与一线船闸中心距为150米。

2.通航建筑物

项目于2014年6月开工，2018年10月试通航。

项目建设依据：2008年11月，浙江省发改委《浙江省发改委关于钱塘江中上游衢州段航运开发工程可行性研究报告的批复》（浙发改交通〔2008〕815号）；2012年11月，浙江省发改委《关于钱塘江中上游衢江（衢州段）航运开发工程航道工程初步设计批复的函》（浙发改设计〔2012〕9号）；2007年9月，浙江省环境保护局《关于钱塘江中上游衢江（衢州段）航运开发工程环境影响报告书审查意见的函》（浙环建〔2007〕76号）；2013年2月，浙江省人民政府《浙江省建设用地审批意见书》（浙土字A〔2012〕-0760）。

工程建设1座单级、单线船闸，建设标准为四级，设计水头5.23米，一次过闸时间为40分钟。闸室设计有效尺度为230米×23米×4米，设计船型500吨级，尺度为45.8米×8.6米×7米；设计船队为500吨级驳船（1拖+6×500吨），尺度为285米×9.2米×7米。船闸上游设计最高通航水位40.0米，上游设计最低通航水位39.5米；下游设计最高通航水位36.0米，下游设计最低通航水位33.5米。充、泄水时间均为10分钟。闸首、闸室均为整体坞式结构，输水系统类型为短廊道集中输水系统。上闸门形式为提升式平板门，下闸门形式为人字门，船闸的阀门形式为提升式平板门，启闭机械形式为液压启闭机。上、下游引航道均设置在河道右岸。上、下游导航段长均为105米。船闸布置和已建枢纽的平面布置相结合，船闸轴线与坝轴线夹角为102度，布置于枢纽右侧。船闸闸室位于坝轴线上游，下闸首位于右侧充水泵房的南侧，上、下闸首及闸室均为枢纽挡水建筑物的组成部分，其顶高程为44.0米。船闸由上、下闸首、闸室及上、下游引航道组成，全长1350.0米。上闸首长36.0米，宽42.0米，顶高程为44.0米；闸室结构总长度为240米，其中10米为消能镇静段，闸室宽23米，闸室左、右侧墙顶高程分别为41.8米、42.8米；下闸首长29.0米，宽42.0米，顶高程为44.0米。

上、下游导航墙及靠船建筑物均设置在河道右岸。上、下游引航道均采用直线进闸、曲线出闸的不对称布置方式。上、下游导航段长均为105米,上游靠船段长度为420米,下游靠船段长度为315米,满足设计船队停靠要求。上、下游引航道直线段总长度分别为525米、420米,底宽为60米,可满足双排设计船队停靠要求。上游引航道直线段外设有100米的过渡段与上游航道连接。下游引航道直线段外通过两个反向的弯曲段与下游航道连接。上、下游导航墙、靠船墙采用块石混凝土衡重式结构,下游靠船墩采用块石混凝土重力墩式结构。项目总投资24亿元。由于其为衢江(衢州段)航运开发工程的一个单项工程,详细资金来源尚未拆分。

项目建设单位为衢州市巨江航运建设开发有限公司;设计单位为浙江省交通规划设计研究院;施工单位为浙江省第一水电建设集团股份有限公司;监理单位浙江公路水运工程监理有限公司;质监单位为衢州市交通工程质量监督站。

(五)游埠船闸

1.闸坝概况

（1）自然地理条件

衢江是浙江省最大河流——钱塘江南源兰江的主流,集水面积115万公顷,河流全长257.9千米。游埠枢纽工程坝址以上集水面积109万公顷,占衢江总流域面积的95.1%。

游埠枢纽工程所在区域位于浙中丘陵盆地中部低山平原地区,衢江河道开阔,宽约500米,江心洲及漫滩发育,一级阶地地面高程一般34.2～37.9米。往外分布有低山丘陵,一般海拔50～55米。

基岩主要为白垩系沉积岩。工程区内无大规模的断层通过,区域构造较稳定,本区地震动峰值加速度小于0.05g,相应地震基本烈度小于六度。测区内地下水类型主要为松散岩土类孔隙潜水,主要由大气降水补给,排泄于河道。地下水对混凝土有弱溶出性腐蚀。坝址覆盖层主要为第四系全新统冲洪积层,局部为人工填土,总厚2～12米。

（2）闸坝建设情况

游埠枢纽工程位于衢江与游埠溪汇合口上游约500米的衢江干流上,坝址左岸为金华兰溪市游埠镇,右岸为金华婺城区洋埠镇。该工程是《钱塘江流域综合规划》《钱塘江中游"三江"梯级开发规划》推荐的开发建设项目。坝址上游距离龙游县城约20千米,下游距离兰溪市17千米、金华市城区约30千米。坝址以上年径流量114.51亿立方米(扣除乌引水量)。游埠枢纽工程的开发建设以航运、发电为主,结合改善水环境和灌溉等综合开发利用。该工程由泄洪闸、船闸、发电厂房等建筑物组成。游埠枢纽工程正常蓄水位为34.0米,正常库容1071万立方米,电站装机4×4兆瓦,多年平均发电量6475万千瓦时。工程等别为三等,主要建筑物为三级建筑物,设计、校核洪水标准分别为50年、100

年一遇。船闸按内河四级标准设计,考虑航运远期发展需求及船舶大型化发展趋势,船闸结构及水深满足 1000 吨级船舶通航要求进行建设。

2. 通航建筑物

项目于 2014 年 9 月开工,2018 年 11 月竣工。

工程建设 1 座单级、单线船闸,建设标准为四级,设计水头 6 米,一次过闸时间为 45 分钟。闸室设计有效尺度为 280 米×23 米×4 米,设计船型 500 吨级,尺度为 45.8 米×8.6 米×2.1 米;设计船队为 500 吨级驳船,尺度为 285 米×9.2 米×1.9 米。船闸上、下游设计最高通航水位分别为 34 米、30.5 米;上、下游设计最底通航水位 33.5 米、28 米。闸首、闸室均为整体坞式结构,输水系统类型为短廊道集中输水系统,充、泄水时间均为 10 分钟。船闸的闸门形式为人字门,船闸的阀门形式为升降式平面阀门,启闭机械形式为直推式液压启闭机。上、下游引航道均采用直立式导航墙,上、下游导航段长度均为 115 米,上游导航墙顶高程为 36.0 米,导航墙底板顶高程为 29.9 米;下游导航墙顶高程为 32.5 米,导航墙底板顶高程为 24.4 米。导航墙结构分缝长度以 15 米为主,墙体表面设置钢护舷,间距 5 米。导航墙端部采用相同方式与靠船段相连。项目总投资 10.28 亿元,由省部级财政补助及地方政府筹集。

建设单位为金华市婺舟航运开发建设有限公司;设计单位为浙江省交通规划设计研究院、浙江省水利水电勘测设计院;施工单位为中交第三航务工程局有限公司、中国水电第十二工程局有限公司;监理单位为浙江公路水运咨询有限公司、浙江东洲建设监理咨询有限公司;质监单位为金华市交通工程质量监督站、金华市水利质量监督站。

本项目获 2013 年中国航海学会科学技术三等奖、2017 中国水运行业协会咨询奖二等奖。

(六)姚家船闸

1. 闸坝概况

(1)自然地理条件

姚家枢纽工程区域属金衢盆地,地势自南至北逐级下降,地面高程多在 40 米以下,盆地边缘为丘陵。高程也以 100 米以下居多,山顶较平坦,呈浅丘状起伏。

(2)闸坝建设情况

姚家枢纽是衢江干流开发中的第六级,也是最下游一级枢纽工程。工程位于兰溪市赤溪出口上游约 1.7 千米处,上游为游埠梯级,下游为富春江水库库区。工程任务以航运、发电为主,结合改善水环境和灌溉等综合开发利用。

姚家枢纽及船闸工程由泄洪闸、船闸、发电厂房等组成。姚家枢纽工程正常蓄水位为 28.5 米,正常库容 1399 万立方米,发电死水位 28.0 米,调节库容 239 万立方米,电站装机

4×3.2兆瓦,多年平均发电量5041万千瓦时。工程等别为三等,主要建筑物为三级建筑物,设计、校核洪水标准分别为50年、100年一遇,船闸按内河四级航道标准设计,考虑航运远期发展需求及船舶大型化发展趋势,船闸结构及水深满足1000吨级船舶通航要求进行建设。

2. 通航建筑物

项目于2014年9月开工,2018年11月竣工。

工程建设1座单级、单线船闸,建设标准为三级,设计水头6米。闸室有效尺度为280米×23米×4米,设计船型500吨级,尺度为45.8米×8.6米×2.1米;设计船队为500吨驳船,尺度为285.0米×9.2米×1.9米。船闸上游、下游设计最高通航水位分别为28.5米、26.5米,上游、下游设计最低通航水位为28米、22.5米。闸首、闸室均为整体坞式结构,输水系统类型为短廊道集中输水系统。船闸的闸门形式为人字门,船闸的阀门形式为升降式平面阀门,启闭机械形式为液压直推式,一次过闸时为45分钟。上、下游引航道均采用直立式导航墙,上、下游导航段长度均为115米,上游导航墙顶高程为30.5米,导航墙底板顶高程为24.4米;下游导航墙顶高程为28.5米,导航墙底板顶高程为18.9米。导航墙结构分缝长度以15米为主,墙体表面设置钢护舷,间距5米。导航墙端部采用相同的方式与靠船段相连。项目总投资12.59亿元,由省部级补助及地方政府筹集。

项目建设单位为金华市婺舟航运开发建设有限公司;设计单位为浙江省交通规划设计研究院、浙江省水利水电勘测设计院;施工单位为浙江第一水电建设集团股份有限公司、葛洲坝建设集团第五分公司;监理单位为浙江华东工程咨询有限公司、浙江港湾工程咨询监理有限公司;质监单位为金华市交通工程质量监督站、金华市水利质量监督站。

本项目获2013年获中国航海学会科学技术三等奖,2017年获中国水运建设协会2017年度水运工程优秀咨询成果奖二等奖。

二十、钱塘江的通航建筑物

钱塘江梯形水位图如图11-5-1。

富春江船闸

1. 闸坝概况

（1）自然地理条件

富春江水电站所处的河流为浙江省第一大河——钱塘江,流域面积为489万公顷,干流长为605千米。富春江沿线为河谷堆积平原,新建船闸、下游航道和上游泊锚区东侧属于侵蚀剥蚀丘陵地貌,地形起伏较大,自然斜坡一般为5~30度,较为稳定。工程区大地构造隶属于扬子准地台的华埠—新登陷褶带,其基底大体构成一个复式向斜,区内断裂构造以北东向为主。工程区内地下水可划分为第四系松散岩类孔隙水、基岩裂隙水两大类。

其中,松散岩类孔隙水又可细分为松散岩类孔隙潜水、松散岩类孔隙承压水两类。工程区属亚热带季风气候,四季分明,日照充足,降水充沛。一年四季光、温、水基本同步增减,配合良好,气候资源丰富。

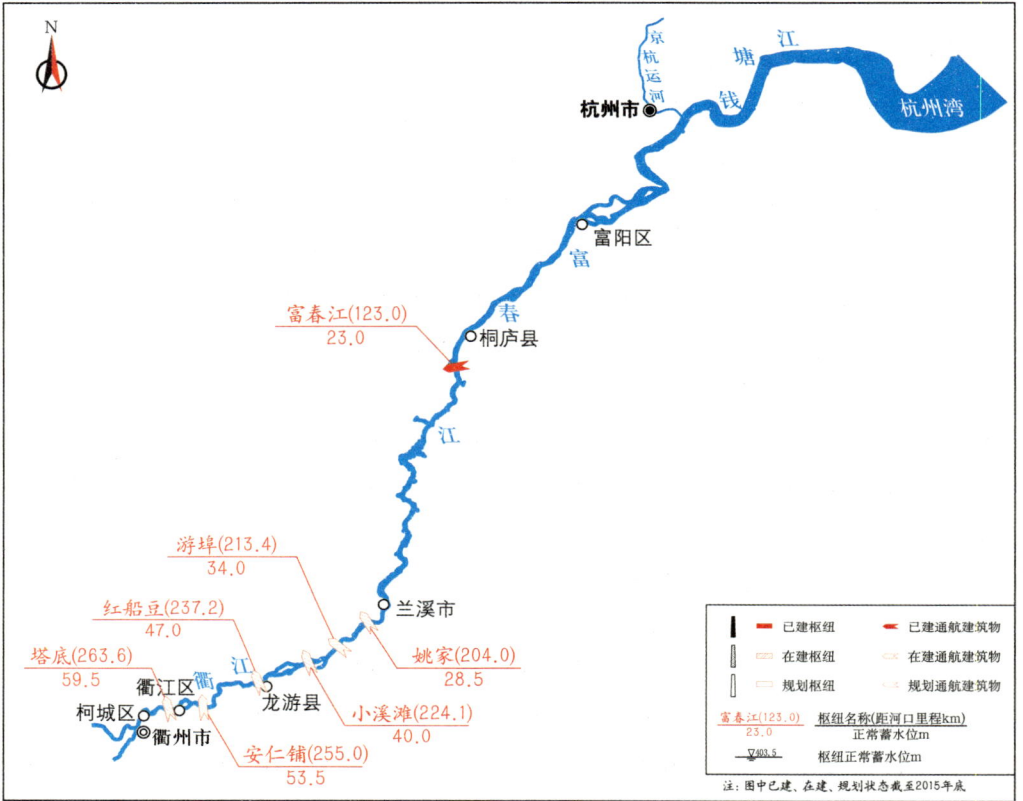

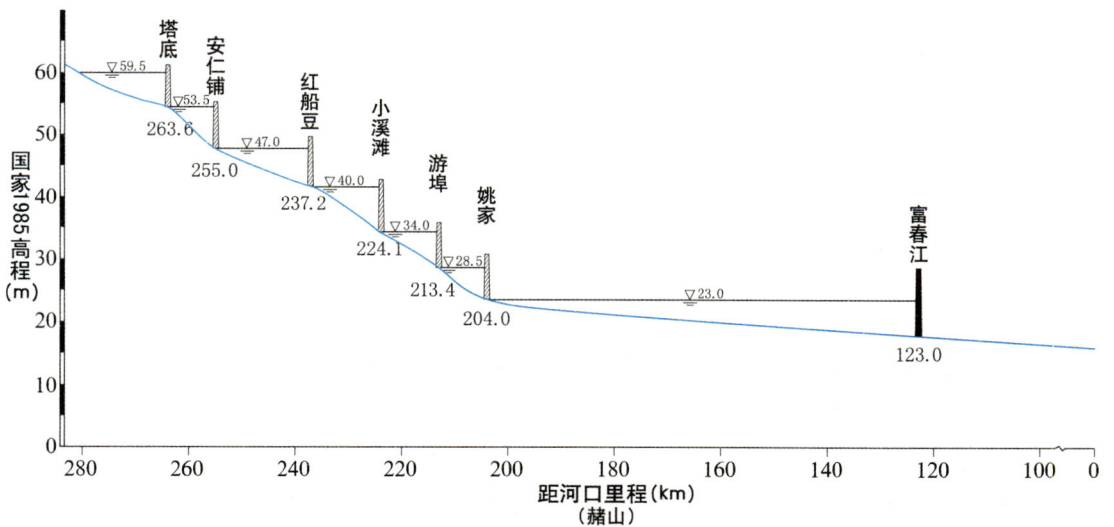

图 11-5-1　钱塘江梯级水位图

（2）闸坝建设情况

富春江水电站位于浙江省杭州市桐庐县境内，在钱塘江水系中游，上距新安江水电站60千米，下距杭州市110余千米。控制流域面积313万公顷，多年平均流量1000立方米/秒，设计洪水流量2.31万立方米/秒，共17个泄洪孔，总库容8.74亿立方米，设计灌溉面积6万亩。枢纽主要建筑物有混凝土重力式溢流坝、河床式厂房、船闸、灌溉渠首及鱼道等，装机容量29.72万千瓦（其中4台×6万千瓦，1台×5.72万千瓦，转叶式水轮发电机组）。枢纽从左至右依次布置为电站、渔道、泄洪孔、船闸和南灌渠等。船闸通航等级为100吨级，闸室尺度为100米×14.4米×2.5米。鱼道长158.57米，宽3米，采用Z字形布置，形成三层盘梯。

富春江水电站的通航建筑物位于水电站的右岸，共有两座船闸，分别是20世纪60年代建成的100吨级老船闸和2012年开建、2016年底建成投入试运行的新船闸。新建船闸为保持原有船闸不动，在老船闸下紧接原有船闸下闸首新建一座标准为四级的船闸（兼顾1000吨级船舶过闸）。原有船闸经加固改造后，废弃其船闸功能，仅作为新船闸的上游引航渠道。新建船闸左侧结构外缘线与老船闸齐平。

富春江水电站于20世纪60—70年代建设，主要功能为发电，兼顾防洪、灌溉和通航等，一直以来由电力部门负责运行和管理维护，由国家电网公司下属的国网新源控股有限公司的富春江水力发电厂所有和管理。按照地方行业管理部门与枢纽所有者电厂签订的协议，新船闸由地方所有，属于原枢纽的已无船闸功能、只作为新船闸上游引航渠道的老船闸仍由电厂所有，但新、老船闸除防洪功能外，均由地方负责通航运行和维护保养。

（3）建设成就

富春江水电站于1958年开工建设，1962年停工缓建，1965年10月复工建设，1968年底第一台机组发电，至1977年全部建成。枢纽以发电为主，至1985年，电站累计发电121.50亿千瓦时。全厂5台机组装竣工后的8年间，平均年发电量为7.56亿千瓦时，截至2015年累计发电约348千瓦时。水电站建成后，灌溉惠及下游6万亩良田，社会效益显著。富春江船闸经过改造升级，由初期的100吨级提升到500吨级（兼顾1000吨级船舶过闸、2016年底投入试运行），极大地改善了通航条件。

2. 通航建筑物

项目于2012年11月开工，2016年12月试通航，2019年4月竣工。

项目建设依据：2011年9月，浙江省发改委《关于富春江船闸扩建改造工程可行性研究报告批复的函》（浙发改函〔2011〕194号）；2012年6月，浙江省发改委《关于富春江船闸扩建改造工程初步设计批复的函》（浙发改设计〔2012〕48号）；2010年6月，浙江省环境保护厅《关于富春江船闸扩建改造工程环境影响报告书审查意见的函》（浙环建〔2010〕47 号）；2013 年 2 月浙江省人民政府批复了工程的建设用地（字 A〔2012〕-0751）。

工程建设 1 座单级、单线船闸，建设标准为四级，设计水头 20.21 米，一次过闸时间为 52 分钟。闸室设计有效尺度为 300 米×23 米×4.5 米，代表船型为 500 吨级货船，尺度为 46 米×8.6 米×2.1 米；设计代表船队为 500 吨级驳船队（1 拖＋6×500 吨，长 275 米、宽 8.2 米、参考设计吃水 1.9 米），尺度为 275.0 米×8.2 米×5.0 米。上游设计最高通航水位 按 24 米，上游设计最低通航水位 21.8 米；下游设计最高通航水位 13.46 米，下游设计最低通 航水位 3.29 米。为满足电厂发电需求，提出了不能有专门的下泄通航流量的要求，新建船 闸研究和设计时，理论上考虑了零下泄流量三天也可保证下游最低通航水位。上、下闸首均 采用现浇钢筋混凝土整体式结构；闸室结构为分离空箱重力式结构。船闸上、下闸门均采用 人字门，上、下闸首阀门均采用反弧门，启闭机采用液压启闭。输水系统采分散式输水系统 闸底长廊道输水，充、泄水时间均为 16 分钟。上、下游都是右进左出。上游导航靠船建筑物 长 565 米，下游导航靠船建筑物长 885 米。与船闸建设相关的工程措施，包括左侧河道切滩 疏浚及设置节制分水闸一座；坝下航道整治疏浚 22.4 千米；设置上、下游锚泊服务区及远方 调度站等。工程建设一座节制分水闸，孔口尺度为 3 米×12 米（开敞式）。船闸及航道运行 管理用房建筑面积约 4648.7 平方米，船闸启闭机房建筑面积 1285 平方米。上游建有锚泊 服务区及远方调度站一处，位于船闸上游约 26 千米的三都宋村山村，锚泊位总长度 505 米， 新建管理用房面积为 2295 平方米。项目总投资 10.61 亿元，其中交通运输部和浙江省财政 性资金占 70%，计 7.42 亿元，杭州市财政承担 30%，计 3.18 亿元。

项目建设单位为杭州市船闸建设运行中心；设计单位为浙江省交通规划设计院；施工 单位为中交第二航务工程局有限公司、武昌船舶集团有限公司、浙江奔腾市政园林建设工 程有限公司等；监理单位为江苏科兴项目管理有限公司、湖州市公路水运工程监理咨询有 限公司、浙江泰宁建设工程管理咨询有限公司；质监单位为杭州市交通工程质量安全监督 局、桐庐县建筑工程质量安全监督站、建德市建筑中质量安全监督站。

在本项目的建设施工当中，杭州市港航管理局和浙江省交通规划设计院、中交第二航 务勘察设计院有限公司等单位在对老旧船闸的改造加固方面做了大量的研究工作，取得 了积极成果，为项目的顺利施工提供了重要保障。其中，"老船闸改造加固关键技术研 究"被浙江省交通运输厅鉴定为"国际先进水平"，"航电枢纽船闸工程改扩建施工关键技 术研究与示范"被湖北省科技厅鉴定为"国际先进水平"，多项研究成果被浙江省交通运 输厅鉴定为国内领先和先进水平。这些科研成果的应用，为项目的施工节约了大约 1.8 亿元的成本。

本项目建设过程中的获奖情况见表 11-5-8。

富春江船闸扩建改造项目获奖情况　　　　　　　　　　表 11-5-8

获奖情况奖项分类	奖项级别	奖项名称	获奖日期	颁奖机构
工程质量	省部级	钱江杯	2017 年 12 月 1 日	浙江省住房与城乡建设厅
技术进步	省部级	一等奖	2017 年 12 月 29 日	中国水运建设行业协会

本项目建设过程中取得的专利情况见表11-5-9。

富春江船闸扩建改造项目取得专利情况　　　　　　　　表 11-5-9

专利名称	专利类型	专利号	获得时间
一种立体化自动供输料系统	发明专利	ZL201510523071.4	2017 年 9 月 1 日
一种中高水头碍航船闸改扩建工程基于双层廊道的新船闸取消系统	发明专利	ZL201610241114.4	2018 年 5 月 1 日
一种铜止水与橡胶止水连接模具	发明专利	ZL201510316373.4	2015 年 6 月 5 日

富春江船闸改扩建前的40多年时间里,基本上维持平均每天开两闸次的运行模式,年过闸货运量基本在50万~75万吨。新船闸建成后,2017年全年的过闸量达461万吨,过闸船舶达9101艘次;2018年过闸量达1089.4万吨,过闸船舶达2.9万艘。

3.经验与启示

与通常的航运枢纽工程相比较,富春江船闸扩建改造工程有两大特点:一是改扩建要"在别人的地盘里动土",协调工作相当艰难;二是该工程为全国首个在原有枢纽运行工况下进行的改扩建,限制条件特别多,大大增加了建设难度,因此必须在建设管理上有全方位的突破,才能安全优质高效地建成该示范工程。

二十一、杭甬运河的通航建筑物

(一)新坝船闸

1.闸坝概况

(1)自然地理条件

杭甬运河是京杭运河的延伸,对完善腹地内交通运输网络和促进区域经济发展具有十分重要的意义。杭甬运河杭州段由两大水系组成,其中三堡船闸至义桥段为钱塘江水系,属感潮河段,其余段为运河水系。

杭甬运河杭州段地形平坦,西南略高、东北略低,地面高程一般在6.80~7.50米。陆域部分属萧绍冲海积平原区,该段长度30千米,而坡降仅为1米,因地势低平,河道比降平缓流速小,易淤积,汛期易受洪涝灾害。

本段运河均处于萧绍平原区内,地貌单一,按地貌单元将本区分冲湖积平原区和基岩孤丘区,新辟河道边坡基本均落在冲湖积平原区,仅西端新坝船闸茅山头附近遇到百余米基岩孤丘区。

杭甬运河上连钱塘江、浦阳江、西小江，中经曹娥江、姚江，再至甬江。杭甬运河杭州段经过的河流由钱塘江（三堡—钱塘江、浦阳江和富春江交汇的三江口段）、浦阳江（三江口—新坝船闸段）和西小江等构成。

新坝船闸所处区域属亚热带型气候，四季分明，夏季多吹 SE，冬季盛行 NW。杭甬运河沿途气温适中，雨量充沛。

（2）闸坝建设情况

杭甬运河杭州段航道改造工程航道全长 55.7 千米，起于杭州三堡，经钱塘江上溯至三江口入浦阳江，终于杭州与绍兴的界点瓦泥池。

杭甬运河杭州段全线按四级航道标准实施，通航 500 吨级船舶，航道设计断面为复式梯形断面，底宽 40 米，面宽不小于 60 米，设计最小通航水深 2.5 米，最小弯曲半径 30 米；桥梁通航净高 7.0 米，净宽不小于 55 米。杭甬运河杭州段航道改造工程主要建设内容包括 500 吨级船闸 1 座——新坝船闸、铁路桥 2 座、跨航道桥梁 20 座、改造航道 30.5 千米、船舶锚泊服务区 1 处以及沿线绿化标志标牌等。新坝船闸通航标准为四级（500 吨级），闸室有效尺度为 200 米 ×12 米 ×2.5 米。

（3）建设成就

杭甬运河是浙江省"十五"重点交通基础设施建设项目，连接京杭运河和宁波港，沟通浙北航道网，组成全国水运骨干网络。项目于 2003 年 9 月 28 日开工，2007 年底基本建成，2009 年 1 月 1 日投入试运营。杭甬运河杭州段航道改造工程于 2017 年 12 月 15 日完成竣工验收。至此，杭州段实现了按四级航道标准的全线通航。经过多年的运行，各单位工程运行正常，满足设计和使用要求。

2009 年 1 月 1 日至 2009 年 5 月 24 日新坝船闸预运行，实行两班制运行，每天对外服务时间为 11 个小时，为社会船舶提供免费服务。预运行期间通行船舶 1.7 万余艘次，总运量为 332 万吨。

2009 年 5 月 25 日至 2011 年 2 月 28 日新坝船闸试运行，服务时间延长至 13.5 个小时，日运量从预运行的 2.50 万吨提高到 4.90 万吨，增长 96%；平均运行一个闸次时间从 65 分钟缩短至 45 分钟，闸次利用率提高幅度为 44.4%。试运行期间通行船舶近 12 万艘次，总运量为 2720 万吨。

自 2011 年 3 月 1 日起，新坝船闸正式运营，基于前期市场培育良好且基础工作扎实有效，顺利实现了集团公司提出的"三全"目标，即全时段、全天候、全额收费，工作目标也由"边建设边运营"转向"全面营运"。

2013 年底，杭甬运河历经周折全线贯通，进一步放大了航道的集聚效应，一批对适水货物运输需求大的企业，如商品混凝土、水泥、热电等已在杭甬运河沿线落户，企业所需原材料的水路运输途径更为通畅,煤炭、黄沙、石子等大宗适水运输货物运量持续增长。新坝船闸作为杭甬运河第一闸,沟通浦阳江和杭甬运河,已成为杭甬运河货物通过的重要途径。

2014 年,杭甬运河过往船舶的运量指标增势显著,杭甬运河黄金效应进一步显现。2014 年是杭甬运河杭州段全线贯通的第一年,尽管面对工业经济总体疲软、房地产市场不景气、基础工程建设放缓等状况,但杭甬运河全线贯通的利好效应仍旧明显。2016 年由于受 G20 峰会保障水上运输调控,有近 45 天间歇性停航影响,全年运量有所下滑,但总体运行态势仍良好。

自 2009 年起至 2016 年底,新坝船闸已安全运行 12.47 万闸次,征收过闸费 1.89 亿元,通过各类船舶 49.28 万艘次,重载系数为 0.59,货物种类主要为黄沙、煤炭、石子和水泥熟料四大类,占比分别为 24.4%、23.9%、29.24%、12.27%,其余 10.19% 为钢材、液碱及其他零星货物。在过闸船舶和运量提升的同时,船闸过闸单船平均吨位已从最初的 310 吨上升到 408 吨,增幅为 31.6%,过闸船舶大型化趋势明显。

2. 通航建筑物

项目于 2003 年 9 月开工,2009 年 1 月试通航,2017 年 12 月竣工。

项目建设依据:2001 年 12 月,浙江省发展计划委员会《关于杭甬运河杭州段航道工程初步设计的批复》(浙发计〔2001〕216 号);2006 年 12 月,浙江省发改委《关于杭甬运河航道改造工程(杭州段)调整初步设计批复的函》(浙发改设计〔2006〕178 号);2004 年 9 月,浙江省环境保护局《关于杭甬运河(杭州段)航道改造工程环境影响报告书审查意见的函》(浙环建〔2004〕190 号);2009 年 9 月,国土资源部《国土资源部关于杭甬运河杭州段改造工程建设用地的批复》(国土资函〔2009〕715 号)。

工程建设单级、单线船闸,建设标准为四级,设计水头 1.78 米,一次过闸单向约 20 分钟,双向约 45 分钟。闸室设计有效尺度为 200 米 ×12 米 ×2.5 米,设计船队为 1 顶 +2 × 500 吨,1 拖 +3 ×500 吨;1 顶 +2 ×300 吨,1 拖 +4 ×300 吨;1 拖 +12 ×100 吨。船闸上游设计最高通航水位 7.08 米,设计最低通航水位 4.72 米;下游设计最高通航水位 6.50 米,设计最低通航水位 5.30 米。上、下闸首均为钢筋混凝土结构,上闸首底板厚 3.0 米,下闸首底板厚 2.5 米。设输水廊道,廊道为左右对称布置,输水阀门用 100 千牛液压启闭机启闭。闸门为钢结构平板提升门,用 2 ×500 千牛卷扬式启闭机启闭,闸室为不透水分离式钢筋混凝土双铰底板,重力式钢筋混凝土墙身,闸室墙高 5.8 米,闸室底板厚 1.0 米。引航道平面布置采用反对称形式,上游引航道直线段长度 400 米,底宽 50 米,水深 2.5 米;下游引航道总长 500 米,直线段长 400 米,过渡段长 100 米。引航道底宽 50 米。项目总投资 18.64 亿元,资金来源为交通部水运建设资金及浙江省自筹49%、杭州市配套资金 21%、项目自筹 30%。

项目建设单位为杭州市杭甬运河工程建设处；设计单位为浙江省交通规划设计研究院、浙江工业大学建筑设计研究院；施工单位为杭州港航工程公司、宁波交通工程建设集团有限公司、浙江华鹏建设集团有限公司；监理单位为温州港湾工程咨询监理有限公司；质监单位为浙江省交通运输厅工程质量监督局。

本项目于2008年获杭甬运河新坝船闸总平及房建西湖杯三等奖，2013年获浙江省建设工程钱江杯奖（优秀勘察设计）二等奖。

3.经验与启示

新坝船闸作为"杭甬运河第一闸"，创造了良好的经济效益和社会效益。新坝船闸管理所通过精神文明创建、走访调研、调查问卷等活动不断优化服务质量、提升服务水平，并在实践中致力将软硬件各项功能趋于完善。在杭甬运河新建六大船闸中，新坝船闸率先通航、率先试运营、率先正式运营、率先推出全天候服务，始终走在前列，新坝船闸管理所先后获得杭州市文明单位、浙江省级青年文明号、杭州文明服务示范点、社会责任建设先进企业、杭州市杰出青年文明号、花园式单位等多项荣誉称号。

（二）塘角船闸、大库船闸、通明船闸

1.闸坝概况

（1）自然地理条件

杭甬运河是京杭运河的延伸，上连钱塘江、浦阳江，途经四十里河、姚江，再至甬江，对完善腹地内交通运输网络和促进区域经济发展具有十分重要的意义。从地形地貌上看，杭甬运河西起钱塘江冲海积平原，经萧、绍、姚、甬泻湖沼积平原，至镇海、北仑海积平原。区内地形平坦，地势西高、东低，除陆屿孤丘外，海拔高程均低于7.5米，平均纵坡为0.02‰。杭甬运河绍兴段为运河水系。杭甬运河绍兴段改造工程区域属亚热带型气候，四季分明，夏季多为SE，冬季盛行NW，杭甬运河沿途气温适中，雨量充沛。本段运河均处萧绍平原区内，地貌单一，沿线以地貌形态可分为沿海平原区和低山丘陵区两个工程地质分区。

（2）闸坝建设情况

杭甬运河绍兴段航道改造工程起自西小江钱家湾，终于上虞区永和镇安家渡。建设规模为按四级航道标准改造航道89.49千米。新建1000吨级船闸2座（塘角船闸、大库船闸）、500吨级船闸1座（通明船闸）、桥梁64座（含6座结合城镇和公路建设实施桥梁）；建设绍兴市养管中心1处、服务区3处、锚泊区2处以及全线航道标志、绿化、信息化系统等工程。

（3）建设成就

杭甬运河是浙江省"十五"重点交通基础设施建设项目，连接京杭运河和宁波港，沟

通浙北航道网,组成全国水运骨干网络。本项目于 2002 年 1 月 9 日开工,至 2014 年底基本建成 2017 年完成竣工验收。至此,杭甬运河绍兴段实现了按四级航道标准的全线通航。经过多年的运行,各单位工程运行正常,满足设计和使用要求。

2016 年之前,浙能绍兴滨海电厂煤炭运量占过闸量的 60% 以上,比例畸重,船闸运营情况受单一企业营业状况影响严重。2016 年杭甬运河宁波段正式开通后,煤炭、黄沙、石子等大宗适水运输货物运量持续增长,货种分布已明显趋于市场化和正常化。上虞船闸作为杭甬运河沟通杭州和宁波地区的主要枢纽,已成为杭甬运河货物通过的重要途径。

2017 年和 2018 年是杭甬运河上虞船闸快速发展的两年,尽管工业经济总体疲软,基础工程建设增速放缓,但随着杭甬运河东线的逐渐成熟稳定,其黄金效应进一步显现,上虞船闸运行完成情况令人欣喜。

自 2011 年起至 2018 年底,上虞船闸累计过闸量超 5400 万吨,通过各类船舶 14.5 万余艘次。2018 年货物种类主要为黄沙、煤炭、石子三大类,占比分别为 35%、51%、3%,其余 11% 为钢材、水泥熟料、石灰石及其他零星货物。在过闸船舶和运量提升的同时,船闸过闸单船平均吨位已从最初的 307 吨上升到 377 吨,增幅为 23%,过闸船舶大型化趋势明显。

2.通航建筑物

项目于 2002 年 1 月开工,2009 年 1 月试通航,2017 年 5 月竣工。

项目建设依据:2000 年 11 月,浙江省发展计划委员会《关于杭甬运河绍兴段航道工程可行性研究报告的批复》(浙计投〔2000〕521 号);2001 年 12 月,浙江省发展计划委员会《关于杭甬运河绍兴段航道工程初步设计的批复》(浙计投〔2001〕215 号);2006 年 4 月,浙江省发改委《关于杭甬运河航道改造工程(绍兴段)调整可行性研究报告批复的函》(浙发改函〔2006〕113 号);2006 年 6 月,浙江省发改委《关于杭甬运河航道改造工程(绍兴段)调整初步设计批复的函》(浙发改设计〔2006〕63 号)。

塘角船闸为 500 吨级船闸,闸室有效长度 120 米,闸室有效宽度 16 米,船闸门槛水深 3.5 米。船闸上游设计最高通航水位 6.2 米,上游设计最低通航水位 5.10 米;下游设计最高通航水位 8.20 米,下游设计最低通航水位 4.45 米。船闸输水系统采用集中输水系统短廊道输水形式。上、下闸首均采用现浇钢筋混凝土整体坞式结构。船闸工作闸门采用升卧式平面闸门,上闸门高 6.9 米,下闸门高 11.1 米,门叶的宽度为均 15.96 米。上、下闸首各设输水阀门 2 扇,采用吊点潜孔式平面钢闸门。检修闸门设计水头 4.3 米,采用叠梁式钢闸门。水闸闸门与船闸下闸首闸门的形式、大小、技术参数等均相同。工作闸门启闭机采用固定卷扬式启闭机,输水阀门采用液压式启闭机,检修闸门采用流动吊。

大厍船闸为 500 吨级船闸,闸室有效长度 120 米,闸室有效宽度 16 米,船闸门槛水深 3.5 米。船闸上游设计最高通航水位 8.20 米,上游设计最低通航水位 4.45 米;下游设计最高通航水位 5.90,下游设计最低通航水位 5.00 米。船闸输水系统采用集中输水系统短廊道输水形式。上、下闸首均采用现浇钢筋混凝土整体坞式结构。船闸闸门采用升卧式平面闸门，上闸门高12.1米，下闸门高7.5米，门叶的宽度均为15.96米。上、下闸首各设输水阀门2扇，采用吊点潜孔式平面钢闸门。检修闸门设计水头4.2米，采用叠梁式钢闸门。水闸采用垂直升降平面钢闸门，闸门与船闸上闸首、闸门的形式、大小、技术参数等均相同。

通明船闸为500吨级船闸，闸室有效长度200米，闸室有效宽度12米，船闸门槛水深2.5米。水闸1孔，净宽10米。船闸上游设计最高通航水位4.03米，上游设计最低通航水位3.20米；下游设计最高通航水位5.00米，下游设计最低通航水位2.20米。船闸输水系统采用集中输水系统短廊道输水形式。上、下闸首均采用现浇钢筋混凝土整体坞式结构。上、下游引航道直线段总长465米，引航道底宽50米。船闸工作闸门采用人字门，上闸门高4.80米，下闸门高7.3米，门叶的宽度均为7.6米，门厚1米。上、下闸首各设输水阀门2扇，采用吊点潜孔式平面钢闸门。检修闸门采用叠梁式钢闸门，水闸采用垂直升降平面钢闸门。工作闸门和输水阀门均采用液压启闭机，检修闸门采用流动吊，水闸采用固定卷扬式启闭机。

杭甬运河绍兴段航道建设工程批准概算总额为39.3亿元，暂核定工程竣工决算总额为35.09亿元。

项目建设单位为绍兴市杭甬运河建设管理处；设计单位为浙江省交通规划设计研究院、宁波市交通规划设计研究院有限公司、嘉兴世纪交通设计有限公司等；施工单位为浙江宝业交通建设工程有限公司；监理单位为温州港湾工程咨询监理有限公司；质监单位为浙江省交通运输厅工程质量监督局。

（三）蜀山船闸、姚江船闸

1. 闸坝概况

（1）自然地理条件

杭甬运河宁波段为安家渡以东河段，分属姚江和甬江，姚江通航里程85.6千米，三江口以下至镇海的甬江口全长约26千米。姚江流域西沿曹娥江，东临甬江，全流域面积3008平方千米，其中平原面积2041平方千米，占68%；山丘面积967平方千米，占32%。姚江原为潮汐河流，咸潮可上溯至通明，姚江大闸建成后构成平原型河道水库。

姚江流域多年平均降水量在1300~1700毫米，年变幅较大，且年内分配不均，全年降水主要集中于4—9月，约占全年降水总量的69%。降水量全年呈双峰型分布，在梅雨和台风期产生峰值。由于河川径流来源于降水，故其变化规律与降水基本同步，但径流年际、年内分配的不均匀性更为突出。在来水丰富的季节，姚江大闸将开闸放水以防产生洪涝灾害。根据姚江大闸逐月弃水记录（1957—1986年），姚江干流多年年平均弃水量为

11.34 亿立方米,丰水年弃水量高达 19.91 亿立方米,而枯水期仅为 3.87 立方米,丰枯比值大于 5。从年内分配来看,弃水主要集中在 4—9 月的汛期,其中 6 月、9 月由于受梅雨、台风雨影响,弃水量较大;而 7—8 月,由于气温高、蒸发量大,加之流域农业取水大增,故弃水量较少。通过对姚江大闸历年弃水天数的统计,多年年平均弃水天数为 89 天。

杭甬运河宁波段航道工程区域属亚热带型气候,四季交替明显,夏季多为 SE,冬季盛行 NW。杭甬运河沿途气候温和,雨量充沛。杭甬运河宁波段内河常水位在 2.8 米左右,根据资料统计结果,甬江河段平均含沙量为 0.53 千克/立方米。其他内河河段河床平坦,流速较小,基本无泥沙运动现象。

杭甬运河宁波段位于杭州湾南岸浙江东部沿海,属宁绍滨海冲积平原之边缘,地形平坦。局部线路切割在 25 米左右的残积丘陵及横切平原上高程 150 米纵梁山脉边缘地带。在地貌特征上课概括为:滨海冲积平原、海蚀阶地、坡积斜坡地区、分水岭地区、残积丘陵地区。

宁波位于海岸冲积平原及海蚀阶地地区,地层为第四纪海岸冲积的黏土质土壤及沙质土壤互层,上层为深灰色不定型淤泥质黏土类土壤,厚度达 25 米以上,呈松软状态,偶有夹薄层镜片状 5~10 厘米,绿色细沙层或因河道残积下来的较大范围的沙质土壤。地下水运动近于平衡状态以及地表人工河网交割,地基常年受地下水侵染,形成地基面以下 3~4 米土壤长期呈湿软状态。接近山麓边缘地带为以流纹岩风化为主的沙砾层,厚度不均,随距山坡近远而异。在分水岭、坡积斜坡及残积丘陵地带,表层覆盖较薄的黄色砂黏土,厚度 1~2 米。在山坡地带,上层为厚度 15~20 米的以流纹岩为主风化破碎的岩屑及黏土质土壤混合物,在生因上属第四纪上部坡积层,下部基本岩层为白垩纪晚期喷出的燕山系流纹岩、安山岩、火山块集岩及细粒花岗岩,组织细密,岩性坚脆。

(2)闸坝建设情况

杭甬运河宁波段一期、二期工程始于余姚安家渡,顺姚江经余姚市区、郁浪浦、蜀山船闸自上而下至宁波市区,通过姚江船闸进入甬江,终于甬江口,全长 93.65 千米。

杭甬运河宁波段一期、二期工程建设规模为:改建四级航道(安家渡至姚江船闸和三江口至甬江口)里程 88.76 千米,通航 500 吨级标准;改建五级航道(姚江船闸至三江口)里程 4.90 千米,通航 300 吨级标准;新建 500 吨级船闸 1 座(蜀山船闸)、300 吨级船闸 1 座(姚江船闸);新建改建桥梁 15 座以及航道有关配套设施;新改建护岸工程 38.67 千米;新建锚泊服务区 1 个(工程甩尾项目,未实施)。工程概算总投资 18.42 亿元。

(3)建设成就

杭甬运河是浙江省"十五"重点交通基础设施建设项目,连接京杭运河和宁波港,沟通浙北航道网,组成全国水运骨干网络。杭甬运河宁波段工程于 2000 年 10 月 26 日开工,2008 年 10 月 24 日完工,2013 年 12 月 31 日投入试运营。杭甬运河宁波段一期、二期工程于 2014 年 12 月 29 日完成竣工验收。根据 2014 年 12 月竣工验收报告显示,各单位工程运行正常,满足设计和使用要求。

杭甬运河宁波段蜀山船闸、姚江船闸实行白天(8:00—17:00)通航、夜间停航。2013年12月31日杭甬运河宁波段全线进入试运行。截至2014年3月31日,期间杭甬运河宁波段船闸免征过闸费和航道通行费,除试航船、执法船和个别工程船外,无货船通行。

2015年1—5月,姚江船闸至三江口航段通航船舶按载重300吨级控制。同年6月起进行500吨级通航试验,实际载重控制在480吨以内。通航船舶按尺寸控制,最大总长45米,最大型宽10.8米,最大吃水2.2米。

自2016年1月起,杭甬运河宁波段全线正式通航500吨级船舶,突破了通航吨级瓶颈限制,同时也取消了姚江船闸至三江口航段航行时间的限制。

自2013年底杭甬运河全线贯通以来,在相关部门的共同努力下,经过多年的市场培育,虽然当前杭甬运河宁波段总体运量尚不理想,但宁波段船闸过闸船舶数量、过闸船舶吨位近几年均保持较快的发展速度。

2014年是杭甬运河宁波段开通的第一年,由于市场总体呈现疲软态势,而内河运输优势也尚未显现,船舶运量呈现较低水平,仅为8.13万吨。而自2015年起,随着市场的不断培育,人们对于内河运输的认识不断加深,投身内河运输市场的社会力量也明显增加,运河宁波段船闸过闸船舶数量和运量都逐年呈现较快的增长速度,船舶运量2015年为74.94万吨,2016年为399.36万吨,2017年为985.73万吨,2018年为1388.23万吨。

自2013年12月31日通航起至2018年底,杭甬运河宁波段船闸(蜀山船闸、姚江船闸)已累计安全运行2.63万闸次,通过各类船舶7.76万艘次,重载系数为0.52,货物种类主要为黄沙、煤炭和石子三大类。

2. 通航建筑物

杭甬运河宁波段航道工程——蜀山船闸、姚江船闸于2000年10月开工,2013年12月试通航,2014年12月竣工。

项目建设依据:宁波市计划委员会《关于杭甬运河宁波段改建一期工程初步设计的批复》(甬计投〔1999〕406号);宁波市计划委员会《关于杭甬运河宁波段二期工程(安家渡—郁浪浦)初步设计的批复》(甬计投〔2002〕457号);宁波市发改委《关于杭甬运河宁波段一、二期工程初步设计调整的复函》(甬发改投资〔2006〕270号);宁波市发改委《关于同意调整杭甬运河宁波段初步设计概算费用类别的复函》(甬发改重点函〔2007〕3号);宁波市重点工程领导小组办公室《杭甬运河余姚段设计变更协调会议纪要》(甬重领办〔2008〕19号);宁波市发改委《关于同意杭甬运河余姚段明伟1号桥工程重大设计变更的复函》(甬发改重点函〔2009〕21号);宁波市计划经济委员会《关于杭甬运河宁波段改建工程项目建议书的批复》(甬计工〔1999〕17号);浙江省计划与经济委员会、浙江省交通厅《关于印发杭甬运河预可行性研究报告审查意见的通知》（浙交〔1999〕92 号）；宁波市计划委员会《关于杭甬运河宁波段改建一期工程可行性研究报告的批复》（甬计工〔1999〕180 号）；宁波市计划委员会《关于杭甬运河宁波段二期工程可行性研究报告的批复》（甬计资〔2001〕431 号）；宁波市发改委《关于杭甬运河宁波段一、二期工程可行性研究调整报告的批复》（甬发改交通〔2006〕206 号）。

蜀山船闸为内河四级船闸，通航 500 吨级船舶。闸室的有效尺度为 200 米 × 12 米 × 2.5 米，上、下引航道长度均为 400 米。船闸设计通航水位（吴淞高程，下同）为：上游通航高水位 3.2 米，上游通航低水位 2.20 米；下游通航高水位 3.00 米，下游通航低水位 2.20 米。船闸及航道设计水深 2.50 米，通航净高 7.00 米。蜀山船闸上闸门采用垂直升降露顶式平面钢闸门，下闸门采用人字平面钢闸门。下闸首由二扇平面门组成，通过门轴柱与斜接柱单扇支点连接，水平摆动启闭。闸门结构均由 Q235 钢焊接而成。采用橡皮止水，止水部件中的固件及压板均采用不锈钢材料。闸门外形尺度分别为：上闸门 5.80 米 × 12.10 米 × 1.42 米，下闸门 5.34 米 × 7.13 米 × 1.00 米。闸门质量分别为：上闸门质量 29.4 吨，下闸门质量 2 × 10.93 吨。

姚江船闸为内河五级船闸，通航 300 吨级船舶。船闸上游引航道长 177 米，下游引航道长 298 米，闸室尺度为 160 米 × 12 米 × 2.5 米。船闸设计通航水位为：上游通航高水位 3.00 米，上游通航低水位 2.20 米；下游通航高水位 3.70 米，下游通航低水位 0.95 米。船闸及航道设计水深 2.50 米，通航净高 5.00 米。由于姚江船闸下游与甬江连通，受甬江潮汐影响，当甬江潮位高于姚江水位时，为保证船闸上游水质，按照《杭甬运河环境影响评价书》要求，甬江水不能直接排入姚江，故设计采用翻水泵站的防咸措施。泵站采用高性能的轴流泵，设三台水泵，两用一备。按水位差 1.5 米（最大值）计，则翻水时间约为 21 分钟；若按平均水位差 0.3 米计，则翻水时间约为 6.5 分。姚江船闸上、下闸首均采用垂直升降露顶式平面钢闸门，结构由 Q235 钢焊接而成。采用橡皮止水，止水部件中的固件及压板均采用不锈钢材料。闸门采用双吊点同步升降启闭。闸门的锁定采用电动液压侧向锁定，以保证安全。闸门外形尺度分别为：上闸门 5.00 米 × 13.20 米 × 1.42 米，下闸门 7.6 米 × 13.20 米 × 1.20 米。闸门质量分别为：上闸门质量 25.7 吨，下闸门质量 35.7 吨。姚江船闸用电负荷为二级负荷，采用独立的 10 千伏电源二回路。二回路电源互为备用，在一路电源断电情况下能够保证船闸正常运行。

杭甬运河宁波段项目实际投资 3.68 亿元。杭甬运河宁波段共征用土地面积为 10022 平方米，房屋拆迁 12.6 万平方米。

项目建设单位为杭甬运河宁波段建设工程指挥部、杭甬运河（余姚段）拓宽改造工程指挥部；设计单位为浙江省交通规划设计研究院、宁波市建筑设计研究院、清华大学建筑设计院等；施工单位为宁波交通工程建设集团有限公司、杭州建筑工程公司、中国水利水电第十二工程局等;监理单位为南京港湾工程建设监理事务所、宁波交通工程咨询监理有限公司、余姚交通工程咨询监理有限公司等;质监单位为浙江省交通运输厅工程质量监督局。

初步设计批复中,500 吨级蜀山船闸由余姚水利局负责实施建设;余姚城区四桥(东旱门桥、最良桥、新西门桥、开丰桥)作为政策处理,由余姚市政府负责;明伟 1 号桥、郁浪浦人行桥经宁波市发改委,取消工程建设;余姚锚泊服务区作为工程甩尾项目保留。

3. 经验与启示

杭甬运河宁波段蜀山船闸、姚江船闸管理所以"以人为本、安全至上、服务第一、追求卓越"为宗旨,以"确保船闸有序、畅通、安全运行和力争产生较好效益"为两大目标,以"培育市场,强化管理,历练队伍,构建文化"为四项主要工作任务,从制度、人才、群团、文明创建等方面不断优化服务质量、提升服务水平,并在实践中致力将软硬件各项功能趋于完善。杭甬运河宁波段船闸管理单位先后获得宁波市文明单位、宁波市级青年文明号、宁波市水陆交通治安安全先进单位、宁波市园林式单位、江北区和谐企业等多项荣誉称号。

第六节　西江航运干线上的通航建筑物

一、综述

西江主流南盘江,发源于云南省曲靖市沾益区马雄山东麓,在贵州省、广西壮族自治区边界蔗香与北盘江汇合后,称红水河,向东南流 663 千米,到象州石龙附近,与北来的柳江汇合后,称黔江;在桂平与西南来的、流长 385 千米的郁江汇合后,称浔江,流程 169 千米;到梧州与西北来的桂江相会,始称西江,流程全长 2129 千米。西江集水面积 3531 万公顷,年平均径流量 2330 亿立方米。

西江的另一源流为右江,源于云南省广南杨梅山,上游称驮娘江剥隘河,向东南流经广西西林、田林两县,而后流入百色市,与澄碧河汇合后称右江。经田阳、田东与左江汇合后称郁江,干流全长 727 千米,流域面积 4.12 万平方千米。

左江是郁江右岸支流,上游称平而河,发源于越南境,在龙州县与水口河汇合后称左江,全长 591 千米,流域面积 3.17 万平方千米。

西江航运干线航道,西起南宁,经由郁江、浔江、西江和广东三水区思贤滘东平水道,到达广州,全长 854 千米,是国家内河水运"两横一纵两网"主骨架中的"一横",是我国现代综合交通运输体系的重要组成部分。

西江航运干线按管辖区域划分,又分为广西段和广东段。

西江航运干线(广西段)由郁江的南宁市中心至桂平河段 385 千米、浔江全部河段 169 千米、西江的梧州市桂江河口至界首的大源冲口河段 13 千米组成。从南宁至梧州界首,途经横县、贵港、桂平、平南、藤县、梧州等县市,航道里程 566.8 千米(2015 年)。

至 2015 年,西江航运干线(广西段)从上游到下上游沿干线建设的梯级有:邕宁梯级(在建 2000 吨级船闸)、西津船闸(已建成 1000 吨级船闸)、贵港航运枢纽(已建成 1000 吨级船闸,在建二线 3000 吨级船闸)、桂平航运枢纽(已建成一线船闸 1000 吨级、二线船闸 3000 吨级)和长洲水利枢纽(已建成一线船闸 2000 吨级、二线船闸 1000 吨级、三线船闸 3000 吨级、四线船闸 3000 吨级)。

西江航运干线(广东段)上未修建船闸。

西江航运干线梯级水位图如图 11-6-1 所示。

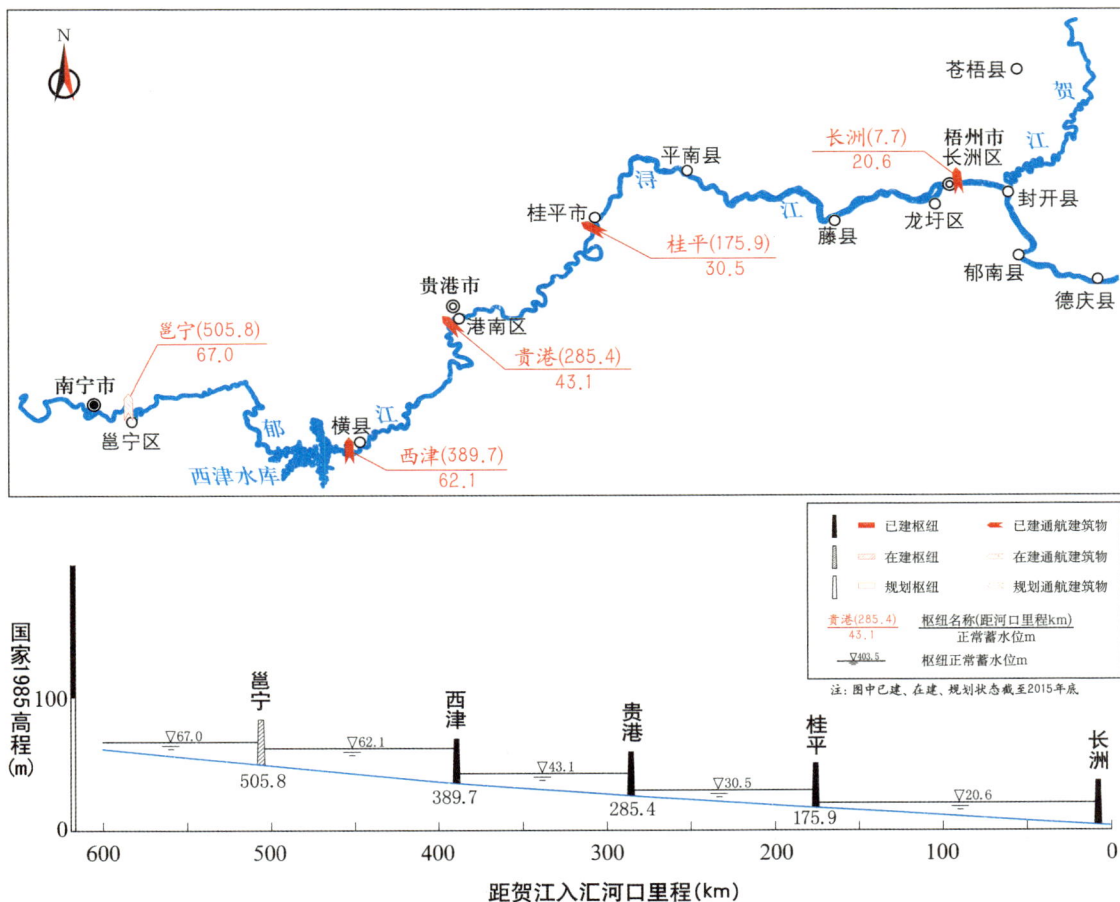

图 11-6-1　西江航运干线梯级水位图

二、西江航运干线的通航建筑物

（一）老口船闸

1. 闸坝概况

（1）自然地理条件

郁江是珠江流域西江水系的最大支流，位于广西西南部，位置为东经104度41分~110度22分、北纬21度30分~24度38分之间。地势西北高，东南低，百色以上与云贵高原相接，为高原斜坡地貌，属中低山峡谷地形，河谷两岸山岭高程一般多在600~1200米，坡度在30~45度，河谷呈V字形，深切200~400米，河宽在50~100米。郁江干流在右江以上属中山峡谷地形，右江百色以下至老口段为低山丘陵与盆地相间，主要盆地有百色—田东盆地，河道两岸一级、二级阶地发育，地形平坦宽阔，台面为大片农田，并有较密集居民点分布，河面宽200~450米；南宁以下为广阔的红土丘陵平原区；支流左江流域除平而河为山区外，其余大部分为岩溶侵蚀平原。流域内按高程分类，海拔高程在500米以上的山区面积约占流域面积的63.7%，50~500米高程的丘陵区面积约占33%，50米高程以下的平原区占3.3%。流域地处低纬度，属于亚热带季风气候区，气候温和，雨量丰沛，降雨主要受海洋暖气团和内陆气团的影响。根据郁江干流主要气象站百色、田阳、田东以及南宁站资料分析，区域多年平均气温为在21.6~22.1摄氏度，多年平均蒸发量在1500~1890毫米；多年平均降雨量在1075~1270毫米，降水主要集中在6—9月，约占全年降水量的65%~75%；多年平均最大风速在1.6~2.5米/秒，多年平均水温在22.3~23.7摄氏度。右江干流设有百色水文站、田东水位站和下颜水文站，郁江南宁以上河段设有南宁水文站，均保存有长期观测资料。

（2）闸坝建设情况

老口航运枢纽坝址位于左、右江汇合口下游4.7千米的郁江上游河段，上距右江金鸡滩坝址121千米，距左江山秀坝址84千米。老口航运枢纽工程的开发任务是以航运、防洪为主，结合发电，兼顾为改善南宁市水环境创造条件等。

（3）建设成就

老口航运枢纽工程是郁江综合利用规划十个梯级枢纽中的第七梯级，是沿海水运出海通道右江航电结合梯级渠化建设的重要组成部分，是国务院批准的《珠江流域防洪规划》明确的郁江防洪控制性工程，工程效益巨大。建设老口航运枢纽，使右江、左江航道标准从六级提高到三级，发展右江、左江航道，不仅是经济腹地货物运输的需要，而且可以使腹地交通运输体系铁路、公路、水路合理发展，优势互补，减轻公路、铁路运输的压力，提高交通运输系统的综合水平。

老口船闸自通航至今累计开闸 6682 次,累计过闸船舶 3.76 万艘,累计过闸吨位 1749.9 万吨;自首台发电机组并网发电至 2018 年 6 月,老口枢纽电厂累计电量约 15.73 亿千瓦时。

2. 通航建筑物

项目于 2011 年 10 月开工,2014 年 12 月试通航,2016 年 9 月竣工。

项目建设依据:2010 年 8 月,国家发改委《广西壮族自治区水利电力勘测设计院编制的广西郁江老口航运枢纽工程可行性研究报告》(发改基础〔2010〕2887 号);2011 年 4 月,交通运输部《广西壮族自治区水利电力勘测设计院编制的广西郁江老口航运枢纽工程初步设计》(交水发〔2011〕222 号)。2009 年 11 月,环境保护部《广西郁江老口航运枢纽工程环境影响报告书的批复》(环审〔2009〕468 号);2012 年 9 月,国土资源部《广西郁江老口航运枢纽坝区工程建设用地的批复》(国土资函〔2012〕785 号)。

老口船闸为单线、单级船闸,船闸最大设计水头 14.5 米,按照三级船闸标准建设,通航标准为 2×1000 吨级顶推船队,并预留二线船闸位置;闸室有效尺度为 190 米×23 米×3.5 米;设计船型为 2 排 1 列式 1 顶 +2×1000 吨级船队及 1000 吨级货船。老口航运枢纽正常蓄水位为 75.5 米,死水位为 75 米。上、下游最高通航水位分别为 79,71 米和 79.39 米;上、下游最低通航水位分别为 72 米和 61.06 米。闸首、闸室均采用边墩和底板连接的整体式重力式结构;输水系统类型为分散输水系统,充、泄水时间均为 8～9 分钟。船闸采用平板钢闸门以及液压启闭机,一次过闸时间约 40～45 分钟。上引航道直线长 435 米,底宽 60 米,设 13 个系船墩;下引航道直线长 585 米,底宽 60 米,设 13 个系船墩。项目建设批复概算总投资 65.56 亿元,其中地方政府投资 45.99 亿元,银行贷款 17.15 亿元,交通运输部水运建设资金 2.42 亿元。工程用地总面积为 4849.83 亩(永久征收 3106.92 亩,临时征用 1742.91 亩)。

项目建设单位为南宁交通投资集团有限责任公司;设计单位为广西壮族自治区交通规划勘察设计研究院、广西壮族自治区水利电力勘察设计研究院;施工单位为中建筑港集团有限公司(左岸主体)、广东水电二局股份有限公司(右岸主体);监理单位为广西八桂工程监理咨询有限公司(左岸主体)、广州新珠工程监理有限公司(右岸主体);质监单位为广西交通工程质量安全监督站。

老口航运枢纽建成后,与上游梯级联合作用,可实现右江全线河道渠化,右江航道达到三级标准,同时与百色水库联合调度,可将南宁市防洪标准从现状 50 年一遇提高到 200 年一遇;建成后,利用水库壅高水头发电,多年平均发电量为 6.40 亿千瓦时;从水库引水补充市区主要湖泊和内河,为改善南宁市区的水环境提供条件。

老口船闸自 2014 年 12 月 31 日通航,2015 年通过能力为 218 万吨,开闸次数为 1434 次,过闸船舶数为 8674 艘;2016 年通过能力为 454 万吨,开闸次数为 1935 次,过闸船舶数为 1.2 万艘;2017 年通过能力为 655 万吨,开闸次数为 2168 次,过闸船舶数为 1.11 万艘;截至 2018 年 6 月底,通过能力为 423 万吨,开闸次数为 1145 次,过闸船舶数为 5842 艘。

通过数据分析可以看出,老口船闸自投运以来,开闸次数、船舶货运量呈逐年增长的态势,过闸船舶也由小船变为大船,这充分体现出老口船闸在打造西江黄金水道的经济枢纽带动作用。

3. 经验与启示

老口船闸率先开工建设、投运,从建设到投产不足三年,建设过程中克服种种困难,也积累了很多宝贵经验,但目的都是响应政府发展号召,尽早打通西江黄金水道咽喉,提高航道等级,为当地经济发展作出应有的贡献。老口船闸自投运开始,运营管理始终按照《中华人民共和国航道法》《广西船闸管理办法》执行,在南宁航道主管部门和公司领导的指导下,秉承"安全第一、服务为主"的管理理念,借鉴其他船闸的先进管理经验,优化船舶调度,减少船舶待闸时间,同时确保安全生产资金投入,提高值班人员业务技术水平,狠抓设备维护,使船闸安全、健康、稳定地运行。

老口船闸的建成及运营极大地促进了左、右江流域航运事业的发展,带动了流域经济的快速增长。但老口船闸依靠以电养航的方式运营,没有任何经营性收入,势必给运营企业造成的巨大负担。为维持船闸长期健康正常运行,服务水运事业,需争取政府及其他部门财政的支持和枢纽综合开发的指导,尽最大能力发挥枢纽的综合效益。

(二)邕宁船闸

1. 闸坝概况

(1)自然地理条件

邕宁水利枢纽所处流域为郁江流域,是郁江老口至西津河段梯级补充规划中新增加的一个梯级。郁江水系大致呈树枝状,干流发源于云南省文山州广南县境内的杨梅山,分水岭高程为 1825 米,源头段称达良河,向北流,与达央河汇合后称驮娘江;至云南省广南县底先乡进入广西,由北折向东南流,经广西西林、田林两县,至西林县百嘎村有从云南省流过来的西洋江自右侧汇入,以下称剥隘河;过田林县弄瓦乡周马村后向南流入云南省境内,经云南省富宁县剥隘镇,有支流那马河从右侧汇入;转东流纳右支谷拉河,复入广西,至百色市与澄碧河汇合称为右江;之后折向南、东南方向流,经田阳县城、田东县城、平果县城、隆安县城,在南宁市宋村与郁江最大支流左江汇合始称郁江;折向东流,经南宁市区、横县县城,转向东流经贵港市,于桂平市城下注入西江干流浔江。邕宁水利枢纽所处区域基本地形为邕江冲洪积阶地过渡为剥蚀残丘地貌,河流大致由西流入转向南经坝址区往下游拐弯再转向北东流去,坝址区河道环绕牛湾半岛弯曲呈不规则的反 S 形,河谷呈 U 形,按构造类型为横向谷与斜向谷交替,坝址轴线处于反"S"形河段的中段,距离上、下游转弯处约 900 米。

(2)闸坝建设情况

邕宁水利枢纽工程是一座以改善城市环境、水景观、航运为主,兼顾其他的综合性水利枢纽工程,坝址位于郁江干流南宁邕江河段下游青秀区仙葫开发区牛湾半岛处,上距老口航运枢纽 74 千米,下距西津水电站 124 千米。水库正常蓄水位 67 米,相应库容 3.05亿立方米,水库总库容 7.1 亿立方米;电站总装机容量 57.60 兆瓦,年平均发电量2.21 亿千瓦时。枢纽所在河流航道等级为二级。邕宁水利枢纽正常蓄水位为 67 米时,可将南宁市水面面积率由现状的 8% 提高到 10.5%,同时增强南宁市沿江各主要台地的亲水性,向南宁市内河综合治理提供一个理想的外江水位,从而为南宁市打造中国水城奠定良好基础。根据郁江航运建设实施方案和广西打造黄金水道的远景设想,兴建邕宁水利枢纽可以渠化牛湾至老口 74 千米航道,使该段河道达到三级标准要求。

(3)建设成就

邕宁水利枢纽是在采取工程处理措施,保证南宁市防洪排涝安全、建设鱼道补偿鱼类资源繁殖要求的前提下,以改善南宁城市环境和水景观,解决西津至老口河段航运衔接问题,满足广西壮族自治区政府提出的建设南宁以邕江景观带为重点,保护与开发、利用邕江的水景观,配合邕江已建成的堤路园工程,提高南宁城市水景观效益为目标的工程项目。因此,可研报告提出项目的主要任务为以改善南宁城市环境和水景观、航运为主,兼顾其他等。邕宁水利枢纽与老口航运枢纽及邕江干流构成南宁市"中国水城"的"一江两库"主轴线,邕宁水利枢纽作为邕江内河治理及河湖连通等综合利用的核心工程,其任务还兼顾了水力发电开发利用,利用枢纽上、下游水头差进行发电还可以生产清洁能源。

邕宁水利枢纽船闸自通航至今累计开闸 1957 次,累计过闸船舶 1.54 万艘,累计过闸吨位 1749.9 万吨。邕宁水利枢纽首台发电机组并网发电至 2018 年底,累计发电量为403.28 万千瓦时,上网电量为 395.67 万千瓦时。

2.通航建筑物

项目于 2015 年 3 月开工,2017 年 12 月试通航。

项目建设依据:2012 年 7 月,广西壮族自治区发改委《南宁市邕宁水利枢纽工程项目建设书》(桂发改农经〔2012〕743 号);2013 年 11 月,广西壮族自治区发改委《广西南宁水利电力设计院编制的邕宁水利枢纽工程可行性研究报告》(桂发改农经〔2013〕1430 号);2014 年 9 月,广西壮族自治区发改委《广西南宁水利电力设计院编制的邕宁水利枢纽工程初步设计报告》(桂发改农经〔2014〕1186 号)。2013 年 11 月,广西壮族自治区环境保护厅《邕宁水利枢纽工程环境影响报告书的批复》(桂环审〔2013〕249 号);2013 年 9 月,广西壮族自治区国土资源厅《邕宁水利枢纽工程建设用地的批复》(桂国土资预审〔2013〕

87 号）。

邕宁船闸为单级、单线船闸,按照二级船闸标准建设;设计代表船型为 2000 吨级集装箱船和 1 顶＋2×1000 吨级顶推船队,主要代表船型尺度为 74.0 米×15.8 米×3.4 米和 70.0 米×15.8 米×3.6 米、160 米×10.8 米×2.0 米。船闸单向年过闸货运量（通过能力）为 3180 万吨,双向过闸货运量为 6360 万吨。闸室有效尺度为 250 米×34.0 米×5.8 米;船闸最大设计水头 8.38 米,上游最高通航水位为 73.17 米,最低通航水位 65.14 米;下游最高通航水位 72.47 米,最低通航水位 58.62 米。闸首、闸室采用分离式混凝土结构;输水系统类型为闸室长廊道侧支孔输水系统,充、泄水时间均为 30 分钟。船闸采用弧形钢闸门,采用液压启闭机;一次过闸时间为 48.08 分钟。上游引航道总长 1235 米,其中导航段长 160.0 米,调顺段长 240.0 米,停泊段长度 500.0 米。引航道底面高程 59.30 米,引航道底宽 56 米,停泊段末端部以后引航道底宽渐变为 90 米,渐变过渡引航道长度为 200 米。下游引航道总长 1230 米,其中导航段长 160.0 米,调顺段长 240.0 米,停泊段长度 500.0 米。引航道底面高程 53.10 米,引航道底宽 56.0 米,停泊段末端以后引航道底宽渐变为 90 米,渐变过渡引航道长度为 200 米。项目建设批复概算总投资 62.89 亿元,地方政府投资 23.25 亿元,银行贷款 39.64 亿元。永久征收土地 2372.87 亩,临时征用土地 2040.83 亩。

项目建设单位为南宁交通投资集团有限责任公司;设计单位为广西南宁水利电力设计院、广西珠委南宁勘测设计院;施工单位为中铁建港航局二十局联合体;监理单位为葛洲坝集团项目管理有限公司（发电厂房及闸坝）、河南明珠工程管理有限公司（航运过坝）、广东西江工程咨询有限公司（防洪排涝）;质监单位为广西交通工程质量安全监督站。

本项目建设期间的重大事项如下:2017 年 12 月 4 日通过广西壮族自治区交通厅组织的试通航验收,正式进入试通航阶段。2018 年 10 月 14 日开始蓄水,同年 10 月 17 日蓄水至正常蓄水位 67 米。2018 年 12 月 5 日实现首台机组并网发电。

本项目建设过程中完成的"邕宁水利枢纽深水土石围堰及水工大体积混凝土等关键技术研究"科技成果被中国铁建股份公司评为 2017 年度国内领先;"BIM 技术在邕宁水利枢纽工程施工中的应用技术研究"科技成果被中国铁建股份公司评为 2018 年度国内领先。

本项目的获奖情况如下:2016 年、2017 年两次获陕西省质量协会优秀质量管理小组三等奖;2018 年获得陕西省质量协会优秀质量管理小组一等奖、二等奖各一项;2018 年获得广西壮族自治区质量协会优秀质量管理小组。

本项目建设过程中获得实用新型专利 5 项,分别为"一种组合式门、窗洞口定型模板装置""一种悬臂组合式钢模板""一种弧形闸门支撑铰安装螺栓焊接施工结构""一种混凝土围堰和土石围堰组合围堰""一种围堰防渗墙施工用高压旋喷桩设备",其中已受理4项发明专利。

邕宁船闸自2017年12月4日通航,2017年通过能力为53.55万吨,开闸次数为125次,过闸船舶数为994艘;2018年通过能力为790.02万吨,开闸次数为1586次,过闸船舶数为1.29万艘。

通过数据分析看出,邕宁船闸自投运以来开闸次数、船舶货运量呈逐年增长的态势,过闸船舶也由小船变大船,这充分体现出邕宁船闸在打造西江黄金水道的经济枢纽带动作用。

3.经验与启示

邕宁水利枢纽是以航运、防洪为主,为改善南宁市水环境创造条件,兼顾发电的综合性枢纽,同时也是连接左、右江航道,提高航道等级的重要内河航运枢纽。邕宁船闸的建成及运营极大地促进了左右江流域航运事业的发展,带动了流域经济快速增长。但邕宁船闸依靠以电养航的方式运营,没有任何经营性收入,势必给运营企业造成的巨大负担。为维持船闸长期健康正常运行,服务水运事业,需争取政府及其他部门财政的支持和枢纽综合开发的指导,尽最大能力发挥枢纽的综合效益。

(三)西津船闸

1.闸坝概况

(1)自然地理条件

郁江是珠江流域西江水系的最大支流,北源右江为正源,发源于云南省广南县境内的杨梅山;南源左江源于越南境内。左、右江在邕宁区宋村汇合后始称郁江,然后流经南宁市中心城区、横县、贵港市,至桂平市与黔江汇合而止。河长1179千米,总落差1655米,平均坡降1.4‰,平均径流量479亿立方米。流域面积9.07万平方千米,在广西境内为7万平方千米,占西江水系总面积34.5%。郁江主要支流有左江、武鸣河、百东河、龙须河、澄碧河、乐里河、西洋江等,汇入南宁以下河段的有八尺江、镇龙江、武思江等。郁江航道总长约420千米,航道等级为1000吨级以上,从南宁往下为二级航道。

西津水利枢纽所处区域地貌为侵蚀-剥蚀低山丘陵地貌,郁江流向大致自西向东流经枢纽区,往下游约1千米转为北东流向,至横县县城又折向南南东。工程区处于河流的凹岸冲刷区,河床较为宽阔。

本区位于华南加里东地槽褶皱系的西南部地区,南岭准地槽的西南端。枢纽区位于横县与罗风间的向斜南端的花岗岩侵入体北缘和广西山字形构造顶缘的外围。区域构造形迹以华夏式北东向及北西向深大断裂最为明显,褶皱及盆地长轴方向多为近东西向。枢纽区内基本上为第四系地层所覆盖,基岩露头少。

郁江径流主要由降雨形成,水量年内分配很不均匀,多年平均流量1390立方米/秒,历年最小月平均流量为166立方米/秒(1958年4月),最小日流量为97.6立方米/秒(1972年5月8日)。汛期(5—10月)水量约占年水量的83.2%,其中主要集中在6—9月,占全年总水量的68.5%左右;枯水期(11—4月)水量仅占全年总水量的16.8%,其中1—3月最枯,仅占全年总水量的6.4%。

郁江流域属亚热带季风气候区,气候温和,雨量充沛。由于流域受季风控制,每年降水量分配不均匀,多集中在6—9月,约占全年降水量的65%。在此期间常出现暴雨天气,主要是由台风及热带低压所致。多年平均气温21.5摄氏度,极端最高气温39.2摄氏度,极端最低气温 -1.0摄氏度,多年平均年降雨量1457.0毫米。

(2)闸坝建设情况

西津水利枢纽位于南宁市横县郁江上,上游距南宁市167千米,下游距横县5千米,于1958年开工建设,1964年10月电站第1台机组正式并网发电,电站总装机容量为234.4兆瓦,2004年6月1日水轮发电机组完成了增容改造(由57.2兆瓦增至65兆瓦),改造后总装机为242.2兆瓦。枢纽已建主要建筑物有左岸重力坝、厂房、溢流坝(17孔泄水闸)、右岸重力坝、船闸等,自左至右依次分布。

西津水利枢纽原一线船闸可通航2×1000吨级船队,船闸纵轴线与枢纽轴线成85度30分。原正常高水位63.0米,最大水头为21.7米,为两级船闸。船闸由上、下两个闸室和上、中、下三个闸首以及上下引航道等部分组成,全长1840米。每级闸室有效尺度为190米×15米×4.5米,桥下净空为10米。通航方式为双向拖带过闸,"曲进直出",通航水位为5年一遇洪水,相应流量为1.34万立方米/秒,下游水位为57.12米。

西津二线船闸位于西津水利枢纽工程右岸,其建设方案为在已建一线船闸的右侧新建一座3000吨级(一级)船闸,两线船闸中心距为120米,上闸首齐平,下游口门区分开布置。

西津水利枢纽工程为大(1)型工程,等别为一等,枢纽为二级建筑物,大坝、厂房、船闸上闸首按照二级标准设计。其余建筑物为三级建筑物。洪水设计标准为100年一遇,校核标准为1000年一遇。新建建筑物中二线船闸为一等船闸,船闸闸首、闸室等主要建筑物级别与原挡水建筑物一致,按二级设计,导航墙、靠船墩、导流墩、隔水堤、引航道护坡等次要建筑物的级别按三级设计,临时建筑物为四级。

(3)建设成就

西津水利枢纽于1958年开工建设,1964年10月电站第1台机组正式并网发电,电站总装机容量为234.4兆瓦,2004年6月1号水轮发电机组完成了增容改造(由57.2兆瓦增至65兆瓦),改造后总装机为242.2兆瓦;保证电力46.5兆瓦,多年平均发电量109.91亿千瓦时,年利用4770小时。枢纽自流灌溉农田8.5万亩,抽水灌溉农田20万亩。西津水利枢纽一线船闸设计通过能力为 2×100 吨，设计年货运量 600 万吨；上游渠化航道 170 千米，下游改善航道 200 千米。

随着社会经济的发展，西津一线船闸的通过能力已经不能满足过闸货运量增加的需要。2016 年 9 月，西津二线船闸工程开工建设，工程的建设将有效解决西津一线船闸通过能力不足的问题，满足腹地经济社会发展的需要；同时也是实现西江航运规划目标，适应运输船舶大型化，提高内河航运竞争力的需要，是打造西江黄金水道的关键。

2. 通航建筑物

（1）西津一线船闸

西津一线船闸又称西津电厂船闸，于 1966 年建成通航。船闸由上、中、下三个闸首，上、下两个闸室，上游引航道及下游引航道组成，全长 1840 米，每个闸室尺度为 190 米 × 15 米 ×4.5 米，设计通航 2×1000 吨级船队。船闸等级为三级，航道等级为二级。

该项目业主单位为中国大唐集团有限公司广西分公司。

（2）西津二线船闸

项目于 2016 年 9 月开工。

项目建设依据：2016 年 3 月，广西壮族自治区发改委《西津水利枢纽二线船闸工程可行性研究报告》（桂发改交通〔2016〕340 号）；2016 年 6 月，广西壮族自治区交通运输厅《西津水利枢纽二线船闸工程初步设计》（桂交行审〔2016〕51 号）；2016 年 12 月，广西壮族自治区交通运输厅《西津水利枢纽二线船闸工程初步设计总概算》（桂交水运函〔2016〕559 号）；2017 年 3 月，广西壮族自治区发改委《关于调整西津水利枢纽二线工程可行性研究报告》（桂发改交通〔2017〕328 号）；2015 年 2 月，广西壮族自治区环境保护厅《广西壮族自治区环境保护厅关于西津水利枢纽二线船闸工程环境影响报告书的批复》（桂环审〔2015〕20 号）；2015 年 9 月，建设用地预审获得国土部批复（国土资预审字〔2015〕194 号）。

西津二线船闸是在已建一线两级船闸右侧新建的一座 3000 吨级单级船闸，两线船闸中心距为 120 米，上闸首齐平，下游口门区分开布置。

西津二线船闸主要包括上游引航道交通桥、船闸主体、上游引航道、下游引航道、主导航墙、辅导航墙及靠船墩，以及上、下游锚地、远调站等。主要建设内容为：按最大通过 3000 吨级船舶标准建设船闸一座，闸室尺度为 280 米 ×34 米 ×5.8 米；船闸包括上闸首、闸室、下闸首以及闸阀门与启闭机、电气控制等。上游设计最高通航水位 62.12 米，上游设计最低通航水位 57.62 米；下游设计最高通航水位 56.90 米，下游设计最低通航水位 42.60 米。船闸设计水头 19.52 米。船闸主体段水工结构采用边墩（闸墙）与底板分缝的分离式结构，闸首为重力式结构，闸室墙采用混合式结构；输水系统为闸底双主长廊道侧支孔出水三明沟消能分散式输水系统，充、泄水时间均小于 15 分钟；船闸的闸门为平面人字工作闸门，阀门为反向弧形闸门。上闸首工作闸门启闭设备为1600千牛液压启闭机，共2台；下闸首工作闸门启闭设备为2600千牛液压启闭机，共2台。一次过闸时间76.7分钟。

西津二线船闸与一线船闸采用上、下游引航道分离式、不对称布置，引航道长度分别约为902.57米和708.44米。主导航墙及靠船墩布置在引航道左侧，辅导航墙布置在右侧，上、下游船舶过闸方式均为曲线进闸、直线出闸。将下游支流西竹坑与引航道汇合口向引航道下游方向扩挖加宽至约80米，并设置导流、消能和沉沙设施，使西竹坑的水流经充分消能、沉沙和调整扩散后再汇入引航道，并结合人工定期清沙减少支沟口泥沙对下游引航道影响。在二线船闸上闸首上游约124米处设置跨越一线、二线船闸上游引航道的跨闸交通桥。金属结构与机械设备包括工作闸门、检修闸门、工作阀门、拦污栅、液压启闭机等。船闸电气及控制设备包括船闸供配电、联合调度管理系统、二线船闸控制系统。其他配套设备包括通信与导航、房屋建筑。项目总投资为32.99亿元，其中地方政府财政补助工程投资14.78亿元，项目业主投资12.31亿元，银行贷款5.90亿元。工程总用地面积2577.37亩，其中永久用地1338.74亩，临时用地1238.63亩。

项目建设单位为广西西江集团西津二线船闸有限公司；设计单位为中国能源建设集团广西电力设计研究院有限公司、广西交通设计集团有限公司；施工单位为中交第二航务工程局有限公司、中交第四航务工程局有限公司、广西汇千海建设工程有限公司等；监理单位为广西八桂工程监理咨询有限公司；质监单位为广西壮族自治区交通工程质量安全监督站。

（四）贵港船闸

1. 闸坝概况

（1）自然地理条件

贵港航运枢纽位于郁江中下游、贵港市上游约6.5千米左右的蓑衣滩处，坝址控制集雨面积863万公顷。贵港航运枢纽坝址至西津电站区间流域有较大支流分布，主要有林桥江、瓦塘江、武思江、云表河、大埠江、清江、旭江等。郁江横贯贵港市城区，主要有鲤鱼江、牛皮河、太腿江、沙江、渡冲河等小支流汇入。

郁江属丘陵地区河流，洪枯季节明显，一般6—10月为汛期，年最大洪峰发生在7月、8月、9月三个月，每一次洪水过程7～20天；枯水季节为当年12月—翌年4月。

（2）闸坝建设情况

贵港航运枢纽位于广西郁江中段贵港市上游6千米处，距上游西津水利枢纽104.3千米，距下游桂平航运枢纽110千米，是西江航运干线南宁至梧州段四个渠化梯级的第二个梯级。

贵港航运枢纽是以航运为主兼顾发电的枢纽工程，主体工程主要由18孔溢流坝、发电厂房和一线船闸(船闸等级为三级)、枢纽对外交通道路及上游引航道交通桥、郁江二桥等组成。贵港船闸于1998年1月竣工通航,整座枢纽于1999年竣工正常运行。

贵港航运枢纽工程等别为二等,拦河坝、电站厂房、一线船闸闸室、闸首、导航墙及靠船墩等永久水工建筑物按三级建筑物设计。正常蓄水位为43.10米,相应库容3.72亿立方米;死水位42.60米,相应库容3.54亿立方米;调节库容0.18亿立方米;汛期限制水位41.10米。洪水设计标准为100年一遇,校核标准为500年一遇。贵港一线船闸等级为三级,设计最大过闸船舶吨级为1000吨级,航道等级为二级。贵港航运枢纽电站厂房为河床式厂房,布置在主河槽左岸边,紧靠溢流坝左侧,厂区布置包括主厂房(包括主机间和安装间)、副厂房、上游引水渠、下游尾水渠、左岸接头土坝、开关站等;厂房内安装4台灯泡贯流式机组,单机容量30兆瓦,总装机容量120兆瓦。

在建的贵港二线船闸规模为3000吨级的单级船闸。二线船闸布置在一线船闸右岸,并在二线船闸右侧预留三线船闸位置。

贵港航运枢纽主要由18孔溢流坝、发电厂房和一线船闸(船闸等级为三级)、枢纽对外交通道路及上游引航道交通桥组成。整个枢纽建筑物沿坝轴线方向,自左至右依次布置为左岸防渗刺墙、电站、溢流坝、非溢流坝、右岸防渗刺墙、船闸。

(3)建设成就

贵港航运枢纽的建成,渠化了贵港至西津102.8千米航道,整治了南宁至西津169千米航道,使南宁至广州全长847千米的航道,从仅能通航120吨级小型驳船队的六级航道标准,提高到可常年通航1顶+2×1000吨级驳船队的三级航道标准。汛期联动其他枢纽,对下泄流量的控制,起到较好的防洪作用。

截至2015年底,贵港航运枢纽船闸累计启闸7.41万次,过船42.02万艘次,核载过闸量2.9亿吨,实载过货量1.68亿吨,过闸船舶平均吨位由1998年运行开始时的132吨提升至2015年的1301吨,最大过闸船舶4250吨,为西江亿吨黄金水道的建设发展及"珠江—西江经济带"建设发挥了积极作用。贵港航运枢纽自1999年2月首台机组发电以来,累计发电102.47亿千瓦时,取得了较好的社会经济效益。

2.通航建筑物

(1)贵港航运枢纽

项目于1995年1月开工,1998年1月试通航,2002年3月竣工。

项目建设依据:1981年6月,国家计划委员会《关于西江航运建设工程设计任务书的批复》(计交〔1981〕358号);1993年5月,交通部、广西壮族自治区人民政府《关于西江航运建设二期工程初步设计的批复》(交工发〔1993〕512号);1995年5月,交通部、广西壮族自治区人民政府《关于西江航运建设二期工程补充初步设计和修正概算的批复》(交基发〔1995〕433号);1993年4月,国家计划委员会《关于西江航运二期工程建设有关问题的复函》（计交通〔1993〕665号）；1992年12月，国家环保局《关于西江航运建设二期工程贵港航运枢纽环境影响报告书审批意见的复函》（环监〔1992〕444号）；1996年2月，广西壮族自治区土地管理局《关于贵港市人民政府申请征地作为西江航运建设二期工程贵港航运枢纽坝区（右岸）建设用地的批复》（桂土征〔1996〕15号）；1997年2月，广西壮族自治区土地管理局《关于补办广西西江航运建设二期工程贵港航运枢纽坝区（左岸）及安置回建等建设用地手续的批复》（桂土征〔1997〕55号）。

工程项目主要包括船闸、18孔泄洪闸、电站、船闸、土坝、坝顶公路（桥）、接线公路、电力送出工程、库区堤防和生活管理区，坝线总长1099.40米。正常蓄水位41.1米，库容6.43亿立方米。电站安装4台灯泡式贯流机组，装机容量120兆瓦，多年平均发电量6.90亿千瓦时。

通航建筑物为单线、单级船闸，通航标准为三级。船闸有效尺度为190米×23米×3.5米，设计水头14.5米。上游设计最高通航水位为47.16米，上游设计最低通航水位为41.10米；下游设计最高通航水位为46.80米，下游设计最低通航水位为28.60米。闸首、闸室分别为分离式重力结构和衡重式半衬砌混合式结构。输水系统为闸底长廊道侧向短支孔输水类型，充、泄水时间均为9.67分钟，一次过闸时间52.98分钟。船闸为人字门形式，充、泄水阀门为平板钢闸门形式，闸、阀门均为液压启闭形式。上引航道总长1297米，其中直线段720米，导航段160米，调顺段240米，停泊段320米，直线段底宽45米，航道底部37.6米；下引航道总长720米，其中导航段160米，调顺段240米，停泊段320米，航道底宽48.5米。项目总投资为人民币20.08亿元，其中世界银行贷款8000万美元。其他资金来源为交通运输部水运建设资金3.8亿元、广西交通运输厅投入4.82亿元、国内商业银行贷款3亿元、国债专项资金借款1.5亿元和世界银行贷款8000万美元。工程用地合计4747.91亩，其中航运枢纽坝区（右岸）用地1049.94亩，（左岸）用地894.25亩，枢纽管理区用地950.00亩，库区泵房等管理区1853.73亩。

项目建设单位为西江航运建设二期工程领导小组；设计单位为广西壮族自治区交通规划勘察设计研究院、广西电力工业勘察设计研究院、广西壮族自治区航务管理局综合设计室等；施工单位为广西壮族自治区水电工程局、中港第二航务工程局、中港第四航务工程局等；监理单位为广西八桂工程监理咨询有限公司；质监单位为广西壮族自治区交通工程质量监督站。

1997年10月10日工程开始截流，原河床航道封航；1998年1月1日，贵港一线船闸试通航；1999年2月1日，贵港航运枢纽电站第一台机组并网发电；1999年9月1日，贵港航运枢纽电站四台机组全部并网发电。

贵港航运枢纽工程2005年12月获国家建设部、中国建筑业协会评为"中国建筑工程鲁班奖"。

贵港航运枢纽自运行以来，各项技术指标均满足设计要求，总体运行情况良好。贵港航运枢纽的建成，改善航道里程 271.8 千米，淹没浅滩 37 处。贵港航运枢纽建设运用了"以电促航，滚动发展"先进的理念，建成后的运营管理采用"船主满意是我们的追求"的服务理念，为船方提供了"安全、有序、快捷、文明"过闸服务。

西江航运干线是国家水运建设重点"一纵两横两网"主通道中"一横"的重要组成部分，是广西骨干航道"一线三通道"中的主干线，是我国西南水运出海通道以及"西煤东运"的交通要道。同时，它还处于国家西部大开发、"泛珠三角""泛北部湾"、大湄公河次区域合作等大区域战略及中国—东盟自由贸易区的交汇地带。随着西江航道的开发和整治以及沿江城市经济的整合，西江航运将日益融入多区域合作并发挥越来越重的作用。贵港航运枢纽是西江航运干线上的重要通航建筑物，随着船舶通过量的快速增长，一线船闸待闸堵航现象日趋严重，为解决瓶颈制约，满足西江流域经济社会发展，促进区域合作和协调发展，新建贵港二线船闸工程是十分必要和迫切的。

（2）贵港二线船闸

项目于 2016 年 6 月开工，2019 年底已基本完成上闸首、下闸首混凝土浇筑。

项目建设依据：2011 年 12 月，国家发改委《贵港二线船闸工程项目建议书》（发改基础〔2011〕3231 号）；2014 年 6 月，国家发改委《西江航运干线贵港二线船闸工程可行性报告》（发改基础〔2014〕1257 号）；2012 年 12 月，广西壮族自治区交通运输厅《西江航运干线贵港二线船闸工程公路改线工程初步设计》（桂交行审〔2014〕82 号）。2014 年 11 月，交通运输部《西江航运干线贵港二线船闸工程初步设计》（交水函〔2014〕987 号）；2012 年 11 月，广西壮族自治区环境保护厅《西江航运干线贵港航运枢纽二线船闸工程环境影响报告》（桂环审〔2012〕259 号）；2015 年，国土资源部《关于西江航运干线贵港航运枢纽二线船闸工程建设用地的批复》（国土资函〔2015〕579 号）。

贵港二线船闸工程为扩建工程，在原有贵港船闸右岸新建一座 3000 吨级船闸。船闸的上闸首与一线船闸上闸首上游端齐平，两者中心线在该端部处相距 125 米，上、下闸首和闸室均采用分离重力式结构。闸室有效尺度为 280 米 × 34 米 × 5.8 米。上、下游设计最高通航水位按 10 年一遇洪水标准设计，分别为 47.69 米和 47.30 米；上、下游设计最低通航水位分别为 41.10 米和 29.00 米。输水系统采用闸墙长廊道侧支孔 + 闸底双明沟消能系统方案，充、泄水时间均为 10 分钟。船闸闸首工作闸门采用人字门，工作及检修阀门采用平板提升门。上、下引航道采用不对称布置，上游引航道进出闸方式为曲线进闸、直线出闸，下游引航道进出闸方式为直线进闸、曲线出闸。上、下游导航、调顺段长度均为 250 米（船闸中心线上投影），上游布置在左岸，下游布置在右岸。上、下游靠船墩布置间距 25 米，各布置 12 个独立墩。拆除一线船闸下游 7 座重力式独立靠船墩，向上游侧新建 8 座靠船墩。工程概算为 16.53 亿元。建设资金主要由项目法人广西西江开发集团有限公司筹集,中央安排资金 5.85 亿元(包括国家发改委安排中央预算内资金 1.95 亿元和交通运输部安排内河水运建设资金 3.9 亿元),其余部分申请地方财政补助。工程用地合计 374.78 亩,其中船闸主体用地 332.49 亩,管理区用地 42.30 亩。

项目建设单位为广西西江开发投资集团有限公司;设计单位为广西壮族自治区交通规划勘察设计研究院、广西电力工业勘察设计研究院、江苏省交通规划设计院股份有限公司等;施工单位为中交第四航务工程局有限公司、葛洲坝集团第五工程有限公司、武汉武船重型装备工程有限责任公司等;监理单位为广西八桂工程监理咨询有限公司、郑州国水机械设计研究所有限公司;质监单位为广西壮族自治区交通工程质量监督站。

本项目建设期间的重大事项如下:2016 年 6 月 6 日,船闸主体工程正式开工;2016 年 12 月 30 日,公路改线工程交工验收;2017 年 12 月 15 日,工程范围内全部房屋完成拆迁。

2016 年 3 月,项目获得发明专利"一种可使门楣自然通气并能减小启闭力的平面阀门",专利号为 ZL201610184545.1;2016 年 11 月,项目获得实用新型专利"一种可防泥沙的平面闸门主滚轮装置",专利号为 ZL201620373166.2;2018 年 1 月,项目获得实用新型专利"一种可防气蚀的平面阀门嵌入式轨道",专利号为 ZL201720424961.4。2012 年 12 月,项目获得中国航海协会"2012 年度中国航海科技二等奖"及中国水运建设行业协会"2012 年度水运工程优秀"奖;2015 年 11 月,项目获得中国水运建设行业协会"2015 年度水运工程优秀咨询成果二等奖"。

贵港一线船闸为三级通航建筑物,实际过闸货运量约 2180 万吨(其中上行 737 万吨,下行 1443 万吨)。贵港二线船闸正在建设过程中,预计建成后,贵港航运枢纽过闸货运量将在 2030 年、2040 年分别达到 5430 万吨、6725 万吨,其中上行分别为 1840 万吨、2327 万吨,下行分别为 3590 万吨、4398 万吨。在未来的运行过程中,将对一线、二线船闸进行分工,对过闸船舶进行调度:1000 吨级及以下船舶通过一线船闸过闸,1000 吨级以上船舶通过二线船闸过闸。贵港二线船闸建成运行后,一线、二线船闸总的通过能力可满足 2030 年船闸的年单向过闸货运量预测需求,并有一定的富余量,但不满足 2040 年船闸的年单向过闸货运量预测需求。为适应运量增长的需求,计划于 2030 年开始建设贵港三线船闸。

3. 经验与启示

①结合贵港航运枢纽工程和征地拆迁困难的特点,加大科研投入力度,开展西江航运干线贵港航运枢纽二线船闸水力学技术创新与实践科研,提出了山区复杂河段贵港二线船闸总体布置的创新形式、新型闸墙廊道侧支孔输水系统 + 双明沟消能和适合山区河流特点的引航道布置形式及通航水流条件保障技术等,保证了通航过程中船舶过闸安全,为设计提供充分科学依据,为类似工程提供设计参考。

②二线船闸建成后,提出枢纽的调度运行调整方案,即针对枢纽中等泄水流量工况

（流量 3000～5000 立方米/秒）一线船闸下游引航道口门区左侧边缘横向流速相对略大的现象，对大坝闸门调度方式进行了调整。即流量为 3000 立方米/秒时，开启 7～12 号泄水闸；流量为 5000 立方米/秒时，开启 1～12 号泄水闸。相应地，一线船闸下游口门区水流条件得以改善。

③针对地质构造复杂，溶洞、溶槽、裂隙发育，钻孔遇洞率 28.9%，线岩溶率为 5.31%，且透水性较强，闸基渗漏工程地质问题较突出的情况，重视优化设计工作、积极创新。在船闸下游一线船闸靠船墩移位改建和一线、二线船闸之间共用隔流堤设计方案、地基处理、深大溶槽边坡坍塌、永久和临时防渗帷幕灌浆处理、基坑排水和施工方案优化等方面取得了突出成效。

④注重细节处理，建设精品工程。针对检修门槽、闸室结构沉降缝、主辅导航墙等易受船舶撞击、难以修复的情况，增设钢板护面、角钢护角等。只用较少的费用便解决了船闸管理使用养护中的难题，大大提高了船闸结构的耐久性。

⑤充分发挥行业优势和地方政府的作用。紧紧依靠地方政府和行业管理部门，对工程项目进行合理划分，明确责任，分块实施，能够有效推进工程建设进度，确保工程各项建设任务目标按计划顺利完成。

（五）桂平船闸

1. 闸坝概况

（1）自然地理条件

桂平航运枢纽位于桂平市城区南郊、珠江水系西江干流的郁江河段，黔、郁两江汇合口上游 4 千米处，处于桂平县城附近，控制集水面积 868 万公顷。它与上游贵港航运枢纽约 110 千米，与下游长洲水利枢纽约 157 千米。地理位置在北纬 22 度 52 分～23 度 48 分与东经 109 度 41 分～110 度 22 分之间。

桂平船闸及引航道布置在郁江一级阶地上，走向 47 度，岸坡坡度 25～30 度，岸坡稳定。场地地形平坦，地面高程一般为 38～43 米，局部为相对低洼的平坦带状地块，地面高程一般为 36～37 米，无大冲沟切割，属岩溶准平原地貌。

上游引航道区域为亚黏土土质，含较多砂质及砾石，全风化闪长玢岩具大孔隙性；上闸首存在裂隙发育密集带及中等透水带，溶洞较为发育；闸室靠近上闸首段溶洞较为发育，其余段岩溶发育程度较弱，建基面以下未见影响闸基稳定性的软弱夹层存在，岩石具弱-微透水性，地质条件尚好；下闸首右肩部分溶洞发育，岩石具弱至中等透水性，存在岩溶裂隙渗漏问题；下游引航道未见影响工程稳定性的深大冲沟、滑坡、断裂带等不良地质现象，岩层局部裂隙发育或有溶蚀现象。

郁江、黔江属于丘陵地区河流，洪枯季节明显，一般 6—10 月为汛期，年最大洪峰出现在 7 月、8 月、9 月三个月,每一次洪水过程 7~20 天,枯水季节为当年 12 月—翌年 4 月。

桂平地区属于亚热带季风气候,4—7 月受湿热的夏季风影响,盛吹 S,当年 10 月至翌年 3 月受干冷的冬季风影响,多吹偏 N。

(2)闸坝建设情况

桂平航运枢纽由 15 孔拦河坝、厂房、一线船闸(船闸等级为三级)和二线船闸组成,从左到右依次布置,是集航运、发电、交通于一体的综合性枢纽。枢纽主体工程于 1986 年 8 月破土动工,1989 年 2 月第一座船闸建成通航,1993 年 10 月 18 日工程通过国家验收。2011 年 11 月 30 日,桂平二线船闸建成通航。桂平航运枢纽率先在全国创立了"航电结合、以电促航"的内河航道开发建设新模式,被评为"全国交通改革开放十大水运工程"。

桂平航运枢纽为二等工程,总库容为 2.5 亿立方米;拦河坝、船闸上闸首为二级建筑物,船闸下闸首、闸室、导航架、引航道靠船墩、溢流坝消力池导墙及其他永久性建筑物为三级建筑物,临时建筑物和其他辅助建筑物为四级建筑物。枢纽坝轴线河槽底宽约 260米,岸顶宽约 440 米;枢纽正常挡水位为 29.6 米,溢流坝堰体采用实体混凝土重力坝。

一线船闸等级为三级,设计过闸代表船队为 2×100 吨级一列式顶推驳船队。船闸主体工程由闸室、闸首、引航道、地面工程及辅助设施组成,闸室有效尺度为 190 米×23 米×3.5 米。

桂平二线船闸建设方案为在一线船闸右侧新建一座 3000 吨级船闸,工程包括船闸主体程及南梧二级公路枢纽段改线工程。工程等别为二等工程,闸首、闸室按二级建筑物设计,导航、靠船建筑物等按三级建筑物设计,临时建筑物按四级建筑物设计。船闸平面有效尺度为 280 米×34 米×5.6 米。南梧二级公路枢纽段改线工程改线长为 4.85 千米,跨船闸引航道大桥全长 482 米,桥面总宽 16.5 米。船闸工程主要有上游引航道、上闸首、下闸首、闸室、下游引航道等。概算总投资 8.25 亿元,实际完成总投资 8.88 亿元。

(3)建设成就

桂平一线船闸自通航运行以来,大大改善了贵港至桂平段水上航道等级。2007 年桂平线船闸过闸货运量已超过 2000 万吨。桂平一线船闸和二线船闸投运至今,大大加速了船舶的过闸效率,为船舶通过桂平船闸节省了大量时间。截至 2015 年底,桂平一线和二线船闸的年双向过闸核载量已超 5000 万吨,累计过闸核载量超过 7.5 亿吨,表现出良好的社会和经济效益。枢纽电厂从 1992 年投运至 2015 年 12 月 31 日,已安全运行 8665 天,累计发电量 51 亿千瓦时。

2.通航建筑物

(1)桂平一线船闸

项目于 1986 年 8 月开工,1989 年 2 月试通航,1991 年 4 月竣工。

项目建设依据:1984 年 5 月,交通部《关于西江航运建设第一期工程广西段初步设计审查意见的报告》(交基字〔84〕929 号);1984 年 7 月,交通部《关于西江航运建设第一期工程广西段初步设计审查意见的补充报告》(交基字〔84〕1413 号、广西壮族自治区人民政府桂政报〔1984〕58 号);1984 年 8 月,国家计划委员会《关于西江航运建设第一期工程广西段初步设计审查意见的复函》(计鉴〔1984〕1721 号);1984 年 8 月,广西壮族自治区城乡建设委员会《关于桂平航运梯级补充初步设计的批复》(桂建设字〔85〕64 号)。

桂平一线船闸设计水头 11.7 米。船闸上、下游最高通航水位分别为 39.25 米和 39.98 米;上、下游最低通航水位分别为 28.60 米和 19.87 米。闸首、闸室均采用分离式重力式结构,闸室底板为天然基岩。输水系统为侧墙长廊道配短支管出水形式,廊道进口布置在上闸首上游侧的进水段,泄水口在下闸首尾部。闸室充、泄水时间均为 8 分钟,一次过闸时间为 45 分钟。船闸的闸、阀门分别采用人字门和升降式平板门形式,启闭机械均为液压启闭。上、下引航道分别长 1555.72 米和 1471.16 米,底宽 45 米,顶高程 40 米,底部为天然土(石)基。上、下引航道口门外各设过闸船舶锚地一座,建有值班房以及指挥信号、停泊水域。

桂平一线船闸工程总投资 2.49 亿元,批准概算 7899.99 万元(调整数)。财务初步决算永久工程投资 7768.29 万元,按船闸工程占枢纽永久工程概算的比例分摊,发生的临时工程和其他工程费用投资为 6521.24 万元。船闸工程投资约为 1.43 亿元。枢纽工程永久占地 608.1 亩,其中水田 282.2 亩、旱地 91.6 亩、其他用地 194.8 亩、荒地 39.5 亩。搬迁房屋 1.85 万平方米,搬迁人口 616 人。施工临时占地 1295 亩。

项目建设单位为广西西江航运建设工程管理局;设计单位为广西交通规划勘察设计院;施工单位为长江葛洲坝工程局、交通部第四航务工程局;监理单位为广西八桂工程监理咨询有限公司;质监单位为广西壮族自治区交通工程质量监督站。

本项目建设期间的重大事项如下:枢纽主体工程于 1986 年 8 月破土动工;1989 年 2 月船闸建成通航;1993 年 10 月 18 日工程通过国家验收。

(2)桂平二线船闸

项目于 2008 年 9 月开工,2011 年 6 月试通航,2015 年 7 月竣工。

项目建设依据:2007 年 4 月,国家发改委《国家发展改革委关于西江航运干线桂平二线船闸工程项目可行性研究报告的批复》(发改交运〔2007〕724 号);广西壮族自治区发展改革委《关于请求审批西江航运干线桂平二线船闸工程可行性研究报告的请示》(桂发改交通报〔2006〕326 号);2007 年 6 月,交通部《关于西江航运干线桂平二线船闸工程初步设计的批复》(交水发〔2007〕281 号),广西壮族自治区交通厅《关于西江航运干线桂平二线船闸工程初步设计的请示》(桂交基建报〔2007〕45 号);2006 年 10 月,国家环境保护总局《西江航运干线桂平航运枢纽二线船闸工程环境影响报告书》(环审〔2006〕545 号);2006 年 12 月,广西壮族自治区人民政府《关于桂平市 2006 年第四批次城市建设用地的批复》（桂政土批函〔2006〕150号）。

桂平二线船闸位于一线船闸右侧，船闸按一级船闸标准建设，通行3000吨级船舶。设计代表船型为3000吨级货船和2×2000吨级顶推船队以及港澳线2000吨级集装箱船。上、下闸首采用边墩和底板分离的重力式结构，闸室则采用无底板重力式结构。闸室有效尺度为280米×34米×5.6米，设计上游最高、最低通航水位分别为40.78米和28.6米；下游最高、最低通航水位分别为40.67米和20.0米。

上、下闸首闸门采用钢质平面人字门，输水阀门为钢质平面定轮门。闸、阀门启闭机均采用液压直推式启闭机。上、下闸首检修闸门采用钢质叠梁门，上、下检修阀门采用平面滑道门。船闸采用分散输水系统，设计充、泄水时间分别为7分钟和6分钟，闸室充、泄水最大流量分别为311.6立方米/秒和290.5立方米/秒，一次过闸时间90分钟。

上游引航道直线段长768米，其中主导墙长200米，导航、调顺段长240米，停泊段长280米，引导道底宽73米，引航道口门宽120米，引航道口门转弯半径1000米，引航道底高程23.00（23.60）米。在停泊段内共布置12个靠船墩。下引航道直线段长590米，其中主导墙长200米，导航、调顺段长240米，停泊段长280米，引导道底宽73米，引航道口门宽120米，引航道口门转弯半径1000米，引航道底高程14.40（15.00）米。在停泊段内共布置12个靠船墩。

桂平二线船闸工程概算总投资为8.25亿元。其中，交通部安排水运建设资金3.2亿元，广西壮族自治区安排水运建设附加费2亿元，广西西江航运建设发展有限责任公司自筹3.05亿元。根据《交通部关于西江航运干线桂平二线船闸工程概算调整的批复》（交水函〔2014〕862号），工程批复调整概算为8.88亿元。经广西壮族自治区审计厅审计（审计日为2013年12月25日），桂平二线船闸工程实际完成总投资8.88亿元。其中，土建建筑工程投资5.77亿元，机器机械设备投资1.31亿元，土地8186.18万元，对外交通（公路改线工程）9832.73万元。工程占地合计932.5亩，其中主体工程永久用地720.73亩，安置用地211.8亩，安置用地211.8亩，临时用地25.1亩。

项目建设单位为广西西江开发投资集团有限公司；设计单位为广西壮族自治区交通规划勘察设计研究院；施工单位为广西路桥建设有限公司、中交第二航务工程局有限公司、中交第四航务工程局有限公司等；监理单位为广西八桂工程监理咨询有限公司；质监单位为广西壮族自治区交通工程质量安全监督站。

本项目建设期间的重大事项如下：2007年9月8日，公路改线工程开工；2008年8月4日，公路改线工程K、B线一期交付验收并通车；2008年9月25日，船闸主体土建工程开工；2009年3月15日，公路改线工程下引航道人行天桥爆破拆除；2009年9月25日，公路改线工程L线通过交工验收并全面通车；2009年11月8日，上引航道原交通大桥爆破拆除；2010年7—9月，A型门机进行安装；2011年3月28日，上闸首人字门开始无水调试;2011 年 5 月 13 日,上闸首人字门有水调试成功;2011 年 6 月 11 日,船闸通过交工验收;2011 年 6 月 12 日,船闸通过试验通航验收;2012 年 6 月 19 日,工程水土保持通过水利部验收;2012 年 7 月 27 日,档案专项通过了交通运输部档案馆的专项验收;2015 年 8 月 7 日,船闸工程验收通过。

2010 年 12 月,本项目获得中国海员建设工会全国委员会"优质工程奖"。

桂平二线船闸自通航以来,过闸货运量连年攀升,2011—2015 年,过闸核载量分别为 4585 万吨、4765 万吨、5326 万吨、5423 万吨和 5590 万吨,实载量分别为 3365 万吨、3567 万吨、3914 万吨、3989 万吨、3906 万吨。过闸主要货种上行船舶以运输砂、煤、玉米为主,下行船舶以运输水泥、熟料、煤为主。桂平二线船闸的建成,使桂平一线、二线船闸单向总通过能力达到 4200 万吨,解决了以往船闸通过能力不足、制约腹地社会经济发展的"瓶颈"问题,不但可以满足当前贵港至广州通航 2000 吨级船舶的需要,还可满足将来贵港至广州通航 3000 吨级船舶的远景要求,对于促进产业沿江聚集,吸引东部产业转移,促进珠江—西江经济带上升为国家发展战略具有十分重要的意义。

3. 经验与启示

桂平一线船闸和二线船闸的通航,加速了珠江—西江水上经济带的发展,水上经济的发展促进了其他枢纽船闸的扩建升级。作为西江流域的第一座 3000 吨级船闸,它为整个西江流域的船闸扩建色升级树立了标杆。项目建设过程中,坚持科学指导、科研配合的原则,把完善设计的理念贯彻到工程建设的各个阶段,不断探索新材料、新工艺等方面的技术创新,在实际工作中积累了一定经验。

坚持以航为主,贯彻"航电结合、以电促航"的模式理念,科学合理联合调度一线、二线船闸的运行,为电厂节约更多的水资源用以发电。

重视优化设计工作、积极创新。在工程建设过程中,认真贯彻落实完善设计、优化设计的管理理念,积极推广新材料、新技术、新工艺、新设备的应用,在以后船闸新建或扩建中对设计优化和施工方案优化,为船闸建设积累更多宝贵的经验。

充分发挥行业优势和地方政府的作用。紧紧依靠地方政府和行业管理部门,对工程项目进行合理划分,明确责任,分块实施,能够有效推进工程建设进度,确保工程各项建设任务目标按计划顺利完成。

(六)长洲船闸

1. 闸坝概况

(1)自然地理条件

长洲水利枢纽是西江下游河段广西境内的最后一个规划梯级,位于浔江下游梧州市长洲区长洲镇，紧挨龙圩区龙圩镇，下距梧州市区 12 千米。

枢纽所处区域为侵蚀-剥蚀低山丘陵地貌，浔江流向自西向东，河床宽阔。坝区底层主要为第四系底层大面积覆盖，按其成因分为人工堆积、冲积和残积；下伏基岩全为燕山早期侵入的花岗岩，沿河出露面积很小。

工程区域自上而下为素填土、含泥粉细砂、粉质黏土、深灰色粉土、含泥质砂卵砾石、强风化花岗岩。工程区无活动性断裂通过，近场区历史地震活动强度较弱，属构造相对稳定地区。

流域径流主要由降雨形成，汛期为 5—10 月，非汛期为 11 月—翌年 4 月。西江洪水主要特点是峰高、量大、历时长，洪水过程多呈复峰型，一般较大的洪水过程都在 30 ~ 40 天；其中 7 天洪量占整个洪水过程总量的 30% ~ 50% ，15 天洪量占 60% 以上。干流河段的洪水期为 5—10 月，大洪水多出现在 6—8 月。一般每年 9 月进入后汛期，到 10 月下旬汛期基本结束。西江为少沙河流，据梧州水文站统计，多年平均含沙量仅 0.38 千克/立方米，但由于西江水量丰沛，多年平均水量达 2100 亿立方米，多年平均悬移质输沙量达 7850 万吨，是广西境内水量和输沙量最大的河流。

（2）闸坝建设情况

长洲水利枢纽横跨两岛三江（泗化洲岛、长洲岛、外江、中江、内江），主要建筑物有双线船闸、泄水闸、混凝土重力坝、左右岸接头坝、碾压土石坝、河床式厂房、开关站及鱼道等。现有双线船闸位于外江右岸台地，即长洲一线（2000 吨级）、二线（1000 吨级）船闸，有效尺度分别为 200 米 ×34 米 ×4.5 米和 185 米 ×23 米 ×3.5 米，于 2007 年 5 月实现双线通航。

长洲三线、四线船闸作为长洲水利枢纽的后续项目，按最大通过 3000 吨级船舶标准建设，有效尺度均为 340 米 ×34 米 ×5.8 米。三线、四线船闸位于外江右岸，布置在已建一线、二线船闸的右侧，两线船闸并列布置，其中三线船闸靠左，四线船闸靠右，双线船闸共用上下游引航道。概算总投资 43.34 亿元。

长洲水利枢纽为一等工程，工程规模为大（1）型，主要挡水建筑物为二级建筑物，校核洪水标准为千年一遇。新建建筑物等级：船闸闸首、闸室为二级（与枢纽挡水建筑物一致），上、下游导航建筑为三级，施工围堰等临时建筑为四级。

（3）建设成就

长洲水利枢纽的建成，可每年供电 25.59 亿千瓦时，不仅可为桂东发展提供充足电力，而且能够有效改善广西电网电源布局和潮流结构，大幅提高电网运行的安全可靠性和经济性。同时，长洲电站还是"西电东送"主通道的主要支持电源点。

长洲水利枢纽渠化了西江航运咽喉河段——浔江航道 159 千米，淹没滩险 21 处，枯水期航道水深将从 1.6 ~ 1.8 米提高到 3 米以上，航道扩宽百米以上，使南宁和广州、珠江三角洲以及港、澳之间可常年通航 2000 吨级船队,一次航班的载量可替代两列火车的运量,为实现陆江海联运、集装箱快速直达运输创造条件,成倍提高西江的运输能力,大幅降低运输成本,使西江真正成为大西南物资输粤、出海的大通道。

长洲水利枢纽有 37.4 亿立方米的滞洪库容,能有效地控制削减西江的洪峰,提高防洪标准,可降低梧州洪峰流量 3200 立方米/秒,使百年一遇的洪水降至 50 年一遇的水平。

长洲水利枢纽建成后,枯水期水位提高超过 15 米,可利用浔江增灌苍梧、藤县、平南、桂平沿江耕地 40.35 万亩(其中扩灌旱地 5 万亩)。浔江两岸基本实现水利化,每年可增产粮食 3.1 万吨,甘蔗 9 万吨,可发展库边鱼塘和网箱 2 万余亩,增产淡水鱼 1.14 万吨。

长洲水利枢纽三线、四线船闸工程建成后,长洲船闸将成为世界上单断面通过能力最大的内河船闸,有效解决长洲水利枢纽的通过能力不足与枯水期滞航问题,并能够满足西江通航船舶大型化的需要,进一步降低物流成本,增强西江经济带产业的竞争力。

2. 通航建筑物

(1)长洲一线、二线船闸

长洲一线、二线现有双线船闸位于外江右岸台地。项目业主为国家电投集团广西长洲水电开发有限公司。

(2)长洲三线、四线船闸

项目于 2011 年 5 月开工,2016 年 10 月试通航。

项目建设依据:2009 年 9 月,广西壮族自治区发改委《长洲水利枢纽三线四线船闸工程可行性研究报告》(桂发改交通〔2009〕811 号);2010 年 7 月,广西壮族自治区交通运输厅《长洲水利枢纽三线四线船闸工程初步设计》(桂交基建函〔2010〕590 号),2009 年 8 月,广西壮族自治区环境保护局《长洲水利枢纽三线四线船闸工程环境影响报告书》(桂环管字〔2009〕259 号);2009 年 7 月,广西壮族自治区国土资源厅《长洲水利枢纽三线四线船闸工程项目用地预审》(桂国土资预审函〔2009〕114 号)。

长洲水利枢纽新建双线(三线和四线)船闸并列布置,闸室轴线间距 57 米。三线船闸中心线与已建 2 号船闸中心线间距为 130 米。双线船闸均为一级船闸标准,最大通过船舶吨级为 3000 吨级。闸室有效尺度为 340 米 × 34 米 × 5.8 米。闸首采用边墩和底板分离的衡重式结构,闸室采用无底板衡重式闸墙结构。输水系统为闸底长廊道侧支孔输水系统。充、泄水时间均为 10 分钟,一次过闸时间 98.9 分钟。船闸的闸、阀门分别为人字门和平板门形式,启闭机械均为液压启闭机。

通航建筑物轴线长度约为 4500 米,上、下游口门区均直接与主航道衔接。三线、四线船闸共用上下游引航道,上、下游均为曲线进闸、直线出闸方式,布置完全对称,上、下游引航道长度分别为 2366 米和 2169 米,引航道宽度为 153 米,底高程分别为 12.8 米和 - 4.4 米,直线段长均为 568 米,其中导航调顺段长 228 米,停泊段长 340 米。在上、下游引航道右岸靠近口门区位置均增设待闸停泊段，上游长 660 米，下游长 510 米。船闸设计水头 17.28 米。上游最高通航水位 25.79 米，上游最低通航水位 18.60 米；下游最高通航水位 25.70 米，下游最低通航水位 3.32 米。项目总投资为人民币 43.34 亿元；资金来源为交通运输部水运建设资金 16.75 亿元，广西壮族自治区财政资金 8.95 亿元，企业投资 1.62 亿元，国内商业银行贷款 12.1 亿元。工程用地总面积 6058.49 亩，其中永久占地 2598.50 亩，临时用地 3459.99 亩。

项目建设单位为长洲三线四线船闸工程建设指挥部；设计单位为广西电力工业勘察设计研究院、广西壮族自治区交通规划勘察设计研究院、中交水运规划设计院有限公司联合体；施工单位为中交一航局第四工程有限公司、中交第二航务工程局有限公司、中交第四航务工程局有限公司等；监理单位为广西八桂工程监理咨询有限公司、郑州国水机械设计研究所有限公司、广西桂能工程咨询集团有限公司；质监单位为广西壮族自治区交通工程质量安全监督站。

本项目建设期间的重大事项如下：2010 年 8 月 10 日，施工场地平整工程开工，历经 4 年多，至 2015 年 1 月 20 日，长洲三线船闸试通航；2015 年 4 月 27 日，长洲四线船闸主体、闸阀门及启闭装置、电气与控制系统安装工程交工验收；2015 年 9 月 24 日，上引航道及导靠船建筑物工程交工验收；2016 年 2 月 1 日，长洲四线船闸试通航；2016 年 6 月 24 日，下引航道及导靠船建筑物工程交工验收；2016 年 9 月 13 日，生产区附属工程交工验收；2016 年 10 月 10 日，长洲三线、四线船闸通航。

在工程建设过程中，依托西江黄金水道长洲枢纽船闸扩建工程，针对面临的船闸大型化、发展环境受限、通航水流条件复杂等难题，采用理论分析、物理模型、数学模型以及工程原型试验和反馈分析相结合的方法，对特大型船闸总体布置、输水系统消能、船闸省水技术、多线船闸运行调度等关键技术进行了全面系统研究，形成了特大型四线船闸群关键技术研究与实践系列成果：

①研发了四线船闸群并列布置创新形式及航线交叉区布置新技术，解决了在已建枢纽限制性复杂条件下扩建三线、四线特大型船闸的平面布置和通航水流条件关键技术难题。

②首次提出了双线特大型并列船闸互通省水布置方案，解决了并列船闸独立输水和互通输水的水力学技术难题，节约了水资源。

③发明了闸底长廊道复合阶梯消能输水系统新形式，解决了特大型中高水头船闸船舶安全停泊与闸室高效消能输水核心难题。

④创新了受限复杂条件下四线船闸群通航交通组织方法，提出了分区逐级调度调节船舶交通流量的航行调度规则，首创四线船闸群多维联合排挡优化调度技术，充分发挥了四座船闸的通航效益。

本项目系列成果由广西西江开发投资集团有限公司、水利部交通运输部国家能源局南京水利科学研究院、交通运输部天津水运工程科学研究院等为核心的技术团队共同完成。

本项目于2014年1月获得广西区人民政府"广西科学技术进步奖二等奖"；于2018年12月获得中国水运建设行业协会"中国水运建设行业协会科学技术奖一等奖"。

2015年1月，长洲三线、四线船闸建设投入运行后，缓解了长洲水利枢纽原来只有一线、二线船闸运营时存在较多的船舶在长洲水利枢纽上、下游水域滞航的现象。长洲三线、四线船闸按高标准设计建设，闸室吃水深度达5.8米，确保一年四季所有船舶都能正常通过长洲船闸，解决了长洲水利枢纽滞航的"瓶颈"问题。自2015年1月长洲三线、四线船闸投运以来，船舶过闸量大幅增加，2015年长洲船闸过闸船舶7.38万艘，长洲船闸核载过闸量9380万吨，实载过闸量5792万吨。2016年长洲船闸过闸船舶8.31万艘，同比增长12.62%；长洲船闸核载过闸量1.17亿吨，同比增长24.62%；实载过闸量6951万吨，同比增长20.01%。自2016年11月开始实行过闸收费，2016年实现过闸收费534.7万元。2017年，长洲船闸过闸船舶10.27万艘，同比增长23.47%；长洲船闸核载过闸量1.56亿吨，同比增长33.69%；实载过闸量9883万吨，同比增长42.18%；2017年实现过闸收费4781.48万元。

长洲三线、四线船闸建设并投入运行，极大地提升了西江黄金水道的通过能力，促进了西江水运物流贸易的发展，为西江沿江经济带的快速发展发挥了重要的作用，具有显著的社会和经济效益。

3. 经验与启示

长洲三线、四线船闸的通航，极大地提升了西江黄金水道的通过能力，缓解了西江黄金水道现有航运压力，为全面完成西江亿吨黄金水道目标奠定了坚实基础。在项目建设过程中，相关人员始终坚持科学指导、科研配合的原则，把完善的设计理念贯彻到工程建设的各个阶段，不断探索新技术、新工艺等方面的技术创新，在实际工作中积累了一定经验。

①重视设计优化工作。长洲三线、四线船闸工程是一个复杂的系统工程，涉及的专业多、面广，同时，进行设计优化的潜力也较大。在工程的设计咨询阶段，从"综合的技术经济指标"的角度进行考虑，经过详细的计算分析、方案比较、模型试验论证等，对工程的设计进行了多方面的优化，提出了多项优化成果。这些优化成果不仅技术可行，减少了工程投资，而且方便施工，加快了施工进度，为提高船闸的运行管理水平创造了条件，体现了"精心设计"所带来的经济效益和社会效益。

②重视技术创新工作。在工程建设过程中，联合科研、设计等单位，针对长洲三线、四线船闸巨型化、发展环境受限、通航水流条件复杂等难题，采用理论分析、物理模型、数学

模型以及工程原型试验和反馈分析相结合的方法,对特大型船闸总体布置、输水系统消能、船闸省水技术、多线船闸运行调度等关键技术进行了全面系统研究,取得了特大型四线船闸群关键技术研究与实践系列重大创新成果,促进了我国内河航运事业的发展,大大提高了学科研究水平。

③充分发挥行业优势和地方政府的作用。紧紧依靠地方政府和行业管理部门,对工程项目进行合理划分,明确责任,分块实施,能够有效推进工程建设进度,确保工程各项建设任务目标按计划顺利完成。

第七节　西江重要支流通航建筑物

一、右江的通航建筑物

(一)综述

右江发源于云南省广南县的九龙山,上游称驮娘江,由西北向东南流,在云南富源剥隘镇与剥隘河汇合,转向东流至广西百色,有澄碧河汇入。右江从百色市澄碧河口起至南宁市邕宁区宋村三江口(左江、右江、郁江)止,上承剥隘河、澄碧河,下接郁江、左江,流经百色市、田阳、田东、平果、隆安、邕宁县(区),全长318.8千米,区间集水面积510万公顷,河宽200~300米。百色水文站最大流量5920立方米/秒,最小流量11.7立方米/秒。右江的主要支流有剥隘河、澄碧河、武鸣河、龙须河、田州河、江城水、渌水河、龙床河等。

截至2015年,右江从上游到下游沿线已建成的梯级有:百色水利枢纽(配有作为反调节水库的东笋水利枢纽,均无过船设施)、那吉航运枢纽(1000吨级船闸)、鱼梁航运枢纽(1000吨级船闸)、金鸡滩水利枢纽(1000吨级船闸)。此外,百色枢纽上游的瓦村水电站在建(配有50吨级升船机);右江下游(指右江与左江汇合后的下游)的郁江(指左、右江汇合起至桂平市黔江河口止)上游建设有老口航运枢纽(1000吨级船闸)。

右江梯级水位图如图11-7-1所示。

(二)那吉船闸

1. 闸坝概况

(1)自然地理条件

右江流域位于云南东南部和广西西南部地区,地理位置为东经106度34分~108度22分、北纬22度48分~23度53分之间。右江是西江水系的主要支流,其腹地包括广西百色地区、云南省滇东南地区、贵州省黔西南地区,面积1174万公顷,覆盖41个县市。

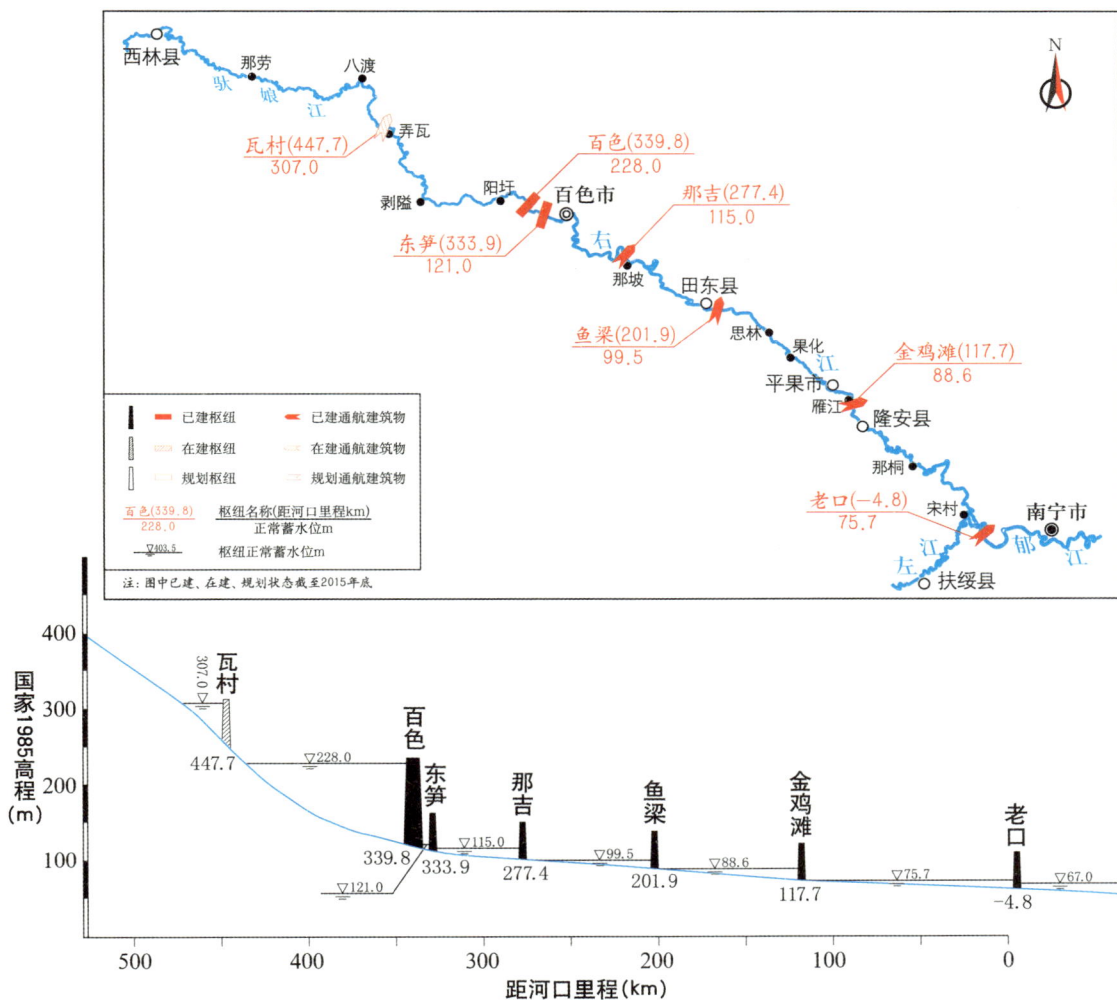

图 11-7-1　右江梯级水位图

那吉下游至南宁段航道面积 3.162 万公顷,落差 39.79 米;那吉上游至百色水利枢纽航道面积 5610 公顷。经过不断的渠化和下游水利枢纽的建设,从上游百色市区到下游南宁市已开通三级航道。

那吉库区主要支流有澄碧河、福禄河两条河汇入,其中澄碧河多年平均流量 38.3 立方米/秒,福禄河多年平均流量 21.90 立方米/秒。在那吉坝址上游 61.8 千米处的百色水利枢纽其库容 48 亿立方米,调节库容 26.2 亿立方米,防洪库容 16.4 亿立方米,具有不完全多年调节性能。

右江流域属亚热带季风气候,多年平均气温为 22.1 摄氏度,多年平均降水量为 1096.6 毫米,当年 11 月—翌年 4 月为相对干旱季,5—10 月多为雨季,降水量占全年的 83.1%。

（2）闸坝建设情况

那吉航运枢纽工程位于右江中上游河段、田阳县境内，坝址右岸距田阳县城 22 千米，是郁江干流综合利用规划十个梯级中的第四梯级，上距百色市 29 千米，是百色水利枢纽的反调节水库。

那吉航运枢纽工程是一个以航运为主，兼有发电、电灌、养殖、旅游等综合效益的项目，坝址以上集雨面积为 2.36 万平方千米，坝址多年平均流量 330 立方米/秒，多年平均径流量为 189.3 亿立方米。枢纽大坝正常蓄水水位 115.0 米，对应库容 1.03 亿立方米。电站装有 3 台灯泡贯流式机组，总装机容量为 66 兆瓦，多年平均发电量为 2.53 亿千瓦时。

枢纽工程由河床式厂房、溢流闸坝、船闸、左岸接头重力坝等主要建筑物组成，与河流流向垂直。本枢纽工程从左至右依次布置的建筑物有：左岸接头重力坝（长 40 米）、溢流闸坝长（196 米）、电站厂房段（长 77.64 米）、船闸段（长 30 米）。坝顶总长 334.64 米，坝顶高程 121.5 米。

水电站为河床坝后贯流式厂房，安装间段长度为 28.51 米，布置于厂房右侧，并与船闸相接，长 49.13 米的主厂房左侧与 10 孔泄水建筑物相邻，由厂坝导墙与之分隔。机组安装高程为 83.00 米，运行层及安装间地面高程为 103.80 米，主厂房屋面高程为 121.50 米。溢流闸坝采用 WES 低堰，堰顶距坝轴线 3.00 米，堰顶高程为 104.00 米，坝前底板高程为 100.00 米，闸底顺水流向长 36.50 米，其中坝轴线上游长 19.50 米。

（3）建设成就

那吉航运枢纽的建成，使那吉坝址至上游百色市区具备了三级航道标准，同时随着那吉航运枢纽到达设计 115 米的蓄水高程，沿江而建的百色市城市景观发生了根本性变化，宽阔平静的河面常年保持稳定水位，山水河流美丽的风景融入城市建设中，提高了城市的品位。同时，通过蓄水调节，改善了通航和生态流量，枯水期能保证正常通航下泄量，河流出现断流的情况已不复存在。

从 2007 年 10 月船闸首次通航及同年 12 月底首台机组并网发电，至 2015 年底，那吉航运枢纽过闸核载吨位达 113 万吨，发电量达 17.8 亿千瓦时，船舶最大吨位达 800 吨，平均载质量从 100 吨逐渐到 300 吨变化。

2. 通航建筑物

项目于 2005 年 9 月开工，2007 年 10 月试通航，2009 年 12 月竣工。

项目建设依据：2003 年 2 月，交通部《广西右江航运建设那吉航运枢纽工程可行性研究报告》（交函规划〔2003〕22 号）；2004 年 4 月，交通部《关于广西右江航运建设那吉航运枢纽工程初步设计的批复》（交水发〔2004〕161 号）；2003 年 3 月，广西壮族自治区环境保护局《关于广西右江航运枢纽建设那吉航运枢纽工程环境影响报告书的批复》（桂环管字

〔2003〕78 号);2005 年 10 月,国土资源部《关于右江那吉航运枢纽工程建设用地的批复》(国土咨函〔2005〕919 号)。

那吉船闸等级为三级,为单线、单级船闸。船闸由上、下游引航道、上闸首、下闸首及闸室组成,全长约 1829.5 米,其中上游引航道长 560 米,下游引航道长 1035.5 米。船闸段即上闸首、闸室、下闸首段全长 234 米。船闸有效尺度为 190 米×12 米×3.5 米,设计代表船型为 1000 吨级货船和 2×1000 吨级顶推船队。船闸设计水头 14.13 米。上游设计最高通航水位 115 米,最低通航水位 109.75 米;下游设计最高通航水位 109.68 米,最低通航水位 99.8 米。闸首、闸室结构采用重力式现浇混凝土和坞式现浇混凝土整体结构;输水系统为闸墙长廊道短支孔出水输水,充、泄水时间分别为 9 分钟和 10 分钟,船舶一次过闸时间 51.5 分钟。闸门采用弧形钢质门,液压启闭;输水阀门采用叠梁门。

右岸为河床式发电站,主厂房尺寸(长×宽×高)为 47.64 米×15 米×39.25 米。安装间尺寸为 27.5 米×15 米,机组安装间距 14~15.62 米。引航道平面布置采用不对称形,引航道向河侧拓宽,上、下游引航道主导墙和靠船墩均布置在右侧,船舶直线进闸、曲线出闸。上引航道总长 560 米,包括导航段长 160 米,调顺段长 240 米,靠船段长 160 米;下引航道总长 1035.5 米,包括导航段长 160 米,调顺段长 240 米,靠船段长 160 米,口门区和过渡段长 475.5 米。项目总投资约人民币 12.5 亿元,其中利用世界银行贷款 4500万美元(当时 1 美元约合 7.3 元人民币),政府投资 3.33 亿元,建设单位广西西江航运建设发展有限责任公司自有资金 2.69 亿元。枢纽永久建设场地占地 568.01 亩,抬填造地311 亩。

项目建设单位为广西西江航运建设发展有限责任公司(2010 年更名为广西西江开发投资集团有限公司);设计单位为广西交通规划勘察设计研究院、广西水利电力勘测设计研究院;施工单位为中铁十八局集团有限公司、中国港湾建设总公司等;监理单位为广西桂能工程咨询集团有限公司、湖南水利水电工程监理承包总公司;质监单位为广西壮族自治区交通工程质量监督站。

本项目建设期间的重大事项如下:2007 年 10 月 1 日成功截流;2007 年 10 月 30 日船闸通航;2007 年 12 月 15 日电站 1 号机组正式并网发电;2008 年 3 月 12 日电站 2 号机组正式并网发电;2008 年 6 月 18 日电站 3 号机组正式并网发电;2009 年 6 月 17 日电站和船闸通过了广西交通厅主持的交工验收;2014 年 4 月 29 日,广西右江航运建设那吉航运枢纽工程通过竣工验收。

那吉船闸工程于 2003 年 12 月被交通部评为"2003 年度交通部优秀水运工程咨询成果奖";2015 年 12 月获中国水运建设行业协会"2015 年度水运交通优秀勘察一等奖"。

那吉航运枢纽是一座以航运为主、结合发电、兼有其他效益的水资源综合利用工程,其综合利用效益是显著的。那吉航运枢纽建成后,对百色水利枢纽起到反调节作用,为百色地区提供了一种新能源方式，并改善了当地生产、生活条件；不仅给库区电灌提供充足的电力，而且还能为库区提水灌溉提供较为稳定的水位，减少提水扬程，降低灌溉成本。据统计，库区抽水电灌面积270万平方米，电站建成后，可减少库区电灌站扬程，年节省电量96.1万千瓦时。

那吉航运枢纽建成后，将通航120吨级船舶的六级航道提高为可通航500吨级的四级航道，大大提高了右江的通航能力。未来通过加快建设鱼梁、金鸡、老口等枢纽，将使右江全线渠化，通航标准可提高到三级，1000吨级船舶（队）可以从百色直达珠江三角洲地区，形成西南出海百色—广州1250千米1000吨级黄金水道。同时，促进铁路、公路、水运合理发展，优势互补，带动地方资源开发和广西社会经济的发展。

3. 经验与启示

枢纽建设过程中，船闸和电厂并列布置，电站和船闸进行集中控制，实现集约化管理。船闸上、下游分别建设了引航道避免了电站进水口和出水口动水对航船的影响。

引航道靠近发电厂一边建设有分水墙，上游引航道分水墙底部按一定距离开有孔洞和电厂侧河道连通，在改善船舶通航条件的同时，改善长距离分水墙两边受力。

船闸通航建筑物至上、下游锚泊地范围达6000余米，并全部列入了船闸管理区的划定范围。因此，在运行过程中，也出现了管理区过大、管理区通航情况巡视困难的情况。

（三）鱼梁船闸

1. 闸坝概况

（1）自然地理条件

右江流域位于云南东南部和广西西南部地区，地理位置为东经106度34分~108度22分、北纬22度48分~23度53分之间。右江是西江水系的主要支流，其腹地包括广西百色市、云南省滇东南地区、贵州省黔西南地区，面积1174万公顷，覆盖41个县市，涉及人口约1380万人。

鱼梁航运枢纽位于广西壮族自治区百色市田东县城下游约7.0千米的英和村右江河段上，距南宁市约187千米、距百色市约87千米，控制集雨面积292万公顷，是郁江综合利用规划的第五个梯级，是一座以航运为主、结合发电，兼顾其他效益的水资源综合利用工程。

鱼梁航运枢纽库区位于百色盆地西侧，以冲积平原、丘陵、山地为主，总的地势为北高南低。右江两岸不同程度的发育有一级、二级阶地，构成山前不连续性条带状分布的冲积平原，地势较平坦，河床两岸阶地不对称分布，北宽南窄，阶地面以2~5度的倾角向右江倾斜。

右江流域地处低纬度地区,属于亚热带季风气候区,气候温和。根据流域内南宁站多年实测资料统计,流域多年平均气温为22.3摄氏度,最高月平均气温为29.4摄氏度,多出现在每年5—8月;最低月平均气温6.1摄氏度,多出现在每年12月—翌年2月,实测极端最高气温为40.4摄氏度,极端最低气温为－2摄氏度。

(2)闸坝建设情况

鱼梁航运枢纽工程等别为二级二等;其中泄水闸、船闸、厂房等主要建筑物按三级建筑物设计,次要建筑物按四级设计,临时水工建筑物按五级设计,水工建筑物的结构安全级别定为二级;挡水、泄水建筑物的洪水标准定为:设计洪水重现期为50年,校核洪水重现期为500年。正常蓄水位99.50米,对应库容0.77亿立方米。通航标准为内河三级,航道尺度为2.4米×60米×480米,设计代表船型为1000吨级货船和2×1000吨级顶推船队,渠化里程78.7千米;电站总装机容量为60兆瓦,安装灯泡贯流式机组3台,每台机的额定出力为20兆瓦。

鱼梁航运枢纽工程总体布置从左至右依次为:船闸、非溢流坝、左7孔泄水闸坝、纵向导墙、右2孔泄水闸坝、电站厂房、右岸接头坝和鱼道。

(3)建设成就

鱼梁航运枢纽是郁江综合利用规划十个梯级中的第五个梯级,是以航运为主、结合发电,兼顾其他效益的水资源综合利用工程,在水资源的综合利用、保证下游环境用水和航运流量要求等方面具有不可替代的作用。通过鱼梁航运枢纽与那吉航运枢纽、金鸡滩水利枢纽、老口水利枢纽连续渠化,右江百色至南宁段能达到三级航道标准,实现规划目标。

工程的建设将使右江干流可通1000吨级船舶,1000吨级货轮常年可以从百色取道南宁开往粤港澳地区。

工程建成后,每年可发电2亿余千瓦时,为社会输送2.31亿千瓦时的电能,缓解百色及周边区域工业、企业用电紧张的局面。

在灌溉效益方面,右江江面变宽阔,治旱又防涝;工程建设中采用"抬填造地"的方式,在一些浅水区处造出1000余亩土地。在水位抬高的同时,枢纽方面又帮助解决了水利设施建设问题,从而可使造出来的土地实现旱涝保收。

2.通航建筑物

项目于2010年2月开工,2011年12月试通航。

项目建设依据:2009年6月,国家发改委《广西右江鱼梁航运枢纽工程可行性研究报告》(发改基础〔2009〕1750号);2009年11月,交通运输部《广西右江鱼梁航运枢纽工程初步设计》(交水发〔2009〕680号);2009年2月,环境保护部《关于请求对广西右江鱼梁航运枢纽工程环境影响评价大纲进行技术咨询的函》(环审〔2009〕71号);2011年8月,国土资源部《关于广西右江鱼梁航运枢纽工程建设用地的请示》(国土资函

〔2011〕560 号);2009 年 9 月,水利部珠江水利委员《关于请求审核广西右江鱼梁航运枢纽工程洪水影响评价报告的函》(会珠水建管函〔2009〕456 号)。

鱼梁船闸规模为三级,正常挡水位 99.50 米,下游最低通航水位为 87.70 米,通航建筑物最大设计水头为 11.80 米。设计通航标准为通航 2×1000 吨级顶推船队及 1000 吨级货船;船闸有效尺度为 190 米×23 米×3.5 米。闸首和闸室结构形式为重力式现浇混凝土结构和坞式现浇混凝土整体结构,输水系统采用闸墙长廊道侧支孔形式,充、泄水时间分别为 9 分钟和 10 分钟,一次过闸时间 51.5 分钟。船闸的闸门、阀门形式分别为平面人字闸门和叠梁门,启闭机械为液压启闭机。上引航道按曲进直出过闸方式布置,引航道总长 2269.30 米,其中直线段长 1525.86 米,连接段长 743.44 米。导航、调顺段长 210 米,靠船段长 190 米。引航道底宽 60 米,底高程 92.4 米。

项目总投资 21.46 亿元。其中,交通运输部水运建设资金 3.34 亿元,广西地方政府投资 2.9 亿元,业主自筹 3.00 亿元,国内银行贷款 9 亿元。工程用地共 1349.25 亩,其中工程永久用地 849.52 亩,临时用地 449.73 亩。

项目建设单位为广西西江开发投资集团有限公司;设计单位为广西交通规划勘察设计研究院、广西水利电力勘测设计研究院;施工单位为中交第四航务工程局有限公司、葛洲坝集团第五工程有限公司、广西壮族自治区水电工程局等;监理单位为广西桂能工程咨询集团有限公司、湖南水利水电工程监理承包总公司、广西八桂工程监理咨询有限公司;质监单位为广西壮族自治区交通工程质量安全监督站。

本项目建设过程中的重大事项如下:2010 年 2 月 1 日,主体土建工程开工;2011 年 12 月 3 日,工程截流;2011 年 12 月 28 日,船闸通航,由广西交通运输厅组织验收;2012 年 3 月 15 日,首台机组投产发电,由广西交通运输厅组织验收;2012 年 8 月 3 日,第二台机组投产发电,由广西交通运输厅组织验收;2012 年 9 月 22 日,第三台机组投产发电,由广西交通运输厅组织验收;2013 年 12 月 26 日,船闸、拦河坝、发电厂房等主体工程通过交工验收,由广西交通运输厅组织验收。

鱼梁船闸工程于 2015 年 12 月获广西壮族自治区住房和城乡建设厅"广西优秀工程设计二等奖"。

鱼梁航运枢纽自 2012 年 1 月投运以来,枢纽各项技术指标均满足设计要求,枢纽总体运行情况良好。自建成通航以来,和上游百色水利枢纽、那吉航运枢纽梯级联合运行,使右江枯水期流量增加 88 立方米/秒,结束了该河段枯水期长达 8 个月的断航期,实现了全年不断航通行 1000 吨级船舶的目标。截至 2015 年底,鱼梁船闸已不断航安全运行 4 年整,通过船舶 2400 余艘,过闸核载 41 万吨。

截至 2015 年底,电站已安全运行 4 年整,累计发电量 7.3 亿千瓦时,上网电量 7.0 亿千瓦时。

鱼梁航运枢纽由广西西江开发投资集团有限公司百色分公司负责运行维护。百色分公司下辖那吉航运枢纽、鱼梁航运枢纽以及平马沟泵站,设有那吉发电通航处、鱼梁发电通航处、生产安全技术处以及综合办公室四个部门,分公司秉持"高效精干"的管理理念,通过技术创新和运营模式创新,实现了两级枢纽电厂、船闸的集中控制,实现了在鱼梁航运枢纽进行集中控制,那吉航运枢纽无人值班、少人值守的运行模式。

3.经验与启示

项目建设投运前两年,枢纽大坝下游左后右岸护坡均有不同程度的塌方,左岸塌方主要受泄洪的影响,右岸塌方主要受泄洪及发电尾水的影响。究其原因,一方面有施工方面的因素,另一方面表明洪水调度的优化有待提高。经施工方进行修复后,护坡运行正常。

(四)金鸡滩船闸

1.枢纽概况

(1)自然地理条件

金鸡滩水利枢纽地处桂西南地区,为峰林谷地至低山丘陵过渡区。地貌形态以低山丘陵为主,中南部碳酸盐岩区为峰丛谷地、洼地、峰林谷地等岩溶组合形态景观。总的地势为西高东低,海拔高程有西部山区的800多米至东部残丘平原的200多米,西部洼地、谷地高程200多米至东部平原80~100米。

金鸡滩水利枢纽坝址河段比较顺直,漫滩地(即金鸡滩)展布于河道中间,将河床分割成主河床和副河床两部分,主河床分布于右侧。漫滩地长度约700米,最宽100多米,平水期高出河水面5~8米,滩地最高点高程为83.3米,河床高程62~75米,两岸山顶高程190~150米,山坡坡度20~40度,覆盖层厚度1~15米,枯水期水深为1~3米,右侧河道及滩尾局部地段水深8~13米。坝轴线位于漫滩尾,平水期河水面宽200米左右。

坝区第系坡残积黏土及含碎石黏土层,结构松散,孔隙率较大,透水性较强。基岩体受地质构造影响,节理裂隙较发育,地下水类型主要为裂隙水,水量不丰富。地下水位埋深一般3~15米。地下水属于碱性水基,其pH值为8.07~8.15。化学成分一般为重碳酸钙水,对普通水泥无腐蚀性。

右江流域属于亚热带季风气候,雨量充沛。根据流域内11个气象站资料统计,年平均气温为16.7~22.1摄氏度,下游气温较高,上游西部气温较低。历年极端最高气温为42.5摄氏度(1958年4月23日百色观测),历年极端最低气温为-5.6摄氏度(富宁站1975年12月30日观测)。流域年平均降雨量为1214.6毫米,北部为多雨区,年降水量为1700毫米(凌云站),西部为少雨区,年降水量为1061毫米(广南站)。流域内有11个气象站(隆安、平果、田东、田阳、百色、田林、凌云、西林、隆林、广南、富宁)。

（2）闸坝建设情况

金鸡滩水利枢纽是郁江干流规划的第六个梯级，上游距鱼梁航运枢纽74千米，下游距老口水利枢纽127千米。金鸡滩水利枢纽坝址位于广西隆安县城上游8千米处，是一座以发电、航运为主，兼有灌溉、养殖和旅游等效益的综合性工程。

坝址控制集水面积325万公顷，水库总库容为2.31亿立方米，为日调节水库，电站装机容量72兆瓦(3×24兆瓦)，年利用小时数4643小时，多年平均发电量3.34亿千瓦时。主要水工建筑物(拦河坝、电站厂房、船闸闸首、闸室)按三级设计，洪水标准按重现期100年一遇洪水设计，500年一遇洪水校核，水库校核洪水位为98.59米，设计洪水水位为97.16米，正常蓄水位88.6米，死水位为87.6米。

工程由左岸接头重力坝、船闸、河床式厂房、溢流坝、右岸接头重力坝等组成。溢流闸坝布置在河床偏右岸主河槽中，坝顶高程102.70米，最大坝高38.7米，全长135米，共7孔，坝轴线总长310米，最大下泄流量1.09万立方米/秒。

金鸡滩船闸等级为三级，船闸上闸首为枢纽挡水建筑物的一部分。闸首、闸室按拦河坝的设计标准，即三级建筑物设计；引航道导航墙、靠船码头按四级通航建筑物设计。通航建筑物规模按1000吨级船队设计。

船闸由上游引航道、上闸首、闸室、下闸首、下游引航道组成，全长997米(直线段)。船闸位于厂房左侧左岸岸边布置，其中心线与坝轴线垂直，上、下游航线顺左岸进出引航道。

根据枢纽总体布置及地形因素，上、下游引航道采用反对称的平面布置，船只上、下行均为直线进闸。

（3）建设成就

金鸡滩船闸于2005年12月15日正式通航，2005—2014年船只过闸总闸次数为4733闸次，总过闸吨位为24.98万吨。由于郁江流域航运事业的迅速发展，2015年过往金鸡滩船闸的船只激增，船只上、下行总过闸次数为1124闸次，过闸船舶共计10.57万吨，且近年来船只过闸量逐年递增，运营船只规格逐年增大，对金鸡滩船闸的安全运行提出了更大的挑战，在满足通航条件的情况下，最大单艘船只的荷载吨位为2033吨。自金鸡滩发电机组投产至2015年底，累计发电量突破24亿千瓦时。金鸡滩水利枢纽工程的建设，对促进当地社会经济发展、改善郁江航运能力、为隆安县和周边县城提高可靠的电力、补充国家"西电东送"之电源，具有重大的社会意义和经济效益。

2.通航建筑物

项目于2003年12月7日开工，2005年12月5日试通航，2005年12月15日竣工。

项目建设依据：2003年8月，广西壮族自治区发展计划委员会《关于广西隆安金鸡滩水利枢纽工程可行性研究报告的批复》（桂计能源〔2003〕446号）;2003年11月,广西壮族自治区水利厅《关于隆安县金鸡滩水利枢纽工程初步设计的批复》（桂水技〔2003〕60号）;2001年12月,广西壮族自治区环境保护局《关于广西隆安金鸡滩水利枢纽工程环境影响报告书的批复》（桂环管字〔2001〕180号）;2001年11月,广西壮族自治区国土资源厅以桂国土资规〔2001〕93号文批复该工程项目;2005年12月,广西壮族自治区人民政府《关于金鸡滩水利枢纽工程（坝区）建设用地的批复》（桂政土批函〔2005〕333号）。

金鸡滩船闸为单级、单线船闸,按照三级船闸标准建设,船闸由上游引航道、上闸首、闸室、下闸首、下游引航道组成,全长997米（直线段）。通航标准为1顶+2×1000吨级分节驳船队,设计船队尺度为160米×10.8米×2.0米。闸室有效尺度为190米×12米×3.5米,设计最大水头13.80米。上游设计最高通航水位为88.6米,上游最低通航水位为83.55米;下游最高通航水位为87.30米,下游最低通航水位为74.80米。上、下闸首采用整体式结构;闸室段长为180.5米,分为13段,其中第1~4段采用整体式结构,第5~13段闸室采用分离式结构;输水系统采用第一类分散输水系统,即闸墙长廊道侧短支孔出水的输水系统。充、泄水时间均为10分钟;船闸设有上、下闸首,闸室左右两侧设有充、泄水系统。上闸首工作闸门采用下沉式平面滑动钢闸门,由液压启闭机操作,静水启闭;下闸首采用人字闸门,卧室液压启闭机操作,静水启闭。上、下闸首左、右输水门为潜孔平面定轮钢闸门,动水启闭;一次过闸时间为30分钟。上、下游引航道采用反对称的平面布置,船只上、下行均为直线进闸,上、下游航线顺左岸进出引航道。上、下游引航道长度均为385米（其中导航段长110米,调顺段165米,停泊段110米）,底宽正常段为38米,口门区为57米。底板高程按满足最低通航水位是3.5米水深的要求考虑,上、下游引航道底板高程分别为73.5米及71.3米。

项目建设批复概算总投资6.08亿元,其中股东投入项目资本金1.80亿元;银行贷款3.90亿元;企业自筹资金3795.88万元。项目批准建设用地47.15万平方米,作为坝区建设用地。

项目建设单位为广西水电工程;设计单位为广西南宁水利电力设计院;施工单位为广西水电工程局;监理单位为广西桂能工程咨询有限公司;质监单位为广西职工技术协会水利基本建设局分会。

本项目建设期间的重大变更如下:2004年2月18日,隆安三聚电力开发有限公司更名为广西隆安广能电力开发有限公司,原公司名称同时作废。2004年5月11日,由监理主持在综合楼小会议室召开船闸中心线右移2米后的相关设计变更交底会。

3.经验与启示

①船闸人字门设计考虑不周以及通航能力预计不足,造成人字门水封与闸室内表面

不平;船只进出闸室时多次撞坏水封座及水封,导致人字门水封漏水甚至无法关闭,影响通航。在今后进行船闸设计及审查时,应与航道规划设计、航道船型控制联合考虑,避免船闸通航即饱和现象发生,设置闸门水封必须充分考虑碰撞风险,降低船闸正常运行时金属结构等设备损坏的风险,确保船闸长期可靠通航。

②协调处理好洪水期和枯水期发电和通航的关系。

洪水期要及时做好洪水预警,合理水库调度,确保洪水期通航和发电安全。枯水期受限于入库流量减少造成调节库容不足,通过协调电网调度,夜间少发电蓄水,集中时段发电放水提高通航水位,确保航道畅通。枯水期要及时做好通航水位发布,与行业管理部门协同联动,引导船主合理配载,避免超载、搁浅事件发生。

③水中泥沙较多造成闸室淤积。

金鸡滩船闸采用充水廊道两侧平衡充水方式,运行一段时间后检查发现闸室内淤积严重,特别是闸室上下口门区因水流流速慢造成淤积特别严重。通过在上下口门区加装冲淤管,下口门区淤积完全消除,上口门区由于压力问题,无法形成冲力,淤积依然严重。在今后船闸设计审查中,必须考虑船闸闸室淤积问题,采取必要的冲刷或清淤措施,确保闸室安全。

二、北盘江—红水河的通航建筑物

(一)综述

北盘江发源于云南省曲靖马雄山西北麓,至贵州望谟县蔗香与南盘江汇入后称红水河。红水河流经贵州罗甸、广西天峨、南丹、东兰、巴马、马山、都安、大化、忻城、合山、来宾,至象州石龙柳江汇入的三江口,全长659千米。其中,蔗香江口至曹渡河口105千米,为贵州、广西两省(自治区)边界河,曹渡河口至石龙三江口在广西境内,长554千米。红水河区间集水面积549万公顷。河宽为120~250米,都安水文站最大流量1.87万立方米/秒,最小流量203立方米/秒。

红水河河主要支流有北盘江、涟江、曹渡河、布柳河、盘阳河、灵岐河、刁江、纳益河、清水河、北三江等。

截至2015年,红水河从上游到下上游沿线建成的梯级有龙滩(无过船设施)、岩滩(250吨级升船机)、大化(500吨级船闸)、百龙滩(500吨级船闸)、乐滩(500吨级船闸)、桥巩(500吨级船闸)。

北盘江—红水河梯级水位图如图11-7-2所示。

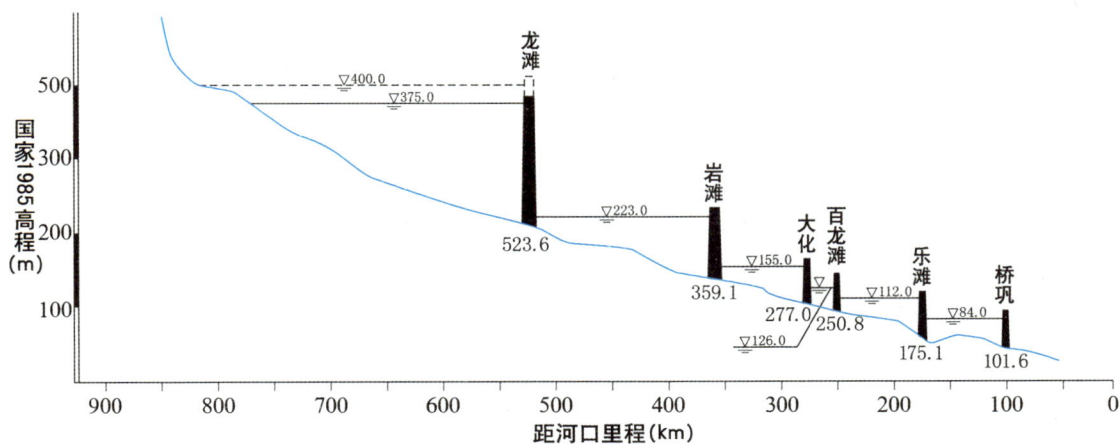

图 11-7-2　北盘江—红水河梯级水位图

(二)大化船闸

1.闸坝概况

(1)自然地理条件

红水河流域位于东经 102 度 10 分~109 度 30 分、北纬 23 度 04 分~26 度 50 分之间。上游称南盘江,发源于云南省沾益区马雄山,流经黔桂边界的蔗香村与北盘江汇合后称红水河,下游至象州县石龙三江口与柳江汇合后以下称黔江。红水河包括南盘江在内,河长1553千米,流域面积1309万公顷。红水河流域地处亚热带气候区,气候温和,雨量充沛。年降水量中上游地区一般为1000～1300毫米,下游一般为1400～1700毫米。大化水电站位于红水河中游,控制集雨面积1122万公顷,占红水河全流域面积的85.9%。坝址多年平均流量2000立方米/秒,年来水量为627亿立方米。

大化船闸位于大化水电站右岸,地貌主要为红水河一级阶地及漫滩,地面高程113.1～174.45米。右岸坡及下游浅谷两侧大部分已采用砌石护坡,坡顶场地平坦、开阔;航下K0+800右侧附近为王秀河东风电站的导水洞出口。

在区域构造上,船闸区处于广西山字形构造前弧西翼中南段、龙母岭向斜东翼上。区内岩层主要呈单斜展布,走向大致为北偏西,与船闸走向近直交,倾向南西(上游)为主,倾角为70～85度;岩体层间挤压强烈,构造断裂发育,但规模均较小,岩体裂隙发育。

船闸工程区无区域性活动断裂通过,场地处于相对稳定区。场地地震动峰值加速度为0.05g,地震设计烈度为六度。

船闸区地下水类型主要有孔隙水和基岩裂隙水两类,其补给源均为大气降水和河水;孔隙水主要存在于第四系松散堆积层内,在坡地上地下水埋深较大,一般地下水位埋深4.0～7.0米,局部呈上层滞水特征;在谷地内埋深较浅,局部出露地表,在原升船机厢池段左右开挖边坡部位有多处地下水渗出;基岩裂隙水一般埋深大,水量小,在局部地带,受断裂构造的影响,与河水有水力联系。

(2)闸坝建设情况

大化水电站位于广西大化县县城,是红水河十个梯级电站中的第六个,上游距岩滩水电站83千米,下游距百龙滩水电站27.6千米,是一座以发电为主、兼有航运等综合效益的大型水利枢纽工程。枢纽主要建筑物包括河床式厂房、溢流坝、左右岸混凝土重力坝、土坝、右岸开关站和通航建筑物。

枢纽坝轴线全长1166米。水库正常蓄水位155.0米,总库容8.15×108立方米。电站装机4台,原设计总容量400兆瓦,经增容改造后总装机容量为566兆瓦。电站主体工程于1975年10月正式动工兴建,1986年6月除船闸之外其他厂坝工程竣工投产。2000年6月开始船闸重新设计(由原升船机改型为船闸),2003年3月经国家计划委员会批复同意,于同年11月开工建设,2006年12月竣工。

大化船闸建筑物中心线全长1242米,由上游引航道、挡水坝段、中间通航渠道、上闸首、闸室、下闸首、下游引航道等部分组成。大化水电站为二等工程,通航建筑物除挡水坝段按二级建筑物设计外,其余均按三级建筑物设计船闸按过坝最大船舶近期250吨级,远期(扩建后)按500吨级设计,船闸级别为五级。

（3）建设成就

2014年总计大化船闸开闸次数116次，上行54次，下行62次；过往船只191艘，上行97艘，下行94艘。过闸船舶核载6.18万吨，双向过闸实载货运量2.03万吨；2015年大化船闸开闸次数114次，上行58次，下行56次；过往船只154艘，上行75艘，下行79艘。过闸船舶核载5.04万吨，双向过闸实载货运量2.15万吨。

2. 通航建筑物

项目于2003年11月开工，2006年12月试通航并竣工。

项目建设依据：2001年11月，广西区发展计划委员会《大化水电站2×250吨级船闸工程初步设计审查意见的报告》（桂计能源报〔2001〕299号）；2003年3月，广西区发展计划委员会《关于广西红水河大化水电站通航设施建设方案的批复》（桂计能源〔2003〕128号）。

大化船闸的特殊性在于它是在原升船机建筑物基础上进行改建的原上游引航道、挡水坝段、中间通航渠道已经建成，原升船机上闸首边墩混凝土已浇筑至146.7米高程；原冲沙溢流堰面已经形成，船厢池和下闸首底板混凝土已浇筑至113.0米高程，左右两侧墙混凝土已分别浇筑至129.0米和137.0米高程；下游引航道的开挖已经完成，原导航墙、靠船墩及左、右岸护坡也已部分施工。改建后，船闸保持原通航建筑物布局不变，船闸主体段（包括上闸首、闸室和下闸首）上接原中间通航渠道，从原升船机上闸首开始，沿原船厢池位置往下游引航道方向进行布置。船闸建筑物中心线全长1242米，闸室有效尺度为120米×12米×3.0米。项目总投资1.99亿元。

项目建设单位利广西水利建设工程局；设计单位为广西电力工业勘察设计研究院设计。

3. 经验与启示

①大化船闸水位的变化幅度较大（上闸首底槛高度过高，正上运行时上游的富裕水深为2.5~3米），时常在20分钟内水位变化可达0.5~1米。偶尔会出现船舶在驶入船闸时水位还够，等船舶驶出船闸时水位已不满足要求的情况。

②船舶通过大化船闸时，监管其人员配置、运送货物、船舶工况、吃水深度等情况有一定难度，需花费大量的人力、精力、时间，建议与港航、海事等部门建立互联网平台，对所有需要通航的船舶建立互通电子档案，确保通航船舶监管到位。

③大化船闸自投运以来，每年都需要花费大量的经费对其进行维护，主要由于其设备多为进口设备不便于维护，外加通航过闸属于社会服务性质，故企业在船闸的运行、维护、管理方面经济缺口较大。建议船闸在服务期间可以相应地收取费用，作为船闸的维护经费。

④红水河流域各梯级船闸的互通信息闭塞,应与红水河梯级电站和航道管理部门建立信息互通平台,对所有通过船闸的船舶建立全方位的互通监管机制,使船闸运行安全、可靠。

(三)百龙滩船闸

1.闸坝概况

(1)自然地理条件

红水河流域地处亚热带气候区,气候温和,雨量充沛。年降水量中上游地区一般为1000～1300毫米,下游一般为1400～1700毫米。百龙滩水电站位于红水河中游,控制集雨面积1125万公顷,占红水河全流域面积的86%。百龙滩水电站坝址多年平均流量2020立方米/秒,年来水量为637亿立方米。

百龙滩船闸位于坝址河床右岸基岩滩地边缘,原地面高程106～120米,滩地之上为一级基座阶地,阶地高程为150～157米,阶地宽20～200米,阶地上冲积层厚度0～25米,人工堆积0～15米。

百龙滩水电站工程区地层主要有第四系覆盖层、三叠系及二迭系。其中第四系按成因主要有人工堆积、冲积及残坡积三类;三叠系主要为碎屑岩层,有中统和下统(T1)两类;二迭系按岩性组合自上而下可分为上统和下统两类。

船闸区岩层为单斜构造,与河流方向夹角70～80度,倾向上游。

船闸工程区无区域性活动断裂通过,场地处于相对稳定区。场地地震动峰值加速度为0.05g,地震设计烈度为六度。

船闸区地下水类型主要有孔隙水、基岩裂隙水和岩溶水三类,其补给源为大气降水、河水。孔隙水主要存在于第四系松散堆积层内,且埋深较大,局部呈上层滞水特征;基岩裂隙水受岩性、断裂构造的影响较大,在碎屑岩体内,一般含水透水性较弱,岩体透水率一般小于5.0吕荣;岩溶水分布于碳酸岩分布区,以岩溶-裂隙水为主,局部有裂隙-溶洞水,岩体透水率一般在0.6～21,或渗透系数值为9.4～13.2米/天,属中等-弱透水。局部地带受断裂构造影响,溶洞发育,渗透系数达112米/天,属强透水性,与河水有水力联系。

(2)闸坝建设情况

百龙滩水电站位于广西马山县,是红水河梯级开发的第七级电站,是一座以发电为主,兼有航运等综合利用效益的中型水利枢纽工程。其上游距大化水电站27.6千米,下游距乐滩水电站76.2千米。水库正常蓄水位126.0米,总库容3.4×108立方米。百龙滩水电站共安装6台单机容量为32兆瓦的灯泡贯流式机组,总装机容量192兆瓦。主要建筑物包括左岸溢流坝、右岸厂房、船闸、冲砂闸、接头土石坝和开关站等,工程等别为三等。本电站工程于 1993 年 2 月开工，1999 年 6 月除船闸之外其他厂坝工程竣工。百龙滩船闸于 2005 年 1 月开工，2007 年 6 月 5 日完成通航试运行，同年 7 月 10 日竣工。

百龙滩船闸是百龙滩水电站的配套通航设施，为一座单级船闸，布置于枢纽右岸滩地，纵轴线与坝轴线正交，主要由上游引航道、船闸本体段（上闸首、闸室、下闸首）和下游引航道等部分组成，总长度为 1170 米。上闸首、闸室、下闸首按三级建筑物设计，洪水设计标准按 50 年一遇设计、500 年一遇校核，上、下游导航墙及靠船墩按四级建筑物设计。

（3）建设成就

2014 年百龙滩船闸开闸 125 次，上行 61 次，下行 64 次；过闸船数 207 艘，上行 103 艘，下行 104 艘。过闸船舶核载 6.35 万吨，双向过闸实载货运量 2.25 万吨。

2015 年度百龙滩船闸开闸 123 次，上行 66 次，下行 57 次；过闸船数 158 艘，上行 80 艘，下行 78 艘。过闸船舶核载 5.99 万吨，双向过闸实载货运量 2.35 万吨。

2. 通航建筑物

项目于 2005 年 1 月开工，2007 年 6 月试通航，2007 年 7 月竣工。

船闸等级为六级，整治后可达到五级。近期通航 1 顶 +2×250 吨级硬绑船队，船队尺度为 87 米 ×9.2 米 ×1.3 米；远期通航 1 顶 2×500 吨级硬绑船队，船队尺度为 109 米 ×10.8 米 ×1.6 米。上、下游最高通航水位分别为 130.05 米和 123.46 米；上游最低通航水位为水库死水位 125.0 米，下游最低通航水位 113.3 米。水电站上游正常蓄水位为 126 米，其与下游最低通航水位之差即为本船闸的设计最大水头 12.7 米，属中级水头船闸。为减少船舶过闸时间，采用一级船闸。根据年货运量及远期可扩建情况，只考虑在右岸建单线船闸。船闸的有效尺度为 120 米 ×12 米 ×2.5 米。闸室位于上、下闸首之间，左侧是厂房右端墙和尾水渠，右侧为船闸冲砂闸。镇静段长度经由水力计算，并经水工模型试验确定为 9.0 米。经设计比较，船闸上、下闸首和闸室均采用整体式 U 形结构，船闸输水系统采用集中头部输水形式。

上游引航道位于水库内，主导航墙与左边墩相接，直线布置在航道左侧，将引航道与厂房进水渠隔开，以使通航期引航道内为静水区，保证船队（舶）进出闸的安全。上游引航道尺度按远期通航 1 顶 +2×500 吨级硬绑船队的尺度要求确定，船队尺度为 109 米 ×10.8 米 ×1.6 米。根据《船闸设计规范（第一篇　总体设计）》（JTJ 261—1987）中的有关规定，上游引航道的尺度计算为：导航段 110 米，调顺段 164 米，停泊段 123 米；航道宽度，即上游最低通航水位时船舶设计吃水船底处的断面水平宽度为 38.8 米，相应航道底宽为 37 米；最小水深取 2.5 米，引航道底高程 122.5 米。下游引航道连接下闸首与下游主河道，并保证上、下行船队（舶）安全、顺畅进出闸。其布置形式为：左侧沿下闸首左边墩延线直线布置主导航墙；开挖右岸边坡，拓宽至设计要求形成引航道，下游靠船墩沿引航道停泊段右侧岸边布置；出口段布置为弧形，以减小与原河道的夹角，使两者顺畅连接。下游引航道的尺度,近期按通航 1 顶 + 2 × 250 吨级硬绑船队的尺度要求进行设计和建设,并满足远期通航 1 顶 + 2 × 500 吨级硬绑船队的直线段长度要求,远期则根据红水河航运发展需要,将引航道向右岸拓宽,即可满足远期通航 500 吨级驳船队对引航道宽度的要求。近期设计船队即 1 顶 + 2 × 250 吨级硬绑船队的尺度为 87 米 × 9.2 米 × 1.3 米。根据《船闸设计规范(第一篇　总体设计)》(JTJ 261—1987),下游引航道的尺度计算为:导航段 87 米,调顺段 130 米,停泊段 103 米;航道宽度,即下游最低通航水位时船舶设计吃水船底处的断面水平宽度为 32.75 米(右岸边坡坡度为 1:0.3),相应航道底宽为 32 米;最小水深取 2.5 米,引航道底高程 110.8 米。下游引航道的远期扩建尺度与上游引航道的尺度相同。

工程总投资 1.54 亿元,其中静态总投资 1.45 亿元(含基本预备费 692.39 万元),建设期还贷利息 827.26 万元。本工程的资金来源按广西桂冠电力有限责任公司投入资本金 20%,其余按向银行贷款考虑。

项目建设单位为广西水力建设工程局;设计单位为广西电力工业勘察设计研究院设计。

本项目建设期间的重大事项如下:船闸工程初步设计为水电站初步设计的一部分,于 1992 年 6 月完成,同年 7 月和 11 月分别通过了原广西区建委和水规总院的预审查及审查。1996 年船闸一期工程与电站同步建成。

2003 年 7 月本项目业主——广西桂冠电力股份有限公司计划船闸二期工程于 2004 年 10 月开工建设。由于此时上、下游梯级(大化、乐滩)水电站及通航设施建设情况与本水电站初步设计完成的 1992 年相比已发生了变化,船闸设计条件也相应有所改变,因而在结构布置上需要作一定的调整;另外在初设审查意见中交通部门建议对通航流量和水位进行论证和明确,设计概算也需要按照新的标准和物价水平进行修编。因而,桂冠公司委托广西电力工业勘察设计研究院在初步设计成果的基础上,根据红水河各梯级开发及百龙滩水电站上、下游水位变化情况,进行船闸工程补充设计,以明确船闸二期工程实施方案、工程量和投资。船闸工程补充设计报告及设计概算于 2004 年 7 月完成,同年 8 月通过水电水利规划设计总院会同广西壮族自治区发改委在南宁主持的审查。

3. 经验与启示

①百龙滩船闸上游侧引航道左侧拐弯处由于水流过急,船舶在出入船闸该引航道处,偶尔出现船舶吸附在引航道墙壁上的情况,影响通航。

②百龙滩船闸水位的变化幅度较大(上闸首底槛高度过高,正上运行时上游的富裕水深为 2.5 ~ 3 米),时常在 20 分钟内水位变化可达 0.5 ~ 1 米。偶尔会出现船舶在驶入船闸时水位还够,等船舶驶出船闸时水位已不满足要求的情况。

③百龙滩船闸由于下游侧引航道底槛高程较高(110.84 米),上、下游水位变化大,船

舶一般只能停靠在上、下游安全停靠区域。但是,该安全停靠区域距离船闸都较远,每次通知船舶进入闸室时船舶都需要 15 ~ 20 分钟的时间才能驶入闸室,有时会错过过闸的黄金时间。

④船舶通过百龙滩船闸时,监管其人员配置、运送货物、船舶工况、吃水深度等情况有一定难度,需花费大量的人力、精力、时间,建议与港航、海事等部门建立互联网平台,对所有需要通航的船舶建立互通电子档案,确保通航船舶监管到位。

⑤百龙滩船闸自投运以来,每年都需要花费大量的经费对其进行维护,主要由于其设备多为进口设备不便于维护,外加通航过闸属于社会服务性质,故企业在船闸的运行、维护、管理方面经济缺口较大。建议船闸在服务期间可以相应的收取费用,作为船闸的维护经费。

⑥红水河流域各梯级船闸的互通信息闭塞,应与红水河梯级电站和航道管理部门建立信息互通平台,对所有通过船闸的船舶建立全方位的互通监管机制,使船闸运行安全、可靠。

（四）乐滩船闸

1.闸坝概况

（1）自然地理条件

船闸下游引航道左边土质边坡,在高程 120 米以上为残积层,中层状碎石土,含碎石硬塑状黏土;120 米高程以下为冲积层含砾可塑状黏土,近基岩面有 1.0 ~ 5.0 米厚的软塑状黏土,对边坡稳定不利,经边坡抗滑计算不满足稳定要求。经研究,主体段左岸边坡护坡结构采用重力式挡墙 + 石渣压重 + 两排抗滑桩的处理形式,边坡坡比为 1:1.75,其中重力式挡墙顶高程为 105.5 米,回填石砟到 109.6 米马道。抗滑桩利用 119.6 米高程的宽马道进行布置,采用圆形断面,桩径 2 米,两排,排间距 8 米(中心距),每排抗滑桩桩距 4 米(中心距),平均桩长 22 米,桩基深入基岩 6 米,共 50 根。经过 3 年雨季和洪水的考验,该段边坡安全、稳定。

（2）闸坝建设情况

乐滩水电站(原名"恶滩水电站")位于广西忻城县红渡镇上游 3 千米,是红水河规划的第八个梯级电站。水电站从左到右依次布置左岸接头坝、船闸冲砂闸、船闸、河床式发电厂房、溢流坝和右岸接头坝,坝顶长度 586.3 米。乐滩水电站工程控制流域面积 1180万公顷,多年平均流量 2180 立方米/秒,正常蓄水位 112.00 米,水库总库容 9.5 亿立方米。电站共装有 4 台 150 兆瓦的发电机,总装机容量为 600 兆瓦,保证出力 301.8 兆瓦,多年平均发电量为 35.14 亿千瓦时。乐滩水电站是一座以发电为主,兼有航运、灌溉等综合利用效益的水利水电工程。本工程水库总库容大于 1 亿立方米小于 10 亿立方米,总装机容量大于 300 兆瓦小于 1200 兆瓦,按照《水电枢纽工程等级划分及设计安全标准》（DL 5180—2003）第 5.0.1 条的规定,本工程的工程等别为二等,工程规模为大（2）型。按照《水电枢纽工程等级划分及设计安全标准》（DL 5180—2003）第 5.0.3 条的规定,船闸上闸首和冲砂闸闸首主要永久建筑物的建筑物级别为二级;船闸闸室、下闸首、连通闸、导航墙、靠船墩等次要永久建筑物的建筑物级别为三级。按照《水电枢纽工程等级划分及设计安全标准》（DL 5180—2003）的规定,主要建筑物船闸上闸首和冲砂闸闸首等挡水建筑物按百年一遇洪水设计、千年一遇洪水校核;次要建筑物船闸闸室、下闸首、连通闸、导航墙、靠船墩等按 50 年一遇洪水设计、500 年一遇洪水校核。

乐滩船闸是一座单级、单线船闸,船闸工程与电站同步设计和建设,布置于枢纽左岸,位于电站厂房安装间与冲砂闸之间,中心线与坝轴线正交,桩号为 K0+404.0,主要由上游引航道、上闸首、闸室、下闸首、下游引航道、一孔冲砂闸和二孔连通闸等组成,全长约 1530 米。

（3）建设成就

乐滩船闸于 2006 年 9 月 19 日建成,并同期进行了实船试验。试验船舶为来宾沙 110,核载吨位 150 吨,安全过闸结果表明乐滩船闸已具备通航条件。

根据广西壮族自治区西江黄金水道领导办公室《关于印发加快推进红水河航道恢复通航工作方案的通知》（桂黄金水道办发〔2010〕23 号）要求,乐滩船闸自 2010 年 4 月起正式通航。

2. 通航建筑物

项目于 2002 年 1 月开工,2005 年 12 月试通航,2006 年 9 月竣工。

项目建设依据:2003 年 3 月,国家发展计划委员会《国家计委关于审批红水河恶滩水电站可行性研究报告的请示的通知》（计基础〔2003〕351 号）。

项目的主要工作有土方开挖和石方开挖。其中,土方开挖按设计图纸要求测量放出边坡开口线,自上而下、分层开挖,开挖过程中严格控制坡比;而对于石方开挖,基岩层周边采用预裂爆破,半孔率85%以上;大面采用微差挤压爆破,预留保护层 2 米,小炮爆除并撬挖。

船闸等级为六级,设计水头 29.1 米。船闸为单线单级,闸室有效尺度为 120 米×12 米×3 米。上游设计最高通航水位 112.0 米（枢纽正常蓄水位）,最低通航水位 110.0 米（死水位）;下游设计最高通航水位 96.3 米（流量为 4530 立方米/秒水位）,最低通航水位 82.9 米（流量为 56 立方米/秒水位）。采用闸墙长廊道闸室中心进口水平分流、闸底纵向支廊道顶部多支孔二区段出水加盖板消能的输水系统类型,充、泄水时间均为 10 分钟。乐滩船闸的上、下游闸首均采用整体式结构,闸室采用分离式结构。船闸的上、下闸门均为人字门,廊道输水阀门为反向弧形门。

项目建设单位为广西桂冠开投电力有限责任公司;施工单位为中国水利水电第七工程局;监理单位为中国水利水电建设工程咨询西北公司(联合体)。

2003年5月15日,"恶滩水电站"更名为"乐滩水电站"。

自船闸投运以来,按期开展定期检修工作,未发生设备事故及人身安全事故,定期接受上级主管部门的检查与监督,现场管理正常,当前船闸运行正常。

(五)桥巩船闸

1. 闸坝概况

(1)自然地理条件

桥巩水电站位于迁江盆地北部边缘,为低矮开阔的"U"字形纵向河谷,红水河自西向东流经坝区,主河床靠右,枯水期水位60米时河水面宽85～120米,河床底高程36～42米,右岸为侵蚀岸坡,坡脚35度;左岸为基岩漫滩,宽85～130米,高程67～73米,两岸一级阶地高程90～95米,与盆地相接。

桥巩水电站坝址为岩溶平原地貌,坝区基岩主要为二叠系下统茅口阶中厚层-巨厚层灰岩,覆盖层为第四系冲积黏性土层,土层厚度小于21米。坝址位于广西山字形构造、马蹄形盾地、北泗邹圩构造区内,主要构造线方向为近南北向,无区域性大断裂通过。坝址河谷主要为单斜构造,岩层走向270～285度,倾向南西,倾角10～20度。

桥巩水电站位于红水河干流下游河段,是红水河规划十个梯级水电站中的第九个梯级。桥巩水电站迁江坝址集水面积为1286万公顷,占红水河流域面积的93.6%。河流径流主要由降水形成,流域降雨期一般分为4—9月多雨期及当年10—翌年3月少雨期,故河流径流形成5—10月丰水期及当年11月—翌年4月枯水期两个明显时段。水量年内分配很不均匀,丰水期水量约占全年水量的82.5%。流域洪水主要由降雨形成,其发生季节以及地区来源与暴雨发生情况基本一致。每年4月降雨渐多,河流5月份开始进入汛期,一般至10月底结束,洪峰主要出现在6月、7月、8月三个月,尤以7月为最多,占41.5%。

红水河流域属亚热带气候,高温多雨。流域内各地纬度、地形不同,气温差异较大,一般自上游向下游递增。历年平均最低、最高气温出现时间分别为1月和7月。据桥巩水电站附近的来宾气象站资料统计,桥巩水电站所处区域多年平均气温20.8摄氏度,极端最高、最低气温分别为39.6摄氏度、-3.3摄氏度。流域水汽充沛,年降水量集中,上游一般为1000～1300毫米;下游一般1400～1700毫米。受季风环流影响,雨量的年内分配极不均匀,约80%的雨量集中在4—9月。暴雨的主要天气系统为锋面、涡切变线类型。

(2)闸坝建设情况

桥巩水电站位于红水河下游广西壮族自治区来宾市境内,距来宾市40千米、南宁市180

千米。多年平均流量2130立方米/秒,多年平均年径流量671.7亿立方米。工程以发电为主,兼顾航运。电站安装8台单机容量为57兆瓦和1台24兆瓦的贯流式发电机组,电站总装机容量480兆瓦,多年平均年发电量24.01亿千瓦时。水库正常蓄水位84.00米,相应库容1.91亿立方米;水库死水位82.00米;水库总库容9.03亿立方米,具有日调节性能。

通航建筑物为单线船闸(500吨级),按水库库容及电站装机容量均属二等工程,工程规模为大(2)型。按交通部门航运规划要求,本河段为四级航道,船闸标准按通航500吨级船队设计。

桥巩水电站主要建筑物从左至右依次由左岸接头土坝、左岸混凝土重力坝、左岸船闸、左侧河床式发电厂房、11孔泄水闸坝、右岸机组厂房、右岸闸检室坝段、右岸接头土石坝等构成。坝顶高程为101.60米,坝顶总长(包括厂房,不包括接头土坝)565.49米,重力坝最大高度为69.6米。左岸接头土石坝为黏土心墙坝,长90.0米,兼作上坝公路。左岸混凝土重力坝共有两个坝段,总长40.26米,最大坝段高度为31.6米。船闸布置于左岸台地,主要由上游引航道、上闸首、闸室、下闸首、下游引航道等组成,轴线全长约1900.0米。船闸上闸首为挡水坝段,长32.5米。左岸厂房布置于左岸漫滩和部分台地,全长218.47米,由左到右分别为安装间结构段(长51.77米),1号、2号机组结构段(长39.80米),3号、4号机组结构段(长39.80米),5号、6号机组结构段(长39.80米),7号、8号机组结构段(长49.30米)。厂房宽度83.98米,最大高度67.4米。泄水闸坝总孔数共11孔,布置在右岸河床深河槽和部分右岸台地,其中深河槽布置5孔,河槽左边台地布置5孔,右边台地布置1孔,整个泄水闸前沿总长度为214.0米。右岸小机组厂房布置在右岸台地,厂房段全长45.46米,最大高度61.6米。右岸闸检室坝段,闸检室与右岸小机组厂房坝段结合布置,坝段长度14.8米。右岸接头土坝(上坝公路)为均质土坝,长499.34米,兼作上坝公路,与右岸上坝公路连接。

(3)建设成就

桥巩水电站建成以后,可以渠化迁江至乐滩电站之间75.2千米河道,使库区航道渠化,梯级衔接,水库蓄水后共淹没险滩13处。船闸自2008年7月1日通航以来,截至2015年底船舶过坝最大吨位为1686吨,平均载重900吨(191.77吨),通过船闸的船舶3038艘,过坝核载总吨数为149.92万吨,实际过坝总货运量为58.23万吨。电站自2008年7月第一台机组投产发电以来,截至2015年底全厂共发电量153亿千瓦时,上网电量151.3亿千瓦时。

2.通航建筑物

项目于2005年6月开工,2008年8月试通航,2012年7月竣工。

项目建设依据:2004年6月,水电水利规划设计总院《广西红水河桥巩水电站预可行性研究报告》(水电规划〔2004〕0055号);2005年10月,水电水利规划设计总院《广西红水河桥巩水电站可行性研究报告》（水电规水工〔2005〕0068 号）；2006 年 11 月，国家发改委《关于广西红水河桥巩水电站项目核准的批复》（发改能源〔2006〕2609 号）；2005 年 5月，国家环境保护总局《红水河桥巩水电站工程环境影响报告》（环审〔2005〕383 号）；2004 年 12 月，国土资源部《广西桥巩水电站工程建设用地预审》（国土资源厅〔2004〕717 号）。

船闸等级为四级，代表船队为 500 吨顶推船队，船队尺度为 111.0 米 × 10.8 米 × 1.6米。船闸为单线船闸，闸室有效尺度为 120.0 米 × 12.0 米 × 3.0 米。船闸上、下游最高通航水位分别为 84.0 米和 78.42 米；上、下游最低通航水位分别为 82.0 米和 59.40 米，实际运行的最大工作水头为 24.60 米。设计充、泄水时间均为 8~10 分钟，一次过闸时间为40~50 分钟。

闸首、闸室结构形式为混合式结构：上闸首为枢纽挡水建筑物的一部分，左、右边墩和中间底板组成整体式结构。闸室紧接上闸首下游，共分为 7 个结构段，其中第 1、2、7 段采用闸墙与底板相连接的整体式结构，第 3、4、5、6 段采用闸墙与底板分缝的分离式结构，闸墙为下部衬砌墙，上部重力墙的混合式结构。下闸首由左、右边墩和中间底板组成整体式结构。左、右边墩宽均为 10.0 米，中间航槽净宽 12.0 米，门槛高程 56.4 米。

上闸首工作闸门为卧倒式钢闸门，下闸首为平面人字钢闸门；输水廊道工作阀门为潜孔式平面滑动钢闸门，启闭机械为液压启闭机。输水系统采用闸底长廊道分散输水系统，上游进水口采用闸墙垂直多支孔布置，每侧进水口均有 4 个进水支孔，其尺寸为 2.5 米 ×2.5 米；喉口宽度顺水流方向依次为 1.05 米、1.40 米、1.80 米和 2.20 米，其目的是使各支孔进流量趋于均匀，从而改善进水口流态，防止漩涡的产生。下闸首采用部分旁侧泄水方式，即在下闸首输水系统右侧一支设泄水洞，泄水洞出口与电站下游尾水相接。左侧一支水平转弯至下闸首出水口，出水口断面面积取泄水廊道面积的 2 倍，为使水流尽可能均匀，出口设中间导墙，导墙的起点略偏向弯段外侧。

上游引航道位于坝轴线上游水库中，在左岸岸坡台地上开挖而成，由导航段、调顺段、停泊段、制动段组成，长约 925 米。下游引航道由船闸本体段下游的左岸岸坡台地上开挖而成，由导航段、调顺段、停泊段、制动段组成，长约 900 米，主要建筑物有下游左右导航墙、隔水墙、停泊段 7 个靠船墩和口门区航道管理处工作船锚位。电站总投资 42 亿元，其中自有资金占 20%，其余为银行贷款。桥巩水电站施工区永久占地 1364.14 亩。

项目建设单位为广西方元电力股份有限公司；设计单位为广西电力工业勘察设计研究院；施工单位中国水利水电第十三工程局、中国水利水电第七工程局；监理单位为武汉长科建设监理公司；质监单位为广西水电建设工程质量监督中心站。

船闸输水廊道工作阀门采用窄门槽平面阀门，其最大工作水头为 24.60 米，超过了国内已建的同类船闸，突破了平面阀门在船闸输水系统的应用范围。通过采用窄小门槽和阀门底缘锐缘，倾向上游，成 45 度夹角的门型、"底部突扩 + 顶部突扩"的阀门段廊道体型和门楣自然通气新技术，稳定了底后水流，避免了空气腐蚀，减少了阀门震动，有效解决了平面阀门门槽和底缘空化难题。

3. 经验与启示

根据施工期水工整体模型试验成果，在流量为 400.0 ~ 6500.0 立方米/秒时，对上游引航道布置调整后，上、下游引航道通航水流条件较好，将最大通航流量提高到 6500 立方米/秒是可行的。鉴于流量超过 6500 立方米/秒时通航水流条件较差，如需通航，需结合实船通航试验及实际运行情况，进一步研究复核通航水流条件及落实安全通航保证措施，确保航运安全。

三、柳江—黔江的通航建筑物

（一）综述

柳江、黔江本属不同河流，但因柳江、黔江均属西南水运出海北线通道（都柳江—融江—柳江—黔江），所以常称柳—黔江。

柳江—黔江梯级水位图如图 11-7-3 所示。

柳江发源于贵州省独山县南部里纳九十九滩，自西向东流，经贵州三都、榕江、从江，至八洛入广西境内，至三江老堡口称都柳江，南流经融安、融水至柳城称融江。柳城以下经柳州市、象州至石龙三江口汇入黔江。柳江是指融江与龙江汇合处（柳城县凤山镇）至象州石龙三江口，流经柳城、柳州市、柳江、鹿寨、象州，于象州石龙三江口与红水河汇合而止，上承融江、龙江，下接黔江、红水河，全长 192.5 千米，区间集水面积 458 万公顷，落差 27.32 米，河宽 300 ~ 500 米。柳州水文站最大年平均流量 1860 立方米/秒，最小年平均流量 690 立方米/秒。流入柳江的主要支流有龙江、洛清江、运江、罗秀河。截至 2015 年，柳江上的梯级只有一个红花水利枢纽（已建成 1000 吨级船闸）。柳江上游的融江有麻石（50 吨级船闸）、浮石（100 吨级船闸）、古顶（100 吨级船闸）、大埔（（100 吨级船闸）四个梯级。

根据 2013 年 3 月中水珠江规划勘测设计有限公司编制完成的《柳江流域综合规划报告》，融江上游的都柳江共规划 12 级水电梯级开发方案，其中贵州境内 10 座，从上到下分别为：白梓桥、柳叠、坝街、寨比、红岩、永福、温寨、郎洞、大融、从江；广西境内 2 座：梅林、洋溪。贵州境内已建水电站、未建通航设施的有白梓桥、红岩、永福 3 处，未建的有柳叠、坝街、寨比 3 处，在建电站及 500 吨级通航设施的有温寨、郎洞 2 处，已建成电站及 500 吨级通航设施的有大融、从江 2 处。

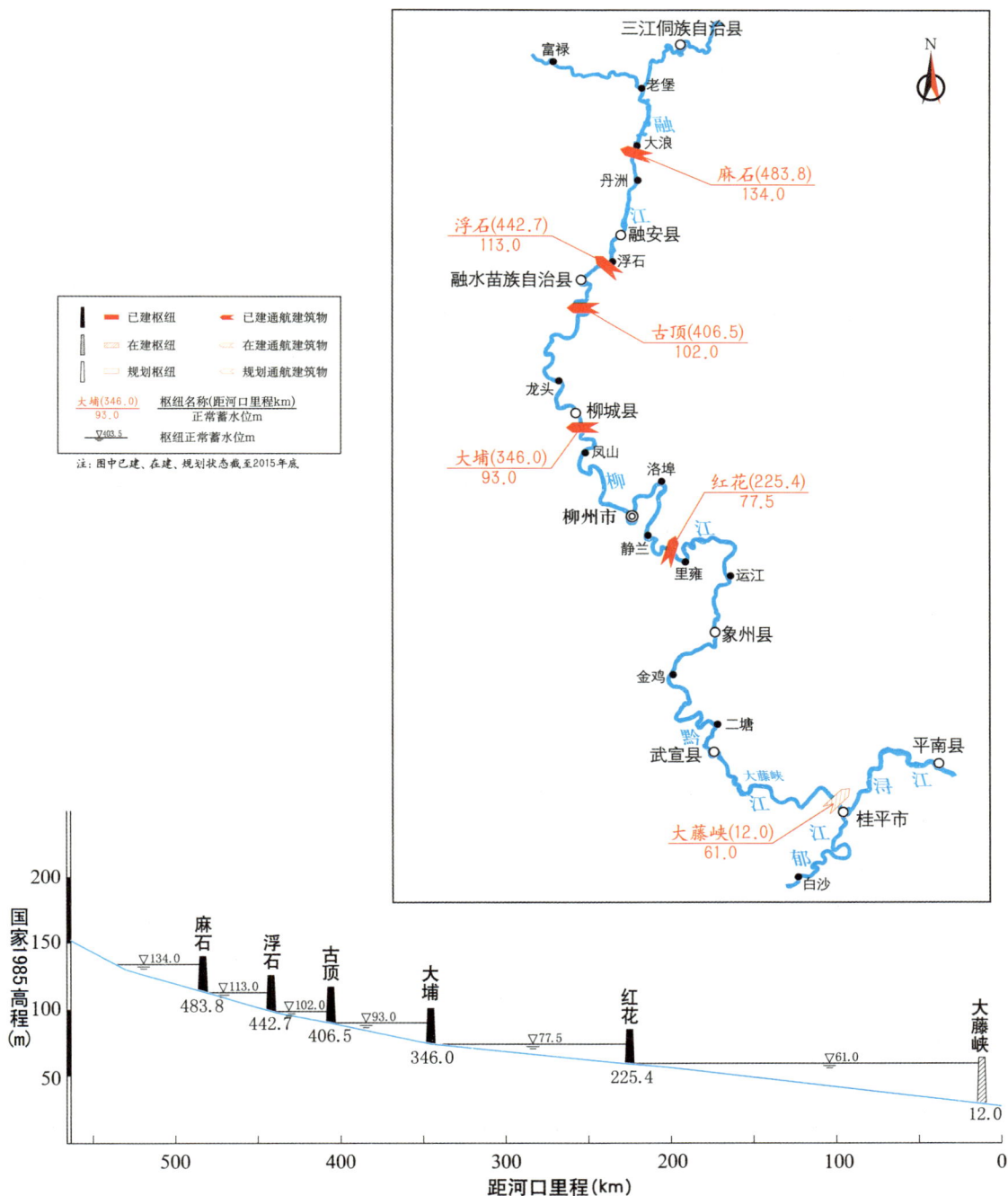

图 11-7-3　柳江—黔江梯级水位图

　　黔江指象州石龙三江口（红水河与柳江汇合处）到桂平郁江河口河段，上承红水河、柳江，下接浔江、郁江，流经象州、来宾、武宣、桂平，全长 122 千米，区间集水面积 221 万公顷，河宽 120～500 米。武宣水文站最大流量 4.56 万立方米/秒，最小流量 440 立方米/

中国水运工程建设实录（1978—2015）

第七卷·内河通航建筑物

秒。流入黔江的支流有柳江、油麻河、大琳河、东乡河、三里河等。截至 2015 年，黔江上只有在建的一个梯级——大藤峡水利枢纽工程。

（二）（都柳江）温寨船闸

1. 闸坝概况

（1）自然地理条件

温寨航电枢纽是都柳江干流贵州境内十个规划梯级中的第七个梯级，坝址位于孖温村委至宰告村之间的顺直河段，上游距孖温中寨约 900 米，距下游郎洞航电枢纽坝址 15 千米。河流流向北西 290 度，坝址为低山侵蚀剥蚀地貌。河谷呈略不对称的宽阔"U"形。正常蓄水位附近，河谷宽约 291～382 米。左岸有国道 321 线通过，地形较陡，国道以下高程坡度一般 36～40 度，国道以上开挖断面坡度达 40 度。右岸地形普遍连续，坡度一般为 25～35 度，边坡中下部一般开垦为耕地，中上部多为杉树林地。两岸山体表面植被较好，缓坡及沟内多已开垦为耕地、菜地。左、右岸地面高程一般大于 230 米，山顶高程大于 400 米；左岸国道边坡及近水岸坡均为强、弱基岩，大面积出露；右岸在近水岸坡有中等风化基岩出露，呈小面积片状或带状。

都柳江流域径流由降水形成，随降水量变化而变化。流域属亚热带季风气候地区，雨量充沛，其降水量地区分布大体趋势为中、下游大，向上游的贵州境内逐渐减少，上游靠近桂北和大苗山为多雨区；降水年内分配不均匀，4—9 月降水量约占全年降水量的 75%～80%。径流时空变化特性与降水时空变化基本对应，年径流模数变化趋势为：中、下游较大，向贵州境内逐渐减少；径流年内分配也不均匀，每年 4—9 月为汛期，当年 10 月—翌年 3 月为枯水期，汛期径流量约占全年的 81.6%；枯水期径流量平均仅占 18.4%，最枯月平均流量常出现在当年 12 月—翌年 2 月，其中尤以 1 月水量最少。

都柳江干流上主要设有三都、榕江及从江 3 个气象站。离坝址较近的为从江气象站。从江气象站位于从江县城关镇公安坡顶，地理位置东经 108 度 50 分，北纬 25 度 36 分，测站高度 260.9 米，观测项目有降水、气温、蒸发、日照、风速等。该站建于 1959 年，至今已保存有 50 余年的实测气象资料。其观测成果经贵州省气象中心整编刊印，资料可靠性强，系列年限较长，代表性较好，可作为本设计的主要气象参证站。都柳江流域属亚热带季风气候区，冬季处于极地大陆高压边缘，盛行 NW 和 NE 季风。流域内除高寒山区外，一般气温变化不剧烈，冬无严寒，夏无酷暑。气候温和，雨量充沛，无霜期长，湿度高、雾罩大，日照时数少。根据都柳江中下游的从江气象站历年气象资料统计，多年平均气温 18.4 摄氏度，最冷月（1 月）平均气温 7.7 摄氏度，最热月（7 月）平均气温 27.5 摄氏度。

（2）闸坝建设情况

温寨航电枢纽建筑物沿坝轴线自左至右依次为：左岸重力坝、厂房、泄水闸、船闸、右岸重力坝,枢纽坝顶全长248.72米,坝顶高程240.5米。左岸重力坝段建基面最低高程为226.5米,最大坝高14.0米,前沿长12.5米。电站厂房为河床式厂房,布置于枢纽左岸,上、下游分别设进水渠与尾水渠与河床相接。厂房前沿总长56.12米,其中主机间长32.12米,安装间长24.0米,安装间位于主机间左侧。泄水闸布置在船闸和厂房之间,设7孔闸,闸孔净宽13.0米,堰顶高程为213.0米,采用宽顶堰,闸顶高程240.5米。船闸布置于右岸,最大设计水头为14米,采用分散输水系统。船闸上、下游引航道采用不对称形式布置,均向右侧拓宽,设计底宽为38米,直线段全长分别都为200米。右岸重力坝段建基面最低高程220.0米,最大高坝20.5米,前沿长37米,为2个坝段。

2.通航建筑物

项目于2014年11月开工,2019年6月试通航。

项目建设依据:2014年8月,贵州省发改委《都柳江温寨航电枢纽工程可行性研究报告》(黔发改农经〔2014〕1580号);2014年9月,贵州省交通运输厅《都柳江温寨航电枢纽工程初步设计报告》(黔交建设〔2014〕274号);2014年8月,贵州省环境保护厅《都柳江温寨航电枢纽工程环境影响报告书》(黔环审〔2014〕71号);2014年1月,贵州省国土资源厅《都柳江温寨航电枢纽工程用地预审资料汇编》(黔国土资预审字〔2014〕1号)。

温寨航电枢纽通航建筑物采用单级船闸,按四级船闸标准建设。闸室有效尺度为120米×12米×3米。设计代表船型为500吨级货船,尺度为55米×10.8米×1.6米。上闸首挡水前沿宽度为30米,顺水流向长32.0米,通航孔口净宽12.0米,两侧边墩宽度均为9.0米,通航孔上游部分门槛顶高程为226.00米,下游支持段底板顶高程为214.00米。闸墩顶高程分两级布置,上游段长16.0米,墩顶高程为240.50米;下游段长20.0米,墩顶高程为232.00米。上闸首采用整体式结构,建基面为中等风化板岩。闸室结构全长120米,有效长度120米,孔口净宽12.0米,沿水流方向布置成6个结构段。闸室边墙顶高程232.00米,顶宽4.0米,建基面高程205.60米落在中等风化板岩,底板宽度27米,含输水廊道的底板厚度6.4米。闸室每个结构段的两侧闸墙各布置1个浮式系船柱,共12个;闸室两端内侧各布置有1副嵌入式爬梯,共2副。下闸首平面外轮廓尺度为24.0米×30.0米(顺水流向长×横水流向宽),孔口净宽12.0米。两侧边墩宽度均为9.0米,墩顶面布置控制、管理房建筑和下闸首液压泵站。船闸上、下游引航道采用不对称形式布置,均向右侧拓宽,引航道设计底宽为38米,直线段全长为200米。上游引航道主、副导航墙和靠船墩的顶高程均为232.00米,下游引航道主、副导航墙和靠船墩的顶高程均为224.39米,建基面均为中等风化板岩。温寨航电枢纽工程概算总投资8.48亿元,项目资本金为40%,其中交通运输部专项建设资金1.47亿元,省级配套资金1.92亿元,剩余60%建设资金通过向银行融资贷款解决。温寨航电枢纽建设占用耕地326.67亩,其中占用水田272.11亩,占用旱地54.56亩。

项目建设单位为贵州省航电开发投资公司；勘察设计单位为中水珠江规划勘测设计有限公司；施工单位为中能建广西水电工程局有限公司；金属结构制作安装单位为中能建广西水电工程局有限公司；机电设备安装调试单位为中国水利水电第一工程局有限公司；监理单位为水利部丹江口水利枢纽管理局建设监理中心；质监单位为贵州省水运工程质量监督站。

本项目于2014年11月4日开工，2015年10月5日一期工程围堰截流，2017年10月16日二期工程围堰截流。

3.经验与启示

①项目建设中采取二期围堰挡水发电，使航电枢纽尽早产生经济收益，更好地贯彻了以电养航的发展理念。

②由于贵州省首次建设、运营山区航电枢纽工程，管理经验比较缺乏，在项目实施阶段统筹推进不协调，造成建设周期延长。通过项目的实施，不断积累航电枢纽建设管理经验，力求使航电枢纽的建设和运营管理逐步达到规范化、制度化、标准化。

③航电枢纽工程同时涵盖水运交通与水利水电两个行业系统，应着重研究解决好项目实施中的质量验收评定工作。

（三）（都柳江）郎洞船闸

1.闸坝概况

（1）自然地理条件

郎洞航电枢纽是都柳江干流贵州境内十个规划梯级中的第八个梯级电站，坝址位于上游郎洞村和下游巨洞村之间，距上游温寨航电枢纽坝址15千米，距下游大融航电枢纽坝址14千米。坝址区属微弱切割的低山褶皱山地地貌单元，河流流向北西320度，河道顺直，河宽约150米，河床面高程203.4～206米，水深1米左右，无明显深槽，下游较浅有急滩分布，勘察期河中最大流速0.34米/秒；两岸山顶高程约400～500米，植被状况一般。

郎洞航电枢纽坝址处于石灰厂、涌尾（二）站两水文站之间，坝址以上集水面积85.64万公顷，石灰厂水文站集水面积为65.54万公顷，与坝址集水面积相差20.1万公顷；涌尾（二）站集水面积为130万公顷，与坝址集水面积相差为44.81万公顷。

都柳江流域属亚热带季风气候区，冬季处于极地大陆高压边缘，盛行风向为NW，盛行季风风向为NE。流域内除高寒山区外，一般气温变化不剧烈，冬无严寒，夏无酷暑。气候温和，雨量充沛，无霜期长，湿度高、雾罩大，日照时数少。根据都柳江中下游的从江气象站历年气象资料统计，多年平均气温18.4摄氏度，最冷月（1月）平均气温7.7摄氏度，最热月(7月)平均气温 27.5 摄氏度,极端最高气温 39.2 摄氏度,极端最低气温 -4.4 摄氏度;多年平均降水量 1194.7 毫米,多年平均降水日数 195 天;多年平均风速为 1.3 米/秒,历年最大风速 13 米/秒,相应风向为 S;多年平均年雾日数为 26.2 天;平均相对湿度在 75% ~ 81%,平均为 80%;多年平均蒸发量 1186.1 毫米。

(2)闸坝建设情况

朗洞航电枢纽项目于 2014 年 11 月 4 日开工;2015 年 10 月 8 日一期工程围堰截流,2017 年 10 月 18 日二期工程围堰截流。枢纽建筑物采取"左岸船闸 + 右岸厂房"布置格局,枢纽建筑物从左至右依次布置为左岸连接坝段、船闸、泄水闸、主厂房、厂房安装间、右岸连接坝段。坝顶全长 298.3 米,坝顶高程 228.4 米。

左岸重力坝段建基面最低高程 205.0 米,最大高坝 23.4 米,前沿长 85 米。船闸布置于左岸,最大设计水头为 10 米,船闸上、下游引航道采用不对称形式布置,均向左侧拓宽,设计底宽为 38 米,直线段全长分别都为 200 米。泄水闸布置在河床中间,位于船闸和厂房之间,设 6 孔闸,闸孔净宽 16.0 米,堰顶高程为 203.0 米,采用宽顶堰,闸顶高程 228.4 米。电站厂房为河床式,布置于枢纽右岸,左侧与泄水闸相邻,右侧与挡水重力坝段相接。厂房前沿总长 58.6 米,其中主机间长 33.6 米,安装间长 25.0 米。右岸重力坝段建基面最低高程为 217.0 米,最大坝高 11.4 米,前沿长 7.7 米,坝体上、下游坝面均为垂直面,坝顶宽度 21.8 米。枢纽主要建筑物中泄水闸、船闸上下闸首和闸室、发电厂房、挡水重力坝为三级建筑物,引航道建筑物等次要建筑物为四级建筑物。

2. 通航建筑物

项目于 2014 年 11 月开工,2019 年 6 月试通航。

项目建设依据:2014 年 8 月,贵州省发改委《都柳江郎洞航电枢纽工程可行性研究报告》(黔发改农经〔2014〕1579 号);2014 年 9 月,贵州省交通运输厅《都柳江郎洞航电枢纽工程初步设计报告》(黔交建设〔2014〕275 号);2018 年 5 月,贵州省交通运输厅《郎洞航电枢纽工程施工图设计》(黔交建设〔2018〕88 号);2014 年 8 月,贵州省环境保护厅《都柳江郎洞航电枢纽工程环境影响报告书》(黔环审〔2014〕70 号);2013 年 12 月,贵州省国土资源厅《都柳江郎洞航电枢纽工程用地预审资料汇编》(黔国土资预审字〔2013〕155 号)。

郎洞航电枢纽通航建筑物为单级船闸,按四级船闸标准建设。根据柳江干流梯级开发规划以及满足货运量的要求,闸室有效尺度为 120 米 × 12 米 × 3 米。设计代表船型为 500 吨级货船,尺度为 55 米 × 10.8 米 × 1.6 米。

上、下游闸首和闸室均采用整体式结构,船闸输水系统采用闸墙长廊道侧支孔输水形式。船闸上游设计最高通航水位 217.0 米(枢纽正常蓄水位),最低通航水位 216.0 米(死水位);下游设计最高通航水位 211.45 米,最低通航水位 207.0(下游最低发电水位)。上、下游工作闸门为人字门,阀门为平板门,均采用液压启闭。闸室部分全长 126 米,其中镇静段 6 米,有效长度为 120 米。闸室沿水流方向布置成 7 个结构段,每个结构段的两侧闸墙各布置 1 个浮式系船柱,共 14 个。船闸上、下游引航道采用不对称形式布置,均向左侧拓宽,引航道设计底宽为 38 米,直线段全长为 200 米。

郎洞航电枢纽工程概算总投资 7.04 亿元,项目资本金为 40%,其中交通运输部水运建设资金 1.38 亿元,省级配套资金 1.44 亿元,剩余 60% 建设资金通过向银行融资贷款解决。郎洞航电枢纽建设占用耕地 130.43 亩,其中占用水田 114.95 亩,占用旱地 15.48 亩。

项目建设单位为贵州省航电开发投资公司;勘察设计单位为中水珠江规划勘测设计有限公司;施工单位为葛洲坝集团股份有限公司;金属结构制作安装单位为广东省源天工程有限公司;机电设备安装单位为广东省源天工程有限公司;监理单位为广东华迪工程建设监理有限公司;质监单位为贵州省水运工程质量监督站。

(四)(都柳江)大融船闸

1. 闸坝概况

(1)自然地理条件

大融航电枢纽是都柳江干流贵州境内十个规划梯级中的第九个梯级电站,坝段区位于大融村寨上游约 1 千米河段,距上游郎洞航电枢纽坝址 14 千米,距下游从江航电枢纽坝址 15 千米,距离从江县城约 16 千米。坝段区内属低山丘陵地貌,河段舒缓顺直,整体流向呈南西—北东,河谷呈"U"形。坝址左岸发育深河槽,水深约 10 米,发育河心岛,地面高程 199.2~203.7 米,长度大于 1.5 千米,河心岛左侧形成深河槽,旱季时水流汇集到深河槽中。两岸山脊与河底高差 80~350 米,坝区左岸坡度 30~40 度,国道 321 线内侧基岩出露明显;外侧主要为人工填土,基岩零星出露;右岸坡度 15~35 度,主要为洪冲积或残坡积覆盖,基岩出露较少;坝区岩层整体倾向左岸偏上游,为斜向谷。

枢纽所在区域属于亚热带季风气候区,冬季处于极地大陆高压边缘,盛行 NW 和 NE 季风。流域内除高寒山区外,一般气温变化不剧烈,冬无严寒,夏无酷暑。气候温和,雨量充沛,无霜期长,湿度高,雾罩大,日照时数少。根据流域内从江气象站 1961—2008 年资料统计,年平均气温一般为 13.8~18.7 摄氏度,全年 1 月气温最低(一般为 3.4~18.0 摄氏度),7 月气温最高(一般为 23.0~27.9 摄氏度),多年平均气温 18.4 摄氏度;年平均降水量 1050~1250 毫米,多年平均降水日数 195 天,降水在年内分配很不均匀,雨量集中于汛期 4—8 月。

(2)闸坝建设情况

大融航电枢纽是一座以发电为主,兼顾防洪、航运的坝后式水电站,项目于 2012 年 12 月开工,2015 年 12 月首台机组启动;2018 年 6 月完成下闸蓄水验收;2018 年 9 月全部发电机组正式投入商业运行,2018 年 12 月完工。建成后水库正常蓄水位 208 米,相应库容 2331 万立方米,初拟装机容量 36 千瓦,为中型水电站,主要建筑物按三级建筑物设计。枢纽建筑物由左岸重力坝、厂房、泄水闸、船闸、右岸重力坝等组成,坝顶高程 218.5 米,最大坝高 40.5 米;船闸为 500 吨级。

（3）建设成就

大融航电枢纽的建成,形成了 18.0 千米级优良库区航道。自 2018 年 9 月 30 日并网发电以来,至 2020 年 5 月止,已向电网输送清洁电能超过 2.2 亿千瓦时。同时,航电枢纽的建设、航道等级的提升,促进了水路交通运输的发展,方便了沿库区居民的出行,推动了周边村镇居民脱贫致富奔小康的前进步伐。

2. 通航建筑物

项目于 2012 年 12 月开工,2018 年 12 月试通航,2019 年 12 月竣工。

项目建设依据:2012 年 11 月,贵州省发改委《都柳江大融航电枢纽工程可行性研究报告》(黔发改能源〔2012〕2377 号);2012 年 11 月,贵州省交通运输厅《都柳江大融航电枢纽工程初步设计报告》(黔交建设〔2012〕216 号);2018 年 8 月,贵州省交通运输厅《大融航电枢纽工程施工图设计》(黔交建设〔2018〕170 号);2012 年 11 月,贵州省环境保护厅《都柳江大融航电枢纽工程环境影响报告书》(黔环审〔2012〕216 号);2012 年 8 月,贵州省国土资源厅《都柳江大融航电枢纽工程用地预审资料汇编》(黔国土资预审字〔2012〕75 号)。

大融航电枢纽通航建筑物采用单级 500 吨级船闸,船闸位于右岸,主要由上游引航道、上闸首、闸室、下闸首及下引航道等组成,船闸总长 564 米。船闸闸室有效尺度为 120 米 × 12 米 × 3 米。设计代表船型为 500 吨级机动船,尺度为 55 米 × 10.8 米 × 1.6 米。

大融船闸上游设计最高通航水位 208.0 米(枢纽正常蓄水位),最低通航水位 205.0 米;下游设计最高通航水位 197.38 米,最低通航水位 192.0 米。船闸引航道采用不对称形布置,上、下游船舶过闸均为曲线进闸,直线出闸的方式。其中上游引航道总长 193 米,导航调顺段长 80 米,停泊段长 110 米,引航道底宽 37.8 米;下游引航道总长 248 米,其中导航段长 55 米,调顺段长 83 米,停泊段长 110 米,引航道底宽 37.8 米。闸首和闸室均采用整体式结构,输水系统采用闸底长廊道顶支孔出水形式。上、下游工作闸门为人字门,阀门平板门,液压启动。

大融航电枢纽工程概算总投资 9.04 亿元,项目资本金为 40%,其中交通运输部水运建设资金 2.19 亿元,省级配套资金 1.43 亿元,剩余 60% 建设资金通过向银行融资贷款解决。大融航电枢纽建设占用耕地 174.89 亩,其中占用水田 165.65 亩,旱地 9.02 亩。

本项目建设单位为贵州省航电开发投资公司;勘察设计单位为中能建广西电力设计研究院;施工单位为葛洲坝集团股份有限公司、广东水电二局股份有限公司;安装单位为长江水利委员会陆水枢纽工程局;监理单位为广州新珠监理有限公司;质监单位为贵州省水运质量监督站。

本项目于 2015 年 12 月首台机组启动;2018 年 6 月大融航电枢纽工程完成下闸蓄水验收;2018 年 9 月发电机组正式投入商业运行,2018 年 12 月全面完工。

本项目在建设过程中,形成了《贵州省航电枢纽质量检验指南》(首次编制针对航电枢纽工程的质量检验标准,具有较强的针对性和实效性;首次结合贵州省的地理、地质条件,编制符合当地建设航电枢纽工程的质量检验标准;结合贵州实际情况,参照相关技术标准,形成符合贵州省实际的航运工程质量检验标准及质量验收评定表)。《大融航电枢纽工程可行性研究报告》获得 2014 年度水运工程优秀咨询成果三等奖。

本项目建设过程中还取得了"一种搭接帷幕孔位布设装置"专利并于 2014 年 12 月 10 日获得国家知识产权局颁发专利号为 ZL20140777690.7 的实用新型专利证书。

大融航电枢纽自 2018 年 9 月 30 日并网发电以来,截至 2018 年 12 月 5 日,已累计发电超过 8000 万千瓦时。

3. 经验与启示

①都柳江大融航电枢纽工程的建设,符合经济发展的要求,对促进地区经济繁荣具有重要意义,其建设是十分必要和迫切的。

②本项目属于社会公益性项目,项目投资较大,国民经济效益大,而直接财务收益相对较差,类似项目需国家给予更多的资金补贴支持及上网电价政策优惠,以便推进项目的实施。

(五)(都柳江)从江船闸

1. 闸坝概况

(1)自然地理条件

从江航电枢纽是都柳江干流贵州境内十个规划梯级中的第十个梯级电站,坝址位于县城上游约 1.8 千米,距上游大融电站 15 千米。坝址左岸河床受人工堆填影响,河床较窄,上下游河道顺直,右岸山体雄厚,两岸均适合作为坝肩依托。

从江航电枢纽坝址区附近地形地貌属低山丘陵地貌,两岸山顶高程 305~456 米,都柳江由北西向南东流经坝址区,流向南东 25~30 度,为斜向谷,河谷呈"U"形,河床宽度约 178.6 米,地面高程 174.62~180.22 米,水位 176.55 米时河水面宽度为 125.6 米,最大水深 2.2 米。左岸为一级阶地,阶地面高程 200.82~202.51 米,坝轴线下游侧为填土区,建筑物有从江养老院等;河床主要被砂卵砾石覆盖,可见基岩出露;右岸地形较陡,坡度为 25~50 度,主要为残坡积及崩坡积覆盖,基岩出露较少。

从江航电枢纽工程区正处于两个亚一级构造单元——扬子准地台和南华准地台的过渡地带,工程区具体大地构造位置属于扬子准地台江南地轴的雪峰隆起范畴。

据涌尾(二)站水文站 1953 年 4 月至 2008 年 3 月共 56 年(水文年)径流资料统计计算,多年平均流量 296 立方米/秒,年径流量 93.35 亿立方米,多年平均年径流深 715.6 毫米,年径流模数 22.7 立方米/(秒×平方千米),枯季径流模数 8.89 立方米/(秒×平方千米)。汛期(4—9 月)水量约占全年水量的 80.4%。枯季(当年 10 月—翌年 3 月)水量占全年总水量的 19.6%。

本流域属于亚热带季风气候区,冬季处于极地大陆高压边缘,盛行 NW 和 NE 季风。流域内除高寒山区外,一般气温变化不剧烈,冬无严寒,夏无酷暑。气候温和,雨量充沛,无霜期长、湿度高、雾罩大、日照时数少。根据流域内从江气象站 1961—2008 年资料,年平均气温一般为 13.8 ~ 18.7 摄氏度,全年 1 月气温最低(一般为 3.4 ~ 8.0 摄氏度),7 月气温最高(一般为 23.0 ~ 27.9 摄氏度),多年平均气温 18.4 摄氏度;年平均降水量 1050 ~ 1250 毫米,多年平均降水日数 195 天,降水在年内分配很不均匀,雨量集中于汛期 4—8 月。

(2)闸坝建设情况

从江航电枢纽是电站与通航枢纽同步规划、同步设计、同步建设。项目于 2012 年 12 月开工,2015 年 10 月首台机组启动;2017 年 12 月从江航电枢纽工程完成下闸蓄水验收;2018 年 5 月全部发电机组正式投入商业运行;2018 年 12 月全面完工。

建成的枢纽从左至右依次布置为:左岸重力坝、厂房、泄水闸、船闸、右岸重力坝。左岸重力坝为混凝土重力坝,布置于左岸与岸坡相接处,坝顶高程 205.3 米,建基面最低高程 168.5 米,最大坝高 36.8 米,长 50 米。厂房布置于左河槽,为河床式厂房,左侧为重力坝段,右侧紧靠泄水闸,厂房长 58.46 米,宽 57.41 米,顶部高程 205.3 米,最低开挖高程 158.1 米,最大高度 47.2 米。泄水闸布置于厂房和船闸之间,共设 7 孔,闸孔净宽 16.0 米,总长 137.5 米,堰顶高程 176.0 米,消力池底底高程为 174.0 米。

船闸位于右岸,左侧紧邻泄水闸,右侧接闸门检修室坝段,船闸中心线与坝轴线正交。船闸主要由上游引航道、上闸首、闸室、下闸首及下引航道等组成,船闸总长 564 米。右岸重力坝为混凝土重力坝,布置于右岸与岸坡相接处,坝顶高程 218.5 米,基面最低高程 166.5 米,最大坝高 38.8 米,长 78.7 米。

(3)建设成就

从江航电枢纽的建设是贵州作为内陆水运欠发达省份,尝试在山区河流上建设航电枢纽,实现以电养航、航电结合的水路交通发展模式。通过近 5 年的不懈努力,从江航电枢纽的建成,形成了 13.7 千米级优良库区航道,并已向电网输送清洁电能 2.7 亿千瓦时,响应了国家绿色交通和可持续发展的号召,为山区河流后续航电开发积累了宝贵的建设经验,同时也带动了地方水运交通、旅游等社会经济的发展,方便了沿库区民众的出行。

2.通航建筑物

项目于2012年12月开工,2018年12月试通航,2019年12月竣工。

项目建设依据:2012年11月,贵州省发改委《都柳江从江航电枢纽工程可行性研究报告》(黔发改能源〔2012〕2377号);2012年11月,贵州省交通运输厅《都柳江从江航电枢纽工程初步设计报告》(黔交建设〔2012〕216号);2018年8月,贵州省交通运输厅《从江航电枢纽工程施工图设计》(黔交建设〔2018〕169号);2012年10月,贵州省环境保护厅《都柳江从江航电枢纽工程环境影响报告书》(黔环审〔2012〕215号);2011年12月,贵州省国土资源厅《都柳江从江航电枢纽工程用地预审资料汇编》(黔国土资预审字〔2011〕165号)。

从江船闸布置于右岸,为单级500吨级船闸。船闸闸室有效尺度为120米×12米×3米,运行最大工作水头18.0米(上游正常蓄水位193.00米,下游最低通航水位175.00米)。上游设计最高通航水位193.0米(枢纽正常蓄水位),最低通航水位192.0米(死水位);下游设计最高通航水位185.24米,最低通航水位175.0米。设计代表船型为500吨级机动船,尺度为55米×10.8米×1.6米。

上、下游引航道总长均为193米,其中导航调顺段长80米,停泊段长110米,引航道底宽37.8米。上游引航道设计底高程为189.5米,但地面均低于此高程,故无须开挖即可满足设计水深的要求。引航道左侧布置副导航墙和隔水墙,顶高程均为194.0米。右侧布置主导航墙和6个靠船墩,顶高程为194.0米。下游引航道设计底高程为172.5米。引航道左侧布置副导航墙和隔水墙,右侧布置主导航墙和6个靠船墩。导航墙、靠船墩顶高程均为186.3米。

上闸首左侧紧邻泄水闸,右侧接闸检室,采用整体式结构。上闸首顶面高程为205.6米,门槛高程为189.0米。闸室采用整体式结构。闸室底板布置两条输水系统长廊道,采用顶部出水盖板消能的出水方式。闸室底板顶高程171.3米,出水孔顶盖板高程172.0米,闸室边墙顶高程195.0米。闸墙内布置有输水廊道、顶支孔、浮式系船柱、爬梯槽等,闸墙顶布置有门机轨道。下闸首采用整体式结构,顶面高程195.0米,门槛高程172.0米。船闸输水系统采用闸底长廊道顶支孔出水,上、下游工作闸门为人字门,阀门平板门,液压启动。

从江航电枢纽工程概算总投资10.44亿元,项目资本金为40%,其中交通运输部水运建设资金2.35亿元,省级配套资金1.82亿元,剩余60%建设资金通过向银行融资贷款解决。从江航电枢纽建设占用耕地89.06亩,其中占用水田75.65亩,占用旱地13.41亩。

项目建设单位为贵州省航电开发投资有限公司;勘察设计单位为中能建设广西电力设计研究院;施工单位为中国水利水电第五工程局有限公司、中国水利水电第六工程局有限公司;安装单位为广东源天工程有限公司;监理单位为湖南水利水电工程监理承包总公司;质量监督单位为贵州省水运质量监督站。

本项目于2015年10月首台机组启动;2017年12月从江航电枢纽工程完成下闸蓄水验收;2018年5月发电机组正式投入商业运行;2018年12月全面完工。

本项目在建设过程中,形成了《贵州省航电枢纽质量检验指南》(首次编制针对航电枢纽工程的质量检验标准,具有较强的针对性和实效性;首次结合贵州省的地理、地质条件,编制符合当地建设航电枢纽工程的质量检验标准;结合贵州实际情况,参照相关技术标准,形成符合贵州省实际的航运工程质量检验标准及质量验收评定表)。《从江航电枢纽工程可行性研究报告》获得2014年度水运工程优秀咨询成果三等奖。

本项目建设过程中还取得了"一种边坡监控预警装置"专利,并于2015年4月16日获得国家知识产权局颁发专利号为ZL201520230457.1的实用新型专利证书。

从江航电枢纽自2018年5月23日并网发电以来,截至2018年12月5日,已累计发电超过8000万千瓦时。

3. 经验与启示

①项目建设中采取二期围堰挡水发电,使航电枢纽尽早产生经济收益,更好地贯彻了以电养航的发展理念。

②由于贵州省首次建设、运营山区航电枢纽工程,管理经验比较缺乏,在项目实施阶段统筹推进不协调,造成建设周期延长。通过项目的实施,不断积累航电枢纽建设管理经验,力求使航电枢纽的建设和运营管理逐步达到规范化、制度化、标准化。

③航电枢纽工程同时涵盖水运交通与水利水电两个行业系统,应着重研究解决好项目实施中的质量验收评定工作。

(六)红花船闸

1. 闸坝概况

(1)自然地理条件

柳江由北西向南东流经本区,河宽200～500米,多为横穿岩层,以宽谷为主的箱状谷,河道蜿蜒曲折,水流平缓。由于构造、岩性控制地貌分布明显,工程区主要为丘陵山地,山地高程一般104～153米,山坡坡角16～25度,在坝址区及坝址区下游为溶蚀侵蚀低山丘陵,丘陵连绵,坡度平缓,丘顶高程一般小于200米,个别坚硬岩石形成低山,山顶高程300～500米;河流两岸多为侵蚀堆积河流阶地。

红花水电站工程区位于新华夏系构造体系的穿山向斜、穿山断裂和长沙背斜、呈村断裂之间,主构造线方向为北东10～30度,是本区占主导地位的构造形迹,也是新华夏系体系中的第三、四序的第一级构造,坝址区发育了一组相互平行的挤压断层带,呈北北东和北北西方向雁行排列,伴生一组北西向发育的扭裂带,形成"多"字形扭动构造的格局。坝址岩层产状走向基本平行坝轴线,北东20~40度,倾向北西或南东,倾角变化大。

区内地下水主要是喀斯特水、裂隙水。松散岩类由于厚度小,枯季不含水或含水量很少。地下水以大气降水渗透补给为主,局部地段接受地表水补给。灌溉回渗、城市生活废水下渗也构成一些地下水补给源。

根据柳江区气象站资料,工程所处的柳江区属亚热带季风气候,年平均气温20.4摄氏度,年平均降水量多于1400毫米,年平均日照超1600小时。季风环流影响明显,夏长炎热,冬短不寒,雨量充沛,光照充足,无霜期长。

（2）闸坝建设情况

红花水电站位于柳江下游河段红花村里雍林场附近,上距柳州市25千米,是柳江干流规划中九个梯级水电站最下游的一个梯级,是一个以发电、航运、改善水环境为主,兼顾灌溉、旅游、养殖等综合利用工程。工程于2003年10月开建,2005年10月第一台机组发电,2006年底建成,枢纽主要建筑物自右向左依次为:右岸土坝、右岸门库、电站厂房、泄水闸（18孔）、船闸（1000吨级）、左岸门库、左岸土坝,坝顶总长884.7米。

红花一线船闸标准为五级,设计船型为2×300吨级顶推船队,兼顾1000吨级单船,船闸有效尺度为180米×18米×3.0米。一线船闸布置于水电站左岸,船舶进出闸方式上、下游均为曲线进闸直线出闸,引航道布置方式为不对称形式,均往左侧拓宽,靠船墩均布置于引航道的左侧,上游引航道直线段长360米,下游引航道直线段长484米,引航道底宽为50米。

红花二线船闸工程位红花水利枢纽左岸,闸址在柳州市鱼峰区里雍镇红花村。其建设方案为保留原有船闸（一线船闸）,在其左侧新建一座新建1座2000吨级（兼顾3000吨级船舶）船闸。新建船闸（二线船闸）闸室有效尺度为280米×34米×5.8米。二线船闸主体及附属工程主要内容有闸首、闸室,上、下游引航道主辅导航墙、靠船墩、隔流堤、护坡、连接坝段工程,船闸金属结构、启闭机械工程,改建坝顶交通桥、道路等交通工程,上、下游连接段航道及待闸锚地工程,船闸供电、自控、给排水及消防、管理区房建等工程,导助航及其他配套设施。项目概算总投资为25.56亿元。

红花一线船闸工程等别为一等,主要建筑物级别为二级,设计洪水标准为100年一遇。新建建筑（红花二线船闸）等级如下:闸首、闸室为二级建筑物,导航、靠船建筑物为三级建筑物,临时建筑物为四级建筑物;船闸闸首、闸室等主要建筑物的导流建筑物级别为四级建筑物。

（3）建设成就

自2005年10月28日红花水电站通过验收正式蓄水后,往常枯水季节几乎见底的柳江水位逐天上升，柳州市河段水位提高了 4～5 米，从柳江大桥到壶东大桥的一条旅游长廊沿岸而建，形成"百里柳江、百里画廊"独特江景，这也成为柳州对外宣传最为靓丽的一张城市名片。此外，柳州各种水上项目如娱乐、观光、美食等水上游览休闲活动蓬勃发展，不断愉悦和丰富着柳州人的城市生活。最为重要的是，柳江碧水、江面如镜等浑然天成的水环境，促使柳州得以计划和举办及承办国内、国际大型水上竞技比赛，如世界级的 F1 水上摩托艇比赛在柳州的成功举办，同时也让世人皆叹柳江之美。

2006 年 2 月 21 日，红花水电站第二台机组经试运转成功，电站的水位达到设计水位，红花水电站每年为广西（包括柳州地区）提供 9 亿千瓦时的电力。柳州市区柳江段的水位长期定格在 78.5 米，形成一个库容达 5.7 亿立方米的大水库，柳江原有形态随之改变。这个变化对生活在库区的近百万市民影响深远。

红花水电站对促进柳江"黄金水道"运营发展和柳江河道通航影响深远的。该水电站未建成前，枯水季节柳江的水流量每秒只有 300～400 立方米，过去由于受多处险滩的影响，108 千米的河段只能行驶 100 吨级以下的船舶。电站蓄水后，险滩消失，航速提升，柳江水面一马平川。主航道水深超过 5 米，1000 吨级甚至更大的船舶航行已不成问题。结合远期大藤峡枢纽的建设和河道整治，柳江的通航能力还可大幅提高。与此同时，还可以带动沿江码头的建设，柳州的水上交通能力将得到全面提升。

为了进一步提升西江黄金水道航运能力和水平，充分发挥西江黄金水道的水运优势，促进区域经济协调发展，作为首批西江黄金水道建设项目之一的红花二线船闸工程已于 2016 年 11 月正式开工。

2. 通航建筑物

（1）红花一线船闸

项目于 2003 年 8 月开工，2004 年 11 月试通航，2004 年 12 月正式通航。

2002 年 11 月，广西壮族自治区计划委员会以桂计能源〔2002〕576 号文批复红花水电站项目建议书，同意建设柳江红花水电站。2003 年 1 月，中水珠江设计公司重新编制了红花水电站可行性研究报告，并于同年 4 月通过了广西区水利厅组织的审查。同年 5 月 8 日，广西壮族自治区计划委员会以桂计能源〔2003〕217 号文批复同意了可行性研究报告。2003 年 7 月，中水珠江设计公司完成了红花水电站初步设计报告，同年 9 月通过了广西壮族自治区水利厅组织的审查，以桂水技〔2003〕48 号文批复同意了初步设计报告。2003 年 10 月，广西壮族自治区水利厅以桂水电施许〔2003〕7 号文批准工程项目开工。1995 年 5 月，广西壮族自治区环境保护局以《关于广西柳江红花水利枢纽环境影响报告书审批意见的复函》（环监〔1996〕532 号）批复通过了环境影响报告书。因工程在环境影响报告书批复后 5 年内未施工，2002 年 12 月，项目法人根据有关法律法规，在原环境影响报告书的基础上组织编制了《广西柳江红花水电站工程环境影响复核报告书（报批本)》。2003 年 8 月,广西壮族自治区环境保护局以《关于广西柳江红花水电站工程环境影响复核报告书的批复》(桂环管字〔2003〕215 号)批复同意了环境影响复核报告书。

红花一线船闸等级为五级,为单级船闸,设计船型为 2×300 吨级顶推船队,兼顾 1000 吨级单船,有效尺度为 180 米×18 米×3 米。设计水头 17.9 米。上游最高通航水位为 77.5 米,最低通航水位为 72.5 米;下游设计最高通航水位为 74.62 米,相应的 2 年一遇通航流量为 1.41 万立方米/秒,最低通航水位为 59.79 米(已考虑下游河床下切 0.97 米),相应的 95% 保证率流量为 192 立方米/秒。上、下闸首和闸室均采用分离式结构,船闸输水系统采用闸底单长廊道侧支孔出水输水。输水系统采用闸底长廊道分两区段侧支孔出水明沟消能形式。上、下游工作闸门为人字门,阀门为反弧门,液压直推式启动。充、泄水时间均为 20 分钟,一次过闸时间为 58 分钟。船闸上、下游引航道采用不对称平面布置,均往左侧拓宽,引航道宽度为 50 米。上游引航道直线段长为 360 米,上游以一弯曲航道与河道深泓线连接,弯曲航道的曲率半径为 300 米,圆心角为 21 度。下引航道向左侧拓宽,宽度 50 米,底高程 56.79 米,直线段长度 484 米,弯曲航道曲率半径 300 米,圆心角 20 度,弯曲航道加宽至 62 米,出口与河道深槽相接处口门加宽至 75 米。红花水电站项目实际发生总投资为人民币 15.27 亿元,船闸工程(一线船闸)批准概算 10556.30 万元(调整数),财务决算船闸工程投资 12156.32 万元。工程建设区实际完成征地面积 1578.44 亩,其中永久占地 552.98 亩,临时用地 1025.46 亩。

项目建设单位为广西柳州市红花水电有限责任公司;设计单位为中水珠江规划勘测设计有限公司;施工单位为广东水电二局股份有限公司、广东省源天工程公司、广东江海机电工程有限公司;机电设备制造单位为东方机电机股份有限公司、哈尔滨电机厂有限责任有限公司、江西变电设备有限公司、湖北咸宁三合机电制业有限责任公司监理单位为中水珠江规划勘测设计有限公司;质监单位为柳州红花水电站工程质量监督项目站。

本项目建设期间的重大事项如下:2003 年 8 月 1 日,建设单位正式进入工地现场进行施工准备工作;2003 年 10 月 25 日,船闸基坑开始抽水;2004 年 10 月 31 日,闸首所有混凝土施工完成,至此,船闸结构施工基本结束;2004 年 11 月 5 日,一期闸坝下闸蓄水,2004 年 11 月 15 日,船闸试通航成功;2004 年 12 月 1 日,船闸正式通航。

项目建成后,正常蓄水位为 77.5 米,改善柳江航道 108 千米,实现柳江及以下河段近期 300 吨级、远景 1000 吨级的通航能力。2018 年,红花一线船闸过闸核载吨 1251 万吨,过闸船舶数量 1.9 万余艘。

(2)红花二线船闸

项目于 2016 年 11 月开工,预计 2021 年 12 月试通航,2022 年 12 月竣工。

红花二线船闸与已建一线船闸轴线间距为 120 米,上闸首上游前沿线位于一线船闸上闸首前沿线下游侧 8 米。新建二线船闸上、下游引航道均与一线船闸分设引航道。二线船闸主要包括上游引航道、上闸首、闸室、下闸首和下游引航道。引航道布置方式为不对称形式,上、下游引航道均向左侧拓宽,靠船墩均布置于左侧,船舶进出闸方式为曲线进闸、直线出闸。上游设计最高、最低通航水位分别为80.48米和72.50米(1956黄海高程,下同);下游设计最高、最低通航水位分别为80.15米和56.69米。

(七)大藤峡船闸

1. 闸坝概况

(1)自然地理条件

大藤峡水利枢纽位于珠江流域西江水系黔江干流大藤峡出口弩滩上,地理坐标为东经110度02分、北纬23度28分,坝址下距桂平市约6.6千米。坝址以上控制流域面积1986万公顷,约占西江水系流域总面积的56.2%。

西江是珠江流域最大的河流,发源于云南省沾益区马雄山南麓,自西向东流经云南、贵州、广西、广东四省(自治区),全长约2214千米,流域面积3531万公顷,占珠江流域总面积(4537万公顷)的78%。

西江上游称南盘江,在云南境内流至罗平后为贵州、广西两省(自治区)界河,河段长约894千米;在两省(自治区)交界的蔗香村与北盘江汇合后称红水河,红水河沿黔、桂交界东流约100千米汇入曹渡河后转向东南进入广西,经广西的乐业、天峨、南丹、东兰、大化、都安、马山、忻城、来宾等市县,至象州县石龙镇与北来的柳江汇合,河段长约659千米;红水河纳柳江后称黔江继续流向东南,经武宣、穿过大藤峡至桂平与南来的郁江汇合,河段长约124千米;黔江与郁江汇合改称浔江,浔江经平南、藤县、苍梧等县,河段长约167千米;至梧州纳桂江后方称西江,西江过梧州入境广东,经郁南、德庆、肇庆等县市,东流208千米至思贤滘与北江相逢后流进珠江三角洲河网地区,而后主干转向南下经三水、鹤山、江门、珠、澳门等地,在磨刀门注入南海。

大藤峡水利枢纽坝址以上流域呈东西向长条形,地势自西北向东南倾斜,以云南境内最高,高程一般在1500~2000米;贵州境内高程一般在800~1500米;广西境内较为低平,一般高程为200~1000米。流域内多山区、丘陵区,平原区很少。

流域内岩溶分布广泛,自然景色秀丽。流域属亚热带季风气候区,北回归线横贯流域南部,大部分地区夏长冬暖,秋短春温,高温多雨,盛产热带水果、药材、甘蔗等。

黔江出大藤峡至桂平与南来的郁江汇合后进入浔江平原,该冲积平原是广西最大的平原,横跨桂平、平南两市县,西起黔江、郁江交汇处,东至平南县武林镇,面积62.9万公顷,土地肥沃,地势低平,偶有山丘起伏,平均海拔超30米,热量充足,浔江迂回其中,南北两岸河网纵横,灌溉便利,人口稠密,是广西重要的粮、蔗生产基地。这里还有全国最大的石硖龙眼生产基地。

大藤峡峡谷位于黔江河段武宣盆地东缘的大瑶山脉与莲花山脉连接部,以横石矶为入口至弩滩为出口,全长44千米。大藤峡两岸的硬砂岩和砾岩发育成丹霞地形,怪石嶙峋,烟霞叠翠,风景奇丽,夏日雨季,两岸陡壁瀑布成群。过去大藤峡因河床狭窄,滩险流急,暗礁林立,航行艰难;后经拓宽航道、清除暗礁等项治理,枯水期可通航300～500吨级机船,中水期可通航800～1000吨级机船。

(2)闸坝建设情况

大藤峡水利枢纽工程任务为防洪、航运、发电、补水压咸、灌溉等综合利用。在工程运用上,发电调度服从水资源调度,水资源调度服从生态调度,但在汛期均应服从防洪调度。

大藤峡水利枢纽工程水库正常蓄水位61.00米,汛期限制水位47.60米,防洪运用最低水位44.00米,死水位47.60米。水库总库容34.79亿立方米,防洪和补水压咸,库容均为15亿立方米,完全设置于正常蓄水位以下。船闸规模为3000吨级。电站装机容量1600兆瓦,8台机组,多年平均发电量60.55亿千瓦时,保证出力366.9兆瓦。

大藤峡水利枢纽工程挡水建筑物由黔江主坝、黔江副坝和南木江副坝组成,坝顶长度分别为1243.06米、1239米和647.6米,最大坝高分别为80.01米、30.00米、39.80米。单级船闸集中布置在黔江左岸;河床式厂房布置在黔江主坝,两岸分设,左岸布置3台机组,右岸布置5台机组;26孔泄水闸(2个高孔和24个低孔)布置在黔江主坝河床中部;黔江鱼道布置在主坝右岸。黔江主坝自右向左依次为右岸挡水坝段、右岸厂房坝段、泄水闸坝段、左岸厂房坝段、船闸坝段、船闸事故门库坝段等。黔江副坝为单一挡水建筑物,为黏土心墙石渣坝。南木江副坝由黏土心墙石渣坝段、灌溉取水及生态泄水坝段和混凝土重力坝段组成,南木江鱼道过鱼口布置在混凝土重力坝坝段上。主要建筑物级别为一级,次要建筑物和二期上游围堰级别为三级,临时建筑物级别为四级。

(3)建设成就

根据珠江流域防洪规划,大藤峡水利枢纽工程的防洪任务是与龙滩联合运用,将梧州站100年一遇洪水削减为50年一遇,兼顾削减100年一遇以上的洪水;结合北江飞来峡水库的调度运用,使广州市有效防御西、北江1915年洪水,将西江中下游和西北江三角洲重点防洪保护对象的防洪标准由50年一遇提高到100～200年一遇,兼顾提高西江、浔江和西北江三角洲其他堤防保护区的防洪标准。

大藤峡水利枢纽工程的航运任务是改善黔江航道通航条件,提高黔江航道标准和通航能力。结合航道整治和疏浚等措施,使枢纽上、下游河段航道远景达到一级航道标准,枢纽船闸按3000吨级规模设计,同时预留二线船闸位置。

枢纽水电站属红水河水电开发的第十个梯级,可充分开发利用梯级水能资源,缓解电力供需矛盾,为广西电网提供清洁能源,承担电网的发电和调峰任务。

枢纽在流域水资源配置中的主要任务是在天生桥、龙滩等调节水库按照正常发电调度调节径流的基础上,进一步调配西江枯水期径流,降低枯水期河口咸潮上溯的影响,保障西江下游及珠江三角洲生活、生产和生态的基本用水需要,保证西江下游及珠江三角洲地区的供水安全,在西江下游发生突发性水污染事件时,紧急向下游输水,缓解西江下游及三角洲供水紧张局面。

枢纽灌溉任务是为大藤峡水库下游发展自流灌溉提供水源保障,也为库区周边发展提水灌溉节省电费,并改善库区沿岸农村生活用水条件,同时为达开水库和金田水库转作城市供水水源创造基本条件。截至2020年10月7日,大藤峡水利枢纽左岸三台机组累计发电量突破10亿千瓦时。截至2020年9月30日,大藤峡水利枢纽船闸累计开闸1150次,累计过闸船舶9695艘,累计过闸核载1790.36万吨,累计过闸实载820.79万吨。

2.通航建筑物

项目于2015年9月开工,2020年4月试通航。

2011年2月,国家发改委以发改农经〔2011〕383号文批复了大藤峡水利枢纽工程项目建议书;2014年10月,经国务院批准,国家发改委委员会以发改农经〔2014〕2325号文批复了大藤峡水利枢纽工程可行性研究;2015年5月,国家发改委以发改投资〔2015〕1058号文批复了大藤峡水利枢纽工程初步设计概算;2015年5月,水利部以水总〔2015〕222号文批复了大藤峡水利枢纽工程初步设计;2013年3月,水利部以水保函〔2013〕72号文批复了大藤峡水利枢纽工程水土保持方案;2014年4月,环境保护部以环审〔2014〕83号文批复了大藤峡水利枢纽工程环境影响报告书;2017年2月,广西壮族自治区港行管理局下达《关于大藤峡水利枢纽工程通航条件的批复》(港航航道函〔2017〕18号);2017年6月,中华人民共和国贵港海事局批复《关于大藤峡水利枢纽工程通航安全评估报告的审查意见》(贵通通航函〔2017〕36号)。

大藤峡水利枢纽为一等工程,工程规模为大(1)型。大藤峡船闸设计通航最大船舶吨级为3000吨,船闸等级为一级;航道等级规划为二级,远景规划为一级;根据《船闸水工建筑物设计规范》(JTJ 301—2001)确定船闸闸首、闸室为一级建筑物;导航墙、靠船墩、隔流墙及隔流堤等为三级建筑物。

船闸闸首、闸室等一级建筑物设计洪水标准为1000年一遇,校核洪水标准为5000年一遇;导航墙、靠船墩等三级建筑物设计洪水标准为100年一遇,校核洪水标准为1000年一遇。

船闸为单线、单级,船闸设计最大通航船舶吨级为3000吨,尺度为82米×15.6米×3.5米;船队吨级为2×2000吨,尺度为182米×16.2米×2.6米。闸室有效尺度为280米×34米×5.8米。上游最高通航水位61.00米,上游最低通航水位44.00米;下游最高通航水位41.24米,下游最低通航水位20.75米。

闸首、闸室采用分离式混凝土结构。采用等惯性四区段八分支廊道盖板消能输水系统,设计充、泄水时间均为 15 分钟。设计平均单向过闸时间 56.8 分钟,平均双向过闸时间 113.6 分钟。

船闸包括闸室系统和输水系统两部分,在闸室系统的上、下闸首均设有工作闸门,工作闸门采用人字闸门,利用液压直联式启闭机操作。在船闸上闸首人字闸门上游侧设置了一道平面事故闸门,由上闸首桥机进行操作。下闸首人字闸门下游侧设有一道浮箱式检修闸门,用于闸室及人字闸门检修,浮箱式检修闸门采用拖船进行操作。

船闸闸室两侧各设一条充、泄水廊道,廊道进水口设在闸室进水段侧面,每条廊道设有 8 个进水口,最前端设一道拦污栅。闸室充、泄水廊道鹅颈管下平段和闸室输水廊道尾部各设有一道反向弧形阀门,反向弧形阀门 2 道共 4 扇,反向弧形阀门均采用液压启闭机操作。每扇反向弧形阀门上、下游各设一道平面检修闸门用作阀门检修使用。

闸室沿水流方向右侧靠近下闸首处设一条辅助泄水廊道,辅助泄水廊道设有平面工作阀门,工作阀门采用液压启闭机操作。工作阀门上游设一道平面检修闸门用作工作阀门检修使用。充、泄水廊道所有检修闸门均采用临时启吊设备操作。

船闸全长 3735 米,船闸段即上闸首、闸室、下闸首段全长 385 米。上游引航道全长 1453 米,导航调顺段长 550 米,引航道底宽 75 米,口门区宽 115 米,口门区最小弯曲半径 910 米。下游引航道全长 1897 米,引航道底宽 75 米,口门区宽 115 米,口门区最小弯曲半径 910 米。

船闸上闸首长 58 米,门前段挡水宽度 113 米,其余段顶宽 80 米,底宽 113 米,边墩顶高程 65.00 米;人字门底槛顶高程 38.20 米;边墩顶部厚度为 23 米,左右边墩底部厚度分别为 45 米、40 米;底板长 58.8 米,宽 28 米。闸室采用分离式结构,闸室边墙根据实际地形地质条件,采用重力式结构。闸室墙长度为 268.2 米,闸室墙顶高程为 65.00 米,闸室底板顶高程为 13.95 米。闸室墙顶宽阀门段为 20.1 米,其他段为 8 米,墙底宽 35 米。下闸首长 58 米,顶宽 80 米,底宽 126 米,顶高程 65.00 米;人字门底槛顶高程 14.95 米。边墩顶部宽度为 23 米,底部宽度为 49 米;底板长 58 米,宽 28 米,厚 16.95 米。靠船墩为混凝土重力式结构,均设系靠设施和爬梯。上游引航道停泊段长 300 米,右侧设置 12 个靠船墩,靠船墩的内边线与引航道底边线齐平,相邻两墩中心间距为 25.00 米,墩身顶面尺度为 3 米×3 米。下游引航道停泊段长 300 米,右侧设置 12 个靠船墩,靠船墩的内边线与引航道底边线齐平,相邻两墩中心间距为 25.00 米,墩身顶面尺度为 3 米×3 米。

待闸锚地布置及容量如下:船闸上游待闸锚地位于大藤峡库区内,其中上游 1 号为普通船舶待闸锚地,上游 2 号为危险品船舶待闸锚地。1 号锚地位于大藤峡峡谷转弯后的主河道右侧,距上游口门区约 1.58 千米(航上 3.51 千米),总面积约 3.55 万平方米,布置有 18 个靠船墩。2 号待闸锚地(危险品船舶待闸锚地)距上游口门区约 4.41 千米(航上 6.35 千米),总面积约 1.35 万平方米,布置有 9 个靠船墩。

大藤峡工程概算总投资 357.36 亿元,其中工程资本金 186.93 亿元,银行贷款 170.43 亿元。资本金中,中央预算内固定资产投资 100 亿元（占 53.8%）,广西壮族自治区 18.95 亿元（占 10.2%）,广东省 12.64 亿元（占 6.7%）,澳门特别行政区赠款 8 亿元（占 4.2%）;企业出资 40 亿元（占 21.4%）;另外有 7.34 亿元的资金缺口,由水利部商广西、广东及项目法人筹措。工程征地总面积 28.57 万亩,其中水库淹没区 26.75 万亩,工程建设区 1.82 万亩。

项目建设单位为广西大藤峡水利枢纽开发有限责任公司;设计单位为中水东北勘测设计研究有限责任公司、广西壮族自治区水利电力勘测设计研究院、中水珠江规划勘测设计有限公司联合体;施工单位为中国葛洲坝集团股份有限公司;监理单位为广州新珠工程监理有限公司。

本项目建设期间的重大事项如下:2014 年 11 月 15 日,大藤峡水利枢纽工程建设动员大会召开;2015 年 1 月 4 日,大藤峡水利枢纽工程移民安置正式启动;2015 年 9 月 19 日,左岸船闸主体工程开工建设;2015 年 9 月 29 日,左岸泄水坝段、厂房坝段主体工程开工建设;2016 年 5 月 30 日,左岸一期导流围堰填筑至设计度汛高程;2019 年 10 月 26 日,大江截流;2020 年 3 月 10 日,左岸泄水闸下闸蓄水;2020 年 4 月 1 日,左岸船闸正式试通航;2020 年 4 月 30 日,左岸首台机组发电。

自大藤峡水利枢纽船闸试通航至 2020 年 9 月 30 日,累计过闸 9695 艘次,累计过闸核载量 1790.36 万吨。以当前日均货物通过量推算,试通航当年货物通过量 1675 万吨,满足《大藤峡工程初步设计报告》中预测的 2020 年 1500 万吨的货物过闸需求,试通航期间未发生安全事故。

广西河池、柳州、来宾等地是珠江三角洲地区重要的砂石骨料供应源地,黔江则是砂石骨料水上运输的必经线路。珠三江作为全国经济龙头地区,原材料需求不断扩大,黔江航运压力剧增。广西大藤峡水利枢纽开发有限责任公司坚持问题导向,深入研究,精心部署,在确保安全的前提下,加强科学调度,及时解决故障问题,合理引导船舶过闸,深挖船闸通航潜力。大藤峡船闸运行时间从最初交通部门批准的 10 小时延长至 13 小时,通过闸次从最初的每日运行 6 闸次提高并稳定保持在 8 闸次。以当前船闸运行时间计算,通过效率基本与周边同类船闸持平。

黔江通航等级由 300 吨级提升至我国内河航运最高等级 3000 吨级规模,具备了年运输货物 5000 万吨的能力,当年的"魔鬼航道"已变为"黄金航道"。

大藤峡船闸通航起便按照"三统一分"模式运营,即统一调度、统一信息发布、统一报到,按船闸产权所属分别负责设备的运行、维护及检修管理。该管理模式通过北斗卫星定位技术、多方通信融合指挥系统、远距离高频对讲实时通信、船闸广播设备等信息技术的应用,实现船闸联合调度、集中控制和不离船舶靠岸报闸等多项创新,极大提高了船舶过闸效率,其技术领先性走在国内船闸管理行业前列。

3. 经验与启示

大藤峡船闸为国内单级最高水头船闸,如果按以往经验和技术,需要设置二级船闸,现单级船闸极大地提高了通航效率。

船闸闸门高度、挡水水头、水力学指标等均达到国内外已建船闸的最高水平,堪称"天下第一门"。

下闸首人字门底枢蘑菇头选用高碳高铬不锈钢新材质铸锻,在国内尚属首次。

第八节　珠江三角洲高等级航道网的通航建筑物

一、综述

经过多年的建设发展,截至 2015 年底,珠江三角洲"三纵三横三线"千吨级骨干航道网基本形成。"三纵"包括西江下游出海航道、白坭水道—陈村水道—洪奇沥水道、广州港出海航道;"三横"是东平水道、潭江—劳龙虎水道—莲沙容水道—东江北干流、小榄水道—横门出海航道;"三线"是崖门水道、崖门出海航道—虎跳门水道—顺德水道。

珠江三角洲现有 81 座船闸,正常通航的船闸有 23 座,在建的有 5 座。大多数船闸设置在通航等级较低的河涌作为水利防洪排涝的附属设施,由水利部门组织建设、运营和管理,因年久失修、船舶大型化发展等原因,大部分船闸已断航。正常通航的船闸,由于船闸水头差小,放水时间短,一般到船即开闸,不存在塞船的情况,船舶过闸情况良好,水运效率能得到保证。珠江三角洲最高等级的船闸为 500 吨级,包括前山水道石角咀船闸、联石湾船闸等。

二、前山水道的通航建筑物

(一)石角咀船闸

1. 闸坝概况

(1)自然地理条件

前山水道西起中山市坦洲镇联石湾,从磨刀门水道引西江水向东流,经坦洲镇和珠海市前山镇境,于湾仔石角嘴注入珠江口,长 21 千米。

珠海市地处珠江口西岸,濒临广阔的南海,属典型的南亚热带季风海洋性气候。气候湿润,雨量充沛。珠海常受南亚热带季候风侵袭,多雷雨。4—9 月盛行 SE 季风,为雨季,降水量占全年的 85%；当年 10 月—翌年 3 月盛行 NE 季风，为旱季。

（2）闸坝建设情况

石角咀船闸位于前山水道，建设地点在珠海市湾仔，1986 年建成，现船闸已封停。

2. 通航建筑物

项目于 1985 年 4 月开工，1986 年 12 月竣工。

项目建设依据：1984 年 11 月，广东省交通厅下达《关于前山水道碍航闸坝复航工程初步设计的批复》（粤交道〔1984〕982 号）。

工程建设 1 座单级、单线船闸，建设标准为四级，设计水头 2.5 米。闸室设计有效尺度为 124 米长，设计船型 500 吨级。船闸的闸、阀门分别为人字门和平板门形式，启闭机械均为液压启闭机。项目总投资 194 万元。

项目建设单位为广东省航道局。

3. 经验与启示

石角咀船闸是"七五"期间前山水道复航建设的重点工程之一。自 1986 年正式通航以来，珠海航道所不断强化船闸内部管理，为复航工程发挥综合效益起到了重要作用。

（二）联石湾船闸

1. 闸坝概况

（1）自然地理条件

前山水道西起中山市坦洲镇联石湾，从磨刀门水道引西江水向东流，经坦洲镇和珠海市前山镇境，于湾仔石角嘴注入珠江口，长 21 千米。

中山市地处珠江口西岸，东临伶仃洋，属典型的南亚热带季风海洋性气候。气候湿润，雨量充沛。珠海常受南亚热带季候风侵袭，多雷雨。4—9 月盛行 SE 季风，为雨季，降水量占全年的 85%；当年 10 月—翌年 3 月盛行 NE 季风，为旱季。

（2）闸坝建设情况

联石湾船闸位于前山水道，建设地点在广东省中山市坦洲镇群联村，于 1989 年建成，占地总面积 90.65 亩。

2. 通航建筑物

联石湾船闸项目于 1986 年 11 月开工，1989 年 4 月竣工。

项目建设依据：1984 年 11 月，广东省交通厅《关于前山水道碍航闸坝复航工程初步设计的批复》（粤交道〔1984〕982 号）；1985 年 4 月，广东省人民政府征地办公室《关于广东省航道局征地的复函》（粤府征函〔1985〕69 号）。

工程建设 1 座单线、单级船闸，标准为四级，设计水头 2.11 米。闸室设计有效尺度为

124 米长,设计船型 500 吨级。上、下闸首为整体式结构,闸室墙采用分离式结构,工作闸门结构形式为钢制人字门,启闭机型式为液压传动型。项目总投资 914 万元。

项目建设单位为广东省航道局;施工单位为中山市水利电力局。

联石湾船闸,是西江通往前山水道的咽喉,货物运输繁忙。1993 年通过船闸的货运量达 210 余万吨。在同规模船闸中,联石湾船闸的货物通过量等经济指标,达到了当时全国先进水平。

联石湾新船闸布置于老船闸的左侧,为满足船闸上、下游引航道直线段布置,坝址(上闸首前沿)布置于现状船闸上游约 82 米处。船闸引航道采用不对称形布置,船舶上、下行均采用直线进闸,曲线出闸方式过闸,上、下航道直线段长 177 米,引航道宽 54 米,中心线距离老船闸中心线约 48 米。新建船闸有效尺度为 166 米 × 16 米 × 4.5 米,可通航1000 吨级船舶。船闸承受双向水头,正、反向水头分别为 2.48 米和 2.0 米。船闸上游最高通航水位为 2.92 米;上游最低通航水位 −0.26 米;下游设计最高通航水位 1.74 米;下游设计最低通航水位 −0.26 米。船闸输水系统采用短廊道集中输水形式,上、下闸首和闸室均采用整体式结构。上、下游闸门采用提升横拉门,输水阀门采用平板门。该船闸于2017 年 10 月开工建设,2020 年 6 月建成通航。

3. 经验与启示

联石湾船闸是"七五"期间前山水道碍航闸坝复航工程的主要项目。自 1989 年 7 月正式通航以来,珠海航道所不断强化船闸内部管理,努力促进前山水道航运畅通,为复航工程发挥综合效益起到了重要作用,同时也为广东省船闸现代化的管理积累了经验。

第九节　黑龙江—松辽水系通航建筑物

松花江的通航建筑物

(一)综述

1. 河流简介

松花江为黑龙江右岸的第一大支流,上接嫩江、西流松花江,下连中俄界河黑龙江、乌苏里江。松花江干流全长 928 千米,干流流域面积 1864 万公顷,流经吉林省的松原市和黑龙江省的肇源、双城、肇东、哈尔滨、宾县、巴彦、木兰、通河、方正、依兰、汤原、佳木斯、桦川、绥滨、富锦、同江等市(县)。除拉林河口以上右岸部分属吉林省外,其余均属黑龙江省。干流流域面积中,黑龙江省占 88%,吉林省占 12%。

松花江干流右岸有拉林河、阿什河、蚂克图河、蚂蚁河、牡丹江、倭肯河等支流,左岸有呼兰河、少陵河、汤旺河、梧桐河、嘟噜河、木兰达河、岔林河、西北河等支流。

松花江属平原河流,水量充沛,流速较缓,水位变幅不大,含沙量小,河槽较为稳定。松花江干流按河性及习惯分为上、中、下游三段。

上游为三岔河—哈尔滨。该段地处松嫩平原,长 232 千米,河道弯曲狭窄,分汊较多,坡降平缓,两岸地势较开阔平坦,滩地广泛分布,一般枯水期水深 1.2 ~ 1.4 米。

中游为哈尔滨—佳木斯。本段长 444 千米,位于小兴安岭与张广才岭、老爷岭之间的狭长地带,两岸地势较高,多为高原性台地和低山丘陵,其中哈尔滨至沙河子段长 291 千米,主要以单一河道为主,河道宽度 700 ~ 1500 米;沙河子至依兰段长 41 千米,为著名的三姓浅滩,平均河宽 1500 ~ 2000 米,岛屿众多,水流分散,河宽水浅,是松花江干流严重碍航区段和难于治理的河段;依兰至佳木斯段长 112 千米,属山区丘陵到平原的过渡河段,大部分河段为单一河道,河宽一般在 600 ~ 700 米,岸形稳定,河道分汊较少,流速较大,是松花江流速较大河段,一般枯水期水深 1.5 米。

下游为佳木斯—同江。该段地处三江平原,长 252 千米。两岸为低平的冲积平原,河道宽阔,河段多分汊,河道内岛屿罗列,水流分散,中枯水期平均河宽 1000 ~ 1500 米,局部可超 10 千米,河段下游常受黑龙江水位顶托影响,壅水加剧区段淤浅。

2. 梯级开发总体状况

(1)已建梯级情况

大顶子山航电枢纽位于哈尔滨市呼兰河口下游 46 千米处,是一座以航运和改善哈尔滨水环境为主,兼顾发电,同时具有旅游、交通、供水、灌溉、水产养殖等综合利用功能的低水头航电枢纽。大顶子山船闸级别为三级,可通过 4 艘 1000 吨级驳船组成的船队。航道按三级标准建设,渠化航道 128 千米。大顶子山航电枢纽建成后,彻底改善了哈尔滨江段的通航条件,通航保证率由 70% 提高至 95% 以上。蓄水后,哈尔滨河段水位常年保持在115 ~ 116 米,较枯水期水位提高了 5 ~ 6 米。

(2)规划梯级情况

松花江梯级规划从 1958—2013 年历经了三个阶段。

第一阶段:20 世纪 50 年代。

1959 年 10 月,松花江流域规划委员会编制了《松花江流域规划初步报告(草稿)》,报告中充分考虑到了松花江航运发展的需要,规划建设涝洲、大顶子山、洪太、依兰、民主、康家围子和悦来 7 个航道梯级,这是松花江全流域的第一份规划报告。

第二阶段:20 世纪 80—90 年代。

1984 年 1 月,国家计划委员会以计土〔1984〕156 号文下达了关于编制松花江、辽河流域水资源综合开发利用规划的任务。1985 年 9 月,水利电力部在哈尔滨市召开了松花江、辽河流域规划协调会,成立了由中央各部和东北四省（自治区）代表参加的松辽规划协调小组;交通部成立了黑龙江、松辽水系航运规划办公室。经过几年的工作,松辽水利委员会于1991年提出《松花江流域规划报告》。1992年7月,水利部松辽流域规划审查委员会对该规划报告进行了审查。1994年8月,国务院以国函〔1994〕82号文批复了《松花江流域规划报告》。该规划报告指出,在松花江干流上布设涝洲、大顶子山、洪太、依兰、民主、康家围子和悦来7个低水头航道渠化梯级,以保证调水后航道畅通。

第三阶段:2007—2013年。

2007年,国务院以国办发〔2007〕44号文转发了水利部关于开展流域综合规划修编工作意见的通知。此后,水利部批复了《松花江流域综合规划任务书》。松辽水利委员会组织内蒙古、吉林、黑龙江、辽宁四省（自治区）人民政府及交通部、黑龙江和松辽水系航运规划办公室、东北电网有限公司等有关各方开展了规划修编工作,并于2010年完成了《松花江流域综合规划》。后经水利部审查,并征求国务院有关部门和流域内四省（自治区）人民政府的意见,修改完善后,2013年3月,国务院以国函〔2013〕38号文批复了《松花江流域综合规划》。其中规划梯级由1994年《松花江流域规划报告》中的7个调整为8个,即规划建设涝洲、大顶子山（已建）、洪太、通河、依兰、民主、康家围子及悦来等8个梯级。松花江干流梯级枢纽特征值见表11-9-1。

松花江干流梯级枢纽特征值表　　　　　　　　　　表11-9-1

序号	项　目		单位	涝洲	大顶子山	洪太	通河	依兰	民主	康家围子	悦来
1	位置		千米	哈上58	哈下70	哈下185	哈下255	哈下330	哈下380	哈下424	哈下460
2	校核洪水位		米	125.1	117.9	110.8	106.7	102.6	93.21	85.77	80.67
3	设计洪水位		米	124.3	117.3	110.1	105.6	101.2	92.14	84.96	79.1
4	正常水位		米	120.5	116	108	103	99	90	83	77
5	校核库容		亿立方米	19.2	17.3	14.1	11.4	15.89	7.8	11.2	10.1
6	正常库容		亿立方米	9.8	9	7.4	5.8	5.83	5.2	5.8	3.91
7	船闸等级		—	三	三	三	三	三	三	三	二
8	通航水位	上游最高	米	123.6	116.1	109.3	104.1	99	90	83.58	78.7
9		上游最低	米	118.5	114	106.5	102	95	88	82	75.5
10		下游最高	米	123.2	115.9	109	103.7	98.7	89.01	83.18	78.5
11		下游最低	米	116	108	103	99	90	83	77	71.6
12	装机容量		兆瓦	50	66	70	60	120	130	50	70
13	渠化里程		千米	79	128	115	70	75	50	44	36

(二)大顶子山船闸

1.闸坝概况

(1)自然地理条件

大顶子山航电枢纽工程区域位于松花江中游,地处松嫩平原东南部,与张广才岭相邻,东北部与小兴安岭相接,西部及西北部为广阔的松嫩平原。松花江及其支流在其间流过。地势在总体上是东北、东南两侧向河谷逐渐降低;河谷位置则呈由西向东逐渐降低的趋势。区内地貌依成因类型科划分为构造剥蚀地形和侵蚀堆积地形。松花江流域属中温带季风气候区,冬季严寒干燥,长达半年之久;春季蒸发量大,夏季炎热,秋季降温急骤历时短,年内温差较大。降水多集中在季风控制的夏、秋季节。

(2)闸坝建设情况

大顶子山航电枢纽位于哈尔滨下游46千米处,地理位置为东经127度06分~127度15分、北纬45度58分~45度03分之间,北岸为呼兰区杨林乡,南岸为宾县江南村,是一座以航运和改善哈尔滨水环境为主,兼顾发电,同时具有旅游、交通、供水、灌溉、水产养殖等综合利用功能的低水头航电枢纽工程。

工程为大(1)型工程,等别为一等,永久性主要建筑物为二级。正常蓄水水位116米,库容10.59亿立方米。洪水设计标准为100年一遇,校核标准为300年一遇。电站安装6台灯泡贯流式机组,单机容量11兆瓦,装机总容量66兆瓦。

大顶子山航电枢纽工程总体布置从右至左依次为:船闸、10孔泄洪闸、河床式水电站、28孔泄洪闸、土坝及坝顶公路桥等。坝线全长3249.78米。

(3)建设成就

大顶子山航电枢纽自2008年开始运行,截至2015年底,船闸安全运行1842天,通过船舶2.27万艘次,货运总量421万吨。电站安全运行2990天,累计发电量24.77亿千瓦时。测算节省标煤约126万吨,减少二氧化碳排放约300万吨,碳减排收益约2000万元。

大顶子山航电枢纽的建成,有效改善了通航条件。1999年船舶在松花江上满载通航天数只有74天。蓄水后,哈尔滨河段水位常年保持在115~116米,较枯水期水位提高了5~6米,通航天数提高到210天左右,实现了全航期通航的目标。

枢纽建成后,在哈尔滨江段形成一个水域面积近3万公顷的人工湖,水量增加显著,水体自净能力增强。湿地面积增加约12.5万公顷,形成了"万顷松江湿地,百里生态长廊"。不仅有效促进了沿江旅游业的发展,保障了城市供水,同时也加速了两岸农业发展。枯水期可为下游调流补水约2亿立方米,沿江两岸农业灌溉面积达127万亩。枢纽设有坝顶公路桥,畅通了两岸交通,年均车流量70余万辆。

2.通航建筑物

项目于2004年9月开工建设,2007年5月试通航,2008年12月完工,2019年11月竣工。

项目建设依据:2003年9月,黑龙江省发展计划委员会《松花江干流大顶子山航电枢纽工程项目可行性研究报告的批复》(黑计能源〔2003〕1074号);2004年4月,黑龙江省发改委《松花江干流大顶子山航电枢纽工程初步设计批复》(黑发改建字〔2004〕317号);2003年11月,黑龙江省环境保护局《关于松花江干流大顶子山航电枢纽工程环境影响报告书审查意见批复》(黑环函〔2003〕146号);2008年8月,国土资源部《关于松花江干流大顶子山航电枢纽工程建设用地批复》(国土资函〔2008〕528号);2004年3月,水利部松辽水利委员会《关于松花江干流大顶子山航电枢纽工程建设项目防洪影响论证报告批复》(松辽规计〔2004〕38号)。

船闸等级为三级,单线船闸,设计船舶吨级为1000吨,闸首、闸室为整体坞式结构,尺度为180米×28米×3.5米。采用长廊道侧支孔分散输水形式,设计最大工作水头8.08米,上游设计最高通航水位为116.08米,最低通航水位为113.00米;下游设计最高通航水位为115.90米,最低通航水位为108.00米。充、泄水时间均为8分钟,单次双向通航时间49分钟。设计船型为272千瓦推轮与分节驳组成的双排单列1顶+2×1000吨级船队,船队尺度为155.75米×13米×1.6米,以及485千瓦推轮与分节驳组成的双排双列1顶+4×1000吨级船队,船队尺度为166.64米×26米×1.6米。

船闸布置在主河道右汊右岸侧,上、下游导航及调顺段各长390米,上、下游引航道与泄洪闸之间均设隔流堤,避免泄流时影响通航,上、下游靠船段各长160米(上下游靠船墩各8个)。上、下闸首闸门为钢质平板人字门,阀门为钢质平板提升门,闸门、阀门启闭机均采用液压直推式启闭机。上、下闸首检修闸门采用钢质叠梁门,检修闸门的吊装设备采用立柱桥式起重机。

项目总投资为39.89亿元,其中交通运输部水运建设资金6.06亿元,黑龙江省政府资金2.4亿元,黑龙江省交通运输厅资金13.06亿元,哈尔滨市政府资金7.37亿元,向国家开发银行贷款11亿元。资金实际到位35.70亿元,哈尔滨市政府资金实际到位3.18亿元。

项目建设单位为大顶子山航电枢纽工程建设指挥部;设计单位为中水东北勘测设计研究有限责任公司、黑龙江省航务勘察设计院、黑龙江省水利水电勘测设计研究院等;监理单位为湖南省水利水电工程监理承包总公司、黑龙江省公路监理公司、黑龙江黑航建设监理有限公司等;施工单位中国水利水电第一工程局、中国水利水电第六工程局、中铁十三局集团第四工程有限责任公司;质监单位为黑龙江省水运工程质量监督站、黑龙江省公路工程质量监督站。

本项目建设过程中取得的科技创新如下：

①通航建筑物防冰、防冻技术。

大顶子山航电枢纽处在寒冷的高纬度地区，是国内在平原冰冻河流上建设的第一座航电枢纽工程，首次利用现场原型试验了闸门在不同气候和水流条件下，各种防冰方式的效果，较全面地提出了船闸闸门在开、封江及封冻期间的防冰技术；采用气幕法或水泵射流的方式解决船闸闸门在开、封江及封冻期的防冰问题；采用循环导热油或防冻液加热的方式对检修门槽进行防冰。在船闸闸室及引航道排冰措施方面，开江时期采用破冰船或其他方式对船闸闸室及引航道内的大面积覆盖冰进行破碎，利用船舶往复航行带走浮冰；采用热水射流和专用机械设备对闸室浮式系船柱、闸室墙或破冰船无法到达的狭窄地方进行清除。研究成果及总结的经验，为季节性冰冻河流相关工程的研究和设计提供了技术支持和指导，具有广阔的推广应用前景，填补了我国在该领域的研究空白。

②舌瓣门排冰、排漂应用。

大顶子山航电枢纽共设计38孔泄洪闸。厂房两侧的4个闸孔和紧临船闸左侧的2个闸孔的工作闸门设计成带舌瓣闸门的弧门，其余32孔工作闸门均为普通弧门。弧门上带舌瓣门通常在我国南方一些水利工程中应用，其作用为排漂，在最低气温达－44摄氏度寒冷的北方还未应用，而该工程舌瓣门最大作用就是春季排冰。该应用属国内首创，既解决了枢纽工程的排冰问题，又解决了排漂问题，具有广泛的推广应用价值，为北方高寒地区建设类似工程提供了宝贵经验。

③水力充填粉细砂筑坝在主挡水建筑物的应用。

大顶子山航电枢纽土坝段全长1956.70米，坝顶高程121.50米，最大坝高14.2米。初步设计阶段采用黏土心墙坝方案，这种方案在技术上是可行的，但是该施工方案需要大约150万立方米黏土，占用耕地80公顷。为降低工程造价、保护资源、减少耕地占用，通过现场粉细砂充填试验、高压旋喷灌浆混凝土防渗试验和振动液化试验等工作，对坝体结构进行了优化。利用松花江河道内的粉细砂作为填筑材料，利用高压旋喷灌浆混凝土防渗墙解决坝体坝基防渗，取得了很好的实际效果，具有疏浚河道、增加库容、保护耕地等多重社会效益和环境效益。这项技术的成功应用填补了在大江大河中利用水力冲填技术填筑粉细砂作为主挡水建筑物的国内空白，也为今后同类枢纽工程的建设起到示范作用。

本项目中，船闸工程荣获全国优质工程银质奖。"季节性冰冻河流航电枢纽工程防冻防冰问题的研究"获中国航海科技二等奖，"水利冲填粉细砂筑坝在永久挡水建筑物中的应用"获黑龙江省水运科技进步一等奖。

大顶子山船闸是我国北方封冻河流上建设的第一座船闸。经过9个通航期的检验，船闸水工建筑物、金属结构及电气设备等运行状态稳定可靠，符合设计和使用要求。

3.经验与启示

大顶子山航电枢纽是实施松花江梯级开发的第一个项目,有效施工期短、技术含量高、施工工艺复杂、施工条件困难。为了保证工程质量,建设者们坚持科学指导、科研配合的原则,把完善设计的理念贯彻到工程建设的各个阶段,不断探索新材料、新工艺等方面的技术创新,在实际工作中积累了一定经验。

①坚持以航为主,加大科研投入力度,为设计提供充分科学依据。在设计阶段委托交通部天津水运工程科学研究所完成了《枢纽平面布置研究》《库区泥沙数学模型试验研究》《枢纽防冰措施及过冰能力研究》等11项专题试验研究工作,确保了航电枢纽各方面的关键技术得到了科学合理的解决,为设计工作提供了充分的科学依据。

②重视优化设计工作、积极创新。在工程建设过程中,认真贯彻落实完善设计、优化设计的管理理念,积极推广新材料、新技术、新工艺、新设备的应用,在土坝设计优化、一期右岸围堰施工方案的优化以及船闸上游隔流堤设计方案和施工方案优化等方面取得了突出成效。

③充分发挥行业优势和地方政府的作用。紧紧依靠地方政府和行业管理部门,对工程项目进行合理划分,明确责任,分块实施,能够有效推进工程建设进度,确保工程各项建设任务目标按计划顺利完成。

第十节　闽江通航建筑物

(一)综述

闽江为福建省最大的河流,发源于仙霞岭和武夷山脉。北源建溪发源于仙霞岭,中源富屯溪和南源沙溪均发源于武夷山脉,在南平附近汇合后称为闽江。中下游有尤溪、古田溪、梅溪、大樟溪等支流汇入,闽江全长515千米,流经32个县、市后注入东海。流域面积为610万公顷,约占全省面积的一半。闽江干流自南平至闽江口长约223千米,水口水电站位于闽清县境内的闽江干流中段,上游距离南平市94千米,下游距离闽清县城14千米,距福州市84千米,为闽江干流上唯一一个梯级。

(二)水口枢纽

1.闸坝概况

(1)自然地理条件

原闽江天然航道坝址上游可通航60~80吨级船只至南平市,下游300吨级驳船可达福州市马尾港。水口水电站水库蓄水后,上游水库可改善航道约 100 千米,使 500 吨级船只由南平市通过水电站直达福州。

闽江流域属亚热带季风气候,全年气候温暖,雨量充沛,多年平均降水量 1758 毫米。流域内森林密布、植被良好。年平均气温为 19.6 摄氏度,极端最高气温 40.3 摄氏度,极端最低气温 −5 摄氏度,年平均水温21.2 摄氏度,极端最高水温34.8 摄氏度,极端最低水温 6.1 摄氏度,年平均相对湿度为 78%。

闽江干流上自 1934 年在竹岐站(距坝址下游约 57 千米)观测水位,1935 年以后在南平、水口、竹岐等处设主流量站,已积累 50 年的资料。坝址处多年平均流量 1728 立方米/秒,年径流量545 亿立方米,实测最大流量 3.02 万立方米/秒(1968 年 6 月 19 日),实测最小流量 196 立方米/秒。

(2)闸坝建设情况

水口水电站位于福建省闽江干流,上游距南平市 94 千米,下游距福州市 84 千米,距闽清县城 14 千米。水口水电站是以发电为主,兼有航运等综合效益的工程,是华东地区最大的常规水电站。水口水电站由混凝土重力坝、坝后式主副厂房、中控楼、220 千伏开关站及 500 千伏升压站、三级船闸、升船机等建筑物组成。电站装机容量 140 万千瓦,保证出力 26 万千瓦,多年平均发电量 49.5 亿千瓦时。水口水电站坝址控制流域面积 524 万公顷,形成总库容 26 亿立方米,调节库容 7 亿立方米的不完全季调节水库。

(3)建设成就

水口水电站是国家"七五"计划建设的重点项目,也是国家对大型水电站建设管理体制改革推行业主负责制的首批试点项目。水电站安装 7 台单机容量为 20 万千瓦的水轮发动机组,总装机容量 140 万千瓦,保证出力 26 万千瓦,电站通过 500 千伏和 220 千伏的输电线路接入福建省电网。水口水电站全部机组投产后达到平均每年 54 亿千瓦时的实际发电量,为海峡西岸的经济繁荣和社会发展作出了突出的贡献。

1996 年 12 月,水口水电站 7 台机组全部投产发电,成为我国华东地区最大的常规水电站。水口水电站的建设,改善了水库约 100 千米的上游航道,使 500 吨级的船队可由南平市通过水电站直达福州市。自 1996 年至 2015 年底,水口船闸与升船机已安全通航 3491 天、过坝闸次 3.37 万次、通过船舶 15.60 万艘次、货运量 1476.68 万吨。

建成后的水口水电站作为福建省电网的主力发电厂之一,肩负着闽江防洪、通航及电网调峰调频和事故备用等重任,对福建经济发展和社会稳定以及人民生活水平的提高发挥了举足轻重的作用。

大坝还形成 9350 公顷的水域,为闽江渔业生产的发展提供了新的场所。天然来水经水库调节,还将使枯水季节咸潮河段下移,从而降低河口盐度,有助于下游两岸农业的发展。

水口水电站的建设改变了闽江航道传统的通航方式。电站右岸建有一线三级船闸和垂直升船机,共同承担闽江的永久通航任务水口水电站的建成,使大坝上游到南平段航道达到四级,改善了闽江航道的通航能力。

2.通航建筑物

项目于 1987 年 3 月开工,1996 年 4 月试通航,2003 年 11 月竣工。

项目建设依据:1986 年 4 月,水利电力部《关于福建水口水电站初步设计的批复》(〔86〕水电水规字第 15 号);国家环境保护局《关于福建省水口水电站工程竣工验收环境保护专题报告实施方案审查意见的复函》(环监发〔1997〕336 号);国家土地管理局《关于水口水电站库区淹没用地的批复》(国土批〔1996〕33 号)。

大坝上游到南平段航道已达到四级标准,船闸等级为四级,设计水头 57.36 米,一次过闸时间为 90 分钟。船闸上游设计最高通航水位 65 米,设计最低通航水位 55 米;下游设计最高通航水位 21.8 米,设计最低通航水位 7.64 米。闸室尺度为 135 米 × 12 米 × 3 米。设计代表船队 1 顶 + 2 × 500 吨级驳顶推船队,尺度为 109 米 × 10.8 米 × 1.6 米。船闸的一 ~ 三闸首为下沉式平板工作闸门,四闸首为人字平板工作门,均为液压启闭。输水系统采用突扩形长廊道输水方式,充、泄水时间均约 20 分钟。

升船机为 2 × 500 吨级湿运全平衡钢丝绳卷扬提升式垂直升船,最大提升高度 59 米,升降速度 0.2 米/秒,一次过机时间约 40 分钟。承船厢有效尺度为 114 米 × 12 米 × 2.5 米,正常工作水深为(2.47 ± 0.05)米,承船厢带水总质量约为 5500 吨。升船机设计船型为 1 顶 + 2 × 500 吨级驳顶推船队,船队标准尺度为 109 米 × 10.8 米 × 1.6 米。

项目总投资为 77.69 亿元,其中内资 60.72 亿元,外资 1.92 亿美元。其中,财政部通过水电部向水口工程注入中央拨改贷资金、经营基金、特种拨改贷资金,从 1985—1993 年,共注入 11.40 亿元。福建省地方集资从 1989 年开始注入,到 1996 年共注入资金 4.4 亿元。从中国建设银行(1989—1993 年)共计贷款 16.64 亿元;从国家开发银行(1994—1998 年)贷款 24.61 亿元;世界银行外资贷款,总额相当于 2.4 亿美元。从 1988—1997 年先后使用债券资金 4.5 亿元。项目共征地 3796.03 亩,租地 390.12 亩。

项目建设单位为福建水口水电站工程建设公司;设计单位为华东勘测设计院;施工单位为闽江工程局(现为水电十六局)、水利水电第十二工程局、武汉船舶公司;监理单位为福建水口水电站工程建设公司。

本项目建设过程中的科技创新如下:

①推广应用碾压混凝土筑坝。

按原设计在导流明渠导墙采用碾压混凝土。为解决缆机浇筑能力不足的问题同时加速过程进度,在大坝部分坝段、船闸下部、河内导墙和三期上游围堰也采用碾压混凝土。采用强制式搅拌机制备混凝土,使用 45 吨大型自卸汽车运送混凝土入仓,重型双滚振动碾碾压,中子密度仪检测的施工工艺,日最高碾压混凝土达 1.02 万立方米。同时取消大部分纵缝灌浆的冷却水管,简化了施工工序,加快了施工进度。经钻孔取芯和压水现场抗剪试验检查,工程质量良好。电站工程共使用碾压混凝土 56.5 万平方米,经济效益显著,初步估计直接经济效益在 1000 万元以上。由于引水坝段需联合受力,厂坝间所设的纵缝仍需进行后期冷却和接缝灌浆,因此在大坝碾压混凝土中仍需埋有部分冷却管。在碾压混凝土中埋设冷却水管进行后期冷却为国内外首例。

②大型垂直升船机塔楼结构研究。

水口升船机为国内第一座大型升船机,是世界上最大升船机——三峡升船机的中间试验机,其规模在国际上也名列前茅。塔楼是垂直升船机的最重要承重结构,承受升船机主体部分全部活动和固定设备的荷载。根据使用要求和布置,塔楼采用总高度 79.5 米的“目”形和“E”形高柔性薄壁结构。为确保塔楼结构的安全、经济和布置合理,对采用的塔楼结构形式进行有限元的静动力电算和物理模型静动力试验研究。着重研究塔楼结构的动力特性、船厢及平衡重对塔楼结构自振特性的动力响应、机电设备运转对塔楼顶部梁的动力影响等。研究人员通过大量的数学模型计算和物理模型试验优化结构,使其成果相互验证,为升船机塔楼结构设计提供了科学依据,同时也为研究大型升船机工程提供了设计思路和研究方向,在国内尚属首例。水口升船机多项科研成果达到国际先进水平,其中安全锁定装置、折叠式对接密封装置和大惯量垂直提升系统二级调压事故制动控制等技术均居世界领先水平。它的建成极大缓解了水口船闸的通航压力,而且具有节水、快速、通航的特点,船舶单次过坝最快时间 27 分钟,填补了我国高坝通航领域的空白。水口升船机建设及运行项目荣获国家科技进步二等奖。

③高水头船闸输水系统设计研究。

水口三级船闸单级最大水头 41.74 米,属超高水头船闸。经分析研究和水力学模型试验,选用国际上先进的多区段等惯性输水系统。它的特点是水流经闸墙左、右支廊道,通过闸室中部立体分流墩汇入底板主廊道,分两区段共 24 个出水孔(孔口设有消能盖板)进入闸室。进水阀(闸)门后廊道体型采用突扩形式,以达到升压、减速、超空化的效果。二、三闸室在靠河侧分别设侧溢孔,溢流孔采用潜孔取水方式,保证船舶在闸室溢水情况下具有良好的停泊条件。该输水系统经通航检验,具有充泄水快、船舶停泊安全可靠、船闸通过能力大的优点,为高坝通航开辟了新途径。

1983 年,水口水电站工程地质勘测获第六届全国优秀勘察奖。

历史上,闽江航道靠天然水流,上游礁石密布,艰难险阻,丰水期最大通航船舶仅为 50 吨级,一般年通航总量为 20~30 万吨。水库建成后,航道条件大为改善。水库库区可通行大型船舶,闽江最大船舶的吨位已达到 500 吨级。

第十一节　其他水系河流上的通航建筑物

一、澜沧江的通航建筑物

景洪升船机

1.航运枢纽概况

（1）自然地理条件

澜沧江发源于青藏高原唐古拉山，流经青海、西藏进入云南，于云南南部西双版纳州流出国境，出国后称湄公河，流经缅甸、老挝、泰国、柬埔寨、越南，在胡志明市南部注入南中国海，是一条跨国境河流。澜沧江—湄公河流域面积8124万公顷，从河源至河口全长约4880千米，干流总落差约5060米，河道平均比降1.04‰，是东南亚地区一条著名的国际河流，同时也是一条十分重要的国际航运河道。澜沧江在我国境内流域面积1644万公顷，河长约2161千米，落差约4583米，平均比降为2.12‰。

景洪水电站库区澜沧江总体上自北西流向南东，地形属中山峡谷地貌，地势北高南低。除小橄榄坝附近河谷地形较开阔外，库区多为"V"形谷。两岸山峰高程多在800～1200米，河谷相对高差从库尾的400～600米，向南至坝址一带逐渐降低到200～450米。主要支流有右岸的南甸河、勐往河、南果河、纳板河，左岸的大中河、南昆河、勐养河等。岸坡冲沟发育、地形切割强烈，阶地主要分布在小橄榄坝盆地附近河段。

澜沧江流域由北向南纵跨12个纬度，地形地势复杂，在地区和垂直方向上气候有明显差异。上、中、下游大致对应三个气候区，即低温少雨的青藏高原高寒气候区、立体气候显著的寒带至亚热带过渡性气候区和高温湿润的亚热带气候区。景洪水电站位于澜沧江下游，所在地为低热河谷区，属亚热带季风气候，干湿季节分明，长夏无冬，气温高，降水量充沛。多年平均降水量1161.2毫米，5—10月降水量占年降水的85%～90%；多年平均气温22.0摄氏度，极端最高气温41.1摄氏度，极端最低气温2.7摄氏度；多年平均风速0.5米/秒，最大风速34米/秒，相应风向为W；多年平均相对湿度为81%；多年平均日照时数为2127.9小时。

（2）闸坝建设情况

景洪水电站是澜沧江中下游河段两库八级中的第六级，位于云南省西双版纳州境内，坝址下距景洪市约5千米。景洪水电站距昆明公路里程657千米，交通条件方便，地理位置优越。水电站以发电为主，并兼有航运、防洪、旅游等综合功能。电站采用堤坝式开发，装机容量 1750 兆瓦,水库正常蓄水位为 602 米,总库容 11.39×108 立方米。工程属一等大(1)型工程。永久性主要水工建筑物为一级建筑物,通航建筑物为二级建筑物,下游消能防护工程、两岸边坡处理工程等为三级建筑物。

（3）建设成就

景洪水电工程作为云南省加速培育水电支柱产业、促进边疆少数民族地区经济发展的重点工程,以及国家实施西部大开发战略和"西电东送""云电外送"战略的骨干项目,于 2005 年完成大江截流;2008 年 6 月,完成了大坝主体工程及发电厂房建设,并顺利完成蓄水,形成百公里长的景洪电站水库。由华能投资 5800 多万元建设的思茅港防护工程也同步完工,防护后的港口防洪能力提升至防御 20 年一遇洪水标准。思茅港是我国位于澜沧江上的一类开放口岸,也是澜沧江—湄公河国际运输通道上的重要港口之一。然而,险滩急弯的河道状况曾限制了这个内河港口的发展,甚至在枯水季节航道基本无法通行货运船只。2000 年、2004 年思茅港吞吐量均徘徊在 6 万吨左右,其中进港主要为木材和农副产品,出港主要为农副产品、家用电器、日用百货、机电产品和纺织品等。整治航道、改善航道通航条件是确保船舶安全顺利航行的重要条件,而景洪电站水库的形成,极大地改善了大坝上游至思茅港的通航条件,同时通过优化景洪电站发电调度控制,极大改善和提升了下游航道通航运输条件。从那时起,包括思茅港在内的电站上游百公里水域,便一改险滩急弯河道面貌,成为蓝天白云、青山做伴的壮美平湖,航道等级由六级提升至五级,并具备建设更高等级航道的水域条件。自 2008 年 6 月 19 日起,总装机 175 万千瓦的景洪水电站并网发电,拉开了澜沧江梯级电站陆续投产、发挥效益的序幕;同时,这条大江之上,自此不断形成一个又一个库区航道,在改善通航水域条件的同时,为今后发展以水上旅游为主、服务周边百姓出行的水上交通提供了条件。十年来,依托于良好的水域条件,景洪电站库区客船从无到有,单船货运能力从 300 吨增长到超过 1100 吨,区间航运水平已取得巨大发展。

2016 年,澜沧江—湄公河合作机制正式启动,这条连接六国的黄金水道也迎来了发展成为重要国际水上运输通道的机遇;而位于这条黄金水道关键节点的华能景洪水电站,实现了世界首台水力式升船机的投入试运行。该升船机按澜沧江五级航道、300 吨级(远期 500 吨级)船型标准设计通航过坝建筑物,为水力式升船机,采用湿运过坝、一级垂直提升方案,最大提升高度 66.86 米,属中国原创、世界首创。2016 年 11 月 15 日,在时任中共中央政治局常委、国务院副总理张高丽率交通运输部、国家发改委、财政部等有关部委到景洪水电站视察景洪电站一周后,景洪水电站升船机正式进入试运行期。同年 12 月 18 日,这座我国原创并具有完全自主知识产权的世界首台水力式升船机,实现澜沧江航道上的社会船只首次过坝,进一步优化其安全疏散通道设计;2018 年 7 月 12 日,完成 500 吨船舶过船试验,进一步提升了景洪水电站升船机过坝能力。作为这条水上运输通道的重要组成部分,该升船机承担着重要的支点作用,也给云南省内河航运的发展带来明显的经济效益和社会效益。以"盛远05号"为例,从思茅港运输200吨江砂至景洪市,总里程约85千米,计入装卸货物时间单程需6个小时。随着澜沧江244界碑至临沧港四级航道建设工程的逐步推进,澜沧江—湄公河国际通航河段港口和码头基础设施建设将不断完善,并将带动综合物流园区和现代物流企业沿港沿江布局,促进多式联运发展,实现内河航运与公路、铁路等运输方式的有机衔接。借助于澜沧江—湄公河合作机制的东风,贯通后的中国面向东南亚的这条黄金水道,以景洪水电站升船机为重要支点,将逐步显现其巨大的经济及社会效益。

2.通航建筑物

项目于2008年2月开工,2016年11月15日试通航。

1993年,昆明设计院提交云南省计划委员会提交景洪水电站开展预可行性和可行性研究工作的建议书;1995年8月,昆明设计院开展景洪水电站项目可行性研究工作;1995年11月,电力部会同云南省计划委员会共同对预可行性研究报告进行了审查;1996年2月,电力部下达《关于云南省澜沧江景洪水电站预可行性研究报告审查意见的批复》(电水规(1995)794号);1999年3月,由国家经贸委委托水规总院会同云南省计划委员会共同对可行性研究报告进行了审查;同年8月,国家经济贸易委员会正式印发批复意见;2000年11月国家环保总局批复了《云南澜沧江景洪水电站环境影响报告书》;2004年4月,国家发改委印发《关于审批云南澜沧江景洪水电站项目建议书》(发改能源〔2004〕629号),正式批准景洪水电站项目建议书;2004年11月,水利部印发《关于云南澜沧江景洪水电站工程水土保持方案的复函》(水函〔2004〕238号文),批准了水土保持方案;2006年12月,国家发改委下达《国家发展改革委关于云南澜沧江景洪水电站项目核准的批复》(发改能源〔2006〕2852号),同意建设云南澜沧江景洪水电站工程;2009年6月,水电水利规划设计学院下发《关于印发云南澜沧江景洪水电站升船机设计变更报告的审查意见》(水电规机电〔2009〕3号),同意景洪水电站采用水力式垂直升船机方案;2011年1月,水利部印发《关于印发云南澜沧江景洪水电站工程水土保持设施验收鉴定书的函》(水保〔2011〕56号),同意景洪水电站通过水土保持专项验收;2012年3月7日,环保部印发《关于云南澜沧江景洪水电站竣工环境保护验收意见的函》(环验〔2012〕49号),同意景洪水电站通过环境保护专项验收;2012年7月,西双版纳州消防支队印发《关于景洪水电站升船机建设工程消防验收合格的意见》(西公消验〔2012〕第0029号),同意景洪水电站升船机工程通过消防专项验收。

景洪水电站通航过坝建筑物采用具有我国自主知识产权的新型升船机——水力式升船机形式。水力式升船机的基本原理是将平衡重做成质量和体积合适的浮筒,浮筒井(简称竖井)布置在升船机塔楼中,承船厢布置在两侧塔楼的中间,悬吊承船厢的钢丝绳布置在船厢两侧,钢丝绳绕过升船机塔楼顶部的卷筒、动滑轮后固定在钢丝绳固定端均衡梁上。平衡重浮筒及配重重量大于承船厢及其承载水体和船体重量,利用充泄水工作阀门实现竖井内水位的升降,改变平衡重浮筒的入水深度实现浮筒的浮力变化,利用此浮力变化在船厢重与浮筒重之间产生的差值来驱动承船厢升降运行。水力式升船机综合了船闸和传统升船机特点,利用水能替代传统升船机的电机作为驱动承船厢升降运行的动力和安全保障措施,具有机构简单、安全可靠等优越性,并且在解决大尺度、下水式升船机船厢重量大幅变化方面具有传统电机驱动的升船机不可比拟的技术优势,比较适合我国通航发展的需要,具有广阔的应用前景。

　　景洪水电站按澜沧江五级船闸、300吨级船型标准设计通航过坝建筑物,通航建筑物为水力式升船机,采用湿运过坝、一级垂直提升方案,最大提升高度66.86米。设计船型为300吨级,尺度为46.2米×7.6米×1.75米。升船机参数如下:航船升降时间为17分钟/次,船只进出船厢允许航速为0.5米/秒,通航净宽为12米,船厢标准水深为2.5米,承船厢允许误载水深为0.2米,船厢出入水速度为0.04米/秒,升降加速度约为±0.01米/秒^2,水中升降加速度约为±0.01米/二次方秒,事故减速度约为0.05米/二次方秒,船厢停位精度为3厘米,船厢干舷高度为0.9米。通航系统主要由上游停泊区、上游引航道、升船机主体段、下游引航道、下游停泊区组成。升船机主体段布置在溢流坝段右侧1号、2号表孔之间,包括上闸首、塔楼段、下闸首、主机房以及相关设施。水力式升船机系统设备根据其特性分为水力输水系统、机械系统、电气系统、通航指挥系统等。项目总投资4.25亿元,资金来源为华能澜沧江水电股份有限公司。

　　景洪水电站水力式升船机主体段2008年2月开工建设,2010年9月26日完成承船厢总成及主机房设备安装,2011年4月完成升船机单机、分系统及船厢无水调试,2014年12月升船机改造方案通过审批,2015年10月升船机设备改造完成恢复调试工作;2015年12月初,升船机搭载空载150吨、满载300吨船舶过坝;2016年3月21—25日,中国水利水电建设工程咨询有限公司对升船机工程开展第一次专项安全鉴定工作;2016年5月23日,升船机工程通过建设单位组织的单位工程验收;2016年7月5—15日,中国水利水电建设工程咨询有限公司对升船机工程开展第二次专项安全鉴定工作,安全鉴定期间于7月12日顺利完成了全程自动控制连续三次往返实船通航试验;2016年7月25—30日,水电工程质量监督总站专家组对升船机工程开展了试通航专项质量监督检查;2016年8月11日、12日,完成了2700立方米/秒、1300立方米/秒、800立方米/秒三种典型下泄流量工况的300载重吨设计船型船舶试通航实船试验。

　　项目建设单位为华能澜沧江水电股份有限公司;项目设计单位为中国电建集团昆明勘测设计研究院;施工单位中,土建、金结机电安装单位为中国葛洲坝集团（JH/C4～A标）,设备总成供货及调试单位为中信重工机械股份有限公司（JH/C4～B标）,消防工程施工单位昆为明华安工程技术有限责任公司；监理单位中，土建工程监理单位为中国水利水电建设工程咨询中南公司，设备安装、调试工程监理及设备监造单位为华电郑州机械设计研究院；第三方检测单位为云南电力试验研究院有限公司；升船机原型观测试验单位为南京水利科学研究院，安全监测单位为安全监测项目部、景洪水电厂，第三方检测单位为云南电力试验研究院有限公司。

景洪升船机在建设和调试过程中，坚持"科研主导、贯穿工程、协同攻关、科学决策"，紧密结合工程实际，并在国家863计划、国家自然科学基金、交通部西部交通建设科技项目等支持下，对这一新型升船机进行了长达15年的开拓性研究，开展了大量理论、物理模型试验、数学模型计算和现场试验与观测等研究工作，对水力式升船机设计理论和方法、水力驱动系统同步技术、船厢运行平稳性与抗倾覆技术、高水头工业阀门防空化技术、非恒定变速条件下船厢运行控制技术、微间隙机械同步系统制造安装技术等重大关键技术进行了全面、系统的研究，提出了水力式升船机理论、设计、制造、施工、运行成套技术体系，成功实现了水力式升船机由概念模型向工程应用的转化。

景洪升船机已获国家知识产权局授权专利21项，其中"一种具有抗倾覆能力的水力式升船机"获得美国PCT专利授权，标志着我国具有自主知识产权的水力式升船机在世界范围内得到认可和关注。

景洪水力式升船机项目成果多次获得国家及省部级科技奖项，其中包括国家技术发明二等奖、云南省科学技术进步奖特等奖、中国航海学会科学技术奖特等奖、水力发电科学技术一等奖、云南省电力行业创新成果奖、中国华能集团公司科学技术进步奖一等奖、中国水运建设行业协会科学技术一等奖、中国机械工业科学技术奖二等奖等。

景洪升船机于2016年11月15日试通航，截至2020年1月9日，累计通航202航次。

3. 经验与启示

景洪升船机为世界首创、我国原创的新型升船机形式，没有任何国内外设计、科研、建设等经验可供借鉴，且无国家与行业标准规范可循。为此，对这一新型升船机进行了长达15年的开拓性研究，最终实现了国内外首座采用水力式的景洪水电站升船机成功运行。景洪升船机作为世界高坝通航建设技术上的一次全新尝试，技术创新贯穿景洪水力式升船机工程的设计、建设、改造和调试各个阶段，为景洪升船机建设提供强有力的技术支撑，充分发挥了"科学技术是第一生产力"的作用。

与传统升船机相比，水力式升船机技术先进，安全可靠，经济合理，节能环保，在山区、大水位差、大吨位通航领域推广应用前景广阔。景洪水力式升船机的研发及成功应用，在世界高坝通航领域创造了中国品牌，显著提升了我国在高坝通航领域的国际影响力，为中国创造作出了重大贡献。

二、长江支流——陆水河的通航建筑物

节堤船闸

1. 闸坝概况

（1）自然地理条件

陆水河为长江中游南岸一级支流，发源于湘、鄂、赣三省交界的幕阜山脉，流经通城、崇阳、赤壁、嘉鱼三县一市，于武汉市上游约 157 千米的陆溪口流入长江，主河道比降为 0.5‰。

陆水河流域属亚热带季风性湿润气候区，流域气候温和，具有四季分明、热量丰富、雨量充沛、无霜期长的特点。多年平均气温为 15.5 摄氏度，实测最高气温 40.7 摄氏度，最低气温 –17 摄氏度；多年平均降雨量 1550 毫米，年平均蒸发量 1200 毫米，无霜期平均为 254 天，多年平均最大风速 12.2 米/秒，实测最大风速 16 米/秒。

节堤航运发电枢纽坝址径流应为陆水电站下泄流量加上区间流量，经统计多年平均流量为 102 立方米/秒，多年平均径流量为 32.2 亿立方米。由于受陆水水库调节影响，径流年内分配较为均匀，年径流多集中在 3—9 月，约占多年平均年径流量的 79.3%，多年平均汛期 4—7 月约占多年平均年径流量的 58.8%。

陆水水库的调洪作用，大大地降低了入库洪水的挟沙能力，节堤坝址处沙量约 51.2 万吨，年平均悬移质含沙量约为 0.15 千克/立方米。

根据坝址—陆水河口实测河道横断面资料，用同频率洪水分现状情况与加高堤防情况（堤顶高程加高至 32.50 米）推求水面线确定坝址处设计水位，加高堤防情况为按右岸堤顶高程 32.50 米控制，当陆水河口水位低于 32.50 米时，坝址推算水位以 32.50 米控制；当陆水河口水位高于 32.50 米，坝址处水位采用陆水河口水位。

（2）闸坝建设情况

节堤航运发电枢纽工程位于陆水河下游皂潭附近，陆水河下游裁弯取直改造工程河道的末端，上距陆水水库大坝 31.5 千米，下至长江入口陆溪口 14.5 千米，坝址以上集雨面积 37.52 万公顷。节堤至车埠镇有市级公路，车埠至赤壁市有省级公路，交通运输十分方便。

节堤航运发电枢纽以航运、发电为主，兼顾环保（灭螺）、旅游等综合利用效益，水库正常蓄水位 26.46 米时相应库容 4660 万立方米，总库容为 1.07 亿立方米。工程规模为大（2）型，工程等别为二等工程。枢纽工程主要建筑物包括通航建筑物、溢流闸坝、左岸连接坝段、电站厂房等，通航建筑物为四级、500 吨级船闸，电站装机容量 10 兆瓦，多年平均发电量 2512 万千瓦时。

（3）建设成就

节堤航运发电枢纽自2016年试运行以来,各项技术指标均满足设计要求。截至2018年9月1日,船闸已安全试运行18个月,电站安全运行78个月,枢纽航运、发电、灌溉、旅游、环保(灭螺)等综合效益十分显著。枢纽渠化大坝上游陆水31.5千米航道,配合航电枢纽完成下游14.5千米航道疏浚,改变了原有断流河、季节河的状况,使陆水流域满足全年通航条件,解决了赤壁市工矿企业的原材料、产品进出水路运输问题;使上游水位常年满足至26.46米水位,提升水位达到深水灭螺水平,改善了当地居民的生活居住条件。水环境、生态环境和沿江景观的显著改善,有效地提高了人们对沿江城市土地资源生态价值的认知度,使得沿江城市的地理区位更加优越,岸线的利用率更加优化,利用效益也在逐年增加,沿江两岸的土地资源价值得到大幅提升,有效促进了房地产业的良好发展,有效缓解了两岸的农田灌溉压力。

2. 通航建筑物

项目于2008年12月开工,2016年12月试通航,2017年3月基本建成。

项目建设依据:2007年2月,湖北省发改委《关于赤壁市节堤航运发电枢纽工程核准的通知》(鄂发改交通〔2007〕99号);2008年7月,湖北省发改委《关于赤壁市节堤航运发电枢纽工程的初步设计的批复》(鄂发改交通〔2008〕1037号);2006年12月,湖北省环境保护局《关于湖北省赤壁市节堤航运发电枢纽工程环评批复》(鄂环函〔2006〕356号);湖北省国土资源局《关于赤壁市节堤航运发电枢纽工程的用地批复》(鄂土资函〔2008〕814号)。

船闸等级为四级,设计最大船舶吨级为500吨。闸室有效尺度为180米×23米×3米。设计代表船队为1顶+4×500吨级驳船队,船队尺度为112米×21.6米×1.6米。船闸上游设计最高通航水位为31.44米,上游设计最低通航水位为26米;下游设计最高通航水位为31.3米,下游设计最低通航水位为14.8米。上、下闸首均采用钢筋混凝土整体坞式结构,闸室为分离式闸室结构。输水系统采用闸墙长廊道侧支孔分散输水系统,廊道进水口布置在上闸首上游的进水墙内,采用流线型多支孔进口,充、泄水时间均为8分钟,一次过闸时间为49.8分钟。引航道左侧布置导航墙和导航墙,右侧布置导航墩,间距20米。上游引航道底高程14.8米,下引航道底高程11.8米,引航道边坡1:2,采用浆砌石护坡。船闸的闸门采用人字门形式,阀门采用弧门形式,启闭机械液压启闭机。项目投资批复3.92亿元,由于人员工资、原料成本上涨等因素实际投资达到7亿元,其中银行贷款2.5亿元,企业自筹4.5亿元。项目用地6.6万平方米,由政府划拨使用。

项目建设单位为赤壁陆水河航电开发有限公司;设计单位为湖南省水利水电勘测设计研究总院、武汉大学设计研究总院、湖北省交通规划设计院;施工单位为湖南省水利水电工程总公司、长江委陆水试验枢纽局;监理单位为湖南光辉监理公司、湖南江海科技发展有限公司;质监单位为咸宁市交通质检站。

节堤航运发电枢纽项目自2017年6月投入试运营以来,各项技术指标均满足设计要求,总体运行状况良好。经过近半年时间的试运行,船闸通过华润所需燃煤约100万吨、芦苇约10万吨、各种矿石约150万吨,极大地缓解了赤壁市工矿企业的产品运输困难,解决了赤壁长江临时码头关停的码头货运需求,打通了赤壁水运的瓶颈。

3.经验与启示

节堤航运发电枢纽于2007年核准,2008年开工,2017年基本建成,由于建设周期过长,初步设计造价按照当时当地物价标准测算,没有考虑未来几年经济高速发展带动的物价快速上涨因素,工程建设过程中也没有考虑到地质因素的影响带来的工期延误,致使工程建设造价远超初设目标,给后期资金投入带来巨大压力。此项目是湖北省至赤壁市各级政府转变思维定式,结合社会资源综合开发,合力共建,赤壁陆水河航电开发有限公司通过招商引资,成为首例民营资本投资建设水上航运的BOT(建设—经营—转让)工程,成就了湖北省水运发展的融冰之旅。

三、长江支流——安徽漳河的通航建筑物

澛港船闸

1.闸坝概况

(1)自然地理条件

漳河发源于芜湖市南陵县绿岭荷花塘,跨南陵、芜湖、繁昌三县,于澛港镇西注入长江,流域面积13.65万公顷,其中山区5.08万公顷,丘陵区4.07万公顷,圩区4.5万公顷。河道长度95千米,其中南陵以下65千米。下游河槽上口宽261米,底宽约170米,底高 -4.2~5.4米。

闸址区漳河河床宽50米左右,河底高程一般 -2.8米~1.7米。两岸地貌属一级阶地,地势开阔,地面多有填土堆积,略有起伏,地面高程一般为7~12米。

船闸闸基持力层主要为淤泥质土及重粉质壤土。淤泥质土软土层具有高压缩性、低承载力等特点,与重粉质壤土层性状差异较大,若闸基基础直接置于该层上,存在软土引起的沉降变形、不均匀沉降及抗滑稳定问题;基坑开挖时,船闸段边坡(右岸)高度在15~17米,边坡上部主要为填土及重粉质壤土,下部主要为深厚淤泥质土软土层。工程区域地震动峰值加速度为0.05g,对应于地震基本烈度为六度。

澛港船闸设计流量3600立方米/秒,相应闸址水位10.18米(吴淞高程,下同)。澛港船闸的校核规模仍以西河镇站1983年型洪水相应的百年一遇校核洪水最为不利,澛港船闸校核流量4800立方米/秒,上游水位12.36米。工程外江防洪水位为13.70米。

澛港航运枢纽工程流域属中亚热带湿润季风气候区,气候温和,雨量丰沛,季风明显。由于受季风气候的影响,冷暖气团交锋频繁,天气多变,降水的年际变化大,年内梅雨显著,夏雨集中,常伴有灾害气候发生。流域多年平均降水量 1300～1600 毫米,由北向南逐渐递增,年际间降水变幅大,年内降水分布不均匀,有明显雨旱季之分,降水多集中于 4—8 月,约占全年的 61.5%,其中主汛期 5—7 月的降水量约占全年的 58.7%,尤以 6 月降水量最大,约占全年的 16.4%。流域多年平均气温为 16 摄氏度,南部山区随高度增加而递减。流域年蒸发量在 700～1000 毫米,年均无霜期 240 天左右,年均风速为 2.4 米/秒。

(2)闸坝建设情况

澛港航运枢纽位于安徽省芜湖市弋江区境内、长江南岸支流漳河航道入江口上游约 3 千米处、外龙窝湖东侧,工程主要任务是改善城市水环境和水景观、航运、供水和灌溉等。枢纽工程属大(2)型规模,工程等别为二等,主要建筑物为二级。所在漳河航道规划等级为四级,设计通航船舶为 500 吨级,泄水闸设计流量 3600 立方米/秒,校核流量 4800 立方米/秒。枢纽工程轴线总长 400 米,主体建筑物布置在主河床部位,两岸提防与主体建筑物之间设连接段作为挡水建筑物,枢纽工程从左至右依次为左岸连接段(含鱼道)、14 孔泄水闸、船闸和右岸连接段。船闸下闸首与泄水闸轴线基本处于一条直线上。

(3)建设成就

澛港航运枢纽于 2014 年 3 月开工建设。工程建成后,将为漳河两岸三山区、城南区、弋江区的城市发展提供充足的水资源条件,促进沿线经济发展,澛港至南陵 60 余千米航道基本实现渠化,航道通航条件将得到大大提升,能够满足 500 吨级船舶的常年通航需要,同时也将改善枯水期城乡生活生产用水及灌溉条件,缓解芜湖市枯水期水资源不足的矛盾。

2.通航建筑物

项目于 2014 年 3 月开工,2017 年 5 月试通航,2018 年 5 月竣工。

2013 年,芜湖市发改委以芜发改农经〔2013〕72 号文出具工可批复;同年,芜湖市环境保护局以环函〔2013〕53 号文出具环评批复。

澛港船闸为 500 吨级单级、单线船闸。船闸设计水头 4.13 米,闸上设计最高通航水位采用 10 年一遇洪水位 10.46 米,设计最低通航水位 6.0 米,闸下设计最高通航水位 10.46 米,设计最低通航水位 1.37 米。船闸闸首闸室为整体式"U"形结构,采用短廊道集中输水,充、泄水时间均为 8 分钟,一次过闸时间为 37.0 分钟。船闸有效尺度为 120 米 × 18 米 × 3.0 米。设计船型 500 吨级,船型尺度为 45.0 米 × 8.8 米 × 2.2 米;设计代表船队为 2×500 吨级分驳顶推船队,船队尺度为 108.0 米 × 9.2 米 × 1.9 米。船闸的闸门采用钢质人字门形式,阀门采用钢质平板门形式,启闭机械均采用液压启闭系统。引航道采用不对称布置,宽度均为 36 米,最小水深 2.87 米,转弯半径 200 米。此外,项目建设包括一座跨闸公路桥,通航孔跨径 29 米,一孔跨过闸室,通航净高 7 米。船闸工程总投资 2 亿元,资金来源于芜湖市地方政府,具体由芜湖市交通投资通过国家开发银行进行融资。

项目建设单位为芜湖市澛港闸(桥)工程管理处,成立于 2013 年 2 月,主要负责建设管理;设计单位为长江勘测规划设计研究有限责任公司,负责工程可行性研究报告编制及设计工作;施工单位中,安徽水利开发股份有限公司负责工程土建部分及金属结构、机械设备安装,六安恒源机械有限公司负责闸门等金属结构制作;常州液压设备有限公司负责液压启闭机等机械设备制造;监理单位为河南卓越工程管理有限公司;质监单位为芜湖市水利工程监督站。

澛港航运枢纽工程永久征地 529.52 亩(三山区 364.72 亩,弋江区 164.8 亩),堤外(含堤身)属国有土地,不计面积。

项目于 2017 年 6 月进行主体工程水下阶段验收。

四、长江支流——安徽驷马山干渠的通航建筑物

乌江船闸

1. 闸坝概况

(1)自然地理条件

驷马山干渠位于安徽省东部,地跨安徽、江苏两省,由滁河上游南岸的金银桨分支南流,切江苏境内的分水岭至乌江接驻马河入长江,全长 33 千米,是 1969 年安徽、江苏两省水利部门为治理滁河水患而实施的驷马山水利工程的主要组成部分。该工程 1969 年开工建设,1971 年开始发挥效益。

乌江航运枢纽地处江淮丘陵地带,境内具有丘陵岗地和平原圩区两种地貌,其中以丘陵岗地为最大地貌单元。枢纽处于扬子淮地台下扬子台坳,中生代的印支运动和燕山运动使地层强烈断裂和岩浆活动,形成了长江挤压破碎带、含山挤压褶皱带、滁河断陷带等。流域多年平均年降水为 970 毫米,年总量 78.15 亿立方米,年径流总量 24.98 亿立方米。流域属于华北温暖北亚热带温润季风气候区,气候温和,四季分明,雨量适中,降水主要集中在 3—9 月,多年降水量 914.6 毫米,年平均气温 16.1 摄氏度,极端最高气温 39.6 摄氏度,极端最低气温 -12.7 摄氏度,日照充足,适合农作物生长。

(2)闸坝建设情况

乌江航运枢纽位于安徽省马鞍山市和县乌江镇境内,驷马山干渠航道上,枢纽上距金银桨约 22.9 千米、下距乌江口约 4.5 千米。工程于 1969 年开工、1975 年建成,由船闸、节制闸和抽水站组成,后在抽水站北侧又新建了节制闸,新、老节制闸合计泄洪能力为 1000

立方米/秒。2009 年水利部门将原有的 100 吨级船闸扩建为四级船闸。枢纽由左至右依次布置新节制闸、抽水站、老节制闸和船闸。驷马山干渠航道规划等级为四级,船闸设计通航船舶为 500 吨级,船闸下闸首为一级建筑物,船闸上闸首、闸室等主要建筑物为三级建筑物,次要建筑物按四级建筑物设计施工。

(3)建设成就

乌江航运枢纽的建成,不仅从根本上避免了滁河中上游的水旱灾害,降低了下游的洪水威胁,同时,新增了约 27.3 千米航道,实现了滁河航道在安徽境内与长江的沟通,尤其是乌江船闸重建后,通航能力大大提升,过往船只的吨位和过闸量也大幅提高,有力地促进了沿河地区区域经济发展。和县盘固水泥厂、全椒海螺水泥厂等一批企业先后建成投产。乌江船闸自通航至 2015 年底,累计过闸船舶艘数约 24.6 万艘次,累计过闸量 3.74 亿吨。

2.通航建筑物

项目于 2008 年 8 月开工,2009 年 8 月试通航,2011 年 10 月竣工。

2008 年 3 月,巢湖市发改委以发改交能〔2008〕65 号文出具项目工程可行性批复;2008 年 5 月,安徽省水利厅以皖水基函〔2008〕476 号文出具项目初步设计批复;2007 年 10 月,巢湖市环境保护局以环审专字〔2007〕052 号文出具项目环境影响评价批复;2007 年 11 月,安徽省水利厅以皖水农函〔2007〕1001 号文批复安徽省水利水电勘测设计院编制的《水土保持报告》。

扩建后的乌江船闸为单线、单级船闸,闸上(滁河侧)防洪水位为 11.15 米(吴淞高程,下同)、设计最高通航水位 10.8 米、设计最低通航水位 6.9 米、检修水位 8.5 米,闸下(长江侧)防洪水位 11.94 米、设计最高通航水位 10.86 米、设计最低通航水位 2.8 米、检修水位 5.67 米。船闸设计吨位为 500 吨级,闸室采用"U"形槽结构,顶高程 13.0 米,闸室有效尺度为 160 米×12 米×3.0 米。上、下闸首的工作门为钢结构横拉门,采用齿条式启闭机。输水阀门为钢结构直升式平面闸门,采用卷扬式启闭机。上、下游导航墙采用直线进闸、曲线出闸的反对称平面布置形式。项目概算总投资 9391.59 万元,实际完成资金 7371 万元。资金来源中,安徽省水利厅 900 万元,和县财政局 2000 万元,职工 1359 万元,单位自筹 3112 万元。项目用地包括永久用地和临时用地,永久用地范围主要包括船闸工程区占地、护堤地永久用地部分;临时用地主要为取土区、弃土区及临建工程区占地。乌江船闸扩建工程共占地 248 亩,其中老船闸和管理区原有占地 158 亩,需新增征地 90 亩。在新增加的工程用地中,航道及提防等水工建筑物占地 25.5 亩,其防汛、办公等管理应新增用地 64.5 亩。

项目建设单位为安徽省驷马山引江工程管理处,负责船闸建设和运行管理工作;设计单位为安徽省水利水电勘测设计院,负责船闸工程可行性研究报告、初步设计以及洪水评估报告、地质灾害评估报告、环境影响评估报告、水土保持报告等编制工作。施工单位中，安徽水安建筑发展股份有限公司完成乌江船闸扩建工程土建、金属结构与电气设备安装，安徽疏浚股份有限公司完成金属结构及启闭机设备安装，合肥三立自动化工程有限公司完成乌江船闸扩建工程自动化（含电气设备采购）设备采购等；监理单位为安徽省和县通达工程监理有限责任公司，完成安徽省驷马山乌江船闸扩建工程施工监理；质检单位为安徽省水利工程质量监督中心站，完成安徽省驷马山乌江船闸扩建工程质量监督。

2009 年 8 月，安徽省水利厅主持通过水下工程阶段验收。2010 年 4 月，建设单位主持通过了单位工程验收。

本项目于 2011 年获得安徽省水利厅"禹王"奖；2012 年获得安徽省建设监理与工程质量协会"黄山"杯奖。

随着上游航道码头的增建，以及和县盘固水泥厂、全椒海螺水泥厂等一些企业的投产，扩建后的乌江船闸过往船只吨位和过闸量成大幅增加，过闸能力也能满足了日益增长的航运需求，从而更好地发挥了航运效益，促进了经济发展，为地方招商引资创造了更好的条件。船闸建成通航至 2015 年的六年间，综合效益比扩建前提高 8 倍左右。

五、嘉陵江支流——涪江的通航建筑物

（一）综述

涪江是嘉陵江右岸最大支流，发源于四川省松潘县与平武县之间的岷山主峰雪宝顶。涪江南流经四川省平武县、江油市、绵阳市、三台县、射洪市、遂宁市、重庆市潼南区、铜梁区等区域，在重庆市合川区汇入嘉陵江。全长 700 千米，流域面积 364 万公顷，多年平均径流量 572 立方米/秒。

涪江干流在江油中坝镇涪江大桥以上为上游，上游河长 254 千米，流域面积 59.3 万公顷。涪江以江油至遂宁段为中游，江段长 237 千米，平均比均 1‰，遂宁以上流域面积约 270 万公顷。涪江遂宁以下至合川河口为下游，下游江段长 179 千米，平均比降 0.5‰。涪江下游段流经潼南、铜梁直至合川。

涪江主要支流有 10 条。除火烧河、梓潼江自左岸汇入外，其余各主要支流均自右岸汇入，涪江流域面积在 10 万公顷以上的主要支流有火烧河、平通河、通口河、安昌河、凯江、梓潼江、郪江、安居河、小安溪 9 条。涪江流域内山区占 37.9%，丘陵占 56.9%，平坝占 5.2%。地势西北高、东南低，众多的支流呈下对称状分布；右岸就有 8 条流域面积在 10 万公顷以上的支流，而在左岸支流却较少且短。

涪江梯级水位图如图 11-11-1 所示。

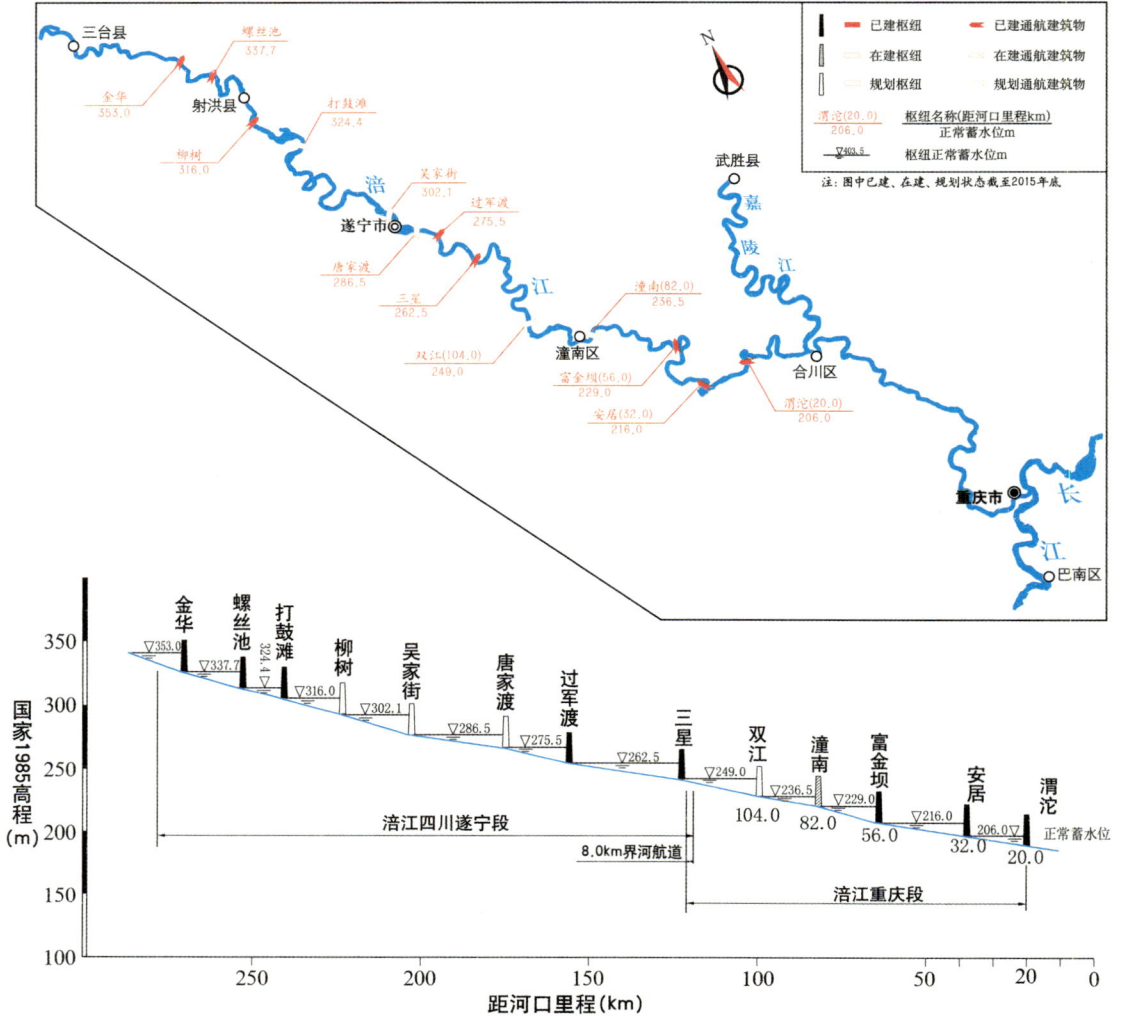

图 11-11-1 涪江梯级水位图

涪江上修建有水电站 6 座，均在四川省境内，从上而下分别是彭溪三江美亚水电站、吴家渡水电站、明台水电站、金华水电站、打鼓滩水电站、三星水电站。已修建和在建的电航枢纽有 6 座，从上至下分别是：永安电航枢纽，建成于 1989 年，建设有电站进出水船闸各一座，最大过船吨级 100 吨；冬瓜山电航枢纽，水电工程于 2018 年建成，预留建设标准为五级的船闸一座；文峰电航枢纽，建成于 1992 年，建设有标准为六级的船闸一座；螺丝池电航枢纽，建成于 1991 年，建设有标准为六级的船闸一座；柳树电航枢纽，水电工程于 2018 年底建成，预留建设标准为四级的船闸一座；唐家渡电航枢纽，于 2017 年 10 月开工建设，计划修建标准为四级的船闸一座。规划还将在过军渡、三星修建两座电航枢纽，同期各建设标准为四级的船闸一座。

截至2015年底,涪江干流重庆段共规划建设梯级五座,其中已建成渭沱、安居、富金坝枢纽三座。建成枢纽中,富金坝船闸通航船舶为300吨级;安居船闸通航船舶100吨级;渭沱船闸通航船舶100吨级。在建潼南航电枢纽一座,通航船舶300吨级,兼顾500吨级。规划双江枢纽一座(2019年9月双江枢纽开工建设)。

(二)潼南船闸

1.闸坝概况

(1)自然地理条件

潼南航电枢纽工程位于重庆市潼南区境内,处于涪江下游河段,坝址以上集水面积289万公顷,占全流域集水面积的79.4%。涪江流域属于亚热带湿润季风气候区,具有冬寒夏热、四季明显、夏秋多雨、冬春干旱等特点。流域内上游与中下游气候有明显的差异:上游由于地势较高气温较低,温差较大;中、下游丘陵平坝区,气温高,温差小。受地形影响,降水量在面上分布不均匀,上游高山区降雨丰沛,中、下游丘陵平坝区降水量明显偏小。

(2)闸坝建设情况

潼南航电枢纽位于潼南区城区涪江大桥下游约3千米,东南距重庆市约120千米,西北距成都约220千米,是涪江自下而上的第四个梯级,开发任务是以航运为主,兼顾发电及修复涪江干流潼南城区段生态系统。水库正常蓄水位为236.50米,相应库容1571万立方米,总库容2.19亿立方米,船闸和航道等级为五级,船闸尺度为120米×12米×3米,设计通航船舶吨级为300吨,电站装机容量42兆瓦,年发电量1.40亿千瓦时。根据《渠化工程枢纽总体布置设计规范》(JTS 182-1—2009)、《防洪标准》(GB 50201—1994)和《水电枢纽工程等级划分及设计安全标准》(DL 5180—2003)规定,当水库总库容、设计通航船舶吨级、装机容量分属不同的等别时,工程等别应取其中最高的等别,本工程以水库总库容确定工程等别为二等,工程规模为大(2)型。

潼南航电枢纽工程为河床式枢纽,汛期敞开闸门泄洪,基本恢复天然状态。本工程等别由总库容大小决定,且最大水头仅为9米,参照《水电枢纽工程等级划分及设计安全标准》(DL 5180—2003)中5.0.8条规定,本工程总库容接近工程分等指标的下限,在非常洪水条件下,上、下游水位差为1.05米,符合小于2米的规定,因此建筑物级别可降低一级,即枢纽主要建筑物级别降低一级为三级。

枢纽主要建筑物中,泄水闸、船闸上、下闸首和闸室、发电厂房、挡水土坝为三级建筑物,引航道建筑物等次要建筑物为四级,临时建筑物为五级。

(3)建设成就

潼南航电枢纽的建设符合重庆市航道发展规划和涪江干流潼南段梯级规划,进一步提高了涪江航道等级，促进了航运发展；同时可充分开发利用水能资源，为重庆市电网提供清洁能源；抬高潼南城区河段水位，为潼南建设现代山水园林城市创造条件；有利于改善城市投资环境与人居环境，进一步提升潼南城市综合竞争力，加快城市发展新区建设步伐。项目建设的社会、生态和经济效益显著。

潼南航电枢纽主体工程已基本完工，水库蓄水至正常蓄水位。2017年8月10日，机组全部投产发电，截至2017年底，累积已发电量9680万千瓦时，创造经济收入2842万元。通航建筑物主要剩余航道疏浚尚未完成，暂不具备通航条件。

　　2.通航建筑物

项目于2014年11月开工，2018年10月试通航并通过完工验收。

项目建设依据：2013年，重庆市发改委《关于涪江干流梯级渠化潼南航电枢纽工程项目建议书报告的批复》（渝发改交〔2013〕1676号）；2014年，潼南县发改委《关于涪江干流梯级渠化潼南航电枢纽工程工程可行性研究报告的批复》（潼发改〔2014〕788号）；2015年，潼南县交通委员会《关于涪江干流梯级渠化潼南航电枢纽工程初步设计报告的批复》（潼交委发〔2015〕10号）；2014年，潼南县规划局《项目规划选址同意书》；2014年4月11日，重庆市地震局《涪江干流梯级渠化潼南航电枢纽建设工程场地地震安全性评价报告》（渝震安评〔2014〕9号）；2014年，潼南县环境保护局《关于潼南航电枢纽项目环境影响评价报告的批复》（渝（潼）环准〔2014〕070号）；2015年，重庆市人民政府《关于涪江干流梯级渠化潼南航电枢纽工程工程用地的批复》（渝府地〔2015〕705号）。

船闸等级为五级，单线船闸。根据《船闸水工建筑物设计规范》（JTJ 307—2001），闸首、闸室建筑物级别为三级，导航、靠船建筑物级别为四级，临时建筑物级别为五级。代表船舶尺度为2×300吨机动驳船，船型尺度为55.0米×8.6米×1.3米。船闸设计最大水头9.0米。闸室有效尺度为120米×12米×3.0米。闸首和闸室为整体式结构形式，船闸输水系统为闸墙长廊道侧支管出水输水系统。闸门形式为潜孔式平面滑动闸门，由铸铁滑块支承。闸门操作方式为静水启闭，门顶充水阀充水平压，启闭时水位差不超过1.0米。工程总投资16.12亿元，其中，项目资本金13.6亿元，资本金占建设投资比例为86%。建设资金主要来源为政府补助、财政资金、银行贷款等。工程征收征用土地总面积1.2万亩（水库淹没影响区1.01万亩，航道整治工程区1.60亩，枢纽工程建设区1922.11亩），其中耕地487.83亩，园地7.86亩，林地225.61亩，草地199.37亩，住宅用地33亩，交通运输用地31.6亩，水域及水利设施用地1.1万亩，其他土地19.22亩。潼南航电枢纽工程征地移民投资约2.8亿元，约占工程投资总额的20.3%。建设征地移民安置工作的有效开展是工程建设顺利进行的前提条件，在工程建设过程中起着至关重要的作用。

项目建设单位为重庆航运建设发展(集团)有限公司;设计单位为中水珠江规划勘测设计有限公司、中煤科工集团重庆设计研究院有限公司;施工单位为中国水利水电第四工程局有限公司、中国水利水电第十二工程局有限公司、四川凯基路桥工程有限责任公司、重庆市荣昌县南方建筑工程有限公司、四川省科茂建筑工程有限公司;监理单位为广东顺水工程建设监理有限公司和广州南华工程管理有限公司联合体、长江工程监理咨询有限公司(湖北)、重庆育才工程咨询监理有限公司;质监单位为潼南区交委质量和安全监督站,对工程质量、安全进行监督、管理。

潼南航电枢纽自 2016 年 4 月试运行以来,严格按照蓄水计划安排,开展水库调度工作。大坝建筑、机电设备运行正常,达到了设计运行条件。落实大坝安全责任,在工程没有全部完工的情况下,由运行单位负责大坝运行安全,施工单位继续负责大坝监测、设备设施安全。运行单位建立了维修养护工作制度,制订了维修维护经费计划,开展了日常安全巡视检查。2017 年 4 月 1 日,通过 1 号机组启动验收会;2017 年 8 月 10 日,通过 2 号、3 号机组启动验收会。2017 年底,潼南航电公司成立了运行管理单位,进一步健全了运行管理机构,编制了运行管理规程。截至 2017 年底,发电量 9680 万千瓦时。

3. 经验与启示

①政府主导,多方参与,共同推进。

由于潼南区人民政府暂无专门主管移民工作的部门,潼南区人民政府成立潼南航电枢纽工程建设指挥部,在潼南区人民政府和重庆市移民局的指导下,组织和领导建设征地和移民安置工作,项目业主、航发司共同参与,移民监理驻点监督,由潼南航电枢纽工程建设指挥部组织协调潼南区交通委员会、水务局、国土局、涪江水体办、规划局、人力资源和社会保障局、环保局、卫计委等相关行政职能部门,将该工程建设征地和移民安置工作分解到位,各部门配备专职人员各司其职,共同完成相关工作,为本项目征地拆迁、人员安置、专项设施迁复建、移民后期扶持工作的顺利开展创造了良好的条件。

②遵从民意,合法施策,和谐稳定。

潼南航电枢纽工程地理位置的特殊性,造成涉及建设征地移民群众对征地拆迁补偿安置诉求较高。潼南区政府在实施过程中,遵从民意,经过充分走访调查,连同项目业主、主体设计单位和移民监理,在合法合规的前提下制定了征地补偿标准和移民安置政策,顺利并较好地完成了整个项目建设征地移民安置工作。征地拆迁补偿到位,人员安置到位,专业项目改迁建到位,移民人员无重大反感情绪;库区蓄水后潼南城区水体景观得到了极大改善,滨江亲水活动体验感增强,市民满意程度较高,呈现出一片和谐、稳定的气象。

(三)富金坝船闸

1.闸坝概况

(1)自然地理条件

富金坝航电枢纽位于涪江干流的合川区太和镇上游 2 千米处,距涪江与嘉陵江汇合口 64 千米。流域内上游区域地质构造复杂,地层以变质岩为主,次为古生代碳酸盐岩及碎屑岩,断裂发育,后龙门山及北川一带地壳稳定性较差,地震基本烈度达八度以上。中下游丘陵平坝区,地质构造简单,各种红色碎屑岩广布,以砂岩、泥岩为主,组成互层状,岩层产状平缓,断裂不发育,地壳稳定,地震基本烈度五~六度。流域属亚热带湿润性气候区,多年平均气温在摄氏 14.7~18.2 摄氏度。区域内气候温和、湿度大、雨量丰沛、无霜期长,除上游山区外,无霜期一般在 300 天左右,是四川省主要农业生产区之一。

(2)闸坝建设情况

富金坝航电枢纽为涪江干流重庆段航运自下而上梯级开发的第三级,上游紧接潼南境内已建的三块石梯级,下游与铜梁境内已建的安居梯级相接。工程所在区左岸有太和镇至佛盐乡公路通过,交通较为方便。

工程主要由闸坝、主厂房、副厂房、变电站以及船闸等构成,正常蓄水位 229 米,总库容 6650 万立方米,渠化涪江 25 千米航道。坝址位于龙背坡,厂房、船闸布置在坝址上游右岸约 800 米处的露水垭。从左到右依次布置左岸非溢流坝(长 368 米)、左岸储门槽坝段(长 18 米)、泄洪冲沙闸(长 283 米)、右岸储门槽坝段(长 18 米)和右岸非溢流坝(长 22.55 米)。主副厂房、变电站、生产生活设施布置在闸坝轴线上游右侧露水垭口处。进厂公路从枢纽左岸经左岸非溢流坝,布置于泄洪冲砂闸闸墩顶部上游侧交通公路、右岸非溢流坝,再沿笠叶滩下游右岸新修 1.8 千米公路至厂区。

(3)建设成就

富金坝航电枢纽于 2006 年 6 月 30 日首台机组并网发电后,2 号机组、3 号机组也分别于 2007 年 1 月 18 日、2007 年 2 月 10 日完成 72 小时试运行,顺利并网发电;2007 年 6 月 13 日完成船闸试通航。截至 2017 年底,年平均过闸 300 次,总吨位 11.15 万吨,已累计发电 28.36 亿千瓦时,取得了一定的经济效益和社会效益。

富金坝航电枢纽的建成,有效改善了航道的通航条件,使航道达到五级通航标准。

富金坝航电枢纽工程是以航运为主、航电结合、以电促航、兼顾防洪、灌溉等综合利用的效益工程,是涪江重庆段全江渠化建设的关键工程,是西部大开发和重庆市、四川省经济发展的迫切要求,是从根本上改善航道条件、促进航运发展的迫切需要。富金坝航电枢纽的建成将促进涪江流域乃至嘉陵江流域国民经济的快速发展,将为重庆市国民经济快速发展提供急需的电能。

2. 通航建筑物

项目于 2003 年 11 月开工建设，2007 年 6 月船闸进行了实船通航试验，2007 年 12 月竣工。

项目建设依据：2002 年，重庆市发展计划委员会《关于涪江梯级渠化富金坝枢纽工程项目建议书的批复》（渝计委交〔2002〕1819 号）；2003 年，重庆市发展计划委员会《关于涪江梯级渠化富金坝枢纽工程可行性研究报告的批复》（渝计委交〔2003〕96 号）；2003 年，重庆市交通委员会《关于涪江梯级渠化富金坝枢纽工程初步设计报告的批复》（渝交委港〔2003〕11 号）；2004 年 6 月，重庆市环保局《关于涪江梯级渠化富金坝枢纽工程环境影响评价报告的批复的批复》（渝（市）环评审〔2004〕129 号）；2003 年，重庆市人民政府《关于重庆航运建设发展有限公司建设涪江梯级渠化富金坝枢纽工程用地的批复》（渝府地〔2003〕1341 号）。

富金坝船闸等级为五级，船闸闸室有效尺度为 100 米×12 米×2.5 米，设计最大船舶吨位为 300 吨。船闸的闸首和闸室为三级，导航和靠船建筑物为四级，临时建筑物为五级。由于采用侧墙长廊道支孔出流分散输水系统，闸室中不设镇静段，故闸室按有效尺度布置，长 100.0 米，宽 12.0 米。上闸首结合侧墙长廊道进口和启闭机布置要求，两侧边墩长 31.0 米，宽 10.0 米。两岸联系的交通桥布置在上闸首前段引航道范围内，桥宽 4.0 米。船闸设计水头 13 米，设计最高通航流量为 5500 立方米/秒，相应上游水位为 224.89 米。由于该水位低于枢纽正常挡水位（229.0 米），因此上游最高通航水位采用正常挡水位（229.0 米）。上游设计最低通航水位采用正常挡水位消落 0.7 米的水位，即 228.3 米；下游设计最高通航水位采用 5500 立方米/秒下泄流量相应水位 222.90 米，下游设计最低通航水位采用低水保证率 95% 的相应水位 216.0 米。由于上、下游水位差较大，为减小上闸门高度，在上闸首口门宽 12.0 米范围布置帷墙。下闸首两侧边墩长 28.0 米，宽 10.0 米，口门宽 12.0 米。上引航道外导航墙长 120.0 米，在堤头前端 80.0 米做成透空导墙，以利于排除泥沙。引航道内侧随河岸地形进行岩石开挖削坡，采用有锚衬砌，作为内导航墙，并在引航道前端布置靠船建筑物。引航道底宽 35.0 米，在口门处扩大为 50.0 米。下引航道外导墙直段长 125.0 米。内导航墙直段长 125.0 米，其后结合电站尾水渠和引航道开挖，在高程 219.0 米以下采用混凝土梁格浆砌块石护坡，护坡直段长度 467.0 米，布置 6 个靠船墩，墩间距 20.0 米。为便于引航道与主航道连接，结合该段河岸地形，用半径为 179.0 米的弧线与下游深槽连接，引航道底宽 35.0 米。项目总投资 8.76 亿元。工程用地合计 5963 亩。

项目建设单位为重庆航运建设发展有限公司；设计单位为四川省水利水电勘测设计研究院、重庆市交通规划勘察设计院；施工单位为四川省水利电力工程局、中国安能建设总公司；监理单位为宜昌市中葛监理工程师事务所、中国船级社实业公司；质量监督单位为重庆市交委质监站。

在工程投运后前两年，机组监控系统、自动化元件存在较多故障，机组存在漏水、漏油等情况，经消缺处理和技术改造，解决了2号、3号机组振动超标等技术问题，保证了机组的正常出力。三台机组运行稳定，设备完好率良好，电厂运行管理工作已步入正轨，安全生产运行总体平稳。

3.经验与启示

运行期应落实安全监测专业队伍，加强对枢纽工程特别是大坝、高边坡等部位的安全监测工作，加强监测成果的分析，发现异常情况应及时处理。

六、嘉陵江支流——渠江的通航建筑物

（一）综述

渠江位于四川盆地东北部，发源于巴中市南江县大巴山南麓，是嘉陵江左岸的最大支流。渠江上游主流巴河与州河两大水系，在渠县三汇镇汇合后称渠江。渠江从源头流经南江、巴中、平昌、三汇、渠县、广安、罗渡等城镇，在重庆市合川区城上游8千米的渠河咀汇入嘉陵江。源头映水坝至三汇镇364千米，三汇镇至渠河咀301千米，干流全长668千米，流域面积388万公顷，天然落差1410米，平均比降1.96‰。渠江干流三汇镇以下系丘陵地区，河道较为开阔，两岸台地向河心成平缓斜坡，滩沱水深差别很大，枯水期滩上水深不足0.8米，而沱内深达20～40米。河道落差大部集中在滩上，一般为0.8～2.5米。枯水期河宽一般为150～350米，石滩上束窄到10～20米。河道水源主要来自降水，流域内年均降水量约为1000毫米。降水量对水位涨落影响甚大，三汇镇以上河道束窄陡峻，水源易于集中，下泄迅速，洪、水陡涨陡落。洪、枯水位变幅10～25米。根据罗渡水文站记载，最大流量为2.69万立方米/秒，最小流量为28.9立方米/秒。干流石梯以上河谷较开阔，一般水面宽100～200米，石梯至三汇为低丘地形，河谷开阔，水面宽200～500米。

渠江流域主要支流有大、小通江、恩阳河、巴河、州河、流江河等，分属四川省巴中市、达州市、广安市和重庆市管辖。全流域共有通航里程1646.7千米。

渠江干流航道上起于达州市通川区南门口，下至重庆合川境内渠河嘴，全长约360千米。其中，从起点到广安市岳池县丹溪口，四川省境内长达283.2千米。达州南门口至南阳滩枢纽大坝88千米，已建成金盘子、舵石鼓和南阳滩3个航电枢纽，航道实现梯级渠化，达四级标准。金盘子枢纽建成于20世纪90年代，通航建筑物为四级船闸；舵石鼓、南阳滩枢纽建成于20世纪60年代，均修建有的广厢式船闸，能通行500吨级船舶。南阳滩至瓦窑滩有26千米天然航道，仅达七级标准。瓦窑滩至丹溪口航道里程169千米，已建成凉滩、四九滩和富流滩3个航电枢纽，航道实现全段渠化，达到四级标准。凉滩枢纽成

于 20 世纪 60 年代,其通航建筑为广厢式船闸,能通行 500 吨级船舶。四九滩和富流滩枢纽建成于 20 世纪 90 年代以后,均建设有四级船闸。下距富流滩航电枢纽 13.7 千米为川渝交界点。渝境内渠江长 74 千米,为下游航段,航道等级为三级。

渠江梯级水位图如图 11-11-2 所示。

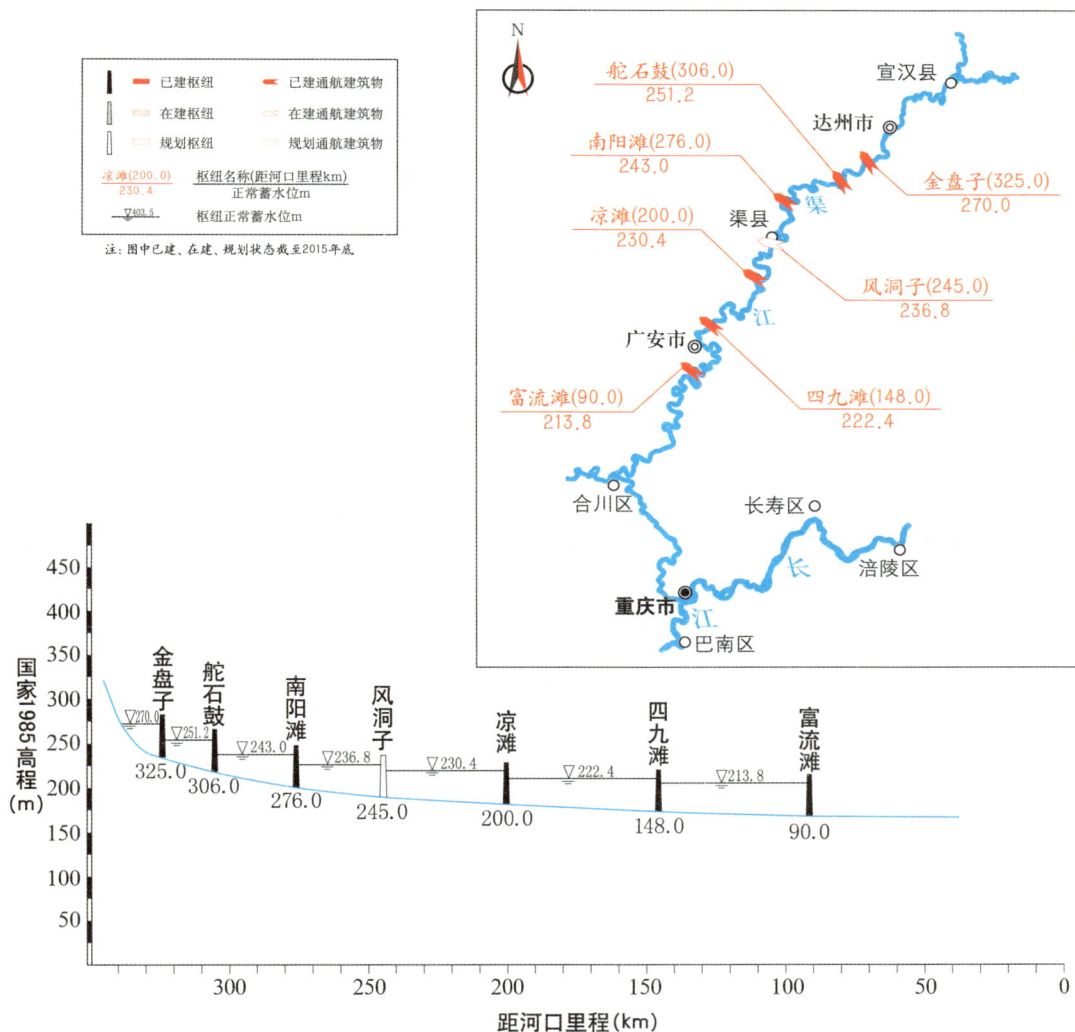

图 11-11-2　渠江梯级水位图

2012 年 12 月,四川省启动了"渠江广安(四九滩—丹溪口)航运建设工程航道整治工程",拟先期将四九滩—丹溪口 70.9 千米航道建设成三级航道,并同时启动了富流滩船闸改扩建工程,设计通行 1000 吨级船舶,直至 2018 年底,工程建设仍在进行之中。

2016 年,四川省启动了渠江航运发展规划研究。根据此研究,拟对渠江航道现有船闸进行升级改造,实现全江通过渠化,建设成为三级航道。拟将金盘子(271.0 米)、舵石鼓（252.8 米）、风洞子（243.0 米）、凉滩（231.4 米）、四九滩（222.40 米）、富流滩（213.8米）六级航电枢纽均建设成为三级船闸。

（二）金盘子船闸

1.闸坝概况

（1）自然地理条件

金盘子航电枢纽工程坝址控制流域面积 1.02 万平方千米，为州河流域面积的91.4%。州河流域分布于四川盆地东北角，渠江是嘉陵江左岸最大支流，上游分前、中、后河，均发源于大巴山南麓。主流前河发源于城口县境内，流至宣汉县城的江口与源流于万源市境内的后河汇合后始称州河，再经达县流至渠县三汇镇汇入渠江，主流全长 310 千米。河流上游河谷狭窄，坡陡流急，下游略为开阔，水流相对平缓，河道比降在 0.45‰以下。

区域构造位置处于新华夏系川东皱褶带，枢纽位于靠铁山背斜西侧的渡市半封闭向斜东翼，工程区出露地层为侏罗系中统沙溪庙组的泥岩、沙质泥岩与长石石英砂岩不等厚互层，呈单斜缓斜构造，倾向西北，倾角 13～15 度，岩层走向与坝轴线方向基本一致。该处地震烈度为六度，区内水文地质条件简单，地下水微弱。库区岸坡一般较稳定，不存在岸坡再造、堵塞河道等影响稳定的问题。枢纽主要建筑物均置于巨厚层中粒长石石英砂岩层上，该层砂岩全厚约 45 米，结构完整，岩性坚硬，抗风化、抗侵蚀力强，对水工建筑物十分有利。建库后，正常水位不高，不存在浸没及向外渗漏问题。

州河流域属亚热带季风湿润气候，区域内气候温和，雨量丰沛。多年平均气温 17.2摄氏度，多年平均风速 1.3 米/秒，多年平均蒸发量 1077.0 毫米，多年平均降水量 1202.5毫米，相对湿度 79%，无霜期约 350 天。坝址处多年平均流量 229 立方米/秒。州河洪水主要由暴雨形成。洪水季节变化与暴雨季节基本一致，暴雨洪水频繁。每年 5—10 月发生洪水，年最大流量多发生在 6—7 月，洪水陡涨陡落，具有峰高、量大、历时短、过程尖瘦等特点。洪枯水变化大，水位变幅一般为 15～20 米。

（2）闸坝建设情况

金盘子航电枢纽工程，是四川省和交通部批准列入国家计划的航电工程，是渠江渠化梯级开发中最上游一级，是集发电、航运、灌溉、防洪、旅游、水产养殖于一体的综合项目，是达州市和达川区交通能源基础设施的重点建设项目。该工程位于渠江一级支流州河下游达州市达川区渡市镇上游 1.5 千米的金盘子河段上，地理坐标为东经 107 度 17 分 40秒、北纬 31 度 03 分 42 秒，上距达州市 39 千米、河市机场 20 千米，下距舵石鼓电站 26 千米，右岸与达广公路相接，左岸与襄渝铁路渡市火车站毗邻，县道江（江陵）木（木头）路穿越枢纽。金盘子航电枢纽工程为三等三级工程。本枢纽工程主要建筑物为三级，次要建筑物按四级设计，临时建筑物按五级设计。地震基本烈度小于六度，故枢纽建筑物不进行抗震设计。水库正常蓄水位270.00米,最大回水长度42千米,回水至上游支流——明月江的小河咀电站。最大坝高37.3米,正常库容9800万立方米。电站为河床式,总装机容量为30兆瓦,共安装3台单机容量为10兆瓦的轴流转桨式机组。保证出力5.1兆瓦,多年平均发电量1.4亿千瓦时,年利用小时4257小时。枢纽建筑物从左到右依次为船闸、泄洪闸、冲沙底孔、电站和副坝。

(3)建设成就

金盘子航电枢纽建成后渠化航道42千米左右,库区蓄水后极大改善了达州城区到渡市段州河航道通航条件。截至2015年底,枢纽的通航总吨位已达29.27万吨,通航船舶3401艘;发电量累计17.51亿千瓦时。由于航道的改善和经济的发展,通航船舶也逐步由最大准载130吨增加到500吨,运输货物由过去单一的砂石变成了沙、石、煤炭等多种货物。金盘子航电枢纽渠化航道、拉动地方经济的作用开始突显。

2.通航建筑物

项目于1999年10月开工,2003年6月竣工。

项目建设依据:1987年6月,四川省计划经济委员会《关于印发〈渠江综合开发第一期工程可行性研究报告审查会议纪要〉的通知》(川计经交〔1987〕第509号);1988年10月,四川省建设经济委员会《关于开发渠江达县金盘子航电工程初设审查的批复》(川建设〔1988〕电700号);1998年7月,四川省环保局(川环开(1990)便字第015号);2003年7月,达县人民政府、达县国土资源局《土地使用证》(发国用(2003)第09601号)。

金盘子船闸布置在枢纽左岸,为四级船闸,船闸上游最高和最低通航水位分别为270米和269.8米,下游最高和最低通航水位分别为259.2米和250.96米。船闸输水形式为短廊道输水,设计最大工作水头为19.36米,闸室充、泄水时间均为32分钟,通航时间为单向过闸50分钟,双向过闸59分钟。船闸设计船队为2×500吨级拖带或顶推船队。上、下游引航道及闸室均为浆砌条石结构。闸室尺度为120米×12米×2.5米。上闸首长46.1米,顶高程273.6米,闸门门槛顶高程265.5米;闸墙顶高程271.6米,闸室底高程248.46米,上引航道底高程265.5米,外引墙长166米,内外引墙顶高程271.6米;下引航道底高程248.46米,外引墙长251.9米,内引墙顶高程260.80米,外引墙顶高程260.80(258.80)米。船闸口门净宽12米、水级19.04米,船闸闸阀系统包括上、下人字钢闸门4扇(两套),上、下反向弧形阀门4扇(输水阀门),上、下检修平板钢质阀门2扇。船闸输水系统采用闸底长廊道形式,船闸闸门启闭机均采用液压启闭机,人字门启闭力为500千牛,弧型阀门启闭力为320千牛。船闸过闸操作一次约60分钟。项目总投资为3.76亿元,其中交通部水运建设资金3500万元,四川省交通厅规费自筹拨款4000万元,其他拨款3700万元,其余投资款项均为银行贷款。金盘子航电枢纽工程占地共计3369.57亩,其中耕地1516.74亩、非耕地348.73亩、划拨国有土地1504.10亩。

项目建设单位为四川渠江金盘子航电开发有限公司;设计单位为四川省交通厅交通勘察设计研究院(原内河勘察设计院)与达州市水利电力建筑勘察设计院;施工单位中,枢纽工程土建施工单位为四川华西集团十五公司和四川华夏工程总公司,设备安装单位为中国水利水电第五工程局,工程灌浆施工单位为达州市水电建筑安装总公司(水利电力建筑地质勘探队);监理单位为四川二滩国际工程咨询有限责任公司和四川省水运工程监理事务所;质监单位为四川省交通厅水运工程质量监督站、达县金盘子航电工程质量项目监督站。

1995年11月17日,由华西集团总公司负责承建的电站施工,岸坡开挖;1995年12月23日,480米长的围堰全部形成;1998年10月23日,一期围堰修复工程上游围堰一次截流成功;1998年12月4日,船闸开挖正式开工;2002年4月3日,船闸下引航道基础验收及下闸首交工验收;2002年6月12日,指挥部组织召开下闸蓄水仪式;2005年5月,船闸工程全部完成并进行了安装调试;同年6月9日,金盘子工程船闸实船试航;2006年5月,通过四川省交通厅航务局验收。

金盘子水电站投产以来,主要水工建筑物、金属结构、机电设备等均保持了良好的运行状态,电站每年均能顺利完成省港航公司所下达的安全指标和各项技术经济指标,取得良好的经济和社会效益,说明金盘子水电站的建设质量完全达到了国家有关技术规范和设计要求,运行管理规范、科学且富有实效。

(三)四九滩船闸

1.闸坝概况

(1)自然地理条件

四九滩航电枢纽在渠江干流的中游,位于广安城上游1.2千米的四九滩中偏下段,枢纽所处区域河道开阔,中高水位河面宽700~800米,河床断面成"U"形,中水期水流漫滩,枯水期水流归槽,河床砂裸露横卧江中。

工程区域属于四川沉降带川中褶皱带的广阔旋扭构造体系边缘,区域内造形迹主要以褶皱为主,无大规模的断裂发育,地质构造简单,区域内无地震构造存在,本区地震基本烈度为六度。水库区工程地质条件简单,工程区建筑基层持力层地质为砂岩,且为较完整的砂岩石盘,裂隙不发育,不存在岭谷渗漏,边岸再造、浸没、淤积等工程地质问题,蓄水条件良好。

渠江水文是典型山区河流特征,洪峰水位暴涨陡落。流域属季风气候类型,冬季干燥少雨无严寒,夏季炎热雨量集中,平均气温15~18摄氏度,由南向北递减;平均年降水量1100毫米左右,由北向南递减。据广安县城气象站资料统计,工程所在地历年平均降水量1015毫米;历年最高气温41.5摄氏度,最低-3.7摄氏度,平均17.6摄氏度;历年平均风速 1.7 米/秒,历年最大瞬时风速为 22 米/秒,主导风向为 NE,最大风力七级;历年平均雾日数 306 天。

（2）闸坝建设情况

四九滩航电枢纽是渠江干流规划的第四级梯级,枢纽位于广安市广安区县城上游 1.2 千米,地理坐标为东经 106 度 39 分、北纬 30 度 39 分。枢纽主要建筑物按照三级、次要建筑物按四级水工建筑物设计,所在渠江航道按照内河四级航道等级建设。四九滩船闸标准为四级,枢纽坝长 481.2 米,设计通航船舶为 500 吨级,水库总库容 8800 万立方。四九滩航电枢纽是以航为主、航电结合、综合开发的综合水利工程。电站装机 3×8500 千瓦,溢流大坝及船闸部分的投资主体为交通部门,电站部分的投资主体为广安爱众公司。枢纽主体建筑物自左向右依次布置为左岸副坝、船闸、冲沙闸、溢流坝、电站。

（3）建设成就

截至 2015 年底,四九滩航电枢纽共通航 1064 闸次、通航量 43.1 万吨,发电超过 30 亿千瓦时。枢纽较好地综合利用了水资源,通过大坝挡水,提高了水深、消除了滩险、减小了水面流速、加大了航道尺度,有效改善了渠江四九滩至凉滩之间 51 千米的航道。从 1991 年开始,通过提升航道等级,区域内的船舶逐渐向标准化、大型化发展:以前船舶吨位普遍在 60～100 吨,修建了四九滩航电枢纽后,船舶吨位普遍达 300～1000 吨。2014 年高水位期间,四九滩船闸还曾经通过了一般 2000 吨级的机驳船。通过提升航道尺度,船舶向大型化、标准化发展后,单位吨公里耗油量估算减小了 60% 左右,物流成本估计减少 40% 左右,节能减排、降低物流成本的效果十分明显。

2. 通航建筑物

项目于 1988 年 1 月开工,1991 年 4 月试通航,1995 年 12 月竣工。

项目建设依据:1986 年 8 月,四川省交通厅《四川省交通厅关于渠江四九滩航电工程闸坝部分可行性研究报告的初审意见》(川交基〔1986〕624 号);1987 年 11 月,四川省建设委员会《四川省建委关于广安四九滩航电工程闸坝部分初步设计的批复》(川建委发〔1987〕717 号);1989 年 4 月,《渠江广安四九滩航电枢纽工程建设指挥部关于报送渠江广安四九滩航电枢纽工程建设项目环境影响报告表的报告》(广四指〔89〕字第 026 号);1992 年,四川省国土局《关于渠江广安四九滩航电枢纽工程建设用地的批复》(川国土函〔1992〕216 号)。

四九滩船闸为四级船闸,设计船舶为 500 吨级船舶,设计船舶尺度为 45 米 ×10.8 米 ×1.6 米。船闸设计水头 8.6 米,为单线、单级船闸,船闸上游最高通航水位 227.60 米,上游最低通航水位 222.20 米;下游最高通航水位 225.70 米,下游最低通航水位 213.80 米。闸室有效尺度为 160 米 ×12 米 ×2.5 米,闸首、闸室为分离式浆砌条石结构。输水系统采用头部集中式输水系统,充、泄水时间均为 8 分钟。船闸闸门采用钢制人字闸门,阀门采用钢制平板门,一次过闸时间为 30 分钟。上、下引航道为反对称平面布置,上引航道尺度为 380 米 × 40 米 × 2.5 米，下引航道尺度为 530 米 × 40 米 × 2.0 米。项目总投资为 3879 万元，全部为国投资金。工程占地共计 605.2 亩。

项目建设单位为渠江广安四九滩航电工程建设指挥部；设计单位中，四川省内河勘察设计研究院负责闸坝部分的设计，四川省水利水电勘测设计院负责电站部分的设计；施工单位中，电站部分由指挥部电站工程处负责施工，船闸部分（含副坝、操作室、船闸所房建）由指挥部闸坝工程处负责施工，溢流大坝部分由四川省交通厅第二航道工程处负责，金属结构、电站装机由中国水电十局负责；船闸运行机械、电气控制系统由江苏省交通工程公司负责设计、制造和安装施工；质监单位为四川省交通厅水运工程质量监督站。

1987 年 11 月，四川省建设委员会下达《四川省建委关于渠江广安四九滩航电工程（闸坝部分）开工的批复》（川建委发〔1987〕791 号），批准工程开工建设。1988 年 1 月，工程开工；1990 年 11 月 13 日，大江截流；1990 年 12 月底，船闸、冲砂闸封顶；1991 年 2 月底，大坝封顶；1991 年 3 月底，船闸（含冲砂闸）启闭机械安装调试完成；1991 年 4 月 1—10 日，落闸蓄水；1991 年 4 月 16 日，船闸试运行；1992 年 5 月 27 日，电站满发；整个枢纽工程于 1995 年 12 月 25 日进行竣工验收，船闸投入正式通航。

正是以四九滩电站的良好发电效益为基础，广安电力公司积极有为、不断滚动发展，2004 年 9 月 6 日，聚合了广安的水电、供水、天然气优良资产的广安爱众股份公司在上交所成功上市。

3. 经验与启示

在关于闸坝工程的设计方面，船闸与电站分岸设置是合理的，避免了相互运行的干扰；山区河流不宜采用拦河大坝，宜采用泄洪闸；船闸顶标高应采用非溢流式。在建设理论方面，应始终坚持"以人为本，标准稍高，环境优化，协调发展"的建设理念。在建设与融资机制方面，对于低水头枢纽，靠发电效益很难实现盈利。拦河挡水建筑物、通航建筑物应由政府投入，主要体现社会效益，如航道等级提升、船舶大型化及标准化和水电清洁能源带来节能减排效益和滨水城市提升城市面貌打造宜居环境等；而水电站交由社会招标企业投资来建设，政府可以取得税收收益。在建设与运营管理方面，不宜再以工程建设指挥部组织建设；电站、拦河挡水建筑物的运营管理应交由发电企业负责，船闸运行应交由公益事业单位管理，从而保证船闸通过保证率。

（四）富流滩船闸

1. 闸坝概况

（1）自然地理条件

渠江位于四川省盆地东北部，是嘉陵江左岸最大支流，为四川省内六大水系之一。渠江水系发源于大巴山南麓,上源为州河和巴河水系,在渠县三汇镇汇合后始称渠江。干流流经渠县、广安、前锋、华蓥、岳池等县,在重庆合川区的渠河嘴注入嘉陵江,全长 300 千米,是连接革命老区巴中、达州、广安及西南重镇重庆市的重要水上通道,是国家重要的战备航道。

富流滩电航枢纽工程区域属于四川沉降带川中褶皱带的广阔旋扭构造体系边缘,区域内造形迹主要以褶皱为主,无大规模的断裂发育,地质构造简单,区域内无地震构造存在,本区地震基本烈度为六度。水库区工程地质条件简单,不存在岭谷渗漏、边岸再造、浸没、淤积等工程地质问题,蓄水条件良好。

富流滩电航枢纽位于四川省广安市岳池县罗渡镇境内渠江干流的富流滩,区间流域属亚热带湿润季风气候,夏季炎热多雨,湿度大,冬季干燥雨量极少,多年平均流量 724 立方米,多年平均径流量 228 亿立方米。丰水期为每年 5—10 月,水量占全年的 86.2%;枯水期为当年 11 月—翌年 4 月,水量占全年的 13.8%。

(2)闸坝建设情况

富流滩电航枢纽位于四川省广安市岳池县罗渡镇上游 1.0 千米,地理坐标为东经 106 度 35 分 20 秒、北纬 30 度 21 分 25 秒,是渠江干流梯级开发的第五级,上距四九滩航电枢纽 57 千米,下距合川渠江河口 86 千米。该工程是一座以发电为主,结合航运,兼顾灌溉等多种效益的综合利用水利水电工程。工程主要建筑物为三级,次要建筑物为四级。大坝正常蓄水位 213.80 米,库容 2.07 亿立方米。洪水设计标准为 50 年一遇,校核标准为 200 年一遇。电站装机容量为 3×13 兆瓦,装机总容量 39 兆瓦。原设计船闸为四级标准,可通行 2×500 吨级船队。2012 年新开工建设二线船闸,船闸等级为三级,可通行 1000 吨级船舶。

(3)建设成就

富流滩电航枢纽的建成运行对缓解岳池县电力严重不足、改善供电质量、实现岳池电气化、促进地方经济发展发挥了重要作用。截至 2015 年底,电站已累计发电 27.63 亿千瓦时,测算节省标煤 140 万吨,减少二氧化碳排放约 335 万吨,碳减排收益约 2200 万元;枢纽回水 57 千米,淹没 18 个滩险,库区航道由七级提升为四级,有效改善了通航条件,对沟通上、下游航运联系、实现渠江全江渠化、推动水运发展产生了积极作用。

2. 通航建筑物

(1)富流滩电航枢纽

项目于 1998 年 11 月开工,2004 年 10 月试通航,2005 年 10 月竣工。

项目建设依据:1998 年 7 月,四川省水利电力厅、四川省计划委员会《四川省水利电力厅、四川省计划委员会关于岳池县富流滩电航工程可行性研究报告的批复》(川水规计〔1998〕466 号);1998 年 9 月,四川省水利电力厅、四川省计划委员会《四川省水利电力厅、四川省计划委员会关于岳池县富流滩电航工程初步设计的批复》(川水规计〔1998〕609号);1998年7月,四川省环境保护局《四川省环境保护局关于四川省广安地区岳池县富流滩电航工程环境影响分析报告的审批意见的函》(川环开函〔1998〕161号);四川省环境工程评价中心《关于四川省广安地区岳池县富流滩电航工程环境影响分析报告评估意见》(省环评发〔1998〕027号);1998年11月,广安地区行政公署《广安地区行政公署关于岳池县富流滩电航工程征地线有关问题的批复》(广署函〔1998〕152号)。

富流滩船闸等级为四级,设计船舶吨级为500吨,闸室为分离式闸室结构,采用短廊道输水系统。富流滩船闸设计水头13.08米,船闸正常挡水位213.8米。上游最高通航水位216.3米,最低通航水位212.4米;下游最高通航水位214.38米,最低通航水位200.72米。通航流量76立方米/秒。船闸充、泄水时间均为12分钟,单次双向通航时间为45分钟。船闸有效尺度为120米×12米×2.5米。设计代表船舶为500吨级驳船,船舶尺度为45米×10.8米×1.6米;船队为2×500吨顶推分节驳船,船队尺度为109米×10.8米×1.6米。船闸布置在主河道左岸侧发电厂房和右岸接头坝之间,上、下游引航道导墙各长150米,上、下闸门采用人字钢闸门,输水阀门为平板定轮门,相应启闭机械采用液压启闭机集中控制。项目总投资3.32亿元,通航建筑物投资占3574.4万元。其中,广安爱众股份有限公司8770.6万元、岳池银泰投资(控股)有限公司8423万元、专项扶贫贷款1.6亿元。富流滩电航枢纽工程永久占地105亩,水库淹没耕地106.47公顷。

项目建设单位为四川省岳池爱众发电有限公司;设计单位中,枢纽工程由四川省水利水电勘测设计研究院设计,其中船闸部分工程由重庆交通院设计;施工单位中,土建工程由中国葛洲坝水利水电工程集团公司承建,金属结构安装工程由中国水利水电第七工程局承担;监理单位为四川华西工程设计建设(集团)总公司和广安市渠江水电工程建设监理有限公司;质监单位为四川省水利基本建设工程质量监督中心站和广安市公路(交通)工程质量监督管理站。

2003年4月,广安市经济贸易委员会主持蓄水验收。

(2)富流滩二线船闸

项目于2012年12月开工,2016年6月完成主体工程建设,2019年12月完成机电设备安装及调试工作。

项目建设依据:2010年11月,四川省交通运输厅《四川省交通运输厅关于渠江广安(四九滩—丹溪口)航运建设工程可行性研究报告审查意见的函》(川交函〔2010〕792号);2011年5月,四川省交通运输厅《关于渠江广安(四九滩—丹溪口)航运建设工程富流滩船闸改扩建工程初步设计的批复》(川交函〔2011〕250号);2010年11月,四川省环境保护厅《关于渠江广安(四九滩—丹溪口)航运建设工程环境影响报告书的批复》(川环审批〔2010〕617 号）；2012 年 5 月，国土资源部《关于渠江广安（四九滩—丹溪口）航运工程建设用地的批复》（国土资函〔2012〕4082 号）。

富流滩船闸改扩建工程区位于原枢纽工程的左岸，紧邻左岸接头坝，新建二线船闸一座，船闸等级为三级，船闸最大工作水头 11.8 米，有效尺度为 200.0 米×23.0 米×4.2 米，可通行 1000 吨级船舶。船闸由上引航道、上闸首、闸室、下闸首和下引航道组成，闸室尺度为 180 米×23 米×4.2 米。设计船型为 1＋2×1000 吨左梭顶推船队和 1000 吨机动货船，船队尺度为（60～63）米×12.8 米×（2.4～2.6）米。船闸采用闸底长廊道输水系统，船闸正常运行（双边开启）充水阀门开启时间为 5 分钟，泄水阀门开启时间为 4 分钟。此时闸室充、泄水最大流量分别为 175 立方米/秒和 161 立方米/秒，对应的闸室充、泄水时间分别为 9.99 分钟和 10.33 分钟。初步设计批复项目总投资概算为 8.13 亿元，其中交通运输部水运建设资金 3.93 亿元，其他资金按广安市签订的《市企合作协议》约定，采取市企合作、综合开发、市场运作的方式解决配套服务区项目进行综合开发所取得的净收益。富流滩船闸改扩建工程区位于广安市岳池县罗渡镇，涉及永久用地 206.68 亩、临时用地 384.45 亩，工程总征地面积 591.15 亩。

项目建设单位为四川广安承平港务有限公司；设计单位为四川省交通运输厅交通勘察设计研究院；施工单位为中国葛洲坝集团股份有限公司；监理单位为四川省水运工程监理事务所；质监单位为广安市交通建设质量监督管理站和四川省交通运输厅工程质量监督局。

2013 年 2 月，工程实质性开工；2014 年 9 月突遇超标洪水，造成围堰冲毁及船闸闸室外侧岩埂受损，发生二枯围堰变更及闸室外侧闸墙结构变更；2015 年为及时推进工程建设进程，减少征拆，并保护下引航道下游端 400 米边坡坡顶村民生命财产安全，下引航道部分石方开挖工艺由爆破开挖变更为机械开挖。

七、汉江支流——汉北河的通航建筑物

新沟船闸

1. 闸坝概况

（1）自然地理条件

汉北河因位于汉江以北而得名，介于东经 112 度 38 分～113 度 57 分、北纬 30 度 30 分～31 度 11 分之间，为汉江下游左岸的主要支流。汉北河干流全长 242 千米（其中孝感地区境区 56 千米），河道坡降 0.22‰，流域面积 63.04 万公顷。上段（河源—天门万家台）称天门河，长 145 千米，河道坡降 0.58‰，集水面积 25.36 万公顷；下段万家台—新沟闸长 97 千米均为人工河道（其中孝感地区境内 56 千米），河槽底宽 30 米，平均比降

0.02‰。河道为复式断面,堤距宽 500~750 米。流域内水系较发育,上段有大小支流 20 余条,大多数分布在左岸,较大的有季河、司马河、上罗汉寺河、永隆河、西河、东河 6 条;下段主要支流有滠水和大富水。大富水为汉北河最大支流,发源于随州大洪山区的唤狗山。

汉北河主干常因考虑防止汉江水位顶托而关闭新沟闸,依靠东山头闸排水。汉北河除发挥排水效益外,还为应城、云梦、孝感提供抗旱水源。平时靠河槽蓄水灌溉,当遇较大干旱时,汉北河成为孝感地区的主要干渠,为全区南部 180 万亩农田提供水源。

汉北河在孝感地区境内通航里程 70 余千米,300 吨船舶可上溯到应城城关,下行通过新沟,可出汉江,右侧经民乐船闸能进入汈汊湖,左侧通过肖李垸船闸与府河连通,交通四通八达。

（2）闸坝建设情况

新沟二线船闸工程位于汉北河河口上游 1.5 千米处,左岸为汉川市新河镇,右岸为与武汉市新沟镇,距汉江河口航道里程约 53 千米。本工程是在拆除了现有 200 吨级船闸的基础上重新建设的一座 500 吨级船闸,闸室有效尺度为 150 米 × 16 米 × 3.0 米。

（3）建设成就

新沟二线船闸的建设,是沿河区域经济发展和汉北水系航道升等提级的需要。工程完工后,能满足汉北河腹地航运需求,同时也有利于治理汉北河流域的防洪安全隐患,提升汉北水系航道能力,促进沿河区域经济发展。

2.通航建筑物

项目于 2015 年 12 月开工,截至 2019 年该工程基本建成。

项目建设依据:2012 年 7 月,湖北省发改委《关于汉北河新沟二线船闸工程可行性研究报告的批复》(鄂发改审批〔2012〕2 号);2013 年 4 月,湖北省发改委《关于汉北河新沟二线船闸工程初步设计的批复》(鄂发改审批〔2013〕375 号);2017 年 1 月,湖北省发改委《关于汉北河新沟二线船闸工程初步设计变更方案的批复》(鄂发改审批服务〔2017〕24 号);2011 年 9 月,湖北省环保厅《关于新沟船闸工程环境影响报告书的批复》(鄂环函〔2011〕784 号);2012 年 3 月,湖北省国土资源厅《关于汉川和新沟二线船闸工程及配套设施建设项目用地预审备案意见的函》(鄂图资预审函〔2012〕25 号)。

船闸级别为四级,设计最大船舶吨级为 500 吨。设计代表船舶为 500 吨级货船,尺度为 67.5 米 × 10.8 米 × 1.6 米;设计代表船队为双排单列 1 顶 + 2 × 500 吨级船队,尺度为 110.0 米 × 10.8 米 × 1.6 米。设计最大正向水头 6.62 米,最大反向水头 4.40 米,项目为单级、单线船闸,船闸上游设计最高、最低通航水位分别为 25.95 米和 20.15 米;下游设计最高、最低通航水位分别为 27.46 米和 14.38 米。闸首和闸室均采用整体钢筋混凝土坞式结构。船闸上、下闸首工作闸门均采用三角门;阀门采用钢质平板提升门;检修闸门采用叠梁门上、下闸首三角门均采用卧式直推液压启闭机启闭,检修闸门采用闸顶门式起重机启闭，阀门启闭采用垂直直推式液压启闭机。输水系统采用短廊道和三角门门缝联合输水的集中输水形式，设格栅消能室和消力槛消能，一次充、泄水时间均为 8.83 分钟。船闸引航道平面布置为不对称式，曲线进闸、直线出闸，上游引航道直线段长 275 米，下游引航道直线段长 349 米，上、下游导航墙平面布置形式为喇叭形，主导航墙及靠船墩均布置在引航道右侧，上、下游引航道底高程分别为 17.45 米和 11.35 米。项目概算总投资 3.82 亿元，其中交通运输部、湖北省补助资金 1.12 亿元，地方自筹资金 2.70 亿元。枢纽区（含枢纽管理区）总用地 40 亩。

项目建设单位为汉川市人民政府；设计单位湖北省交通规划设计院有限公司；施工单位为中交第三航务工程局有限公司、中国水利水电第八工程局有限公司；监理单位为湖北省水运工程咨询监理公司；质监单位孝感市交通基本建设质量监督站。

八、淮河支流——东淝河的通航建筑物

东淝河船闸

1.闸坝概况

（1）自然地理条件

东淝河船闸所处的河流为淮河支流东淝河，流域面积 42 万公顷，干流全长约 100 千米。瓦埠湖位于船闸枢纽东南，是安徽省淮河流域最大的湖泊，全长约 60 千米，水面最宽处约 6 千米，最窄处约 300 米，正常水位 18.0 米，其相应的湖区水面达 1.56 万公顷，蓄水量为 2.2 亿立方米。

全流域除上游为丘陵地带外，其余均为冈洼相间，起伏不大，环瓦埠湖四周均为平坦坡地。东淝河船闸处于寿县八公山脉的南侧坡地阶梯上，属淮北平原与大别山区的过渡地带，地形总体为北高南低，但起伏不大。

地质构造上为更新统、全新统沉积物所覆盖，厚度在 10～40 米，岩性为黏土、砂、砂石；地表多为下蜀系黄土形成的黄棕壤、水稻土；地质构造稳定性较好，地震基本烈度为六度。

工程所处区域属季风性亚热带半湿润气候，多年平均降水量 908 毫米，多年平均气温 14.8 摄氏度，最大冻土深度 20 厘米，无霜期 213 天，年平均风速 2.9 米/秒，主风向为 SE。

（2）闸坝建设情况

东淝河航运枢纽位于寿县八公山乡大泉村境内，为淮河中游右岸的东淝河支流的入淮控制性工程，由节制闸和船闸两部分组成。船闸、节制闸基本平行布置，船闸位于节制闸北侧约 200 米，上游距离瓦埠湖湖口约 13.76 千米，下游距离淮河入口约 2.8 千米。东淝河节制闸始建于 1952 年，是治淮工程中利用东淝河中段的瓦埠湖蓄洪的控制工程，具

有防御淮河洪水和排泄瓦埠湖内涝的双重功能，设计蓄洪水位22米，蓄洪量为12.9亿立方米。节制闸为5孔，每孔净宽7.5米，设计进洪流量1500立方米/日，自建成以来一直由水利部门负责运营管理。

枢纽所在东淝河航道是江淮运河的重要组成部分，现状航道等级为六级，规划等级为二级。船闸为1000吨级的单线、单级船闸，是安徽省"七五"计划、"八五"实施的重点水运工程——淠（河总干渠）淮（河）航道沟通工程的关键控制性工程，是淠淮航道进入淮河航道的唯一通道。枢纽自1992年7月建成以来，一直由交通（航道）部门负责运营管理。

（3）建设成就

东淝河船闸建成运行，终结了东淝河航道与淮河航道不能贯通的历史，极大地改善了东淝河（瓦埠湖）航道的通航条件，大大促进了皖西地区的航运交通的发展。船闸建成26年来，累计完成过闸货物通过量1500余万吨，对当地社会经济发展起到了良好的促进作用，具有一定的经济和社会效益。

2. 通航建筑物

项目于1990年3月开工，1992年5月试通航，1992年7月竣工。

1985年11月，安徽省交通厅以交计字〔1985〕171号文批复淠河航道项目建议书；1986年，安徽省计划委员会以计能字〔1986〕74号文批复淠河航道设计任务书。

船闸为单线、单级，通航等级为1000吨级，一次过闸时间单向约60分钟，双向约90分钟。闸室设计有效尺度为120米×12.4米×3米。设计代表船型1000吨级货船，尺度为60米×10.8米×2.0米。船闸设计水级7.53米，上游设计最高通航水位23.57米，上游设计最低通航水位16.57米；下游设计最高通航水位25.37米，下游设计最低通航水位15.87米。闸首均采用现浇钢筋混凝土连底式整体结构，闸室采用空箱双铰结构（现浇钢筋混凝土底板、浆砌块石空箱墙身＋25厘米厚混凝土镶面）；上、下游翼墙长度均为30米，均采用浆砌块石重力式结构；上、下闸首长度分别为19米、22米。输水系统采用集中输水形式，充、泄水时间为7分钟。闸门均为钢质双面横拉门、轨道式齿轮（齿条）机械启闭机；廊道阀门均采用钢质平板门、螺杆式机械启闭机。引航道采用反对称布置，上游主导航墙位于右岸，下游主导航墙位于左岸；上游引航道长260米，下游引航道长170米，底宽均为25米。东淝河船闸是淠淮航道工程的建设内容之一，淠河航道工程总投资9716万元。

项目建设单位为寿县淠淮航道工程指挥部，1989年5月，寿县人民政府批准成立"寿县淠淮航道工程指挥部"，负责船闸工程的建设管理工作；竣工后的日常运营管理工作由寿县航道管理局负责；设计单位为安徽省港航勘测设计院；施工单位为安徽省水利安装工程公司；质监单位为安徽省航道管理局。

本项目建设过程中,取得如下两项重要科技创新:

①闸室墙身坞工 + 整体式现浇混凝土镶面防渗结构。

闸室墙身采用浆砌块石空箱结构、内侧一次整体滑模镶面混凝土的新工艺施工,既充分利用了当地廉价的块石资源,降低了工程造价,又解决了坞工结构普遍存在的渗水问题,且墙面整体性好,强度高,外形平整、光洁、美观。镶面混凝土使用 26 年来,仍基本保持完好无损。

②双面板横拉门新技术引进及止水改进。

闸门采用的双面板横拉门系统,大大降低了闸门的偏重比;同时,将尼龙六传力板加厚,表面进行精加工,可使侧止水尼龙板光面与止水包铁间紧贴,作为既传递水平推力又止水的半刚性止水方式。运行使用 26 年来,闸门运行平稳,止水效果良好。

东淝河船闸于 1994 年 3 月 8 日正式移交给寿县航道管理局负责运营管理。投入运营的 26 年来,基本上维持 2 ~ 8 闸次/日的运行模式,年过闸货物通过量基本在 15 ~ 70 万吨;2017 年全年的货物通过量为 19.45 万吨,过闸船舶为 255 艘次。

九、淮河支流——沱浍河的通航建筑物

(一)综述

沱河、浍河是两条流经河南、安徽两省的河流,上游均发源于商丘市。两河相距 13 千米,基本呈平行状态,两河间有白洋沟连接,历史上均为通航河流。沱浍河航道由沱河上段、浍河中下段及两河连接线白洋沟航道三部分组成,上起商丘,经虞城、夏邑、永城、濉溪、宿州、固镇、五河入淮河,全长约 340 千米,其中河南段约 147 千米,安徽段约 193 千米。沱河建有张板桥船闸;沱河与浍河间的白洋沟建成大青沟船闸;浍河自新桥以下共建有河南境内的黄口,安徽境内的临涣、南坪、蕲县、固镇、五河 6 级枢纽,其中蕲县、固镇、五河修建了船闸,河道已基本渠化。

沱浍河梯级水位图如图 11-11-3 所示。

(二)张板桥船闸

1. 闸坝概况

(1)自然地理条件

张板桥枢纽所在沱河发源于河南省商丘市陇海铁路北侧李堤口西,流经虞城、夏邑、永城至王桥入安徽省,由五河县西南入淮河,全长 275 千米,流域面积 85 万公顷。沱河流域地貌单元为淮北冲积平原。流域内除个别低山丘陵外,地形平坦,地势自西北向东南倾斜,地面坡降平缓。沱河流域位于南北冷暖气流交汇频繁地带,属暖温带半湿润季风气

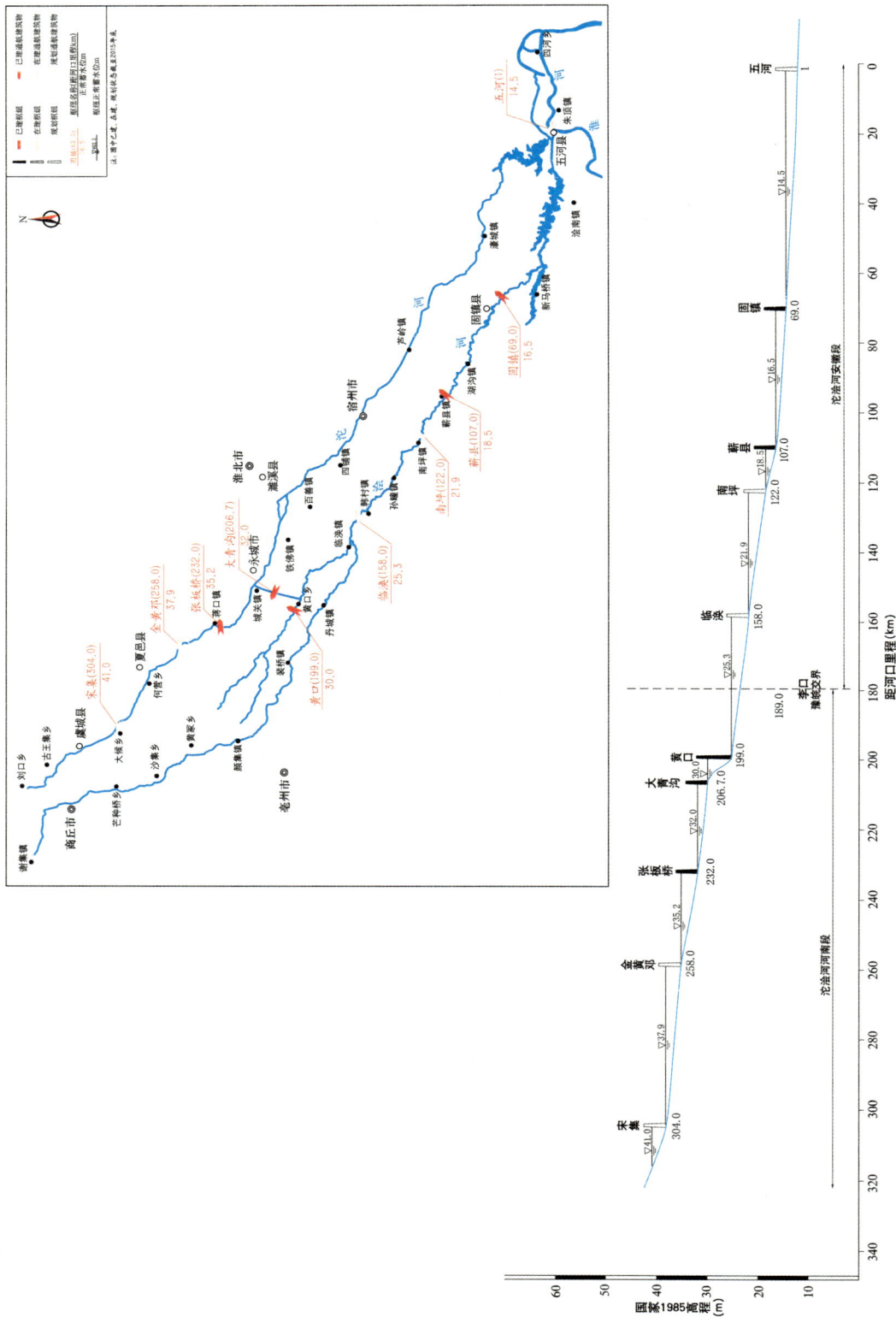

图11-11-3　沱浍河梯级水位图

候,四季分明。夏季炎热多雨,气候温热而湿润,昼夜温度悬殊明显。冬季少雨干燥,气候寒冷。张板桥船闸闸址地形平坦,地貌单一,岩性以黏质粉土、粉质砂土为主,地层基本呈水平分布,厚度稳定。

（2）闸坝建设情况

张板桥枢纽位于河南省商丘市夏邑县蒋口镇板桥村沱河河道。张板桥节制闸建于20世纪70年代,流域面积1460平方公里,设计排涝标准5年一遇,设计防洪标准20年一遇,闸墙结构形式为钢筋混凝土,闸孔16个,孔径宽4.9米。"十二五"期间,河南省实施了沱浍河航运开发建设工程（河南段一期）,修建了张板桥船闸。张板桥船闸布置于节制闸右侧,主体建筑物位于节制闸下游,引航道按反对称形布置,引航道内布置导航建筑物和靠船建筑物。船闸闸首、闸室为三级,导航墙、靠船墩为四级,临时建筑物为五级。

（3）建设成就

张板桥枢纽随沱浍河航运开发建设工程（河南段一期）建成后,打通四级航道86千米,对满足腹地运输发展的需求、促进腹地社会经济进一步发展及中部崛起有着十分重要的作用,同时对完善腹地综合运输体系、推进河南及安徽两省航运发展和淮河航道网的形成具有重大意义,对运输结构调整和淮河生态经济带建设促进作用显著。

2.通航建筑物

项目于2011年12月开工建设,2016年12月试运行。

项目建设依据:2007年9月,河南省发改委《关于沱浍河航运开发建设工程（河南段一期）工程可行性研究报告的批复》（豫发改交通〔2007〕1562号）;2007年10月,河南省交通厅《关于沱浍河航运开发建设工程（河南段一期）初步设计的批复》（豫交计〔2007〕351号）;2006年12月,河南省环境保护局《河南省环境保护局关于沱浍河航运开发建设工程（河南段）一期工程环境影响报告书的批复》（豫环审〔2006〕290号）。

船闸建设规模为500吨级,按照四级船闸标准设计。闸室有效尺度为120米×12米×3米。设计代表船型尺度为45米×7.3米×1.9米,设计代表船队尺度为108米×7.3米×1.9米。闸上最高通航水位35.20米,最低通航水位为34.00米;闸下最高通航水位35.10米,最低通航水位29.05米。上、下闸首均为钢筋混凝土整体式结构,闸室采用钢筋混凝土坞式结构,导航墙采用钢筋混凝土扶壁式结构、靠船墩采用混凝土墩式结构。闸门为钢质人字门、阀门为钢质平板门,启闭机为液压启闭机。输水系统采用短廊道集中输水。引航道平面布置采用反对称形。坝顶交通桥设计荷载为公路-Ⅱ级,桥梁净空不小于7米。工程总投资1.06亿元。工程永久占地390亩。

项目建设单位为永城市交通运输局,具体负责工程建设的组织和实施;设计单位为安徽省交通勘察设计院。

张坂桥船闸建成运行后,将满足当地货运需求,达到预期效果。

(三)大青沟船闸

1. 闸坝概况

(1)自然地理条件

大青沟枢纽所在大青沟航道为沟通沱河与浍河之间新开挖航道,航道四分之三利用大青沟渠道,四分之一在农田内新开挖航道。新航道上游与沱河交接处位于大小李庄之间,下游与大青沟连接点位于解庄拐弯处,全长 4.5 千米。区域内除个别低山丘陵外,地形平坦,地势自西北向东南倾斜,地面坡降平缓。沱河流域位于南北冷暖气流交汇频繁地带,属暖温带半湿润季风气候,四季分明。夏季炎热多雨,气候温热而湿润,昼夜温度悬殊明显。冬季少雨干燥,气候寒冷。大青沟船闸闸址地形平坦,地貌单一,岩性以黏质粉土、粉质砂土为主,地层基本呈水平分布,厚度稳定。

(2)闸坝建设情况

"十二五"期间,河南省实施了沱浍河航运开发建设工程(河南段一期),修建了大青沟船闸。黄口船闸布置于大青沟航道内,引航道按反对称形布置,引航道内布置导航建筑物和靠船建筑物。船闸闸首、闸室为三级,导航墙、靠船墩为四级,临时建筑物为五级。

(3)建设成就

大青沟船闸随沱浍河航运开发建设工程(河南段一期)建成后,打通四级航道 86 千米,对满足腹地运输发展的需求、促进腹地社会经济进一步发展及中部崛起有着十分重要的作用,同时对完善腹地综合运输体系、推进河南及安徽两省航运发展和淮河航道网的形成具有重大意义,对运输结构调整和淮河生态经济带建设促进作用显著。

2. 通航建筑物

项目于 2011 年 12 月开工建设,2016 年 12 月试运行。

项目建设依据:2007 年 9 月,河南省发改委《关于沱浍河航运开发建设工程(河南段一期)工程可行性研究报告的批复》(豫发改交通〔2007〕1562 号);2007 年 10 月,河南省交通厅《关于沱浍河航运开发建设工程(河南段一期)初步设计的批复》(豫交计〔2007〕351 号);2006 年 12 月,河南省环境保护局下达《河南省环境保护局关于沱浍河航运开发建设工程(河南段)一期工程环境影响报告书的批复》(豫环审〔2006〕290 号)。

船闸建设规模为 500 吨级,按照四级船闸标准设计。闸室有效尺度为 120 米 × 12 米 × 3 米。设计代表船型尺度为 46 米 × 9.2 米 × 2 米,设计代表船队尺度为 108 米 × 9.2 米 × 2 米。闸上最高通航水位 32.07 米,最低通航水位为 26.00 米;闸下最高通航水位 29.66 米,最低通航水位 21.50 米。上、下闸首均为钢筋混凝土整体式结构,闸室采用钢筋混凝土坞式结构,导航墙采用钢筋混凝土扶壁式结构、靠船墩采用混凝土墩式结构。闸门为钢质人字门、阀门为钢质平板门,启闭机为液压启闭机。输水系统采用短廊道集中输水。引航道平面布置采用反对称形,船舶采取直线进闸、直线出闸方式过闸。坝顶交通桥设计荷载为公路-Ⅱ级,桥梁净空不小于 7 米。工程总投资0.95 亿元。工程永久占地270 亩。

项目建设单位为永城市交通运输局;设计单位为安徽省交通勘察设计院;施工单位为江苏海通建设工程有限公司;监理单位为河南省水运工程建设监理事务所;质监单位为永城市公路工程质量监督站。

大青沟船闸自 2016 年 12 月建成运行后,运行状况良好,设计通过能力满足当地货运需求,达到了预期效果。

(四)黄口船闸

1.闸坝概况

(1)自然地理条件

黄口枢纽所在浍河发源于河南省商丘境内,全长 210 千米。流域内除个别低山丘陵外,地形平坦,地势自西北向东南倾斜,地面坡降平缓。沱河流域位于南北冷暖气流交汇频繁地带,属暖温带半湿润季风气候,四季分明。夏季炎热多雨,气候温热而湿润,昼夜温度悬殊明显。冬季少雨干燥,气候寒冷。黄口船闸闸址地形平坦,地貌单一,岩性以黏质粉土、粉质砂土为主,地层基本呈水平分布,厚度稳定。

(2)闸坝建设情况

黄口枢纽位于河南省永城市黄口乡浍河河道,枢纽设置孔宽 5 米的闸孔 12 个,节制闸汇水面积 1210 平方公里。“十二五”期间,河南省实施了沱浍河航运开发建设工程(河南段一期),修建了黄口船闸。黄口船闸布置于节制闸左侧,主体建筑物位于节制闸下游,引航道按反对称形布置,引航道内布置导航建筑物和靠船建筑物。船闸闸首、闸室为三级,导航墙、靠船墩为四级,临时建筑物为五级。

(3)建设成就

黄口枢纽随沱浍河航运开发建设工程(河南段一期)建成后,打通四级航道 86 千米,对满足腹地运输发展的需求、促进腹地社会经济进一步发展及中部崛起有着十分重要的作用,同时对完善腹地综合运输体系、推进河南及安徽两省航运发展和淮河航道网的形成具有重大意义,对运输结构调整和淮河生态经济带建设促进作用显著。

2.通航建筑物

黄口船闸于 2011 年 12 月开工建设,2016 年 12 月试运行。

项目建设依据:2007年9月,河南省发改委《关于沱浍河航运开发建设工程(河南段一期)工程可行性研究报告的批复》(豫发改交通〔2007〕1562号);2007年10月,河南省交通厅《关于沱浍河航运开发建设工程(河南段一期)初步设计的批复》(豫交计〔2007〕351号);2006年12月,河南省环境保护局《河南省环境保护局关于沱浍河航运开发建设工程(河南段)一期工程环境影响报告书的批复》(豫环审〔2006〕290号)。

船闸建设规模为500吨级,按照四级船闸标准设计。闸室有效尺度为120米×12米×3米。设计代表船型尺度为45米×7.3米×1.9米,设计代表船队尺度为108米×7.3米×1.9米。闸上最高通航水位30.08米,最低通航水位为25.46米;闸下最高通航水位29.66米,最低通航水位21.50米。上、下闸首均为钢筋混凝土整体式结构,闸室采用钢筋混凝土坞式结构,导航墙采用钢筋混凝土扶壁式结构、靠船墩采用混凝土墩式结构。闸门为钢质人字门、阀门为钢质平板门,启闭机为液压启闭机。输水系统采用短廊道集中输水。引航道平面布置采用反对称形。坝顶交通桥设计荷载为公路-Ⅱ级,桥梁净空不小于7米。工程总投资0.99亿元。工程永久占地378亩。

项目建设单位为永城市交通运输局,具体负责工程建设的组织和实施;设计单位为安徽省交通勘察设计院;施工单位为中铁港航局集团有限公司;监理单位为河南省水运工程建设监理事务所;质监单位为永城市公路工程质量监督站。

黄口船闸于2016年12月建成运行后,运行状况良好,设计通过能力满足当地货运需求,达到了预期效果。

(五)蕲县船闸

1. 闸坝概况

(1)自然地理条件

蕲县枢纽位于浍河中下游宿州市境内,属于淮北平原浍河漫滩。场地原为废弃老浍河河汊,属于河流冲击地貌。场地面高程为16.37~24.27米。

工程区地层属皖北地区两淮分区淮北小地层区,覆盖层为第四系,基岩埋深大于80米。地震动峰值加速度为0.05g,相当于原地震基本烈度六度。

工程区域位于南北冷暖气流交汇频繁地带,属暖温带半湿润季风气候,四季分明。年平均气温14.5摄氏度,极端最高气温41.1摄氏度,极端最低气温-23.5摄氏度,年平均雾日天数19.7天。年平均降水量为812~863毫米,其中汛期(5—9月)降水占73.8%左右,年最大降水量为1026~1300毫米,最小降水量为500~605毫米。

(2)闸坝建设情况

蕲县枢纽位于宿州市埇桥区蕲县镇,是浍河在安徽省境内第三个枢纽控制工程,上距南坪闸18千米、下距固镇闸38千米,所在浍河航道规划等级为四级。蕲县枢纽由节制闸和船闸组成,其中节制闸于 1959 年建成,设计流量 5 年一遇为 910 立方米/秒,20 年一遇为 1380 立方米/秒,建设节制闸时因资金不足未配套建设过船设施。为恢复浍河宿州段通航,安徽省港航建设投资集团于 2012 年建设了一座 500 吨级船闸,设计通航 500 吨级船舶,船闸位于节制闸右侧。

（3）建设成就

蕲县船闸是沱浍河航运开发工程的重要组成部分,其建成可使浍河蕲县闸至南坪闸之间的 18 千米航道恢复通航,为沱浍河航道的未来的全线通航奠定基础,对于完善宿州、淮北市综合运输交通体系,推进淮河航道网建设,打通宿州、淮北市乃至长三角地区煤炭供求通道,改善沿线地区发展环境,具有至关重要的作用。由于浍河南坪上游尚未通航,蕲县船闸船舶过闸量不大,2015 年共通行船舶 1990 艘,过闸量 143 万吨。随着沱浍河航运开发工程的实施,蕲县船闸过闸量将逐步提高。

2.通航建筑物

项目于 2008 年 12 月开工,2012 年 9 月试通航,2016 年 6 月竣工。

项目建设依据:2007 年 12 月,安徽省发改委《关于浍河蕲县船闸建设工程可行性研究报告的批复》(发改交运〔2007〕1296 号);2008 年 4 月,安徽省发改委《关于浍河蕲县船闸建设工程初步设计的批复》(发改设计〔2008〕374 号);2007 年 10 月,安徽省环保局《关于浍河蕲县船闸建设工程环境影响报告书的批复》(环评函〔2007〕960 号);2010 年 6 月,安徽省人民政府《关于浍河蕲县船闸工程建设用地的批复》(皖政地〔2010〕657 号)。

工程建设一座单级、单线船闸,建设标准为四级,设计水头 6.24 米,设计最高通航水位闸上 20.61 米、闸下 20.56 米;设计最低通航水位闸上 15.87 米、闸下 14.37 米。一次过闸时间为 40 分钟。闸室有效尺度为 130 米×12.0 米×3.0 米,设计船型 500 吨级,尺度为 45 米×7.3 米×1.9 米;设计船队 1 顶+2×500 吨级驳船,尺度为 108 米×9.2 米×1.9 米。上、下闸首均为钢筋混凝土实体底板和大门库空箱边墩组成的整体式结构,闸室采用钢筋混凝土坞式结构。闸门为平面人字闸门、阀门为钢质平板提升门,启闭机为液压直推式启闭机。输水系统采用短廊道集中输水,充、泄水时间均为 8 分钟。引航道平面布置采用反对称形,水深 3.0 米,最小底宽 45 米,最小弯曲半径为 320 米。上游引航道总长 515 米;下游引航道总长 721 米。项目总投资 1.39 亿元,其中交通运输部水运建设资金 3910 万元,安徽省交通建设专项基金补助 4100 万元,其余资金 5885 万元由安徽省港航建设投资集团有限公司自筹。根据安徽省人民政府《关于浍河蕲县船闸工程建设用地的批复》(皖政地〔2008〕657 号),批准蕲县船闸建设用地 18.61 公顷。

项目建设单位为安徽省港航建设投资集团有限公司;设计单位为安徽省交通勘察设计院;主体施工单位为安徽省路港工程有限责任公司;公路桥施工单位为安徽省公路桥梁工程公司;房建施工单位为合肥工程建设承包有限公司;监理单位为上海海科工程监理

所;质监单位为安徽省交通建设工程质量监督局。

本项目在建设过程中取得如下两项重要科技创新:

①利用软式透水管代替传统的混凝土排水管。

闸室墙后纵向排水管采用混凝土管,外加反滤层,不仅施工麻烦,而且容易折断,造成排水系统破坏。蕲县船闸墙后排水系统采用了软式透水管,该管集排水、反滤功能于一身,同时具有施工简便、价格低、使用寿命长等优点。

②MGT 材料的应用。

MGT 材料有着高承载、耐冲击、低磨损、耐腐蚀、刚柔兼备、使用寿命长等优点,常被用作高强耐磨材料。蕲县船闸阀门设计中采用 MGT 材料滑块取代主滚轮和止水橡皮,减小了阀门自重、降低了阀门的启闭门力,也减少了运营后阀门的维护工作量。

蕲县船闸工程运行期间,船闸设施结构稳定,位移、沉降观测均未发现异常。自 2012 年以来,连续 4 年通航保证率达到 100%,各项设施、设备运行正常,能较好地保障通航要求;员工均能按照规程操作,未发生安全事故。2014 年共通行船舶 595 艘,2015 年共通行船舶 1990 艘,完成过闸量 143 万吨。

3. 经验与启示

从本项目的实施情况看,工程设计尚有不少需要细化和深入研究的地方,如管理区的总体布置不尽合理、固定系缆设备后期不好维护等,建议今后在其他船闸设计中进行细化。此外,由于浍河现状航道等级较低,上游航道尚未通航,船闸航运效益未得到充分发挥,应加快实施沱浍河航运开发工程,早日实现沱浍河航道的全线通航。

(六)固镇船闸

1. 闸坝概况

(1)自然地理条件

固镇复线船闸施工场地除堤防和公路桥梁外,地形较平坦,地面高程一般为 16.6～18.0 米,堤顶标高 21.5 米左右,桥梁引桥高程为 22.0～24.0 米,节制闸高程为 21.4～23.0 米。工程所在区域地貌单元为淮北冲积平原,微地貌单元为浍河河漫滩及阶地。地质构造单元为中朝准地台、淮河台坳、淮北陷褶断带,区域地质稳定。区域地层为华北地层区,淮河地层分区。第四纪地层发育,分布广泛,厚度约 110～230 米,其成因主要为冲积型。

浍河流域属南北冷暖气流交汇频繁地带,暖温带半湿润季风气候,四季分明。夏季炎热多雨,冬季少雨干燥,气候寒冷;夏季雨量集中,气候晴热而湿润,昼夜温度悬殊明显。本地区最高气温 44.50 摄氏度,最低气温 −21.90 摄氏度,年平均温度 15.90 摄氏度,年降水量为 610～1500 毫米,浍河多年平均径流量 6.94 亿立方米。

（2）闸坝建设情况

固镇枢纽位于蚌埠市固镇县城南 2.5 千米处,上距蕲县闸 38 千米,下距五河闸 65 千米,是沱浍河航道第二个梯级枢纽,具有排涝防洪、蓄水灌溉兼顾航运功能,所在浍河航道规划等级为四级。枢纽由左至右依次布置了节制闸、一线船闸及复线船闸。其中,节制闸及一线船闸于 1994 年 6 月开工建设,1996 年 5 月竣工,工程等级为三等,主体建筑物为三级,工程为闸桥结构,闸上流域面积 4454 平方公里,按 5 年一遇除涝标准设计、20 年一遇标准校核,新、老节制闸共 21 孔,闸孔净宽 96 米,5 年一遇设计流量 1015 立方米/秒,20 年一遇防洪标准校核,设计流量 1537 立方米/秒,船闸建设标准为六级,设计通航 100 吨级船舶。复线船闸于 2013 年开工建设,建设标准为四级,设计通航 500 吨级兼顾 1000 吨级船舶,位于在一线船闸右侧滩地上,上闸首前缘中心线距现有船闸中心线 98 米,两中心线呈 12 度交角。上闸首为防洪闸首,等级为二级,下闸首、闸室等主要建筑物为三级,导航、靠船建筑物为四级。

（3）建设成就

固镇一线船闸规模小、设备设施老化严重、通过能力不足,已无法满足浍河航运发展需要。固镇复线船闸工程是沱浍河航运开发工程的重要内容,其建成后与一线船闸联合运行,使枢纽通过能力大幅提升。经测算,煤炭、砂石等矿建材料及粮食等货物转由水路运输节约成本 2015 年、2020 年、2030 年工程效益合计分别为 4.64 亿元、5.84 亿元和 6.64 亿元。

2. 通航建筑物

项目于 2013 年 8 月开工,2016 年 1 月试通航,2017 年 1 月竣工。

项目建设依据:2012 年 1 月,安徽省发改委《关于浍河固镇复线船闸工程可行性研究报告的批复》（皖发改基础函〔2012〕40 号）;2012 年 9 月,安徽省发改委《关于固镇复线船闸工程初步设计的复函》（皖发改委设计函〔2012〕1018 号）;2011 年 3 月,安徽省环境保护厅《关于浍河固镇复线船闸工程环境影响报告书的批复》（环评函〔2011〕219 号）;2012 年 12 月,安徽省人民政府《关于浍河固镇复线船闸工程建设用地的批复》（皖政地〔2012〕1477 号）。

固镇复线船闸建设标准为四级,闸室设计有效尺度为 200 米×23 米×4.0 米。设计代表船型 1000 吨级货船,尺度为 67.5 米×10.8 米×2.5 米;设计代表船队为 1 拖 +4×500 吨级船队,尺度为 194 米×8.2 米×2.0 米。船闸设计水头 4.13 米,设计上、下游最高通航水位分别为 18.54 米和 18.42 米;设计上、下游最低通航水位分别为 14.15 米和 12.87 米。检修水位闸上 16.6 米,闸下 14.7 米,最大正向水头 4.13 米,闸上水位 17.0 米,闸下水位 12.87 米;最大反向水头 2.4 米,闸上水位 17.0 米,闸下 19.4 米。一次过闸时间为40分钟。上、下闸首均为钢筋混凝土实体底板和大门库空箱边墩组成的整体式结构，闸室采用钢筋混凝土坞式结构。闸门为三角门、阀门为钢质平板提升门，启闭机为液压直推式启闭机。输水系统采用短廊道集中输水，充、泄水时间均为8分钟。引航道平面布置采用不对称形，船闸进出闸方式为上游直进曲出、下游曲进直出，水深3.5米，最小底宽45米，最小弯曲半径为320米。上游引航道总长1357.9米，其中直线段长301.2米；下游引航道总长1100米，其中直线段长度为501.4米。跨闸桥梁设计荷载为公路-Ⅰ级，通航净空不小于7米。

工程总投资2.51亿元，其中交通运输部水运建设资金8270万元，企业投资（业主自有）1.07亿元，地方政府投资2395.86万元，银行贷款（政策性银行以外的其他银行）3752.28万元。工程永久占地574亩。

项目建设单位为安徽省港航建设投资集团有限公司；勘测、设计单位为安徽省交通勘察设计院有限公司；主要施工单位中，安徽省路港工程有限责任公司负责船闸主体、上下游引航道及公路桥施工，江苏省水利建设工程有限公司负责闸阀门制作及金属结构安装，江苏武进液压启闭机有限公司负责液压启闭机制造，合肥三立自动化工程有限公司负责电气及控制系统采购与安装；主体工程监理为安徽省中兴工程监理有限公司，环保监理及施工期监测为安徽庆泰环境科技有限公司，省道101线桥主跨电力监理为安徽远东电力工程监理有限公司；第三方检测单位中，安徽省公路工程检测中心负责船闸主体、省道101线公路桥、闸阀门检测，江苏省交通工程集团百润工程检测有限公司负责启闭机检测。

本项目获得交通运输部国家安全生产监督管理总局2015年度公路水运建设项目"平安工程"奖，以及2017年度水运交通优秀设计二等奖。

固镇复线船闸试运营期间（2015年11月—2016年11月）共完成过闸量452万吨。按此过闸时间计算，设计单向年过闸客、货运量可达1452万吨，达到预期效果。

3. 经验与启示

①大力推进项目设计标准化。

在满足功能的前提下，工程设计标准化有利于节约投资、降低施工难度及缩短工期等，所以任一个投资项目都应该力推工程设计标准化。固镇船闸闸室段实现了设计标准化，200米长闸室设计10个标准段及1个连接段，这样可以实现一套标准段模板连续前进施工。为此，施工单位采用了大模板台车平移法施工，这样不仅节约了成本，同时降低了施工难度，使安全得到保障，内外观质量大幅提高，工程进度也得以加快，功效发生质的提高。省道101线公路桥改建工程，设计20米、30米、35米三种跨径，三种跨径T梁结构形式均不同，考虑结构形式不统一会造成T梁模板利用率低，施工成本高，预制功效低，项目办在施工前会同设计院对T梁结构形式进行了设计优化，将20米、30米两种跨径T梁结构形式统一,模板通用,不仅提高了施工功效,同时也节约了施工成本,另外检修门槽、浮式系船柱、上下游远调站等也做到设计标准化。

②讲求船闸美观化设计,打造美丽花园式船闸。

随着社会的进步,人的审美观越来越高,现在对工程的美观要求已同等功能要求,一个工程功能设计再好可能因为不美观而被人否定,做到美观可以让工程产生锦上添花的效果,更能为运营或社会提供一个舒适、美丽的环境,所以工程要极力推进美观化设计。在建设过程中,相关人员更改了90%的船闸外观设计,大到船闸整体外观、闸首房、管理区、景观绿化,小到船闸栏杆、装饰板材料、色彩、品牌及树种等,无一不注重美观化,专门请专业公司对船闸建筑和管理区进行外观效果设计,并加以实施。通过后期实施的效果看,固镇船闸的整体美观度有了质的提高,美丽花园式船闸已初步显现。

③提升本项目机电设备配置及投资比例,提高设备性能。

针对机电控制系统投资比例小、运营期长期处于负载运转、对硬件和软件要求高等特点,考虑近年来安徽省内已建成船闸启闭机噪声大以及电气、控制系统小毛病不断等问题,若前期机电投入不足,对后期运行影响较大,不仅需花费大量财力、人力进行机电维护,而且影响运行性能,提升机电设备配置及性能成为当务之急。因此,在建设之初,项目办就把机电设备采购、安装、调试作为一项重要工作来抓,提出了本工程启闭机动力站采用进口成套设备、运行噪声控制在80分贝以内、电器设备高标准配置、视频监控不留死角、控制系统操作人性化等多项建设目标。固镇复线船闸在机电配置和投入方面都进行了大幅优化,启闭机、动力站、监控系统、强电设备都是按照较高标准、规格配置。通过调试,船闸运转效果反映极好,启闭机的噪声控制在80分贝以下,克服了船闸噪声大的缺点。

十、淮河支流——涡河的通航建筑物

玄武船闸

1.闸坝概况

(1)自然地理条件

涡河为淮河第二大支流,是淮北地区跨豫皖两省的骨干排水河道,发源于开封市徐口镇,流经河南开封、尉氏、通许、太康、杞县、柘城、鹿邑、安徽亳州、涡阳、蒙城,至怀远县城流入淮河。玄武枢纽所在河道顺直微弯,两岸堤防距约200～360米,河槽底宽30～50米,多半河槽有水。流域内多年平均径流深60～150毫米,北部小南部大,汛期径流量占全年径流量的77.5%,年径流高差系数0.7～1.0,年内分配不均,年际变幅较大。枢纽所在地区,地层由第四系全新统冲积成因的低液限黏土和粉土质砂组成,为黏砂双层结构。

枢纽所在区域地处我国南北气候过渡地带,属暖温带半湿润大陆性季风气候区,冬春干燥少雨,夏秋季西太平洋副热带高压增强,暖湿海洋气团从西南、东南方向侵入,冷暖气团交汇形成降雨,降水集中,气候晴热而湿润,昼夜温度悬殊明显。

(2)闸坝建设情况

玄武枢纽位于涡河航道,河南省鹿邑县玄武镇西鸭李庄村南。其中,节制闸建成于1972年,流域面积4020平方公里。设计排涝标准5年一遇,设计防洪标准20年一遇,设计防洪流量1000立方米/秒,设计除涝流量550立方米/秒,设计防洪水位46.74米/46.50米,设计除涝水位45.23米/45.13米,正常蓄水位45米。节制闸闸墙结构形式为无胸墙开敞式平底板闸,闸门形式为钢筋混凝土平板闸门,闸底高程39.5米,闸孔数12孔,孔径宽6米。

(3)建设成就

玄武船闸是涡河航运开发建设工程(河南段)渠化工程的一部分。船闸随涡河航运开发建设工程建成后,打通了涡河66千米四级航道,对满足腹地运输发展的需求、促进腹地社会经济的进一步发展及中部崛起有着十分重要的作用,同时对完善腹地综合交通运输体系、推进运输结构调整、推进河南及安徽两省内河航运发展和淮河生态经济带的建设具有重大意义,经济效益和社会效益显著。

2. 通航建筑物

项目于2009年6月开工建设,2014年12月试运行。

项目建设依据:2007年9月,河南省发改委《关于涡河航运开发建设工程(河南段)可行性研究报告的批复》(豫发改交通〔2007〕1561号);2007年10月,河南省发改委《关于涡河航运开发建设工程(河南段)初步设计的批复》(豫发改设计〔2007〕1832号);2006年11月,河南省环境保护局《关于涡河航运开发建设工程(河南段)环境影响报告书的批复》(豫环审〔2006〕245号)。

"十二五"期间,河南省实施了涡河航运开发建设工程(河南段)一期、二期工程,建成玄武船闸。玄武船闸位于玄武节制闸左侧,按四级标准建设,闸室有效尺度为120米×12米×3米。设计代表船型尺度为38米×7.3米×1.9米,设计代表船队尺度为210米×8.0米×1.9米。船闸轴线全长1862米,其中上闸首20米,闸室120米,下闸首22米,上游引航道765米,引航道进口与主航道平面交角24度;下游引航道935米,引航道进口与主航道平面交角17度。上闸首采用整体式钢筋混凝土结构,帷墙空箱底板,空箱边墩;下闸首采用整体式钢筋混凝土结构,平底板,空箱边墩;闸室采用钢筋混凝土双铰底板空箱边墩;引航道平面布置采用不对称形式,上、下游导航墙采用钢筋混凝土扶壁结构,采用曲线进闸、直线出闸;靠船建筑物采用片石混凝土墩式结构,上游布置在右侧、下游布置在左侧,各设10座,以工作桥连接。工作闸门为钢制人字门,选用卧式油缸液压启闭系统,输水系统采用短廊道集中输水，输水廊道阀门为钢制平板门，选用竖式油缸液压启闭系统。电气控制采用集中程序控制与分散控制相结合形式。坝顶交通桥设计荷载为公路-Ⅱ级，桥梁净空不小于 7 米。船闸设计水头 5 米，闸上最高通航水位 46.09 米，最低通航水位 40.32 米，闸下最高通航水位 45.94 米，最低通航水位 35.50 米。工程总投资 1.04 亿元。工程永久占地 636 亩。

项目建设单位为周口市涡河港航建设有限公司；设计单位为安徽省交通勘察设计院；施工单位为江苏省路港建设工程有限公司；监理单位为河南省水运工程建设监理事务所；质监单位为周口市交通基本建设工程质量监督管理站。

玄武船闸于 2014 年 12 月建成运行后，运行状况良好，设计通过能力满足当地货运需求，达到了预期效果。

十一、沙颍河支流——泉河的通航建筑物

杨桥船闸

1. 闸坝概况

（1）自然地理条件

泉河发源河南省郾城区，流经商水、项城、沈邱区和安徽境内阜阳市，河道全长 241 千米，其中安徽境内（周楼—阜阳）82.27 千米，于阜阳市三里湾注入沙颍河，其支流有泥河、流鞍河、延河等。泉河航道可分两段。上段自周楼到三十里河，长 64.62 千米，其中周楼—杨桥闸上段 28 千米，杨桥闸下—三十里河段 36.62 千米；宽度在 70~105 米，水深保持在 2.0 米以上，航道弯曲，多处成锐角，最小弯曲半径在 100 米左右；大部分时间可通航 300 吨级船舶。河道下段自三十里河到三里湾，长 17.65 千米，河道宽度在 100 米左右，航道顺直少弯，水深一般在 3.5 米以上。

杨桥船闸所处区域地形较平坦，地面高程一般为 31.5~33.5 米，大部分地方为河漫滩。微地貌单为淮北冲积平原地貌，微地貌单元为泉河河漫滩及阶地地貌。

根据野外编录、现场调查测绘、原位测试和室内土工试验成果，在勘探深度范围内揭露的地层主要为第四系全新统地层。

杨桥船闸位于临泉县境内泉河杨桥镇，地处北温带与亚热带之间过渡地带，属暖温带向亚热带的过渡地带，为暖温带半湿润性季风气候。该区域内由于受西伯利亚和太平洋、印度洋冷暖气流的交互影响，季风明显，光照充足，雨量适中，无霜期长，严寒较短，四季分明，光热水组合条件较好，降水量年际分布很不均匀。杨桥站 1954 年降水量达 1924.8 毫米，1976 年降水量仅为 439.8 毫米，相差 3.4 倍。受季风影响，每年降水集中在 6—9 月，占全年降水量的 60% 以上。

（2）闸坝建设情况

杨桥枢纽位于阜阳市临泉县杨桥镇，整个枢纽由节制闸、分洪闸和船闸组成。枢纽工程建筑物设计等级为四级，节制闸设计过闸流量 1090 立方米/秒，校核流量 1630 立方米/秒。泉河航道等级为五级，新建杨桥船闸按四级船闸设计。新建船闸中心布置在原船闸中心线偏左约 2.8 米处，与节制闸中心相距约 159 米，船闸布置基本与已建堤防顺直。上闸首为防洪闸首，布置在老船闸上闸首上游 93 米处；下闸首布置在原船闸下闸首处，顺挡水建筑物延线布置；闸室布置在闸首之间。上闸首长 21.5 米，闸室长 200 米，下闸首长 23 米。

杨桥船闸设计闸上水位 32.8 米、闸下水位 32.6 米，设计流量 1090 立方米/秒；校核闸上水位 34.66 米、闸下水位 34.35 米，设计流量 1630 立方米/秒。1975 年 8 月 17 日，实际发生最高水位闸上 34.75 米、闸下 34.53 米，流量 1440 立方米/秒。

（3）建设成就

新建杨桥船闸为拆除老船闸的重建工程。老船闸等级仅为 100 吨级，标准低、通过能力小、设备老化，已成为制约泉河航运发展的瓶颈。按照 500 吨级标准重建后，船闸通过能力大大提升，同时改善了上游航道通航条件，对完善皖西北地区水陆交通运输体系，将汾泉河水运充分融入沙颖河航运网络，缓解当前公路运输压力，带动地方经济社会发展具有重大战略意义。

2. 通航建筑物

项目于 2015 年 2 月开工，2017 年 2 月试通航。

项目建设依据：2013 年 4 月，安徽省发改委《关于沙颖河航道汾泉河杨桥船闸扩建工程利用世行贷款项目可行性研究报告的复函》（皖发外资函〔2013〕419 号）；2013 年 7 月，安徽省发改委《关于沙颖河航道汾泉河杨桥船闸扩建工程初步设计的复函》（皖发改设计函〔2013〕676 号）；2009 年 9 月，安徽省环境保护厅《关于汾泉河杨桥船闸扩建工程环境影响报告书的批复》（环评函〔2009〕249 号）；2009 年，阜阳市水务局《关于汾泉河杨桥船闸扩建工程建设方案的批复》（阜水管〔2009〕280 号）。

扩建的杨桥船闸建设规模为四级标准，设计水头 6.68 米，最高通航水位闸上 34.3 米、闸下 33.7 米；最低通航水位闸上 27.1 米、闸下 25.09 米。一次过闸时间为 37 分钟。闸室尺度为 200 米×13 米×3.5 米。设计代表船型 500 吨级兼顾 1000 吨级，尺度为 67.5 米×10.8 米×2.3 米；设计代表船队 1 拖＋6×300 吨级，尺度为 204.0 米×8.0 米×1.9 米。闸首采用钢架混凝土整体式结构，闸室采用钢筋混凝土坞式结构，导航墙采用钢筋混凝土扶壁式结构。船闸的闸门采用人字钢闸门，阀门采用平板阀门，启闭机械形式为液压直推式启闭机。输水系统采用短廊道集中输水，充、泄水时间均为 10 分钟。上、下游引航道采用非对称布置，上游引航道 344.2 米、下游引航道 488.4 米。此外建设导航设施，其中跨闸桥长95.54米、宽8.5米,桥梁接线450米,其他导航设施还包括生态护坡、闸管所房建等。

项目批复概算总投资1.57万元,其中世界银行贷款6000万元,临泉政府补贴4000万元,企业自筹5696万元。杨桥船闸扩建工程为在原址拆除重建,未增加项目用地。

项目建设单位为安徽省港航建设投资集团有限公司;设计单位为安徽省交通勘察设计院有限公司;施工单位中,安徽路港工程责任有限公司负责杨桥船闸扩建工程船闸主体工程施工,安徽安庐建设有限公司负责杨桥船闸扩建工程船闸管理房工程施工,安徽省交科环境工程有限责任公司负责杨桥船闸扩建工程景观绿化工程施工;监理单位为安徽省中兴工程监理有限公司;质监单位为安徽省交通建设工程质量监督局。

本项目建设过程中,"船闸浮式系船柱施工工法"经申报审批获安徽省2016年度省级工法,工法编号为AHGF15—16。

十二、广东北江的通航建筑物

(一)综述

1.河流简介

北江位于广东省中、北部,是珠江水系第二大河流,流经韶关、清远、佛山等地区。其有东西两源,东源称浈江,发源于江西省信丰县石碣大茅山,为北江干流;西源武江发源于湖南省临武县麻石坤。浈江、武江于韶关市汇合后称北江。北江向南流经韶关曲江、英德、清远等县市,在三水思贤滘口与西江汇合进入珠江三角洲网河地区后注入南海。北江自源头至三水河口全长约470千米,流域总面积4.67万平方公里,占珠江流域总面积的10.3%,北江的主要支流有武水、南水、滃江、连江、琶江、滨江,呈羽状分布于干流两侧。

在韶关市沙洲尾以上为上游,称浈江。河长212千米,河道平均坡降0.59‰,流域面积7554平方公里。流域内多山地丘陵,间有小部分零星分布的河谷盆地。从上游乌迳以下到墨江口,河岸两侧平均10千米以内为100米以下的丘陵地,10千米以外则是山地。河谷多为"V"形。本段沿河接纳的主要支流有墨江、锦江、武江。韶关市沙洲尾至佛山市三水区思贤窖称北江,其中韶关市沙洲尾至清远市飞来峡为中游,河长173千米,河道平均坡降0.13‰,河谷多呈"U"形,河道一般顺直,本段沿河接纳主要支流有南水、滃江、连江。飞来峡至三水区思贤窖为下游段,河长83千米,河道平均坡降0.08‰。此段已处平原区,河面宽阔,沿江两岸筑有堤防,较著名的有北江大堤、清东围、清西围、清城联围、清北围等。其中,北江大堤是广州市的防洪屏障,是全国七大江堤之一。本段沿河接纳的主要支流有潖江、滨江、绥江。

2. 北江干流梯级开发总体状况

（1）已建梯级情况

北江干流韶关市沙洲尾至佛山市三水区思贤窖由上至下建成了孟洲坝、濛里、白石窖、飞来峡、清远枢纽5个梯级，均具有防洪、航运、发电等综合功能，均建有单级、单线船闸，其中孟洲坝船闸和白石窖船闸为100吨级；濛里船闸为300吨级；飞来峡船闸为500吨级，清远一线船闸为1000吨级。上述梯级的建成，使北江干流主要通航河段韶关至佛山市三水区思贤窖258千米航道条件得到较大改善。

（2）规划梯级情况

广东省水电勘测设计院于1965年编制的《北江水电选点报告》、于1975年编制的《北江下游防洪规划报告》、于1978年编制的《北江流域防洪规划报告》及全国水力资源普查报告，对北江干流韶关以下提出了按孟洲坝、濛里、沙口、白石窖、飞来峡和横岗6级开发的方案。

1979年，珠江水利委员会成立后，立即着手开展珠江流域综合利用规划的编制工作，于1983年提出了《北江流域规划初步报告》，并通过国家计划委员会批准，随后于1986编制完成《珠江流域综合利用规划报告》，1989年提出《珠江流域综合利用规划纲要》。该规划纲要选定北江干流韶关以下河段按孟洲坝、濛里、沙口、白石窖和飞来峡5级开发的方案。《珠江流域综合利用规划报告》于1993年经国务院正式批准，成为珠江流域江河治理和水资源开发工程建设的规划依据。为促进北江干流的梯级开发，当时的珠江委勘测设计研究院做了大量的规划研究工作，针对《珠江流域综合利用规划报告》中选定的北江干流梯级开发方案存在的问题，于1992年编制了《北江干流韶关—英德河段梯级开发方案补充规划报告》，对韶关—英德河段的梯级开发方案进行了优化，将原规划的孟洲坝、濛里、沙口、白石窖4级开发方案调整为孟洲坝、濛里和白石窖3级开发，提高了各梯级的技术经济指标，为工程的建设创造了条件。20世纪80年代以来编制的《北江流域规划初步报告》《珠江流域综合利用规划报告》及《北江干流韶关—英德河段梯级开发方案补充规划报告》对北江干流韶关至飞来峡河段的梯级开发发挥了关键性的作用。

2013年3月，国务院正式批准实施《珠江流域综合规划（2012—2030年）》，提出北江的治理、开发与保护任务为：以防洪、水资源配置、航运为主，结合发电，兼顾灌溉、供水、城市水景观和水资源保护等。北江干流韶关市沙洲尾至清远市飞来峡白庙河段，由上至下规划的孟洲坝、濛里、白石窖、飞来峡4个梯级均已建成，均具有防洪、航运、发电等综合功能。下游飞来峡至三水河口段，治理开发任务以防洪、航运、发电等为主，兼顾灌溉、供水、养殖、旅游和改善生态环境；规划为二级开发，分别为清远梯级和横岗梯级，其中清远梯级为飞来峡水利枢纽的反调节工程。

3. 北江航道扩能升级工程

在国家宏观经济快速发展和《珠江三角洲地区改革发展规划纲要(2008—2020)》深入实施的带动下,广东省经济发展强劲,产业"双转移"不断深入实施,北江腹地经济迅猛发展,以水泥、煤炭、矿建材料等大宗散货为代表的货运需求增加迅猛,而粤北的陆路运输能力不能满足货运需求,公路超负荷运行,道路损耗严重,部分公路桥不同程度损坏,腹地不断增长的大宗能源、原材料运输急需通过低成本水运实现有效周转,但北江航道等级低现状通航建筑物标准不统一、通航条件不足,不能适应持续快速增长的运量需求,而且连年出现的北江堵船现象也引起较大的社会反响,造成经济损失。因此,迫切需要改善北江通航条件和提高通航能力,为北江流域及广东省经济发展提供大运量、低成本的水运交通通道。

2014 年 10 月,广东省发改委下达《关于北江乌石至三水河口航道扩能升级工程可行性研究报告的批复》(粤发改交通函〔2014〕3561 号),对北江(曲江乌石至三水河口)项目工程可行性研究报告进行了批复。2015 年 7 月,广东省发改委印发《关于北江(韶关至乌石)航道扩能升级工程可行性研究报告的复函》(粤发改交通函〔2015〕2853 号),同意建设北江(韶关至乌石)航道扩能升级工程。

北江项目按内河三级、通航 1000 吨级船舶标准建设,通航保证率 98%,项目主要工程包括:在孟洲坝、濛浬、白石窑、飞来峡、清远 5 处水利枢纽新建二线、三线船闸共 7 座,沿线航道整治全长 252 千米,新建特大桥 1 座、大桥 6 座,桥梁通航孔防撞加固 14 座,以及航标、锚地、交叉工程等配套工程。项目具有工程门类多、工程规模大、点多线长等特点,有克服溶洞发育难、深基坑开挖难、邻边保护难、征地拆迁难、防范超预期洪水难、地质水文危险的"五难一险"特征。项目概算投资 78.95 亿元,设计建设工期 4 ~ 6 年。工程是促进区域协调发展的重大民生工程,是完善广东省高等级航道网、落实绿色低碳国家战略的重要工程,是广东省开创新时代交通运输改革发展新局面、创建"交通强国"示范区的重要工程,也是广东水运史上最大的航道扩能升级工程。2015 年 5 月,广东省航运集团有限公司、广东省建筑工程集团有限公司和广东水电二局股份有限公司三家企业组成联合体中标本项目,组建了广东省北江航道开发投资有限公司(以下简称北江公司),负责北江项目的建设管理。北江项目于 2015 年底动工,计划 2022 年全部完工通航。

北江梯级水位图如图 11-11-4 所示。

(二)孟洲坝船闸

1. 闸坝概况

(1)自然地理条件

孟洲坝枢纽坝址位于北江干流的韶关市下游约 13 千米处,是北江干流最上游的一个

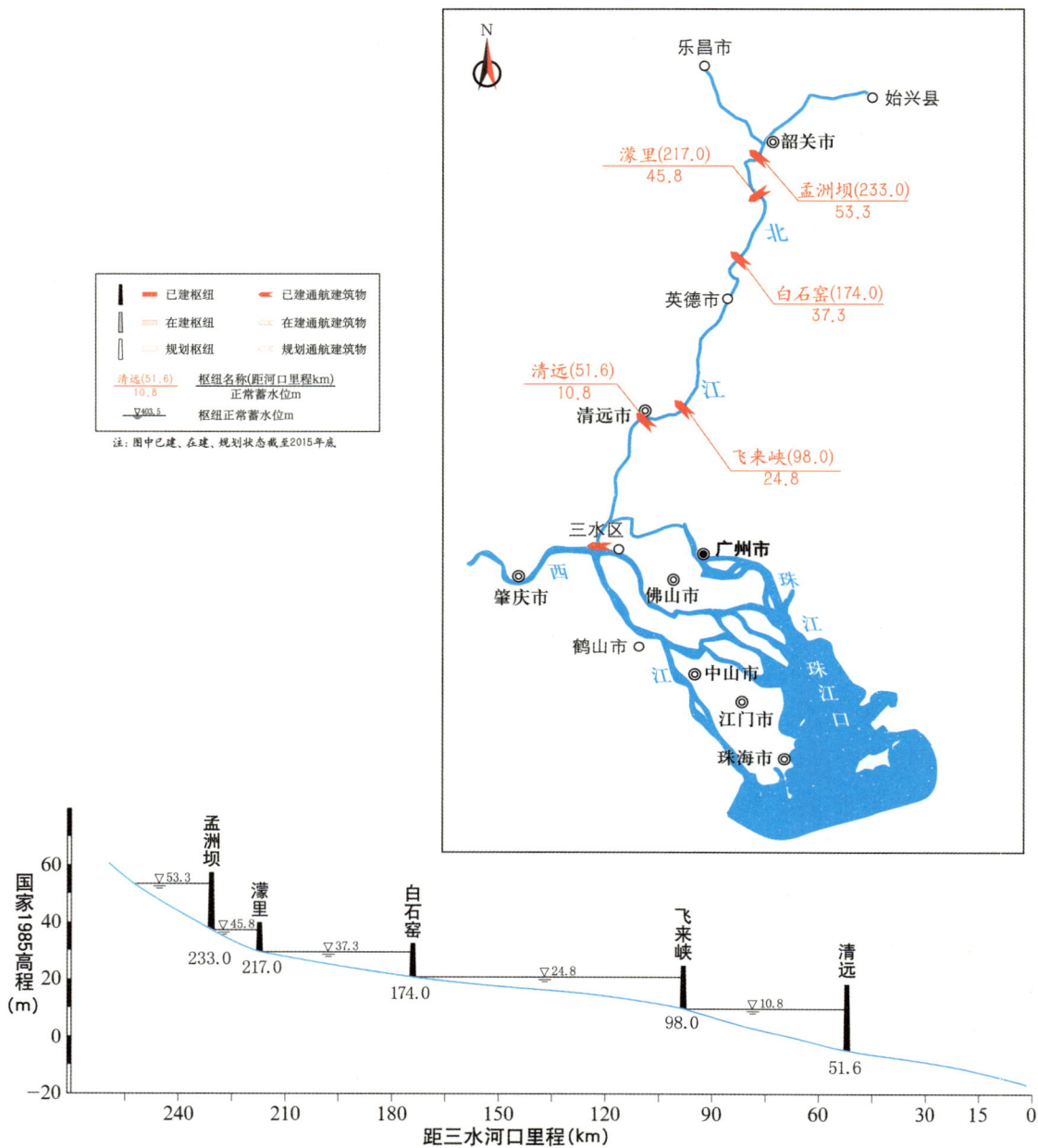

图 11-11-4　北江梯级水位图

梯级,坝址以上流域面积 147 万公顷,占北江全流域面积的 31.5%。北江流域地处亚热带,地表土壤主要是暗红壤及黄壤,植被以亚热带常绿阔叶林为主,植被覆盖良好,水土流失不严重,平均侵蚀模数小,河流含沙量较小,属于少沙河流。北江泥沙输移与来水相适应,即洪水期同时也是泥沙输移较大的时期,沙峰一般伴随洪峰或者稍微滞后,输沙主要集中在汛期。

(2)闸坝建设情况

孟洲坝枢纽是一宗集发电、防洪、航运和改善生态环境为一体的综合性低水头枢纽。孟洲坝枢纽现状挡水建筑物由右岸土坝、右岸船闸、泄洪闸、河床式电站厂房和左岸非溢流坝组成。土坝为均质土坝,其余均为混凝土或钢筋混凝土结构,大坝总长 842.65 米。土坝段长 104 米,船闸段长 30 米,泄洪闸段长 230 米,厂房段长 104 米,左岸非溢流坝长 23 米。坝顶高程均为 61.8 米。枢纽正常蓄水位为 53.32 米,正常运行期间日消落水位为 0.5 米,汛期最低运行水位为 52.82 米。

(3)建设成就

1996 年孟洲坝枢纽工程大坝建成,填补了韶关没有水利枢纽的空白。该枢纽于 1998 年 4 台机组全面投产,电站装机容量为 44 兆瓦,装机逐步开始正常运行。孟洲坝枢纽工程兼具防洪、发电、航运的综合性功能,项目建成后设计通航船舶能力提升至 100 吨级,有效促进了北江及韶关经济的发展。

2.通航建筑物

(1)孟洲坝一线船闸

项目于 1992 年开工建设,1997 年建成投产。

船闸等级为六级,单线、单级船闸,设计船舶吨级为 100 吨级,船闸有效尺度为 140 米×14 米×2.0 米,一次通过时间为 39 分钟,通航建筑物净空高度 7 米。船闸上游最高通航水位 53.32 米,最低通航水位 52.82 米;下游最高通航水位 51.06 米,最低通航水位 45.52 米。船闸下闸首门槛顶标高 43.52 米。孟洲坝一线船闸为上市公司广东韶能集团股份有限公司的资产,并由其运行管理。

(2)孟洲坝二线船闸

项目于 2016 年 12 月开工,2019 年 10 月试通航。

2016 年 11 月,广东省交通运输厅下达《关于北江(韶关至乌石)航道扩能升级工程孟洲坝枢纽二线船闸工程初步设计的批复》(粤交基〔2016〕1331 号),对项目初步设计报告进行了批复。

孟洲坝二线船闸与现有一线船闸平行布置,采用曲进曲出的过闸方式。项目新建船闸一座,闸室有效尺度为 220 米×23 米×4.5 米。船闸上游最高通航水位 54.23 米,最低通航水位 49.56 米;下游最高通航水位 53.69 米,最低通航水位 45.32 米。船闸上、下游引航道长各 640 米、385 米,宽 82 米。概算投资 13.47 亿元。

项目建设单位为北江公司;设计单位为中设设计集团股份有限公司;监理单位为安徽省中兴工程监理有限公司;施工单位为广东水电二局股份有限公司。

（三）濛里船闸

1.闸坝概况

（1）自然地理条件

濛里枢纽地处北江中上游的南水河口至马经寮河段,坝址位于乌石镇韶关发电厂上游约 1.5 千米,上距韶关市 39 千米,距孟洲坝水电站 26 千米,下距马经寮水文站约 19 千米,是北江干流韶关以下的第二个梯级电站。北江流域地处亚热带,地表土壤主要是暗红壤及黄壤,植被以亚热带常绿阔叶林为主,植被覆盖良好,水土流失不严重,平均侵蚀模数小,河流含沙量较小,属于少沙河流。北江泥沙输移与来水相适应,即洪水期同时也是泥沙输移较大的时期,沙峰一般伴随洪峰或者稍微滞后,输沙主要集中在汛期。

（2）闸坝建设情况

濛里枢纽布置从左至右依次为左岸土坝、厂房安装间、厂房主机间、泄水闸、船闸、船闸门库段、右岸连接坝段。变电站布置在厂房和安装间左侧,地面高程 48.6 米。枢纽坝顶全长 994.7 米,其中左岸土坝长 542 米,混凝土挡水段前沿长 427.7 米,右岸连接段长 25 米。枢纽坝顶上游布置一条贯穿整个坝顶的交通公路,行车道宽 7 米。左岸土坝、厂房及 13 孔泄水闸坝顶高程为 52 米,船闸、船闸门库及右岸连接段坝顶高程为 54.15 米。船闸门库与左侧相邻的一孔泄水闸为变坡段,以 5% 的坡度连接两个不同高程。枢纽正常蓄水位为 45.82 米,正常运行期间日消落水位为 0.5 米,汛期最低运行水位为 41.32 米。

（3）建设成就

濛里枢纽于 2002 年开工建设,2004 年第一台机组蓄水发电,电站装机容量为 50 兆瓦,装机 4 台贯流灯泡式机组,2009 年起逐步开始正常运行。项目兼具防洪、发电、航运的综合性功能,建成后设计通航船舶能力提升至 300 吨级,有力地支持了地方的经济建设,发挥了巨大的社会效益和经济效益。

2.通航建筑物

（1）濛里一线船闸

项目于 2002 年开工建设,2009 年起投产运行。

船闸等级为五级,单线、单级船闸,设计船舶吨级为 300 吨级,船闸有效尺度为 140 米 × 14 米 ×2.0 米,一次通过时间为 40 分钟。通航建筑物净空高度 8 米。船闸上游最高通航水位 45.82 米,最低通航水位 41.32 米;下游最高通航水位 43.19 米,最低通航水位 36.82 米。船闸下闸首门槛顶标高 34.82 米。

濛浬一线船闸为上市公司广东韶能集团股份有限公司的资产,并由其运行管理。

（2）濛里二线船闸

项目于 2016 年 12 月开工,2019 年 10 月试通航。

项目建设依据:2016 年 10 月,广东省交通运输厅《关于北江(韶关至乌石)航道扩能升级工程航道和濛里枢纽二线船闸工程初步设计的批复》(粤交基〔2016〕1036 号)。

濛里二线船闸布置于濛里枢纽右岸,平行布置在现有一线船闸右侧,采用直进曲出的过闸方式。船闸等别为二等,船闸有效尺度为 220 米 × 23 米 × 4.5 米,可通航 1000 吨级船舶。船闸上游设计最高通航水位 46.01 米,设计最低通航水位 41.32 米;下游设计最高通航水位 45.71 米,设计最低通航水位 36.82 米。船闸上、下游引航道长各 585 米,宽 50 米。项目概算投资 9.88 亿元。

项目建设单位为北江公司;设计单位为中交第二航务工程勘察设计院有限公司;监理单位为四川省水运工程监理事务所有限公司;施工单位为广东省源天工程有限公司、广东省水利水电第三工程局有限公司。

（四）白石窑船闸

1.闸坝概况

（1）自然地理条件

白石窑枢纽位于广东省英德市上游约 25 千米处,是北江干流的第三个梯级,距上游濛里枢纽 39 千米。坝址以上流域面积 177 万公顷,占北江全流域面积的 38.0%。北江流域地处亚热带,地表土壤主要是暗红壤及黄壤,植被以亚热带常绿阔叶林为主,植被覆盖良好,水土流失不严重,平均侵蚀模数小,河流含沙量较小,属于少沙河流。北江泥沙输移与来水相适应,即洪水期同时也是泥沙输移较大的时期,沙峰一般伴随洪峰或者稍微滞后,输沙主要集中在汛期。

（2）闸坝建设情况

白石窑枢纽包括左岸船闸、右岸厂房和河床中间 22 孔开敞式泄洪闸。枢纽正常蓄水位 37.32 米,日调节水位消落深度 0.5 米,回水长度 39 千米。枢纽正常蓄水位为 37.32 米,正常运行期间日消落水位为 0.5 米,汛期最低运行水位为 32.02 米。

（3）建设成就

白石窑枢纽于 1992 年 11 月开工,1996 年 10 月竣工。因设计优秀,成功地处理了岩溶基础,白石窑水电站获 2000 年水利部勘察设计银奖、工程设计铜奖。枢纽兼具防洪、发电、航运的综合性功能,电站装机容量为 72 兆瓦,装机 4 台贯流灯泡式机组。2005 年进行了扩机增容,增加一台机组,装机合计达到 92 兆瓦。枢纽建成后,有力地支持了地方的经济建设,发挥了巨大的社会效益和经济效益。

2. 通航建筑物

(1)白石窑一线船闸

项目于1992年11月开工建设,1996年10月竣工。

船闸等级为六级,单线、单级船闸,设计船舶吨级为100吨级,船闸有效尺度为140米×14米×2.5米,一次通过时间为40分钟。通航建筑物净空高度7米。船闸上游最高通航水位37.32米,最低通航水位32.02米;下游最高通航水位32.95米,最低通航水位25.12米。船闸下闸首门槛顶标高22.62米。白石窑一线船闸属于英德市地方国有资产,由英德市白石窑枢纽管理局运行管理,该船闸已经纳入北江项目进行拆除重建。

(2)白石窑二线船闸

项目于2016年10月开工,2019年7月底主体工程完工,2019年10月底试通航;一线旧船闸拆除重建工程于2020年6月开工,计划2022年1月底主体工程完工,2022年6月底通航。

项目建设依据:2014年12月,广东省交通运输厅《关于北江(曲江乌石至三水河口)航道扩能升级工程白石窑枢纽船闸工程初步设计的批复》(粤交基〔2014〕1698号)。

项目位于清远市英德镇,新建白石窑枢纽二线船闸,重建白石窑枢纽一线船闸。白石窑一线、二线船闸布置在枢纽左岸,二线船闸布置在一线船闸左侧,一线船闸中心线距离泄水闸边27米,二线船闸中心线与一线船闸平行,相距75.4米。白石窑船闸等级为三级,二线船闸有效尺度为220米×23米×4.5米,重建的一线船闸有效尺度为140米×23米×4.5米。二线船闸可通航1000吨级船舶。船闸上游设计最高通航水位37.32米,最低通航水位32.02米;下游最高通航水位35.77米,最低通航水位23.82米。船闸设计水头为13.5米。一线、二线船闸上、下游共用引航道,宽98.4米;其中,一线、二线船闸上游引航道长各395米,一线、二线船闸下游引航道长分别为635米、749米。项目概算投资19.01亿元。

项目建设单位为北江公司;设计单位为中设设计集团股份有限公司、深圳市水务规划设计院股份有限公司(联合体);监理单位为广州粤科工程技术有限公司;施工单位为广东省水利水电第三工程局有限公司。

(五)飞来峡船闸

1. 闸坝概况

(1)自然地理条件

飞来峡水利枢纽位于广东省英德市下游50千米处,下距清远市33千米,是北江干流上规模最大的枢纽电站,距上游的白石窑枢纽75.5千米。枢纽坝址以上流域面积341万公顷,占北江流域面积的73.0%。北江流域地处亚热带,地表土壤主要是暗红壤及黄壤,植被以亚热带常绿阔叶林为主,植被覆盖良好,水土流失不严重,平均侵蚀模数小,河流含沙量较小,属于少沙河流。北江泥沙输移与来水相适应,即洪水期同时也是泥沙输移较大的时期,沙峰一般伴随洪峰或者稍微滞后,输沙主要集中在汛期。

(2)闸坝建设情况

飞来峡水利枢纽包括左岸船闸、右岸厂房和河床中间 15 孔泄洪闸。其正常蓄水位 24.81 米,回水长度 70.5 千米,最低运行水位 18.81 米。

(3)建设成就

1994 年,飞来峡水利枢纽开工建设,于 1999 年建成。这是北江干流第一个开工建设和投入运行的梯级工程。枢纽设置防洪库容 13.1 亿立方米,与北江大堤、芦苞涌和西南涌分洪水道共同构成广州市防御北江洪水的防洪上程体系。飞来峡水利枢纽在规划设计过程中成功地解决了防洪体系、与京广铁路复线建设的关系、淹没移民、库区防护和运行调度等复杂技术问题,以及采用了多项先进的技术措施,因而荣获 2002 年水利部工程设计金奖和 2002 年全国第十届优秀工程设计项目金质奖。

2. 通航建筑物

(1)飞来峡一线船闸

项目于 1994 年开工建设,1999 年竣工。

船闸等级为四级、单级单线船闸,设计船舶吨级为 500 吨级,船闸有效尺度为 190 米×16 米×3 米,一次通过时间为 44 分钟。通航建筑物净空高度 9.5 米。船闸上游最高通航水位 24.81 米,最低通航水位 18.81 米;下游最高通航水位 20.87 米,最低通航水位 10.32 米。船闸下闸首门槛顶标高 7.32 米。船闸输水系统采用闸墙长廊道侧支孔,船闸采用整体式结构。飞来峡一线船闸属于省属国有资产,由广东省飞来峡水利枢纽管理处运行管理。

(2)飞来峡二线、三线船闸

项目于 2016 年 6 月开工,2019 年 10 月试通航。

项目建设依据:2015 年 1 月,广东省交通运输厅《关于北江(曲江乌石至三水河口)航道扩能升级工程飞来峡枢纽二线船闸工程初步设计的批复》(粤交基〔2015〕37 号);广东省交通运输厅《关于北江(曲江乌石至三水河口)航道扩能升级工程飞来峡枢纽三线船闸工程初步设计的批复》(粤交基〔2015〕39 号)。

项目位于清远市飞来峡镇,新建飞来峡二线、三线船闸,船闸等级为三级。二线船闸工程布置于飞来峡水利枢纽右岸,与新建三线船闸并列布置,二线、三线船闸中心线间距为 86 米,构成双线船闸。二线、三线船闸共用上下引航道、停泊锚地、管理用房等设施。两船闸有效尺度均为 220 米×34 米×4.5 米,通航净空 10 米,最大设计水头 14.44 米,可通航 1000 吨级船舶。船闸上游设计最高通航水位 24.81 米,最低通航水位 18.81 米;下游设计最高通航水位 22.26 米，最低通航水位 10.37 米。船闸设计水头为 13.5 米。二线、三线船闸共用引航道，上、下游引航道长分别为 1468 米、2476 米，宽 120 米。项目概算投资 21.05 亿元。

项目建设单位为北江公司；设计单位为中铁建港航局集团勘察设计院有限公司、中水珠江规划勘测设计有限公司（联合体）；监理单位为广西八桂工程监理咨询有限公司；施工单位为广东水电二局股份有限公司。

（六）清远船闸

1. 闸坝概况

（1）自然地理条件

清远水利枢纽位于珠江流域的北江下游广东省清远市境内。北江流域地处亚热带，地表土壤主要是暗红壤及黄壤，植被以亚热带常绿阔叶林为主，植被覆盖良好，水土流失不严重，平均侵蚀模数小，河流含沙量较小，属于少沙河流。北江泥沙输移与来水相适应，即洪水期同时也是泥沙输移较大的时期，沙峰一般伴随洪峰或者稍微滞后，输沙主要集中在汛期。

（2）闸坝建设情况

清远水利枢纽是以改善航运、水环境、发电为主，兼有灌溉、供水、养殖和旅游等综合利用的水利枢纽工程。枢纽为大型一等工程，工程概算总投资 16.37 亿元，项目由右岸连接土坝、1000 吨级船闸、31 孔泄水闸、发电厂房、左岸连接土坝组成。电站安装 4 台发电机组，装机容量为 4×1.1 兆瓦，年平均发电量 1.97 亿千瓦时。

枢纽主体工程建设分两期施工，一期工程主要进行右岸土坝、船闸、门库、14 孔泄水闸、左岸电站厂房、门库及土坝施工；二期主要进行左岸 17 孔泄水闸、门库施工。枢纽主体工程设计总工期为 3 年 8 个月，于 2009 年 11 月 25 日正式开工，2011 年 4 月 15 日右岸泄水闸过水，2011 年 9 月船闸通航，2011 年 12 月第一台机组发电，2012 年 12 月完工。

（3）建设成就

工程竣工运营后，船闸可通过 1000 吨级单船，极大地提升了北江的通航能力，对促进北江干流通航全面发挥北江水运优势、带动清远及韶关等沿线地区的社会经济发展具有重要意义。

2. 通航建筑物

（1）清远一线船闸

项目于 2009 年 11 月开工建设，2011 年 9 月运营。

船闸等级为三级，单级、单线船闸，船闸有效尺度为 180 米 ×23 米 ×4.5 米，通航建筑物净空高度 10.0 米，可通航 1000 吨级单船。船闸运行最大工作水头 9.3 米。船闸上游最高通航水位 13.00 米,最低通航水位 7.98 米;下游最高通航水位 12.86 米,最低通航水位 1.51 米。船闸引航道采用不对称形布置,船闸上引航道采用曲进直出的方式,引航道主导墙长 340 米,引航道宽 52 米,下引航道曲进直出,宽 52 米。船闸输水系统采用闸墙长廊道侧支孔,船闸上、下闸首和闸室均采用整体式结构。清远一线船闸属于清远市地方国有资产,清远粤华电力有限公司拥有 53 年(从 2009 年 10 月起算,含 3 年建设时间)的特许经营权,由清远粤华电力有限公司运行管理。

(2)清远二线船闸

项目于 2016 年 11 月开工,2019 年 7 月试通航。

项目建设依据:2014 年 11 月,广东省交通运输厅下达《关于北江(曲江乌石至三水河口)航道扩能升级工程清远枢纽二线船闸工程初步设计的批复》(粤交基〔2014〕1555 号)。

项目工程布置于现有一线船闸右岸,两闸中心距离 90 米。船闸等级为三级,船闸有效尺度为 220 米×34 米×4.5 米,设计水头为 10.35 米,可通航 1000 吨级船舶。船闸上游最高通航水位 13.00 米,最低通航水位 7.98 米;下游最高通航水位 12.86 米,最低通航水位 0.46 米。船闸上、下游引航道长分别为 510 米、480 米,宽 60 米。项目概算投资 15.54 亿元。

项目建设单位为北江公司;设计单位为中设设计集团股份有限公司、深圳市水务规划设计院股份有限公司(联合体);监理单位为广州华申建设工程管理有限公司;施工单位为广东省源天工程有限公司。

十三、北江支流——连江的通航建筑物

西牛船闸

1.闸坝概况

(1)自然地理条件

西牛航运枢纽所在的连江又名小北江,发源于湘粤边境的南岭山脉,流域面积 1.01 万平方公里,干流总长 275 千米,河道平均坡降为 0.77‰。本河段径流以降水补给为主,多年平均流量为 339 立方米/秒,丰水期 4—9 月,径流量以 6 月为最大,占年径流的 19.2%;枯水期当年 10 月—翌年 3 月,径流以 12 月为最少,仅占年径流的 2.1%。多年平均降水量 2026 毫米,锋面雨多出现在 4—6 月,台风雨则主要发生在 7—9 月。多年平均气温 20.7 摄氏度,历年极端最高气温为 38.9 摄氏度,极端最低气温为 -3.6 摄氏度。年内最大洪水主要出现在 4—6 月,暴雨大而急,洪水汇流迅速,洪峰猛涨暴落,具有山区河流的特点。

西牛航运枢纽坝址位于连江上、下梁洲之间河段,河床宽度 322.0 米。河岸高程 31.2～33.8 米,基岩上覆盖有粉土和卵石,层厚约 12.6 米;河床底高程 23.0～24.0 米,卵石覆盖层厚 2.3～5.4 米。下伏基岩主要为灰岩及炭质灰岩,基岩出露高程 18.0～22.0 米。岩溶发育,钻孔遇洞率 34.6%,线岩溶率 15.8%,喀斯特化程度为强发育,相对稳定性较差。

(2)闸坝建设情况

西牛航运枢纽位于广东省英德市西牛镇上游 3.5 千米处上下梁洲河段,距上游架桥石枢纽 12.27 千米,距下游连江口约 35 千米,距英德市 30.5 千米。西牛航运枢纽工程等别为三等,主要建筑物为四级,次要建筑物为五级,由船闸、电站、泄水闸、副坝等建筑物组成,船闸布置在左岸台地上,电站和泄水闸为挡水建筑物,呈一列式布置。泄水闸(大坝)全长 238 米,水库总库容 7820 立方米。船闸通航等级为六级,通航 100 吨级船舶,船闸闸室尺度为 140 米×16 米×2.5 米。枢纽正常蓄水位为 28.5 米,电站装机容量约 3×3340 千瓦;泄水闸为 20 孔 10.6×5.0 米(宽×高)平板闸门。西牛航运枢纽于 2005 年 4 月 22 日正式开工,船闸于 2010 年 10 月 20 日通过了枢纽通航前阶段验收并投入试运营,泄水闸和电站于 2011 年 8 月 26 日通过了枢纽水库蓄水前以及电站机组启动前阶段验收并投入试运营,于 2014 年 11 月 28 日通过竣工验收,同时整体进入正式运营阶段。

(3)建设成就

西牛航运枢纽建成后,改善了上游航道里程 12.27 千米,使连江干流连州至连江口 181 千米航道全线达到六级航道标准,实现了连江全线渠化,加快了库区经济发展,促进了商品和文化交流,增加了地方财政和群众收入,提高了库区人民素质和生活质量。

枢纽采用能耗较小、通过能力较大的船闸,其船舶过闸能耗每船舶吨位为水能 570 千焦,为一般指标的 60%～80%。

自 2010 年 10 月 20 日船闸开始试运营至 2015 年底,西牛航运枢纽累计通航量为 11.88 万吨,累计通航船舶 792 艘次,船舶最大吨级为 150 吨,平均载重吨位为 150 吨;自 2011 年 8 月 26 日电站开始试运营截至 2015 年底,累计发电量为 1.08 亿千瓦时。

2.通航建筑物

项目于 2005 年 4 月开工,2010 年 10 月试通航,2014 年 11 月竣工。

2003 年 4 月,广东省发展计划委员会以粤计基函〔2003〕97 号文出具工程可行性研究批复;2003 年 12 月,广东省交通厅以粤交基〔2003〕1324 号文出具初步设计批复;2002 年 9 月,国家环保总局以环审〔2002〕248 号文出具环境影响评价批复;2004 年 11 月,广东省国土资源厅以粤国土资(预)〔2004〕107 号文出具用地批复。

项目船闸通航标准为六级,设计代表船舶为 150 吨机驳及 100 吨机驳,其中 150 吨机驳尺度为 32.4 米×7 米×1.2 米,100 吨机驳尺度为 32.4 米×6.6 米×0.9 米。设计水头

5.15 米。西牛船闸设计水头为 5.6 米,最高通航水位为上游 31.4 米,下游 31.3 米;最低通航水位为上游 28 米,下游 23.35 米。通航流量约为 120 立方米/秒。项目为单级、单线船闸,闸室有效尺度为 140 米×16 米×2.5 米。上、下闸首均采用钢筋混凝土整体坞式结构,闸室采用分离式结构,船闸的闸门结构形式为主横梁结构形式,输水阀门结构形式为升降式平面阀门形式,启闭机械型式为液压启闭形。船舶单向一次过闸时间约为 44 分钟。船闸输水系统采用闸墙长廊道侧支孔分散输水系统,充、泄水时间均为 775 分钟。引航道布置形式为不对称形,引航道向左侧拓宽。主导航墙平面布置为二次抛物线,沿船闸轴线方向长度为 70 米,布置在紧邻上、下闸首左侧范围,副导航墙为圆弧形,布置在紧邻上、下闸首右侧范围,半径分别为 16.1 米和 27.9 米。引航道长度为上、下游各 310 米,航道底宽为 30 米。

项目概算总投资 4.67 亿元,其中世界银行贷款 2450 万美元。枢纽区(含枢纽管理区)总用地 5528.46 平方米。

项目建设单位为广东省航道局;设计单位为广东省航道勘察设计科研所、湖南省交通规划勘察设计院;施工单位为广东省水利水电第三工程局、湖南省建筑工程集团有限公司、韶能集团股份有限公司等;监理单位为湖南友源工程咨询科技有限公司、浙江东洲建设监理咨询有限公司;质检单位为江广东省交通运输工程质量监督站、英德市工程质量监督站。

本项目于 2003 年 4 月经广东省发展计划委员会批复,工程投资估算为 3.56 亿元,广东省交通厅于 2003 年 12 月批复工程总概算 3.79 亿元。本工程在建设过程中,受物价上涨、征地政策变化、地质复杂、多次遭遇特大洪水、新增项目等多种因素的影响,造成工程相关费用增加。2012 年 12 月,经广东省发改委批复,项目总投资规模调整为 5.01 亿元;2013 年 11 月经广东省交通运输厅批复,项目投资概算调整为 4.95 亿元,最终项目竣工决算总费用为 4.67 亿元。

本项目建设过程中有如下两项重要科技创新:

①新型护岸工艺。雷诺石笼是一种应用于护岸、护坡、护脚等工程建筑物的新工艺、新材料,具备整体性好,抗冲击能力强、柔性结构,适应地基变形能力强、绿色环保、节约降低造价(当地具备原材料的前提下)等特点。雷诺石笼护岸工程以前在广东省内的水利工程和航道工程中都没有用过,在西牛航运枢纽工程建设中,从设计单位的推荐和枢纽现场具备丰富的卵石资源等实际情况出发,确定使用雷诺石笼做护岸和护脚。共计约 7 万平方米的雷诺石笼在 2006 年 7 月超 20 年一遇的特大洪水中几乎毫发无损、完好如初。从使用的效果分析,西牛航运枢纽工程应用雷诺石笼工艺取得了成功。

②打造广东省首条生态鱼道。为减缓枢纽工程对当地渔业资源的影响,确保当地渔业的可持续发展和保障渔民的生活,借鉴国外的先进经验,在已完成的挡水闸上增建了广东省第一条过鱼通道,也是我国在枢纽主体工程上加建的第一条过鱼通道。

本工程鱼道采用垂直竖槽式结构，分为两段，上段渔道位于排污孔闸门底槛上，长度为4.54米；下段渔道分为左右支，左支鱼道总长84.75米，右支鱼道总长45.35米，在左支鱼道中部设连接池鱼右支渔道连接。通过鱼道过鱼效果的长时间，监测发现共有40种鱼类能通过上溯，与国内外其他鱼道比较，过鱼效果优良。西牛航运枢纽鱼道工程为类似工程生态保护提供了示范。

西牛航运枢纽工程项目建设管理部于2010年获得中国海员建设工会全国委员会"工人先锋号"荣誉。

西牛航运枢纽附属工程（业主营地房建工程）分别于2007年和2010年获得"清远市房屋建筑结构优良工程"和"清远市优良样板工程"称号；西牛航运枢纽工程档案获2012年度"广东省重大建设项目档案金册奖"。

西牛航运枢纽鱼道工程获得了"一种适用于低水头水坝的过鱼通道加建方法和过鱼通道"发明专利（专利号ZL201210037540X）、"一种可隔离杂物的过鱼通道"（专利号ZL201220614317.0）和"一种适合水坝泄水区域的鱼类样品采集装置"（专利号ZL201220056241.4）实用性专利。

西牛航运枢纽泄水闸发挥了挡水、泄水功能，经历了多次洪、枯水考验。枢纽在确保防洪和通航的前提下，充分发挥利用水资源，争取更大的发电效益，发挥了低碳、绿色工程的作用。

3. 经验与启示

（1）工程建设方面

西牛航运枢纽工程是当时广东省在建最大的内河航道工程，枢纽建设时间紧、任务重、专业众多、地址复杂、施工水利条件多变、征地工作不可预见因素多，周边交通条件差，以及作为世界银行项目管理、审批环节多。

为了做好工程管理，西牛航运枢纽工程从管理结构、管理模式、管理理念等各方面进行创新，确保工程进度顺利：

①在管理结构上，广东省航道局负责宏观管理，项目办负责具体管理并向现场排除机构进行现场管理的结构模式组织工程建设。

②在管理模式上，全面实行项目业主负责制、招投标制、工程监理制、合同管理制，进行工程管理。

③在管理理念上，坚持设计、施工、监理、业主"四位一体"，相互团结、密切合作、各负其责、齐心协力，为了一个共同目标，形成一个极具向心力的集体，相互依存，密不可分。

④在管理方针上，定位是"热情服务，严格管理"，把做好工程建设服务作为第一任务，为设计、监理努力创造良好的工作环境和生活环境，为施工单位创造良好的施工条件；及时协调解决各参建单位在工程建设、生产、生活上的问题、矛盾，对于现场业主代表无力解决的，项目办、局及时出面协调，保证工程建设顺利进行；强化监理管理，把安全文明施工、质

量检查工作经常化、制度化,及时发现危险隐患,及时整改,全面推进"达标投产"工作。

重视技术进步和创新,抓好工程"设计、工期、进度、投资"优化工作。充分发挥设计的"老头主导"作用。设计单位根据工程建设的实际情况,把安全、质量、工期、投资放到重要位置,在工程建设管理过程中不断进行设计优化;在设计方案确定后,由建设单位牵头,召集参建各方对施工方案进行认真细致的讨论,制订合理的施工组织方案,提高对施工风险的预见性。通过强化施工单位内部管理,挖掘潜力,合理优化工期,既保证了工程建设的进度要求又节约了投资,取得了较好的经济和社会效益。

在安全管理上,认真贯彻落实中央国务院关于加强安全生产工作的一系列重要指示,坚持"安全第一,预防为主"的方针,积极推行各级安全生产责任制,逐级签订安全生产责任书,并成立了由各参建单位主要负责人组成的防洪度汛指挥部。各参建单位结合工程建设实际,制定了相应的安全生产规章制度,使工程的安全管理工作凡事有章可循、凡事有据可查、凡事有人负责、凡事考核落实,逐步走向规范化、制度化的轨道,提高了安全监督管理工作的效率和质量。通过参建各方的共同努力,开工以来西牛航运枢纽工程未发生人身伤亡和重大工程事故,连续安全生产无事故,特别是 2006 年 7 月 16 日洪水期间,工程经受了超 20 年一遇洪水袭击,无一参建人员伤亡。

（2）运营管理方面

枢纽坚持以安全畅通为总目标,不断提升运营管理水平,保证枢纽整体安全。

严格执行枢纽的管理制度,做好枢纽的巡视检查及维护保养工作。

逐步消除运行初期的工程缺陷和遗留问题,使枢纽顺利进入稳定期。对运行中出现多发性设备故障,有针对地采取改造性技术措施予以排除,使故障率大幅下降。

经过多年运营实践锻炼,培养了一支经验较为丰富的技术队伍,承担枢纽的运营维护和管理工作。

坚持可持续发展原则,以综合利用水资源为目标,建立了良好的协调机制,充分发挥枢纽航运、防洪、发电三大功能。

十四、广东东江的通航建筑物

东江船闸

1. 闸坝概况

（1）自然地理条件

东江水利枢纽库区地处惠州盆地,主要为平原、丘陵地貌,地形普遍低缓,高程一般小于 50 米,是汇集山间溪流和大、中型河流之地,河谷宽阔,谷坡谷底平缓,普遍堆积了厚度不等的冲洪积层。在东江、西枝江谷地两岸,普遍发育两级阶地,一级阶地地面高程一般为

10~15米,由黏性土、砂、砾卵石组成;二级阶地地面高程一般为20~30米,由砂卵石组成。盆地周边主要为低山地形,由砂页岩及燕山期的花岗岩组成,高程一般为50~150米。

库区东江水系总体上由东向西曲折而流,在惠州附近接纳支流西枝江水后流向北西,再转向西流入坝址区,经博罗县流出本区范围,河床平均宽约400米,深约2.8米,在泗湄洲坝址段东江河床宽650~700米,深3~5米。西枝江在库区由南东向北西汇入东江,自上游沿途汇集了多条小溪,水量增大,在下游蜿蜒曲折,有时形成牛轭湖,洪水泛滥形成宽广的淤积平原。

东江水利枢纽电站为低水头,水库属河道型水库,正常蓄水位10.5米,水库蓄水后主要沿河道东江及其支流西枝江向上游在一级阶地以下回水,水位抬高幅度不大,一般为3~5米。在坝址上坝线附近,2001年8月15日河水位高程为6.7米,以此计算,对应正常蓄水位10.5米时,水位抬高幅度为3.8米。水库蓄水后自坝址沿东江经惠州、向北东经水口镇回水至横沙、杨岭一带,回水长度约37千米;自惠州沿西枝江向南东经马安镇回水至平潭、良井、坦湖一带,回水线长约33千米。水库蓄水后的平面形态即东江及西枝江在库区的天然形态,自东向西呈近Y形。

东江水利枢纽工程区域地处亚热带,高温多雨,具有雨量充沛、湿度大、夏季长、热量丰富的特点。降水以南北冷暖气团交汇的锋面雨为主,多发生在7—9月。降水年内分配不均,冬春干旱,夏秋洪涝,4—9月降水量占全年总降水量80%以上,降水面上分布一般是西南多、东北少。以博罗站为代表的工程地点各气象特性如下。

据博罗气象站1956—1996年统计资料,多年平均气温21.8摄氏度,极端最高气温38.2摄氏度,极端最低气温-2.4摄氏度。多年平均相对湿度80%。多年平均蒸发量1663毫米(E20型蒸发皿),最大蒸发量1721毫米,最小蒸发量1544毫米。据博罗气象站1957—2002年统计资料,多年平均风速1.6米/秒,最大风速25.2米/秒(1968年8月21日、1979年8月2日),历年最大风速平均值为13.33米/秒,汛期(4—9月)历年最大平均风速14.08米/秒,春夏季主导风向为SE,秋冬季主导风向为NW。据博罗气象站1954—2000年统计资料,多年平均降水量1816毫米,最大年降水量2680毫米(2000年),最小年降水量1026毫米(1963年)。

(2)闸坝建设情况

东江水利枢纽位于惠州市区与博罗县城之间的东江干流下游泗湄洲处,正常蓄水位10.50米,正常库容1.16亿立方米,拦河闸设计洪峰流量1.09万立方米/秒,校核洪峰流量1.3万立方米/秒;船闸最大通行船只为500吨级。

东江水利枢纽工程等别属一等,工程规模为大(1)型。根据其没有防洪要求以及水库为槽蓄型的特点,工程失事后造成损失及影响较小,其主要建筑物采用降低一级的设计标准为二级,次要建筑物为三级,临时性建筑物为四级。

东江水利枢纽工程右河汊右侧岸边顺原通航主河道及上游惠河高速公路桥预留通航孔布置船闸，紧靠船闸右河汊中间布置12孔拦河水闸（泄洪闸），右河汊左岸（靠泗湄洲侧）布置河床式发电厂房，内装4×1.15万千瓦水轮发电机组；左河汊布置9孔拦河水闸（泄洪闸）；泗湄洲前沿布置连接土坝，右侧与厂房相连，左侧与左河汊泄洪闸相接。左河汊左岸及右河汊右岸均布置土坝分别与左右岸山体相连接。

（3）建设成就

东江水利枢纽建成后，坝址—下叽角河道渠化，并节省航道局疏浚费用，同时西枝江河口—中山寺枯水位大幅升高，可直接提高西枝江中山寺以下航道等级。2008—2015年，东江水利枢纽年均发电量达3.6亿千瓦时，年节约14.4万吨标准煤，同时减少9.8万吨碳污染排放。

2. 通航建筑物

项目于2004年11月开工，2006年4月试通航，2007年12月验收竣工。

2003年1月，广东省发改委以粤计农〔2003〕33号文下达工程可行性研究批复；2004年9月，广东省水利厅以粤水基〔2004〕53号文下达初步设计批复；2003年5月，广东省环保局批复环保总局以粤环函〔2003〕339号文出具环境影响评价批复。

东江船闸四级、单线船闸，包括上游引航段、上闸首、闸室、下闸首、下游引航段，总长度422.5米。闸首、闸室为整体式钢筋混凝土结构，设计水头19.25米。闸室充、泄水时间均为8.6分钟，一次过闸时间为36.85分钟。闸室有效尺度为120米×16米×3.0米。船型尺度为（45～49.9）米×（10～13）米×（2.5～3）米；船队尺度为109米×10.8米×1.6米。船闸设计最高通航水位为坝前12.01米，坝后11.79米，（珠江基准，下同），设计最低通航水位为坝前6.13米，坝后0.20米。船闸上闸首门槛高程为3.4米，下闸首门槛高程为-2.8米；上引航道底高程约3.0米，下引航道底高程为-2.8米。船闸工程总投资11.98亿元。枢纽工程永久征地1000亩。

项目建设单位为广东惠州粤华电力有限公司；设计单位为广东省水利电力勘测设计研究院；施工单位为中国安能建设总公司；监理单位为广东省科源工程监理咨询公司；质监单位为惠州市水利水电工程质量安全监督站。

东江水利枢纽建成后，坝址—下叽角河道渠化，同时西枝江河口—中山寺枯水位大幅升高，可直接提升西枝江中山寺以下航道等级。

3. 经验与启示

东江水利枢纽具有改善水环境、发电、航运和旅游等综合效益。工程建成后，渠化了两江航道约75千米，美化了惠州城区两江四岸环境，提升了城市的人居环境质量，同时改善了城市供水和农田灌溉条件，环境效益和社会效益极为显著。